한국불교사 연구 입문

하

엮은이 최병헌崔柄憲

1943년 충남 출생. 서울대학교 문리과대학 사학과 졸업. 서울대학교 대학원 수료. 한국불교사·사상사 전공. 국사편찬위원회 편사연구사·서울대학교 인문대학 국사학과 교수 역임. 한국사연구회 회장 역임. 현재 서울대학교 명예교수. 도쿄대학 인도철학과에서 불교학 연구·베이징대학 사학과에서 한국고대사 강의. 《고려불교사연구》·〈신라하대 선종구산파의 성립〉 등 저서와 논문 다수.

한국불교사 연구 입문 하

초판 제1쇄 인쇄 2013. 9. 5.
초판 제1쇄 발행 2013. 9. 12.

지은이 최 병 헌 외
펴낸이 김 경 희
편 집 김 하 나
펴낸곳 (주)지식산업사
본사 ● 413-832, 경기도 파주시 교하읍 문발리 520-12
전화 (031) 955-4226~7 팩스 (031)955-4228
서울사무소 ● 110-040, 서울시 종로구 통의동 35-18
전화 (02)734-1978 팩스 (02)720-7900
한글문패 지식산업사
영문문패 www.jisik.co.kr
전자우편 jsp@jisik.co.kr
등록번호 1-363
등록날짜 1969. 5. 8.

책값은 뒤표지에 있습니다.

ISBN 978-89-423-1167-5 (94220)
ISBN 978-89-423-0070-9 (전2권)

이 책을 읽고 저자에게 문의하고자 하는 이는
지식산업사 전자우편으로 연락 바랍니다.

한국불교사 연구 입문 하

최병헌 외

지식산업사

차 례

제4부 고려불교II

제5부 조선불교

제6부 근현대불교

제7부 외국 학계의 한국불교사 연구

상권 차례

제4부 고려불교 II

고려시대 불교사서와 불교사 인식
—《해동고승전》과《삼국유사》를 중심으로

김상현(동국대 사학과)

1. 개관

8세기 초 신라의 김대문은《고승전高僧傳》을 편찬했고, 9세기 후반에 활동한 최치원(857~?)도 여러 고승들의 전기를 지었다. 불교가 융성했던 고려시대에도 불교사 관련 저술은 당연히 편찬되었을 것이다. 의천義天(1055~1101)이 읽었던《해동승전海東僧傳》도 고승전의 하나였다(《대각국사문집》 권16 〈제금산사적법사문祭金山寺寂法師文〉). 임춘林椿(생몰년 미상)도 고승전을 편찬하고 있었지만(《서하집西河集》 권3 〈법주사당두혜지필인사지法住寺堂頭惠紙筆因謝之〉) 그 완성이나 유통 여부는 알 길이 없다. 이 무렵에 각훈覺訓(?~1230)의《해동고승전》이 편찬되었고, 일연一然(1206~1289)의《삼국유사》가 편찬된 것은 충렬왕 9년(1284) 무렵이다. 진정국사眞靜國師 천인天因은 원종 9년(1268) 경에《해동법화전홍록海東法華傳弘錄》4권을 편찬했는데, 이 책은 삼국시대 이래 고려 원종까지의 법화신앙에 관한 영험담을 수록한 것이었다. 무기無寄는 충숙왕 15년(1328)에 《석가여래행적송釋迦如來行蹟頌》 2권을 저술했는데, 이는 붓다 교화敎化의 자취와 그 유법遺法의 역사를 5언 776구로 읊은 불교의 장편 서사시였다. 고려시대에 편찬된 불교사서 가운데 현존하는 것은 《해동고승전》과 《삼국유사》뿐이다.

《해동고승전》은 고려 고종 2년(1215)에 각훈이 왕명을 받들어 편찬한 우리나라의 승전僧傳이다. 이 책은 고려 때 간행되었고, 《삼국유사》 및 《법화영험전法華靈驗傳》 등에 인용될 정도로 널리 유포되었다. 인조 15년(1637)에 김휴金烋가 지은 《해동문헌총록海東文獻總錄》에도 그 서명이 보이던 이 책은 언제부터인지 실전失傳되어 오다가 20세기 초 이회광李晦光에 의해 2권 1책으로 된 잔락殘落한 사본으로 발견되었다. 현존 《해동고승전》은 잔본殘本이지만, 이것은 삼국시대 고승들의 불교 유통에 관한 사실을 전해 주고 있는 귀중한 자료다. 그뿐만 아니라, 13세기 초에 이루어진 사서라는 점에서 한국사학사 연구에서 간과해서는 안 될 위치를 차지하고 있다. 각훈은 스스로 호를 고양취곤高陽醉髡이라고 했고, 당시 그와 사귄 문인들은 모두 각월覺月로 불렀다. 각훈은 12세기 후반으로부터 13세기 전반의 무신집권시기에 활동했지만, 그에 관한 자세한 기록은 전하지 않는다. 그는 흥왕사興王寺 및 영통사靈通寺 등을 중심으로 활동한 화엄종의 고승으로 법계는 수좌首座였다. 그는 화엄학華嚴學은 물론 유학 등에도 이해가 깊고, 문장에도 뛰어나 당대의 유명한 문인들과 교유하기도 했다.

《해동고승전》은 각훈이 왕명을 받고서 편찬한 것으로 저술 시기는 대개 고종 2년(1215) 무렵이다. 《해동고승전》은 불교 수용으로부터 각훈의 시대에 이르기까지 800여 년 동안의 우리나라 고승들의 전기를 서술한 것이다. 따라서 이 책의 분량은 상당히 많았을 것으로 생각되지만, 아쉽게도 현존하는 것은 유통편流通篇뿐이다. 유통편의 체재는 우리나라 불교 유통을 개괄적으로 서술한 논論이 첫머리에 있고, 다음에 삼국의 불교 수용과 구법승들에 관한 정전正傳 18명, 방전傍傳 17명의 행록을 수록했으며, 11개의 찬贊이 있다.

《삼국유사》의 저자는 일연이다. 일연은 암울했던 13세기의 고려사회에 살면서도 독실한 수행과 폭넓은 학문을 쌓고 국사國師가 되어 승속 사이에서 존경을 받았던 고승이자 역사가였다. 사료 수집에 쏟은 일연의 열성은 분명 역사가의 노력 그것이다. 그는 당시의 어떤 역사가보다도 더 많은 노력을 했다. 《삼국유사》에는 많은 자료가 인용되어 있는데, 일연이 현지에서 직접 찾았거나 그 가치를 새롭게 인식하여 수록해 놓은 것이 적지 않다. 금석문·고문서·사지·설화 등이 그것인데, 그 지방에 머물거나 가보지 않고는 구할 수 없는 사료가 많다. 《삼국유사》에는 일연이 직접 목격했던 유물과 유적에 관한 기록도 있다. 오대산문수사석탑기五臺山文殊寺石塔記, 황룡사 가섭불연좌석迦葉佛宴坐石에 관한 기록, 파사석탑婆娑石塔 등에 대한 서술이 그렇다. 일연은 설화 자료에도 각별히 유의했다. 《삼국유사》에 많은 설화가 수록된 것은 이 결과다. 문헌설화를 그대로 인용한 경우도 있지만, 현지에서 직접 채집한 설화도 있다. 그는 불교의 영험설화로 신앙심을 고무시키고자 했고, 다른 여러 설화를 통해서도 무엇이 역사에서 더 소중한 것이고 의미 있는 것인지를 은근히 일깨워 주려 했던 것 같다. 《삼국유사》에는 수많은 신앙 영이靈異가 수록되어 있다. 불상과 불탑, 그리고 불사리佛舍利를 비롯하여 가사袈裟, 석장錫杖, 종鐘 등의 불구佛具는 물론이고 심지어는 수목과 짐승들까지도 초월적인 능력과 영이한 힘의 소유자로서 중생들의 무지를 깨우쳐 교화하고 염원을 성취하도록 도와주는 역할을 담당한다.

《삼국유사》는 왕력王曆·기이紀異·흥법興法·탑상塔像·의해義解·신주神呪·감통感通·피은避隱·효선孝善 등 9편목 5권으로 구성되었다. 이 책의 편명 가운데는 의해나 감통과 같이 중국 《속고승전》·《송고승전》·《고승전》 등 세 고승전의 영향을 받은 것도 있지만 탑상이나 효선 등과 같이 전혀 다른 것도 있다. 이와 같은 《삼국유사》의 체재는 다른 사서에서 보기 드문 것이고, 이는 이 책의 특징이기도 하다. 이러한 특징은 사찬서私撰書이자 유사遺事라는 이 책의 성격과 무관하지 않다. 《삼국유사》는 국가 일반에 관한 역사 서술인 왕력과 기이편, 그리고 불교사에 관한 서술인 흥법편 이하의 여러 편목으로 크게 나누어 볼 수 있다. 《삼국유사》는 기이편까지의 일반사와 흥법편 이하의 불교사로 되어 있어서 일반사와 불교사를 동시에 서술한 책이기도 하다.

《삼국유사》 첫머리에 있는 왕력은 일연이 직접 쓴 것은 아니다. 기이편이 차지하는 비중은 크다. 58항목이나 되는 많은 분량은 말할 것도 없고, 기이라는 편목의 의미 또한 특이하기 때문이다. 서술의 시대적 범위는 고조선으로부터 후삼국에 이르고, 삼국과 더불어 가야의 역사를 포함하고 있다. 기이는 대개 신이神異를 기록한다는 의미로 이해한다. 흥법편은 삼국의 불교 수용과 그 융성에 관해서 서술했다. 즉 순도조려順道肇麗·난타벽제難陁闢濟·아도기라阿道基羅에서 삼국의 불교 수용을, 원종흥법염촉멸신原宗興法厭髑滅身·법왕금살法王禁殺·보장봉노보덕이암寶藏奉老普德移庵에서 삼국의 불교 융성을 각각 서술했다. 동경흥륜사금당십성조東京興輪寺金堂十聖條의 십성十聖은 신라불교 융성에 기여한 고승이다. 탑상편은 모두 30항목으로 구성되었고, 탑·불상·사리·종 등에 대해 기록하고 있다. 의해편에는 원광圓光, 보양寶壤, 양지良志, 혜숙惠宿, 혜공惠空, 자장慈藏, 원효元曉, 의상義湘, 사복蛇福, 진표眞表, 승전勝詮, 심지心地, 태현太賢, 법해法海 등의 전기를 서술하고, 귀축제사조歸竺諸師條에서는 서역구법승에 관해 간략하게 기술했다. 신주편은 밀본최사密本催邪, 혜통항용惠通降龍, 명랑신인明朗神印 등의.세 항목으로 되어 있다. 밀교적 신이승에 관해 서술하고 있는 신주편은 신주로써 최사催邪하고 외적의 침입을 막아 내었다는 호국의 이념이 강조되고 있음이 하나의 특징이다. 일연은 《삼국유사》 전편에 걸쳐 여러 신이나 영이, 혹은 감통 등을 수록했지만, 특히 감통편에서는 신앙 영험을 강조하면서 정성을 다하는 신앙에 대한 감응은 당연한 것으로 이해했다. 일연에게 감통은 자연스러운 종교 현상으로 이해되었고, 불교의 감통을 두루 전하려는 의도 또한 없지 않았다. 피은편에는 비슬산에 숨어 살았던 신라 때의 관기觀機와 도성道成에 관한 기록이나 벼슬을 버린 신충信忠이 지리산 단속사에서 수행하던 이야기 등을 수록했다. 신라의 효행孝行 사례를 수록하고 있는 효선편에는 불교적인 효가 강조되어 있다.

《삼국유사》에는 저자 일연이 붙인 48수의 찬이 있는데, 이는 앞에 기록한 산문의 내용을 운문으로 요약하거나 되풀이 한 찬양이나 찬송의 의미를 가진 것으로 중송重頌의 성격이 강하다. 《삼국유사》는 우리 민족의 고대 역사, 지리, 문학, 종교, 언어, 민속, 미술, 신화 등에 대한 원천적인 자료를 전해 주는 보고로 평가되고 있다. 우리나라 고대 문화에 관한 다양한 자료를 수록해서 전하고 있는 《삼국유사》는 한국 문화의 연원을 탐구하는 이들에게 변함없는 길잡이가 된다.

2. 연구동향과 성과

《해동고승전》에 대해서 황패강은 〈해동고승전연구〉를 통해서 그 책의 체제와 내용, 의의 등에 대하여 고찰했다. 또한 필자는 〈해동고승전의 사학사적 성격〉이라는 글을 발표한 바 있고, 같은 시기에 김형우의 〈해동고승전에 대한 재검토〉라는 글이 발표되었는데, 사학사적인 측면에서 고찰했던 두 글에 크게 다른 의견은 없었다. 그 뒤 김승호는 〈승전의 서사체제와 문학성의 검토〉를 통해 《해동고승전》을 문학적 측면에서 고찰하였다. 장휘옥은 《해동고승전연구》라는 단행본을 간행하면서 종합적이고 자세한 해제를 덧붙였다. 결국 《해동고승전》에 대한 국내의 연구는 역사학·문학·불교학 등의 방면에서 진행된 셈인데, 세부적으로는 약간의 이견이 있지만, 크게 볼 때 연구자 사이의 의견 차이는 많지 않은 편이다.

그러나 외국 학자들이 《해동고승전》을 보는 시각은 다르다. 2006년 7월 독일 함부르크대학에서는 불교 승려전기 서술에 대한 워크숍이 열렸고, 이때 게리 레드야드Gari Ledyard(콜럼비아대학 명예교수)의 〈An Analysis of the Haedong Kosungjon〉이 발표되었다. 그는 《삼국유사》 등의 후대 문헌에 인용되고 있는 《해동고승전》의 내용 가운데 현재 전하고 있는 유통流通 2권 이외의 것을 보기 힘들다면서 각훈이 편찬한 《해동고승전》이 본래 유통편 2권에 지나지 않았을 가능성이 있다고 했다. 그리고 이 행사에 참가하였던 로버트 버스웰 Robert Buswell Jr.(UCLA 교수)과 헨리크 쇠렌센Henrik Sørensen(코펜하겐 불교학연구소) 등은 《해동고승전》의 출현 과정 등이 명확하지 않다면서 다른 문헌에 인용된 《해동고승전》의 내용을 기초로 하여 19세기 말 이후에 만들어진 위서僞書일 가능성이 있다고 이야기하기도 했다(최연식, 2007, 167쪽). 그러나 이 유통편 2권으로만 이루어졌을 것이라는 주장이나 또는 19세기 말 이후에 만들어진 위서일 가능성이 있다는 등의 견해는 이미 최연식이 비판한 바와 같이 받아들이기 어렵다. 더욱이 고려 후기 요원了圓이 편찬했던 《법화영험전》 권하 가운데 '현비구니신顯比丘尼身'이라는 기록이 《해동고승전》 제5로부터 인용했던 사실은 이들의 의혹을 불식시키기에 족하다(《한국불교전서》 6책, 566쪽).

《해동고승전》에 대한 최근의 연구는 이 책에 수록된 개별 전기를 심층적으로 분석하는 경우가 있다. 최연식은 《해동고승전》의 아도와 원광의 전기를 《수이전》 및 《삼국유사》와 비교하여 고려시대 승전의 서술 양상을 검토한 바 있다. 이 연구에 따르면, 《해동고승전》에서는 다양한 자료를 인용하면서도 자료들 사이의 차이점에 대해서는 별다른 관심을 보이지 않고 있다는 것이다. 《해동고승전》의 편찬 목적이 해동 승려들의 위대함을 현창함으로써 해동불교의 훌륭함을 드러내는 것이었음을 보여 준다(최연식, 2007, 184쪽). 곽승훈은 《해동고승전》의 법공전과 법운전을 집중적으로 분석했다. 그리하여 각훈이 법공전을 찬술한 의도는 불교의 위대함은 물론 이상적인 불교국가로서의 모습을 나타내고자 함이었고(곽승훈, 2008, 33쪽), 법운전에서는 군주가 중심이 되어 불사 활동을 일으켜 모범을 보이게 되면 백성들에 대한 교화가 이루어지고 마침내는 나라의 발전이 잘 이루어질 것임을 나타내려 한 것이라고 한다(곽승훈, 2009, 449쪽).

각훈은 자기가 참고로 한 사료에 대한 검토나 서술에 대한 논증이 명확하지 못했다. 또한 《해동고승전》의 서술은 문학적인 표현이 강하게 나타나고 있다. 이는 각훈이 역사가로서보다는 문장으로 더욱 유명했던 사실과 무관하지 않다. 《해동고승전》에 인용된 사료 가운데 객관적인 것이기보다는 주관적으로 고쳐 쓴 부분이 보이는 것도 이 때문이고, 이것은 《해동고승전》의 사서史書로서의 가치를 약화시키는 결과를 빚고 있다. 우리나라 불교사에 대한 각훈의 인식에는 당시 고려불교의 발전을 바탕으로 한 민족문화에 대한 자긍이 두루 투영되어 있다. 고승들의 전법과 교화에 힘입어 불법이 이 땅에 두루 퍼지게 된 공덕을 찬양했는데, 이는 불교의 유통이 사람들의 어두운 눈을 뜨게 하고 선善을 닦게 함으로써, 결국 세상을 두루 도운 결과라는 인식에 기초한 것으로 불교의 홍포와도 무관하지 않았다고 하겠다. 사관史官에 의해 편찬된 대부분의 관찬사서들이 유교사관에 기초하여 서술되고 있던 13세기 전반에 승려 각훈은 민족문화의 자주성을 강조한 《해동고승전》을 지었고, 이로써 그의 사상사적 위치는 확고하다.

《삼국유사》가 학문적 관심의 대상이 되거나 또는 한국고대사 연구의 기본 사서로 적극 활용되기 시작한 것은 대개 20세기 초였다. 따라서 《삼국유사》에 대한 관심과 연구도 이미 백 년이 되었고, 《삼국유사》와 관련된 여러 문제, 즉 저자 일연의 생애와 사상, 서지, 체제와 성격, 사학사적 의의 등에 관한 많은 연구성과가 축적되었다.

인각사麟角寺에 보각국사普覺國師 일연의 비碑가 세워진 것은 충렬왕 21년(1295)이었다. 그러나 이 비는 조선시대에 심하게 파손되었는데, 다행히 민지閔漬가 쓴 비문은 그 사본이 전해졌지만, 산립山立이 쓴 비음碑陰만은 여러 비첩에 불완전한 상태로 전한다. 이 음기에 대해서는 채상식, 김상현, 정병삼 등의 연구를 거쳐 비를 복원하기에 이르렀다(정병삼, 2006). 일연은 선사禪師였지만 교학敎學에도 깊은 이해를 가지고 있었을 뿐만 아니라 외전外典에도 두루 통했다. 물론 그의 본령은 선불교禪佛敎였지만, 100여 권의 저서를 남겼고, 더욱이 《삼국유사》는 귀중한 사서로 주목된다. 《삼국유사》 권5에 '일연찬一然撰'이라는 저자명이 보인다. 이로써 《삼국유사》가 일연의 저술임을 알 수 있다. 《삼국유사》는 일연의 단독 저술이 아니라는 주장도 있지만, 《삼국유사》에 일연이 직접 편찬하지 않은 왕력이 포함되어 있다고 해서 이 책의 저자를 여러 명으로 볼 수 있는 근거가 되는 것은 아니다.

《삼국유사》의 찬술 시기에 대한 견해도 엇갈리고 있다. 일연은 젊은 시절부터 사료 수집에 관심을 갖고 있었지만, 원고를 집필한 시기는 아무래도 만년이었던 것 같다. 가섭불연좌석조에 보이는 '지금 지원至元 18년'은 일연의 나이 76세이던 충렬왕 7년(1281)으로 《삼국유사》 찬술 당시의 기록이다. 충렬왕 9년(1284) 3월에 일연을 국존國尊으로 삼고 '원경충조圓徑冲照'라고 했으며, 10년에 인각사를 하안下安의 사원으로 해서 일연이 주석할 수 있게 했다. 따라서 일연의 직함에 '국존원경충조國尊圓徑冲照', '인각사주지麟角寺主持' 등이 포함될 수 있던 시기는 그의 나이 79세가 되던 1285년 이후로부터 84세로 입적한 1289년까지이다. 따라서 《삼국유사》 찬술의 하한 연대는 1289년까지 잡을 수 있다.

《삼국유사》에는 무극의 부기 이외에도 후인의 첨기添記가 있다는 주장이 있다. 이기백은 가락국기駕洛國記·명주오대산보질도태자전기조溟州五臺山寶叱徒太子傳記條·오대산문수사석탑기조五臺山文殊寺石塔記條·동경흥륜사금당십성조東京興輪寺金堂十聖條 등이 일연 이후에 추가되었을 것이라고 한다(이기백, 1984, 21쪽). 하정룡은 기이편도 일연에 의해 전부 완성된 것이 아니라, 무극을 비롯한 후대의 누군가가 천사옥대조天賜玉帶條 등을 재편집하고, 후백제견훤조 등을 보입補入하여 완성시킨 것으로 추측하고 있다(하정룡, 2005, 262쪽). 그러나 필자가 검토한 바로는 무극이 부기한 전후소장사리조前後所將舍利條 가운데 안설按說과 관동풍악발연수석기조關東楓岳鉢淵藪石記條 이외에는 후대 사람이 추가했다고 인정할 만한 항목은 없다. 이마니시는 이미 1929년에 발표한 글에서 《삼국유사》에는 후주가 있다고 주장했고(今西龍, 1929, 8쪽), 다카하시는 본격적으로 후주에 대해서 말한 바 있다. 그는 더욱이 고본古本, 일본一本, 혹본或本 등을 정덕본正德本 이전의 다른 간행본으로 보았기 때문에 적지 않은 후주가 있다고 주장했다(高橋亨, 1955, 67~70쪽). 하정룡에 따르면, 《삼국유사》에는 7개의 후주가 있는데, 이는 필사본 유사를 활용했던 승려들이 그 책의 행간에 기록했던 것이라고 한다(하정룡, 2005, 207쪽).

《삼국유사》의 주註 가운데는 '고본古本'을 비롯한 일본, 별본, 혹본 등의 인용이 상당히 많다. 이 주들은 그 해석 여하에 따라 《삼국유사》의 이본異本 및 후주後註의 유무와 직결되기에 주의해서 검토할 필요가 있다. 다카하시는 고본, 일본, 혹본 등을 정덕본 이전에 있었던 《삼국유사》의 다른 간행본으로 보았다(高橋亨, 1955, 67~70쪽). 그는 무극에 의해 초판이 간행되었다고 파악하고, 무극의 초간본을 고본이라고 하면서, 또한 일본, 혹본 등은 고본 이후에 나타난 이본이라고 주장했다. 고본을 자의적으로 해석하면, 그것은 《삼국유사》의 옛 간행본이라는 뜻에 가깝다. 그러나 고본을 《삼국유사》의 옛 판본으로 보는 견해를 받아들이기에는 상당히 많은 문제가 제기된다. 편차編次를 달리하는 등의 전면적인 개각改刻에 관한 문제, 일본·혹본 등의 여러 사본이나 판본이 고려 후기에 유통되었을까 하는 의문, 후주의 유무 등이 그것이다. 고본, 일본, 혹본 등은 《삼국유사》의 간행본으로 해석하기보다, 일연이 참고로 했던 다른 종류의 책이라는 의미로 이해하는 것이 좋을 것 같다. 원광서학조圓光西學條에 인용된 《고본수이전古本殊異傳》의 예와 같이, 일연이 보았던 전적典籍 가운데 고본, 일본, 혹본 등이었을 것이다. 《삼국유사》에 있는 찬 가운데는 일연이 지은 것이 아닌 타인의 글이 포함되어 있다는 주장도 있다. 그러나 김주한과 하정룡 등이 지목하는 몇 개의 찬(김주한, 1984, 245쪽; 하정룡, 2001a·2001b·2005)에 대하여 다시 검토해 보았지만, 48수의 찬 가운데 일연이 짓지 않은 것은 하나도 없다.

《삼국유사》의 초판 간행이 언제 누구에 의해서 이루어졌을 것인지에 대해서는, 일연 간행설과 무극 간행설, 그리고 조선 초 간행설 등이 있다. 일연비문에는 저서에 관해 언급하고 있지만, 《삼국유사》는 보이지 않는다. 일연의 저서 100여 권 가운데 서명을 밝히지 않은 20여 권에 《삼국유사》도 포함되었을 수도 있고, 미간행으로 인해 비문에 명기되지 못했을 수도 있다. 일연 만년에 탈고되고 미간행으로 전해지던 《삼국유사》를, 그가 입적한 뒤에 제자 무극이 검토하여 처음으로 간행했을 것이라는 주장도 있다. 이는 다카하시의 설인데(高橋亨, 1955, 66~67쪽), 필자도 무극이 1310년대에 초간했을 것으로 추측한 바 있다(김상현, 1987, 36·42쪽). 제자 무극이 《삼국유사》를 간행한 것이 아니라 찬자의 수고手稿에 보기補記하여 정고定矯한 뒤 이루어진 전사유통본傳寫流通本이 전승되었을 것이라는 주장도 있다(천혜봉, 2005, 224쪽). 공민왕 10년(1361) 1월에 작성된 경주사수호장행안서慶州司首戶長行案序에는 신라시조혁거세왕조新羅始祖赫居世王條의 내용 일부가 인용되어 있다(노명호, 2000, 340쪽). 고려 후기의 전적에 《삼국유사》가 인용된 유일한 사례이다. 이때의 《삼국유사》가 간본인지 필사본인지에 대한 판단은 쉽지 않다. 아직 구체적으로 확인된 고려 판본은 없고, 조선 초기 판본이 가장 오래된 것으로 조사되고 있다. 이 때문에 《삼국유사》 초간본은 조선 초에 이루어졌다는 견해가 제기되었다. 찬자 일연이 성고成稿하고 제자 무극이 보기하여 정고한 것이 다양하게 전사유포傳寫流布되다가 조선 초에 판각되었다는 것이다(천혜봉, 2005, 224쪽). 《삼국유사》의 초간이 조선 초에 있었다는 견해에 대해서는 아직도 깊이 있고 다양한 분야의 분석이 필요하다.

지금까지 알려진 가장 오래된 《삼국유사》 고판본으로는 석남본石南本, 곽영대본郭永大本, 니산본泥山本(성암고서박물관), 조종업본趙鍾業本,[1] 범어사본梵魚寺本(국립진주박물관), 모씨본某氏本 등이 있는데, 모두 조선 초기 판본으로 알려지고 있다. 1940년대에 송석하가 소장했

1) 필자는 1992년에 조종업 소장의 《삼국유사》 권2의 영본 1책을 조사했다. 판식과 글자의 같고 다름 등으로 보아 이 본은 임신본 이전의 고판본으로 선초본임을 확인했다.

던 석남본은 왕력과 1권만의 잔본이다. 현재는 그 행방이 알려지지 않고 있다. 다만 이 석남본을 모사한 필사본이 고려대학교 중앙도서관에 소장되어 있어서 참고된다. 곽영대본은 1·2권은 없고 3·4·5권만이 남은 1책이다. 니산본(남권희, 1990)과 조종업본도 2권만이, 그리고 최근에 확인된 범어사본은 4·5권만 남은 잔본이다. 《삼국유사》의 완질은 1512년(중종 7)에 경주부慶州府에서 이계복李繼福 등이 간행한 임신본壬申本이 있다. 흔히 정덕본이라고 부르는 것이다. 이 임신본의 대표적인 인본印本으로는 서울대본, 만송문고본, 순암수택본 등이 있다. 이 판본에는 서법書法이나 각법刻法이 서로 다른 것이 많다. 이것은 복각覆刻과 필서보각筆書補刻이 혼용되고, 또 각 고을에 나누어서 새겼기 때문이다. 최기동崔起潼, 이산보李山甫 두 생원이 교정을 보았는데, 옛 판본의 오류를 바로잡은 경우도 있지만 그 반대의 경우도 없지 않았다. 고조선조 가운데 환인桓因이 환국桓國으로 바뀐 것도 그 잘못된 한 예다. 등재원고登梓原稿 가운데에도 불분명한 곳이 있었을 것이고, 각수刻手나 교정자의 실수 또한 없지 않았다.

《삼국유사》의 체재에 대해서, 중국 세 고승전高僧傳의 체재를 따른 것(민영규, 1969, 88쪽), 극히 자유로운 형식(이기백, 1973; 1976, 54쪽), 《삼국사기》에 상응하는 체재(고익진, 1982, 31쪽), 설화 의식적인 분류(황패강, 1982, 171쪽) 등 여러 가지 설이 있다. 이 책의 편명 가운데는 중국 세 고승전의 영향을 받은 것이 있다. 의해·감통 등이 그것이다. 그러나 왕력·기이·피은·효선 등은 중국 고승전에는 없는 편명이다. 따라서 이 책의 체재가 중국 세 고승전의 체재를 전적으로 따른 것은 아니다. 이 책은 순수한 불교사서가 아니고, 고승전의 편찬을 목표로 한 것도 아니다. 그러기에 중국 고승전의 체재를 그대로 따를 필요는 없었다. 《삼국유사》는 기이편까지의 일반사와 흥법편 이하의 불교사로 되어 있어서 일반사와 불교사를 동시에 서술한 책으로 평가된다(이기백, 1976, 55쪽; 김태영, 1974, 283쪽). 물론 이 책을 불교사로 보려는 견해도 있다(민영규, 1973, 157쪽). 이 책에 불교 관계 기사가 많은 것은 사실이지만, 이를 불교사로만 보기는 어렵다.

《삼국유사》에는 많은 자료가 인용되어 있음이 특징이다. 고조선조나 아도기라조 등은 많은 전거를 밝혀서 기록하고 있다. 그러나 사복불언조나 염불사조 등에서 볼 수 있듯이, 아무런 전거도 밝히지 않은 항목도 많다. 《삼국유사》는 대부분 고문의 인용과 극소분極小分의 문견聞見의 수록隨錄으로 이루어지니 의거의 풍부함과 인용의 충실을 드러내었다거나(최남선, 1927; 1941, 14쪽), 《삼국유사》의 편찬은 전거를 밝혀서 인용하는 것을 원칙으로 했다는 견해가 있다(이기백, 1987, 101쪽). 별도로 출전을 밝히지 않은 경우라도 원래는 전거가 따로 있는 기록이었다는 주장을 하는 경우도 있다. 《삼국유사》에는 70여 항목에 출전이 명기되어 있지 않다. 전거를 밝히지 않은 항목이 거의 반이나 되는 셈이다. 이것은 《삼국유사》 자료의 신빙성 문제와 관련하여 지나칠 수 없는 대목이다. 사정이 이러함에도, 전거를 명기한 항목들에만 주목하거나 또는 인용된 자료에만 유의하여 이 책의 신빙성을 지나치게 강조한다면 문제가 있다. 《삼국유사》의 신빙성 여부는 전체적으로 평가하기보다는 기록에 따라서 개별적으로 판단할 필요가 있다.

《삼국유사》는 그것이 갖고 있는 장점만큼이나 문제와 한계도 많은 책이다. 특히 역사서라는 기준에서 볼 때, 더 많은 문제가 드러난다. 그런데 오늘날 이 책을 지나치게 과대평가하는 경향도 없지 않다. 이러한 경향은 바람직하지 못하다. 《삼국유사》의 장점과 한계를 동시에 인식하는 일은 이 책의 올바른 이해를 위해서 더 중요하다. 《삼국유사》가 안고 있는 여러 문제 가운데서도 서술의 일관성이 유지되지 못했음은 일차적으로 주목해야 한다. 이 책에 대한 평가가 크게 엇갈리는 이유도 이 문제에 말미암은 바가 많기 때문이다.

《삼국유사》가 무슨 내용을 수록한, 즉 어떤 성격의 책인지에 대해서도 의견이 분분하다. 역사학계에서는 이것이 역사서라는 점에 별다른 의문을 제기한 적이 없다. 그러나 국문학계에서는 이를 설화 집성집으로 보는 견해가 있다. 즉 《삼국유사》가 역사책이냐 이야기책이냐는 질문을 제기하면서, 이 책은 '찬술의 자세, 서술 형식 및 내용 등에 비추어 설화 문학서 또는 설화 집성을 목적으로 한 찬술'이라고 주장하는 경우다(황패강, 1982, 204쪽). 이와 같은 견해는 이 책을 역사서라는 차원에서 논의해 온 역사학계의 성과에 대하여 그 기초부터 반성하게 하는 중대한 문제 제기이다. 이 책에 신화·전설·설화 등으로 볼 수 있는 기록이 많은 것은 사실이다. 그렇다고, 이 책이 설화만을 모은 것이라고 하기에는 문제가 있다. 이 책에는 역사적인 서술 또한 많기 때문이다. 《삼국유사》의 성격이 역사책이냐 이야기책이냐는 양자택일 식의 질문은 바람직하지 않다. 역사는 오랫동안 설화라는 형태로 유지되어 오기도 했다. 그리고 일연은 역사와 설화에 대한 이해를 함께 갖고 있었다. 이 점을 감안할 때, 설화와 사실이 뒤섞여 있는 이 책을 설화적인 역사로 이해한 견해는 시사해 주는 바가 많다(조동일, 1980, 174~182쪽).

《삼국유사》는 체계 잡힌 역사 서술인가, 그렇지 못한가 하는 논의가 있다. 최남선은 '불용의不用意한 일만록一漫錄'이라고 했다. 또한 《삼국유사》는 미완성일 것이라는 추측도 있다. 즉 서지학적인 측면에서 무극이 일연의 유고를 정리·간행했을 것으로 본 경우가 그렇고(유탁일, 1983, 269쪽), 서문이나 발문이 없을 뿐만 아니라 선종의 수용에 대해서도 침묵한 점 등으로 볼 때, 《삼국유사》는 미완성이었을 가능성이 있다는 추측 또한 그렇다(허흥식, 1986, 117쪽). 반대

의견도 있다. 삼국사이기 이전에 불교사로서 주도한 용의와 완전을 기하려는 작품이라는 주장의 경우다(민영규, 1973, 157쪽). 또 뚜렷한 체계적 의식으로 쓴 처음과 끝이 일관된 종교사라는 주장도 있다(정구복, 1987, 16쪽). 그러나 《삼국유사》를 체계적이고 완전한 역사서로 보기에는 여러 문제와 한계가 있다. 이 책을 삼국의 역사 전반에 관한 역사서로 보기는 어렵다. 그렇다고 삼국의 불교사 전체를 포괄하거나 체계적으로 서술한 것으로 보기도 어렵다. 대부분 불교사 관계 기록으로 되어 있는 흥법편 이하의 서술만을 독립시켜 보더라도 체계적인 불교사라고 보기는 어렵다. 물론 불교의 수용과 탑상 및 고승들의 전기 등을 볼 때 체계적으로 되어 있다고 할 수 있지만, 다시 그 내용을 자세히 살펴보면 여러 문제를 안고 있다. 고승전의 문제를 그 예로 살펴보자.

이 책에 수록된 고승만으로는 삼국의 체계적인 고승전이 못 된다. 우선 많은 고승이 빠졌다. 일연 자신이 중국의 세 고승전을 참고하여 그 기록을 인용한 경우가 있음에도, 순경順憬·원표元表 등 《송고승전》에 입전入傳되어 있는 신라 승려들에 대해 단 한 줄도 서술하지 않았다. 그뿐만 아니라, 선종의 수용에 대해서도 침묵해 버렸다. 《삼국유사》에 수록되어 있는 고승의 경우에도 그 서술이 다양하다. 원광서학조와 원효불기조를 비교해 보면 상당한 차이가 보인다. 원광서학조는 《속고승전》의 원광전, 《고본수이전》 가운데 원광법사전, 《삼국사기》 귀산전 등을 인용하고, 일연 자신의 논의와 찬을 덧붙여 구성했다. 원효불기조의 경우 이 기록만으로는 원효의 체계적인 전기 기록이 되지 못한다. 일연은 처음부터 여러 기록을 참고하고 인용하여 원효의 독립된 전기를 쓰려고 의도하지도 않았다. 다만 향전鄕傳에 전하는 한두 가지 특이한 행적을 적어서 《송고승전》 가운데 원효전과 그의 행장을 보충하려 했다고 스스로 밝히고 있기 때문이다. 이와 비슷한 경우는 좀 더 많은 항목에서 그 예를 찾아볼 수 있다.

필자는 일연의 불교사관에 대해 논의한 적이 있다. 일연은 우리나라의 역사 전통을 불교신앙을 중심으로 파악했고, 따라서 그는 불교사 또는 정신사를 강조하는 입장에 있음을 지적했다(김상현, 1978). 일연은 《삼국유사》를 찬술하면서 자신의 역사관을 분명히 밝히지는 않았다. 그럼에도 그의 역사관이 불교사상에 바탕을 두고 있었을 것임은 쉽게 짐작해 볼 수 있다. 이기백은 《삼국유사》의 사학사적 의의를 역사적 의의와 현대적 의의로 구분하여 고찰했었는데, 《삼국유사》가 사학사에서 지니는 역사적 위치가 전진적이기보다는 복고적이었지만, 현대에서 지니는 의의는 도리어 크다고 주장했다(이기백, 1987, 66쪽). 일연은 신이사관神異史觀에 입각해 있었음이 《삼국유사》의 역사적 의의가 복고적이었다는 주장의 중요한 이유다. 신이적인 설화와 불교의 영험설화를 많이 수록하고 있는 것이 《삼국유사》의 두드러진 특징임은 앞서 말한 바와 같다. 그렇다고, 일연은 신이만을 기록하려 했던 것도, 신이를 역사적인 사실로만 믿고 있었던 것도 아니다. 그에게는 설화를 통해 정신사적 의미를 발견하고, 불교 영험담의 강조를 통해 신앙심을 고무시키고자 하는 의도가 있었다. 신이적 설화 형태로 전해진 많은 고대 사료를 기전체로 개서改書하기 위하여 분해함으로써 그 구체적 성격을 전하지 못하고, 또한 설화 형태의 고대 사료가 내포하고 있던 역사적 의미를 파악하지 못한 채 괴력난신怪力亂神을 말하지 않는다는 유교사관에 따라 많은 고대 사료를 간과해 버린 《삼국사기》에 견주어 《삼국유사》에 나타나는 일연의 설화에 대한 인식은 복고적인 것이 아니다.

3. 과제와 전망

《해동고승전》을 사료로 이용하기 위해서는 더 자세한 고증이 따라야 한다. 현재 한국과 일본에 유포된 《해동고승전》의 사본에는 두 계통이 있고, 서로 상당한 차이가 있기에 이들 두 본에 대한 자세한 대교對校가 필요하다. 이에 대해서는 다음의 과제로 할 것이다.

《삼국유사》 조선 초기 판본인 곽영대본, 니산본, 조종업본, 범어사본 등을 한데 묶어서 영인으로 간행하는 일은 가장 우선해야 할 과제다. 조선 초기 판본은 이 책에 대한 여러 서지적 문제를 풀어 가는 기초 자료가 되기 때문이기도 하지만, 보존의 문제도 함께 생각해야 하기 때문이다. 아직 《삼국유사》의 서지적인 연구는 미흡한 단계에 머물러 있다고 할 수 있다. 이처럼 이 방면 연구가 활발하게 이루어지지 못하고 있는 일차적 원인은 나라 안팎에 귀중본으로 보관되고 있는 여러 인본印本을 쉽게 대하기 어려운 데 있다. 따라서 현존하는 모든 인본에 대한 종합적이고도 자세한 서지적 연구가 있어야 한다. 이를 바탕으로 하여 《삼국유사》에 대한 더 정교한 교감이 이루어져야 할 것이다. 그 교정은 목판본을 중심으로 하고 활자본은 참고 자료로 활용되어야 한다. 종래에는 이러한 교정의 기본 원칙마저 무시된 경우가 없지 않았다. 《삼국유사》가 전하고 있는 자료의 신빙성 문제는 앞으로도 더욱 검토될 것이지만, 전체적으로 신빙성 여부를 판단할 것이 아니라 개별 기록에 대한 사료 비판에 유의할 필요가 있을 것이다. 그리고 이 책의 초간에 관한 문제나 후대 사람에 의한 추가설, 더욱이 후주 등의 문제에 대해서는 더 신중하고도 정밀한 연구가 요구된다고 하겠다. 《삼국유사》가 인용하고 있는 자료들에 대한 더 정밀한 검토가 필요하다. 인용 자료들의 전거를 원 자료와 견주어 하나하나 조사하고 검토할 필요가 있다. 무엇보다도 《삼국유사》는 종합적인 연구가 필요하다. 이를 위해서 여러 전공자의 공동 연구나 토론도 유익하겠지만, 연구자 개개인에게 폭넓은 시야가 요구될 뿐만 아니라, 각 분야의 연구성과에 더 많은 관심을 기울여야 할 것이다.

참고문헌

1. 자료

《대각국사문집》《西河集》《한국불교전서》

2. 연구 논저

1) 단행본

길태숙 외, 2003, 《삼국유사와 여성》, 이회.

김열규 편, 1983, 《삼국유사와 한국문학》, 학연사.

김영수, 2009, 《삼국유사의 문화코드》, 일지사.

김영태, 2009, 《자세히 살펴본 삼국유사》 1, 도피안사.

노명호, 2000, 《한국고대중세고문서》 上, 서울대학교출판부.

동북아세아연구회 편, 1982, 《삼국유사의 연구》, 중앙출판.

류부현, 2007, 《삼국유사의 교감학적 연구》, 한국학술정보.

박진태 외, 2002, 《삼국유사의 종합적 연구》, 박이정.

송효섭, 1990, 《삼국유사설화와 기호학》, 일조각.

______, 2002, 《초월의 기호학》, 소나무.

신라문화선양회, 1980, 《신라문화제학술발표회논문집》 창간호(삼국유사의 신연구).

신종원, 2004, 《삼국유사 새로 읽기—기이편—》, 일지사.

영남대 민족문화연구소, 1983, 《삼국유사연구 상》, 영남대학교출판부.

이도흠, 2000, 《신라인의 마음으로 삼국유사를 읽는다》, 푸른역사.

이소라, 2005, 《삼국유사의 서술방식 연구》, 제이엔씨.

이하석, 1995, 《삼국유사 현장 기행》, 문예산책.

일연학연구원 편, 2005, 《삼국유사 연구》 창간호.

______________, 2007, 《일연과 삼국유사》, 일연학연구원.

장휘옥 역, 1991, 《해동고승전연구》, 민족사.

정구복 외, 2005, 《삼국유사 기이편 연구》, 한국학중앙연구원.

정병삼, 1998, 《일연과 삼국유사》, 새누리.

지준모, 2005, 《삼국유사의 어문학적 연구》, 이회.

최광식·박대재, 2009, 《점교삼국유사》, 고려대학교출판부.

하정룡·이근직, 1997, 《삼국유사 교감 연구》, 신서원.
______, 2005, 《삼국유사 사료 비판》, 민족사.
한국정신문화연구원, 1980, 《삼국유사색인》.
________________, 1987, 《삼국유사의 종합적 검토》.
________________, 2003, 《역주삼국유사》 1~5, 이회문화사.
허흥식, 1986, 《고려불교사연구》, 일조각.
화경고전문학연구회, 2008, 《삼국유사의 문학적 탐구》, 이회문화사.
효성여대 한국전통문화연구소, 1985, 《한국전통문화연구》 1집(삼국유사 특집 1).
________________________, 1986, 《한국전통문화연구》 2집(삼국유사 특집 2).

2) 논문

고익진, 1982, 〈삼국유사 찬술고〉, 《한국사연구》 38.
곽승훈, 2008, 〈해동고승전 법공전의 찬술〉, 《한국사학사학보》 17, 한국사학사학회.
______, 2009, 〈해동고승전 법운전의 찬술〉, 《석문이기동교수정년기념논총 한국고대사연구의 현단계》, 주류성출판사.
김문태, 1990, 〈삼국유사 체재와 성격〉, 《도남학보》, 도남학회.
김상현, 1978, 〈삼국유사에 나타난 일연의 불교사관〉, 《한국사연구》 20, 한국사연구회.
______, 1982, 〈삼국유사의 간행과 유통〉, 《한국사연구》 38, 한국사연구회.
______, 1984, 〈해동고승전의 사학사적 성격〉, 《남사정재각박사고희기념동양학논총》.
______, 1985, 〈삼국유사 왕력편 검토〉, 《동양학》 15, 단국대학교 동양학연구소.
______, 1987, 〈삼국유사의 서지학적 고찰〉, 《삼국유사의 종합적 검토》, 한국정신문화연구원.
______, 1993, 〈각훈〉, 《한국사시민강좌》 13, 일조각.
______, 1997, 〈일연의 불교사상〉, 《녹원스님고희기념학술논총 한국불교의 좌표》.
______, 2000, 〈삼국유사 효선편 검토〉, 《동양학》 30, 단국대학교 동양학연구소.
______, 2003, 〈삼국유사론〉, 《강좌한국고대사》 1, 가락국사적개발연구원.
______, 2005a, 〈삼국유사의 찬(讚) 연구〉, 《동국사학》 41, 동국사학회.
______, 2005b, 〈삼국유사의 체제와 편목 구성〉, 《삼국유사연구》 1, 일연학연구원.
______, 2007, 〈삼국유사의 편찬과 간행에 대한 연구현황〉, 《불교연구》 26, 한국불교연구원.
김승호, 1987, 〈승전의 서사체제와 문학성의 검토—해동고승전을 중심으로—〉, 《한국문학연구》 10, 동국대학교.

김영태, 1984, 〈삼국유사의 체재와 그 성격〉, 《논문집》 13, 동국대학교.
김주한, 1984, 〈삼국유사소재 찬에 대하여〉, 《삼국유사연구》 상, 영남대학교 민족문화연구소.
김태영, 1974, 〈역사학〉, 《한국사》 8, 국사편찬위원회.
김형우, 1984, 〈해동고승전에 관한 재검토〉, 《남도영박사회갑기념 사학논총》, 태학사.
남권희, 1990, 〈니산본 삼국유사의 서지적 고찰〉, 《서지학연구》 5·6, 서지학회.
민영규, 1969, 〈삼국유사〉, 《한국의 고전백선》(《신동아》 1월호 부록).
______, 1973, 〈일연의 선불교〉, 《진단학보》 36, 진단학회.
박영호, 1998, 〈해동고승전 고찰〉, 《동방한문학》 4, 동방한문학회.
유탁일, 1983, 〈삼국유사의 문헌변화 양상과 변인〉, 《삼국유사연구》 상, 영남대학교 출판부.
이강래, 1990, 〈삼국유사에 있어서의 구삼국사론에 대한 비판적 검토〉, 《동방학지》 66, 연세대학교 국학연구소.
이근직, 1998, 〈삼국유사 왕력의 편찬 성격과 시기〉, 《한국사연구》 101, 한국사연구회.
이기백, 1973, 〈삼국유사의 사학사적 의의〉, 《진단학보》 36; 1976, 《창작과 비평》 41.
______, 1983, 〈신라불교에서의 효관념—삼국유사 효선편을 중심으로—〉, 《동아문화》 2, 서강대학교.
______, 1984, 〈삼국유사 기이편의 고찰〉, 《신라문화》 1, 동국대 신라문화연구소.
______, 1985, 〈삼국유사 왕력편의 검토〉, 《역사학보》 107, 역사학회.
______, 1987a, 〈삼국유사 기록의 신빙성 문제〉, 《아시아문화》 2, 한림대학교.
______, 1987b, 〈삼국유사의 편목구성〉, 《불교와 제과학》, 동국대학교 출판부.
이정훈, 2006, 〈기원 강박과 삶, 그리고 서사—삼국사기 해동고승전 유통1과 삼국유사 흥법 비교—〉, 《국어문학》 41, 국어국문학회.
정구복, 1986, 〈삼국유사에 대한 사학사적 고찰〉, 《삼국유사의 종합적 검토》, 한국정신문화연구원.
정병삼, 2006, 〈일연선사비의 복원과 고려 승려 비문의 문도 구성〉, 《한국사연구》 133.
조동일, 1980, 〈삼국유사 설화 연구의 문제와 방향〉, 《신라문화제학술발표회논문집》 1.
채상식, 1986, 〈지원 15년 인흥사간 역대연표와 삼국유사〉, 《고려사의 제문제》, 삼영사.
천혜봉, 2005, 〈삼국유사 판각의 시기와 장소〉, 《삼국유사연구》 창간호,

일연학연구원.
최남선, 1927, 〈삼국유사 해제〉, 《계명》 18; 1941, 《신정 삼국유사》.
최연식, 2007, 〈고려시대 승전의 서술 양상 검토—수이전 해동고승전 삼국유사의 아도와 원광전기 비교—〉, 《한국사상사학》 28, 한국사상사학회.
하정룡, 2001a, 〈삼국유사의 찬에 대한 일고찰〉, 《고대문화》 53권 3호.
______, 2001b, 〈삼국유사 소재 찬에 대하여〉, 《남도문화연구》 7, 순천대학교 도남문화연구소; 2005, 《삼국유사 사료비판》, 민족사.
______, 2005, 《삼국유사 사료비판》, 민족사.
황패강, 1976, 〈해동고승전 연구〉, 《신라불교설화연구》, 일지사.

今西龍, 1918, 〈海東高僧傳に就いて〉, 《史林》 3권 3호; 1974, 《高麗及李朝史硏究》, 東京, 國書刊行會.
______, 1929, 〈檀君考〉, 《朝鮮古史の硏究》; 1937, 東京, 近澤書店.
高橋亭, 1955, 〈삼국유사의주급단군전설의 발전〉, 《朝鮮學報》 7.

사원경제

이병희(한국교원대 역사교육과)

1. 개관

모든 종교기관은 일정한 재정수입을 확보해야 충실한 기능을 할 수 있다. 그러나 각 종교마다 경제 이념이 다르기 때문에, 그 재정을 마련하는 방법에 차이가 있다. 그리고 재정을 포함한 종교기관의 경제는 그 종교를 받아들인 사회의 조건에도 큰 영향을 받으므로 같은 종교라 할지라도 나라마다 상당한 차이를 보인다.

불교 사원도 운영해 가려면 상당한 재원을 필요로 한다. 승려들의 생활비, 건물의 수선비, 불사佛事·법회法會의 경비, 사회구제사업비 등을 갖추지 않으면, 승려들이 안정적으로 생활할 수 없고, 건물의 유지가 불가능하며, 종교행사와 사회활동을 지속해 갈 수 없다. 그러한 재정의 확보·운영, 나아가 생산과 분배를 포함한 사원의 경제 활동은 불교를 받아들인 나라의 사회경제적 여건에 따라, 정치권의 추이에 따라 많은 차이가 있다.

사원의 경제문제는 불교의 사회적 성격과 위상을 이해하는 데 일차적으로 해명해야 할 과제이다. 어떤 종교이든 경제적 바탕은, 그 종교의 사회적 성격을 크게 조건 지우기 때문이다. 또한 사원경제의 파악은 전체 경제사經濟史를 체계화하는 데에도 큰 시사를 준다. 사료가 부족한 시기의 사회경제는 종교기관의 경우가 비교적 풍부한 자료를 남기고 있어 구체적인 실상에 접근하는 데 도움이 되기 때문이다.

우리나라는 중국을 거쳐 불교를 받아들였기 때문에, 그 경제 기반의 마련 방법이나 운영의 원리는 중국 사원경제의 영향을 크게 받았다. 중국의 사원경제는 불교가 인도에서 전래되었기에 인도의 영향을 받은 바 컸다. 따라서 인도 사원경제의 성립 과정은 우리의 사원경제에 앞서 이해할 필요가 있다.

석가釋迦가 활동하던 기원전 6~5세기의 인도사회는 대大변환기로서(大野信三, 1957) 농업을 중심으로 하고 있던 사회에서 도시가 발달하였으며 화폐가 사용되었다. 도시는 성벽으로 둘러싸여 있었고 꽤 많은 인구가 살았으며, 이곳에는 왕이 있었고 물자가 집중되어 있었다. 도시를 중심으로 상공업자의 활동이 두드러졌으며, 농촌을 기반으로 하던 브라만층을 대신하여 크샤트리아가 사회적인 영향력을 늘려 갔다. 불교경전은 4성姓의 순서를 바꾸어 크샤트리아·브라만·바이샤·수드라의 순으로 배열하고 있는데, 이것은 석가가 크샤트리아 계급 출신이기 때문만은 아니고, 아마도 당시 세력의 우열을 반영한 것이라고 할 수 있을 것이다(增谷文雄, 1981·1984).

이러한 시점에 발생한 불교 교단은 반反브라만 성격의 종교로서 도시의 신흥자산가의 적극적인 후원을 받으면서 성장하였다. 그들 교단의 조직은 당시 정치나 상공업자의 조합과 비슷하여 승가僧伽라 불리고 있었으며(佐藤密雄, 1991), 상업 활동에 대해 호의적이었다.

초기의 출가자는 3의1발三衣一鉢의 소유만이 허용되었다. 출가자는 하루에 한 번뿐인 오전 중의 탁발로 얻은 음식물을 취하고, 주워 모은 헝겊 조각을 빨아서 꿰매 세 벌의 옷을 장만하며, 나무 아래나 바위에서 잠을 자고, 약으로는 부뇨약腐尿藥을 사용하는 것만이 허용되었다. 이들은 어떠한 생산에도 종사할 수 없었으며(木村清孝, 1973), 또한 매매행위를 하는 것도 율律에 저촉되었다. 사문沙門의 사적私的 소유는 물론 교단의 공동 소유도 존재하지 않았다.

그러나 처음부터 불교 교단은 걸식·유행遊行하는 데 문제가 있었다. 우기雨期에 3개월 동안 안거安居하여야 했는데, 안거 기간에는 걸식·유행이 불가능하였기 때문에, 일정한 거처가 필요하였고, 신자의 음식물 시납施納이 불가피하였다. 그리하여 점차 정주定住하게 되었고, 소지품도 3의1발 외에 침鍼·바랑·방석 등의 소지가 허용되었다(李載昌, 1973). 걸식으로 살아가는 데에도 문제가 있었다.

교단경제敎團經濟는 대체로 다음과 같은 세 시기를 거쳐 차츰 확립되었다(宮坂有勝, 1991). 첫째 단계는 교단에 화폐가 기진寄進되었을 때 그것을 남이 못 보는 장소에 버린다거나 구덩이를 파서 묻어 버리는 것이고, 다음 단계는 화폐를 옷감 등의 물품과 교환해서 그것을 교단의 공동 소유로 하여 모든 출가자가 사용하는 것이며, 셋째 단계는 축적된 화폐를 가지고 교단 자체가 금융활동을 하여 그 이윤으로 교단 운영의 비용에 충당하는 것이다. 그러나 교단경제의 이와 같은 형성 과정은 결코 순탄한 것이 아니었다. 석가가 입멸한 뒤 많은 탑물塔物이 세워졌고 신자들은 여기에 많은 물품을 신앙의 표시로 시납하였다. 이것은 탑파물塔婆物, 곧 불물佛物이지 승물僧物은 아니었다. 이 불물은 원시 계율에 따른다면, 썩어 없어지도록 그냥 내버려 두어야 하는 것이 원칙이었다. 그러나 여러 승단僧團의 사정은 각기 달랐다. 불물이 매우 많은 수도 있었고 적은 경우도 있었으며,

경제적인 여유에서도 뚜렷한 차이가 났다. 일부에서는 삼보三寶의 공양을 위해 불물을 빌려 주고 이자를 받는 교단도 있었다.

이러한 문제를 처리하고자 불멸佛滅 후 100년이 지난 뒤 700명이 넘는 비구들이 모여 논의하게 되었다. '금은정金銀淨'의 문제, 즉 출가수행자의 금은 화폐의 저축을 인정하는 문제가 중심 논제였다. 이 사건을 계기로 하여 승단이 크게 양분되었으니, 대중부大衆部와 상좌부上座部가 그것이었다. 상좌부는 이전의 율을 옹호하여 부정한 것으로 보았지만, 대중부는 '금은정'을 주장하여 금은의 저축을 허용해야 한다고 주장하였다(友松圓諦, 1932). 이후 각 파는 분열을 거듭하였고, 20개 정도의 부파部派가 발생하였다. 불물만이 아니라 승물도 저축하고 나아가 취식取息행위를 하는 것으로 진전되었다.

기원을 전후한 시기에 출현한 대승불교는 경제문제에 적극적인 태도를 견지하였다. 대승불교가 출현할 무렵 바라문 세력이 점차 강해져 농촌사회에 대한 영향을 확대해 힌두이즘으로 부활하였다. 힌두이즘은 교역을 대신한 농촌형 폐쇄사회의 자급자족 경제에 의거하고 있었다. 인도에서 이러한 새로운 변화가 나타났을 무렵에 대승불교가 흥기한 것이다. 대승불교는 원래 불탑佛塔을 중심으로 한 신자집단이 중심이 되어 일어났다. 불멸 후 석가의 유골을 모셨던 불탑을 거점으로 찬불적讚佛的인 재가신앙자 집단이 형성되면서 대승불교가 태동한 것이다(佐佐木教悟 외, 1985). 불탑에 재산이 기증되면, 불탑을 지키면서 불탑에 대한 보시물을 생활의 바탕으로 하는 신앙공동체가 형성될 수 있는 것이다. 불탑에 소속된 사람이기에 불탑의 공물供物을 받을 수 있는 근거가 있었다(平川彰 외, 1981; 히로사치야, 1991). 그렇기 때문에 대승불교에서는 재가신자가 강조되었다. 또한 대승불교에서는 자비행慈悲行을 실천하는 이상적인 인간상인 보살을 제시하였다.

대승불교가 흥기할 무렵 인도에서는 로마와 교역의 쇠퇴로 말미암아 농업이 재차 강조됨으로써 자산가층에 의거하고 있던 불교의 지지 기반이 현저히 약화되었다. 이에 따라 대승불교에서는 적극적인 경제활동을 강조하여, 상업 활동이나 취식 활동에 참여하는 것을 인정하여 갔다. 그러나 출가자가 스스로 노동하고 생산하는 것은 엄격히 경계하였으며, 다만 물품의 축적을 허용하고, 취식행위를 인정하였다.

인도에서 형성된 불교의 경제윤리는 그것을 설說한 경전經典과 율전律典이 번역되어 널리 퍼짐으로써 중국에 전해지게 되었다. 인도불교의 경제윤리는 대체로 중국불교에서도 수용되어 상업 활동에 호의적이었으며, 취식행위도 정당한 것으로 받아들였다. 그러나 인도불교의 경제윤리가 기후 풍토와 습속이 다른 중국에서 그대로 수용될 수 없었다. 중국은 인도와 달리 춥기 때문에 옷 세 벌(三衣)로는 곤란하였으며, 생산활동을 금지한 것은 중국사회에서, 특히 유가儒家 측으로부터 비판받았다(木村清孝, 1973).

중국의 사원은 취식행위에 나섰고, 상업 활동에도 관심을 가졌다. 중국 사원의 취식행위로는 북위北魏 때 승지호僧祇戶 제도나 삼계교三階教 화도사化度寺의 무진장원無盡藏院, 송대宋代의 장생고長生庫 등이 대표적인 예였다. 그리고 사원은 점포를 소유하여 상업 활동에 종사하였다(道端良秀, 1983). 또한 사원경제가 크게 발달한 당唐대에 사원은 상당한 토지를 소유하고 있었다. 사원의 토지는 원칙적으로 세속인의 보시로 마련되었지만, 승려들의 적극적인 매입·개간 등으로 형성되기도 하였다. 사원의 토지는 승려와 노비, 소작인인 장호莊戶에 의해 경작되었는데, 경작자의 대부분은 장호였다. 또한 물레방아, 착유기, 숙박업, 전당포를 설치하고 경영하였다(K. S. 케네쓰 첸, 1994). 나아가 사회구제사업에도 적극적으로 나섰다. 이와 같은 중국 사원의 다양한 경제활동은 우리나라 사원에도 이어지고 있다.

그런데 인도에서와 달리 승려가 생산활동에 종사하여야 한다는 새로운 주장도 제기되었다. 선종 승려 백장회해白丈懷海(720~814)가 '하루 일하지 않으면 하루 끼니를 거른다(一日不作 一日不食)'라는 주장을 하면서, 선승들이 생산활동에 참여하게 됨에 따라 생산에 소극적이던 불교의 입장은 크게 흔들렸다(李載昌, 1973). 선종 승려가 스스로 노동하여 세속사회에 경제적으로 의존하지 않겠다는 것은, 사원이 자급자족을 지향한 것으로서 사원경제에서 대전환의 의미를 갖는다. 실제로 어느 정도 자급자족하였는지, 또 백장회해 이후 언제까지 그 정신이 지속되었지는 의문이지만, 그것이 상징하는 바는 대단히 컸다고 생각된다. 이러한 승려의 노동관은 인도불교의 계율에 대한 부정이며, 중국불교의 선언이라는 의미를 갖는다고 할 수 있다(道端良秀, 1980).

우리나라의 경우 중국을 통해 불교를 받아들였기 때문에 사원경제는 중국의 영향을 크게 받지 않을 수 없었다. 그러면서도 우리의 사회경제 사정에 조응하면서 사원경제가 형성·운영되었다. 삼국시기 불교가 수용된 이후 국왕의 적극적인 지원 아래 수도(국도國都)를 중심으로 사원이 건립되던 시기에는 사원경제도 수도를 중심으로 발전하였을 것으로 보인다. 이후 사원이 차츰 확산되어 신라 말에 가면 전국적으로 분포되는데, 이때부터는 사원의 경제 기반도 전국적으로 확산되었을 것으로 여겨진다.

고려시기에는 사원경제가 가장 번성하여 대규모의 토지를 지배하였고, 상업 활동이나 취식 활동에 적극 참여하였으며, 수준 높은 수공업 기술을 보유하였다. 또한 국내 상업은 물론 국제교역에도 나섰으며, 사회구제사업도 적극적으로 펴나갔다. 조선시기에는 사원경제가 움츠러들면서 사원의 자구 노력에 힘입어 재원을 마련해 갔다.

그리고 국가기관이나 양반·사족의 사원 침탈도 잦았다.

중국이나 우리나라에서 사원경제의 문제는 그것이 끼치는 영향 때문에 자주 논란이 되었다. 사원의 창건·유지는 국비國費의 손실을 뜻하며, 출가자의 증대는 노동력과 병력兵力의 부족을 초래하는 것이다. 승려들의 부양이나 불상·불탑의 조영 등의 비용은 사원 스스로 조달하는 것이 아니라, 대부분 세속사회의 지원으로 충당되는 것이다. 이런 이유로 국가에서 사원의 팽창, 사원경제의 비대화 문제가 자주 불거졌다.

불교의 사회적 성격을 파악하기 위해서나, 불교가 국가적으로 차지하는 중요성을 이해하려면 사원경제는 중요한 연구주제가 된다. 구체적으로는 사원 농지의 확보 및 경영, 수공업 기술, 상업 및 취식 활동 등이 연구의 대상이 된다. 그리고 국가 경제에서 차지하는 중요성, 세속사회에 대한 경제 이념의 제시도 연구의 과제가 될 수 있다. 사원의 경제만이 아니라 사회적인 측면, 예컨대 불교계의 의술醫術, 사회복지사업, 교통로의 관장 등도 해명되어야 할 주제라 하겠다.

2. 연구사 검토

1) 삼국 및 남북국시기

삼국시기는 불교가 들어오고, 사원도 경제 기반을 갖추어 가는 때이다. 수용된 불교는 여러 부분에 상당한 영향을 끼쳤는데, 경제생활 면에서도 그 영향이 매우 컸다고 추측된다. 이 시기의 사원경제에 대해서는, 시원始原이 마련되어 이후 사원경제의 방향을 제시한다는 점에서 주목할 필요가 있다. 불교 수용 이래 사원의 경제 기반으로 가장 주목되는 것은 토지였다.

이미 신라에서 불교를 받아들이고 얼마 지나지 않은 시기에, 사원의 토지가 급격히 늘어 문제가 되었으므로, 문무왕 4년(664) 사원에 토지를 시납하는 것을 금지하는 법령이 내려지게 되었다(《삼국사기》 권6). 이 조치를 볼 때 초기부터 사원은 속인의 시주를 통해 적지 않은 토지를 확보해 가고 있음을 알 수 있다. 불교 수용 이후 사원에 상당한 양의 토지가 시납된 것은 고구려나 백제에서도 마찬가지였을 것이다. 신라에서는 이 금지령 이후에도 사원에 토지를 시납하는 것이 중단되지 않았다.

신라의 사원경제에 대해서는 토지와 승려 장인(승장僧匠)이 주로 연구되었다. 1960년대에 고대사회의 불교 전반을 서술하면서, 사원경제에 관한 여러 가지 사실을 개략적으로 언급하였다(安啓賢, 1970). 그러나 사원경제에 대한 체계적이고 심층적인 내용을 제시한 것은 아니었다.

1990년대에 들어와서 토지문제가 집중적으로 검토되었다. 이 연구에 따르면, 삼국시기부터 국가나 신자들이 시납하는 물품이 사원경제에서 중요한 구실을 하였지만, 가장 중요한 위치를 차지한 것은 토지였다. 토지는 일반적으로 노예적인 처지의 농민을 사역使役하지 않고 소농경리小農經理를 보장하면서 경작하였으며, 사원이 상업이나 고리대활동 등 교환경제에 참여하는 것은 활발하지 않았다고 보았다(李炳熙, 1992). 사원의 토지가 매득買得을 통해 형성되기도 하였음을 밝힌 성과도 있다(鄭早苗, 1983; 하일식, 1997).

한편 사원의 장사莊舍를 주목하기도 하였다. 《삼국유사》에 보이는 '세규사世逵寺'를 부석사로 보고, 그 부석사의 장사를 검토하였다. 부석사의 장사는 영주 지방에 있었으며, 장사를 장莊으로 획정되어 있는 지역에 살고 있는 인호人戶 및 가호家戶로 이해하였고, 이들을 자가自家 경작지의 조세를 사원에 납부하고 사원의 지배를 받는 존재로 보았다(金潤坤, 1991).

사원에는 노비가 속해 있었는데, 그에 관련된 기록은 별로 전하지 않는다. 그런데 사원노비의 기원을 과거 소도蘇塗(삼한 때 천신天神에게 제사를 지내던 성지聖地)에 있었던 노비적 존재에서 찾을 수 있다는 주장이 있다. 《삼국유사》에 보이는 사원노비를 종래와 달리 해석해 사원의 노비가 아니라고 본 것이다(趙法鍾, 1987).[1] 사원이 운영되기 위해서는 많은 노동력이 필요하며, 그 상당 부분은 노비를 통해 해결하였을 것으로 보이나, 그에 관한 자료가 별로 없어 이해를 어렵게 한다.

사원 수공업 분야 연구에서는 각종 불사佛事의 조영造營에 참여한 승려에 주목하였다. 신라 중대中代까지는 각종 불사를 왕권이 통제·운영하는 예가 많았지만, 하대下代에서는 사원의 힘만으로 조영하는 모습을 보인다고 하였다. 승장僧匠의 활동은 하대에 활발하며, 석장石匠·철장鐵匠으로 구분이 가능하고 승려들 사이에 기술의 전수가 이루어졌다고 보았다. 승려들이 수공업 기술을 익힌 것은 자비·보시·복전·일여평등一如平等 등 불교의 근본사상과도 연관이 있겠으나, 직접적으로는 《유가사지론瑜伽師地論》의 공교명工巧明사상과 선종 청규淸規의 영향이 컸다고 이해하였다(朴南守, 1994·1995). 승려 장인의 존

---

1) 세 유형으로 나타난 사원노비의 발생 양태를 검토해 보았을 때, '宮戚爲寺隷'(宮戚을 寺隷로 삼았다)'(《삼국유사》 권3, 흥법 3)의 형태는 법흥왕이 불교 진흥을 위해 반대세력을 해체하려는 정치적 목적이 강하게 반영된 것으로서, 이들 사예寺隷는 종교적으로 예속된 사람으로 이해될 뿐 결코 사원노비의 위치는 아니었다. 또한 김양도金良圖의 두 딸이 흥륜사 노비로 된 경우는 양무제梁武帝의 경우에서 볼 수 있듯이 종교적 헌신의 한 형태인 사신행捨身行으로서, 이도 역시 사원노비와 같은 신분은 아니었다. 그리고 역신 모척지족毛尺之族이 사원노비로 된 것은 형벌노비가 사원에 시납된 형태로서, 사원노비의 일부분을 구성하는 형태를 나타낼 뿐 사원노비의 전반적 기원을 설명해 주는 것은 아니다(趙法鍾, 1987).

재를 구명하였을 뿐만 아니라 수공업 기술을 익힌 사상적 연원에도 주목한 연구이다.

불교 수용 이후 신라에서는 사원이 활발하게 조영造營되었는데, 그 조영을 상대와 중대, 하대로 나누어 자세히 정리하고 아울러 그 경제적 배경을 언급한 글이 있다. 상대에 50개, 중대에 210개, 하대에는 192개의 사원이 창건되었는데, 그 가운데 각 시기별로 경주에 세워진 사원은 각각 40개, 151개, 61개였다고 정리하였다. 이에 따르면 6세기 말 이래 제철·제강기술이 발전하여 고탄소강高炭素鋼의 도구가 만들어졌으며, 이를 석불이나 석탑의 제작에 사용할 수 있었다는 것이다. 아울러 철제농기구의 확대·보급으로 잉여생산이 가능해져 시주할 수 있는 계층이 늘어났는데 이것이 사원 조영의 배경이 되었다고 이해하였다. 상대에는 경주를 중심으로 사원이 조성되었지만, 중대에는 경주를 벗어난 지역에도 사원이 조영되었는데, 이것은 백성들의 경제력이 전국에 고루 성장하고 있음을 의미한다고 보았다. 그리고 하대에 지방 사원이 다수 세워진 것은 중대 후반 이후 휴한농법休閑農法이 널리 행해지면서 지주전호제地主佃戶制가 일반화되었으며, 이를 바탕으로 호족층이 성장하고 시주할 수 있는 농민층이 늘어난 결과로 파악하였다(李仁哲, 1999a·1999b·1999c·2000). 경주를 벗어나 점차 외방外方에 사원이 활발하게 조영되는데, 그것을 가능케 한 기술의 발전, 생산력의 증대가 있었음을 지적한 것이다. 사원의 조영을 기술의 발전 및 생산력의 증대와 관련지어 이해하고 있는데, 그 관련성은 좀 더 유기적으로 설명할 필요가 있으며, 지주전호제의 일반화는 논란의 여지가 크다.

신라 하대 선종사원의 경제활동은 여러 연구자의 관심을 끌었으며, 다음과 같은 사실이 제시되었다. 선종사원은 경주를 벗어난 지역에 창건되었고, 지방호족이 지원하였으며, 수백 명에서 2천 명에 이르는 승려가 집단으로 생활하였다. 선종사원은 500결 이상의 토지를 지배하고 있었는데, 그 토지는 여러 지역에 분산되어 있었다. 하대의 혼란 속에서 선종산문은 토지를 차츰 넓혀 갔다. 백성이 토지를 기탁하였고, 사원 스스로 매입하기도 했으며, 때로는 부당한 방법으로 빼앗기도 하였다. 광대한 토지를 지배하여 여러 곳에 장사莊舍를 두어 관리하였다. 장사는 30결 안팎의 논밭을 관리하였다(金杜珍, 1999). 또한 선종의 전래와 함께 승려들에게 노동 관념이 보급되면서 승려들이 직접 생산활동에 참여하기도 하였다(崔柄憲, 1972). 곡성에 있는 대안사가 소유한 전장田莊은 개간과 기진寄進으로 마련되었으며 소출의 절반을 지대로 받는 지주전호제로 운영되었고, 나말려초 시기에 큰 변동을 겪었다(이경복, 2003). 이 밖에 헌덕왕 2년(810)에 세워진 창녕 인양사 비문에서 상당한 재력을 가진 승려의 존재를 확인한 성과도 있다(하일식, 1996). 신라 말 선종사원을 비롯한 여러 사원은 독자적인 경제 기반을 확보해 갔으며 그 과정에서 장생표를 세우는 특혜를 누리기도 하였다.

발해의 사원경제에 관해서는 거의 연구가 없다. 발해 불교는 그 원류가 고구려 불교에 있으며, 왕실과 밀접한 관련을 맺는다고 지적되고 있다. 그리고 9세기에 들어 발해의 불교가 크게 융성하고 이에 따라 승려와 귀족의 불교 활동이 활발하게 나타나며, 관음신앙과 법화신앙이 불교신앙의 중심이었다고 이해되고 있다(송기호, 1992; 정영호, 1999). 발해 불교에 대한 연구가 일천한 수준에서 사원경제에 대한 이해를 높이기는 쉽지 않겠으나, 고구려 사원경제와 마찬가지로 깊은 관심을 기울일 필요가 있다.

불교의 수용은 사상이나 신앙 면에서 큰 변화를 가져왔을 뿐만 아니라, 당시의 사회·경제에도 엄청난 영향을 주었을 것이다. 사원은 새로운 경제 운영의 사례를 제시하였을 가능성이 있으며, 불교에서 설하는 새로운 경제윤리는 당시 사회·경제생활에 커다란 영향을 주었을 것이다. 이러한 거시적인 관점에서 삼국 및 남북국시기의 사원경제에 접근할 필요가 있다.

2) 고려시기

(1) 토지

고려시기는 사원의 경제활동이 가장 활발한 때로 이해되고 있다. 이 시기 사원은 농지 경영뿐만 아니라 상업이나 취식 활동에도 참여하였고, 수준 높은 수공업 기술을 보유하였다. 사원의 이러한 경제활동은 일찍부터 연구자들의 관심을 끌어 적지 않은 연구가 축적되었다.

사원경제의 중심은 농지에 있었다. 농지를 경영하면서 경작농민을 지배하였고, 이를 통해 축적한 부는 상업·취식 활동의 바탕이 되었다. 사원의 토지는 여러 계통으로 나뉘어 있었다. 수조지收租地·소유지所有地·장처전莊處田이 그것이었다. 또 각각 토지 성격의 차이에 따라 경작민의 부류도 다르게 파악하였다. 토지의 성격을 어떻게 이해하느냐 하는 문제는, 사원의 경제를 파악하는 데도 중요하지만 또한 불교계의 성격을 이해하는 관건이 되기도 한다. 사원의 토지에 대해서는 계통적 성격과 전체적 추이를 정리하는 작업이 주류를 이루었지만, 개별 사원을 집중적으로 조명하는 작업도 있었다.

고려시기에 사원의 경제규모는 크게 팽창하여 말기에는 사원이 지배하고 있는 수조지가 10만 결 이상으로 전국 농토의 8분의 1 정도가 되었으며(姜晉哲, 1980), 승려는 10만 이상 혹은 백성 가운데 30퍼센트라고 지적될 정도였다(鄭道傳, 《삼봉집》 권13, 〈조선경국전〉; 《태조실록》 권7, 태조 4년 2월 계미).[2] 그리고 사원이 지배하고 있는 노비는 8만을 훨씬 상회하였다(《태종실록》 권30, 태종 15년 8월 계사). 사원은 그 수를 정확히 알 수 없지만 조선 성종대에 1,700여 개를 확인할 수 있으니(李炳熙, 1997a) 이 시기에는 그보다 많은 수가 있었다고 볼 수 있겠다.[3]

사원의 토지에 대한 일제시기의 연구(旗田巍, 1932; 白南雲, 1937)는 토지공유제를 전제로 하여, 사원이 토지를 마련하는 여러 계기와 경작농민에 관해 정리하였다. 그리고 사원전寺院田은[4] 국가에 전조田租를 부담하지 않는 면세지라는 사실이 주장되었다. 사원전에 대한 종합적이고 개괄적인 이해를 제시한 것이라고 할 수 있다. 해방 후에도 사원의 농지 경영과 관련한 연구가 진행되었다(劉敎聖, 1959; 李載昌, 1964·1975·1976a; 閔丙河, 1965; 崔森燮, 1977; 姜晋哲, 1980; 李相瑄, 1983; 柳正秀, 1991; 金炯秀, 1995). 역시 '사원전 = 면세지'라는 시각에 서서 사원의 토지가 마련되는 계기, 그리고 경작농민의 유형에 대해 종합적인 이해를 확인하는 작업이었다.[5] 이상의 연구에서 사원은 국왕

---

2) 당시 인구가 300만 안팎인 것을 감안하면(朴龍雲, 1996, 167쪽), 10만이라는 승려 수는 엄청난 것이었다.

3) 한기문韓基汶은 여러 문헌 자료를 종합하여 고려시기 사원 2,286개를 확인하였다(韓基汶, 1998, 455~544쪽). 허흥식許興植은 고려시기 전체 사원의 수를 대략 3,600구區로 추정하였다(許興植, 1994, 22쪽). 고려시기 사원은 부침浮沈과 망폐亡廢가 빈번하였기 때문에 동일 시점에 존재한 사원의 수를 정확히 알 수 없지만, 가장 많았을 경우에도 3천 개를 넘지는 않았을 것으로 여겨진다.

4) 사원의 토지는 사원전寺院田, 사사전寺社田, 사위전寺位田으로 일컬어지는데, 시기에 따라 사용되는 빈도에 차이가 있다. 고려시기에는 사원전이라는 용어가 흔히 사용되었고, 조선 초에는 사사전이라는 용어가 많이 사용되었다. 조선 초에 원院을 국가가 장악·운영함에 따라 사원이라는 말보다는 사사라는 말이 더 자주 쓰였기 때문이다. 사위전은 15세기 말 이후 쓰임이 확대되어 갔다. 위전位田은 특정한 지위나 역할을 수행하는 데 필요한 토지를 가리킨다.

5) 최삼섭崔森燮만이 사원전寺院田이 국가에 대해 면세의 특권을 가지고 있지 않다고 보았지만, 근거의 제시가 충분한 것은 아니었다(崔森燮, 1977). 사원전이 면세지라는 것은 처음 일본 학자들이 제기하였는데, 그것은 일본의 사원토지가 면세지이기 때문에 가졌던 선입견의 산물이다. 우리의 경우 사원전을 모두 면세지로 이해하는 것은 재고의 여지가 있다.

의 사급賜給, 시납施納·개간開墾·기진寄進·탈점奪占 등의 방법으로 농지를 늘려갔으며, 이를 경작하던 농민에는 노비·하급승려·양인전호良人佃戶 등이 있었다는 사실이 밝혀졌다.

사원전의 기본 유형을 수조지로 이해하면서, 고려 후기 사원의 토지문제를 해명하기도 하였다. 무신난 이후 사원은 수조지의 겸병을 통해, 혹은 개간이나 시납을 계기로 소유지의 확대를 통해 토지를 넓히는 일에 열중하였는데, 늘어난 소유지도 면세의 혜택을 입는 수가 많아, 사원토지의 확대는 곧 국가의 수세지收稅地의 감소를 가져왔다는 것이다. 이 때문에 사원과 국가는 때때로 긴장관계에 있었고, 지배층과도 토지 점유를 둘러싸고 심각하게 충돌하였으며 사원들끼리도 분쟁이 심각하였다고 보았다. 사원의 토지는 여러 지역에 흩어져 있는 것이 보통이었는데, 사원은 농지 경영에서 소(농우農牛)나 씨앗을 대여함으로써 농민의 영농營農 과정에 대해 영향력을 행사하는 것이 가능하였다는 것, 수조지의 경작은 전객佃客농민이 중심이었고 그 밖의 소유지 경작자로는 전호佃戶농민, 처간處干농민이 있었다는 것, 승려도 경작행위에 종사하였고 노비가 경작에 종사하는 일도 있었다는 것을 지적하였다. 노비는 후기에 크게 증가하였는데 대개 사원의 잡역雜役에 종사하였다는 것, 사원의 경제가 확대되면서 허다한 문제를 일으키자 이를 수습하기 위한 방책들이 다각도로 모색되었는데 사원의 경제활동 자체를 제한하는 조치가 내려져 농지 경영상의 전조남징田租濫徵과 압량위천壓良爲賤에 대해서 전민田民의 변정辨整이라는 차원에서 처리해 갔다는 것, 창왕昌王 즉위 후부터 사원전의 정리 문제가 본격적으로 논의되었으며 과전법科田法에서는 비보裨補사원을 기준으로 토지분급을 조정하도록 조치되었고 사원에 전지田地를 시납하는 것이 금지되었다는 것, 그러나 고려 말까지 사원전에 대한 전면적인 정리는 없었다는 것을 주장하였다(李

炳熙, 2008).

고려 후기 사원전의 계통을 수조지를 중심으로 파악하는 것과 달리, 소유지를 중심으로 이해하는 견해도 있다. 곧 고려 후기 사원전을 소유지와 수조지로 나눌 수 있지만, 주로 소유적 지배가 이루어졌으며, 수조지로 보이는 일정 정도의 토지도 사실상 소유적 지배가 가능하였다고 보았다. 그리고 경작을 담당하는 노비는 본래부터의 노비도 있었지만, 일반 양인이 신분적으로 예속화한 경우가 많았을 것으로 이해하였다(裵象鉉, 1992·1998).

사원전은 크게 소유지所有地와 수조지收租地로 나눌 수 있다는 견해를 받아들이면서, 나아가 장莊·처處를 지배하고 있음을 지적하기도 하였다. 곧 사원은 왕실이나 궁원과 같이 장·처를 지배하고 있었는데, 장은 고려 초기부터 형성되어 말기까지 존속하였으며, 처는 원의 간섭기 이후에 성립되었다는 것이다. 사원은 장에 대해 관리소인 장사莊舍를 설치하고, 그 관리인으로 지장知莊을 임명하여 관리·지배하였으며, 처에서는 지대를 수취하였다고 보았다(李相瑄, 1998).

장·처를 사원토지의 대표적인 유형으로 보는 견해도 있다. 이에 따르면, 국가가 비보사사裨補寺社를 지정하고 이 비보사사에 전田과 민民을 분급하였는데, 이것이 장·처이며, 사원토지의 대부분을 구성하였다는 것이다(黃仁奎, 1998).

지금까지 사원 경제의 연구 결과 그 구성 가운데 토지가 가장 중요하다는 사실, 사원의 토지가 전체 토지에서 차지하는 비중, 사원토지 형성의 여러 계기, 사원토지의 경작에 참여하는 다양한 계층 등에 대해서 대체적인 이해가 가능해졌다. 문제는 고려시기 사원토지 형성의 가장 중요한 계기가 무엇인가 하는 점이다. 소유지를 중심으로 이해하면 시납·개간·매입이 일차적인 것으로 이해하는 것이 되고, 수조지를 중심으로 이해하면 국가의 분급을 기본적인 계기로 보는 것이다. 어느 형태를 중심으로 파악하는가는 불교와 국가의 관계, 불교의 사회적 성격을 이해하는 시각과 관련이 깊다.

사원의 농지 경영은 비교적 풍부한 자료를 남기고 있어 개별 사원에 대한 작업이 가능하다. 구체적인 사례연구로서 주목을 받은 것이 통도사通度寺·운문사雲門寺·낙산사洛山寺·수선사修禪社·백양사白羊寺 등이다.

통도사는 《통도사지通度寺誌》 안에 〈사지사방산천비보편寺之四方山川裨補篇〉이 남아 있어 통도사의 농장경영의 일면을 볼 수 있다. 연구자들은 자료작성의 시기, 직간直干의 성격, 토지경영의 방식을 둘러싸고 서로 다른 견해를 제시하였다. 통도사의 경우 사원의 농장 주변에는 12개의 장생표長生標가 세워졌으며, 직간을 두어 지배하고 있었다. 직간에 대해서 혹자는 노동지대를 착취당하는 직접생산자로(崔吉成, 1961), 혹자는 사원토지(사령寺領) 네 경계(四境)에 설치된 장생표의 관리·보호·수리라는 특수 역역力役을 부담하고 있는 자로(武田幸男, 1966), 혹자는 장생표의 보호·관리 및 수리와 아울러 사원토지의 네 경계에 분속되어 봉건적 수취업무를 분담한 후대의 마름(사음舍音)에 상응하는 특수 역리적役吏的 존재로 보았다(安日煥, 1974; 金潤坤, 1982). 통도사에 장생표가 설치되는 11세기 후반 경에 통도사가 크게 부각되었다는 연구도 있다(蔡尙植, 1990).

1990년대에 통도사의 농지 경영 문제를 한층 천착하는 시도가 있었다. 그 연구에 따르면, 통도사의 촌락은 통도사-속원屬院(방房·동洞)-다촌茶村으로 구성되어 있고, 신분은 승려·수원승도隨院僧徒·다촌민·노비 등으로 되어 있다는 것이다. 수원승도는 속원이 관장하는 촌락인 동洞에 거주하였는데, 이들은 자기 경리經理를 가지고 경작에 종사하면서, 국가와 사원에 노역을 제공하였다고 보았다. 장생표는 국가에 대해 신고절차를 밟고 허가를 받아 세우는 것이 일반적이었다고 하였다. 자료에 보이는 직간直干과 간干은 각각 고려 전기와 고려 후기적 존재로 보았고, 성격도 다르다고 이해하였다. 직간은 위전답位田畓을 받았고, 전객농민인 처간處干과 같은 존재였으며, 사령민寺領民인 동시에 국가의 통할 아래 있어 이들의 역할과 임무는 사역寺役의 일종이면서도 국역國役의 하나로 간주되었다고 보았다. 이와는 달리 간은 위전답 및 가家·대전代田(전품이 낮은 경지)을 소유한 사람들로 국농소國農所의 칭간농부稱干農夫와 같은 존재였다고 주장하였다(이인재, 1992).

경상북도 청도에 있는 운문사雲門寺의 농지 경영을 해명하는 연구도 있었다. 운문사는 고려 초 왕건王建이 이 지역 저항세력을 포섭하는 데 공훈을 세운 보양선사寶壤禪師를 위해 500결 이상의 토지를 시납하였는데, 이 토지는 주첩공문柱貼公文으로 공인되고 장생표탑長生標塔이 세워져 다른 전지田地와 구분되어 일정한 권역을 이루고 있었으며, 그 경영은 직영제 형태를 띠었다고 보았다. 이와 달리 개인의 시납에 따른 토지는 소규모로 분산되어 있었으며 전호에 의해 경작되었다고 이해하였다(裵象鉉, 1997b).

《건봉사본말사적乾鳳寺本末事蹟》에 수록된 〈양주지밀기襄州之密記〉를 통해 낙산사의 경제문제를 해명하는 성과도 있다. 고려시기 낙산사가 소유한 토지는 600결인데, 이 가운데 400결은 신라 이래의 것으로 고려 태조가 추인해 준 것이고, 200결은 경종 때 국왕이 더해 준 것이라고 보았다. 곽전藿田 5결 63복과 노비 39구를 소유하였으며, 등유燈油와 소금을 인근 지역에서 공급받았다고 파악하였다. 장생표가 세워져 전답의 소유권과 면세권을 인정받았을 것으로 추측하였다. 사원전은 여러 곳에 흩어져 있으며, 전호 성격의 사원전민·사원노비·승려층·수원승도 등에 의해 경작되었을 것으로 보았다(鄭東樂, 2001).

또한 무신집권기에 결성한 신앙결사이자 사원인 수선사修禪社의 경제 운영에 대한 검토도 있었다. 수선사는 당시 불교계를 이끌어가는 대표적인 위치에 있었는데, 문헌에서 확인되는 수선사의 토지는 241결에 이르렀으며, 또 1만 100석의 모곡母穀을 자본으로 11개의 말사에서 취식행위를 하였다는 것, 농지 경영과 고리대의 운영에서 얻을 수 있는 최대 수입은 1년에 5천 석에 이르렀다는 것, 농지 경영에서 벌어들이는 수입보다 취식행위를 매개로 거둘 수 있는 수입이 더 많았을 것 등을 언급하였다(李炳熙, 1995).

이 밖에 무신집권기 경상북도에 있던 용문사龍門寺·용암사龍巖寺·용수사龍壽寺의 경제 운영을 구명하기도 하였으며(李炳熙, 1991). 고려 말기 백양사에 대한 검토를 통해 사원이 서로 분쟁하고 있는 시기에 당시 지배층이었던 고성이씨 가문의 지원을 받아 사원의 유지에 힘쓴 구체적인 예를 확인하기도 하였다(李炳熙, 1997b).

사원경제는 이처럼 개별 사례로서 심층적인 연구가 가능하다. 그러나 개별 사원의 사례를 가지고 곧바로 당시 전체 사원경제의 모습이라고 속단하는 일은 주의해야 할 것이다. 대개의 경우 자료를 남기고 있는 사원은 규모가 매우 크고, 이례적인 모습을 보이는 수가 많기 때문이다. 따라서 고려시기 표준적인 사원의 토지 규모를 상정해 볼 필요가 있다.[6)]

사원전의 경작에 종사한 부류 가운데 수원승도가 있다. 고려 초 사원에 딸려 있었던 수원승도는 항상 노역勞役을 부담하였고, 항산恒

6) 고려시기 자료가 전하는 대규모 사원의 경우 수백 결에 이르는 토지를 지배하고 있었다. 조선시기 큰 서원書院의 경우 보유한 토지가 20~40결 정도에 지나지 않고 사액사원의 경우 면세전이 3결에 지나지 않았다는 것을 생각하면(李樹煥, 2001, 157~170쪽), 고려시기 개별 사원이 지배하고 있던 토지는 규모가 훨씬 크다고 할 수 있겠다. 물론 고려시기에도 소규모의 토지를 지배하던 사원도 적지 않았을 것이다.

産을 가지고 있었으며, 군현의 일반민과 비슷하다고 하였다(《고려사》 권81, 병지1). 사원전의 성격을 소유지 중심으로 이해하는 연구에서는 그 경작민으로서 하급승려인 수원승도를 주목하고 있다. 수원승도는 사원의 전호이자 사병寺兵의 성격을 띠면서 아울러 국가의 공병 기능을 담당하였으며 그 신분은 대부분 일반 백성 이하의 신분층으로 구성되었다고 보는가 하면(李相瑄, 1984), 사원전의 경작과 아울러 멀리 떨어진 토지의 경작자에게서 전조田租를 수취하는 일을 담당하였다고 보기도 한다(裵象鉉, 1996).

이러한 수원승도의 이해와 색다른 주장도 제기되었다. 수원승도는 사원 소유지 가운데 일부를 용전傭田으로 분급 받고 사원의 소유지 경작에 투입되는 존재로 이해하였으며, 사원에 강하게 예속되어 사역寺役을 부담하였다고 보았다. 수원승도에 의한 경작 방식은 용작제傭作制적 경영 방식이며, 이것이 당시 가장 일반적인 사원전 경영 방식이라는 주장이다(金炯秀, 1995). 수원승도를 전호적·농노적 성격의 승려로 보는 것은 재고해야 한다면서, 사원에 있는 다수의 사역승使役僧과 공장승工匠僧이 바로 수원승도였다고 주장하는 견해도 있다(林英正, 1992·2002). 또한 비승비속非僧非俗의 존재로서 세속의 촌락과 사원의 경계에 있으면서 생활하기 편리한 장소를 선택해 살아가는 주변인이며, 여러 유형의 집단으로 구성되었다고 보기도 한다(구산우, 2002).

수원승도를 하급승려로 보는 점에서는 모든 연구자가 의견을 같이하지만, 그 역할에 대해서는 의견이 분분하다. 사원토지의 경작자로 보기도 하고, 수공업 기술 보유 집단으로 보기도 한다.[7] 토지 경작자로 볼 경우에도 전호와 비슷한 존재 혹은 용작하는 존재로 의견

---

7) 최근에는 수원승도를 고려의 군제와 관련해 접근하는 성과도 있다(李昇漢, 1993; 이홍두, 2005).

이 나뉜다. 이 수원승도가 고려 초에 있었던 것이 분명하지만, 그것이 신라 말 특수한 사정 속에서 사원에 집중되었을 가능성이 크다. 그렇기 때문에 수원승도를 고려시기 전반에 걸쳐 사원전을 경작하는 중요 노동력으로 이해하는 것은 재고할 필요가 있다.

(2) 상업

사원은 많은 물품을 소비하고, 또 잉여물품을 다량 보유하는 위치에 있었다. 사원은 필요로 하는 불교경전이나 단청 원료, 고급 불구佛具 등을 국내가 아닌 국외에서 조달하기도 하였다. 또 사원에는 각종 법회에 참석하거나 신앙 활동을 하면서 다수의 민인들이 왕래하였다. 이러한 위상으로 말미암아 사원 스스로가 교환경제에 깊이 관여하였으며, 또한 교역이 이루어지는 거점으로서 기능하였다. 사원의 상업은 고려시기 전체 상업에서 중요한 비중을 차지하였다.

사원의 상업 활동에 관해서는 사원의 경제활동을 다룬 몇 편의 논문에서 부분적으로 소략하게 언급되었다(旗田巍, 1932; 白南雲, 1937; 劉敎聖, 1959; 閔丙河, 1965; 李載昌, 1975·1976a; 崔森燮, 1977; 李相瑄, 1991). 사원이 교역하는 물품으로 미곡米穀이나 차·마늘·파 등의 농산물, 직물이나 기와 등의 수공업 생산품, 그리고 봉밀蜂蜜이나 소금이 있었다는 것, 또한 종교 활동과 관련해서도 막대한 수익을 올리고 있었다는 것 등이 지적되었다. 그러나 이 시기 사원이 갖는 독특한 상업 활동의 내용이나, 당시 전체적인 교역체계에서 사원 상업이 차지하고 있는 비중은 제대로 밝혀내지 못하였다.

고려시기 사원의 활발한 상업 활동을 불교의 교리와 관련지어 이해하기도 한다. 불교는 본래 상행위를 권장하였으므로 사원이 상업 행위에 적극적이었던 것은 당연한 일이다. 사원은 자체 생산되는 농산물·수공업 제품을 판매하였으며, 또한 사람이 많이 모이는 장소였기 때문에 교역의 장소로서도 중요한 기능을 수행하였다(李炳熙, 2004a·b). 그런데 사원과 농민 사이의 교역은 양자의 상하관계로 말미암아 억매억매抑買抑賣라는 강제교역으로 이루어지는 수가 많았다. 이렇게 확보한 물품은 개경에서 처리되거나 국제교역에 활용되었다. 사원은 이 시기 공납제貢納制가 동요하는 것과 관련하여 공물의 대납에도 참여하였다(李炳熙, 2008). 아울러 숙박시설로서 원院을 설립·운영하여 고려사회의 유통망을 일정하게 관장하고 있었다(李炳熙, 1998·2002).

최근에는 새로운 자료를 적극 활용해 사원의 상업을 국내 상업 활동과 대외무역 활동으로 나누어 검토한 작업이 있다. 이 연구에서는 다음과 같은 내용을 주장하였다. 사원은 생산한 물품들을 도시의 시전市廛을 통해 판매하거나 사원 주변의 사람들에 직접 판매하기도 하였다. 수도에 있는 일부 사원의 경우에는 근교농업에 종사해 생산물을 도시에 판매하기도 하였으며, 교리에서 금지하고 있는 제품마저 생산·판매하여 사회적 물의를 일으킬 정도였다. 사원은 필요한 물품을 상인들이나 시장을 통해서 구입하기도 하였다. 고려 후기에 들어와 억매매 방식의 상업 활동을 전개함으로써 때로는 국가로부터 통제의 대상이 되기도 하였다. 특정 사원의 경우에는 왕실의 적극적인 비호 아래 대외무역에 엄청난 금액을 지불하기도 하였다. 필요로 하는 물자는 중국 측 상인들이 가지고 온 것을 국내에서 구입하는 형태가 주류를 이루었다(정용범, 2006). 사원의 대외무역 활동에 관심을 기울인 것은 시사하는 바가 크다.

사원의 활발한 상업 활동이 전제되었기에 승려 의천義天의 주전론鑄錢論이 나올 수 있었다. 의천은 주화鑄貨를 사용하면 교환과 원거리 수송에 편리하며, 쌀을 화폐로 사용하는 데서 오는 모리배들의 간교한 술책을 막을 수 있고, 쌀로만 녹봉을 지불하는 데서 오는 폐단을 제거할 수 있으며, 재산 축적에서도 썩거나 상하지 않아 편리하다고 주장하였다(金庠基, 1959; 李炳熙, 2003).

불교는 초기부터 상업에 대해서 우호적이었고, 상인의 지원을 받아 발달하였다. 그렇기 때문에 불교는 생산보다는 교환이나 상업에 깊은 관심을 보였고, 그에 따라 사원의 상업 활동은 매우 중요한 위치를 차지하였다. 고려시기 사원은 전국적인 연결망을 갖추고 교통 요충지에 세워졌으며 많은 사람이 찾는 곳이었다. 이러한 지리적인 위치로 말미암아 전체 상업에서 중요한 위상을 차지하였다. 사원의 국내 상업 활동에 대해서는 구체적 양상을 더 밝혀낼 필요가 있고, 또 국제교역도 천착할 여지가 크다. 또한 사원이 교역 활동에 참여하고, 그 활동을 권장하는 논리, 즉 상업관商業觀에 대해서도 관심을 기울여야 할 것이다.

(3) 취식取息 활동

사원은 필요로 하는 재원을 취식 활동으로써 해결하는 경우가 많았다. 농지 경영에서 벌어들이는 수입은 안정적이었지만 대규모의 농지 확보가 여의치 않을 경우, 취식 활동을 매개로 해서 재원을 마련하였다. 개별 사원의 재정수입 구성을 보면, 농지 경영에서 얻는 수입보다 취식 활동에서 벌어들이는 수입이 더 많은 경우도 적지 않았을 것이다. 종교적으로 감화시키고 불사佛事를 명분으로 하고 있기 때문에, 세속인의 고리대보다는 이자와 본곡의 환수율이 높았을 것으로 보인다.

본곡을 두고 이자를 취해 특정 불사佛事에 지출하는 것을 통상 '보寶'라 하였는데, 사원에는 기일보忌日寶·축성보祝聖寶·장생보長生寶 등 다양한 명목의 보가 있어, 필요한 재원을 마련할 수 있었다. 보의 명목 아래 사원은 적극적으로 취식 활동에 참여하였는데, 이것은 민인

民人의 곤궁을 해소하는 데 도움이 되는 사회사업社會事業의 의미가 없지 않았지만, 민인에게 수탈로 기능하는 경우도 적지 않았다. 사원의 취식행위에 대한 연구는 상당한 축적을 보이고 있다(旗田巍, 1932; 白南雲, 1937; 劉教聖, 1959; 李載昌, 1975·1976a; 崔森燮, 1977; 李相瑄, 1983). 보를 전기적前期的 자본으로 이해한 바탕 위에서 복전사상福田思想과 관련하여 깊이 있고 폭넓게 사원의 고리대를 검토하기도 하였으며(金三守, 1965), 또한 보의 구체적인 운영과 관련하여 차대借貸관계의 실제 내용을 상세하게 정리하기도 하였다(徐吉洙, 1981).

불교의 신앙행위와 결부하여 폭넓게 자료를 인용하면서 보의 설치와 운영의 실태를 밝히는 연구도 있었다. 이 연구에서 사원은 축성祝聖, 추복追福, 장년長年, 걸복乞福 등 발원장소로서 기능하고 있었기 때문에 발원자와 사원의 매개인 보寶가 여러 명목으로 나타났으며, 보는 원금을 손상시키지 않고 이자를 특정 용도에 지출하는 것인데(고려시기 이자율은 1/3), 곡물, 포布, 화폐, 은물銀物 이외에도 수조권收租權, 전지田地 등 다양한 것이 기탁되었다고 하였다. 또한 출납의 편의를 위해 소규모의 말사에 분산하여 이자를 취하기도 하였다는 것, 이러한 보를 운영하는 담당자는 보장寶長, 색장色掌 등이었고, 이들에 대한 인사 등 실질적 영향력을 행사할 수 있는 자는 주지住持였다는 것, 보를 기탁하는 시납자는 보의 지출과 명목을 명시한 항규를 두고 그들의 시납 재물에 영향력을 행사했으므로 부호층은 재물관리를 사원에 대행하게 하는 효과도 있었다는 것을 밝혔다. 고려 말에 이르면 부호층은 사원에 막대한 보를 기탁하고 사원의 주지 임명에까지 관여하는 등 절을 사유화하여 세력 기반으로 만드는 현상이 나타났으며, 또한 사원이 곡물·포 대여 위주의 보를 통한 재정 운영에 몰두하는 현상도 보편화하였다고 보았다(韓基汶, 1990). 이 연구는 사원경제를 불교신앙과 연계해 접근한 작업으로 종전의 연구보다 한층 진전된 연구방법을 보이는 것이라 할 수 있겠다.

그 밖에도 고려 말에 사원은 농민의 재생산 활동과도 관련하여 식량이나 종자를 농민에게 빌려 주었는데, 이 시기에는 그것의 이율이 높았으며, 강제성마저 띠고 있었다는 점에 주목한 연구도 있다(李炳熙, 2008). 고려 초에는 보寶를 중심으로 한 취식행위가 이루어지다가 말기에는 승려들의 재산 증식을 위한 고리행위가 자행되었다고 보는 연구도 있다(李相瑄, 1998).

사원의 취식행위의 구체적 양상, 민에 대해 경제적 부담을 주는 사항 등은 지금까지의 연구로 분명해졌다고 할 수 있다. 그런데 세속인의 취식행위와 달리 사원의 취식 활동은 '보'로 표현되는데 그 이념에 대한 해명이 있어야 할 것이며, 세속인의 그것과 다르게 운영되는 측면도 명확히 밝힐 필요가 있다. 고리대 운영이 농민의 잉여를 흡수하는 것은 분명하지만, 다른 한편으로 민인의 재생산에 기여하는 부분도 없지 않을 텐데, 이에 대한 관심도 필요하다.

(4) 수공업

사원을 조성하고 유지해 가기 위해서는 높은 수준의 기술을 보유한 장인을 확보하고 있어야 했다. 화려하고 거대한 건축물을 조성하는 일, 고도의 기술을 요하는 불상이나 범종을 조영하는 일, 각종 불구佛具를 제작하는 일, 화려하고 신심을 자아내는 불화佛畵를 그리는 일, 아름다운 부도浮屠나 비碑를 세우는 일 등에는 최고 수준의 기술이 필요하였다. 사원은 숙련된 기술자 집단을 보유하고 있었으며, 그러한 기술을 전수해 갔다. 그 기술자는 승려 자신일 수도 있고, 사원에 속한 노비일 수도 있었다.

사원의 직물 수공업은 뛰어나서 가내수공업의 단계를 넘어 전문적인 수공업 단계까지 이르렀고, 그 결과 사원에서 소용되는 것보다 훨씬 많은 직조품織造品을 생산하여 상품화하였으며, 번와燔瓦 수공업 또한 전문적인 수준까지 이르렀던 것으로 추측하였다(李相瑄, 1998).

사원의 수공업에 대해 더욱 풍부하게 자료를 수집하여 해명한 작업도 있다. 승려 가운데는 각자승刻字僧·석공승石工僧·철장승鐵匠僧·목수승木手僧·와장승瓦匠僧 등 다양한 기술을 가진 하급승려가 있음을 밝혔다(林英正, 1992). 또한 수공업 생산의 배경에 초점을 두어 접근하기도 하였다. 사원에서는 각종 건축물이 조영되고, 여러 불교 행사를 위해 범종·반자飯子·향로·촛대·정병淨甁 등 많은 불구가 제작되는데, 이러한 수요가 배경이 되어 사원의 수공업이 발달하였다는 것이다. 사원에서는 자체의 수요에 그치지 않고 민수용으로 제품을 생산하기도 하였다고 보았다. 특히 직물·기와·자기에서 우수한 제품을 만들었다고 한다(金潤坤·宋聖安, 1997). 고려 후기 사원 수공업에 참여한 공장工匠은 승려와 세속인으로 구분할 수 있으며, 공장승들은 철장鐵匠, 유장鍮匠, 자기장瓷器匠, 와장瓦匠, 재장梓匠(목수), 칠장漆匠, 석공石工, 수공繡工, 도금공鍍金工, 탁공鐸工, 화수畵手, 각수刻手 등의 형태로 사원 수공업에 종사하였는데 주로 전문적이고 숙련을 요하는 기술 부문에 참여하였고, 이와 달리 사원의 수원승도와 사원 노비들은 토목·직조·양주釀酒·제염·금박·도기 제조 등과 같은 비전문·비숙련의 수공업 생산에 참여하였을 것으로 추정하였다. 고려 말 중앙집권력이 붕괴되는 시기에 사원은 전업專業 수공업장에서 공장을 체계적으로 관리하면서 지속적으로 수공업 생산활동을 전개하였다고 보았다. 조선은 건국과 동시에 사원 예속의 수공업자들을 국가의 부역체계에 편제하려고 하였다는 것이다(宋聖安, 2001·2002).

한편 사원경제를 국가나 세속인과 충돌하는 측면을 중심으로 이해하는 것을 비판하면서 사원의 수공업을 파악하기도 하였다. 사원 자체의 수요품 제작, 사방승물四方僧物의 조성·보수가 사원 수공업의 본연적 형태이며, 대몽항쟁 이후에 불사가 잦아짐으로써 수공업의 내적 발전 기반이 확대되었다고 보았다. 조성불사의 경우, 발원 및 시납의 주체에 따라 사원과 승려, 세속의 신앙층, 국가 등 세 가지 형태로 유형화할 수 있는데, 유형의 차이에도 불구하고 사원수공업의 관리조직과 현장인력은 교敎·속俗 이원적 형태로 편제·운영되는 공통점을 지니고 있었다고 하였다. 조성불사가 있을 때 국가와 지역민이 공유하는 종교적 기원과 국가·사회적 발원 내용을 포함하므로 승려와 모든 계층이 공감하여 자발적이고 적극적으로 재보시와 몸보시를 하였다고 보았다. 이처럼 고려시대 사원수공업은 국가 및 세속과의 관계에서 우호적 입장을 유지하는 중요한 매개가 되었다는 것이다(崔永好, 2001). 사원수공업이 발달하는 사원의 내적 조건, 수공업을 매개로 사원과 세속세계가 우호적으로 결합됨을 강조한 글이다.

사원이 수공업 분야에서 갖는 중요성, 다양한 장인의 존재, 수공업 생산을 가능케 한 조건 등이 관심을 끌었다. 각종 금석문을 보면 승려 신분의 장인을 다수 확인할 수 있고, 또 목수로서 능력을 인정받아 소속한 사원의 중수는 물론 다른 사원에 가서 건물을 조성하는 예도 있다.[8] 사원의 수공업은 당시 사회의 전체 수공업에서도 최고의 수준을 보여 주고, 세속사회에 대한 기술적 기여도 상당하였을 것으로 보인다. 이 분야에 대한 지속적인 연구가 필요하다.

8) 예컨대 백암사白巖寺의 승려인 성부性富는 백암사는 물론 수선사를 중창하는 일도 맡았다(李炳熙, 1995). 이렇게 능력을 갖춘 승려는 여러 사원을 다니면서 기술을 발휘하였을 것으로 보인다.

3) 조선 전기

(1) 토지와 노비

조선 초 국가에서 추진한 사원경제 정리 작업은 점진적이고 주도면밀하게 진행되었다. 사원경제의 조정은 불교계 전반에 대한 정비 내지 제한과 짝을 맞춰 이루어지는 것이었다. 사원의 토지에 대한 정리는 사원이 경제적으로 어떠한 위상을 가질 것인가를 좌우하는 것이었으며, 노비의 혁거革去는 승려들의 사회적 처지의 하락을 가져오는 것이었다. 또 연화緣化의 제한 조치는 사원이 스스로의 노력으로 재원을 마련하는 것에 심각한 타격을 가져다주는 것이었다. 이러한 여러 계통의 조치로 말미암아 사원의 경제는 이전과는 달리 크게 움츠러들었고, 그 성격도 크게 바뀌었다. 이와 같은 경제 위치의 하락이 곧 불교계의 위상 변화와 밀접한 관련을 맺는 것임은 물론이다.

사원경제의 핵심인 사원전은 조선 초기 제한·축소되어 갔는데, 이에 대해서 여러 연구자들이 주목하였다. 일찍이 정치사의 시각에서 고려 말부터 조선 태종대에 이르는 시기 유교와 불교의 교체 문제를 검토하여, 여말선초 유자儒者의 척불론은 당시 불사佛寺의 경제적 세력이 너무 강하여 국가의 재정을 위태롭게 한 데서 비롯된 것으로 이해한 바 있었다(李相佰, 1938·1939). 사원 경제의 정리를 국가의 재정과 관련하여 이해한 이러한 시각은 이후의 연구에서도 계승되고 있다.

또한 여말선초의 대對불교 시책을 토지만이 아니라 노비, 방납, 도첩제와 사원 영조營造, 불사佛事, 대외관계와 관련한 문제에 걸쳐 전면적으로 검토하는 작업도 있었다. 이에 따르면, 고려 말 국가 존립의 기반을 위태롭게 한 데서 불교배척의 논의가 일어났다고 보았으며, 조선 초의 불교정책은 척불斥佛정책이라기보다는 억불抑佛정책이라고 하는 것이 정확한 표현이라고 주장하였다. 그리고 이 연구에서는 태종과 세종대에 걸쳐 사원의 토지가 정리되는 과정을 소상하게 밝혔다(韓㳓劤, 1957·1964).

이러한 기초적인 연구 결과 조선 초 사원의 토지가 정리되는 원인과 과정을 자세히 알 수 있게 되었다. 그러나 경제사의 관점에서 검토한 것이 아니기 때문에 토지의 성격 문제는 충분하게 다루지 못하였다. 그 뒤로 사원토지의 성격을 집중적으로 밝히는 시도가 있었다. 그 연구에서는 조선 초기 사원의 토지를 사사전寺社田으로 일컬으면서 그 사사전에는 수조지로서 사사전과 사유지로서 사사전이 있다고 이해하였다. 그리고 태종·세종대에 개혁된 사사전은 수조지라는 것, 성종 9년(1478) 무렵 수조지로서의 사사전을 갖는 사원은 43개이며 수전受田의 총액은 9,910결이라는 것, 수조지로서의 사사전에서는 소출의 10분의 1을 수취하도록 하였는데 횡렴橫斂하는 일이 많았다는 것 등을 제시하였다. 이와는 달리 사적 소유지로서의 사사전은 태종·세종대의 수조지로서의 사사전이 혁거된 후에도 그대로 존속하였다고 보았다(有井智德, 1976·1979).

사원의 토지에 대한 연구 결과 사원전의 성격을 명확히 이해할 수 있게 되었다. 이후에도 이상의 연구를 수용하면서 사원의 토지문제에 관한 연구가 제출되었다. 조선시기 불교 교단을 종합적으로 정리하면서 사원토지의 정비로 표현되는 척불에 대해 승려들이 행동으로 저항한 사실을 주목하기도 하였다(李載昌, 1986). 또한 사원전의 정리는 국가의 재정보다는 왕권의 강화와 중앙집권체제의 확립을 위해 이루어졌다고 이해하였으며, 과감하게 정리하지 못한 것은 민심의 이탈을 고려하였기 때문이라고 보았다. 그리고 세종대 수조지를 받는 사원을 36사로 한정하였는데, 이 36사는 본산本山 사원으로서 인근의 작은 사찰을 말사의 형식으로 흡수한 것으로 추측하였다

(金甲周, 1976a·1992a).

또한 왕실 관련 사원을 중심으로 검토한 연구도 있었다. 조선 전기 사원전은 왕실의 숭불과 연계되어 규모가 방대하였고 각종 특권을 누렸으며, 이 시기 사원전 정책은 왕실의 숭불과 그에 따른 불사의 비용을 지급하는 왕실재정 운용의 한 방편이기도 하였다는 점을 강조하였다. 세종 6년(1424)에 수조지를 받은 36사 가운데 22사가 왕실 관련 사원이었다는 것이다(宋洙煥, 1992). 이와 비슷한 관점에서 세종대 공인된 36사 가운데 30사가 원당願堂, 능사陵寺, 수륙사水陸社, 왕실 주관의 불사 설행, 대장경 보관, 실록 및 선원첩璿源牒 보관 등 국가 및 왕실과 밀접한 관련을 가진 사원이었다고 보았다(河宗睦, 2000).

또한 조선 초기 사원토지를 정리하는 기준의 문제, 사원전의 운영 문제를 집중적으로 검토하여 고려시기와 조선 초기 사원토지 분급과 운영의 차이점을 명확히 하려는 시도도 있다(李炳熙, 1993).

이러한 연구의 결과 조선 초기 사원토지의 정리 과정이 명확해졌고, 사원의 토지에는 수조지와 소유지가 있다는 사실도 밝혀졌으며, 또 조선 초 토지를 분급받는 사원에는 국가나 왕실과 밀접한 관련을 갖는 사원이 많았다는 점도 알 수 있게 되었다. 그러나 사원토지의 경영 문제나 농민 지배의 문제는 충분한 주목을 받지 못하였다. 조선 초 사원의 수조지를 정리하면서 사원의 소유지도 어느 정도 조정되었다고 여겨지는데 이 점에 관해서 전혀 주의를 기울이고 있지 못한 실정이다.

토지의 개혁과 더불어 사원의 노비도 정리의 대상이 되었다. 노비가 있었기 때문에 승려는 땔나무를 한다거나 식사를 마련하는 등 잡일에서 벗어날 수 있었으며, 수행생활에 몰두할 수 있었다. 사원의 노비가 혁파되면 승려들이 허드렛일을 스스로 하지 않을 수 없게 되는데, 이는 곧 승려들의 사회적 처지의 현저한 하락을 가져오는 것이었다.

사원의 노비는 태종·세종의 조치로 상당히 정리되었다. 태종대의 정리로 적어도 8만여 구口 이상이 속공屬公되었으며, 세종대에는 초년에 사사노비寺社奴婢와 법손노비法孫奴婢를 모두 속공시켜 사원이 지배하는 노비는 사라지게 되었다. 그러나 세조 이후에는 특정 사원이 약간의 노비를 소유하는 일도 있었다(林承禹, 2003).

사원의 토지는 태종·세종대에 크게 정리된 이후 큰 변화가 없었다. 세조대에 부분적인 토지의 지급이 있어서 사원의 토지가 조금 늘었을 뿐이며, 성종대에는 대략 43개의 사원에 1만 결 안팎의 토지가 지급되었다. 성종대에는 사사전의 완전한 혁파론이 강력하게 제기되었으며, 또한 사사전조의 관수관급官收官給 주장도 있었다. 사사전조寺社田租의 관수관급은 성종 23년(1492)에 시행되었다.

사원전은 이렇게 축소되는 양상을 보이고 있었지만, 그런 가운데서도 국왕과 연결된 특수한 사원은 상당한 경제적 지위를 누리고 있었으며, 다른 사원에 없는 특수한 노비를 거느리고 있었다. 상원사와 낙산사의 농장은 전자의 예이고, 원각사의 조자적照剌赤(조라치)은 후자의 예라 할 수 있겠다.

상원사와 낙산사는 두 사원에 관계한 신미信眉와 학열學悅이라는 승려가 세조와 긴밀한 관계를 맺고 있었기 때문에 특별히 경제적으로 우대를 받았다(金甲周, 1969). 왕실의 비호를 받은 상원사 등의 경제활동은 재지세력의 반발을 사고 있었다(이규대, 1994). 그리고 원각사의 조라치는 사찰의 마당 청소를 그 본무로 하였지만, 지방상인의 객주客主나 여각旅閣의 역할을 겸하고 있으면서 대상인으로 성장해 가기도 하였다. 이들은 성종과 연산군 연간에 유생들에게 시비의 대상이 되었고, 연산군 말년에 혁파되었다(金甲周, 1977).

16세기 사원토지의 추이에 대해서는 거의 연구가 이루어지지 못하고, 다만 개략적으로 다루었을 뿐이다(李載昌, 1976b·1986; 金甲周, 1976a·1992a). 이에 따르면 이 시기의 사원토지의 추이는 다음과 같이 정리할 수 있다.

연산군 대에 이르면 또 한차례 사원토지의 몰수 조치가 있었다. 같은 왕 11년(1505)에 전국의 사위전寺位田을 완전히 회수한 것이다. 사위전이 비록 선대의 왕이나 왕후와 관련이 있는 것이라고 하더라도 전부 몰수하는 조치를 취하였다. 중종은 즉위 초에 왕패王牌가 있는 수륙사水陸社·능침사陵寢寺·내원당內願堂 등 일부 사원에 한하여 사위전을 되돌려주었다. 그러나 사림의 중앙정계 진출에 따라 같은 왕 12년(1517)까지 왕실과 연결된 능침사의 토지를 제외하고는 다시 혁파되었다. 명종대에 이르러 문정왕후가 섭정하면서 승과僧科와 양종兩宗, 도승법度僧法이 부활하는 등 불교 교단이 한때 생기를 되찾았고 사원의 토지도 증가하였지만, 문정왕후의 사후에는 사원의 토지가 다시 줄어들었다.

16세기의 사원토지 문제에 대해서는 이렇게 연구가 부진한데, 내원당內願堂과 관련하여 이 주제에 대해 언급한 연구가 있다. 이 연구에서 명종대 문정왕후의 숭불에 따라 내원당이 급격히 늘어 같은 왕 5년(1550)에는 79군데, 9년에는 300~400군데에 이른다는 사실을 제시하였다. 내원당은 왕권의 비호 아래 민전의 탈점奪占과 투속投屬·유인誘引 등으로 사유지 및 수세지를 확대하였는데, 이것이 왕실의 숭불을 위한 사재정私財政 확보책이라는 것이다. 그리고 문정왕후가 사망하자 이 내원당의 토지는 내수사內需司에 이속되었다고 주장하였다(宋洙煥, 1992).

조선 초기에 사원의 토지가 정리되면서 불교계 전체의 지위가 크게 하락하였는데,[9] 그러한 과정에서 사원 자체가 속공되는 경우도 있었고, 폐사廢寺가 되는 수도 있었다. 이러한 점에 주목한 연구에 따르면, 조선 초기 국가의 공인에서 제외된 대부분의 사원은 소찰小刹로서 사유지를 소유하고 있었는데 다수가 폐사화하였다는 것이다. 국가는 향교鄕校·역驛·원院 등 관부시설을 마련할 때 폐사의 목재와 기와를 활용하기도 하였으며, 또한 사지寺址(절터)를 이용했다고도 보았다. 이때 사원 소속의 토지도 귀속이 변경된 것으로 보아야 한다는 것이다. 16세기 중엽의 서원은 폐사의 기반 위에 세워지는 경우가 많았으며, 이때 폐사의 토지를 흡수했다고 주장하였다(李樹煥, 1984·2001). 사원의 쇠퇴와 향교·서원의 경제 관계는 관심을 높여야 할 주제이다.

(2) 공물대납과 역役의 부담

조선 초기에 승려들은 활발하게 공물대납 활동에 참여하였다. 중간상인이 공물을 대납하고 그 대가를 농민들로부터 받아내는 공물대납은 상당한 이권利權을 보장하는 것이기에, 국가 권력과 깊이 연결되어야 그 권리를 보장받을 수 있었다. 승려들의 공물대납 활동은 세종 말년에서 세조대에 걸쳐 활발하였다. 대표적인 승려는 교서관校書館·별요別窯·귀후소歸厚所의 간사승幹事僧과 진관사 연화승 각돈覺頓이었다(田川孝三, 1960·1964; 韓沽劤, 1991·1993).

공물대납에 적극 참여할 수 있는 승려는 왕실 관련 사원에 소속된 승려였다. 승려는 국가나 왕실에서 주관하는 불사나 영건사업에 간사승으로 참여하여 국가로부터 대납권代納權을 획득하였다. 승려에게 공물의 대납권을 인정한 것은 일차적으로 불사의 경비를 마련

9) 조선 초 불교계의 위상이 크게 하락한 것으로 보지 않는 이도 있지만, 현저하게 하락한 것으로 이해하는 것이 실상에 부합할 것이다. 조선 초 불교계 위상의 변화는 승과·승계 및 주지제의 변화에서 단적으로 나타난다. 이에 관해서는 柳基貞의 연구(2002)가 참조된다.

토록 하기 위함이었다. 태종대에는 부등목不等木·광판목廣板木·정탄正炭 등이 대납공물의 주류를 이루었으나, 세종·문종대에는 정철正鐵·토목吐木·성조목成造木·지둔紙芚·초둔草芚·유밀油蜜·지지紙地·전칠全柒·청밀淸蜜·지율芝栗·정탄·번와목燔瓦木 등에 이르기까지 그 물종이 크게 확대되었다. 대납 지역을 보면, 태종대에는 경기·충청·황해 등 몇 개 도道에 한정되어 있었으나, 세종·문종대에는 경상·전라·강원도로 확대되었고, 세조대에는 거의 모든 도로 확대되었다. 공물대납에 관계하였던 승려는 막대한 재부를 축적하였다. 왕실과 관련이 있는 사원의 중수나 국가 영건사업의 경우, 대납권 부여만이 아니라 국왕이 친히 서명한 권연문勸緣文을 주어 비용을 마련하게 하였다. 이때 승려는 모연募緣활동을 통해 사리私利를 도모하여 막대한 재부를 축적할 수 있었다. 대납활동과 모연활동은 사원경제를 재건하는 데 기여하였다(河宗睦, 2000). 승려는 영건사업에 참여했을 뿐만 아니라, 상업과 어업에도 종사하였으며, 나아가 중국 및 왜인과의 국제무역에도 나섬으로써 막대한 재부를 축적하여 갔다(河宗睦, 2000).

세종 이후부터 크게 성행한 승려의 대납활동에 대해 예종대에 이르러서 전면적인 금지 조처가 내려졌다. 이후 승려들은 장리長利를 통한 취식 활동에 몰두하였다. 대납 금지 조처가 내려진 예종 이후, 성종대에 승려들의 장리 활동에 대한 기사가 집중적으로 빈번하게 나타나는 것도 이 같은 이유에서이다. 이러한 승려들의 취식 활동은 가히 약탈적이라 할 정도였다(河宗睦, 2000).

이상의 연구로 조선 초기 승려들이 공물대납에 참여하거나 국내외 교역에 참여하고 고리대를 일삼았음을 알 수 있다. 그런데 공물대납에 참여한 승려는 국가나 왕실과 깊은 관련이 있는 특정 기관이나 사원 소속이기 때문에 대부분의 승려와 사원은 이와 무관하였다. 상업과 고리대도 일부 사원이나 승려에 한정된 것이 아닐까 한다.

대납, 상업, 모연, 장리를 통한 부의 증대가 사원경제에 일정한 도움을 주었겠지만, 그 범위는 매우 제한적이었다.

조선 초기 국가는 승려들을 각종 토목역土木役에 동원하였다. 현실적으로 존재하는 불법不法 승려, 즉 무도첩승無度牒僧을 국가에서 필요로 하는 긴급한 토목공사에 동원하고, 반대급부로 도첩을 주어 합법적인 승려로 만들어 주었다. 승려는 불법을 해소하기 위해 토목역 동원에 응하여 도첩을 발급받을 수 있었다. 그러나 잦은 동원으로 승려들을 사역하는 것이 일상화되어 갔으며, 필요하다면 언제나 승려를 필요한 역사役事에 부릴 수 있다는 통념이 자리 잡게 되었다. 빈번한 사역으로 승려들의 사회적 처지는 눈에 띄게 떨어졌다.

승려를 국가가 필요로 하는 역사에 동원하는 것은 조선 전기에 여러 사례를 통해 확인할 수 있다. 세조는 도첩 없이 불법적으로 승려가 된 자들을 사사寺社의 건조建造나 간경刊經사업 등에 부역시키고 도첩을 발급한 바 있었으며, 성종은 창경궁의 창건에 4,000명 정도의 승려들을 사역하고 역시 도첩을 지급하였다(韓沽劤, 1991; 車文燮, 1969; 金煐泰, 1995). 그리고 중종대에는 견항 방색, 의항 개착이라는 국가의 긴요한 국가사업에 승군僧軍을 동원하여 부역승赴役僧에게 대가로 호패戶牌를 지급하였으며, 명종대에도 잠시 각 영선처營繕處에 승려를 동원하고 그 승려에게 호패를 지급하였다(李鍾英, 1963). 이후 조선 전기 도첩제를 구명하는 연구에서는 늘 승려의 사역을 언급하고 있다(李承峻, 2000; 全暎俊, 2004).

국가의 역 동원을 사원경제의 확대 차원에서 접근하는 연구도 있다. 승려는 부역의 반대급부로 급전給田, 사미賜米, 잡역 면제, 의량衣糧 지급, 도첩 발급, 급복給復, 전조 면제, 승직僧職 제수, 사원 완호完護 등과 같은 특전을 받았다. 이 같은 영건사업의 반대급부로서 조잔해져 가는 사원경제를 복구하고 또한 쇠퇴해 가는 불교를 다시 부흥시킬 수 있는 계기를 마련하였다는 것이다(河宗睦, 2000). 승려를 사역하는 것은 기본적으로 승려를 억압하는 것이었지만, 부분적으로 사원경제에 도움을 주었다고 볼 수 있겠다.

최근에는 승려통제책과 관련하여 승역僧役을 천착하기도 하였다. 불법 출가자가 근절되지 않는 가운데 이들을 역사에 징발하고 역승에게 직첩, 도첩, 호패를 각각 지급함으로써 일정한 범위 안에서 승려 집단을 인정해 주었는데, 그것을 승려통제책이었다고 파악하였다. 승려의 사역이 일반 백성들의 요역 부담을 줄이고 국가의 재정을 절약하는 측면도 있었음을 지적하였다(배명애, 2006).

조선 후기 사찰에서 자주 보이는 제지製紙활동이 16세기에도 확인된다. 이문건李文楗이 남긴 《묵재일기默齋日記》를 활용해 16세기 성주 지역 사찰의 제지 활동을 조명한 글이 있다. 성주 지역의 승려는 지방 관청, 인근의 사찰 관련자들의 요청으로 종이를 만들었는데, 종이 재료를 각 사찰에 나누어 주고 그 양만큼 완성된 종이를 납부토록 하는 방식이 주로 채택되었고, 그 밖에 지소紙所로 추정되는 곳에 승려들을 모아 일정 기간 동안 종이를 만들게 하는 방식도 있었다고 지적하였다. 종이의 제작은 승려에게 상당한 부담으로 작용하였다고 보았다(김인규, 2003).

조선 전기 장리와 상업 활동, 이것과 전체 사원경제의 위치를 관련지어 검토하는 것이 요망된다. 일부의 사원은 이러한 경제활동으로 경제 기반을 확보할 수 있었지만, 이러한 활동에 소극적인 사원은 경제적으로 상당한 어려움에 처함으로써 움츠러들거나 몰락해 갔다.

4) 조선 후기

(1) 토지

임진왜란 때 승군들이 크게 활약하여 승려들에 대한 사회적 인식이 변하였고, 국가의 불교계에 대한 태도가 다소 우호적으로 되었다. 그러나 그것은 일시적인 데 지나지 않았고, 오히려 불교계에 대한 수탈은 가중되었다. 이러한 사정 아래서 개별 사원은 유지를 위한 재원 확보에 몰두하였다. 승려는 자신의 노력으로 농지를 매득하거나 새로운 생산활동에 적극 뛰어들었다. 때로는 국가나 왕실과 연결하여, 경제력을 확보하거나 외부의 수탈을 막고자 하였다. 그리고 일반 백성의 지원을 끌어내기 위해서도 여러 방면으로 노력하였다. 그럼에도 대부분의 사원은 경제적으로 상당한 어려움에 처해 있었다.[10)]

조선 후기 사원의 농지 경영도 부진을 면치 못하였다. 이 시기 사원의 토지에 관해서 그 전체상을 체계적으로 제시하는 연구는 없고, 다만 간략한 언급이 있을 뿐이다(金甲周, 1981·1992a; 李載昌, 1976b). 지금까지 연구로 다음과 같은 사실이 밝혀졌다.

조선 후기의 사위전은 면세지로 공인된 사위전과, 민전民田과 같이 전세를 부담하는 사위전으로 구별되었다. 면세지로 공인된 사위전은 임진왜란과 광해군대를 거치면서 상당히 확대되었는데, 인조대에 면세지의 정비에 착수함에 따라 사위전도 상당히 혁파된 것으로 보인다. 인조 12년(1634)에 시행된 양전量田의 결과, 왕패王牌가 있는 특수 사원을 제외하고 사위전은 원칙적으로 면세전이 될 수 없었다. 현종 4년(1663)에 이르러 전국의 사위전이 회수되었다. 그러나 왕을 위한 연회를 베푼 공이 있다든지, 능침사陵寢寺·원당 등과 같이

10) 당시의 사찰 기행 일기를 보면 대부분의 사원이 상당한 경제적 어려움에 처해 있었으며 소속 승려도 소수였음을 알 수 있다(신대현, 2005).

왕패가 있는 사원들은 면세의 사위전을 그대로 유지하는 것이 허용되었다. 공인된 사위전은 이렇게 축소당하였지만, 조세를 부담하는 사위전답은 여전히 유지되었으며 18세기 초부터 더욱 활발하게 조성되어 갔다.

조선 후기 사원토지 문제는 아직 시기별 추이나 전체적인 윤곽이 명확히 제시되지 못하고 있다. 《조선왕조실록》 등의 연대기 자료를 일차적으로 정리할 때 전체적인 추이가 명확해질 수 있을 것이다. 연구가 부진한 가운데서도 몇몇 개별 사원의 농지가 검토의 대상이 되었다. 개별 사례로서 연구된 것이 불갑사佛甲寺와 운문사雲門寺이다. 불갑사는 농지소유실태를 중심으로, 운문사는 토지분쟁 양상을 중심으로 연구되었다.

전남 영광에 있는 불갑사는 사원에 보존되어 있는 양안(토지대장)을 보면 영조 23년(1747) 현재 27결 81부 1속의 사위전답을 소유하고 있었음을 알 수 있다고 하였다(金甲周, 1982). 청도 운문사의 경우도 전세田稅를 부담하는 위전位田을 소유하고 있었고, 그 위전을 소작하고 있는 신원원新院員 동민들과 운문사 사이에 여러 차례 소유권 분쟁이 있었으며, 그 결과 운문사 승려들과 동민들 사이에 감정이 극도로 악화되었다는 것, 급기야 사산寺山의 마른 풀과 시목柴木(땔나무)을 둘러싸고 동네 주민의 난동이 촉발되어 사원과 동민이 무력충돌하는 사태에 직면하기도 하였다는 것이 밝혀졌다(金甲周, 1992b).

이 시기 사원경제에서 눈길을 끄는 현상은 승려의 전답 사유가 성행한다는 것이다. 이 문제에 주목한 연구는 다음과 같은 사실을 제시하였다. 승려가 전세를 부담하는 민전과 같은 승려전을 조성한 것은 조선 전기부터였지만, 승려전은 사원과 별산別産으로 인정되지 않았다. 그러나 17세기 이후부터 사원과 승려 사이의 별산제別産制가 확립되어 승려의 사유전답이 활발하게 조성되었다. 승려는 한광지閑

曠地를 개간하였고, 상업 활동에서 얻은 자본으로 전답을 사들였으며, 부모 또는 법사法師로부터 전답을 상속받기도 하였고, 출가 전의 전답을 사유하는 등 여러 가지 계기로 자신의 사유전답을 크게 조성하여 갔다. 승려의 사유전답에 대해 효종 8년(1657)부터 여러 족속族屬에게 상속되도록 하고 상좌上佐나 사찰에는 일절 귀속될 수 없게 하였다. 이것은 사원경제를 축소함으로써 불교세력을 억압하려 한 것이다. 그러나 현종 16년(1674)부터는 승려의 사유전답도 그 상좌가 4촌 이상의 족친과 절반씩을 상속받을 수 있도록 규정이 변경되었는데, 이것은 곧 승려의 사유전답 상속관계에 있어 속가俗家 위주에서 불가佛家 위주로 전환한 것을 의미하며, 불교 교단의 사회적 위치가 강화되어 간 것을 뜻하는 것이다(金甲周, 1981·2007).

조선 후기 사원의 농지 문제에 대해서는 기초적인 연구조차 이루어지지 않았다. 몇몇 개별 사례가 검토되고 있을 뿐, 전체적인 모습은 앞으로 밝혀야 할 과제라 하겠다.

(2) 산업 활동과 계契

조선 후기 승려들은 사원경제의 유지·발전을 위하여 사원을 중심으로 여러 산업 활동을 펼쳤다. 국가의 침탈이 가혹해지는 상황에서 사원은 소속 승려의 자급자족을 이루고 공물도 상납하려면 여러 가지 산업을 일으켜야만 했다. 사원의 산업 활동은 여러 방면에 걸쳐 있었다. 미투리 생산뿐만이 아니라 제지 수공업과 목축에 종사하였으며, 채소·과실·산채山菜·산과실 등을 생산하여 자급자족해 갔다.

남한산성 안의 사원에서는 병자호란 때 인조가 남한산성에 피위被圍되어 공어물供御物이 궁핍해졌음을 알고, 소와 말·흰 종이·산소山蔬·나복채蘿葍菜(무나물)·청밀淸蜜(꿀) 등을 진상하였다. 이것은 사원에서 다양한 것이 생산되고 있음을 보여 주는 증거라 하겠다. 또한 일반인들이 무관심했던 도서 지방까지 가서 산업 활동을 전개하는 사례도 보인다(金甲周, 1979).

개별 사원 산업 활동의 대표적인 예로서 미투리 생산과 종이 생산을 들 수 있다. 미투리의 생산은 여러 사원에서 확인되는데 그 실상을 비교적 자세히 남기고 있는 경우가 평강平康의 부석사이다(金甲周, 1979). 제지 활동은 거의 모든 사원에서 찾아볼 수 있어 사원의 고유한 산업이라고까지 말할 수 있다. 사원은 산록이나 산간지대에 있었기 때문에 닥나무를 재배하거나 종이를 제작하기에 유리하였다. 사원이 만든 종이제품은 관부·향교·향청·서원·지방토호 등이 싼 값을 치르고 빼앗아 갔다(李光麟, 1960; 金甲周, 1979; 河宗睦, 1987; 呂恩暻, 1986; 金順圭, 2000).

조선 후기에 사원이나 승려가 산업 활동에 참여하는 것에 좀 더 관심을 기울이면 이 밖에 더 많은 사례를 확인할 수 있을 것이다. 경제적 어려움을 극복하거나 경제적 지위의 향상을 위해서 승려는 산업 활동에 적극적으로 종사하였으며, 당시 발달하고 있던 장시場市에도 참여하였으리라 짐작된다.

또한 승려가 가혹한 경제적 부담에 대응하여 계契를 조직하여 공동으로 대처해 나가기도 하였다. 계에는 갑계甲契·불량계佛糧契·염불계念佛契·지장계地藏契·미타계彌陀契 등 여러 종류가 있었으며, 대부분 보사補寺에 목적이 있었다(李載昌, 1976b·1986; 金甲周, 1979).

사찰의 계를 집중적으로 다룬 연구에 따르면 다음과 같은 사실을 알 수 있다. 조선 후기 사찰계 자료는 232건이며, 계는 사찰을 유지·운영하는 보사 기능을 하였다. 사찰계는 결성 목적과 활동 양상에 따라 신앙 활동과 보사 활동의 두 유형으로 구분할 수 있는데, 신앙 활동의 사찰계는 염불계와 칠성계·지장계 등으로서 이 가운데 염불계가 대표적이었으며, 보사 활동의 사찰계는 갑계를 비롯하여 불량계·등촉계·문도계·청계·상포계 등이었고, 갑계는 사찰계 가운데서 가장 많은 69건이 활동하면서 사찰의 재정 확충에 큰 몫을 담당하였다. 사찰계는 경제적 어려움을 극복하고, 집단을 결속함으로써 수행과 신앙을 고취하기 위한 이중의 목적을 지니고 성립되었다. 계금으로 마련한 것을 민간 혹은 계원들에게 일정 기간 대부하였는데, 증식기간은 대개 6년에서 9년 사이였으며, 이자율은 1년에 5·6분分, 즉 월 4~5퍼센트 정도였다. 사찰계에서 가장 널리 시주받은 것은 전답이었고, 다음으로 금전과 물자物資였다(韓相吉, 2006). 이로써 여러 사원이 처해 있는 경제적 어려움을 해소하고자 각종 계가 결성되어 운영되었음을 분명히 알 수 있게 되었다.

계 운영과 관련한 특수 사례로서 대흥사大興寺의 보사청補寺廳이 눈에 띈다. 대흥사의 보사청은 1700년에서 1911년까지 212년 동안 유지되었는데, 설치된 이유는 사원의 부족한 식량을 공급하고 유지 경비를 조달하기 위함이었다. 그 밖에도 사원 부담의 각종 국역, 징세, 관아의 주구 등에 대비하기 위한 목적도 있었다. 보사청은 처음에는 납미納米를 중심으로 운영하였으며, 그 뒤 차츰 전답을 조성하여 납미와 전답을 아울러 운영해 갔다. 보사청의 전답을 포함한 대흥사의 위전답은 승려들이 직접 경작했을 것으로 보인다(金甲周, 1976b).

근대 불교사에서 중요한 위상을 차지하는 범어사梵魚寺가 다양한 활동을 할 수 있었던 것도 사찰계 덕분이었다. 범어사의 주지로 있던 오성월吳惺月이 1899년에서 1910년까지 무려 6차례 선회禪會를 개설함으로써 선풍을 진작했으며, 뒤이어 경허鏡虛 성우惺牛가 1900년과 1903년에 선종결사를 개설함으로써 근대 불교에 새로운 선풍을 정착시킬 수 있었던 것도 모두 범어사에 사찰계가 있었기에 가능하였다. 조선 후기에서 1947년에 이르기까지 무려 63건 이상의 사찰계가 활동하고 있어 범어사는 탄탄한 경제적 바탕을 갖추고 있었다(韓相吉, 2000).

계를 해명하는 연구가 이루어진 결과, 승계僧契의 성립 배경, 승계의 종류와 운영 등에 관한 풍부한 사실을 알 수 있게 되었다. 그런데 연구가 계의 보사적인 측면에 주목한 결과 계금契金의 운영을 둘러싼 농민과의 관계에 충분한 주의를 기울이지 못하였다.

(3) 잡역과 잡공

조선 후기에 승려에 대한 사역使役이 더욱 잦아졌으며, 그들이 동원되는 분야도 다양해졌다. 승려는 민정民丁 한 사람의 3배 이상에 해당하는 노동력을 보유했다고 여겨졌다. 그들은 전투나 축성築城 등 군사활동에도 동원되었지만, 광해군대 인경궁仁慶宮 조성 시에는 예석曳石·작벌斫伐 등 중노동에 동원되기도 하였고, 건물 조영에 화승畵僧으로 참여하는 일도 있었으며, 축언築堰하는 일에도 동원되었다. 그 밖에 은광銀鑛에 동원되기도 하고 둔전屯田 경영에 참여하기도 하였다(金甲周, 1979).

이 시기 승려의 역 동원 문제에 관해서는 여러 연구자가 주목하였다. 그리하여 승려들이 각종 행차 때에 물품을 제공하고 접대하며 가마를 멘 사실, 산성·궁궐·관아 등의 축조에 동원되는 실상, 또 각종 잡역에 시달리는 모습 등이 분명해졌다. 또한 승려의 역 동원 강화는 당시 부역제의 추세에 역행하는 것이었으나 18세기 중엽에 이르면 커다란 변화를 겪는다는 사실도 밝혀졌다(鄭珖鎬, 1974; 朴容淑, 1981; 尹用出, 1984).

승려들이 부담한 특수한 역으로, 의승군義僧軍에 동원되는 역이 있었다. 숙종 40년(1714)에 의승군 제도가 확립되면서 승려가 남한산성과 북한산성에 집중적으로 배치되어 수도방위 임무의 일부를 담당하게 된 것이다. 남·북한산성의 의승군제도에 대해서는 여러 편의 논문이 발표되어 다음과 같은 사실들이 밝혀졌다. 남·북한산성의 의승義僧은 1년에 6번 교대하였으므로 한번 소집되어 오면 2개월씩 근무하였다. 승려들은 여비를 스스로 마련하고, 산성에서 근무하는 동안에도 식량과 의류 등 일체의 비용을 스스로 부담해야 했다. 이러한 의승입번제義僧立番制는 많은 폐단을 일으켜 영조 32년(1756) 의승방번전제義僧防番錢制로 변경되었다. 이 제도는 2개월마다 윤번으로 소집되어 오던 것을 돈을 냄으로써 면제시켜 주고, 정부에서는 그들이 낸 번전番錢으로 두 산성에 상주하는 승려를 고용하여 산성을 수비케 하는 것이었다. 이 의승방번전제는 연 6회씩 교체하는 번거로움과, 절을 비우고 와서 고생해야 하는 폐단을 없앨 수 있었다. 그러나 1인당 납부해야 하는 번전이 상당한 액수였기 때문에 많은 승려가 환속하게 되었고 승려 100인의 역이 10인의 승려에게 돌아가고 10사寺의 역이 1사에 돌아가게 되는 실정이었다. 이에 정조 9년(1785) 번전 금액을 반으로 줄이는 조치가 취해졌다. 이 제도는 이후 큰 변동이 없이 갑오개혁까지 지속되었다. 그러나 불교 교단은 의승방번전 반감이라는 파격적인 처방에도 그 처지가 크게 나아지지 못하였다(禹貞相, 1963; 朴容淑, 1981; 尹用出, 1984; 李載昌, 1986; 金甲周, 1984·1985·1988).

남·북한산성의 승군이 조선 후기 대표적인 승군이었지만, 그 밖에도 여러 곳에 승군이 배치되어 있었다. 각 지방에도 산성山城·군영軍營·수영水營·관아官衙를 중심으로 승군이 편성되어 해당 지역의 방위에 임하였다. 또 사고史庫의 수호와 외국 선박의 감시 등 특수한 임무를 담당하는 승군도 있었다(金甲周, 1989; 梁銀容, 1990).

최근에는 부세제賦稅制의 변화가 승역의 강화와 변동을 가져왔다는 시각에서 승역 문제를 이해하려는 시도가 있다. 대동법의 시행으로 그동안 백성이 담당하고 있던 대부분의 잡역과 잡공이 승려에게 전가되었다는 것이다. 승려의 지역紙役은 대동법의 시행으로 중앙 및 지방 관청이 사찰에 종이를 납부하도록 함으로써 본격화하였다고 보았다. 그러나 승려가 생산한 지물에 대해 관부가 무상징발만 한 것이 아니라 부분적으로 대가를 치르기도 하였다고 지적했다. 균역법과 모립제募立制(각종 국가의 역사에 일용 노동자를 고용하는 제도)는 의승입번제가 번전제로 고쳐지고 그 번전의 부담이 반으로 줄게 되는 데 결정적인 영향을 미쳤다고 이해하였다. 따라서 이 시기 승역이, 양역 자원을 확보하고 국가재정을 보충하는 조선 후기 사회경제 구조 속에서 이루어졌기 때문에 불교 탄압을 전제로 한 수탈 한 쪽으로만 이해해서는 곤란하다고 보았다(吳京厚, 2005).

이러한 연구의 결과, 조선 후기에 사원이 국가의 역 동원이나 승군 동원으로 말미암아 크게 쇠퇴하였음이 분명하게 되었다. 그리고 이러한 수탈이 국가의 부세제 변동과 밀접한 관련이 있음도 알게 되었다.

사원과 승려는 각종 현물을 납부해야 하는 부담을 지고 있었다. 국가와 사회는 신분적 천시뿐만 아니라 지공紙貢을 필두로 하는 각종 번거로운 잡공雜貢까지도 동시에 남징濫徵함으로써 불교를 더욱 어탈漁奪하고 있었다. 이러한 주구와 어탈로 말미암아 사원이 퇴락하고 승려가 떠나가는 사태를 면치 못하게 되었다(鄭珖鎬, 1974).

사원의 현물공납은 국가로부터 보호받지 못한 소찰小刹뿐만 아니라 국가의 보호를 받은 대찰大刹의 경우에도 예외는 아니었다. 구체적으로 법주사法住寺의 경우를 보면, 관용官用의 메주를 만들어 바쳐야 했고, 산과실山果實·산나물과 기타 산에서 난 물품을 본읍本邑에 납부해야 했으며, 향교·서원과 향청의 하급관리·고용인 등에까지 산과실과 산나물을 바치는 것이 관례였다. 또 경내와 각 처의 사대부들이 이곳을 지날 때마다 지팡이·짚신·산과실·산나물 등 갖가지

물건을 요구하기도 하였다(李載昌, 1986). 잡공 가운데 대표적인 것은 지물이었다(金甲周, 1979; 朴容淑, 1981; 李載昌, 1986).

사원의 면세·면역과 관련해 분규가 발생한 사원으로 밀양의 표충사가 있다. 표충사는 사명당 유정(1544~1610)이 임진왜란 때 세운 공로를 드러내고 그 충절을 기리기 위하여 세운 사찰이었다. 18세기에 밀양 재지사족, 밀양부사, 승려의 노력으로 표충사가 중건되었으며, 복호復戶 5결을 지급받고 사액賜額을 받게 되자, 사명당의 부도浮屠와 석장비石藏碑, 영당影堂을 모시고 있는 해인사의 강력한 반대에 부딪히게 되었다. 표충사를 해인사로 이건해야 한다는 분쟁은 영조 15년(1739)과 정조 7년(1783) 두 차례에 걸쳐 전개되었다. 표충사와 해인사의 분쟁은 결국 사역과 잡역 등의 면제 혜택과 관련되어 있었다(張東杓, 2000; 조영록, 2000).

이상의 연구로 사원이 잡공을 수취당하는 실상을 어느 정도 파악할 수 있게 되었다. 그러나 수탈당하는 양상만이 아무런 매개 없이 제시되고 있을 뿐, 당시의 전체 경제구조·사회구조와 관련지어 체계적으로 파악하지 못하고 있다. 또한 잡공의 품목은 대체로 사원이 생산하는 물품이기 때문에 사원 산업의 발달과 관련하여 고찰할 필요가 있다.

각종 역이나 잡공의 징수에 시달리던 조선 후기 사원은 그 어려움을 극복하고자 여러 방면으로 노력하였다. 속사제屬寺制의 발달도 이와 관련이 있다. 사원이 지방 관부 또는 향촌세력층에게 경제적 침탈을 받는 상황에서, 힘 있는 향교·향청·서원 등의 재지세력에 소속되어 수요물자를 담당함으로써 지방 관아 또는 재지사족의 수탈에서 보호받으려 하였다. 조선 후기 대부분의 사원은 이러한 속사제도로서 그 존립을 모색하고 있었다(李樹煥, 1984·2001; 呂恩暻, 1986). 왕실의 원당願堂이 되는 것도 어려움 극복의 한 방법이었다. 원당은 불교계의 적극적인 노력과 왕실의 적극적인 후원으로 설립되었다. 왕실 원당은 고역을 견감蠲減받는 대신에 왕실의 기복을 서원誓願하므로 여타의 착취와 규제로부터 보호받을 수 있는 특별한 권리를 가졌다. 왕실 원찰에는 관인 및 사대부의 탈점이 없을 뿐 아니라 오히려 그들이 이 사원의 중창불사에 시주를 하거나 존립과 발전에 기여하기도 하였다(정석종·박병선, 1998; 朴昞璇, 2002).

속사제가 발달하고 원당이 증가하는 것이 각종 역이나 물품의 부담에서 벗어나고자 하는 것과 밀접함을 알 수 있게 되었다. 그런데 영조와 정조대에 왕실이나 능묘 주변의 원당에 대해 혁파를 강조하고 있고 법전에 수록까지 하는데, 그것이 현실에서 어떻게 반영되어 실천됐을지 궁금하다.

3. 과제와 전망

사원경제에 대해 연구할 분야가 많지만, 연구가 이루어진 영역은 매우 한정되었다. 사원의 경제만이 아니라 사회적인 측면까지 영역을 넓히는 것이 연구의 중요한 과제이다. 시기별로 나누어 보면, 삼국 및 남북국시기 사원경제에 관한 연구는 극히 부진하고, 고려시기 사원경제에 대해서는 연구가 활발하며, 조선시기 연구는 최근에 활기를 띠었다고 할 수 있다. 개항 이후 근현대 사원경제 연구는 거의 전무한 것으로 보인다.

1980년대 이후 연구 인력이 크게 늘어나면서 사원경제에 대한 심층적인 연구가 활발히 이루어졌다. 활용하는 사료가 크게 늘면서 연구의 주제도 다양해졌고, 이해의 깊이도 더해졌다. 그러나 아직 사원경제의 추이에 대한 체계적인 이해가 가능한 수준에 이르지는 못한 것으로 보인다.

사원경제 분야에 대해서는 앞으로도 많은 연구가 이루어져야 할 것이다. 우선 우리나라 사원경제의 특징을 다른 나라와 비교하여 검토할 필요가 있다. 우리의 불교가 인도나 중국의 그것과 성격이 다르듯이 사원경제도 인도나 중국과 상당한 차이가 있는데, 이 점을 명백히 할 필요가 있다. 이렇게 될 때 한국 사원경제의 특징이 뚜렷이 드러날 것이며, 나아가 불교의 사회적 성격까지도 가늠해 볼 수 있다. 사원전의 경우, 중국은 원칙상 면세免稅가 아니고 전조田租를 납부해야 하는 의무를 지고 있으며, 일본은 불수불입不輸不入의 특권을 갖는다는 사실에 견주어 우리의 경우는 어떠한가 하는 비교사적인 안목이 필요하다.

사원을 중심으로 한 동아시아 교역망도 생각해 볼 필요가 있다. 승려들이 중국에 왕래할 때 상인과 동행하는 경우가 많았다. 또 사원에서 필요로 하는 불교경전, 단청 원료, 불구 등을 국제교역을 통해 확보하는 일이 흔하였다. 불교와 관련한 동아시아 교역망을 재구성해 볼 필요가 있다.

종파에 따른 경제 운영의 차이도 관심을 기울일 필요가 있다. 종파마다 지향하는 노선이 다른 경우가 없지 않은데, 그것을 배려하지 않고 단일한 성격으로 전제하고서 사원경제에 접근하여 온 것이 현재까지의 실정이다. 이제는 종파에 따른 사원경제의 차이를 해명할 단계에 왔다고 생각한다. 예컨대 고려시기 법상종 승려는 각종 보시 활동에 적극 참여하였으며 선종 승려는 노동을 중시하였다고 한다. 경제 기반의 차이, 운영상의 차별성, 경제윤리 등에서 종파에 따라 차이가 없지 않을 터인데 이 부분에 대한 관심이 필요하다.

재정수입에서 승려의 탁발이 갖는 비중도 연구가 필요하다. 승려는 사원의 재정이 부족할 때나 때로 수행의 필요에 의해서 탁발에 나서는 경우가 적지 않은데, 이를 통해 확보한 재정수입의 규모에 대해서도 관심을 가져야 할 것이다. 탁발 행위는 고려시기와 조선 전기에는 연화緣化·동량棟梁·권선勸善·모연募緣 등으로 일컬어지면서 불사가 있을 때 재정을 확보하는 중요한 방법이었는데, 재정 상황이 여의치 않는 조선 후기에 성행하였을 가능성이 크다.

근현대 불교사의 연구가 절실하듯이[11] 근현대 사원경제에 대한 연구도 매우 긴요하다. 개항 이후와 일제시기를 거치면서 사원경제는 상당한 변화를 겪었는데,[12] 그 과정에 대한 천착이 없다. 또한 해방 이후 농지개혁에서 사원의 농지는 일부가 대상에서 제외되었지만, 상당 부분 몰수되었다. 일부 큰 사찰은 토지 보상을 받아 회사, 양조장, 공장, 극장 등을 경영하기도 하고 학교를 설립하기도 하였다. 이런 과정에서 사찰의 재산이 50퍼센트 이상 감소하였다(김순미, 2008). 농지개혁을 전후한 시기 사원경제에 대한 연구가 있을 때, 현재 한국불교가 부딪히고 있는, 또 분규의 빌미가 되고 있는 경제문제를 제대로 이해할 수 있으리라 본다.

경제 이념에 대한 연구도 중요하다. 불교는 나름대로 경제에 대한 계율을 갖고 있는데, 이 계율에 대한 검토를 통해 불교의 경제사상을 파악하여야 할 것이다. 나아가 우리나라에서 전개된 계율의 특징을 파악하여 우리 불교계가 지향하였던 경제 이념을 연구해야 할 것이다. 승려 자신에 대한 경제생활 윤리, 사원경제 운영에 대한 경제

11) 근대 불교에 관한 저술이나 논문을 조사해 보면, 연구가 매우 부진함을 볼 수 있는데(金敬執, 1999), 그 가운데서도 사원경제에 관해서는 연구가 거의 없다.

12) 1928년 사지寺誌가 편집될 무렵 건봉사乾鳳寺에는 논(畓)이 50만 7,883평, 밭(田)이 16만 4,527평이 있었으며(《乾鳳寺本末事蹟》, 亞細亞文化社 影印本, 1977, 21쪽), 1942년 사지가 편집될 무렵 유점사楡岾寺는 논 41만 436평, 밭 20만 8,688평을 소유하고 있었다(《楡岾寺本末寺誌》, 亞細亞文化社 影印本, 1977, 31쪽). 이렇게 수십만 평에 이르는 토지를 소유하게 되는 과정, 그리고 그 경영에 대한 연구가 있어야 할 것이다.

이념의 문제 등을 천착할 필요가 있는 것이다. 나아가 세속사회에 대해 불교의 경제 이념이 영향을 준 점도 분명히 할 필요가 있다. 불교의 영향을 자주 언급하면서, 세속사회에 대한 경제 이념의 제시에 대해서는 주목하지 못하고 있다. 그런 점에서 보시布施를 권장하는 논리는 시사하는 바가 크다.

사원의 임야林野·시지柴地의 소유 및 경영의 문제는 전혀 주목을 끌지 못하고 있다. 양란兩亂 이후에 임야·시지의 절수折受 및 사용이 사회문제로 부각되는데, 사원도 그러한 추세와 관련하여 임야를 독점적으로 사용하는 것이 가능해지는 듯하다. 더욱이 사원은 대부분 임야에 근접해 있는 지리적 이점을 가지고 있다. 또 사원이 부담하는 잡공雜貢의 내용 가운데에는 산림에서 취득하는 것이 적지 않아 보이는데, 이 점은 사원의 임야 활용이라는 측면에서 주목해야 할 것이다. 그리고 오늘날에도 사원의 자산資産 가운데 임야가 큰 비중을 점하고 있는데, 그 기원 문제를 해명하기 위해서도 사원의 임야 소유 및 경영의 문제는 구명究明을 요하는 절실한 과제이다.

사원 자체의 재정운영에 대해서는 알려진 바가 별로 없다. 사원이 지출하는 여러 용도, 또 그 각각의 양, 재정을 담당하는 승려조직 등이 궁금하다. 사원의 재정 문제와 관련하여 사원들이 서로 협조하는 체제도 생각해 볼 수 있다. 즉 사원 상호 간의 문제, 혹은 본말사本末寺의 문제이다. 사원의 경제적인 어려움이 배가되는 사정 아래서 사원이 서로 연대하여 대처하는 수가 적지 않았을 것으로 사료되는데, 이 분야에 관한 연구가 필요하다. 그리고 재정수입에서 신자의 물품 시납과 자체의 경제활동으로 확보한 수입의 구성비 및 그 구성비의 시기별 변화에 대해서도 착목하여야 할 것이다.

연구의 수준이 높아지려면 연구방법론의 개발도 필요하지만, 새로운 자료의 발굴도 절실히 요망된다. 우선 고고학 발굴에 관심을 가져야 한다. 기와의 생산, 불상의 제작 등 사원 자체의 수공업 생산 시설의 이해를 위해서, 또 사원 전각의 배치를 이해하기 위해서 사찰 터에 대한 고고학 발굴에 관심을 가지고 참여해야 할 것이다. 아울러 활용하는 자료의 범위를 넓혀야 한다. 국가에서 편찬한 관찬사서만으로는 사원경제에 접근하는 것이 한계에 부딪히고 있다. 금석문, 문집, 고문서, 각종 명문銘文 등이 적극적으로 활용되어야 할 것이다. 새로운 자료를 발굴하고, 그 발굴된 자료를 학계에 보급하는 일도 연구의 진전을 위해서 꼭 필요하다.

이처럼 사원경제에 대해서는 연구가 이루어져야 할 분야가 매우 많다. 앞으로는 지금까지 연구에서 눈길을 끌지 못하였던 새로운 문제가 연구의 주제로서 자리 잡아 천착되리라 여겨진다. 이러한 작업이 활발하게 전개될 때 사원경제에 대해 풍부하고 체계적인 인식이 가능해지리라 생각하며, 아울러 그것을 바탕으로 불교의 사회적 성격도 시사받을 수 있을 것으로 보인다. 그리고 나아가 사원경제의 연구성과는 전체 사회경제사의 이해에도 상당한 도움을 줄 수 있을 것이다.

참고문헌

1. 자료

《三國遺事》《高麗史》《高麗史節要》《朝鮮王朝實錄》《新增東國輿地勝覽》《梵宇攷》
《韓國寺刹全書》(上下)(權相老編, 1979, 東國大出版部)
《韓國金石全文》(古代·中世上下)(許興植編著, 1984, 亞細亞文化社)
《韓國佛教全書》1~12(編纂委員會, 1979~1992, 東國大出版部)
《歷代高僧碑文》(新羅·高麗·朝鮮)(李智冠 譯註, 1993~1999, 가산불교문화연구원)
《高麗寺院資料集成》(齋藤忠, 1998, 第一書房)
《韓國古代中世古文書硏究》(上)(노명호 외, 2000, 서울대학교출판부)
《韓國寺志叢書》 1~14(1977, 亞細亞文化社 影印本)

2. 연구 논저

1) 단행본

姜晉哲, 1980, 《高麗土地制度史硏究》, 高麗大學校出版部.
宮坂有勝, 편집부 역, 1991, 《불교에서 본 경제사상》, 여래.
김갑주, 2007, 《조선시대 사원경제사 연구》, 景仁文化社.
김용태, 2010, 《조선 후기 불교사 연구》, 신구문화사.
金潤坤, 2001, 《한국 중세 영남불교의 이해》, 영남대학교출판부.
朴龍雲, 1996, 《고려시대 開京 연구》, 一志社.
裵象鉉, 1998, 《高麗後期寺院田硏究》, 國學資料院.
白南雲, 1937, 《朝鮮封建社會經濟史》(上), 改造社.
宋洙煥, 2002, 《朝鮮前期 王室財政 硏究》, 集文堂.
정시한, 신대현 옮김, 2005, 《산중일기—17세기 선비의 우리 사찰 순례기—》, 혜안.
李炳熙, 2008, 《高麗後期 寺院經濟 硏究》, 景仁文化社.
______, 2009, 《高麗時期 寺院經濟 硏究》, 景仁文化社.
李相瑄, 1998, 《高麗時代 寺院의 社會經濟 硏究》, 誠信女大出版部.
李樹煥, 2001, 《朝鮮後期書院硏究》, 一潮閣.
李載昌, 1976a, 《高麗寺院經濟의 硏究》, 亞細亞文化社.
______, 1993, 《韓國佛教寺院經濟硏究》, 불교시대사.

조기룡, 2006, 《종무행정론》, 동국대학교출판부.

佐藤密雄, 金浩星 譯, 1991, 《초기불교교단과 계율》, 民族社.

佐佐木敎悟·高崎直道·井ノ口泰淳·塚本啓祥, 權五民 譯, 1985, 《印度佛敎史》, 경서원.

增谷文雄, 睦楨培 譯, 1984, 《佛陀時代》, 경서원.

韓基汶, 1998, 《高麗寺院의 構造와 機能》, 民族社.

韓相吉, 2006, 《조선 후기 불교와 寺刹契》, 景仁文化社.

韓㳓劤, 1993, 《儒敎政治와 佛敎》, 一潮閣.

許興植, 1994, 《韓國中世佛敎史硏究》, 一潮閣.

黃敏枝, 임대희 옮김, 2002, 《중국 역사상의 불교와 경제》, 서경.

히로사치야, 강기희 옮김, 1991, 《소승불교와 대승불교》, 민족사.

K. S. 케네쓰 첸, 박해당 옮김, 1994, 《중국불교》(상)(하), 민족사.

大野信三, 1957, 《佛敎社會經濟學說の硏究》, 有斐閣.

道端良秀, 1983, 《中國佛敎社會經濟史の硏究》, 平樂寺書店.

________, 1980, 《中國佛敎と社會との交涉》, 平樂寺書店.

友松圓諦, 1932, 《佛敎經濟思想硏究》, 東方書院.

游彪, 2003, 《宋代寺院經濟史稿》, 河北大學出版社.

田川孝三, 1964, 《李朝貢納制の硏究》, 東洋文庫.

竺沙雅章, 1982, 《中國佛敎社會史硏究》, 同朋舍.

平川彰·梶山雄一·高崎直道 編, 1981, 《講座大乘佛敎 1—大乘佛敎とはなにか—》, 春秋社.

Jacques Gernet(tr. by Franciscus Verellen), 1995, *Buddhism in Chinese Society: an Economic History from the fifth to the tenth Centuries*, Columbia University Press.

2) 논문

구산우, 2001, 〈高麗前期 香徒의 佛事 조성과 구성원 규모〉, 《한국중세사연구》 10.

______, 2002, 〈고려시기의 촌락과 사원—재가화상·수원승도의 실체와 관련하여—〉, 《한국중세사연구》 13.

金甲周, 1969, 〈朝鮮初期 上院·洛山寺의 堤堰開墾에 대하여〉, 《東國史學》 11.

______, 1976a, 〈朝鮮前期 寺院田을 중심으로 한 佛敎界 動向의 一考〉, 《東國史學》 13.

______, 1976b, 〈海南 大興寺의 補寺廳 硏究—朝鮮後期 寺院經濟의 一考察—〉, 《湖南文化硏究》 8.

______, 1977, 〈圓覺寺의 照刺赤에 대하여〉, 《曺佐鎬博士華甲紀念論叢》.

______, 1979, 〈壬辰倭亂以後 僧侶의 産業活動에 대한 一考〉, 《東大大學院硏究論集》 8.
______, 1981, 〈朝鮮後期 僧侶의 私有田畓〉, 《東國史學》 15·16합집.
______, 1982, 〈靈光佛甲寺의 量案硏究〉, 《淑大史論》 11·12합집.
______, 1984, 〈正祖代 南北漢山城 義僧防番錢의 半減〉, 《南都泳博士華甲紀念史學論叢》.
______, 1985, 〈朝鮮後期 寺院經濟의 動向—南北漢山城 義僧防番錢을 中心으로—〉, 《劉元東博士華甲紀念論叢》.
______, 1988, 〈南北漢山城 義僧番錢의 綜合的 考察〉, 《佛敎學報》 25.
______, 1989, 〈朝鮮後期의 僧軍制度〉, 《車文燮敎授華甲紀念論叢》.
______, 1992a, 〈朝鮮時代 寺院田의 性格〉, 《伽山李智冠스님華甲紀念論叢 韓國佛敎文化思想史》(上).
______, 1992b, 〈朝鮮後期 雲門寺位田의 所有權紛爭〉, 《朴永錫敎授華甲紀念韓國史學論叢》.
金敬執, 1999, 〈近代佛敎의 硏究現況과 課題〉, 《韓國宗敎史硏究》 7.
金杜珍, 1999, 〈新羅下代 禪宗山門의 社會經濟的 基盤〉, 《韓國學論叢》 21.
김병인, 1999, 〈高麗時代 寺院의 交通機能〉, 《全南史學》 13.
金三守, 1965, 〈寶의 前期的 資本機能에 관한 宗敎社會學的 硏究〉, 《亞細亞學報》 1.
金庠基, 1959, 〈大覺國師義天에 對하여〉, 《국사상의 제문제》 3.
金世潤, 1983, 〈高麗 寺院奴婢의 性格〉, 《釜山女大史學》 1.
金順圭, 2000, 〈조선 후기 사찰 紙役의 변화〉, 《靑藍史學》 3, 한국교원대.
김순미, 2008, 〈농지개혁과 사찰농지 변동〉, 《불교정화운동의 재조명》(대한불교조계종 교육원 불학연구소편), 조계종출판사.
김순석, 2002, 〈조선 후기 불교계의 동향〉, 《國史館論叢》 99.
金煐泰, 1995, 〈朝鮮前期의 度僧 및 赴役僧 문제〉, 《佛敎學報》 32.
金潤坤, 1982, 〈麗代의 寺院田과 그 耕作農民—雲門寺와 通度寺를 중심으로—〉, 《民族文化論叢》 2·3합집.
______, 1991, 〈羅代의 寺院莊舍의 硏究—浮石寺를 중심으로—〉, 《考古歷史學誌》 7.
______·宋聖安, 1997, 〈高麗時代 寺院手工業에 관한 一檢討〉, 《慶大史論》 10, 경남대.
김인규, 2003, 〈朝鮮 明宗代 星州地域 寺剎의 製紙活動〉, 《전통문화논총》 1, 한국전통문화학교.
金炯秀, 1995, 〈高麗前期 寺院田 經營과 隨院僧徒〉, 《한국중세사연구》 2.
______, 2001, 〈고려전기 裨補寺院과 地方支配〉, 《慶尙史學》 17.
閔丙河, 1965, 〈高麗時代 佛敎界의 地位와 그 經濟〉, 《成大史林》 1.
朴敬子, 1969, 〈高麗朝의 寺院田 考察—그 擴大와 經營을 중심으로—〉, 《淑大史論》 4.
朴南守, 1994, 〈統一新羅 寺院成典과 佛事의 造營體系〉, 《東國史學》 28.

______, 1995, 〈新羅 僧匠의 활동과 그 思想的 基盤〉, 《韓國古代史硏究》 10.
______, 1997, 〈金大城의 佛國寺 造營과 그 經濟的 背景〉, 《新羅文化祭學術發表論文集》 18.
朴昞璇, 2001, 〈朝鮮後期 願堂 硏究〉, 嶺南大 博士學位論文.
______, 2002, 〈朝鮮後期 願堂의 政治的 基盤—官人 및 王室의 佛敎 認識을 中心으로—〉, 《民族文化論叢》 25.
朴容淑, 1981, 〈朝鮮朝 後期의 僧役에 關한 考察〉, 《釜山大論文集(人文社會科學篇)》 31.
배명애, 2006, 〈조선 전기의 승려통제책과 僧役〉, 《釜大史學》 30.
裵象鉉, 1991, 〈高麗後期 農莊奴婢의 形成과 社會經濟的 地位〉, 《慶南史學》 5.
______, 1992, 〈高麗後期 寺院田의 性格과 耕作農民〉, 《韓國上古史學報》 10.
______, 1993, 〈高麗後期 寺院奴婢와 그 社會經濟的 地位〉, 《昌原史學》 1.
______, 1995, 〈高麗時代 僧徒와 그 類型〉, 《昌原史學》 2.
______, 1996, 〈高麗後期의 寺院 佃戶〉, 《嶠南史學》 7.
______, 1997a, 〈麗末鮮初 田制의 變化와 寺院田〉, 《昌原史學》 3.
______, 1997b, 〈高麗時代 雲門寺의 寺院田 經營〉, 《한국중세사연구》 4.
______, 2001, 〈高麗時期 寺院田과 國家, 村落, 그리고 農民〉, 《韓國中世社會의 諸問題—金潤坤敎授停年紀念論叢—》.
______, 2004, 〈松廣寺 소장 古文書에 나타난 高麗 寺院의 모습—'修禪社形止記'를 중심으로—〉, 《한국중세사연구》 17.
변양근, 2008, 〈朝鮮 初期 僧侶의 緣化 活動〉, 《靑藍史學》 16.
徐吉洙, 1981, 〈高麗時代의 借貸關係 및 利子에 관한 硏究〉, 《國際大學論文集》 9.
宋基豪, 1992, 〈渤海佛敎의 展開過程과 몇 가지 特徵〉, 《伽山李智冠스님華甲紀念論叢 韓國佛敎文化思想史》(上).
宋聖安, 2001, 〈高麗後期 寺院手工業의 工匠과 手工業場〉, 《韓國中世社會의 諸問題—金潤坤敎授停年紀念論叢—》.
______, 2002, 〈高麗後期 寺院手工業의 性格〉, 《慶大史論》 12·13합집.
宋洙煥, 1992, 〈朝鮮前期의 寺院田—王室關聯 寺院田을 中心으로—〉, 《韓國史硏究》 79.
安啓賢, 1970, 〈韓國佛敎史(上)〉, 《韓國文化史大系》 6.
安日煥, 1974, 〈高麗時代 通度寺의 寺領支配에 대한 一考〉, 《釜山大學敎養課程部論文集》 4.
梁銀容, 1990, 〈全羅左水營의 義僧水軍에 관한 硏究〉, 《全羅文化財》 3.
呂恩暻, 1986, 〈朝鮮後期의 寺刹侵奪과 僧契〉, 《慶北史學》 9.
______, 1989, 〈朝鮮後期 山城의 義僧摠攝〉, 《大丘史學》 28.
吳京厚, 2005, 〈朝鮮後期 僧役의 類型과 弊端〉, 《國史館論叢》 107.
禹貞相, 1963, 〈南北漢山城 義僧防番錢에 對하여〉, 《佛敎學報》 1.

劉教聖, 1959, 〈高麗 寺院經濟의 性格〉, 《白性郁博士頌壽紀念佛教學論文集》.
柳基貞, 2002, 〈朝鮮前期 僧政의 整備와 運營〉, 《靑藍史學》 5.
柳正秀, 1991, 〈高麗 寺院田 硏究〉, 《中央史論》 7.
尹紀燁, 2004, 〈원간섭기 元皇室의 布施를 통해 中興된 高麗寺院〉, 《普照思想》 22.
尹用出, 1984, 〈朝鮮後期의 赴役僧軍〉, 《人文論叢》 26, 釜山大.
이경복, 2003, 〈신라말 고려초 대안사의 전장과 그 경영〉, 《이화사학연구》 30.
李光麟, 1960, 〈李朝後半期의 寺刹製紙業〉, 《歷史學報》 17·18합집.
이규대, 1994, 〈朝鮮初期 佛教의 社會的 實態—嶺東地方 寺院을 中心으로—〉, 《國史館論叢》 56.
李炳熙, 1988, 〈高麗前期 寺院田의 分給과 經營〉, 《韓國史論》 18, 서울대.
_____, 1991, 〈高麗中期 寺院의 助成과 經濟運營〉, 《李元淳敎授停年紀念歷史學論叢》.
_____, 1992, 〈三國 및 統一新羅期 寺院의 田土와 그 經營〉, 《國史館論叢》 35.
_____, 1993, 〈朝鮮初期 寺社田의 整理와 運營〉, 《全南史學》 7.
_____, 1994, 〈朝鮮時期 寺刹經濟硏究의 動向과 課題〉, 《裵鍾茂總長退任紀念史學論叢》.
_____, 1995, 〈高麗 武人執權期 修禪社의 農莊經營〉, 《典農史論》 1.
_____, 1997a, 〈朝鮮時期 寺刹의 數的 推移〉, 《歷史教育》 61.
_____, 1997b, 〈高麗末 朝鮮初 白羊寺의 重創과 經濟問題〉, 《韓國史硏究》 99·100합집.
_____, 1998, 〈高麗時期 院의 造成과 機能〉, 《靑藍史學》 2.
_____, 2000, 〈高麗時期 僧侶의 緣化活動〉, 《李樹健敎授停年紀念韓國中世史論叢》.
_____, 2001a, 〈高麗時期 寺院의 財政運用〉, 《大覺思想》 4.
_____, 2001b, 〈高麗時期 僧侶의 個人財産〉, 《典農史論》 7.
_____, 2002, 〈高麗時期 寺院의 新設과 可用空間의 擴大〉, 《靑藍史學》 6.
_____, 2003, 〈大覺國師 義天의 鑄錢論〉, 《天台學硏究》 4.
_____, 2004a, 〈高麗時期 落成行事의 設行〉, 《文化史學》 21.
_____, 2004b, 〈高麗時期 佛教行事 設行時 參席者와 施納行爲〉, 《靑藍史學》 10.
李相瑄, 1983, 〈高麗寺院經濟에 대한 考察〉, 《崇實史學》 1.
_____, 1984, 〈高麗時代의 隨院僧徒에 대한 一考察〉, 《崇實史學》 2.
_____, 1991, 〈高麗寺院의 商行爲考〉, 《誠信史學》 9.
李樹煥, 1984, 〈嶺南地方 書院의 經濟的 基盤—寺院과의 關係를 중심으로—〉, 《大丘史學》 26.
李承峻, 2000, 〈朝鮮初期 度牒制의 運營과 그 推移〉, 《湖西史學》 29.
李昇漢, 1993, 〈高麗 肅宗代 降魔軍 組織의 政治的 背景〉, 《歷史學報》 137.
이인재, 1992, 〈통도사지 '사지사방산천비보편'의 분석〉, 《역사와 현실》 8.

李仁哲, 1999a, 〈新羅上代의 佛寺造營과 그 社會·經濟的 基盤〉, 《白山學報》 52.
______, 1999b, 〈新羅中代의 佛寺造營과 그 社會經濟的 背景〉, 《慶州文化硏究》 2.
______, 1999c, 〈芬皇寺 創建의 政治·經濟的 背景〉, 《芬皇寺의 諸照明》.
______, 2000, 〈新羅下代 佛寺造營과 그 社會經濟的 背景〉, 《慶北史學》 23.
李載昌, 1960, 〈寺院奴婢考〉, 《黃義敦古稀記念史學論叢》.
______, 1964, 〈麗代寺院領擴大의 硏究〉, 《佛敎學報》 2.
______, 1973, 〈佛敎의 社會 經濟觀〉, 《佛敎學報》 10.
______, 1975, 〈寺院經濟의 發達〉, 《한국사》 6.
______, 1976b, 〈朝鮮時代 僧侶甲契의 硏究〉, 《佛敎學報》 13.
______, 1986, 〈朝鮮朝 社會의 佛敎敎團〉, 《韓國史學》 7.
이정주, 1999, 〈朝鮮 太宗·世宗代의 抑佛政策과 寺院建立〉, 《韓國史學報》 6.
李鍾英, 1963, 〈僧人戶牌考〉, 《東方學志》 6.
이홍두, 2005, 〈高麗時代 軍制와 僧軍—隨院僧徒의 정규군 편성을 중심으로—〉, 《白山學報》 72.
林承禹, 2003, 〈조선 전기 사원노비의 혁거와 처지 변화〉, 《靑藍史學》 7.
林英正, 1992, 〈高麗時代의 使役·工匠僧에 대하여〉, 《伽山李智冠스님華甲紀念論叢 韓國佛敎文化思想史》(上).
______, 2002, 〈隨院僧徒再考〉, 《東國史學》 37.
張東杓, 2000, 〈朝鮮後期 密陽 表忠祠의 沿革과 祠宇 移建 紛爭〉, 《사명당 유정—그 인간과 사상과 활동—》(四溟堂記念事業會 編), 지식산업사.
全暎俊, 2004, 〈麗末鮮初 度牒制 運用과 僧徒의 性格〉, 《白山學報》 70.
______, 2005, 〈高麗時期 寺院佛事와 助力者〉, 《역사민속학》 20.
鄭珖鎬, 1974, 〈李朝後期 寺院雜役考〉, 《史學論志》 2.
鄭東樂, 2001, 〈고려시기 洛山寺의 寺院經濟에 대한 검토—襄州之密記를 중심으로—〉, 《韓國中世社會의 諸問題—金潤坤敎授停年紀念論叢—》.
정석종·박병선, 1998, 〈朝鮮後期 佛敎政策과 願堂(1)—尼僧의 存在樣相을 中心으로—〉, 《民族文化論叢》 18·19합집.
鄭永鎬, 1999, 〈渤海의 佛敎와 佛像〉, 《高句麗硏究》 6.
정요근, 2008, 〈高麗·朝鮮初의 驛路網과 驛制 硏究〉, 서울대학교 박사논문.
정용범, 2006, 〈고려시대 사원의 상업활동〉, 《釜大史學》 30.
정은우, 2002, 〈高麗後期 佛敎美術의 후원자〉, 《미술사연구》 16.
趙法鍾, 1987, 〈新羅寺院奴婢의 起源問題에 關한 一考察〉, 《史叢》 32.
曺永祿, 2000, 〈儒·佛 合作의 密陽 表忠祠〉, 《사명당 유정—그 인간과 사상과 활동—》

(四溟堂記念事業會 編), 지식산업사.
增谷文雄, 1981, 〈佛陀時代와 現代〉, 《佛敎의 社會思想》(呂益九 編), 民族社.
車文燮, 1969, 〈朝鮮 成宗朝의 王室佛敎와 役僧是非〉, 《李弘稙博士回甲紀念韓國史學論叢》.
蔡尙植, 1990, 〈고려 중기 通度寺의 寺格과 역사적 의미〉, 《韓國文化硏究》 3.
최길성, 1961, 〈1328년 통도사의 농장경영형태〉, 《력사과학》1961-4.
崔柄憲, 1972, 〈新羅下代 禪宗九山派의 成立〉, 《韓國史硏究》 7.
崔森燮, 1977, 〈高麗時代 寺院財政의 硏究〉, 《白山學報》 23.
崔永好, 2001, 〈고려시대 사원수공업의 발전기반과 그 운영〉, 《國史館論叢》 95.
하일식, 1996, 〈昌寧 仁陽寺碑文의 硏究—8세기 말~9세기 초 신라 지방사회의 단면—〉, 《韓國史硏究》 95.
______, 1997, 〈해인사전권과 묘길상탑기〉, 《역사와현실》 24.
河宗睦, 1987, 〈朝鮮後期의 寺刹製紙業과 그 生産品의 流通過程〉, 《歷史敎育論集》 10.
______, 2000, 〈조선초기 사원경제—국가 및 왕실 관련 사원을 중심으로—〉, 《大丘史學》 60.
韓基汶, 1990, 〈高麗時代 寺院寶의 設置와 運營〉, 《歷史敎育論集》 13·14합집.
______, 1992, 〈高麗時代 寺院의 統制와 編制〉, 《伽山李智冠스님華甲紀念論叢 韓國佛敎文化思想史》(上).
______, 1995, 〈高麗時代 寺院內의 管理組織과 所屬僧의 構成〉, 《한국중세사연구》 2.
______, 2006, 〈高麗時代 裨補寺社의 成立과 運用〉, 《한국중세사연구》 21.
韓相吉, 1998, 〈朝鮮後期 寺刹契의 硏究〉, 《佛敎史硏究》 2.
______, 2000, 〈朝鮮後期 梵魚寺의 寺刹契〉, 《韓國文化의 傳統과 佛敎—蓮史洪潤植敎授停年退任紀念論叢—》.
韓㳓劤, 1957, 〈麗末鮮初의 佛敎政策〉, 《서울大學校論文集(人文社會科學)》 6.
______, 1964, 〈世宗朝에 있어서의 對佛敎政策〉, 《震檀學報》 25·26·27합집.
______, 1991, 〈文宗-世祖朝에 있어서의 對佛敎施策〉, 《韓國史學》 12.
黃仁奎, 1998, 〈高麗 裨補寺社의 設定과 寺莊運營〉, 《東國歷史敎育》 6.

旗田巍, 1932, 〈高麗朝における寺院經濟〉, 《史學雜誌》 43-5.
木村淸孝, 1973, 〈中國佛敎にめぐる'不耕而食'の問題〉, 《佛敎經濟硏究》 5.
武田幸男, 1966, 〈高麗時代における通度寺の寺領支配〉, 《東洋史硏究》 25-1.
有井智德, 1976, 〈李朝初期における收租地としての寺社田〉, 《朝鮮學報》 81.
________, 1979, 〈李朝初期における私的土地所有としての寺社田〉, 《旗田巍古稀記念朝鮮歷史論集》(上).

李相佰, 1938·1939, 〈儒佛兩教交代の機緣に關する一硏究〉, 《東洋思想硏究》 2·3.
田川孝三, 1960, 〈李朝における僧徒の貢納請負〉, 《東洋學報》 43-2.
鄭早苗, 1983, 〈開仙寺石燈記〉, 《朝鮮學報》 107.

고려불교와 여성

김영미(이화여대 사학과)

1. 개관

불교 교단은 4부 대중 곧 출가자인 비구·비구니와 재가신자인 우바새·우바이로 구성된다. 즉 여성들은 출가하여 비구니가 되어 수행하기도 하고 재가신자 우바이로서 수행과 교단의 후원 등에 중요한 구실을 한다. 한국에서 불교가 조선시기의 억불정책抑佛政策 속에서도 유지될 수 있었던 것은 왕실 여성들의 호불好佛과 여성들이 상사上寺 금지령을 어기며 꾸준히 절에 가서 금령을 무력화한 데 힘입은 바가 크다.

여성들의 불교 신앙은 오늘날에도 불교 교단에서 중요한 몫을 하고 있다. 2005년 통계청의 인구조사에 따르면, 대한민국 총인구 4,704만 1,434명 가운데 종교가 있는 국민은 53.1퍼센트이다. 이들 가운데 불교를 믿는 사람은 전체 인구의 22.8퍼센트인데, 이들의 52.87퍼센트가 여성이라고 한다. 이 비율로 보면 불교에서 여성 신자 우바이가 차지하는 비중이 절반을 조금 넘으므로 남녀 신자의 비율이 별 차이가 나지 않는다. 하지만 실제로 사찰에서 신앙 활동을 하는 사람들을 살펴보면 여성 신자들의 수가 훨씬 많다. 또 가장 큰 불교 종단인 조계종의 승려 수를 살펴보아도 2007년의 경우 비구 5,292명, 비구니 5,209명으로 비구니의 수는 비구와 비슷하다. 그럼에도 종회 의원 가운데 비구니의 비율 등을 따지면 불교 교단에서 여성들이 차지하는 위상은 매우 낮다.

그 배경에는 조선왕조가 성리학을 통치 이데올로기로 채택하여 불교를 탄압하고, 과거를 보아 관직에 오르려는 지배층 남성들이 성리학을 공부하며 불교를 이단으로 여겼던 한국불교사의 흐름이 있다. 그리고 현대 한국 여성의 사회적 지위와도 관련이 있을 것이다. 또 불교계의 차별적 여성관도 한몫을 하였다. 왜냐하면 불교의 여성관은 불교수행의 궁극적 목표인 성불成佛 가능성에 여성을 포함시킬 수 있는지와 관련되기 때문이다.

이 글에서는 한국불교사에서 중요한 구실을 한 여성들의 신앙과 수행에 대한 연구성과를 고려시기를 중심으로 살펴보려고 한다. 더불어 현재 불교계에서 드러나는 차별적 여성관의 뿌리를 찾아보려고 한다.

1) 인도 불교와 여성

불교 교단이 당시 인도의 다른 종교와 크게 다른 점 가운데 하나는 여성들에게 출가를 허용한 것이다. 석존은 자신의 이모이자 양어머니 마하프라자파티Mahāprajāpatī가 출가를 청하자 세 번이나 거절했다. 그 뒤 아난(아난다)이 여성도 수다원, 사다함, 아나함, 아라한의 4과果를 증득할 수 있는지를 묻자, 석존은 여성도 아라한과를 얻을 수 있다고 하고 여성의 출가를 허락하였다. 이는 가정 안에 묶여 있던 여성들에게 출가·수행의 기회를 제공했다는 점에서 중요한 의미를 지닌다.

석존의 허락 이후 여성들이 출가·수행하여 깨달음을 얻었다는 기록도 남아 있다. 석존 당시 여성출가자들의 체험을 시詩로 집대성한 《데리카타》에는 비구니 73명의 이름을 볼 수 있다. 이들 가운데는 가정 폭력이나 시어머니의 구박을 견디지 못해 출가하거나, 자식들로부터 버림을 당하거나, 부모와 남편이나 자식 없이 홀몸이 된 고독한 여성들이 등장한다. 석존은 이러한 여성들을 제자로 받아들였고, 그들은 석존이 가르치는 대로 수행하여 아라한이 되어 자신의 깨달음을 노래하고 있다.

한편, 인도 사회에서는 가부장적 질서가 더욱 강화되어 기원전 2세기에서 기원후 2세기에 걸쳐 《마누법전》이 편찬되는 시기에 이르면 여성들을 멸시하는 사고가 최고조에 달하게 된다. 전생前生의 악업惡業 때문에 여성으로 태어나며, 남성들만 사후에 하늘에 날 수 있다고 여겨지게 되었다. 이러한 사회적 분위기와 함께 석존 입멸 후에는 불교 교단의 여성에 대한 차별적 견해로 말미암아 비구니들의 활동은 거의 찾아볼 수 없게 되었다. 인도에서 스리랑카 등으로 전해진 남방불교의 경우 비구니의 활동은 거의 찾아볼 수 없고, 중국·한국·일본 불교계에서만 비구니들의 모습을 찾아볼 수 있다. 그러나 이들 동아시아 여성들의 경우에도 결혼을 하고 남편이 죽은 뒤에야 출가할 수 있었는데, 이러한 사회적 상황 때문에 비구니들이 교단 안에서 차지하는 위상은 약했다.

2) 불교와 여성 차별

석존이 불교 교단의 구성에 여성을 동등하게 참여시켰다는 점에 대해서는 연구자들 모두 긍정적으로 평가하지만, 차별적 여성관의 기원에 대해서는 논란이 있다(梶山雄一, 1983; 永田瑞, 1989; 田上太守, 1992; 이창숙, 1993; 전해주, 1993; 釋永明, 1997; 植木雅俊, 2004; 구자상, 2006). 즉 불교의 차별적 여성관의 배경에 대해서는 석존 당시부터 불교가 본질적으로 여성 차별적이라고 보는 견해와 불교의 본질이 아니라는 견해로 나뉜다. 우리나라 학자들의 견해는 주로 후자에 속하는데, 후자는 다시 경율론 삼장이 만들어지던 당시 곧, 석존 재세 때부터 부파불교 시기까지 인도 사회의 반영이라는 견해와, 석존 당시에는 남녀가 평등하다는 입장이었지만 석존 입멸 후 교단을 장악한 보수적 비구들에 의해 차별적 견해가 첨가되었다는 입장으로 나뉜다.

불교가 여성을 차별했다고 하는 근거로는 비구의 비구니에 대한 우월을 강조한 팔경법八敬法과 삼종설三從說, 오장설五障說, 변성남자설變成男子說 등이 주로 언급되었다. 이 가운데 팔경법은 출가한 비구니에게만 한정되는 것이지만, 삼종설, 오장설과 변성남자설은 출가여성과 재가여성 모두에게 적용되는 것이다.

(1) 팔경법

팔경법八敬法은 비구니가 비구를 존중·공경하는 여덟 가지 예법으로, 팔중법八重法 또는 팔불가월법八不可越法이라고도 한다. 팔경법은 석존이 자신의 양모인 마하프라자파티의 출가를 허락하며 내세운 것으로, 그녀는 이것으로 구족계를 대신하였다고 한다. 그 내용은 율장律藏에 따라 약간의 차이가 있지만, 《사분율四分律》에 따르면 첫째 100세 비구니라도 처음으로 수계受戒한 비구를 일어나 영접할 것, 둘째 비구니는 비구를 꾸짖거나 파계破戒 등을 비방하지 말 것, 셋째 비구니는 비구의 죄를 들거나 자자自恣 등을 막지 말 것, 넷째 식차마나式叉摩那는 육법六法을 배운 뒤에 비구에게서 비구니계를 받을 것, 다섯째 비구니가 승잔죄僧殘罪를 범했으면 보름 안에 2부部 승중僧衆 곧 비구·비구니에게 참회할 것, 여섯째 비구니는 보름마다 비구 가운데 가르쳐 줄 스승을 구할 것, 일곱째 비구니는 비구가 없는 곳에서 하안거를 하지 말 것, 여덟째 비구니는 하안거가 끝나면 비구 가운데 자자할 승려를 구할 것이다. 팔경법의 요지는 비구니는 비구를 공경하고 의존해야 한다는 것으로, 남성 중심의 승가 사회를 반영한 것으로 보인다.

이러한 규정은 《팔리율》, 《마하승기율》, 《사분율》, 《십송율》, 《오분율》 등 모든 율장에 실려 있으므로 초기불교 단계부터 비구니에게 적용되었을 것이다. 이 규정이 석존 당시부터 비구니들에게 적용되었다고 보는 연구자들은 비구니들을 보호하기 위해 마련된 것으로 이해하고 있다. 여성이 출가하여 걸식으로 지내며 나무 밑에서 생활해야 했기 때문에 남녀의 구별을 엄격히 하고 여성 수행자들을 보호할 필요가 있었다는 것이다. 또 인도 사회에서는 내세에 하늘에 나기를 기원하며 출가자들에게 시주하는 전통이 있었는데, 여성들은 업신여김을 받는 분위기인지라 비구니들이 탁발에 의해 승가를 유지하기는 어려웠다. 그런 까닭에 비구 교단에 의지하도록 했다는 것이다.

하지만 이 규정 가운데는 마하프라자파티가 출가할 때의 것이라고 보기 힘든 내용도 들어 있는데, 식차마나와 2부 승중 등의 용어는 그녀가 출가할 때에는 없었다. 따라서 이들 규정은 석존 당시에는 존재하지 않았으나 비구 교단에 의해 후대에 추가되었을 것으로 보인다. 아쇼카왕 이전부터 이미 여성의 출가를 좋지 않게 여기는 남성 출가자들이 있었고 여성 경시의 움직임이 이미 시작되었던 것이다. 이러한 움직임은 부파 분열을 거치며 더욱 가속화되고 기원전 2세기 무렵 비구니는 더욱더 낮은 지위에 놓이게 된다.

또 계율 조항에서도 비구들에게는 250계가 적용되지만, 비구니들은 348계를 지켜야 한다. 이처럼 계율의 수가 많은 점도 여성을 차별했던 요소로 지적되기도 하지만, 그 이유는 출가하여 숲에서 생활해야 했던 여성출가자를 보호하려는 데서 찾을 수 있다. 한편 범하게 되면 교단에서 추방당하는 바라이죄波羅夷罪도 비구는 4계인데 견주어 비구니는 8계이며, 대중에게 참회함으로써 구제받을 수 있는 승잔죄僧殘罪도 비구는 13계이고 비구니는 17계이다. 그리고 염오심染汚心을 가지고 이성의 몸을 접촉하면 비구니는 바라이죄에 해당하지만, 비구는 승잔죄에 해당한다. 이 또한 여성에게 매우 차별적인 조항들이다.

(2) 삼종설과 오장설

삼종설三從說은 여성들이 결혼하기 전에는 부모를, 결혼 뒤에는 남편을, 남편이 죽은 뒤에는 아들을 따라야 한다는 주장이다. 그런데 팔리어와 한역본이 모두 남아 있는 《법구경法句經》과 《옥야녀경玉耶女經》의 여러 본들을 비교하면 삼종설이 언제부터 불교 교단에서 설해졌는지 알 수 있다.

법구경 계통의 경전인 팔리어 《담마파다Dhammapada》(423偈, 기원전 4~3세기 성립)와 한역漢譯 《법구경》(500게, 224년 한역)에는 삼종설이 나오지 않고, 가장 늦게 성립된 한역 《법구비유경》(300여 게, 290~306년 한역)의 부가된 산문散文에만 나온다. 또 《옥야녀경》 계통에 속하는 6종의 경전 가운데 삼종설이 나오는 것은 한역 《불설옥야녀경

佛說玉耶女經》과 《옥야경玉耶經》뿐이다. 따라서 인도 사회의 《마누법전》에 규정되어 있는 삼종설이 불교에 받아들여진 것은 부파불교部派佛敎 이후, 곧 기원전 2세기 무렵일 것이다. 이 시기의 인도 사회는 여성들을 멸시하는 경향이 강하였기 때문에 불교 교단도 이러한 사회의 영향에서 벗어나지 못했다(永田瑞, 1989; 植木雅俊, 2004).

오장五障은 오애五礙, 오사五事라고도 하는데, 여성은 천제석天帝釋, 마왕魔王, 범천왕梵天王, 전륜성왕轉輪聖王, 불佛이 될 수 없다는 주장이다. 앞의 네 가지는 인도적 색채가 짙은 것이고, 불교도들은 여기에 붓다를 더해 다섯 가지를 말하였다. 붓다는 경전에 따라 '불퇴전의 보살', '삼계三界의 법왕法王', '여래如來', '정등각正等覺', '불신佛身' 등으로 표현된다. 그 결과 여성은 여성이라는 이유만으로 붓다가 될 수 없게 되었다.

오장설은 삼종설보다 늦게 등장했다. 《사분율》(법장부法藏部)과 《팔리율》(실론 상좌부上座部=분별설부分別說部)에는 오장설이 보이지 않고, 《오분율》(상좌부계上座部系 화지부化地部) 및 설일체유부說一切有部에 전승된 《중아함경中阿含經》, 《구담미기과경瞿曇弥記果經》에 나온다. 그런데 《중아함경》과 《구담미기과경》의 팔리어본인 《맛지마 니카야Majjhima-nikāya》와 《앙굿타라 니카야Aṅguttara-nikāya》에는 오장설이 나오지 않는다. 또 오장설은 팔리어 경전과 한역漢譯 경전이 남아 있는 《법구경》 및 《옥야녀경》 계통의 경전 9종 어디에서도 보이지 않는다. 이처럼 팔리어본에는 없고 한역 경전에만 오장설이 있으므로 불교가 실론(스리랑카)에 전해진 기원전 3세기 말 이전, 즉 원시불교 시대에는 존재하지 않았음을 알 수 있다.

오장설이 덧붙여진 때는 부파 분열 이후로, 《대지도론大智度論》을 보면 여인은 오애五礙가 있다는 설을 성문승聲聞乘 곧 부파불교의 교리로 다루고 있다. 화지부의 《오분율》, 설일체유부의 《중아함경》에서 오장설을 말하고 있고 《대지도론》이 부파불교 가운데 설일체유부에 초점을 맞추어 비판하고 있는 것을 감안하면, 오장설은 당시 설일체유부나 화지부 등 부파불교의 견해였던 것으로 보인다. 그리고 기원전 1세기 무렵에 성립되기 시작한 초기 대승경전인 《소품반야경小品般若經》(8천송반야경八千頌般若經)이나 《법화경》에서도 오장설을 언급한 것으로 보아, 이 당시 부파불교에서 오장설을 널리 받아들이고 있었음을 알 수 있다.

3) 대승불교와 오장설의 극복

부파불교 이후 여성의 성불 가능성을 부인하는 오장설 등이 여러 부파에서 널리 받아들여졌다. 이에 중생 구제를 중시하는 대승불교 운동을 펼치던 사람들은 이를 극복하고자 노력하였다. 오장설을 극복하기 위한 대승불교의 시도는 두 가지 방향에서 진행되었다. 하나는 남녀의 성차性差는 '공空'으로서 '둘이 아니다(不二)'와 '평등'하다는 주장을 펴는 것이었고, 다른 하나는 남자로 변하여 성불한다는 '변성남자설變成男子說'이었다.

(1) 변성남자설

'변성남자', '전녀성남轉女成男', '전녀신轉女身'의 표현은 《법화경》, 《소품반야경》 등 초기 대승불전을 시작으로 하여 후기 대승불전인 《대보적경大寶積經》과 《대방등대집경大方等大集經》까지 오랜 기간에 걸쳐 나타난다. 그리고 다양한 양상으로 나타난다.

《법화경》 〈제바달다품提婆達多品〉에는 사갈라용왕娑竭羅龍王의 딸(용녀龍女)이 '변성남자變成男子', 곧 남자로 변하여 불퇴전不退轉의 경지를 얻었다는 이야기가 있다. 문수보살은 용녀가 불퇴전의 깨달음을 얻었다고 인정하였지만, 사리불舍利佛은 여성에게는 오장이 있어 지금까지 불타의 지위에 오른 적이 없다고 하였다. 용녀는 사리불의 비판을 받자 남자로 변하여, 보살행菩薩行을 하고 정각正覺을 얻어 널리 중생을 위해 묘법妙法을 설한다.

그런데 용녀가 남자로 변하여 32상 80종호種好를 갖추고 성불하게 되었다는 〈제바달다품〉의 내용은, 엄밀하게 말하면 여성도 붓다가 될 수 있다는 것이다. 즉 여성은 신체적인 차이로 말미암아 쉽게 업신여김을 당했기 때문에 '여성의 신체란 고정적인 것이 아니라 남자로도 변할 수 있다'는 점을 눈에 보이는 모습으로 나타낸 것이다. 또 '여인은 오장 때문에 성불할 수 없다'는 사리불과 '일순간에 깨달음을 얻을 수 없다'는 지적보살智積菩薩을 반박하려고, 용녀는 남성으로 모습을 바꾸어 바로 성불하는 모습을 보여 준 것이었다. 다시 말해 사리불로 대변되는 부파불교의 비난을 피하기 위한 하나의 타협안이었을 가능성이 크다. 그러나 본래의 의도와 관계없이 그 뒤《법화경》의 용녀성불은 여성들의 경우 남자로 변한 뒤에야 성불이 가능함을 말하는 것으로 널리 받아들여졌다.

《화엄경華嚴經》 60권본의 〈불소상광명공덕품佛小相光名功德品〉에서는 6욕천欲天의 천녀天女는 모두 "여자의 몸을 버리고 남자가 되어" 불퇴전의 보리심을 얻는다고 하였다. 이 경우 사리불을 설득해야 했던《법화경》과 달리, 남자로 변해야 할 필연성이 없었음에도 '여자의 몸을 버리고' 남자가 되어 성불한다는 점에서 여인의 오장설을 인정한 것으로 간주되고 있다. 이 밖에도《대반야바라밀다경》〈긍가천품殑伽天品〉,《소품반야경》〈항가제바품恒伽提婆品〉 등에서도 천녀들이 여자의 몸을 버려야 성불함을 말하고 있다.

또 붓다의 본원本願에 의거해, 불국토 곧 정토淨土에는 여인이 없다는 형태의 설이 있다. 가장 대표적인 경우가《무량수경無量壽經》의 아미타불 48원 가운데 제35원과 《약사여래본원공덕경藥師如來本願功德經》의 약사여래 12대원 가운데 제8원이다. 전자는 법장法藏 비구가 세운 서원 가운데 "여인들이 여자의 몸을 싫어하고서도 목숨이 다한 뒤 다시 여인이 된다면 깨달음을 얻지 않겠다"는 것이다. 법장 비구가 이와 같은 서원을 세우고 수행하여 아미타불로 성불했으므로, 극락에는 여인이 없는 것으로 간주되었다. 이러한 까닭에 극락에 여성이 왕생할 수 있는지가 중요 논쟁점이 되기도 하였다. 또 아미타불의 48원 가운데 제21원에서도 극락에 태어난 중생들이 "모두 32대인상大人相을 갖추지 못한다면 깨달음을 이루지 않겠다."고 하였다. 32대인상은 붓다와 전륜성왕에게 갖추어져 있는 모습들로, 그 가운데 하나가 음장상陰藏相이니 붓다는 남성의 생식기를 감추고 있다는 것이다. 따라서 여성은 절대로 붓다가 될 수 없게 된다. 결국 이 서원도 남자로 변해야만 성불할 수 있음을 말하는 것으로, 변성남자설의 유포에 중요한 몫을 하였다.

《약사여래본원공덕경》에서 약사불은 자신이 깨달음을 얻었을 때 "여인이 여자의 몸을 싫어하여 버리고자 한다면 자신의 이름을 듣기만 하여도 모두 여자 몸을 바꾸어 남자가 되게" 하기를 서원하였다. 그러나 아미타불과 약사여래의 정토에 여인이 없게 한다는 본원은, 여성이 성불할 수 없기 때문이 아니라 육체적·사회적 고난으로부터 여성을 해방시키려는 의도였다고 한다.

또 《대보적경》 〈무외덕보살회無畏德菩薩會〉에서는 석존이 아사세왕의 딸 무외덕이 중생을 제도하기 위해 여인의 몸을 하고 있다고 말하였고, 무외덕은 여인의 몸을 버리고 장부의 몸으로 허공으로 올라갔다. 또 〈대승방편회大乘方便會〉에서도 '전녀신'을 설하였고, 〈무구시보살응변회無垢施菩薩應辯會〉에서는 파사익왕의 여덟 살 난 딸 무구시가 남녀의 몸에 집착하는 목련존자에게 남녀의 차별에 사로잡

혀서는 안 된다고 설하고 있다. 《대집경》에서도 보살이 여성의 모습을 하고 있는 것은 중생을 구제하기 위해서라고 말하고, 다라니의 공덕으로 여성의 몸을 벗어날 수 있다고 하였다.

(2) 현신성불론現身成佛論

대승불교운동이 차츰 광범하게 펼쳐진 뒤에는 여성의 몸 그대로 성불한다는 경전이 나타난다. 《승만경勝鬘經》, 《여래장경如來藏經》, 《수능엄삼매경首楞嚴三昧經》(능엄경), 《유마경維摩經》, 《해룡왕경海龍王經》, 《소품반야경》, 《삼매왕경三昧王經》 등이 그것이다.

먼저 《수능엄삼매경》에서는 여성 고피카憍尸迦가 죽은 뒤 제석천의 아들 구역천자瞿域天子로 태어난 이야기를 통해, 그리고 《유마경》 〈관중생품觀衆生品〉(구마라습 역)에서는 사리불舍利弗과 천녀天女의 대화를 통해 남녀의 성 차이가 '공空'임을 논하고 있다. 전자의 경우 견의보살堅意菩薩이 무슨 공덕으로 남자로 태어났는지를 묻자, 구역천자는 남녀의 차별이 있다고 보아서는 안 된다고 하였다. 후자를 보면, 천녀가 꽃을 뿌리자 사리불의 몸에는 꽃이 붙어 떨어지지 않았다. 천녀는 의아해 하는 사리불에게 "꽃에는 분별이 없지만 당신이 스스로 남녀를 분별하고 있기 때문"이라고 상황을 설명한다. 나아가 왜 남자의 몸으로 바꾸지 않느냐는 사리불의 질문에, 천녀는 신통력을 발휘해 그를 여자의 몸으로 바꿈으로써 "여신女身의 신체적 특질은 있는 것도 아니고, 없는 것도 아니다."라는 대답을 이끌어낸다. 여자의 몸이라는 고정된 실체가 존재하지 않는다는 말로, 이로써 겉으로 보이는 남자의 몸과 여자의 몸에 집착하는 미망을 타파하였다. 이것은 또 '변성남자'설의 무의미함을 지적하고 있는 것이며, 《유마경》은 이러한 논리에 따라 여성이 여성인 채로 성불할 수 있음을 주장하고 있다.

나아가 《해룡왕경》 〈여보금수결품女寶錦受決品〉에서처럼 여성이 변성남자하지 않고도 성불했다는 기술이 등장한다. 그리고 《승만경》에서는 승만이라는 여성이 재가의 몸으로 석존을 대신하여 법을 설하고 그것을 석존이 승인하는 형식을 취하는 데까지 발전하게 된다. 또 《아촉불국경阿閦佛國經》에서는 아촉불의 불국토에 여성은 여성의 몸 그대로 태어나고, 그곳에 태어난 여성은 매우 뛰어나다고 되어 있다.

인도에서 전개된 이러한 논의는 경전의 번역과 함께 중국에도 그대로 전해져, 여성의 몸 그대로 성불할 수 있다고 하는 주장(여인성불)도 널리 받아들여졌지만 변성남자설도 큰 반향을 일으켰다. 더욱이 《법화경》이 널리 신앙의 대상이 되면서, 용녀의 성불에 대해 빠른 성불을 강조하는 화엄종 승려들과 변성남자를 강조하는 법상종 승려들 사이에서 논의가 이루어지기도 했다. 또 《법화경》을 소의경전으로 중시하는 천태종의 천태지의天台智顗는 《법화문구法華文句》의 용녀성불을 설명한 단락에서 변성남자를 말하기 전에 법성法性을 근거로 여인성불을 인정하고 있었다. 나아가 선종의 발전과 함께 여성의 현신성불 가능성이 언급되고, 깨달음을 얻은 비구니 요원了圓이 비구 관계지한灌谿智閑과의 선문답禪問答에서 이겼다는 일화도 전한다.

2. 연구동향과 성과

한국불교사 연구에서 불교와 여성, 특히 고려불교와 여성을 관련지은 연구는 미미한 상태로, 아직 초기 단계라 할 수 있다. 1970년대 이후 여성사에 대한 관심에서 여성의 불교신앙에 대한 연구가 시작되었고(최숙경, 1927; 정세화 외, 1988), 1990년대 중반 이후 본격적인 연구가 이루어졌다.

1) 고려 여성의 수행과 출가

(1) 재가여성들의 신앙과 수행

여성들은 자신의 재산을 시주하기도 하고 재산이 없으면 가장 귀하다고 생각되는 물건을, 그것조차도 없으면 노동력을 제공하여 불사佛事를 뒷바라지하였다. 더욱 적극적으로 정진精進하던 여성들은 염불, 독경, 절〔拜〕, 참선 등을 개인적으로 수행하기도 하였다. 염불의 주 대상은 아미타불과 관음보살이었으며, 독경하던 경전은 《화엄경》, 《금강경》, 《아미타경》, 《천수다라니경》, 《법화경》 등이었다. 왕족이었던 왕영王瑛의 딸(1150~1185)은 특별히 계율을 같이 읽기도 하였다. 이처럼 여성들이 불교경전을 읽는 일은 한문을 읽을 줄 아는 지배층 여성들에게 한정되었겠지만, 삼국 및 통일신라의 여성들에게서는 찾아볼 수 없는 신앙 행위이다. 이러한 경전 독송은 불교 이해를 심화시켰을 것이고, 고려 후기 여성들이 성불을 추구하는 데 밑거름이 되었을 것이다. 그리고 보살계를 받는 것은 계층과는 관련이 없었던 것으로 보이는데, 여성들은 수계受戒 후 계율을 철저히 지켰으며 특별한 태몽을 꾼 경우에는 더욱 그러하였다.

한편 여성들은 문종비 인예태후처럼 염불결사念佛結社를 조직하기도 하고, 지리산 수정사水精社와 같은 결사에 적극적으로 참여하기도 하였다. 이 두 결사는 참회함으로써 극락왕생을 기원했다는 점에서 중요한 수행법이라고 할 수 있다. 그리고 만불회萬佛會, 만불향도萬佛香徒 등의 결사에 남녀 구별 없이 참여하다가 국가로부터 풍기문란의 이유로 금지당하기도 하였고, 미래에 미륵불彌勒佛과 만나기를 기약하며 매향埋香을 위한 향도 구성에도 참여하였다.

여성들은 집 부근 사찰의 법회에만 참석한 것이 아니었다. 개경의 여성들이 양주 회암사, 오대산 상원사의 법회에 참석하는 경우도 있었다. 그뿐만 아니라 김변金賆의 처 허씨(1255~1324, 허공의 딸)처럼 성지순례를 이유로 금강산 및 오대산 등의 유명 사찰을 찾아가기도 하였다. 이러한 법회 참석과 순례는 여성들에게 집을 벗어나 멀리 여행할 수 있는 기회를 제공하였다.

여성들이 이처럼 다양한 수행을 하면서 기원하던 것은 주로 자식의 잉태, 건강과 가족의 안녕이었다. 돌아가신 부모와 남편의 명복도 빌었다. 그리고 자신의 극락왕생을 기원하며 다양한 수행법을 취하기도 하고 임종 직전에 출가하기도 한다. 남성들이 고려 중기부터 자신의 깨달음을 위해 좌선을 실행했던 것에 견주면 여성들의 참선 수행은 조금 늦게 나타난다. 그리고 불교 관련 저술도 찾아볼 수 없다. 이러한 특징은 불교의 교리적 제한 외에도 여성들이 가족을 중심으로 살아야 했던 사회적 상황과 관련이 있을 것이다(김영미, 2007a).

이들 여성 가운데 특정인을 집중적으로 연구한 논문들도 있다. 인예태후는 아들 의천義天의 천태종 창립을 후원했고(최병헌, 2004; 김창현, 2007), 강종의 서녀庶女로 최충헌의 부인이 된 정화택주 왕씨는 혜심慧諶에게 '방하착放下着(내려 놓으라)'이라는 화두를 받아 수행하였으며, 백련사에도 무량수상을 봉안하고 《법화경》을 금으로 사경하는 등 아미타신앙자였다(김영미, 2008).

여성들의 신앙 활동은 고려 안에 국한되지 않았으니, 원간섭기 원나라에 머물던 여성들도 적극적으로 신앙 활동을 하였다. 원나라에서 살았던 고려인들에게 사원은 고려인 사회의 중심 공간으로 기능하였다. 차칸테무르察罕帖木兒의 처 김씨, 김백안찰金伯顏察의 처 최씨처럼 자기 집을 희사喜捨하여 절로 만들기도 하고, 한손수韓孫秀의 딸은 아버지와 남편 안서왕安西王 아난달阿難達에게 부탁하여 고려승

해원海圓을 초빙해 안서 지방에 머물도록 하였다. 그리고 원의 한림학사翰林學士 사랄반沙剌班의 처 기寄씨와 기황후는 고려의 사찰에 시주하여 절을 중건하기도 하고 사경寫經하기도 하였다(토니노 푸지오니, 2004).

(2) 여성의 출가와 비구니의 위상

고구려·백제·신라 삼국에 불교가 받아들여지고 난 뒤 비구니 교단이 형성되었음은 비구니들의 이름을 단편적으로 전하는 사료와 일본의 자료로 알 수 있다. 《원흥사가람연기元興寺伽藍緣起》에 요메이用明 2년(587, 위덕왕 34) 백제에서 온 사신에게 비구니의 출가에 대해 문의하는 장면이 나온다. 백제 사신은 본국의 비구니들이 비구니와 비구 각각 10사師에게서 계를 받는 양중 수계兩衆受戒를 실행하고 있다고 말하고, 백제에서 비구니를 초청하여 계를 받아야 한다고 조언하였다. 이에 왜倭에서는 선신善信 등을 백제에 보내 비구니계를 받고 배우도록 할 것을 청하였다(김영태, 1985). 이로써 보면 백제에서는 계율에 정해진 대로 비구니들의 수계가 이루어지고 있었다. 이는 교단의 수계가 팔경법이 포함되어 있는 《사분율》에 근거해 이루어졌기 때문이다(김영미, 1995). 이러한 전통은 고려시대에도 계속되었다. 대각국사 의천의 《신편제종교장총록新編諸宗敎藏總錄》에는 당시 유통되던 비구니들과 관련한 계율 주석서가 수록되어 있는데, 거의 대부분 《사분율》과 관련된 것에서도 짐작된다. 그렇다면 고려 비구니들도 비구니 10사와 비구 10사에게 수계해야 하는 절차를 거쳤을 것이다(김영미, 1999).

신라의 승관僧官으로는 국통國統 밑에 도유나랑都唯那娘과 대도유나大都唯那가 있었다. 도유나랑은 비구니로서 승관에 임명되었다는 점이 가장 특징이다. 그러나 금석문에서는 전혀 찾아볼 수 없어 도

유나랑의 직책은 곧 없어진 것으로 보이고, 그 이후로는 비구니가 승관에 임명되었던 예를 찾아볼 수 없다. 고려 후기 승려들의 비문 음기에 문도로서 비구니 이름이 포함되어 있지만, 승계僧階를 지니거나 승관僧官에 임명되었던 비구니는 나오지 않기 때문이다. 대사大師의 칭호를 받은 비구니가 있지만, 아들의 벼슬로 말미암아 사후에 변한국대부인弁韓國大夫人 진혜대사眞慧大師로 추존된 성효性曉(김변金賆의 처 허씨; 1255~1344) 한 사례에 불과하다(김영미, 1999; 허흥식, 2004). 그 까닭은 여성들이 사회생활을 할 수 없었기 때문이다. 고려시대에는 승과僧科가 시행되고 합격자들에게 승계가 주어졌는데, 여성은 과거에 응시하지 못하므로 비구니들은 원천적으로 승과에서 배제되어 승계를 받을 수 없었다. 아울러 여성의 출가 시기는 남성들과 달리 결혼해서 자식을 낳아 키우다가 남편이 죽은 뒤로 한정되었으므로 늦은 나이에야 출가가 가능했다. 오히려 충선왕대 김지숙金之淑이 죽자 가난하여 결혼하지 못하고 출가한 그의 두 딸이 특별히 기록되었을 따름이다.

남성들의 경우 국가가 출가를 규제하면서도 전면적으로 금지한 적은 없었다. 그러나 여성들은 현종 8년(1017)과, 공민왕과 우왕 때 출가가 전면 금지되기도 했다. 후자의 경우 비구니들이 비구들과 한데 살아 기강이 문란해진다는 것이 그 이유로, 공민왕 10년(1361)에는 부모가 없는 딸들을 유인하여 출가시키는 승려들의 행위를 금하였고 우왕 14년(1388)에는 처녀의 출가를 금하였다. 그러나 수절의 방편으로 이루어지는 출가는 허용하였다. 이와 달리 현종대의 출가 금지는 이유가 밝혀져 있지 않은데, 아마도 현종 7년(1016) 거란과의 전쟁에서 수만 명의 전사자가 생겨 과부가 되거나 고아가 된 여성들이 생계를 위해 출가했기 때문으로 생각된다. 고려시대 출가 여성들의 경우 수절이 중요한 출가 동기였던 점은 이러한 배경 위에서 이해될 수 있을 것이다. 또 형벌의 일환으로 강제로 출가시키는 경우도 있었으며, 죽은 뒤 극락이나 하늘에 태어나기 위해 임종 직전에 이루어지는 출가도 있었다(김영미, 1999). 임종 직전의 출가는 충렬, 충숙, 충혜왕 연간에 집중되고 있어 이 풍속이 고려 말에 이루어진 것으로 보기도 한다(박민선, 2000).

비구니들은 염불 외에도 독경讀經, 송경誦經도 행했을 것이지만, 현재 남아 있는 자료는 없다. 지배층 재가여성들이 《화엄경》, 《금강경》 및 계율 등을 읽고 외웠다는 것으로 미루어, 한문을 읽고 이해했던 여성들은 남편의 사후 출가한 경우 계속 경전을 읽었을 것으로 짐작된다. 또 비구니들은 성지순례나 구도求道 여행을 하기도 하고, 종민宗敏, 청원淸遠, 요연了然, 희원希遠 등은 수선사修禪社의 하안거夏安居에 참여하고 혜심慧諶에게서 화두를 받아 참선 수행을 하였다. 그리고 비구니들은 만불회, 만불향도 등의 결사에 비구들과 함께 참여하여 대중을 교화하였으며, 우왕 7년(1381)에는 한 비구니가 미륵불의 화신임을 자처하다가 귀양을 살기도 하였다. 고려시대의 비구니들은 교화와 참선 수행에 정진하는 한편, 많은 재물을 내어 불사를 하였다. 이는 여성들이 부모에게서 물려받은 재산을 남자 형제들과 똑같이 나누어 상속할 수 있었던 사회적 배경과 관련이 있다. 또 비구니들은 재가신자들의 시주를 얻어 다양한 불사를 주도하기도 하였다(김영미, 2001).

이처럼 다양한 활동을 하였던 고려 비구니가 교단 안에서 차지하던 위상은 그리 뚜렷하지 않다. 이는 당시 비구니들에 대한 자료가 그다지 남아 있지 않은 상황과도 관련이 있다. 특정 비구니에 대한 연구가 매우 적은 것도 그 때문이다. 현재까지는 김변의 처 허씨 묘지명에 근거하여 비구니 성효의 일생을 살펴본 연구(김영미, 1999·2001; 허흥식, 2004), 《직지심체요절》의 간행을 후원한 비구니 묘덕妙德에 관한 연구(이세일, 2000)에 불과하다.

그러나 고려시기 비구니들을 살펴볼 때 나말려초 선사들의 비문에서 이름을 찾아볼 수 없던 비구니들의 명단이 고려 후기 승려들의 비문 음기에서는 찾아볼 수 있다는 점이 특징이다. 현재 남아 있는 자료 가운데 혜심의 비문에서 처음으로 보인다. 이 비문의 음기에서는 비구들을 승계에 따라 나열하고, 그 뒤에 '비구니' 항목을 설정하여 종민·청원·희원·정심正心의 이름을 싣고 있다. 혜심의 문집에 따르면 정심을 제외한 세 비구니는 강종 2년(1213, 숭경 2)에 수선사의 하안거에 함께 참여하였다(김영미, 2003). 이들의 수선사 하안거 참여는 '비구니는 비구가 없는 곳에서 하안거를 하지 말 것'이라는 팔경법의 내용을 따른 것으로, 고려불교 교단에서 비구와 비구니 사이에 팔경법이 지켜졌음을 보여 준다.

비구니들은 계율에 명기되어 있듯이 비구들과는 다른 사찰에서 거주해야 했다. 개경의 경우 정업원淨業院, 안일원安逸院 등 비구니 사찰에 거주했지만, 정업원의 이름이 처음 등장하는 것은 의종 18년(1164) 왕이 정업원에 이어했다는 《고려사》의 기록이다. 이 시기 정업원이 비구니 사찰인지 확인할 수는 없다. 그러나 강화 천도 이후 고종 38년(1251)에 박훤朴暄의 집을 정업원으로 만들어 성 안의 비구니들을 머물게 했다는 것으로 미루어, 정업원은 그 이전부터 비구니 사찰이었을 것으로 보인다. 우왕 때에는 개경의 안일원도 비구니 사찰이었을 정도로 비구니들이 많았다. 그리고 공민왕의 혜비惠妃(이제현李齊賢의 딸)와 신비愼妃(염제신廉悌臣의 딸), 정비定妃(안극인安克仁의 딸)는 왕이 시해된 후 출가하여 정업원에 머물렀고, 혜비는 조선 초 정업원의 주지로 활동하였다. 그러나 모든 비구니들이 정업원이나 안일원에 거주한 것은 아니었고, 김변의 처 성효의 경우 아들의 집 부근에 절을 짓고 살기도 하였다.

왕실 여성들이 출가하면 머물렀을 것으로 보이는 정업원의 경우 고려 말에는 비구니들이 주지를 맡았다. 지공의 비문인 〈서천제납박타존자부도명 병서西天提納薄陁尊者浮屠銘 幷序〉(우왕 4년, 1378)에는 정업원 주지 비구니 묘장妙藏이, 나옹 혜근의 비문인 〈신륵사보제선사사리석종비神勒寺普濟禪師舍利石鐘碑〉(우왕 5년, 1379)에는 비구니 정업원 주지 묘봉妙峯이 나온다. 그리고 공민왕비인 혜비 이씨는 조선 초에 정업원 주지로 있다가 사망하였다(김영미, 2001).

고려 말 조선 초의 자료를 보면 공민왕의 후비였던 혜비와 신비가 출가한 뒤에 비구니로 기록되기도 하고 비구니임을 밝히지 않은 채 대공덕주大功德主로만 기록되기도 하였다. 또 비구니의 이름을 적을 때 출가하기 전의 봉작封爵을 떼지 않고 함께 기록하는 경우가 많다. 이는 당시 왕실 여성 및 관리 부인들이 수절을 이유로 출가해 비구니로서 위상이 확고하지 않았기 때문일 것이다.

2) 고려 승려들의 여성관

(1) 고려 이전 승려들의 여성관

붓다의 칭호는 열 가지나 된다. 그 가운데 하나가 조어장부調御丈夫인데, 왜 굳이 장부라고 했는지에 대해 논란이 있었다. 원효元曉(617~686)는 장부丈夫인지 여부는 남자의 몸인지가 중요한 것이 아니라 불법佛法을 듣고 사유하여 그것을 잘 수행하는 사람인가 여부라고 보았다. 그리고 원효와 경흥憬興은 《금광명경金光明經》에서 "여의보광천녀如意寶光天女가 깊은 법을 듣고 기뻐하였다."는 구절을 풀이하며 모든 사람이 깨달을 수 있음을 보여 주기 위해서라고 하였다. 이로 미루어 원효와 경흥은 여성의 성불 가능성을 완전히 부정하지 않았을 것으로 보인다.

원효, 경흥은 오애설五礙說을 알면서도 직접 말하지 않고 모든 사람의 성불을 인정했다는 점에서 여성들에게 덜 부정적이었다. 이와 달리 현일玄一은 붓다를 일컬을 때 장부라 하고 여성을 포함시키지 않는 이유를 다음과 같이 들고 있다. 남자가 여인보다 크므로 여인은 남자에게 속하며, 남자는 대사大事를 잘 분별할 수 있고, 여인에게는 오애五礙가 있어 전륜성왕·제석천왕·마천왕·범천왕·삼계법왕이 될 수 없기 때문이라는 것이다. 그리고 붓다를 여인조어사女人調御師라고 하면 존중받지 못하나, 장부라고 하면 모든 사람을 다 포함하게 된다고 하였다. 의적義寂은 극락에 여인이 없는 이유로 오애설을 들었다. 그리고 중국에서 활동한 승장勝莊은 오애설을 언급하지는 않았지만, 여성을 남성보다 아래에 두었다.

통일신라 사회에서 지식인들도 읽던《유가론》에서 규정한 보살은 다음과 같다. 장수하므로 수량구족壽量具足, 용모가 단정하므로 형색구족形色具足, 귀한 집에 태어나는 족성구족族姓具足, 재물과 훌륭한 동료와 신하를 얻으므로 자재구족自在具足, 말하는 바에 신용이 있으므로 신언구족信言具足, 기예가 뛰어난 등으로 세간에 유명해져 대중의 공경과 찬탄을 받으므로 대세구족大勢具足, 장부분丈夫分을 갖추고 남근男根을 성취하므로 인성구족人性具足, 질병이 없어 건강하므로 대력구족大力具足이라 이름 한다는 것이다. 또 수행의 결과 내세에 얻는 과보로 말미암아 장부로 태어나며, 하층민이나 여인, 남근이 온전하지 않은 사람으로 태어나지도 않는다는 것이다. 이로 보면《유가론》은 귀한 가문에 태어나고 명망 있는 사람, 그 가운데서도 남자를 보살로 간주했음을 알 수 있다.

둔륜遁倫(또는 도륜道倫)은 이 견해를 따르고 있다. 나아가 '악취불선등업惡趣不善等業'이라 하여 생략 의미를 지닌 '등'의 사례로, 둔륜은 여인신업女人身業, 제팔유업第八有業, 무상천업無想天業, 울단월업鬱

單越業, 귀鬼, 축생畜生, 별보선업別報善業을 들고, 견혹見惑을 단절하고 견도見道를 얻으면 여인신과 울단월업 등을 벗어난다고 하였다. 견도에서는 비로소 무루지無漏智를 얻어 견혹을 끊는데, 견도 이전은 범부凡夫이고 견도에 들어간 이후는 성자聖者가 된다. 그런데 견혹을 끊고 견도에 들어가면 삼악도의 과보를 받지 않을 뿐 아니라 여인의 몸을 받지 않는다는 것이다. 즉 둔륜은 깨달음을 얻으려면 여자의 몸을 버려야 하는 것으로 이해하였다.

원효는 질투로 말미암아 계속 여성의 몸을 받게 된다고 하였고, 태현은 전생에 계를 어겨 여성의 몸으로 태어나는 것이 괴로움이라고 생각하여 여성의 몸을 바꾸기를 권하였다. 둔륜은 '보살은 남성'이라는 《유가론》의 주장에서 한 걸음 더 나아가 여인의 몸을 받은 것을 악취업惡趣業과 같은 것으로 간주했다. 이들의 주장을 따른다면 여성의 몸은 전생의 악업惡業의 결과로 받게 된 것이므로, 여성으로 태어나지 않기 위해 노력해야 된다. 그리고 성불成佛은 남자의 몸으로 바뀐 뒤에야 가능하게 된다(김영미, 1995·2008).

(2) 고려 승려들의 여성관

균여均如(923~973)는 《석화엄교분기원통초釋華嚴敎分記圓通鈔》에서 《법화경》의 변성남자설을 장황하게 인용하고, 《화엄경》에서 언급하지 않은 용녀의 성불을 중국의 법장法藏이 인용한 이유를 묻는 질문을 설정하였다. 그리고 지엄智儼의 《공목장孔目章》을 인용하여 《법화경》에서 용녀의 성불이 빠름을 말하고자 《화엄경》의 일을 인용했다고 답하였다. 이어서 《화엄경》에는 용녀의 성불에 관한 내용이 없는데 왜 《화엄경》을 인용했다고 말하는지를 물었다. 이에 대해 《화엄경》〈입법계품〉에서 용왕에 대해 설하면서 용녀의 일은 생략했으며, 그 까닭은 《화엄경》〈입법계품〉의 용왕이나 《법화경》〈제바달다품〉의 용녀 모두 문수보살이 교화한 대상이기 때문이라고 답하였다.

균여의 대답에서는 용녀의 성불이 빠르다는 것을 인정하고 있지만, 남자로 변했다는 부분에 대한 말이 없다. 그 이유를 이해하는 데에는《균여전》에 언급된 균여의 누이 수명秀明의 수행이 참조된다. 수명은《법화경》을 공부한 승려의 법문을 청해 듣기도 하고, 동생 균여가 배운 보현普賢·관음觀音의 법문과《신중경神衆經》,《천수경千手經》을 들었으며《화엄경》육지의六地義 등을 외우는 것을 몰래 듣고 돈오頓悟하였다. 그로부터 5년 뒤에 기록해 주기를 청하자, 수명은 자기가 들은 문구들을 빠뜨리지 않았다고 한다.《균여전》에서는 돈오라는 말을 사용했지만, 수명이《화엄경》의 구절을 이해했다는 뜻이다. 균여는 누이 수명에게 성불을 위해 노력하라는 권유도 하지 않으며, 수명 역시 불교 교학에 대한 이해가 높았음만이 기려지고 있다. 이러한 점들로 미루어 본다면 균여가 여성의 성불에 대해 긍정적 자세를 취했다고 보기는 어려울 듯하며, 변성남자설에 대해 별다른 부연 설명을 하지 않은 이유가 여성이 남자로 변한 뒤에야 성불한다는 점을 인정했기 때문이라고 보아도 무리는 아닐 것이다.

제관諦觀(?~970)은 '초주初住에 들어가 무명을 끊고 삼덕三德을 증득하니 이른바 해탈解脫과 반야般若의 법신法身'이라는 구절에 대한 풀이에서,《화엄경》의 "초발심시 변성정각初發心時 便成正覺"과 같은 뜻임을 밝히고 용녀가 정각을 이루었던 것을 예로 들고 있다. 이러한 제관의 주장은 신라시대 승려들이 오애설을 주장하면서 용녀의 성불에 대해 언급이 없었던 사실과 비교하면 여성의 성불을 인정했다는 점에서는 한 단계 나아간 것이라고 볼 수도 있다. 그러나 변성남자설을 싣고 있는《법화경》을 소의경전으로 삼고 있던 천태종의 처지를 감안한다면, 제관의 입장은 변성남자를 전제로 한 깨달음이었다고 이해해야 할 것이다. 이는 제관이 보살도를 닦는 수행에 대해 언급한 내용으로도 알 수 있다. 석가는 3아승지겁阿僧祇劫의 수행 후 항상 여자의 몸과 4악취惡趣를 벗어나 항상 6바라밀을 닦았다고 하였다. 이는《아비달마대비바사론阿毘達磨大毘婆沙論》의 구절과 관련이 있다. 이 논에서는 3아승지겁에 걸쳐 6바라밀행을 닦은 뒤 뒤따르는 100겁에 32상을 갖출 공덕을 닦아 보살이 된다고 하고, 그 공덕의 결과 보살은 항상 악취를 벗어나며 남자의 몸을 얻는다고 하였다. 제관은 이를 받아들여 깨달음을 얻을 보살은 여자의 몸을 받지 않는다고 말한 것이다.

이들 고려 전기의 승려들과는 달리, 선사禪師였던 혜심(1178~1234)은 현실에서 여성성불을 인정하고 문도인 비구니와 우바이들에게 깨달음을 얻는 방법으로 화두를 참구參究하도록 권유하고 있다. 혜심은 깨달음이 육신으로서 남녀의 형상이나 지위, 출가자인지 재가신자인지 여부 등과는 관계가 없다고 말하였다. 또한 비구니들에게《불설견고녀경佛說堅固女經》의 견고녀,《제불요집경諸佛要集經》의 이의녀離意女,《승만경》의 승만부인, 중국 선사들의 어록語錄에 등장하는 비구니 요연了然과 원적圓寂 등 여성으로서 깨달음을 얻은 사례를 제시하며, 비구니들에게 지금 당장 깨달음을 얻기 위한 수행을 하도록 권유하였다.

혜심의 여성 성불에 대한 견해에서 여인은 불타가 될 수 없다는 오애설이나 남자로 변한 이후에 깨달음을 얻을 수 있다는 변성남자설을 찾아볼 수 없다. 오애설이나 변성남자설을 따르게 되면 여성이 현실에서 성불하는 일은 있을 수 없게 되므로, 이는 매우 중요한 특징이다. 혜심의 여성성불론의 특징은 화두를 참구하는 간화선看話禪을 수행함으로써 일상생활 속에서 여성들도 지금 당장 깨달음을 얻을 수 있다고 주장한 점이다. 즉 남성들에게 깨달음을 구하기 위한 수행을 권유한 것과 다름없는 태도를 취하고 있는 것으로, 혜심이 남녀의 상을 분별하지 않았음을 보여 준다고 하겠다(김영미, 2003).

3. 연구과제와 전망

고려시기 여성의 불교 신앙에 대한 연구는 여성사와 일상사에 대한 관심의 고조와 함께 1990년대 중반 이후 진행되었다. 연구의 진전에는 금석문 자료의 수집과 번역 등이 크게 기여했다. 특히 여성 묘지명을 통해 여성들이 임종 전에 출가한 이유나 그들이 평소 독송했던 경전 등을 파악할 수 있게 되었다. 《고려사》, 《고려사절요》 및 문헌 자료에 수록된 불교 관련 사료는 주로 왕실 및 국가와 관련된 의례와 조선 초 성리학적 세계관에 바탕을 두고 있어 불교에 대한 부정적 자료가 주로 실렸다는 한계가 있다. 금석문 자료는 이러한 한계를 극복하는 데 큰 도움이 되었다. 그러나 여성 묘지명은 매우 적을 뿐만 아니라 그마저도 남성들에 의해 기록되어 여성들의 삶에 대한 남성들의 기대치에 맞추어 서술되어 있는 경우가 많다. 따라서 활발한 연구를 위해서는 자료의 발굴 및 새로운 해석이 필요하다. 이러한 점에서 고려 말 불화佛畵와 중국의 불화에 나타난 여성의 모습을 분석한 연구가 주목되는데, 고려 불화에서 여성과 남성의 모습이 같은 비중으로 나타나는 현상이 당시 고려 사회를 반영한 것으로 이해하고 있다(Cheeyun Lilian Kwon, 2005). 더불어 최근 발견된 발원문發願文, 조상기造像記, 화기畵記 등에 대해서도 관심을 기울일 필요가 있다.

고려의 여성출가자인 비구니에 대한 연구가 이루어지기는 했지만, 비구니의 위상에 대해서는 앞으로도 연구가 더 필요하며 조선시대 비구니와의 비교도 이루어져야 한다. 또 비구니가 머물던 정업원이 언제부터 있었는지, 처음부터 정업원 주지에 비구니가 임명되었는지도 비구니의 위상과 관련해 천착되어야 한다. 충숙왕 10년(1323)에 제작·봉안된 〈관경십육관변상도觀經十六觀變相圖〉(일본 지온인知恩院 소장)의 화기에 따르면, 정업원 주지 승통僧統 조□祖□가 발원자로 나온다. 이 화기가 정확하다면 여러 문제를 생각해야 한다. 정업원의 주지가 승통이었다는 것이므로, 여기 언급된 정업원이 개경의 비구니 사찰인지, 또 비구니 사찰이라면 승통이 주지로 임명되었는데 비구니인지 등이다. 우왕 연간에 조성된 비에 언급된 정업원의 주지인 비구니들에게는 어떠한 승계도 명기되지 않은 것으로 보아 비구니에게는 승계가 주어지지 않은 것이 확실하므로 승통 조□는 비구일 것이다. 그렇다면 정업원의 주지로 충숙왕대에는 비구가 임명되다가 고려 말에는 비구니가 임명되는 것으로 바뀌었는지 불분명하다. 앞으로의 연구과제라 하겠다.

또 고려시대 여성들의 신앙생활은 그 전과 후 시기의 그것과 비교할 때 그 성격과 특징이 분명해진다. 그러나 그 전후 시기의 여성 신앙과 관련된 연구 역시 부족한 실정이다. 삼국 및 통일신라의 경우 사료의 부족으로 연구가 어렵다 하더라도, 조선 이후 여성들의 신앙에 대한 연구 역시 매우 적다. 조선의 불교에 대해서는 성리학의 보급과 함께 불교계가 얼마나 움츠러들었는지를 중심으로 연구되고 있다. 그 결과 여성을 전적으로 다룬 논문의 경우 정업원과 비구니 사찰의 설립과 폐지를 중심으로 다루고 있거나(한우근, 1993; 정석종·박병선, 1993; 이기운, 2001·2003), 고려 말에서 조선 전기에 걸쳐 국가가 성리학 이데올로기의 정착에 노력하는 과정에서 여성이 절에 가는 것을 둘러싼 논의와 수렴청정을 시행한 인수대비仁粹大妃와 문정왕후文定王后의 불교 보호정책 등을 다루고 있다(유교성, 1965; 유원동, 1968). 이는 국가의 정책 속에서 여성들이 불교 신앙을 어떻게 지켰는지를 잘 보여 준다. 하지만 이 연구들은 여성의 구체적 신앙 활동에 대해서는 전체 내용을 보여 주지 못하고 있다. 여성의 신앙 활동을 다룬 연구도 있지만, 민간신앙을 포함하여 여성의 전반적 신앙 활동을 다루는 연구에 불교신앙이 포함되어 있을 뿐이다(이순구, 1996; 이은순, 1997).

조선 전기에 왕의 후궁들은 왕이 죽은 뒤 출가하여 정업원 등에 머물렀고, 사대부 여성들은 국가의 금지령 속에서도 출가하였다. 그러나 그 자료의 한계로 말미암아 현재 비구니로서 활동이 연구된 경우는 예순禮順(1587~1657)과 정유定有(1717~1782)에 지나지 않는다. 예순은 이귀李貴의 딸로, 김자점金自點의 동생 김자겸金自兼의 부인이 되었다. 그녀는 불교에 심취해 있던 남편과 도반이 되어 수행하였고, 남편이 죽은 뒤에는 그의 친구인 오언관吳彦寬과 함께 출가하여 돌아다니다 체포되어 정치적 문제가 되었다(이향순, 2007). 그리고 정유는 채제공蔡濟恭이 평안도 관찰사로 부임했을 때 인연을 맺어, 그녀가 죽자 채제공이 그 비문을 찬술하였다. 그녀는 평양 양가良家의 딸로 60세에 출가하여 66세로 입적하였고, 시신을 화장했더니 사리가 나왔다고 한다(허흥식, 2004). 조선의 불교계에서 여성의 신앙 활동이 지니는 비중을 생각하면 비구니에 대해서는 앞으로도 천착할 부분이 있을 것으로 생각된다.

그리고 근대 이후 불교계의 여성의 역할에 대한 연구로는 조선불교여자청년회朝鮮佛敎女子靑年會의 창립과 변천에 대한 것뿐이다(김광식, 1997). 따라서 일제 식민 통치 아래의 비구니와 여성 불교신자의 활동과 위상에 대해서는 거의 연구되지 않은 상황이다. 현대 비구니의 생애와 불교계에서 역할에 대해서는 최근 본격적으로 연구가 시작되었다고 할 수 있다(전국비구니회, 2007).

지금까지 조선시기 이래 불교, 특히 여성과 불교의 관계에 대한 연구가 부족했던 이유는 정치사와 관련된 불교 연구가 주를 이루었기 때문이라고 생각한다. 미시사, 일상사의 관점에서 사료를 재해석하고 새로운 자료를 발굴한다면 조선 이후 여성의 불교 신앙에 대한 연구도 더욱 활성화할 수 있을 것이고, 이들의 신앙을 고려의 경우와 비교한다면 고려 여성의 불교 신앙에서 새로운 모습들을 찾아볼 수 있을 것이다.

현재까지 이루어진 연구에 따르면, 여성들의 신앙에서 나타나는 주요 특징 가운데 하나가 기복신앙이라고 할 수 있다. 이는 전통사회에서 여성의 활동 공간이 가족에 한정되어 있고, 결혼이 필수적이었던 사실과 무관하지 않다. 하지만 여기에 불교의 여성관 역시 크게 작용하였다. 곧 여성이 현세에 깨달음을 얻을 수 있다고 생각하는지가 여성의 수행에 큰 영향을 끼쳤기 때문이다. 그런데 이에 대한 연구 또한 그리 눈길을 끌지 못하고 있다. 앞으로 고려와 조선의 불교사상사 연구에서도 연구가 기대되는 분야라 할 수 있다.

우리나라 불교는 중국을 거쳐 받아들여져 중국적 사유체계가 반영된 한역 경전을 중심으로 전개되었다. 그리고 성리학이 지배 이데올로기였던 조선 사회를 거치며, 여성의 사찰 출입에 많은 제한이 가해지기도 하였다. 따라서 한국불교의 여성관을 살펴보려면 중국과 한국의 역사적 상황도 고려되어야 한다. 그리고 학파 또는 종파에 따라 여성의 깨달음에 대한 인식의 차이가 있었던 것으로 보이므로, 이점도 함께 고려되어야 한다. 아울러 재산 소유, 가족 내 여성의 지위 등에서는 중국과 우리나라에 차이가 있었던 사실도 감안해야 할 것이다. 곧 조선 후기 이전 여성들에게도 재산이 상속되고 돌아가면서 제사 지내던 시기의 여성에 대한 인식과 적장자嫡長子 상속제가 정착된 이후 승려들의 여성 인식에 어떤 차이가 나는지에 대해서도 관심을 기울일 필요가 있다.

참고문헌

1. 자료

《高麗史》

《高麗史節要》

徐居正 등 편,《東文選》

민족문화추진회 편, 1990,《韓國文集叢刊》 1~6

《韓國佛敎全書》 4 고려시대편 1;《一乘法界圖圓通記》(均如),《十句章圓通記卷》(均如),《釋華嚴旨歸章圓通鈔》(均如),《華嚴經三寶章圓通記》(均如),《釋華嚴敎分記圓通鈔》(均如),《大華嚴首坐圓通兩重大師均如傳》(赫連挺),《天台四敎儀》(諦觀),《大覺國師文集》(義天),《圓宗文類》(義天),《釋苑詞林》(義天),《勸修定慧結社文》(知訥),《牧牛子修心訣》(知訥),《眞心直說》(知訥),《圓頓成佛論》(知訥),《看話決疑論》(知訥),《誡初心學人文》(知訥),《法集別行錄節要幷入私記》(知訥),《華嚴論節要》(知訥)

《韓國佛敎全書》 5 고려시대편 2

《韓國佛敎全書》 6 고려시대편 3;《曹溪眞覺國師語錄》(慧諶),《無衣子詩集》(慧諶),《狗子無佛性話揀病論》(慧諶),《宗門圓相集》(志謙),《萬德山白蓮社第二代靜明國師後集》(天因),《萬德山白蓮社第四代眞靜國師湖山錄》(天因),《重編曺洞五位》(一然),《三國遺事》(一然),《海東曹溪第六世圓鑑國師歌頌》(冲止),《白衣解》(惠永),《首楞嚴經環解刪補記》(普幻),《禪門寶藏錄》(天頙),《釋迦如來行蹟頌》(雲默),《天台末學雲默和尙警策》(雲默),《法華靈驗傳》(了圓),《白花道場發願文略解》(體元),《華嚴經觀自在菩薩所說法門別行疏》(體元),《華嚴經觀音知識品(殘篇)》(體元),《三十八分功德疏經跋文》(體元),《白雲和尙抄錄佛祖直指心體要節》(景閑),《白雲和尙語錄》(景閑),《太古和尙語錄》(普愚),《懶翁和尙語錄》(惠勤),《懶翁和尙歌頌(一卷)》(惠勤),《自警序》(野雲),《法界圖記叢髓錄》(著者未詳),《禪門綱要集》(著者未詳),《現行西方經》(元㫒),《念佛因由經》(著者未詳)

《韓國佛敎全書》 11 보유편 1;《海東曹溪宓庵和尙雜著》(冲止)

김용선 편, 2006,《高麗墓誌銘集成》 제4판, 한림대학교출판부.

______, 2001,《역주 고려묘지명집성》, 한림대학교출판부.

이기백 편, 1987,《韓國上代古文書資料集成》, 일지사.

이난영 편, 1968, 《韓國金石文追補》, 아세아문화사.
이지관 역주, 1994~1997, 《校勘譯註 歷代高僧碑文》 고려편 1~4, 가산불교문화연구원.
조선총독부 편, 1919, 《朝鮮金石總覽》 上·下.
한국역사연구회 편, 1996, 《譯註 羅末麗初金石文》 상·하.
허흥식 편, 1983, 《韓國金石全文》 중세 상·하, 아세아문화사.
황수영 편, 1976, 《韓國金石遺文》, 일지사.

2. 연구 논저

1) 단행본

모한 위자야라트나, 온영철 옮김, 1998, 《비구니 승가》, 민족사.
이지관, 1977, 《비구니계율연구》, 대각회출판부.
이영자, 2001, 《불교와 여성》, 민족사.
전국비구니회 엮음, 2007, 《한국 비구니의 수행과 삶》, 예문서원.

釋永明, 1997, 《佛教的女性觀》, 臺北, 佛光.
植木雅俊, 2004, 《佛教のなかの男女觀》, 東京, 岩波書店.
田上太守, 1992, 《インド原典が語る佛教と性差別》, 東京, 東京書籍株式會社.

I. B. Horner, 1930, *Women Under Primitive Buddhism: Laywomen and Almswomen*; 1975, Delhi: Motilal Banarsidass Publishers Private Limited.
Kathryn R. Blackstone, 2000, *Women in the Footsteps of the Buddha*, Delhi.

2) 논문

강영경, 2005, 〈신라 상대시기의 여사제: 여무와 비구니의 역할을 중심으로〉, 《여성과 역사》 2, 한국여성사학회.
강희정, 2002, 〈조선 전기 불교와 여성의 역할: 불교미술의 조성기를 중심으로〉, 《아시아여성연구》 41, 숙명여대 아시아여성연구소.
구자상, 2006, 〈불교의 여성관 연구〉, 동아대학교 박사논문.
권은주, 1981, 〈한국불교 발달에 있어서의 니승 역할: 신라·고려를 중심으로〉, 《석림》 20; 1993, 《불교의 여성론》(한국여성불교연합회 편), 불교시대사.
김광식, 1997, 〈조선불교여자청년회의 창립과 변천〉, 《한국근현대사연구》 7; 1998, 《한국 근대불교의 현실인식》, 민족사.

김영미, 1995, 〈신라불교사에 나타난 여성의 신앙생활과 승려들의 여성관〉, 《여성신학논집》 1, 이화여자대학교 여성신학연구소.
______, 1997, 〈불교의 수용과 여성의 삶과 의식세계의 변화〉, 《력사교육》 62, 력사교육연구회.
______, 1999, 〈고려시대 여성의 출가〉, 《이화사학연구》 25·26, 이화사학연구소.
______, 2001, 〈고려시대 비구니의 활동과 사회적 지위〉, 《한국문화연구》 1, 이화여대 한국문화연구원.
______, 2003, 〈고려 진각국사 혜심의 여성성불론〉, 《이화사학연구》 30, 이화사학연구소.
______, 2007a, 〈고려 여성들의 불교 신앙과 수행〉, 《사학연구》 86, 한국사학회.
______, 2007b, 〈삼국-고려시대 비구니의 삶과 수행〉, 《한국 비구니의 수행과 삶》 (전국비구니회 엮음), 예문서원.
______, 2008, 〈신라 승려들의 여성에 대한 인식과 그 영향〉, 《천태학연구》 11, 원각불교사상연구원.
김영태, 1985, 〈백제의 니중수계와 니승직 관계; 일본사료와 신라 및 남조의 사례중심〉, 《문산 김삼룡박사 화갑기년논총》, 원광대학교출판국; 1986, 《백제불교사상연구》, 동국대학교출판부.
______, 2000, 〈신라의 여성출가와 니승직 고찰: 도유나랑 아니를 중심으로〉, 《명성스님 고희기념 불교학논문집》, 운문승가대학출판부.
김용선, 2004, 〈고려 승려의 일대기〉, 《고려 금석문 연구, 돌에 새겨진 연구사》, 일조각.
김창현, 2007, 〈고려 여성과 불교신앙〉, 《고려 여성과 문화》, 신서원.
박민선, 2000, 〈고려시대 여성의 생활과 불교〉, 《최숙경교수정년기념사학논총》 (기념논총간행위원회 편), 이화여자대학교 사회생활학과.
유교성, 1965, 〈여말선초의 불교와 여성〉, 《아세아여성연구》 4, 숙명여대 아세아여성문제연구소.
유원동, 1968, 〈이조전기의 불교와 여성〉, 《아세아여성연구》 6, 숙명여대 아세아여성문제연구소.
이기운, 2001, 〈조선시대 정업원의 설치와 불교신행〉, 《종교연구》 25.
______, 2003, 〈조선시대 왕실의 비구니원 설치와 신행〉, 《역사학보》 178.
이동민, 1983, 〈신라불교사에 있어서의 여성의 역할: 삼국유사를 중심으로〉, 이화여자대학교 석사논문.
이세일, 2000, 〈직지와 비구니 묘덕에 관한 연구〉, 《중원문화논총》 4, 충북대학교

중원문화연구소.
이순구, 1996, 〈조선초기 여성의 신앙생활〉, 《역사학보》 150, 역사학회.
이영자, 1985, 〈불교의 여성관의 새로운 인식〉, 《한국여성학》 1, 한국여성학회.
이은순, 1997, 〈조선시대 성리학 정착과 여성의 신앙활동〉, 《사학연구》 54, 한국사학회.
이창숙, 1993, 〈인도불교의 여성성불사상에 대한 연구〉, 동국대학교 박사논문.
이향순, 2007, 〈조선시대 비구니의 삶과 수행〉, 《한국 비구니의 수행과 삶》(전국비구니회 엮음), 예문서원.
전해주, 1993, 〈변성성불론의 비판적 검토〉, 《불교의 여성론》(한국여성불교연합회 편), 불교시대사.
정석종·박병선, 1998, 〈조선 후기 불교정책과 원당(1): 니승의 존재양상을 중심으로〉, 《민족문화논총》 18·19.
정세화·최숙경·이배용·장필화·김영미, 1988, 〈한국여성사 정립을 위한 여성인물 유형연구: 고대에서 대한제국시대까지〉, 《여성학논집》 8.
최병헌, 2004, 〈고려 왕실의 여성과 불교: 인예태후와 천태종의 창립〉, 《동아시아의 불교 전통에서 본 한국 비구니의 수행과 삶》, 조계종 한마음선원 국제학술대회자료집.
최숙경, 1972, 〈여성의 불교신앙〉, 《한국여성사》 I (이화여자대학교 한국여성사 편찬위원회 편), 이화여대학교출판부.
토니노 푸지오니, 2004, 〈중국 원나라에 거주했던 고려 여인들의 불교 활동에 대하여〉, 《동아시아의 불교 전통에서 본 한국 비구니의 수행과 삶》, 조계종 한마음선원 국제학술대회자료집.
한우근, 1993, 〈정업원과 니승·니사 제한〉, 《유교정치와 불교》, 일조각.
해주, 2007, 〈한국 근현대 비구니의 수행〉, 《한국 비구니의 수행과 삶》(전국비구니회 엮음), 예문서원.
허흥식, 2004, 〈조선의 정유와 고려의 진혜: 두 시대 여대사의 비교〉, 《정신문화연구》 27권 4호.
현창호, 1961, 〈정업원의 치폐와 위치에 대하여〉, 《향토서울》 11, 서울특별시 시사편찬위원회.

梶山雄一, 1983, 〈佛教の女性觀〉, 《空の思想》, 京都, 人文書院.
永田瑞, 1989, 〈佛典における女性觀の變遷:三從·五障·八敬法の周邊〉, 《佛教と女性 2, 救いと教え》(大隅和雄·西口順子 編), 平凡社.

Cheeyun Lilian Kwon, 2005, "Nuns, Donors, and Sinners: Images of Women in Goryeo Buddhist Paintings", *The Review of Korean Studies*, Vol.8, No.2, The Academy of Korean Studies.

Jung Ji-Young, 2008, "Buddhist Nuns in Confucian Joseon Society", *The Review of Korean Studies*, Vol.11, No.4, The Academy of Korean Studies.

제5부 조선불교

조선시대 불교사의 특성

김용태(동국대 불교학술원)

1. 들어가는 말

역사학은 물론 불교학 연구에서도 조선시대 불교가 차지하는 지분은 매우 적다. 이는 조선시대 불교의 위상이나 비중이 이전 시기에 견주어 현저히 줄었다는 점과, 사상 면에서 '발전'이나 시대사조로서 구실을 더 이상 기대하기 어렵다는 것에서 그 원인을 찾을 수 있다. 하지만 조선시대에도 불교는 존재하였고, 일제 식민지시기 전통 단절과 굴절을 겪었음에도 현재 한국불교의 정신적·유형적 자산의 기원은 조선시대로 거슬러 올라간다. 이 점에서 조선시대를 건너뛰어 바로 신라나 고려시대에서 한국불교의 정체성을 찾고자 한다면, 근현대불교의 여러 가지 문제들을 '전통'과의 접점에서 이해하고 새로운 지향점을 도출하는 일은 늘 요원할 수밖에 없고 온전한 한국불교사의 구축 또한 기대하기 어렵다.

근대학문은 사료의 수집과 분류, 즉 문헌학 토대의 구축에서 시작되기 마련인데 이는 불교학도 예외는 아니다. 한국에서 불교학은 일본으로부터 이식된 서양 근대불교학의 직간접적인 영향으로 다른 분야에 견주어 그 출발이 빠른 편이었고 그렇기에 일찍부터 '전통'의 집성과 재해석이 가능했던 분야이다. 그러나 식민지라는 조건은 주체적이고 독창적인 전통을 부각시키거나 그에 대한 긍정적 입론을 세울 수 있는 기회를 축소시켰다. 총독부의 식민정책을 위한 기획이나 객관성을 내세운 일본인 학자들의 우월적 가치 속에는 조선의 역사 전통을 폄하하고 그 독자성을 인정하지 않는 부정적인 시각이 게재된 경우가 많았다. 그렇지만 19세기 이후 희미하게 윤곽을 드러내던 '조선적 전통'은 근대학문의 세례를 받으면서 비로소 자타가 공유할 수 있는 하나의 자화상으로 그려졌고, 약간의 변형은 겪었지만 현재까지도 큰 골격은 유지되고 있다.

조선시대 불교는 해방 이후 역사학이나 불교학계의 주된 관심대상이 아니었기 때문에 식민지시기에 형성된 전통 인식의 편향성에서 크게 벗어나지 못한 상태이다. 그간 연구주제가 다양해지고 구체적 사실 규명에서 진일보한 것은 사실이지만, 입론의 방향과 틀을 재정립할 필요가 있다. 또한 연구의 자양분을 제공하는 근대적 원형, 즉 식민지시기의 학문적 유산에 대한 재평가나 그것에 따라 가능한 학문전통의 계승과 극복 또한 제대로 이루어지지 않았다. 이 글에서는 근대불교학이 도입된 식민지시기와 해방 이후로 나누어 조선시대 불교사 연구의 흐름을 조망해 보고 몇 가지 쟁점에 대한 문제 제기와 함께 연구 방향을 모색하고자 한다.

2. 조선시대 불교사 연구의 흐름

1) 식민지시기의 연구성과와 경향

근대불교학과 전통 강학講學의 차이는 텍스트 해석의 객관성 문제로 집약되는데 문헌의 종합과 분류, 텍스트 비판, 종교적 신념체계로부터 거리를 둔 중립적 가치 기준이 그 핵심요건이다. 한국에서 이것이 가능하게 된 시점은 식민지 지배와 맞물려 통치를 위한 학술·종교 조사사업의 일환으로 도서 정리와 자료집 간행, 서지학적 연구가 추진되면서였다. 즉 《조선사찰사료朝鮮寺刹史料》(조선총독부, 1911)가 출간되었고, 《조선불교관계서적해제朝鮮佛敎關係書籍解題》(今西龍, 1911)가 나왔다. 하지만 이러한 추세에 발맞추어 근대불교학의 바탕을 다진 것은 한국인 학자들이었다. 1910년대에 여러 불교잡지를 간행하고 많은 자료를 수집·정리한 권상로權相老와 이능화李能和는 각각 《조선불교약사朝鮮佛敎略史》(1917)와 《조선불교통사朝鮮佛敎通史》(1918)를 펴냈다. 권상로의 《약사》는 사건과 인물 중심으로 해당 자료를 요약하고 짧게 의견을 덧붙인 편년체 사서로서 비록 계통적인 주제별 서술은 아니었지만 삼국과 고려, 조선 3편으로 구성된 최초의 한국불교사 개설이었다. 이능화의 《통사》 또한 해설이 일부 들어가 있지만 기본적으로는 방대한 자료집이라 할 수 있는데, 당시 수집 가능한 자료를 집성해 놓고 있어 이후 연구에 기여한 바가 크다. 한편 주제별 불서佛書 목록인 《조선불교총서朝鮮佛敎總書》(朝鮮佛書刊行會, 1925), 전국의 사찰을 총괄하여 위치, 연혁 등을 조사한 권상로의 《한국사찰전서韓國寺刹全書》 등이 이후에 나옴으로 말미암아 불교학 연구의 토대는 더욱 공고해졌다.

조선시대 불교사에 대한 개괄적 정리와 성격 규정은 자료 수집과 정리가 진행되던 1910년대 초에 이미 시작되었는데, 〈조선이조불교사개설朝鮮李朝佛敎史概說〉(古谷清, 1911~12)이 그 효시라 할 수 있다. 여기서는 조선시대 '숭유배불崇儒排佛'정책이 집중적으로 부각되었고, 그와 함께 부녀자 및 '산촌벽읍山村僻邑' 서민의 불교신앙을 조선시대의 특징으로 지목하였다. 이처럼 주류 질서에서 완전히 밀려난 불교를 두고 조선시대를 '한 편의 불교 쇠망사'라고 정의한 이후 부정적 인식이 고착되었는데, 역사학은 물론 종교학 분야에서도 억불정책과 사상의 쇠퇴, 기층의 기복신앙으로 조선시대 불교의 성격을 규정하였다. 이 시기에 역사학자 이마니시 류(今西龍, 1911)는 불교가 비록 쇠퇴하였지만 조선시대에 불교만 쇠퇴한 것은 아니었음을 전제로 하여 조선 초에 문운文運이 융성할 때는 불교도 함께 흥륭하였고 조선 후기 영·정조대에도 불서가 활발히 간행되었다고 하면서 불교에 대해 배척과 대우의 양면을 함께 볼 것을 주문하였다. 일본인 학자들 일반의 조선시대 부정론이 내비치고 있기는 하지만, 문화진흥과 같은 시대성과 불교가 성쇠를 같이한다는 지적은 공감을 살 만한 내용이다.

한편 최남선崔南善은 《조선불교통사》의 교열과 발간을 담당하고 《조선불교총서》 편찬에 참여하는 등 근대불교학의 토대 구축에 큰 기여를 하였는데, 일본 학자들이 조선불교에 대해 지식이 없고 경시하는 태도를 보인다고 지적하고, 더욱 철저한 자료 조사와 연구, 대외적인 선양이 절실하다고 보았다. 최남선(1918)은 "조선사와 불교는 불가분의 관계이며 유교가 서민의 정신적 생활이나 사회의 심령적 발전과는 별 관계가 없는 데 견주어 불교는 조선시대에도 사회적 세력과 문화적 영향이 심대하였다."고 평하였다. 이는 조선시대 불교의 역사적 의의를 강조한, 당시로서는 유례없는 평가였다. 그는 또한 조선불교가 불교 유통에서 중요한 계통의 하나로서 중국과는 다른 특수 자별自別한 가치를 지니며 교敎보다 학學이 두드러진 특색이 있다고 하여 일본 학자들의 종속성, 타율성 시각을 부정하는 주체적 관점을 피력하였다.

식민지시기에 이루어진 조선시대 불교 연구의 성과와 경향을 시기별로 살펴보자. 먼저 인물 연구는 1910년 무렵부터 시작되었는데, 주된 대상(常盤大定, 1912)은 서산 휴정西山休靜과 사명 유정四溟惟政이었다. 이들은 조선시대 불교를 상징하는 명승이었을 뿐 아니라 임진왜란 당시의 승군僧軍 활동으로 말미암아 일본 학자들의 눈길을 끌었던 것이다. 이와 함께 한국불교의 종파와 사찰 연구(高橋亨, 1914·1916)도 1910년대 중반부터 시작되었고, 1920년대 이후에는 조선시대의 승직僧職과 승병僧兵, 불교도의 생활, 승려의 사회적 지위와 활동 등 다양한 분야의 구체적인 성과(高橋亨, 1922·1924)가 나왔다. 1910년대부터 쌓아 올려진 이러한 자료 집성과 분류, 연구성과에 힘입어 1920년대 후반에 조선시대 불교 전체를 체계적으로 개설한 《이조불교李朝佛敎》(高橋亨, 1929)가 나올 수 있었다. 다카하시 토오루高橋亨는 도쿄東京제국대학 한학과漢學科를 나와 1904년 대한제국 초빙으로 관립중학교 교사로서 내한했고 1910년부터 총독부의 종교조사 및 도서조사 촉탁으로 활동하였다. 그는 1926년에 경성제대京城帝大 교수로 부임하여 조선어문학 강좌를 담당하였는데, 이 시기에 《조선유학대관朝鮮儒學大觀》과 함께 《이조불교》를 집필한 것이다.

다카하시는 이미 1910년대 전반부터 한국불교에 관한 논문을 발표하였는데, 《이조불교》는 《조선불교통사》를 비롯해 당시 활용가능한 자료를 섭렵하고 자신의 연구 결과를 모아서 조선시대 불교의 전체상을 그려낸 역작이었다. 총독부의 종교정책과 조선사편수회 사업에 참여했던 그의 경력은 자료 수집에 대단히 유리한 것이었다. 하지만 그의 한국사 인식에서는 편향적인 폄훼의 시각을 읽을 수 있다.《이조불교》 서문에서는 "한국불교가 구체적 종교사로서는 독특한 특질을 가지지만 교리는 중국불교의 이식일 뿐이며 그나마 그 내용이 소략하고 제한적"이라고 평가절하 하였다. 그는 한국불교의 역사적 특징을 의타성依他性과 정체성停滯性으로 규정하였고 더욱이 조선시대는 국가로부터 교권을 빼앗기고 모욕과 압박을 받은 기괴한 역사라는 전제 아래 불교의 사회적 기능과 사상적 측면에서 그 한계를 지적하였다(高橋亨, 1936). 또 여성 등 소외 계층의 신앙으로 그 의의를 제한하면서도 종교로서 사회성은 잃었다고 촌평하였다(高橋亨, 1921).《이조불교》와 다카하시의 입론은 풍부한 내용과 높은 식견으로 말미암아 당시 학계의 인정을 받았는데, 자료를 종횡으로 구사하면서 본문 서술에서는 비교적 가치중립적인 태도를 취하였고 다양한 주제와 문제들을 언급하여 후속 연구가 파생될 수 있는 토대와 방향을 제시하였다. 이와 달리 조선시대 불교의 성격에 대한 부정적이고 단선적인 규정은, 그에 대한 관심이나 연구의 열기를 원천적으로 차단하는 부작용을 낳았다.

이어 또 다른 일본인 학자의 역저가 나왔는데 바로《조선선교사朝鮮禪教史》(忽滑谷快天, 1930)이다. 이는 삼국에서 조선까지 전 시기를 망라하여 선과 교의 기풍과 교리를 다룬 최초의 체계적 사상사 개설이다. 저자인 누카리야 카이텐忽滑谷快天은 1925년 도쿄제대東京帝大에서《선학사상사禪學思想史》로 박사학위를 취득한 중국 선종 연구자로서 1929년 한국의 사찰과 사적을 조사한 뒤 기존 연구성과와 자료집을 바탕으로 한국불교사상을 정리하였다. 이 책은 저자의 명성에 부응하는 객관적 서술로 정평이 나 있지만, 당시의 일반 인식을 그대로 받아들여 중국불교와 다른 한국불교의 독자성을 인정하지 않았고 조선시대의 경우도 현세이익적인 기복신앙에 초점을 맞추고 선교禪敎의 쇠퇴기로 규정하고 있다.

무엇보다도 저자의 종파적 처지와 정체성이 글의 논조에 일부 드러난 것은 옥의 티라고 할 수 있다. 즉 일본 조동종曹洞宗 승려로서 종립 대학인 고마자와駒澤대학에 재직하고 있던 누카리야는 임제종臨濟宗을 표방하고, 간화선看話禪을 중시한 조선 선종 전통을 비판적 시선으로 바라보았고 특히 19세기 삼종선三種禪 논쟁에서 임제종을 가장 우월한 것으로 상정하고 그 아래 단계에 조동종을 배치한 것에 대해 격렬한 어조로 비판하였다. 하지만 몇 가지 서술의 형평성 문제를 제외하면, 이 책은 한국 선종과 교학사 이해의 방향을 제시한 노작임에 분명하다.

1930년대 이후에 접어들면서 더 다양한 분야로 연구 지평이 확장되었는데, 조선시대 《진언집眞言集》에서 어문학 및 문화사적 의미를 찾고 밀교 전통에 주목한 선구적 연구(小倉進平, 1932)가 시도되었다. 특히 에다 토시오江田俊雄의 일련의 연구는 조선시대 불교에서도 가시적 성과를 내었다. 그는 일본 조동종 승려 출신으로 1928년 경성 불교전문학교 교수로 부임하면서 한국불교 연구에 전념하였다. 고서 수집과 사적 답사 등 자료 수집과 정리에 매진하였고 권상로와 함께 《이조실록불교초존李朝實錄佛敎鈔存》(1934)을 완성하였으며 간경도감刊經都監 등 불서의 간행과 유통에 관한 주목할 만한 업적(江田俊雄, 1934·1936)을 남겼다.

1930년대 연구에서 가장 눈에 띄는 주제는 한국불교의 정체성과 직접 관련된 종단과 종조宗祖 문제였다. 김영수(1937)는 고려시대 오교구산五敎九山과 오교양종五敎兩宗의 연원을 밝혀 종단사 연구의 기초를 닦았고, 이재열(1941)은 전통적인 태고법통설太古法統說에 강한 의문을 제기하며 보조 지눌普照知訥을 종조로 내세운 조계종曹溪宗 중심의 불교사 인식을 내세웠다. 이러한 통시적通時的 접근은 통사通史

의 출현과 궤를 같이하는데, 권상로는 《조선불교약사》를 확충, 보완한 《조선불교사개설朝鮮佛教史概說》(1934)을 펴냈고, 김영수도 《조선불교사고朝鮮佛教史藁》(1939)를 저술하였다.

이처럼 식민지시기에 갖추어진 문헌 수집과 분류, 유통에 힘입어 많은 연구성과가 나왔는데, 현존하는 불서의 간행 경향을 분석한 《조선구서고朝鮮舊書考》(黑田亮, 1940)는 문헌 서지학 분야의 주목할 만한 노작이다. 이 책은 주로 조선시대에 간행된 당시의 현존 불서를 정리하면서 시기별 경향성과 간행상의 특징을 뽑아내 서지학은 물론 불교학과 역사학 분야 연구에 큰 보탬이 되고 있다. 구로다는 조선시대 불서간행의 빈도와 양, 질적 수준이 불교의 전성기라고 하는 고려시대에 견주어서도 결코 떨어지지 않았고, 이는 교학연구와 대중교화 양 측면이 모두 활발했음을 의미한다고 하여 조선시대 불교문화의 저력을 높이 평가하였다.

총괄하자면, 식민지시기에 문헌학을 바탕으로 한 다양한 주제 연구가 이루어졌고 조선시대 불교를 바라보는 큰 틀과 문제의식이 대두되었다 할 수 있다. 다만 사회경제사를 비롯하여 많은 미개척 분야가 여전히 남아 있었고 무엇보다도 지척에 있어야 할 '전통'과 일정한 거리를 둔 채, 객관성의 미명 아래 전통을 폄하의 대상으로 전락시킨 상태에서 해방을 맞이하게 되었다.

2) 해방 이후의 연구동향

1945년 해방 이후 정치적 혼란과 전쟁, 경제난을 겪으면서 1950년대까지는 학문적 토대 구축과 진전을 기대하기 어려운 상황이었다. 역사학의 경우에도 1960년대 이후에야 식민사학의 부정적 인식과 폐해를 극복하기 위한 민족주의적·주체적 접근이 시도되기 시작했다. 조선시대 불교 연구의 경우는 1950~1960년대에 새로운 전기를 맞이할 기회조차 없었고 식민지시기 연구에서 한 걸음도 나아가지 못한 채 답보 상태를 면치 못하였다.

그 이유로 생각해 볼 수 있는 것은, 첫째 식민사학의 극복이나 주체적 민족주의, 내재적 발전론 등 시대적 요구에 부합하는 매력적 요소가 불교에 크게 없다는 점, 둘째 불교가 민족문화를 대표한다고 해도 조선시대 불교는 신라와 고려에 견주어 역사적 위상과 비중이 현저히 낮은 점, 셋째 근대의 종교 경쟁에서 불교가 택했던 방식이 학문 전통이나 불교적 가치관의 계승보다는 생존 기반의 확보에 치우쳤던 나머지 객관적인 학문 영역으로서가 아닌 종교적 신념체계로서 주로 인지된 점이다. 결국 조선시대 불교는 '전통과 근대' 양자 모두에게 환영받지 못하는 것이었고, 지금까지 연구도 불교 내부 문제에 국한된 채 시대성의 인식이나 다른 분야와의 교섭과 소통에는 소홀했던 것이 사실이다.

1945년 해방 이후 조선시대 불교를 대상으로 한 본격적인 학술논문은 1959년에 이르러서야 나왔다. 즉 승군과 호국護國사상(우정상, 1959), 김정희의 불교관과 정약용의 유불교류를 다룬 것(김약슬; 이을호, 1959)이었는데, 주제 선정이나 구사된 자료와 내용, 입론은 《이조불교》에서 크게 벗어나 있지 않다. 1960년대 초에는 승려의 역役과 신분, 경제 활동을 다룬 논문들이 나왔는데, 사찰에 대한 침탈과 승역僧役 부담(이광린, 1962), 남북한산성 승군 방번제(우정상, 1963), 호패號牌 지급과 군역軍役과의 관계(이종영, 1963) 등이 다루어졌다. 이는 승려와 사찰의 사회경제적 실태를 규명하는 선구적 업적으로서 큰 의미가 있다. 하지만 이들 또한 《이조불교》를 필두로 하는 식민지시기 연구에 그 바탕을 두고 있다. 이후 승군 연구(안계현, 1972) 등 일부를 제외하면 한동안 공백기를 거친 뒤, 역사학과 불교학이 본격적 궤도에 오른 1970년대 중반에 가서 특히 역사학 분야의 연구 편수가 급증하기 시작한다. 그럼에도 조선시대 불교에 대한 연구는 역사학이나 불교학의 타 분야, 시대에 견주어 주제가 한정되었고 학계의 관심 또한 매우 적었다.

다만 19세기의 삼종선 논쟁(한기두, 1969·1975)이 부각된 사실에 주목할 필요가 있는데, 이는 조선시대 불교에도 사상사적 의미를 지닌 논쟁이 있었음을 학계에 알리는 계기가 되었다. 1970년대 전후의 학계 분위기는 실학과 19세기 고증학이 근대를 지향하는 전통의 총아로 각광받았는데, 그 대표자 가운데 하나인 김정희가 승려들과 교류하면서 불교의 선 논쟁에 가담한 사실(이종익·고형곤, 1975)만으로도 전통을 복구하는 작업으로 관심을 불러일으키기에 충분했다.

선禪 논쟁 연구는 조선 후기 불교 전통을 임제 선종으로 한정하고 주로 19세기 자료만을 대상으로 한 결과, 논쟁의 성격을 선종 안의 우열 구분, 선종에 대한 교리적 접근 식으로 이해하였다. 한편 민족문화의 창달에 기여한 인물과 그 사상도 주목되었는데, 조선시대 불교의 경우 구국항쟁의 상징으로서 서산 휴정(김영태, 1975; 신법인, 1983)과 사명 유정(동국대 불교문화연구소, 1971; 김동화, 1971)이 1970년대 이후 집중 조명되었다. 그 결과 조선 후기 불교의 수행체계를 정립한 휴정의 선풍과 사상은 '사교입선捨教入禪'으로 요약되었고, 의승장으로 유명한 유정의 '호국사상'이 집중 조명되었다. 또 휴정과 부휴 선수浮休善修의 문도를 계파로 구분하여 그 계보와 활동, 사상의 편린을 다룬 연구(김인덕·김항배, 1975)도 나오게 되었고, 불교 교학(이성타·이지관, 1975)이나 억불책을 비판하는 승려 상소문(김영태, 1975; 김용조, 1979)도 다루어졌다. 조선 후기 불교에 대해서는 주로 간화선 위주의 선풍, 삼문수업三門修業의 회통적 측면이 강조되었는데, 이는 교학적 심화를 기대하기 어렵다는 전제 아래 선 중심의 선교겸수 풍토에 주목한 것이었다.

1980년대에는 더 다양한 주제의 연구들이 이루어졌는데, 당시 역사학계의 주된 관심사 가운데 하나였던 사회경제사 분야에서 괄목할 만한 성과들이 나왔다. 각각의 구체적인 내용을 살펴보면 먼저 승역僧役 문제(박용숙, 1981; 윤용출, 1984)인데 조선 후기 국가 입역立役 체계에서 승역의 효율성이 주목됨에 따라 승군의 군사적 기능이 완화되는 대신 부역 종사에 정책의 무게가 두어졌고, 따라서 일반적인 양역良役 감소 추세에도 불구하고 승역은 오히려 강화되었다는 주장이 제기되었다. 이는 수취체제 등 국가정책의 기조와 승려의 사회적 기능을 결부시켜 조선 후기 불교의 실상을 규명하려 한 점에서 의미가 있다. 하지만 직접적인 노동력 차출에서 의승방번전義僧防番錢으로 전환된 사실과 액수의 반감, 잡역 혁파 등 후기로 갈수록 승역이 감소되는 추세에 있었음을 고려하면, 균역법均役法 시행과 같은 양역경감정책이 결국 불교시책에도 적용된 것으로 볼 수 있다. 또 승역을 양역이 아닌 천역賤役과 동등하게 다룬 것은 조선시대 승려를 천인賤人의 범주에 넣은 《이조불교》의 시각에서 탈피하지 못한 것이다.

다음으로 승군을 통솔하는 총섭總攝에 대해, 그 연원이 원元의 영향을 받은 여말선초로 거슬러 올라가며, 조선 후기의 총섭제는 국가 관할 아래 군사적 성격을 띠면서 승도를 통제하고 승풍僧風을 규정하는 역할을 담당했다는 연구(여은경, 1987a·b)가 눈길을 끈다. 또 조선 후기 사찰의 경제적 기반으로 계契와 보사청補寺廳에 주목한 연구(이재창, 1976; 김갑주, 1983; 여은경, 1986)가 나왔는데, 갑계甲契 등의 다양한 계와 보사청의 구성과 활동 내용, 경제적 보사補寺 기능이 규명되었다. 조선시대 사원경제에 관해서는 이 밖에도 사원전寺院田과 양안量案 등 구체적 사례를 통해 논의가 진척되었는데(김갑주, 1983·

1992), 조선 후기에 승려의 개인적 전답 소유와 상속이 가능했음이 밝혀졌다. 이와 함께 사찰에서 자본 이식과 상업, 수공업 활동을 펼친 것도 사찰 재정을 유지할 수 있는 중요한 요인으로 지목되었다. 다만 활용 가능한 문헌 자료의 부족, 연관 분야와의 정보 교류 미흡, 수치 환산의 계량적 어려움 등 사원경제의 규모와 실상을 파악하는 데 난점이 많은 것도 사실이다.

1980~1990년대에는 조선시대에 정립된 법통法統에 대한 논의(김영태·고익진, 1985; 최병헌, 1988; 김상현·김영태, 1998)가 불교학계의 이목을 끌었다. 논란의 초점은 태고太古법통의 진위에 관한 것으로 고려 말 태고 보우太古普愚에서 휴정으로 이어지는 임제臨濟 법맥이 역사적 실제인지 후대의 가탁假託인지를 두고 의견이 분분하였다. 결론적으로 태고법통설이 17세기 전반에 성립되었다는 것과 그 안에서 연결된 여말선초의 법계를 역사적 사실로 인정할 만한 근거가 없다는 점(김용태, 2000)은 분명히 말할 수 있다. 그러나 태고법통은 조선 후기에 공인되었고 현재까지도 그 권위를 부정할 수 없는 역사적 전통이 되었다. 법통 인식은 정통성 있는 종명宗名과 종조라고 하는 한국불교의 정체성과 직결된 문제이기도 하다. 따라서 고려 말 선종의 대표인 조계종과 현재 한국불교 조계종 사이에 놓인 조선 후기 임제법통을 정통으로 인정할 때 앞뒤의 연결고리를 어떻게 설정할 것인지, 또는 보조 지눌과 태고 보우의 관계를 어떻게 보아야 할 것인지 많은 문제가 제기될 수 있다. 이 점에서 조선 후기 불교는 사상 면에서 보조 선풍의 영향을 받고 법계 면에서는 임제의 법맥을 중시하는 이중구조였다는 지적(고익진, 1985; 최병헌, 1988)에서 하나의 시사점을 찾을 수 있다.

한편 불교사상의 경우 조선 전기는 자료의 부족으로 말미암아 몇몇 인물 연구(김용조, 1982; 박해당, 1996)에 그쳤고, 조선 후기는 선과 교의 겸수였다는 데 의견의 일치를 보고 있는 가운데(이법산, 1994), 특히 간화선 위주의 선풍(종범, 1993a·b; 박재현, 2005)이나 삼종선 논쟁(한기두, 1992; 정성본, 1994)에 지속적인 관심이 모아졌다. 그리고 유학자의 불교관과 인식(김용조, 1983·1996; 정병삼, 1983; 최병헌, 1985), 승려의 호불론護佛論이나 삼교일치론三敎一致論에 관한 논의(김용조, 1982·1988; 박해당, 2005)도 계속되었다.

1990년대 이후에는 일반 역사 개설에서도 조선시대 불교가 다루어졌고, 연구주제 또한 더욱 다양해졌다. 이전에는 다루지 않았던 조선 후기 불교정책(김준혁, 1999)도 눈길을 끌었고, 신앙과 기복 차원에서 핵심적 기능을 담당한 염불念佛과 원당願堂에 관한 연구(종범, 1995; 박병선, 2001), 사찰 수의 변동과 시기적 변화를 추적한 논문(이병희, 1997)이나 사찰계寺刹契와 보사補寺활동에 관한 연구(한상길, 2006)도 나왔다. 또 불교 사서史書와 사지寺誌 편찬의 내용과 의미(김남윤, 1995; 오경후, 2003), 불서간행과 관련된 구체적 성과(남희숙, 2004; 손성필, 2007)가 쌓이고 있다. 한편 불교와 유교, 천주교를 둘러싼 정치·종교사적 검토(부남철, 1996·2000)나 노론老論의 불교관을 다룬 논문(조성산, 1999)도 나왔고 유학자의 불교 인식을 조명하는 연구(유호선, 2004·2006)와 유불관계 및 불교 심성론 논의(이종수, 2008; 김용태, 2009a·b)도 이어지고 있다.

최근에는 조선 후기 불교의 양대 계파인 청허계淸虛系와 부휴계浮休系의 활동과 계파 인식, 임제법통을 매개로 한 선종의 정체성을 다루면서 선교겸수와 화엄교학, 선 논쟁을 교학 전통의 흐름 속에서 주목한 연구(김용태, 2008·2010)도 나왔다. 또한 선·교·염불의 통합적 수행전통인 조선 후기 삼문수업에 대해 집중 분석한 논문(이종수, 2010)도 주목된다. 그럼에도 승려와 사찰, 교단에 대한 사회경제적 접근, 불교의 종교적 기능에 대한 고찰, 사기私記류와 각종 저술을 분석한 심도 있는 불교사상 연구 등 해결해야 할 과제는 산적해 있고 유교사회에서 불교의 구실과 의미는 무엇이었는지에 대한 본질적 의문 또한 여전히 풀리지 않고 있다.

1945년 이후 현재까지 조선시대 불교를 바라보는 시각의 획기적 전환이나 새로운 자료의 대대적 발굴은 없었다. 다만《한국찬술불서전관목록韓國撰述佛書展觀目錄》(동국대 불교문화연구소, 1966)과《한국불교찬술문헌총록韓國佛教撰述文獻總錄》(1976)이 나왔고 1980년대 후반부터 현존하는 자료의 상당수가《한국불교전서韓國佛教全書》(전14책)에 수록되어 누구나 쉽게 이용할 수 있게 됨으로써 연구 활성화에 크게 이바지하였다.

한편 19세기에 외래 종교가 성행함에 따라 불교에 대해서도 방관적인 정책이 취해졌음을 지적하고, 이어 대한제국의 사찰령 선포를 종교정책 면에서 부각시키는 시각(이기영, 1976)은, 불교사의 시기별 변동과 근대적 종교로 전환 가능성에 의미를 부여한 것으로 주목할 만하다. 1980년대 이후의 개설 연구(조명기, 1981; 김영태, 1988; 정병삼, 1998a; 조계종교육원, 2004; 김용태, 2010)에서는 조선 후기 불교의 성격과 시대적 의미에 대해 새로운 각도에서 접근이 시도되었다. 즉 사원경제의 회복과 유지, 교단의 조직과 발전, 유불의 공존 모색과 같은 입장은 단순한 쇠퇴론에서 벗어나 실상에 더 근접한 것으로 평가되는데, 성리학 질서나 실학의 성행과 같은 시대조류와 연동된 불교의 모습도 그려졌다. 이처럼 연구가 축적되고 조선 후기 불교의 다양한 면모가 드러남에 따라 조선시대 전체를 '억불과 쇠퇴'로 규정했던 식민지시기 이후의 상식 또한 재고되고 있다.

3. 조선시대 불교사의 쟁점과 과제

1) 시기 구분론과 종명 · 종조 논의

조선시대 불교의 성격을 어떻게 규정할 것인지는, 역사적 실재와 연구자의 시각 사이에 놓여 있는 긴장관계를 어떤 방식으로 해결할 것인가 하는 논의와도 관련된다. 역사 인식은 연구자가 처한 시대 상황이나 지향점과 불가분의 관계를 가지는데, 여기서는 식민지 현실에서 태동되어 전개된 불교사 인식이나 논쟁 가운데 현실적 요구와 직결되는 조선시대 시기 구분론, 종명宗名과 종조宗祖 논의에 대해 중점적으로 검토해 본다.

먼저 시기 구분론은 불교사 인식과 관련하여 식민지시기의 학문적 경향성을 그대로 보여 주는 논의이다. 《이조불교》에서 조선시대 불교를 시기별로 구분한 다카하시 토오루高橋亨는 타율성과 정체성론에 입각한 한국사 인식을 드러낸 대표적 학자로서 불교사에 대해서도 '고착성·종속성', 즉 정체된 측면과 의타적 특성(1929)을 강조하였다. 더욱이 조선시대는 불교가 더욱 쇠퇴하였고 여성과 비주류 계층의 신앙 말고는 독창적인 면모를 전혀 찾아볼 수 없는 시기로 규정되었다. 그는 국가 교정敎政의 측면에서 성종 이전과 폐불 상태가 된 연산군 이후를 나누었고, 종지宗旨와 전등傳燈을 기준으로 선과 교가 구분되는 선조 이전의 선교양종禪敎兩宗 시대와 선조 이후의 '선교겸수禪敎兼修, 선주교종禪主敎從' 시대로 획기하는 두 가지의 2시기 구분론(1929)을 제시했다. 또 '교법敎法의 성쇠'라는 관점에서 3시기 구분론을 주창하였는데, 제1기는 불교가 억압을 받기는 했지만 그나마 국가의 공인은 받았던 성종대까지, 제2기는 공식적 폐불 단계에 접어들었지만 교법이 아직 쇠퇴하지 않았고 명승도 다수 배출된 연산군에서 인조대까지, 제3기인 효종대 이후는 교세가 완전히 몰락하였을 뿐 아니라 승려가 경멸을 받고 불법佛法이 없어진 시기로 정의되었다.

에다 토시오江田俊雄(1977) 또한 다카하시 토오루高橋亨의 이 3시기 구분론을 그대로 받아들여 불교 공인기, 점쇠기, 쇠퇴기로 나누었다. 이와 같은 쇠퇴론적 시각은 일본인 학자뿐만 아니라 한국인 학자들도 받아들였다. 이에 덧붙여 억압받고 쇠락한 불교가 일본에 의해 문명개화의 세례를 받고 해방되어 근대 종교로 거듭나게 되었다는 시대 인식도 나타난다. 일례로 권상로(1917·1934)는 "국정國政의 압륵壓勒과 속상俗尙의 빈척擯斥을 받고 암혈巖穴로써 일구락계一區樂界를 삼고 잠거포도潛居抱道하여 망세소요忘世逍遙하던 조선 승려"라는 인식 아래 조선시대를 불교 쇠퇴시기로 규정하고 '압박절정壓迫絶頂, 중간명멸中間明滅, 유지잔천維持殘喘'의 3기로 나누었으며 근대는 '갱생과도更生過渡'의 시대로 보았다.

그런데 이러한 3시기 구분론이 과연 역사적 실제를 여실히 반영한 타당한 입론인지에 대해 의문을 가지지 않을 수 없다. 조선 전기에 강한 배불론과 억불책이 펼쳐진 결과 연산군·중종대에 이르러 법제적 폐불 상태로 접어들었고, 명종대의 일시적 양종兩宗복립을 제외하면 이후 획기적인 법제·정책상의 변화가 없었다는 점에서 국가정책을 기준으로 1기와 2기를 법제적 공인과 폐불 단계로 나누는 것은 문제가 없어 보인다. 하지만 3기에 해당하는 조선 후기를 유독 쇠퇴와 몰락의 시기로 규정하는 것은 납득하기 어렵다.

조선 후기 불교는 새로운 모색을 거쳐 자활自活할 수 있었고 전기에 견주어 오히려 성행하는 모습을 보인다. 현존 사찰 대부분이 조선 후기에 중창·중수되었고 수많은 불서의 간행이 활발히 이루어졌으며 수행체계나 법통의 정립과 함께 강학과 염불신앙 등이 성행한 사실을 고려하면, 쇠퇴나 멸절보다는 재기나 자립이라는 표현이 더 어울릴지 모른다.

그럼에도 식민지 현실에서 비롯된 이러한 부정적 역사관은, 식민사관을 극복한 국사학의 일반 분야와는 달리 불교사의 경우 인식의 전환 없이 그대로 답습되어 왔다. 해방 이후의 대표적 시기 구분론(김영태, 1985)은 조선 초부터 양종과 승과가 일시 복립한 명종대까지를 1기로, 이후 휴정 문하에서 산승山僧 가풍이 확립된 시기를 2기, 그로부터 삼문수업三門修業이 유지된 1910년까지를 3기로 설정하고 있다. 1기와 2기를 나누는 시점이 명종대로 약간 늦춰진 점을 제외하면 전체 시기 구분의 틀은 다카하시의 설과 크게 다르지 않으며, 내용 면에서도 부녀자와 서민 신앙으로 명맥을 유지하였다는 시각이 강하다. 이는 조선시대 불교에 대해 배척과 탄압, 쇠퇴라는 명제를 과도하게 의식한 것으로 식민지시기에 형성된 조선 후기 부정론의 유산을 극복하지 못한 것이 사실이다.

한편 조선시대를 억불의 시대로 보는 인식의 이면에는 조선 유교에 대한 강한 적대감이 내재되어 있다. 김영수(1939)는 "조선은 유교만을 편숭偏崇하였다. 중국에서 발단한 유교는 존왕양이尊王攘夷를 대의로 하며 동이東夷인 조선의 유교가는 오로지 중화中華인 중국에 대한 숭배와 앙모가 깊고, 공맹정주孔孟程朱의 학문 외에는 모두 이단異端이며 사설邪說이라는 편국한 관념으로 일체를 배척한다. 이는 인지人智를 작은 규모 범위 내로 끌어넣어 습맹의 질곡을 면치 못하게 한 것이다."라고 하여 유교 위주의 조선 사상계의 폐해를 힐난하였다. 식민지시기에 고착된 이러한 반反유교적 전통 부정론은 불교 학계에서는 현재까지도 상식으로 통용되고 있다. 이 점에서 조선시대 불교사상의 구체적 실상을 규명하는 것은 조선 사상계 내면의 다층을 복원하고 외연을 확대하는 데 일조할 것이며, 이를 위해서는 유불이원론적인 적대적 시각에서 벗어나 시대적 공유점과 상호 보완성을 추구하는 데 초점이 두어져야 할 것이다.

조선시대 시기 구분론과 함께 근대불교의 기점 논의도 펼쳐졌는데, 첫 번째는 정치사적 관점에서 1876년의 개항이나 1897년 대한제국의 성립을 근대불교의 시작으로 보는 것, 두 번째는 1895년 일본 승려의 주청에 따른 승려 도성출입 금지의 해제를 억압에서 해방의 전환점으로 보는 시각, 세 번째는 1899년 국내 수사찰 원흥사元興寺의 설립과 그에 따른 불교정책의 변화에 주목한 관점이다.

먼저 개항이나 대한제국 성립은 불교사와 별다른 관련이 없다는 점에서 한계를 가지며 승려의 도성출입 허가는 비록 상징적인 의미는 크겠지만, 그것이 시기 구분상의 분기점이 될 만큼 역사적 의의를 가지는 것인지 의문이다. 그나마 수사찰의 성립은 당시 불교계의 여망을 담은 것으로 대한제국의 종교정책과 밀접히 관련되어 있다는 점에서 근대불교의 기점으로 볼 수 있는 개연성이 있다. 다만 정책상의 변화를 주목할 때 원흥사 설립보다는 1902년의 〈대한사찰령大韓寺刹令〉과 〈사사관리세칙寺社管理細則〉의 공포와 16개 중법산中法山을 총괄하는 대법산大法山으로서 원흥사에 사사관리서寺社管理署를 둔 사건이 더 중요한 의미를 지닌다고 할 수 있다. 대한제국의 불교정책은 비록 실효를 거두지 못한 채 유야무야한 상태로 통감부로 이관되었지만, 국가에 의한 공식적 불교 관리·통제책이었고, 불교계 또한 정부 방침에 호응하여 근대적 종교로서 자신의 활로를 모색하였다는 점에서 근대의 기점으로 삼을 만하다.

다음으로는 종명, 종조 논의를 살펴보고 조선시대의 불교 종명과 법통 문제가 어떤 역사적 의미를 지니는지 검토해 본다. 한국불교의 정체성을 담은 종명과 종조 논란은 일본불교와 결탁이나 차별성이 시급한 문제로 떠오른 식민지 현실에서 뚜렷이 부각되었다. 한국불교의 다양한 전통 가운데 어디에 정통성을 둘 것인지 하는 종명 논의는 당시 주체적 통합 종단 건설을 위한 현실적 모색이기도 하였다. 이에 원종圓宗, 임제종臨濟宗, 선교양종禪敎兩宗, 선종禪宗, 조계종曹溪宗과 같은 명칭이 부침浮沈하였고, 해방 이후 대처와 비구의 분규와 정화를 거쳐 현재의 조계종으로 귀결되었다. 고려시대로 기원이 소급되는 조계종은 역사적 정통성을 담보하는 한국불교의 대표성 있는 명칭임에 분명하다. 하지만 조선 전기에는 공인된 선교양종, 후기에는 임제법통이 정통으로 받아들여지면서 지눌의 수선사修禪社 전통이나 고려의 조계종은 역사의 전면에서 사라졌다. 따라서 고려와 근대 사이에 벌어진 이 간극을 어떻게 매울 것인지, 그리고 선종인 조계종 안에 선·교·염불과 같은 다양한 전통을 어떻게 포괄할 것인지가 문제가 된다. 역사적 전개의 실상을 도외시하고 모든 불교 전통을 조계종이라는 명칭 안에 집어넣으려는 현실 추수적인 '역사화' 작업이 과연 지속가능한 '전통의 형성'으로 귀결될 수 있을지 의문이다.

조계종의 역사적 기원에 대해서는 나말여초의 선종 도입 이후, 대각국사 의천義天 이후, 보조 지눌 단계 가운데 어느 시기로 볼 것인지 논란이 있어 왔다. 사료의 미비로 말미암아 분명한 결론을 내리기는 어렵지만, 현재로서는 고려 전기에 구산선문九山禪門의 선종을 '선적종禪寂宗'으로 일컬었고 의천이 천태종天台宗을 개창한 이후 공식적인 조계종 명칭이 나타나며 지눌의 조계 수선사 단계에서 선종의 대표 명칭으로 일반화했다고 할 수 있다. 조선 세종대에 여러 종단을 선교양종으로 통폐합할 때까지도 조계종은 선종을 대표하였고 조선 중기 사료에서도 조계종 명칭은 산견된다. 그런데 선교양종이 폐지된 뒤 고려 말 태고 보우가 전수했다고 하는 임제의 법맥이 17세기 전반에 공식 법통으로 정립됨에 따라 조선 후기 승려들은 임제법통에서 자신의 정체성을 찾았다. 근대에 들어서는 원종과 임제종이 불교계의 주도권을 둘러싸고 대립하다가 1911년 총독부에 의해 '조선불교선교양종朝鮮佛教禪教兩宗'으로 종명이 확정되었고 1941년에 조계종으로 개명되었다.

따라서 현재 조계종의 역사적 정통성을 확고히 하기 위해서는 조선시대라고 하는 수백 년의 간극을 어떻게 이해할 것인지가 문제가 된다. 이 종명의 정통성과 정체성 확보를 더욱 어렵게 만든 것은 바로 종조의 문제이다. 역사적으로 조계종 전통을 대표하는 이는 보조 지눌이지만, 17세기 이후 지눌이 아닌 태고 보우가 전법한 임제법통이 정통이 되었고, 근대의 임제종 운동이나 총독부 선교양종 체제 아래서도 태고 보우를 종조로 삼는 전통적 시각은 그대로 유지되었다. 현재 한국 조계종도 통일신라의 도의道義를 개조開祖로 삼고 보조 지눌을 종조 반열에 두었지만 태고 보우 또한 중흥조로서 여전히 강조되고 있다. 하지만 지눌의 조계종 전통과 보우의 임제법통을 결합하는 것은 역사적 실제와는 무관한 후대의 인식일 뿐이다.

그동안 한국 선종, 특히 조계종 전통을 일관성 있게 체계화하려는, 통시적이고 종합적인 시각에서 종조 논의가 전개되어 왔다. 우선 통일신라 말에 선종을 처음 전래한 것으로 전해지는 도의 초조初祖설이 방한암(1930) 등에 의해 제기되었고, 이능화(1918)는 고려 조계종의 개조로 지눌을 주목하였다. 그런데 이러한 각각의 전통 인식은 고려 선종의 전통이 태고 보우로 계승되었다고 하는, 신라 — 고려 — 조선으로 이어지는 연속성의 강조로 귀결되었다. 그렇지만 구산선문의 비조鼻祖인 도의가 조계종의 종조가 될 수 있는지, 지눌의 조계종 전통과 태고 보우 이후 임제법통 사이의 연결이 실제로 가능한 것인지 의문을 품지 않을 수 없다.

실상 태고 보우는 도의가 개창한 가지산문 출신이면서 중국 임제종의 법맥을 전수한 인물로, 그 자신은 고려 조계종 소속이었지 임제종 승려를 표방하지는 않았다. 그렇지만 후대에 역사화된 태고 보우의 위상은 임제법통의 해동 종조로 각인되었고 지눌의 조계종과는 단절된 전통으로 인식되었다. 예를 들어 권상로(1917)는 초기에 선적종, 조계종으로 이어지는 선종 명칭이 원융부圓融府 선교종문사사주지禪敎宗門寺社住持였던 보우 대에 와서 임제종으로 바뀌었고 그 안에 선과 교가 포괄되었다고 보았다. 이능화(1918)도 조선시대 선과 교의 법맥은 본래 임제로부터 전해진 것이라고 하여 선교 통섭의 임제법통을 중시하였다. 이와 달리 이재열(1941) 등은 태고법통설 자체의 허구성을 지적하고 지눌과 조계종에 역사적 정통성을 부여하고자 하였다. 하지만 모두 현재적 시점에서 역사를 소급, 추산하는 한계를 가지는데, 그나마 김영수(1939)가 일관된 통시적 전통을 추구하는 대신 시기별로 오교구산五敎九山, 오교양종五敎兩宗, 조계종, 선교양종, 태고법통으로 나누어 그 연원과 실상을 각각 정리하였다. 이는 선과 교를 아울러 고려에서 조선 전기까지는 오교구산, 오교양종, 선교양종으로, 조계종은 고려 말의 선종으로, 조선 후기는 선과 교의 구분 없이 임제법통으로 파악한 것이다.

종명과 종조에 대한 논의는 현실적 이해와 직결된 문제였다. 1941년 총독부의 용인 아래 조계종으로 개명하면서 총본사로 태고사太古寺를 지정한 것은 우연의 일치만은 아니었고, 그동안의 논란이 빚어낸 상징적 결합이었다. 현재의 한국 조계종 또한 〈종헌宗憲〉에서 종조와 중흥조로 도의, 지눌, 보우를 모두 내세우고 있는데, 이는 식민지시기부터 오랜 논란을 거치며 도출된 전통의 통합적 인식이지만, 그것이 역사성을 담보할 수 있으려면 한국불교의 정체성에 대한 더 많은 논의가 필요하다. 17세기와 20세기, 두 번에 걸친 '전통 만들기'에 의해 꿰맞추어진 역사상을 다시 해체하고 복원하는 것은 쉽지 않다. 이 점에서 조선시대 불교의 성격과 정체성 규명은 한국불교 전통의 지속과 단절을 역사적 시각에서 조망하는 데 필수적인 선결과제이다.

2) 조선시대 불교에 대한 인식의 재고

다음으로 조선시대 불교에 대한 기존의 상식화된 이해와 몇 가지 관점에 대해 재고하면서 향후의 과제를 전망한다. 억압과 수탈, 교학의 쇠퇴, 여성과 비주류 계층의 신앙, 산중불교라는 명제들은 식민지시기 연구에서 고착화한 채로 현재까지 통용되고 있다. 조선 전기의 공식 억불책과 사원경제의 타격, 사적私的인 사원 침탈, 유자들의 배척과 배불론, 서울과 도회지 사찰의 훼철毁撤, 시대담론의 부재 등 각론으로 들어가면 역사적 사실에 기반한 상식으로서 그 타당성에 의문의 여지가 없을지 모른다. 하지만 쇠퇴와 전락이라는 고정된 시각을 전제로 한다면, 시기별 변화나 시대성을 간과하기 쉽고 새로운 방식의 접근 가능성도 애초부터 차단되고 만다. 또한 과연 어떤 점에서 쇠퇴이고 무엇이 후퇴인지에 대한 명확한 기준이 제시되어야 한다. 이 점에서 몇 가지 의문을 제기하고 방향성을 모색해 본다.

첫째, 국가와 불교의 관계를 바라보는 시각을 재고할 필요가 있다. 동아시아 불교는 중국 북조 이후 세속 권력의 영향권에서 벗어나지 못했고 한국불교도 신라 이래 국가의 관리와 통제, 시혜로 말미암아 존속하였다. 이에 대해 불교의 초세간적 의미와 종교적 색채를 강조하며 권력과 유착을 비판하는 목소리가 제기되기도 한다. 조선시대는 억불과 법제상의 폐불로 말미암아 전에 견주어 열악한 상황을 맞이하였지만 그렇다고 불교가 철퇴를 맞아 종지부를 찍은 것이 아니었고, 오히려 국가와 불교의 관계에서 보면 공인된 통제책이 없는 일종의 방임 상태였다. 국가의 간섭이나 활용, 그 반대급부인 후원이 완전히 없어진 것은 아니었지만, 최소한 세속 권력과 밀착이라는 점에서 어느 시대보다 정교政教 유착의 혐의에서 자유로울 소지가 있다. 조선시대의 억불정책을 비판하는 불교 측 인식의 이면에는 고려시대와 같은 국가적 외호와 장려를 당연시하는 기대심리와 그 반대의 상실감이 내재되어 있고, 종교의 초월성과 본연의 성격에 대한 입론은 별로 없었다. 국가체제나 주류 질서에서 배제된 불교가 본래의 종교적 가치를 어떻게 구현하고자 했는지, 또 그것이 어떤 시대적 의미를 지니는지 논의할 필요가 있다.

둘째, 교학의 쇠퇴를 조선시대 불교만의 특성으로 규정지을 수 있을지도 의문이다. 조선은 유교사회였고, 불교는 성리학이 차지한 주류 사상의 지위를 단 한 번도 넘볼 수 없었다. 또 신라나 고려에 견주어 교학상의 발전을 기대하기 어려운 것도 사실이다. 하지만 중국의 경우에도 교학의 전성기인 수隋·당대唐代 이후에는 선종과 정토 신앙이 교계의 주종을 이루었고, 교학 면에서 획기적인 진전은 없었다고 해도 지나친 말이 아니다. 다만 선종과 관계에서 간혹 교학의 우위를 주장하거나, 심心이나 불성佛性 등의 핵심 개념을 이론적으로 뒷받침하는 구실을 교학이 맡았을 뿐이다. 이 '보수保守와 계승繼承' 위주의 주석 교리학은 고려나 조선의 경우에도 마찬가지였는데, 교학 쇠퇴의 멍에를 유독 조선시대 불교에만 뒤집어씌우는 것은 불공평한 처사라 할 수 있다. 주류 사조에서 제외되었다는 것도 송대宋代 이후 동아시아 사상계의 주류가 성리학과 양명학이었고 불교가 선도적 지위를 차지한 적은 없었다는 점에서, 시대담론을 형성하지 못한 조선시대 불교의 한계는 특수사가 아닌 보편사의 차원에서 접근할 필요가 있다.

셋째, 불교의 종교적 기능과 대상 범위를 여성 및 서민 신앙에 한정하는 것도 문제이다. 남성 사대부와 같은 상층 주류에게 배척되고 비주류의 신앙으로 명맥을 유지하였다는 시각은, 조선시대 불교의 사회적 지위와 위상의 격하를 선명히 부각시키는 데는 매우 효과적이며 또 역사적 사실과도 어느 정도 들어맞는다. 하지만 종교의 기능, 또는 종교적 욕구를 단지 기복 차원의 신앙에만 국한하고 수요자를 한정하는 것은 문제가 있다. 불교가 동아시아 사회에 미쳤던 가장 큰 영향은 신앙이나 사상의 저변에 있는 '업과 윤회'로 대변되는 내세관이었다. 불교는 정토, 천당과 같은 구체적인 사후세계를 제시해 주었고 윤회와 업보는 그것을 뒷받침하는 이론적 기제였다. 불보살의 자비와 구제는 현세와 내세 모두를 향해 열려 있었다. 그렇기에 조선 전기의 억불과 혹독한 비판에도 불교의 뿌리는 쉽게 뽑히지 않았고, 전 시기를 거쳐 왕실의 후원과 일반민의 기원이 지속되었다. 사대부 가운데서도 불교의 내세관을 비판하면서도 그 종교적 효용성을 무시하지 못하고 방조하거나 사십구재를 열고 원당을 만드는 등 내세의 안락을 추구하는 일이 적지 않았다. 각종 불사에서 지역민의 재정 지원은 계속되었고, 특히 19세기에는 국왕은 물론 세도 명문가의 대규모 후원 사례도 여럿 확인된다. 따라서 불교의 향유층을 여성과 서민에 국한하고 단순한 기복신앙으로 매도하는 것은 역사적 실상을 좁은 범주에 가두어 일면만 파악하는 우를 범할 수 있다.

조선시대에 불교에서 유교로 전환은 불교 제의와 사후 관념을 유교식 제사와 조선관祖先觀이 대체하는 것이었고, 이는 불교의 영역을 침탈하는 결정적 타격이었다. 그럼에도 성리학만으로는 기대하기 어려운 내세 관념과 종교적 갈망을 채워 주는 기능을 불교가 주로 담당해 온 것도 사실이다. 내세를 위한 추숭과 기복이 유교의 최우선 덕목인 효와 결합되면서 자생력을 확보한 것에서 보듯이 불교 존립을 가능하게 한 종교성의 원천은 내세관에 있었다. 따라서 유교사회라는 시대성을 전제로 하되, 유교의 도덕적·현세적 가치와 대비되는 불교적 심성론, 내세관, 상장례 등의 의미와 실상을 면밀히 검토해야 한다. 또 불교와 토착신앙의 습합 등 현세 기복적 성향이 두드러지게 나타난 것도 유교, 그리고 시대와 연관 속에서 그 이유와 의미를 찾아야 할 것이다.

넷째, 조선시대 불교를 흔히 '산중山中불교'로 일컫는데, 이는 억불시대 불교의 모습을 상징적으로 나타낸 것으로 사찰이 도회에서 밀려나고 승려들이 산중에 칩거하였음을 뜻한다. 경주나 개경 사찰의 화려한 영화와 견줄 때 절과 승려가 없는 한양의 모습은 불교의 낮아진 위상을 생생하게 보여 준다. 다만 조선시대에 지역 공간의 유교적 재편 속에서 서울과 도회 사찰이 점차 자취를 감춘 것은 사실이지만, 억불에 따라 촌락 주변 사찰이 모두 철거되고 이전 시기와 달리 산속에서 명맥만 유지하였음을 설명하려면 몇 가지 사항은 염두에 두어야 한다. 즉 도성인 한양의 경우 거대 사찰이 자취를 감춘 것은 연산군대인 16세기 초이며 비구니 사원은 현종대인 17세기 중반까지 명맥을 유지하였고, 서울 외곽에는 수륙재水陸齋로 유명한 진관사津寬寺나 선종본사 봉은사奉恩寺 등 거찰과 북한산·수락산·청계산 자락의 사찰들이 중수를 거치면서 후대까지 존속하였다. 더욱이 19세기 이후에는 서울 인근, 경기도 일대의 사찰 수가 늘어나게 된다. 또 신라나 고려시대의 사찰은 도회는 물론 명산에도 지어졌고, 유구한 역사를 지닌 현존 사찰 대부분은 창건 당시부터 산중에 자리잡았다. 따라서 조선시대 사찰의 입지 조건이 도회에서 산중으로 일변한 것은 아니며 도회의 사찰이 감소되었을 뿐이다. 무엇보다도 도회와 산중이라는 상이한 공간성이 불교의 종교적 기능과 구실에 어떤 차이와 변화를 파생시키는지를 고려해야 한다. 일례로 도회와 산중을 일반인과 소통하는 열려진 공간과 승려 중심의 폐쇄적 공간으로 나누어 이원적 대비를 한다면, 불교가 재가신도보다 승단 중심체제로 운영·유지되어 온 하나의 원인이자 역사적 배경으로서 이를 이해할 수 있을 것이다.

다섯째, 조선시대만이 아니라 통시적으로 한국불교의 고유한 특성을 회통會通, 원융圓融으로 보는 관점이다. 그동안 원효의 화쟁和諍, 의천과 지눌의 선교일치 및 겸수兼修, 조선시대 선·교·염불의 삼문수업을 예로 들며 사상과 종파를 융합하는 '통불교'적 전통을 강조하는 경향이 강하였다. 이는 식민지시기에 최남선을 비롯한 학자들에 의해 일찍부터 확립된 시각으로서 일본불교의 강한 종파성과 대비되는 원융적 포용성을 한국불교의 특장점으로 부각시킨 것이다. 하지만 선교겸수나 유불도儒佛道 3교의 회통론은 그 발원지가 중국이었고 한국불교에만 통용되는 개념이 아니다. 또 송 이후 중국에서도 선과 교, 염불이 병행하였고 일본도 각 종파의 교리와 수행 방식이 서로 영향을 주고받는 가운데 발전적 공존을 해 온 것이 사실이다. 어쩌면 회통이란 말은 모든 것을 포괄하는 몰가치적 개념이면서 주체가 분명하지 않은 경우 어떤 것도 특화되지 않는 어정쩡한 상태를 뜻할 수 있다. 바꾸어 말하면 '전수專修'와 '겸수兼修' 가운데 겸수의 측면을 한국불교의 특성으로 일반화해 강조할 때 전수가 갖는 특화한 전문성이 사상될 우려가 있다. 일례로 '선교겸수'라는 것은 활발한 선의 풍취도 없거니와 교학적 이해의 심화나 발전적 계승도 도모하기 어려운 부정적 측면도 내포하고 있다. 무엇보다도 사상은 시대적 조건에 따라 발현되기에 같은 내용이라도 그 함의나 지향은 다를 수밖에 없는데 한국불교를 통시적으로 일원화해 동일한 개념으로 묶는 것이 타당할지, 그리고 그럴 필요성이 과연 있는지 의문이 아닐 수 없다. 조선시대처럼 선과 교를 모두 계승해야 했던 상황, 선을 위주로 교를 포섭하여 수행체계를 정립한 지눌, 교에 기반을 두고 선의 병행을 용인한 의천, 다양한 대승교학을 일심一心과 화쟁의 논리로 통찰한 원효는 전혀 다른 문제의식을 가지는 것이며, 따라서 각각의 시대성을 고려하여 그 의미를 모색해야 할 것이다. 즉 현재적 시각으로 상이한 역사 전통을 평면 위에 나란히 도열하기에 앞서 시대적 조건과 각 사상의 지향점, 그 의미를 면밀히 검토할 필요가 있다.

여섯째, 한국불교의 전통을 자부심 어리게 표현할 때 흔히 등장하는 '호국불교'의 개념도 재고되어야 한다. 만일 호국護國을 국가 및 인민의 수호와 안정에 불교가 기여한 것으로 본다면, 이는 근대적 국민국가를 염두에 둔 것으로 전통적인 국國의 개념과는 맞지 않는다. 전근대의 국은 좁게는 국왕을 뜻하고 크게 보아도 국왕을 정점으로 한 국가체제를 가리키는 것이며, 민은 왕의 신민일 뿐 '국가=국민'의 관계로 이해될 수 없다. '복국이민福國利民'이라는 문구도 주로 왕자를 위한 불교의 효용성을 강조할 때 나오는 말이다. 따라서 호국이란 엄밀하게는 근왕護王이며, 임진왜란 때 일어난 승군 또한 '근왕'을 위해 궐기하여 그 충의忠義를 인정받은 것이다. 조선시대 왕실불교 전통이 오래 지속된 것도 불교가 국왕과 왕실의 안녕과 복을 빌어 주고 내세를 위해 기원해 주었기 때문에 가능한 일이었다. 그리고 사료에서 호국의 용례는 대개 호법護法과 연계되어 부차적으로 쓰이고 있다.

더욱이 한국불교 전통에서 호국불교의 특성이 학술적으로 주목받기 시작한 것은 식민지시기부터였는데, 이는 멀리 가마쿠라시대의 신불교新佛敎, 가까이는 메이지시기의 폐불훼석廢佛毁釋을 거친 뒤 천황제를 뒷받침하는 국가불교로 급속히 기울었던 일본불교의 역사적 배경에서 비롯되어 영향을 미친 것이었다. 1940년대 전반 전시戰時

체제에서 천황을 정점으로 하는 호국의식의 선양이 시대적 과제로 더욱 부각되었는데, 해방 이후 1959년에 나온 첫 학술논문집에 호국불교를 강조하는 논문이 실린 것도 시대성의 영향과 지속이라는 측면에서 눈길을 끈다. 즉 호국불교는 근대의 역사적 상황에서 대두되었고 다분히 근대적인 조어造語로 등장한 것인데, 이를 한국불교의 통시적이며 고유한 특성으로 인정하기 위해서는 명확한 개념 규정과 근거 제시, 그 의미에 대한 논의가 이루어져야 한다.

결론을 맺자면 조선시대 불교사 연구는 원점에서 다시 출발한다는 자세로 접근해야 하며 이는 감추어진 화려한 영광을 복원하기 위해서가 아닌, 있는 그대로의 실상을 구체적으로 밝히는 작업이어야 한다. 또 불교학이나 역사학, 철학 등 분과 학문 사이의 장벽을 걷어내야 할 것이고 불교가 갖는 특성에서 '통시성通時性과 공시성共時性'이 함께 고려되어야 할 것이다.

이 글에서는 최신 성과들에 대한 구체적 소개와 평가는 유보해 둔 채 근대학문의 모태인 식민지시기 연구를 중심으로 그 태생의 한계와 이후 연구의 궤적을 기술하는 데 중점을 두었다. 다행히도 식민지시기에 고착된 인식과 대상의 한계를 뛰어넘는 다양한 주제의 연구들이 나왔고, 또 계속 시도되고 있다. 하지만 아직까지도 승려·사찰·교단에 대한 실상 규명이 미흡하며 불교신앙의 종교적 기능, 계파와 사상 등에 대한 구조적·계통적 연구, 유불관계와 시대사조의 공조, 사기私記의 분석 등 해결해야 할 과제는 산적해 있다. 유교사회에서 존립해 온 불교의 성격과 구실에 대한 본질적 의문이 여전히 풀리지 않은 채 남아 있는 것이다.

참고문헌

1. 자료

《韓國佛敎全書》 7권~12권 / 《寺誌》 / 私記類

《李朝實錄佛敎鈔存》(權相老, 1934, 《退耕堂全書》 4~5)

《朝鮮佛敎通史》 上·中·下(李能和, 1918, 新文館)

《朝鮮佛敎叢書》(1925, 朝鮮佛書刊行會)

《朝鮮寺刹史料》 上·下(1911, 朝鮮總督府)

《韓國高僧碑文總集: 朝鮮朝·近現代》(智冠 편, 2000, 伽山佛敎文化硏究院)

《韓國佛敎撰述文獻總錄》(1976, 東國大 佛敎文化硏究所)

《韓國撰述佛書展觀目錄》(1966, 東國大 佛敎文化硏究所)

2. 연구 논저

1) 단행본

權相老, 1917, 《朝鮮佛敎略史》, 新文館.

______, 1934, 《朝鮮佛敎史概說》(1998, 《退耕堂全書》 8).

金甲周, 1983, 《朝鮮時代寺院經濟硏究》, 同和出版.

金映遂, 1939, 《朝鮮佛敎史藁》(2002, 《朝鮮佛敎史》, 民俗院 影刊).

金煐泰, 1975, 《西山大師의 生涯와 思想》, 博英社.

______, 1986, 《韓國佛敎史概說》, 經書院.

김용태, 2010, 《조선 후기 불교사 연구 — 임제법통과 교학전통》, 신구문화사.

東國大 佛敎文化硏究所, 1971, 《護國大聖四溟大師硏究》, 東國大學校佛敎文化硏究所.

申法印, 1983, 《西山大師의 禪家龜鑑 硏究》, 新紀元社.

유호선, 2006, 《조선 후기 경화사족의 불교인식과 불교문학》, 태학사.

李載丙(在烈), 1941(1946 謄寫), 《朝鮮佛敎史之硏究(第一)》, 東溪文化硏揚社.

李載昌, 1993, 《韓國佛敎寺院經濟硏究》, 불교시대사.

李鍾益, 1980, 《韓國佛敎の硏究》, 日本國書刊行會.

조계종교육원 편, 2004, 《曹溪宗史—고중세편》, 조계종출판사.

韓相吉, 2006, 《조선 후기 불교와 寺刹契》, 景仁文化社.

韓㳓劤, 1993, 《儒敎政治와 佛敎—麗末鮮初 對佛敎施策》, 一潮閣.

황인규, 2005, 《고려말·조선 전기 불교계와 고승연구》, 혜안.

江田俊雄, 1977(復刊), 《朝鮮佛教史の研究》, 日本 國書刊行會.
高橋亨, 1929, 《李朝佛教》, 寶文館.
忽滑谷快天, 1930, 《朝鮮禪教史》, 春秋社.
黑田亮, 1940, 《朝鮮舊書考》(1986, 岩波書店 復刊).

2) 논문

(1) 식민지시기

金映遂, 1937, 〈五教兩宗에 對하야〉, 《震檀學報》 8.
方寒巖, 1930, 〈海東初祖에 對하야〉, 《佛教》 70, 佛教社.
崔南善, 1918, 〈朝鮮佛教의 大觀으로부터 朝鮮佛教通史에 及함〉, 《朝鮮佛教叢報》 11.

江田俊雄, 1934, 〈朝鮮語譯佛傳に就いて〉, 《青丘學叢》 15.
_______, 1935, 〈禪宗としての朝鮮佛教の傳統に就て〉, 《佛教學の諸問題》, 岩波書店.
_______, 1936, 〈李朝刊經都監と其の刊行佛典〉, 《朝鮮之圖書館》 5-5.
古谷清, 1911·2, 〈朝鮮李朝佛教史概說〉, 《佛教史學》 1-3·4·5·6·8·11·12.
高橋亨, 1914, 〈朝鮮佛教宗派遞減史論〉, 《東亞之光》 9-10·11.
______, 1916, 〈朝鮮寺刹の研究〉, 《東亞研究》 6-1·2·3(1922, 《朝鮮》 84).
______, 1921, 〈朝鮮宗教史に現れる信仰の特色〉, 朝鮮總督府 學務局.
______, 1922, 〈李朝における僧職の變遷〉, 《朝鮮》 81.
______, 1924, 〈僧兵と李朝佛教の盛衰〉, 《朝鮮教育會教育參考資料》 2.
______, 1936, 〈朝鮮佛教の歷史的依他性〉, 《朝鮮》 250, 朝鮮總督府.
金炳奎, 1941, 〈朝鮮佛教に於ける宗派の沿革〉, 《東洋大學論纂》 1.
今西龍, 1911, 〈朝鮮佛教關係書籍解題〉, 《佛教史學》 1-1·2·3.
常盤大定, 1912, 〈朝鮮の義僧西山大師〉, 《大崎學報》 2.
小倉進平, 1932, 〈朝鮮の眞言〉, 《金澤還曆記念東洋語學乃研究》, 三省堂.
崔南善, 1935, 〈朝鮮佛教の地位〉, 《日本精神研究》 8.
忽滑谷快天, 1931, 〈朝鮮佛教興廢の主因について〉, 《駒澤佛教學會年報》 1.

(2) 해방 이후

高翊晋, 1984, 〈祖源通錄撮要의 출현과 그 史料 가치〉, 《佛教學報》 21, 東國大 佛教文化研究院.

______, 1985, 〈碧松智嚴의 新資料와 法統問題〉, 《佛教學報》 22.

高亨坤, 1975, 〈秋史의 白坡妄證 15條에 對하여〉, 《學術院論文集》 14, 學術院.

金甲周, 1988, 〈南北漢山城 義僧番錢의 綜合的 考察〉, 《佛教學報》 25.

______, 1992, 〈朝鮮時代 寺院田의 性格〉, 《伽山李智冠華甲記念論叢》 上.

金敬琢, 1970, 〈西山大師의 生涯와 思想〉, 《亞細亞研究》 13-3.

金南允, 1995, 〈朝鮮後期의 佛教史書《山史略抄》〉, 《同大史學》 1, 同德女大 國史學科.

金東華, 1971, 〈四溟大師의 思想〉·〈護國大聖 四溟大師研究〉, 《佛教學報》 8.

金相鉉, 1998, 〈서산문도의 태고법통설〉, 《太古普愚國師》, 대륜불교문화연구원.

김순석, 2002, 〈조선 후기 불교계의 동향〉, 《國史館論叢》 92, 國史編纂委員會.

金約瑟, 1959, 〈秋史의 禪學辨〉, 《白性郁博士頌壽記念佛教學論文集》.

金煐泰, 1985a, 〈朝鮮 禪家의 法統考—西山家統의 究明〉, 《佛教學報》 22.

______, 1985b, 〈休靜의 禪思想과 그 法脈〉, 《韓國禪思想研究》, 東國大 佛教文化研究院.

______, 1988, 〈韓國佛教史(下)—李朝·近代篇〉, 《韓國文化史大系》 4, 高麗大 民族文化研究所.

______, 1998, 〈태고법통 확정의 사적 고찰〉, 《太古普愚國師》, 대륜불교문화연구원.

金容祚, 1979, 〈白谷處能의 諫廢釋教疏에 關한 研究〉, 《韓國佛教學》 4, 韓國佛教學會.

______, 1982, 〈己和와 그의 顯正論〉, 《慶尙大學校論文集》 21, 慶尙大.

______, 1983, 〈朝鮮後期 儒者의 佛教觀;磻溪·星湖·茶山의 경우〉, 《慶尙大學校論文集》 22-2.

______, 1988, 〈조선 전기 유불회통론〉, 《慶尙大學校論文集》 27-1.

______, 1996, 〈成宗朝 儒學者의 佛教觀〉, 《慶尙史學》 12.

金龍泰, 2000, 〈朝鮮中期 佛教界의 변화와 '西山系'의 대두〉, 《韓國史論》 44, 서울대 國史學科.

______, 2006a, 〈'浮休系'의 계파인식과 普照遺風〉, 《普照思想》 25.

______, 2006b, 〈錦溟 寶鼎의 浮休系 정통론과 曹溪宗 제창〉, 《韓國文化》 37, 서울대 韓國文化研究所.

______, 2007, 〈조선 후기 大芚寺의 表忠祠 건립과 '宗院' 표명〉, 《普照思想》 27.

______, 2008, 〈朝鮮後期 佛教의 臨濟法統과 教學傳統〉, 서울대 국사학과 박사논문.

______, 2009a, 〈조선시대 불교의 유불공존 모색과 시대성의 추구〉, 《朝鮮時代史學報》 49.

______, 2009b, 〈조선 후기 불교의 心性 인식과 그 사상사적 의미〉, 《韓國思想史學》 32.

金仁德, 1975, 〈浮休善修의 禪思想〉·〈浮休의 門流〉, 《崇山朴吉眞華甲紀念韓國佛教思想史》.

金俊爀, 1999, 〈朝鮮後期 正祖의 佛教認識과 政策〉, 《中央史論》 12·13, 中央史學研究會.

金恒培, 1975, 〈西山門徒의 思想—鞭羊禪師와 逍遙禪師를 중심으로〉, 《崇山朴吉眞華甲紀念韓國佛教思想史》.

南東信, 2001, 〈朝鮮後期 불교계 동향과 《像法滅義經》의 성립〉, 《韓國史研究》 113, 韓國史研究會.

南希叔, 2004, 〈朝鮮後期 佛書刊行 研究—眞言集과 佛教儀式集을 中心으로〉, 서울대 국사학과 박사논문.

朴昞璇, 2001, 〈朝鮮後期 願堂研究〉, 영남대 국사학과 박사논문.

박용숙, 1981, 〈조선조 후기의 僧役에 대한 고찰〉, 《釜山大論文集》 31, 釜山大.

朴在顯, 2005, 〈한국불교의 看話禪 전통과 정통성 형성에 관한 연구〉, 서울대 철학과 박사논문.

朴海鐺, 1996, 〈己和의 佛教思想 研究〉, 서울대 철학과 박사논문.

박해당, 2005, 〈《현정론》과 《유석질의론》의 삼교론〉, 《불교학연구》 10.

부남철, 1996, 〈조선 유학자가 佛教와 天主教를 배척한 정치적 이유: 鄭道傳과 李恒老의 사례를 중심으로〉, 《한국정치학회보》 30-1, 한국정치학회.

______, 2000, 〈한국정치사상에 있어서의 정치와 종교—조선 성리학자의 불교·천주교 등 종교에 대한 정치적 평가와 비판〉, 《한국정치학회보》 34-3.

孫成必, 2007, 〈16世紀 朝鮮의 佛書 刊行〉, 동국대 사학과 석사논문.

宋殷碩, 2007, 〈17세기 朝鮮王朝의 彫刻僧과 佛像〉, 서울대 고고미술사학과 박사논문.

宋天恩, 1975, 〈休靜의 思想〉, 《崇山朴吉眞華甲紀念韓國佛教思想史》.

申法印, 1982, 〈休靜의 捨教入禪觀—禪家龜鑑을 中心으로〉, 《韓國佛教學》 7, 韓國佛教學會.

安啓賢, 1972, 〈朝鮮前期의 僧軍〉, 《東方學志》 13, 延世大 東方學研究所.

呂恩暻, 1986, 〈朝鮮後期의 寺院侵奪과 僧契〉, 《慶北史學》 9, 慶北大 史學科.

______, 1987a, 〈朝鮮後期 山城의 僧軍總攝〉, 《大邱史學》 32.

______, 1987b, 〈朝鮮後期 大寺刹의 總攝〉, 《嶠南史學》 3.

吳京厚, 2003, 〈朝鮮後期 僧傳과 寺誌의 編纂 研究〉, 동국대 사학과 박사논문.

禹貞相, 1959, 〈李朝佛教의 護國思想에 對하여-특히 義僧軍을 中心으로〉, 《白性郁博士頌壽記念佛教學論文集》.

______, 1963, 〈南北漢山城 義僧防番錢에 對하여〉, 《佛教學報》 1, 東國大 佛教文化研究所.

______, 1965, 〈西山大師의 禪教觀에 대하여〉, 《曉城趙明基博士華甲記念佛教史學論叢》.

______, 1977, 〈禪家龜鑑의 刊行流布考〉, 《佛教學報》 14.

유호선, 2004, 〈조선 후기 유학자들의 불교관〉, 《불교평론》 6-1(통권 18), 불교평론사.
尹用出, 1984, 〈朝鮮後期의 赴役僧軍〉, 《釜山大學校人文論叢》 26, 釜山大.
李光麟, 1962, 〈李朝後半期의 寺刹製紙業〉, 《歷史學報》 17·18.
李箕永, 1976, 〈朝鮮王朝 末期의 佛敎〉, 《民族文化硏究》 10, 高麗大 民族文化硏究所.
李法山, 1994, 〈朝鮮後期 佛敎의 敎學的 傾向〉, 《韓國佛敎史의 再照明》, 불교시대사.
李炳熙, 1997, 〈朝鮮時期 寺刹의 數的 推移〉, 《歷史敎育》 61, 歷史敎育硏究會.
李逢春, 1991, 〈朝鮮初期 排佛史 연구: 王朝實錄을 中心으로〉, 동국대 불교학과 박사논문.
_____, 1998, 〈조선 중기 불교계의 동향〉, 《한국사》 31, 국사편찬위원회.
李性陀, 1975, 〈栢庵의 사상〉, 《崇山朴吉眞華甲紀念韓國佛敎思想史》.
李英茂, 1977, 〈韓國佛敎史에 있어서의 太古普愚國師의 地位—韓國佛敎의 宗祖論을 中心으로〉, 《韓國佛敎學》 3, 韓國佛敎學會.
_____, 1982, 〈蓮潭私記를 통해 본 朝鮮時代의 華嚴學—世主妙嚴品을 中心으로〉, 《韓國華嚴思想硏究》, 동국대.
李永子, 1984, 〈朝鮮中·後期의 禪風—西山五門을 中心으로〉, 《韓國禪思想硏究》, 동국대.
李乙浩, 1959, 〈儒佛相交의 面에서 본 丁茶山〉, 《白性郁博士頌壽記念佛敎學論文集》, 기념사업위원회.
李載昌, 1976, 〈朝鮮時代 僧侶 甲契의 硏究〉, 《佛敎學報》 13.
_____, 1986, 〈朝鮮朝 社會에 있어서의 佛敎敎團〉, 《韓國史學》 7, 韓國精神文化硏究院.
_____, 1987, 〈朝鮮時代 佛敎의 主體的 展開〉, 《佛敎學報》 24.
이종수, 2008, 〈조선 후기 불교계의 心性 논쟁—雲峰의 《心性論》을 중심으로—〉, 《普照思想》 29, 普照思想硏究院.
李鍾壽, 2010, 《조선 후기 불교의 수행체계 연구—三門修學을 중심으로—》, 동국대 사학과 박사논문.
李鍾英, 1963, 〈僧人號牌考〉, 《東方學志》 17, 延世大 東方學硏究所.
李鍾益, 1975, 〈證答白坡書를 통해 본 金秋史의 禪敎觀〉, 《佛敎學報》 12.
李智冠, 1975, 〈蓮潭 및 仁嶽의 私記와 그의 禪敎觀〉, 《崇山朴吉眞華甲紀念韓國佛敎思想史》.
장동표, 2000, 〈조선 후기 밀양 표충사(表忠祠)의 연혁과 사우(祠宇) 이건 분쟁〉, 《역사와 현실》 35, 한국역사연구회.
鄭炳三, 1983, 〈秋史의 佛敎學〉, 《澗松文華》 24, 韓國民族美術硏究所.
_____, 1996, 〈眞景時代 佛敎의 振興〉, 《澗松文華》 50, 韓國民族美術硏究所.
_____, 1998a, 〈조선 후기 불교계의 동향〉, 《한국사》 35, 國史編纂委員會.
_____, 1998b, 〈진경시대 불교의 진흥과 불교문화의 발전〉, 《우리문화의 황금기

진경시대》 1, 돌베개.
______, 2002a, 〈19세기의 불교사상과 문화〉, 《추사와 그의 시대》, 돌베개.
______, 2002b, 〈19세기의 불교계의 사상적 추구와 佛敎藝術의 변화〉, 《韓國思想과 文化》 16, 韓國思想文化學會.
鄭性本, 1994, 〈朝鮮後期의 禪論爭〉, 《韓國佛敎史의 再照明》, 불교시대사.
鄭學權, 1974, 〈韓國李朝佛敎의 淸虛禪師의 禪敎觀〉, 《印度學佛敎學硏究》 22-2, 日本印度學佛敎學會.
趙明基, 1981, 〈朝鮮後期 佛敎〉, 《韓國史論》 4, 國史編纂委員會.
趙成山, 1999, 〈19세기 전반 노론계 佛敎認識의 정치적 성격〉, 《韓國思想史學》 13, 韓國思想史學會.
존 요르겐센, 1998, 〈조선왕조에서의 불교와 유학간의 대립〉, 《불교연구》 15, 한국불교연구원.
宗梵, 1989, 〈講院敎育에 끼친 普照思想〉, 《普照思想》 3, 普照思想硏究院.
____, 1993a, 〈朝鮮中·後期의 禪風에 관한 硏究〉, 《震山韓基斗博士華甲記念 韓國宗敎思想史의 再照明》, 圓光大出版部.
____, 1993b, 〈臨濟禪風과 西山禪風〉, 《中央僧伽大學論文集》 2, 中央僧伽大.
____, 1995, 〈朝鮮後期의 念佛觀〉, 《中央僧伽大學論文集》 4, 中央僧伽大.
宗眞, 1993, 〈淸虛 休靜의 禪思想〉, 《白蓮佛敎論集》 3, 白蓮佛敎文化財團.
崔柄憲, 1985, 〈茶山 丁若鏞의 韓國佛敎史 硏究〉, 《丁茶山硏究의 現況》, 民音社.
______, 1986, 〈太古普愚의 佛敎史的 位置〉, 《韓國文化》 7, 서울대 韓國文化硏究所.
______, 1988, 〈朝鮮時代 佛敎法統說의 問題〉, 《韓國史論》 19, 서울대 國史學科.
______, 1993, 〈《月印釋譜》 編纂의 佛敎史的 意義〉, 《震檀學報》 75, 震檀學會.
______, 1995, 〈조선 후기 浮休善修系와 松廣寺—普照法統說과 太古法統說 葛藤의 한 사례〉, 《同大史學》 1, 同德女大 史學科.
崔鉛植, 1998, 〈朝鮮後期《釋氏源流》의 수용과 佛敎界에 미친 영향〉, 《普照思想》 11.
崔鍾進, 2004, 〈朝鮮 中期의 禪思想史 硏究: 西山과 그 門徒를 중심으로〉, 원광대 불교학과 박사논문.
韓基斗, 1969, 〈白坡의 禪門手鏡〉, 《論文集》 4, 圓光大.
______, 1975, 〈白坡와 草衣時代 禪의 論爭點〉, 《崇山朴吉眞博士華甲記念韓國佛敎思想史》.
______, 1992, 〈朝鮮後期 禪論爭과 그 思想的 의의〉, 《伽山李智冠華甲記念論叢韓國佛敎思想史》 上.
韓普光, 1995, 〈朝鮮時代의 萬日念佛結社〉, 《佛敎學報》 32.
許興植, 1991, 〈14, 5세기 曹溪宗의 繼承과 法統〉, 《東方學志》 73, 延世大 國學硏究院.
洪潤植, 1975, 〈李朝佛敎의 信仰儀禮〉, 《崇山朴吉眞博士華甲記念韓國佛敎思想史》.

조선 후기 진언집과 불교의식집의 간행

남희숙(대한민국역사박물관)

1. 머리말

조선시대에는 계속적인 숭유억불崇儒抑佛정책으로 불교의 사회경제적인 토대가 완전히 박탈당했던 시대였다. 교단은 위축될 대로 위축되었고, 산간총림山間叢林으로 축소되면서 겨우 명맥을 유지하였다(崔柄憲, 1986, 36쪽). 그런 과정에서 불교는 민간의 여러 신앙을 흡수하여 기층화·토착화하였고, 현세 구복적이면서도 주술적인 성격을 강하게 띠게 된다. 고려불교에서도 서민적·기복적 성격이 없지 않았지만, 조선시대에 들어와서는 이러한 성향이 더욱 심화되었다. 이런 점은 조선시대 불서佛書 간행의 경향에서도 확인할 수 있다.

조선시대는 세종의 한글 창제로 말미암아 불경佛經을 우리말로 번역하여 누구나 쉽게 읽을 수 있게 된 시기였다. 세조대에는 간경도감刊經都監을 설치하여 국가에서 불서 언해諺解 사업을 주도하였고, 간경도감이 폐지된 이후에도 조선의 각 지역 사찰에서 다양한 불서들이 언해되었다. 이러한 불서 언해는 그 목적이 일반 '서민庶民'을 대상으로 한 것이라는 점에서 한국불교의 폭이나 신앙 형태, 그 사회적인 성격이 이전과는 다른 차원으로 전개되지 않을 수 없는 환경을 조성하였다(崔柄憲, 1993). 조선시대의 불서간행 경향과 형식, 언해된 불서의 성격에 대해 기존의 연구자들은 대체로 다음과 같은 몇 가지 특징을 공통적으로 지적해 왔다(江田俊雄, 1977; 金元龍, 1961; 동국대학교 불교문화연구소, 1974; 徐閏吉, 1983; 洪潤植, 1986; 박상국, 1987; 이봉춘, 1998).

첫째, 조선 전기에 간행된 불서들은 교학에서 중요한 경經·율律·논論 및 그 주석서들이 대부분을 차지하였으나, 후기로 갈수록 다라니경陀羅尼經·진언집眞言集, 불교의식집佛教儀式集 등의 간행이 두드러지게 증가하였다는 점이다. 둘째, 조선 전기까지는 관판官板의 비중이 상대적으로 높았으나, 간경도감이 폐지된 뒤부터는 국가 주도의 공적인 간행은 거의 자취를 감추고, 불서들은 대부분 사찰에서 사간판(사찰판)으로 간행되었다는 점이다. 셋째, 다라니경·진언집, 불교의식집 등 대중적인 불서들이 대부분 언해되어 간행되었다는 점이다. 최근에는 조선시대에 간행된 불서들을 사찰별, 지역별로 더 정밀하게 정리한 서지학적 연구성과들이 발표되었는데, 그 결과도 이러한 기존의 지적들과 동일하게 나타났다(이옥금, 1988; 송일기, 1994; 남권희, 1999).

물론 조선 후기에는 '이력履歷'이라 부르는 승가僧伽의 교육 과정이 확립되면서 강원講院의 교과목에 해당하는 불서들이 17세기 전반에 집중적으로 간행되었고(고희숙, 1994), 더욱이 강경講經이 성행하면서 경전과 주석서들의 간행도 활발하여, 교학적인 측면에서 성과도 확인된다. 또 숙종대 이후에는 승려들의 문집 간행, 사찰의 역사를 정리한 사지寺誌의 편찬, 불교사서佛教史書류의 간행이 증가하는 등, 불서의 간행이 다양화하는 경향을 보여 주고 있다(崔柄憲, 1985; 정병삼, 1998). 그러나 간행된 불서의 양이나 간행 빈도의 측면에서 볼 때, 다라니경·진언집과 불교의식집 등의 간행은 조선 후기의 불서간행을 대표하는 성격을 분명히 지니고 있다.

조선 후기에 다라니경·진언집과 불교의식집 등이 집중적으로 간행된 사실에 대해서는 이미 일제시대부터 연구자들이 각별히 주목하였지만(今西龍, 1911; 江田俊雄, 1936; 黑田亮, 1940), 그 간행의 의의에 대해서는 불교의 주술화, 기복화, 여성화 등으로 매우 낮게 평가하였다. 예를 들어 에다 토시오江田俊雄는 "당시 불교와 불교도가 철학을 잃어버리고, 교학을 멀리하고 민간신앙화하여, 통속·저열한 보급을 사회 하층에, 가정의 내방에, 나아가 불교 쇠망의 자괴작용을 행하였다."고 평가하였다(江田俊雄, 1977, 354쪽). 그러나 조선 정부의 불교 탄압과 억압 속에서도 이러한 기복적·서민적 불서들이 지속적으로 간행되었다는 점은 불교가 대중 속에 뿌리를 깊이 내렸다는 것을 의미한다(홍윤식, 1986, 451쪽). 비록 교학적인 성취는 부족하였다고 하더라도 이러한 불서간행의 역사적 배경이나, 이를 지원한 사람들의 사회적 성격에 대해서는 정확한 검토가 필요하다.

어떤 불서든지 그것이 간행될 때에는 우연히 선택되지 않으며, 개판開板되던 당시의 신앙 형태나 사상, 사회적 배경 등을 직접적으로 알려 준다. 즉 간행된 불서의 종류와 간행 횟수 등을 검토하면, 불서간행의 일반적인 추세를 확인할 수 있고, 이를 통해 당대의 사상 흐름과 신앙 경향, 사회적·종교적 요구 등을 추측해 볼 수 있다. 불서의 내용은 당시의 신앙 성격을 보여 주며, 또 경판의 제작에 상당한 경비가 소요되기 때문에 사찰의 경제적 상태, 후원자 등도 알려 준다.

이 글의 서술 내용과 순서는 다음과 같다. 우선 2장에서는 조선 후기 다라니경·진언집의 간행 형식, 간행 주체 등을 분석하였다. 이를 통해 이러한 불서의 빈번한 간행이 16세기 이래 불교의식의 밀교화·주술화와 밀접히 관련되어 있다는 사실을 알 수 있었다. 이어 3장에서는 불교의식집의 간행 경향을 분석하고, 이러한 불교의식의 실제 설행設行 상황을 승려 문집의 재소문齋疏文을 통해 추적해 보았다. 그 결과 16~17세기에 수륙재水陸齋 관련 의식집이 집중적으로 간행되었고, 실제로도 당시에 수륙재가 매우 빈번히 설행되었음을 확인할 수 있었다. 조선의 16~17세기는 자연재해가 집중된 '소빙기' 였다는 점에서(李泰鎭, 1996), 다라니경·진언집, 불교의식집 등의 간행과 수륙재의 설행은 그와 무관하지 않았다.

이 글에서 사용하는 '조선 후기'는 17세기 이후를 뜻한다. 그런데 진언집과 불교의식집의 유행은 이미 16세기부터 나타나는 현상이다. 조선 후기 불서간행의 추이를 제대로 이해하고자 이 글에서는 그러한 경향성이 배태된 16세기 자료들도 비중 있게 다루려고 한다.

2. 다라니경·진언집의 내용과 간행 주체

1) 다라니경 · 진언집의 간행 형식과 내용

진언眞言이란 중생의 언어가 아닌 부처의 참된 경지를 나타내는 말이다. 범어梵語로는 '만트라(mantra)'라고 하는데, '찬가' 또는 '비밀스런 말(密言)'이란 뜻으로 번역하여 진언眞言, 축문呪文, 주呪, 신주神呪, 밀주密呪, 명주明呪라고 한다. 만트라와 비슷한 말로 '다라니'가 있는데 '총지摠持'로 번역된다. 총지라는 말은 '다 지닌다'는 뜻이니, 짧은 다라니를 통해 경전의 말씀을 길이 잊지 않는 큰 지혜를 성취한다는 의미다. 범문梵文이 짧은 것을 진언 또는 주呪라 하고 긴 것을 다라니 또는 대주大呪라고 구분하기도 하지만, 대체로 진언과 다라니는 동일한 뜻으로 사용되었다.

진언 다라니는 불교 이전부터 인도에서 사용되었는데 불교 진언 가운데 흔히 나오는 '스바하'도 리그베다에서 처음 사용되었으며 '옴'이라는 말도 브라흐마나, 우파니샤드에서 진언으로 사용되었다. 소승불교에서도 《아함경阿含經》에서 수행과 관련하여 진언이 일부 쓰였으나, 본격적으로 진언이 사용된 것은 대승불교에 와서이다.

특히 밀교에서는 몸〔身〕·말〔口〕·마음〔意〕의 삼밀三密을 밀교수행의 요체로 삼아 독특한 수행체계를 세웠는데 이때 구밀口密에 해당하는 것이 진언이다. 인간은 몸과 말과 마음으로 짓는 세 가지 업을 정화함으로써 윤회로부터 해탈할 수 있다. 즉, 몸으로 행하는 행위, 마음으로 생각하는 것, 말하는 언어 등이 불타의 진경을 표현하게 되면 성불하게 된다. 이것이 밀교의 삼밀수행법三密修行法이다. 이때 삼밀 가운데 진언 다라니를 송誦하는 것이 중심이 된다. 진언 다라니를 입으로 송하여 마음에 삼매가 얻어지면 여래의 무상지를 얻고 즉신성불卽身成佛이 이루어진다.

한편 소리에는 파장이 있다. 그 가운데 진언 다라니는 다른 소리와 달리 파장이 일정하여 사람의 의식을 집중시키는 힘이 있다. 불경 범어를 한문으로 번역할 때 번역하지 않은 경우가 몇 가지 있었는데 진언 다라니도 그 가운데 하나였다. 그것을 해석하여 번역할 수도 있었겠지만 그 진언 다라니 '내면의 소리'까지 옮겨 오기는 어렵기 때문이었다. 또한 진언은 개념을 떠난 말로 개념을 없애는 방편이 된다. 이런 이유로 진언은 번역하지 않는 것을 원칙으로 하였다(坂內龍雄, 1981).

삼국시대 이래 신주와 밀교의 수용 과정에서(김영태, 1986; 고익진, 1986), 진언 다라니가 우리 사회에 활발히 소개되었다. 특히 고려시대는 그 정점이었다. 수기守其가 찬술한 《대장목록大藏目錄》을 보면, 《대비로자나경大毘盧遮那經》 7권, 《금강정경金剛頂經》 3권, 《무능승대명심다라니경無能勝大明心陀羅尼經》 1권 등 순수 밀교관계 경전이 191종 356권이나 실려 있으며, 이 가운데 다라니경류가 168종 256권으로 가장 많다. 한편 《대일경약섭염송수행법大日經略攝念誦隨行法》 1권, 《금강정유가호마의金剛頂瑜伽護摩儀》 1권, 《불정존승다라니염송의궤佛頂尊勝陀羅尼念誦儀軌》 1권을 비롯한 밀교의궤의 작법에 관한 것도 20종 21권이나 입장入藏되었다(서윤길, 1997, 279쪽).

한편 조선시대에도 다라니경 간행은 매우 활발히 이루어졌다. 그러나 조선시대의 다라니경 간행은 앞 시대의 교학적인 융성과는 다른 성격을 지닌다. 즉 조선시대의 밀교는 밀교 교의에 의거한 삼밀三密수행법으로서 밀교의密敎儀를 발전시키지 못하고, 오직 잡밀雜密로서 방편으로 진언이 지니는 주력呪力을 현교의顯敎儀에 삽입시켜, 진언 다라니의 주술적 측면만이 서민들 속으로 파고들어간 대중적 형태를 취하고 있다(홍윤식, 1975, 123쪽).

조선시대에 간행된 다라니경과 진언집 등은 대부분이 일반 독송용讀誦用이고, 일부 진언집류 속에 수법차제용修法次第用으로 볼 수 있는 것이 조금 있을 뿐이다. 전자는 일반인들이 독송을 통해 공덕을 얻기 위한 목적에 중점을 둔 것이고, 후자는 전문 수행자들의 수행에 중점을 둔 것이다. 수법修法에서는 진언뿐만이 아니라 결인結印이나 관법觀法이 반드시 병행되었다. 조선에서 후자가 많이 간행되지 않았다는 것은 순수 밀교적인 수법이 조선시대에는 미약해졌음을 의미한다. 따라서 조선시대에 진언 다라니가 유행하였다고 해도, 이는 엄밀한 의미에서 밀교적 수행과는 거리가 멀다고 할 수 있다.

조선시대에는 단지 진언 자체가 어떤 신비적인 힘의 원천으로 이해되었고 그것은 진언 다라니가 세간적世間的 실지悉地의 목적에서 널리 신앙되었다고 말할 수 있다(서윤길, 1983, 121쪽). 이러한 점에서 이기영이 "조선조에 와서는 특히 진언집이 크게 유통된 점 등으로 미루어 밀교적 불교신앙이 성행한 것을 부정할 수는 없으나 한국에서는 그것이 순수한 밀교라기보다는 주술로서 통용되어 온 경향이 농후하다."고 한 평가는 적확하다 하겠다(이기영, 1982, 11쪽).

한편 간행 형식에서도 조선시대의 다라니경은 고려시대의 그것과 큰 차이가 있다. 조선시대에는 단일 다라니경으로 간행된 다라니경류와 각종의 진언 다라니들을 모아 한 책으로 만들어 놓은 진언집류가 있다. 그러나 실제로는 다라니경류의 간행 형식 역시 진언집류와 큰 차이가 없다. 책의 제목에는 《천수다라니경千手陀羅尼經》, 《불정심다라니경佛頂心陀羅尼經》, 《수구다라니경隨求陀羅尼經》, 《관세음보살육자대명왕다라니경觀世音菩薩六字大明王陀羅尼經》, 《지심다라니경地心陀羅尼經》 등으로 단일 다라니경처럼 되어 있지만, 내용을 들여다보면 한 책에 두세 가지 다라니경들이 합본되어 있는 경우가 대부분이다. 따라서 엄밀하게 단일 다라니경으로 분류하기가 힘든 형편이다. 그런데 고려시대에는 다라니경마다 따로 간행되었으며, 진언집의 형식은 없다.

이처럼 몇 가지 다라니경을 합본하여 간행하는 것이 조선시대 다라니경 간행의 중요한 특징 가운데 하나이다. 이것은 당시 몇 가지 다라니경을 한데 묶어도 책의 체재에 모순이 없다고 여겼기 때문이다. 이러한 점에서 본다면 각종 진언을 한데 모아 놓은 진언집류가 조선 후기에 많이 간행된 것도 자연스러운 현상이라 할 수 있다.

그런데 조선시대에 간행되었던 다라니경은 종류 면에서 매우 한정되어 있다. 이는 당시의 다라니경 간행이 밀교 교학의 심화로 나타난 결과가 아니라는 것을 뜻한다. 조선시대에는 가장 대중적이고 신앙 면에서 영험이 있다고 공인된 몇 가지 다라니경이 반복적으로 양산되었다. 더욱이 어떤 경전이 선택되면 다라니경 전체를 정식으로 간행하기보다는 그 속에서 다라니만을 발췌하여 간행하는 것이 일반적이었다.

결국 조선시대에는 매우 한정된 종류의 다라니경만이 선택되어 판각되었고, 판각된 것을 가지고 책으로 묶을 때에도 비슷한 종류 몇 가지를 합본하여 간행하는 것이 가장 일반적인 형태였다. 억불정책 아래서 사찰이 경제적으로 풍요롭지 않았기 때문에, 간행 과정에서 경제성과 효과를 극대화할 수 있는 방안을 찾게 되었고, 그러한 모색의 결과가 이러한 간행 형태로 나타난 것이라 생각된다. 그러나 이 같은 간행상의 특징으로 말미암아 당시의 불교신앙과 그 경향성을 추출하는 것은 비교적 쉽다.

이하에서는 조선시대에 가장 많이 간행된 다라니경인 《천수경千手經》, 《수구다라니경》, 《관세음보살육자대명왕다라니신주경觀世音菩薩六字大明王陀羅尼神呪經》, 《불정심다라니경》 등 4종에 대해 그 간행 형식과 내용을 검토해 보려고 한다.

(1) 다라니경류의 간행 형식과 내용

조선시대에는 다라니경류 가운데서도 《천수경》이 비교적 많이 간행되었다. 《천수경》은 오늘날까지도 우리나라 사찰에서 가장 많이 독송되는 불교신앙의 기본 경전으로서, 고려 중기부터 유통되기 시작하여 조선시대에 크게 신앙되었기 때문에 가장 많은 판본을 남기고 있다. 또한 각 진언 위에 수인手印을 넣거나 관세음보살의 갖가지 모습을 그린 《화천수畵千手》도 함께 유행하였다. 《천수경》은 책의 체제에 따라 크게 다음 세 가지로 분류해 볼 수 있다.

첫째는 《불설천수천안관세음보살광대원만무애대비심다라니경佛說千手千眼觀世音菩薩廣大圓滿無碍大悲心陀羅尼經》의 〈신묘장구대비심다라니神妙章句大悲心陀羅尼〉를 중심으로 해서 몇 종의 진언이 앞뒤로 더 첨가되거나, 〈신묘장구대비심다라니〉의 영험을 강조한 〈관세음보살영험약초觀世音菩薩靈驗略抄〉가 첨가되는 경우이다.

둘째는 관세음보살을 주인공으로 하는 경전인 《불설칠구지불모준제대명다라니경佛說七俱胝佛母准提大明陀羅尼經》, 《불정심다라니경》 등 다른 경전들과 합본되어 있는 경우이다.

셋째는 이른바 《화천수》라는 것으로 〈신묘장구대비심다라니〉를 여러 구절로 나누어 각 구절마다 그 내용에 해당하는 그림을 부기하거나 〈관세음보살사십이수진언觀世音菩薩四十二手眞言〉을 수인도手印圖와 함께 싣는 경우이다.

《천수경》의 가장 중심 부분은 〈신묘장구대비심다라니〉이다. 〈신묘장구대비심다라니〉는 조선시대에 가장 많이 신앙되었던 5대 다라니 가운데 하나로서 《오대진언五大眞言》이라는 진언집에 포함되어 여러 차례 간행되기도 하였다. 그러나 관음신앙 우세의 분위기 속에서 위의 사례들처럼 단독으로 간행되었던 경우가 더 많았다. 조선 후기로 가면 〈신묘장구대비심다라니〉를 중심축으로 삼아 여기에 각종 진언들이 앞뒤로 첨가되면서 의례용의 면모를 갖추어 나가게 되는데, 이것이 현재까지 이어져 결국 현행 의례용 《천수경》의 체제로 다져지게 되었다.

다라니경 가운데 《천수경》 다음으로 주목되는 것은 《수구다라니경》이다. 서울대 규장각 소장 《수구다라니》는 《불설금강정유가최승비밀성불수구즉득신변가지성취다라니경佛說金剛頂瑜伽最勝秘密成佛隨求卽得神變加持成就陀羅尼經》 가운데 수구다라니와 개경게開經偈 등 각종 진언들을 수록해 놓은 책이다. 영조 5년(1729)에 묘향산 보현사普賢寺에서 간행된 판본은 다라니가 범자, 한글음역, 한자음역 순으로 되어 있고, 나머지 내용은 한문으로만 되어 있다. '수구다라니'라는 명칭의 의미는 이 다라니의 영험이 강력하여 이를 들으면 원하는 것이 모두 이루어진다는 뜻이다. 이 또한 조선시대에 가장 많이 신앙되었던 5대 다라니 가운데 하나로서, 《오대진언》에 포함되었다.

《관세음보살육자대명왕다라니신주경》도 조선시대에 널리 간행된 다라니경이다. '육자대명주六字大明呪(옴마니반메훔)'에 의지하여 이를 지송指誦하고 선정禪定을 닦음으로써 복덕을 얻고 궁극적으로 해탈에 이른다는 내용의 경전이다. 순종 2년(1908) 서빈정사西賓精舍에서 개간하여 감로사甘露社에 보관하였던 판본의 권말에 있는 장윤원張潤元의 발문에 따르면, 이보다 앞서 1560년에 관서關西 평원부平原府 사람인 한천손韓千孫, 김억근金億斤, 배만돌裵萬乭 등 세 사람이 간행하고 김은정金殷鼎이란 사람이 발跋을 쓴 초간본이 있었는데, 이때에 와서 그 판을 찾을 길이 없고 책 몇 장만이 전하기에 박선묵朴銑默이 《성관자재구수육자선정聖觀自在求修六字禪定》을 증집하여 《관세음보살육자대명왕다라니신주경》을 간행하게 되었다고 하였다. 발문에서 말한 명종 15년(1560) 판본은 언해본으로서 현재 국립중앙박물관에 소장되어 있다.

한편 서울대 규장각 소장 《불정심다라니경》(고1730-12)은 관세음보살을 주인공으로 해서 설한 2종의 다라니경인 《불정심다라니경》과 《불설고왕관세음경佛說高王觀世音經》을 묶어 하나로 만든 책이다. 인조 9년(1631)에 경상도 상주 봉불암奉佛庵에서 개판開板한 《불정심다라니경》은 순 한문본과 언해본 2종이 수록되어 있고, 《불설고왕관세음경》은 순 한문본만 수록되어 있다. 발문은 1630년에 옥정玉井이 쓴 것으로, 간행 사업에 성린性璘과 처사 윤복尹福 등이 참여하였다고 되어 있다. 규장각에 소장된 또 다른 《불정심다라니경(언해)》(가람고 294.333-B872g)도 동일 판본이지만, 책 뒤에 〈언본십육자모諺本十六字母〉, 〈범본오십자모실담장梵本五十字母悉曇章〉이라는 제목 아래 한글 자모字母의 용법에 대한 설명과 범자梵字의 발음법에 대한 설명이 부기된 차이가 있다.

조선시대에 간행된 위 4종의 다라니경의 검토에서 가장 눈에 띄는 것은 역시 관음신앙과 관련된 다라니경이 가장 많이 간행되었다는 점이다. 《천수경》은 물론이거니와 《불정심다라니경》 등이 모두 관음신앙을 내포하고 있다. 조선시대에 와서 불교신앙이 대중화하고 통속화함에 따라 현실의 어려움을 구제해 줄 수 있는 대상으로서 관음보살이 가장 많이 받들어졌을 것임은 당연하다 하겠고, 이러한 점을 지금까지 검토한 다라니경류의 간행 경향에서도 확인할 수 있었다.

(2) 진언집류의 간행 형식과 내용

진언집류는 편의상 다음 두 가지 계통으로 나누어 볼 수 있다. 첫 번째는 '오대진언류五大眞言類' 진언집 계통으로, 가장 영험이 있다고 믿어졌던 다라니 네 가지 또는 다섯 가지를 골라 한 책으로 묶어 간행한 경우이다. 두 번째는 '결수문류結手文類' 진언집 계통으로, 〈결수문結手文〉, 〈지반문志磐文〉, 〈자기문仔夔文〉, 〈점안문點眼文〉 등 특정 불교의식집 이름을 소제목으로 달고 그 소제목 아래 이들 의식집에서 뽑은 다라니들을 수록하고, 거기에 더하여 정본능엄주正本楞嚴呪, 관세음보살미묘본심육자대명진언觀世音菩薩微妙本心六字大明眞言, 불정존승다라니佛頂尊勝陀羅尼, 수구즉득다라니隨求卽得陀羅尼 등 각종 다라니경에서 발췌한 다라니 등을 수록한 경우이다. 전자보다는 후자의 간행 빈도가 높다. 아래에서 이 두 가지 계통별로 나누어 그 내용을 살펴보고자 한다.

《오대진언》이란 성종 16년(1485)에 인수대비의 명으로 간행된 것으로, 조선시대에 가장 많이 신앙되고 독송되었던 다라니 다섯 종류를 한데 묶어 한 책으로 만든 것이다. 다라니 다섯 종류란 대비심다라니大悲心陀羅尼(神妙章句陀羅尼), 수구즉득다라니, 대불정다라니大佛頂陀羅尼, 불정존승다라니, 관세음보살사십이수진언觀世音菩薩四十二手眞言을 말하는데, 이 다섯 종류의 진언을 범자, 한글음역, 한자음역의 순서로 병기하여 진언을 독송하는 데 편리하도록 하였다. 이런 표기 방식은 조선시대에 들어 이 책에서 최초로 시작되었다. 더욱이 〈관세음보살사십이수진언〉은 각 진언마다 상단에 수인도까지 수록하였다. 권말에는 한문으로 된 《영험약초靈驗略抄》가 첨부되어 있다. 《영험약초》는 위의 다섯 가지 진언이 각각 어떤 영험을 가지는가에 대하여 실제 사례를 들어가며 설명한 것이다.

한편 이러한 초간본 이후 후대에 간행된 《오대진언》에는 한두 가지 변화가 감지된다. 이를 정리하면 다음과 같다.

첫째로 〈관세음보살사십이수진언〉은 분량이 많고 수인도가 들어가는 번거로움 때문에 수록되지 않거나, 〈근본다라니根本陀羅尼〉 등으로 대체되었다. 〈관세음보살사십이수진언〉은 조선 후기 별도로 수인도와 함께 《화천수》라는 제목으로 단독 간행되는 추세였다.

둘째로 다라니 표기 방식이 변하였다. 원래 처음 《오대진언》을 간행할 때는 정확하고 쉬운 독송을 위하여 범자, 한글음역, 한자음역을 병기하였지만, 후대로 갈수록 이러한 원칙은 잘 지켜지지 않았고 아예 손쉬운 방법으로 한글음역만 표기하는 방식으로 바뀌게 된다.

이제 진언집류 가운데 두 번째 계통에 해당하는 이른바 '결수문류' 진언집을 살펴보자. 예를 들어 규장각에 소장된 《진언집》(고1730-59)은 선조 2년(1569) 전라도 무방산無芳山 안심사安心寺에서 중간重刊된 것이다. 본문의 내용을 보면, 불정심다라니, 홍무운자모지도洪武韻字母之圖, 언본십육자모諺本十六字母, 범본오십자모실담장梵本五十字母悉曇章, 수구다라니를 권두에 싣고, 이어서 〈결수문〉, 〈지반문〉,

〈자기문〉, 〈점안문〉의 진언 다라니를 차례로 실은 다음 정본릉엄주, 불정심관세음보살모다라니佛頂心觀世音菩薩姥陀羅尼, 불정존승다라니, 약왕보살다라니藥王菩薩陀羅尼, 용시보살다라니勇施菩薩陀羅尼, 제경진언諸經眞言 등을 차례로 수록하고 있다. 이 내용이 결수문류 진언집의 가장 원형적인 체재라고 할 수 있으며, 이후 간행된 판본들은 모두 이 체재를 그대로 답습하고 있다.

이 가운데 특기할 것은 규장각에 소장된 《진언집》(규3143)으로 대규모 판각 사업의 일단을 볼 수 있어 흥미롭다. 이 책은 총 121판을 판각하는 대사업이어서 시주자의 명단만 세 판에 이를 정도로 많은 사람이 참가하였다. 더욱이 대시주로서 6명의 상궁尙宮 이름이 보이며, 승려와 몇 명의 신사信士 이름을 제외하고는 여성의 이름이 압도적으로 많다. 상궁이 대시주로 참여한 것으로 보아 왕실의 비빈妃嬪들과도 연결되었을 가능성이 있다. 시주자들이 발원한 내용이 모두 죽은 부모의 영가靈駕를 위한 것이므로 당시에는 진언이 조상의 천도薦度에도 영험이 있다고 믿었던 것을 확인할 수 있다. 설악산 신흥사와 금강산 건봉사도 시주자 명단에 들어 있으므로 간행 사업에 협력하였던 것 같다.

결수문류 진언집의 여러 판본들을 검토해 보면, 진언집에 수록된 진언의 종류와 내용에 조금 차이가 있을 뿐 체재는 거의 동일하며, 다만 다라니 표기 방식에서 다양성이 엿보인다. 범자·한글음역·한자음역을 병기한 판본이 있는가 하면, 한 책 안에 다라니의 종류에 따라 기록 방식이 다양한 판본도 있고, 또 순 한글이나 순 한문으로만 기록한 판본도 있다. 이러한 차이는 진언집을 읽는 독자층을 고려한 것이 분명하며, 애초 시주자의 참여 과정에서 진언의 표기 방식이 선택되었을 것으로 생각된다. 이와 관련하여 진언의 표기에 한글음역이 병기되거나, 순 한글로만 된 것들의 비중이 높다는 점에 주목할 필요가 있다. 이는 조선 중·후기의 진언집이 일반 서민을 대상으로 간행되었음을 잘 말해 주고 있다(홍윤식, 1986, 425쪽). 또 조선 후기의 다라니경판 가운데는 '부적'이 함께 판각되어 있는 것도 여럿 확인된다(동국대학교 불교문화연구소, 1974, 273쪽). 이런 부적은 신도의 기복적 사용물로서, 불교계가 대중의 요구에 응한 것이라 할 수 있다(남희숙, 2004, 27~31쪽).

지금까지 검토한 다라니경·진언집의 간행 형식 및 내용을 정리하면 다음과 같다. 첫째, 결수문류 진언집이 오대진언류보다 간행 빈도가 높다는 점에서 조선시대 진언집의 유행과 불교의식의 설행이 매우 밀접하게 연관되어 있었음을 짐작하게 해 준다. 둘째, 조선시대에 간행된 다라니경·진언집은 전문 수행자들의 수법용修法用보다 일반인들의 독송을 위한 것이 대부분을 차지하고 있다. 셋째, 독송이 필요한 진언 다라니 부분이 범자, 한자, 한글로 병기되어 있다. 범어 표기는 진언 본래의 신비성을 나타내기 위한 것이었다고 생각되며, 한글 병기는 누구나 쉽게 이를 독송할 수 있도록 한 데 목적이 있다고 여겨진다.

이러한 점에서 조선시대 다라니경·진언집의 간행이 지니는 의미는 밀교진언의 신비성을 통해 대중화·서민화를 실현하고자 한 데 중요한 목적이 있었음을 알 수 있다. 이와 관련하여 다라니경과 진언집이 대부분 영험집을 부기하고 있음이 주목된다. 이는 진언밀교의 영험을 대중적으로 널리 알리기 위한 간행 형식이라고 할 수 있다. 각 진언집의 서문과 발문 등에서도 진언의 수지受持 독송의 공덕을 높이 평가하고 있다는 점에서, 간행 목적을 분명히 확인할 수 있다. 이처럼 조선시대 다라니경·진언집의 간행 형식과 내용은 16세기 이후 조선의 불교가 기층화·서민화하였음을 그 무엇보다도 분명하게 보여 주고 있다.

2) 다라니경 · 진언집의 간행 주체

다라니경·진언집은 16세기에 급격히 증가하여 이후 18세기까지 꾸준히 간행되었다. 더욱이 숙종~정조대에 전체의 40퍼센트가 집중되어 있을 정도로 조선 후기까지도 유행이 지속되었다. 더욱이 조선 초기에는 왕실이 간행 주체였지만, 16세기 이후에는 전국에 걸쳐 일반 사찰이 간행 주체로 등장할 정도로, 다라니경·진언집이 널리 유통되었다. 특히 경상도, 전라도 등이 간행 빈도가 높은데, 이는 이 지역이 다른 지역에 견주어 사찰 수가 많고, 그로 말미암아 불교신자 수가 우세한 지역이었던 점이 작용하였던 것으로 추정된다.

한편 2종 이상을 간행한 사찰로는 경기도의 봉은사·보광사, 충청도의 가야사·쌍계사, 평안도의 보현사, 경상도의 범어사·신흥사·철암, 전라도의 안심사 등이다. 이 가운데 봉은사, 보광사, 보현사, 안심사는 왕실의 원당願堂이다. 3본이나 간행한 범어사는 현존 자료로 볼 때 갑계甲契를 비롯해 각종의 사찰계가 가장 왕성하게 조직되었고 누룩의 제조, 판매 등 각종 산업 활동에 종사하여 사세를 키웠던 사찰이라는 점이(呂恩暻, 1987, 154~155쪽) 이러한 간행 빈도와 관련이 있다고 생각된다. 즉 간행 빈도가 높은 사찰은 왕실의 지원을 받는 사찰이거나, 사찰계와 같은 시주자 집단이 우세한, 경제적으로 안정된 사찰 등이었던 것으로 이해된다. 이러한 사찰들이 다라니경·진언집의 간행과 유포 등에 중심 역할을 수행하였을 것으로 예상된다.

그러나 다라니경·진언집이 전국의 모든 지역에서 간행되었고, 일반 사찰의 비중이 왕실의 원당보다 높다는 점에서, 다라니경·진언집의 간행이 당시에 상당히 보편화되어 있었음도 충분히 짐작할 수 있다. 이는 조선시대에 간행된 다라니경·진언집이 기층적·서민적·대중적 성향을 지니고 있었음을 암시한다. 이 점은 간행에 참여한 인물들에서도 확인된다.

고려시대와 달리, 조선시대의 불서간행에서는 일반 서민이 대규모로 시주자 명단에 등장하고 있다. 예를 들어 효령대군과 안평대군이 1448년에 간행한 《묘법연화경妙法蓮華經》과 1500년 상궁김씨尙宮金氏가 발원한 《묘법연화경》에는 많은 일반 서민이 시주자로 참여하고 있음을 확인할 수 있다.

즉 1448년 간행 법화경에는 안평대군의 수서手書 3매, 양이손梁伊孫의 발문 1매에 이어 간기가 1매 더 첨가되어 있다. 발원자는 왕실인으로서는 효령대군·안평대군·영흥대군·서원군·낙안군·영천군, 그리고 유수 안석덕安碩德을 비롯한 대신과 소월헌, 정암定菴 등 15명이 기록되어 있고, 이어 각수刻手, 목수木手, 노야장爐冶匠, 화주化主 등 각 소임자들의 명단과 '대시주'라 하여 일반인들로 이루어진 시주자 50여 명의 명단이 기록되어 있다. 이처럼 조선시대에는 초기부터 시주질施主秩에 일반 서민이 100명 이상 기록된 예가 많이 확인된다.

그러나 같은 조선시대라도 16세기를 경계로 하여 큰 변화가 포착된다. 16세기 이전에는 왕족이나 실직實職을 가진 품관사족品官士族이 불서 간기의 시주질 첫머리에서 확인되지만, 16세기 이후에는 이러한 인물들이 잘 보이지 않는다. 《경국대전經國大典》 체재가 완성되고 《주자가례朱子家禮》가 보급되면서 불교신앙은 지배층에 대한 영향력을 점차 잃어 갔다. 16세기 사림파에 의해 성리학이 심화되고 향약 보급 운동이 시작되는 시점에서 불교는 지배층으로부터 거의 소외당하였다(채상식, 1998, 90쪽). 다라니경·진언집의 시주질에서도 이러한 경향이 확인된다.

예를 들어 명종 5년(1550) 경상도 철암 간행의 《영험약초》의 시주질에 승려 5명과 40여 명의 일반인 시주자 명단이 기록되어 있는데, 품관사족은 한 명도 찾아볼 수 없다. 한편 인조 9년(1631) 간행의

《불정심다라니경》에는 시주자로서 황씨黃氏, 첨지僉知 이경남李景南 등이 서두에 기록되어 있고, 그 아래에 일반인 시주자 18명이 확인된다. 황씨는 양반가의 여성으로 추정되지만,[1] 이경남이 관칭官稱한 '첨지'는 납속納粟에 따라서 취득한 가설직加設職일 가능성도 배제할 수 없다.

더욱이 17세기 말 이후 시주질은 인명표기가 정연하지 못하고, 무질서하며, 시주자들 사이에 계층성도 확인되지 않는다. 숙종 20년(1694) 간행 《진언집》과 영조 5년(1729) 간행 《수구다라니》의 시주질에서 이러한 형식이 포착된다. 더욱이 숙종 20년(1694) 간행 《진언집》에서는 '납속품관納粟品官'을 일컫는 일반 시주자들이 확인된다는 점에서 눈길을 끈다. 이 책에는 승려 200여 명과 일반 시주자 50여 명이 참여한 것으로 기록되어 있는데, 이 속에서 '가선대부嘉善大夫 김돌립金乭立 양주兩主'를 비롯해, 절충折衝 4명, 통정通政 1명이 확인된다. 이들은 시주질의 서두에 기록되어 있지 않으며, 다른 시주자와 함께 뒤섞여 있고, 이름이 이두식으로 표기되었다는 점에서 납속품관으로 추정된다.

한편 간기는 없지만, 언해로 볼 때 17세기 후반에 간행된 것으로 추정되는 규장각 소장의 《결수문》(고1730-34)에는 이 진언집을 사용한 자가 책의 뒷장에 어느 사찰계의 계전契錢과 그 운영 내역을 기록한 〈각원계전방용기各員契錢房用記〉가 기록되어 있어 눈길을 끈다. 그 내용은 다음과 같다.

---

1) 호적에서 부녀자의 호칭은 씨氏, 소사召史, 성姓, 조시助是 등으로 표기되어 있다. 이들 호칭은 신분의 존비를 나타냈으며, 생부生父의 신분에 준하였다. 생부의 신분이 양반일 경우 씨를 호칭하고, 소사·성은 생부의 신분이 주로 중인中人, 상민常民이거나 서출녀庶出女 또는 양첩良妾의 호칭이었고, 조시는 상민常民 및 천역녀賤役女의 호칭으로 추정된다(이준구, 1982, 179~184쪽).

各員契錢房用記

戔(=錢)三十二兩五戔大庵拵運師主報給

戔二十兩李生員計布邊報給

戔十一兩石荷師主許報給

戔十兩五戔大庵柱主繩許報給

戔七十二兩情逸大師許報給

戔二十四兩八戔柱技尊許報給 契戔二十二兩

戔十二兩銖大師許報給 基庵和尚契戔十二兩

사찰계란 불교신앙을 바탕으로 수행과 신앙심을 증진시키거나 사찰 재산, 전각 또는 의식용품 등을 마련하고자 결성한 모든 조직체를 아울러 일컫는다(韓相吉, 2000). 그런데 위의 자료처럼 사찰계의 계전 운영에 관한 당대當代의 사료는 현재까지 학계에 소개된 적이 없는 드문 자료라고 생각된다.

위 자료에 따르면 계원契員으로 '대암大庵', '기암基庵' 소속의 승려들이 기록되어 있는데, 이 사찰계가 중심 사찰과 그에 부속된 암자 등의 여러 승려들이 참여한 계였음을 알려 준다. 또 계원으로 승려뿐만 아니라 '이생원李生員'이라는 일반 신도도 보여, 유자儒者들도 일부 포함되어 있는 등 사찰과 지역의 승속僧俗이 망라된 사찰계로 추정된다. 이 〈각원계전방용기〉는 비록 낙서落書지만, 고문서의 가치가 높은 중요한 자료라고 생각된다.

《결수문》에 낙서되어 있는 사찰계의 계전契錢에 관한 〈각원계전방용기〉는 이 진언집을 사용하였던 사람들의 성격을 알려 주며, 다라니경·진언집의 간행 주체를 검토하는 데 17세기 후반 이후 활성화한 사찰계에 주목할 필요가 있음을 알려 준다(남희숙, 2004, 32~48쪽).

16~18세기 사이에 줄곧 다라니경·진언집이 활발하게 간행될 수

있었던 것은 불교가 기층화·서민화하고 있었던 상황을 단적으로 보여 준다. 이처럼 일반 서민 시주자 집단과 불교계가 조선 중·후기 내내 안정적으로 결합할 수 있었던 것은 무엇 때문이었을까?

앞서 다라니경·진언집의 간행 형식과 내용, 간행 주체를 검토하는 가운데, 다라니경·진언집이 불교의식집의 간행과 일정한 연관이 있었다는 점을 확인할 수 있었다. 특히 조선시대에 간행된 다라니경·진언집 가운데 큰 비중을 차지하는 '결수문류' 진언집은 불교의식에 사용되는 진언 다라니를 발췌하여 모아 놓은 것이라는 점에서, 불교의식의 성행과 진언 다라니의 유행이 서로 연관되어 있었음을 분명히 보여 주고 있다. 이제부터는 이를 실마리로 하여 조선 중·후기에 간행된 불교의식집을 구체적으로 분석하고, 조선 불교계가 기층화, 서민화할 수 있었던 원인을 밝혀 보려고 한다.

3. 불교의식집의 간행과 불교 대중화

1) 불교의식집의 간행 추이와 재소문齋疏文

불교의식집은 크게 다음 두 가지로 나누어 볼 수 있다. 하나는 재가신자들이 참여하는 재齋의식이나 각종 법회의 의식 절차를 설명한 것이다. 다른 하나는 승려들이 자신들의 승가생활에서 일상적으로 행해지는 각종 수행의식에 사용하기 위해 간행한 것이다. 이 가운데 전자의 불교의식집이 훨씬 많이 간행되었다. 재가신자들은 현세복덕現世福德이나 망자亡者의 영혼천도 등을 위해 사찰에서 설행되는 각종 의식에 주체적으로 참여하여 그들의 목적을 이루려고 한다. 그러한 의식들에는 그에 따른 내용과 절차가 있게 마련이고 따라서 의식에서 사용하기 위하여 각종 의식집들을 간행하게 된다.

그런데 재가신자가 참여하는 의식에 쓰이는 불교의식집 가운데서도 '수륙재' 관련 의식집의 종류가 가장 다양하며, 간행 횟수에서도 다른 의식집들을 압도한다. 수륙재 관련 의식집으로서 가장 대표적인 것은 《수륙무차평등재의촬요水陸無遮平等齋儀撮要》와 《천지명양수륙재의찬요天地冥陽水陸齋儀纂要》이다. 이 두 책은 조선시대에 가장 많이 간행된 의식집이다.

《수륙무차평등재의촬요》는 복잡한 수륙재 의식 절차를 간추려 요약·정리함으로써 간결성을 기하였다. 이러한 간결함이 바로 가장 많이 선호되어 빈번하게 간행되었던 이유로 생각된다. 《천지명양수륙재의찬요》 또한 여러 가지 수륙재 의식문들 가운데서 중요한 것만을 간추려 54편으로 나누어 정리한 것으로 1책(65장張)으로 되어 있다.

《수륙무차평등재의촬요》와 《천지명양수륙재의찬요》는 각각 별도로 간행되기도 하였지만 많은 경우 같은 사찰에서 함께 간행되었다. 이는 비슷한 내용의 두 책을 함께 간행함으로써 서로 비교하여 빠지고 더한 부분을 가려 참고하기 위한 것이었음을 말해 주는 것으로, 사찰에서 수륙재 의식을 설행함에 신중을 기울였음을 보여 준다고 하겠다.

수륙재에 관한 의식집은 67종이나 될 정도로 다양했으나, 이 가운데서 조선시대에 특히 선호되었던 것은 약 5종에 지나지 않았다. 《천지명양수륙재의범음산보집天地冥陽水陸齋儀梵音刪補集》의 서문에 관련 내용이 잘 드러나 있다. 그 서문 내용을 보면, 기존에 가장 많이 선호되었던 수륙재 의식집인 소례문小禮文, 대례문大禮文, 예수문預修文, 지반문, 자기문 등 5종의 범음집梵音集 가운데서 빼고 보태고 하여 체계를 잡았다고 말하고 있다.

예를 들어 《자기문절차조례仔夔文節次條例》와 《자기산보문仔夔刪補文》은 이러한 5종의 범음집 가운데 하나인 자기문을 재편집한 것이고, 《법계성범수륙승회수재의궤法界聖凡水陸勝會修齋儀軌》는 지반문을 재편집한 것이다. 《법계성범수륙승회수재의궤》는 중국의 지반志磐이 찬한 수륙재에 관한 의식집이다. 《천지명양수륙잡문天地冥陽水陸雜文》은 수륙재의 내용과 의식절차, 그리고 의식에 사용되는 각종 방문榜文, 소문疏文, 첩문牒文, 윤단도輪壇圖 등을 수록한 것이다.

위에서 서술한 책들은 모두 수륙재라는 단일 의식에 대한 의식집들로서 주로 16세기와 17세기에 활발히 간행되었고, 18세기 이후에는 거의 간행 사례를 찾아볼 수 없다. 그런데 앞서 짧게 서문을 소개했던 《천지명양수륙재의범음산보집》은 18세기에 편찬되어 눈길을 끈다. 내용을 보면 권두卷頭에 수륙재를 행할 때 설치하는 각 단壇의 배설도排設圖·위의도威儀圖라고 할 수 있는 지반삼주야십칠단배설지도志磐三晝夜十七壇排設之圖, 예수이주야십단배설지도豫修二晝夜十壇排設之圖, 상중하삼단시련위의지도上中下三壇侍輦威儀之圖, 상단봉송위의역회지도上壇奉送威儀逆回之圖, 중하단봉송위의순회지도中下壇奉送威儀順回之圖 등을 수록하고 이어서 각 세부의식의 작법절차 등 총 96편의 의식문이 수록되어 있다.

이 책에서는 이전의 수륙재 의식집과 다른 차별성도 발견된다. 즉 이전까지 의식집들이 주로 수륙재를 치르는 데 편리하도록 의식의 절차와 내용을 간략히 정리하는 것에 주안점을 두었다면, 《천지명양수륙재의범음산보집》은 '범음산보집'이라는 제목을 통해서도 알 수 있듯이 범음梵音의 고증에 노력을 기울이고 있다. 이는 범패梵唄를 전공한 승려인 지환智還이 이 책을 편찬하였기 때문일 수도 있지만, 18세기 이후 불교의식이 점차 예능화하고 있었던 시대적 추이와도 밀접한 관련이 있다고 생각된다. 이 점은 《작법귀감作法龜鑑》을 통해 다시 한 번 확인하여 보도록 하자.

범음의 교정을 중요시한 편찬 경향은《천지명양수륙재의범음산보집》이 간행되고 약 1세기 뒤에 편찬된《작법귀감》에서 더욱 강화된 모습을 보인다. 그뿐만 아니라《작법귀감》에서는 수륙재 외에도 점안식點眼式, 이운식移運式, 다비식茶毘式 등 여타 의식들에 대한 절차와 내용까지도 수록함으로써 종합 불교의식집의 면모를 띠게 된다.

《작법귀감》은 순조 26년(1826)에 초의草衣·추사秋史와의 선禪 논쟁으로 유명한 백파 긍선白坡亘璇(1767~1852)이 편찬하였다. 조선 후기 불교계에서 상당한 영향력을 가졌던 선승禪僧이 불교의식집을 편찬하게 된 동기가 무엇이었을까?《작법귀감》편찬 동기는 그가 직접 쓴 서문에서 잘 드러난다.

서문에서 주목되는 것은 "작법 절차에 관한 책들이 비록 많지만 서로 빠진 것이 있어 전모를 알 수 없다."는 구절이다. 이로 보면 기존의 책들이 불교 작법에 관한 전체 의식 내용을 모두 다 망라하지 못하고 각기 한정된 분야만을 다루고 있었을 뿐만 아니라, 또 각 책마다 의식의 내용과 절차도 서로 달라 어떤 것이 옳고 어떤 것이 그른지에 관해 제대로 판단하기 힘든 어려움이 있었음을 알 수 있다. 이는 16~17세기에 의식집이 체계화되어 있지 않았던 것과 관련된다. 따라서 모든 의식들을 망라하면서 규범이 될 만한 표준본이 절실히 필요하였고, 승려들의 처지에서는 당대의 거장에게 의뢰하여 목적을 달성하려고 한 것이다.

백파 긍선은 표준본을 만들고자 세 가지 점에 특히 주의를 기울인 것으로 보인다. 첫째, 모든 의식들을 망라하기 위해 여러 종류의 책들을 수집하여 종합본을 만들려고 하였다. 둘째, 수집한 책들을 대조하여 옳고 그름을 고증하고 빠진 것들을 보충하려고 하였다. 셋째, 범음을 정확하게 발음하기 위한 기준을 제시하려고 노력하였다.

이 가운데 세 번째 노력에 대해서는 서문에서도 간략히 언급되었지만 별도로 본문에 앞서 범례를 두어 한자漢字의 음률을 정확히 발음하도록 하는 표시에 대한 설명을 달았다. 범례의 내용을 보면, 각 글자의 네 모퉁이에 한자의 사성四聲을 '◦'표로 표시하는 부호를 붙임으로써 그 글자를 발음할 때 정확한 음률로 할 수 있도록 하였다.

예를 들면, 글자의 오른쪽 상단 모퉁이에 ◦표가 있으면 거성去聲인데 거성은 '청이원淸而遠'으로 발음해야 하며, 글자의 왼쪽 하단 모퉁이에 ◦표가 있으면 평성平聲인데 평성은 '애이안哀而安'으로 발음해야 한다는 식이다. 또 범자梵字에 대해서는 글자 왼쪽 중간에 '−' 또는 '=' 표시를 붙여 음률을 달리 하도록 하였다. 이것은 의식을 거행할 때 정확한 음률로 진언이나 게송을 발음함으로써 의식의 종교성과 신비성을 극대화하려는 목적과 연결되어 있다.

이 점은 앞서 살펴본 18세기에 간행된《천지명양수륙재의범음산보집》에서부터 확인되며, 의식문儀式文이 정비되기 시작하는 16세기부터 2세기 이상의 시간이 흐르는 동안에 불교 재공의식齋供儀式이 지니는 음악적·예능적 요소에 대해 더욱 주목하게 되었다는 것을 의미한다. 원래 불교 의례는 음악적 표현성을 가짐으로 말미암아 더욱 그 의의가 고조되며, 결국 이러한 의례의 성격은 불교의 대중화와 밀접히 결부되어 있다는 사실이 이미 선학先學의 연구에서 지적되었다(홍윤식, 1975, 471쪽).

불교의식집의 시주질에는 거의 대부분 승려들이 시주자로 기록되어 있다. 물론 일부에 속인俗人들의 명단도 확인되지만, 거의 대부분 승려들의 이름만 기록되어 있는 것이 일반적이다. 이는 불교의식집의 사용층이 거의 대부분 승려였기 때문이라고 생각된다. 그런데 의식집의 시주질은 앞서 검토한 다라니경·진언집의 시주질과 달리 구성이 매우 복잡하다. 의식집을 간행한 사찰의 승려를 기록한 명단인

'본사질本寺秩'과 함께, '산중종사질山中宗師秩', '타산질他山秩' 등 더 광범한 지역의 사찰과 승려들이 간행에 연계되어 있었다.

예를 들어 경종 4년(1724) 《자기문절차조례》의 시주질에 약 100명에 이르는 상당히 많은 사람들의 인명이 보이는데 모두 승려의 이름만 보이고 속인의 이름은 전혀 찾아볼 수 없다. 그리고 시주 명단의 기재 방식을 보면 '십두미시 가선삼응十斗米施 嘉善三應', '일관전시 통정승종一貫錢施 通政勝宗'처럼 먼저 시주한 돈〔錢〕이나 쌀〔米〕의 양을 적고 다음에 승려 이름을 적었다. 더욱이 '이십이두미시 안음영각사二十二斗米施 安陰靈覺寺'라는 구절에서 알 수 있듯이 인근의 사찰에서도 시주가 있었다.

또 고종 19년(1882)에 해인사에서 간행된 《다비문茶毘文》의 시주질에는 산중종사질山中宗師秩에 약 40명의 승려와 '지장계地藏契', '어회계魚會契' 등 사찰계 소속의 일반 신도 이름 등이 기록되어 있고, 타산질에는 주로 경상도 지역의 45개 사찰, 그리고 '칠성계七星契'처럼 사찰계 차원의 시주 등이 확인된다.[2] 이 《다비문》의 간행에는 해인사를 비롯한 경상도 전역의 사찰, 그리고 이 지역의 일부 사찰계가 참여하였다고 할 수 있다. 이러한 사례를 통해 불교의식집의 간행과 유통에 사찰 사이의 연계가 일정하게 작동하고 있었고, 일반 신도들도 사찰계 차원의 후원을 통해 참여하고 있었음을 짐작할 수 있다.

현재 확인 가능한 조선시대 의식집 판본들을 간행된 시기별로 조사하면 15세기에 11본, 16세기에 46본, 17세기에 60본, 18세기에 17본, 19세기에 6본으로 나타난다. 16~17세기에 불교의식집 간행이 집중되었음을 알 수 있다. 이러한 통계치는 16~17세기보다 후대인 18

2) 이 사찰계들은 종래의 사찰계 연구에서 언급되지 않은 새로운 자료들이다.

세기가 17본인 점으로 보아, 자료의 인멸과 누락 때문이 아님을 알 수 있다(남희숙, 2004, 51~93쪽).

16~17세기에 이처럼 많은 의식집이 간행되었던 이유는 무엇일까? 우선 일차적으로 이 시기가 임진왜란, 병자호란 등 전란의 시대였음을 상기할 필요가 있다. 그러나 이 이유만으로는 전란이 일어나기 전인 16세기 초기부터 의식집의 간행이 활발하게 이루어진 것을 설명할 수 없다. 그렇다면 16~17세기에 걸쳐 지속적으로 불교의식집이 간행된 이유는 도대체 무엇 때문일까?

그런데 16~17세기 사이에 간행된 의식집은 대부분 수륙재의 설행방법을 담고 있는 천도재薦度齋 관련 내용들이었다. 이러한 의식집의 빈번한 간행은 당시 현실에서 수륙재 의식이 빈번히 설행되었던 것을 반영하는 현상일까? 이제부터는 이를 직접적으로 확인하기 위해 불교의식에 실제 사용되었던 조선 후기 승려문집에 실려 있는 재소문齋疏文을 통해 당시에 어떤 불교의식이 설행되었는지, 그 설행의 정도는 어떠하였는지 등을 검토해 보자.

조선 후기의 승려문집은 현존하는 것만 보더라도 청허 휴정淸虛休靜의 문집이 간행된 이후 대한제국기 이전까지 약 66종에 이르는 것으로 파악된다(정병삼, 1998, 137~142쪽). 이들 문집은 대체로 비슷한 형식으로 이루어져 있다. 먼저 시편詩編과 문편文編으로 나뉘어져 있고 문편은 다시 서書, 서序, 발跋, 기記, 소疏, 문文 등으로 구분된다.

문편의 내용 가운데서는 무엇보다도 '소疏'가 이 글의 분석 대상인 불교의식의 내용이나 의식에서 기원하는 바를 구체적으로 알 수 있는 가장 적합한 자료라고 할 수 있다. 각 승려문집들에 수록되어 있는 소의 내용은 분석하면 실제로 어떤 의식이 설행되었는지를 알 수 있다.

문집들에 수록된 각종 소들은 거의 대부분 부모나 스승 등 기원자祈願者와 관련된 영가의 천도와 현생에서 기원자의 복덕福德 증진에 대한 기원을 주 내용으로 하고 있다. 이를 종류별로 분류하면 크게 수륙재 관련 소, 경찬소慶讚疏, 예수재豫修齋 관련 소, 기타 각종도량(법회) 관련 소 등으로 나눌 수 있다.

수륙재에 관련된 소는 제목에 〈수륙소水陸疏〉 또는 〈국재수륙대회각단별소國齋水陸大會各壇別疏〉라고 하여 수륙재라는 것이 명시되어 있어 쉽게 구별되는 경우가 많다. 물론 부휴 선수浮休善修의 《부휴당집浮休堂集》에 실려 있는 〈추천부모소追薦父母疏〉의 경우처럼 그 내용 가운데 '爰擇吉辰 開建法會 晝展蓮經之妙 夜設水陸之齋(이에 길일을 택하여 법회를 열어서 낮에는 법화경의 미묘함을 펴고, 밤에는 수륙재를 베푼다)'라는 구절이 있어 그것이 수륙재를 설행하면서 작성한 것임을 알 수 있는 경우도 있다.

그러나 제목에는 단순히 〈천모소薦母疏〉, 〈천부소薦父疏〉라고만 되어 있으며 실제 내용에도 기원祈願의 내용만 쓰여 있는 경우가 있어 명백하게 수륙재에 관련된 것으로 판단하기 모호한 경우도 있다. 대체적으로 〈천모소〉, 〈천부소〉 등으로 이름 붙여진 소들은 수륙재 관련 소들과 비교해 볼 때 형식이나 내용 면에서 매우 비슷한 것들이 대부분이다. 이렇게 볼 때 전체 소의 약 40퍼센트 정도가 수륙재와 관련된 것이라고 추정할 수 있다.[3)]

수륙재 다음으로 많은 비중을 차지하는 것이 약사회소藥師會疏, 미타도량소彌陀道場疏, 소재도량소消灾道場疏, 지장도량소地藏道場疏, 나한도량소羅漢道場疏, 천초소天醮疏, 관음도량소觀音道場疏 등 각종 불공도량 의식에서 사용된 소들이다(58편). 경찬소慶讚疏는 낙성식이나 점안식, 경전 간행 등의 행사를 위해 작성한 소로서 세 번째로 많은 분

---

3) 전체 154편의 소疏 가운데 61편이 수륙재와 관련된 소로 추정된다.

량을 차지하며(26편), 예수재 관련 소가 약간 있다(9편). 이 가운데 경찬소를 제외하면 나머지는 모두 영혼 천도나 각종 기원의식에 관련된 것으로 전체 소의 86퍼센트를 차지한다고 할 수 있다. 이는 앞서 검토한 불교의식집의 간행 경향과 일치한다.

소의 내용을 중심으로 하여 시기별로 살펴보면 18세기 중반을 기점으로 하여 확연한 차이점이 발견된다. 18세기 전반기까지는 문집에 수륙재에 관한 소가 큰 비중을 차지하는 것과 달리 18세기 후반기부터는 수륙재에 관한 소의 비중이 급격히 줄어든다. 16세기 후반부터 17세기 후반까지는 자연재해나 양란兩亂으로 말미암아 파괴된 사찰을 재건하고 전쟁에서 희생된 전사자戰死者들의 영혼을 천도하여 민심을 위무慰撫하는 것이 가장 큰 과제였으므로 수륙재와 같은 천도재가 일상화되어 있었다. 더욱이 어떤 전각을 중수하거나 중건하기 위해, 또는 기와를 굽는 등 사찰의 일상적인 일을 수행하는 데서도, 항상 수륙재가 열렸을 정도로 수륙재는 당시 불교계의 일상적인 의례로 자리 잡아 가고 있었다. 그런데 18세기 이후에는 이러한 현상에 큰 변화가 일어난다. 그 이전 일상화했던 수륙재 의식은 거의 찾아볼 수 없을 정도로 격감하게 된다(남희숙, 2004, 97~111쪽).

이러한 변화는 앞서 행한 조선시대 불교의식집의 간행 경향과 놀라울 정도로 일치한다. 즉 불교의식집도 16~17세기에 집중 간행되었으며, 그 대부분이 수륙재 관련 의식집이었다. 더욱이 18세기에 들어가면, 의식집의 간행이 급격히 줄어들었다. 그렇다면 16~17세기에 걸쳐 지속적으로 수륙재가 유행하였던 이유는 도대체 무엇 때문이었을까? 이제부터는 이 점을 수륙재 설행의 역사적 배경을 통해 검토하여 보도록 하자.

2) 수륙재 설행과 불교 대중화

수륙재는 조선 초기에 아주 폭넓게 행해진 밀교의식이다. 대개 소재消災, 천도, 추복追福, 구병救病 등에 그 목적을 두고 있었는데, 구병도 그 대상이 개인이 아닌 다중多衆의 일반 백성을 위해 행해진 사례들이 자주 확인된다. 본래 수륙재는 물이나 뭍에 사는 고혼孤魂과 아혼餓魂 등의 혼령에게 법식法食을 평등하게 공양하여 구제救濟하는 것을 근본 목적으로 하는 것인데, 당시 서민들은 그러한 억울한 혼령들에 의해 일상사의 온갖 불행이 싹튼다고 믿고 있었다.

이로 말미암아 자연재해가 닥치거나 민간에 유행병이 돌 때, 국가에 수륙재 설치를 요구한 사례가 자주 확인된다(김용조, 1989, 158쪽). 더욱이 조선 초기에는 추천재追薦齋를 수륙재로, 기일재忌日齋도 수륙재로 통일하는 등 여러 의식을 모두 수륙재로 간소화하는 조치를 취하였는데(김승태, 1990, 11~14쪽), 무엇보다 이것이 민간에 수륙재 의식이 널리 퍼지게 된 직접적인 원인으로 작용하였다.

수륙재는 소의경所依經이 없을 뿐만 아니라 그 근본 의식문인《수륙무차평등재의촬요》는 대부분의 의식절차가 진언지송眞言持誦으로 진행되며 각 편마다 결인법도結印法圖와 더불어 가지력加持力을 매우 중요시한다. 따라서 수륙재에 관한 한 그것이 어떤 명칭으로 봉행되든 밀교적인 의식임이 분명하다(서윤길, 1983, 126쪽). 따라서 진언집, 다라니경의 유행도 밀교의식인 수륙재가 민간에서 빈번히 설행되었던 것과 밀접히 관련된다고 할 수 있다.

한편 수륙재는 중종대에 국가의 공식적인 의례로서 더 이상 설행되지 않고 폐지되어 버린다.[4] 당시 국가에서는 수륙재를 대신하여

---

4) 국행수륙재를 비롯한 기신재 등의 불사는 중종 11년의 조치로 폐지되었다가 명종 연간에 문정왕후의 비호로 일시 복행復行된 바 있다. 그러나 이것도 문정

유교 제사인 여제厲祭를 지냈으나 민간의 호응을 얻지는 못하였다(김용조, 1989, 162쪽). 이는 당시 일반 서민들이 여전히 수륙재에 강한 미련을 가지고 있었기 때문이다. 결국 수륙재의 폐지는 백성들의 불안을 달랠 수 있는 창구를 막은 것이며, 당시 국왕國王과 유신儒臣들은 서민의 생활이나 의식은 전혀 염두에 두지 않은 채, 일방적으로 그들의 이념을 강요하는 한계를 보이고 있었다고 할 수 있다.

실제로 유교 제사는 정치질서에 종속된 도구적 존재에 불과할 뿐 체험적 신앙에서 우러나온 것이 아니다. 더욱이 조선시대에는 서민들에게도 망자의 천도의식이 이미 불교의식으로 관행되고 있었기 때문에(한우근, 1993, 160쪽), 수륙재는 국가의 공식적인 폐지와 상관없이 16세기 이후에도 일반적으로 민간에서 계속 설행되었다. 이는 이미 분석한 바와 같이, 수륙재 관련 불교의식집이 16~17세기에 집중적으로 간행되었고, 수륙재 관련 재소문이 이 시기에 빈출하고 있는 것으로 잘 알 수 있다.

그렇다면 수륙재가 16~17세기 사이에 그토록 유행하였던 이유는 무엇이며, 왜 18세기 후반 이후 그 설행이 갑자기 격감하였던 것일까? 이와 관련하여 16세기 이후 18세기 전반까지 조선에서 이상기후 현상으로 자연재해가 만연하였다는 사실에 주목할 필요가 있다. 즉 조선에서 16세기부터 18세기 전반기까지는 기온 강하 현상으로 말미암아 자연재해가 빈발했던 이른바 '소빙기'에 해당된다. 《조선왕조실록》에 따르면, 1501~1750년 사이에 기온 강하, 자연재해, 이상기후 현상이 다른 시기에 견주어 더 집중적으로 확인된다.[5]

왕후의 서거와 동시에 또다시 혁파됨으로써 기신재를 비롯한 불사를 왕실에서 설행하였다는 기록은 더 이상 찾아볼 수 없다(김승태, 1990, 21쪽).

5) 더 정확히 말하면 그 기간은 1480년 무렵부터 1750년 무렵까지였던 것으로 확인된다. 자연 이상 현상에 관한 기록은 서양에 견주어 유교문화권인 한국, 중국 등이 훨씬 더 풍부하다. 이는 전적으로 유교의 독특한 재이관災異觀 때문이었다(李泰鎭, 1996).

그뿐만 아니라 이 기간에는 큰 규모의 외침外侵으로 임진·정유왜란, 정묘·병자호란 등이 있었다. 자연재해는 기근과 전염병을, 전란은 전쟁 희생자를 초래하여 사회적으로 큰 타격을 입히기 마련이다(이태진, 1998, 313쪽). 따라서 16세기 이후 자연재해의 빈발과 17세기에 일어난 여러 차례의 전란을 통해 상처 입은 민심은 수륙재의 기복적이고 주술적인 밀교적 신앙에 더욱 경도되어 가지 않을 수 없었다고 생각된다.

마땅히 이 기간에 국가적 차원의 대책이 있었을 것이다. 상평창, 진휼청의 설립과 운영이 바로 그 대표적인 것이었다. 납속공명첩納粟空名帖이란 것도 이 시기에 진휼청이 민간 저치곡儲置穀을 동원하기 위해 쓴 비상책이라고 할 수 있다(조규환, 1997). 그러나 그칠 줄 모르는 소빙기의 자연재해는 상평창제의 원리를 거의 무력하게 만들었다. 중종 이후 쌀값 안정에 실패한 것도 바로 이 때문이며, 국가가 보유하고 있는 저치곡을 동원해 진휼을 펴기도 어려웠던 것이 소빙기로 말미암은 당시의 실정이었다고 한다(이태진, 1998, 339~342쪽).

당시 조선에서는 이상기후로 말미암아 자연재해가 빈발하였고, 더욱이 전란戰亂이 겹쳐 백성들의 고통이 극에 달해 있었다. 그런데 이렇게 전쟁과 자연재해가 극심했었던 것과는 달리 국가에서 공적인 차원에서 고통받는 백성들을 위무하고자 설행한 국가의례가 《조선왕조실록》을 비롯한 연대기 자료에서는 거의 확인되지 않는다. 이러한 점에서 볼 때 이 시기에 간행된 진언집, 불교의식집, 승려문집의 재소문은 이 빈 공간을 메우는 중요한 의의를 갖는다. 특히 재소문은 당시 자연재해, 기근, 전염병, 전쟁 등으로 고통받고 있었던 일반 대중의 모습을 적나라하게 보여 준다.

따라서 16~17세기에 빈번히 설행된 수륙재 의식은 이른바 '소빙기'를 휩쓴 자연재해와 네 차례에 걸친 왜란倭亂과 호란胡亂 등에 대한 불교계의 종교적 대응으로 이해된다. 수륙재 의식은 사자死者, 전몰자戰歿者에 대한 천도뿐만 아니라 전염병에 대한 치병治病, 심리적 안정 등도 포함하는 포괄적인 의례라는 점에서 이상기후로 말미암아 농토가 황폐되고, 전쟁이 빈발하고, 전염병이 만연하였던 16~17세기 조선 사회의 현실에서 서민들에게는 가장 필요한 종교의례였다고 할 수 있다.

결국 조선 후기에 승려들의 주도 아래 불교의식집이 활발하게 간행되고, 수륙재가 빈번히 설행되었던 것은 국가가 해 주지 못한 공적인 사회위무社會慰撫 부문을 당시의 불교계가 적극적으로 담당하고 있었음을 뜻한다. 필자는 이른바 '17세기 위기'에 대한 조선 불교계의 이러한 종교적 대응이 이후 불교의 대중화, 서민화를 이룬 역사적 배경이었고, 동시에 불교의식에 쓰이는 진언 다라니가 유행하는 계기였다고 본다. 이처럼 16~17세기에 자연재해와 전쟁으로 고통에 빠져 있던 서민들을 종교적으로 위로하였던 조선의 불교계는 이후 광범위한 대중적 기초를 확보하게 되며, 17세기 말 이후 증가하는 사찰계는 이를 잘 대변해 준다.

4. 맺음말

조선 후기에는 다라니경·진언집, 불교의식집 등의 불서가 매우 빈번히 간행되었다. 조선 정부의 탄압과 억압 속에서도 이처럼 불서 간행이 지속적으로 유지되었다는 점은 불교가 민간 속에 강인하게 뿌리내렸다는 것을 의미한다. 비록 교학적인 성취는 부족하였다고 하더라도 이러한 불서간행의 사회적 배경이나 이를 지원한 인물들의 성격에 대해서는 정확한 검토가 필요하다고 생각된다.

첫 번째 장에서는 조선시대에 간행된 다라니경·진언집을 분석하였다. 조선시대에는 진언 다라니가 매우 활발하게 간행되었다. 16세기 이후 간행이 급격히 증가하기 시작하여 이후 18세기까지 꾸준히 간행되었다. 더욱이 일반 불서의 경우 18세기부터 간행 빈도가 줄어드는 것이 추세인 데 견주어, 진언 다라니는 16세기, 17세기, 18세기에 각각 12본씩 동일한 간행 횟수를 보여 주고 있다. 숙종대~정조대에는 전체의 40퍼센트가 집중되어 있을 정도로 조선 후기 내내 유행이 지속되었다.

진언집의 간행 형식은 오대진언류와 결수문류 진언집으로 구분할 수 있다. 후자는 〈결수문〉, 〈지반문〉, 〈자기문〉, 〈점안문〉 등 특정 불교의식집 이름을 소제목으로 달고 그 소제목 아래 이들의 책에서 뽑은 진언들을 수록하고, 거기다 더하여 각종 다라니경에서 발췌한 다라니 등을 수록한 책이다. 이러한 결수문류 진언집이 오대진언류보다 간행 빈도가 높다는 점에서 조선시대 진언집의 유행과 불교의식의 설행이 매우 밀접하게 연관되어 있었음을 짐작하게 해 준다.

조선시대의 진언집은 내용에서 일반인들의 독송을 위한 것과 전문 수행자들의 수법修法을 위한 것으로 나누어지지만 전자가 대부분을 차지하고 있다. 결수문류 진언집들 가운데 일부에 독송용 진언이 아닌 수행자들의 수법용修法用 진언의 집성이라고 할 수 있는 것도 존재한다. 그러나 이러한 성격의 진언집은 매우 드물다는 점에서 조선시대의 진언집 간행의 일반적인 추세가 일반 서민의 기복용임을 확인할 수 있다.

또 각종 진언집에 독송讀誦이 필요한 진언 부분이 범자, 한자, 한글로 병기되어 있다. 범어의 표기는 진언 본래의 신비성을 나타내기 위한 것으로 여겨지며, 한글 병기는 누구나 쉽게 이를 독송할 수 있도록 한 데 목적이 있다고 생각된다. 이러한 점에서 조선시대 다라니경·진언집의 간행이 지니는 의미는 밀교진언의 신비성을 통해 대중화·서민화를 실현하고자 한 데 중요한 목적이 있었음을 알 수 있다.

이처럼 조선시대 다라니경·진언집의 간행형식과 내용은 조선 중·후기 이후 불교가 기층화 ·서민화하였음을 그 무엇보다도 분명하게 보여 주고 있다. 한편 결수문류 진언집의 활발한 간행으로 알 수 있듯이, 조선시대에는 불교의식의 설행과 다라니경·진언집 간행이 매우 밀접하게 연관되어 있었다.

두 번째 장에서는 불교의식집을 분석하였다. 조선시대 불교의식집은 16~17세기에 집중적으로 간행되었다는 확연한 특징이 있다. 15세기 11본, 16세기 46본, 17세기 60본, 18세기 17본으로 나타나는 것으로도 알 수 있듯이, 18세기에는 간행 빈도가 급격히 줄어들었다. 그런데 16~17세기에 간행된 의식집은 대부분 수륙재의 설행방법을 담고 있는 천도재 관련 내용들이다.

이는 당시 현실에서도 수륙재 의식이 빈번히 설행되었음을 의미한다. 이를 직접적으로 검토하기 위해 조선 후기 승려문집의 재소문을 분석하였다. 그 결과 의식집의 간행 빈도와 마찬가지로, 재소문에서 수륙재 관련 소문이 압도적이며, 특히 16~17세기에 집중되어 있고, 18세기에는 급격히 줄어들고 있음을 확인할 수 있었다.

16~17세기에 빈번히 설행된 수륙재 의식은 소빙기 자연재해에 대한 불교계의 대응으로 이해된다. 이른바 '17세기 위기론'으로 알 수 있듯이, 16~17세기에는 이상기후로 말미암아 자연재해가 빈발하였다. 그런데 이렇게 자연재해가 극심한 것과는 달리 국가에서 공적인 차원에서 자연재해로 고통받는 백성들을 위무하는 의례가 실록

을 비롯한 연대기 자료에서 거의 확인되지 않는다. 따라서 불교의식집의 간행과 승려문집의 재소문은 이 빈 공간을 메우는 의미를 지닌다. 특히 재소문은 당시 자연재해, 기근, 전염병, 전쟁 등으로 고통받고 있던 일반 대중의 모습을 적나라하게 보여 주고 있다.

수륙재는 죽은 자에 대한 천도, 전염병으로 인한 불안한 심리를 안정시키고, 전사자에 대한 위무 등을 포함하는 포괄적인 의례라는 점에서, 16~17세기 이상기후로 말미암은 농토의 황폐, 전쟁의 빈발, 전염병의 만연과 같은 여러 사회 현상에 가장 적합한 의례라고 할 수 있다. 따라서 불교의식집의 간행은 국가가 해 주지 못한 공적인 위무 부문을 당시의 불교계가 수행하고 있었음을 말해 주고 있다. 결국 불교계의 '17세기 위기'에 대한 적극적 대응이 17세기 말 이후 불교계가 대중화에 성공할 수 있었던 계기를 마련하는 기초가 되었다고 생각된다.

참고문헌

1. 자료

《朝鮮王朝實錄》《綜理衆經目錄》《開元釋教錄》
《大藏總聖錄》《增補文獻備考佛教鈔存》《韓國佛教全書》

江田俊雄·權相老, 1934,《李朝實錄佛教鈔存》.
국회도서관 편, 1968,《韓國古書綜合目錄》.
權相老 編, 1979,《韓國寺刹全書》上·下, 동국대 복간.
동국대학교 불교문화연구소 편, 1964,《李朝前期國譯佛書展觀目錄》, 동국대학교출판부.
______________, 1965,《李朝前期佛書展觀目錄》, 동국대학교출판부.
______________, 1966,《韓國撰述佛書展觀目錄》, 동국대학교출판부.
______________, 1967,《法華經展觀目錄》, 동국대학교출판부.
______________, 1976,《韓國佛教撰述文獻總錄》, 동국대학교출판부.
동국대학교 도서관, 1976,《眞言· 儀式關係佛書展觀目錄》.
서울대학교 규장각, 1982,《奎章閣圖書中國本綜合目錄》.
__________, 1993,《奎章閣韓國本圖書解題》經·子部.
__________, 1994,《奎章閣圖書韓國本綜合目錄》.
__________, 2000,《奎章閣韓國本圖書解題》續集 經·子部 1.
__________, 2001,《奎章閣韓國本圖書解題》續集 經·子部 2.
朝鮮佛書刊行會, 1925,《朝鮮佛教總書》.
朝鮮總督府, 1911,《朝鮮寺刹史料》上·下(1971, 일본 國書刊行會 복간).

2. 연구 논저

1) 단행본

박상국 편, 1987,《全國寺刹所藏木板集》, 문화재관리국.
한우근, 1993,《儒教政治와 佛教-麗末鮮初 對佛教施策》, 일조각.

坂內龍雄, 1981,《眞言陀羅尼》, 平河出版社.
黑田亮, 1940,《朝鮮舊書考》, 岩波書店(1972, 亞細亞文化社 복간).

2) 논문

고익진, 1986, 〈新羅密教의 사상내용과 전개양상〉, 《한국밀교사상》, 동국대학교출판부.

고희숙, 1994, 〈한국불교 강원 사미과 교재의 서지적 연구〉, 《서지학연구》 10.

김승태, 1990, 〈조선 중종조의 불교정책 연구〉, 동국대 석사논문.

김영태, 1986, 〈삼국시대의 神呪信仰〉, 《한국밀교사상》, 동국대학교출판부.

김용조, 1989, 〈조선 전기의 국행기양불사연구〉, 동국대학교 박사논문.

김원용, 1961, 〈有刊記佛書目錄初稿〉, 《書誌》 2-1, 한국서지학회.

남권희, 1999, 〈경상도 지역에서 간행된 불교서적에 관한 연구〉, 《한국서지학논집: 항심윤병태박사정년기념논문집》, 민창문화사.

남희숙, 2004, 〈조선 후기 불서간행 연구—진언집과 불교의식집을 중심으로〉, 서울대학교 박사논문.

동국대 불교문화연구소, 1974, 〈불교경판 조사연구보고—경기, 강원도편〉, 《불교학보》 11.

서윤길, 1983, 〈조선조 밀교사상 연구〉, 《불교학보》 20.

______, 1997, 〈밀교사상〉, 《한국불교사상개관》, 동국대학교출판부.

송일기, 1994, 〈순천 송광사 간행 불서고〉, 《서지학연구》 10.

여은경, 1987, 〈朝鮮後期 大寺刹의 摠攝〉, 《嶠南史學》 3.

이기영, 1982, 〈한국불교와 일본불교〉, 《일본학》 2.

이봉춘, 1998, 〈조선시대의 관음신앙〉, 《한국관음신앙연구》, 동국대 불교문화연구소.

이옥금, 1988, 〈조선조 호남 사찰판에 관한 서지적 연구〉, 상명여대 석사논문.

이준구, 1982, 〈조선 후기 양반신분 이동에 관한 연구(상)〉, 《歷史學報》 96.

이태진, 1996, 〈'小氷期'(1500~1750년)의 天體 現象的 원인:《朝鮮王朝實錄》의 관련 기록 분석〉, 《國史館論叢》 72, 국사편찬위원회.

李泰鎭, 1998, 〈장기적인 자연재해와 전란의 피해〉, 《한국사》 30, 국사편찬위원회.

정병삼, 1998, 〈불교계의 동향〉, 《한국사》 35, 국사편찬위원회.

조규환, 1997, 〈16세기 還穀運營과 賑資調達方式의 변화〉, 《韓國史論》 37, 서울대 국사학과.

채상식, 1998, 〈고려· 조선시기 불교사 연구현황과 과제〉, 《한국사론》 28, 국사편찬위원회.

최병헌, 1985, 〈다산 정약용의 한국불교사 연구〉, 《정다산연구의 현황》, 민음사.

______, 1986, 〈한국불교사의 전개와 역사적 성격〉, 《한국현대사론》, 을유문화사.

______, 1993, 〈'月印釋譜' 編纂의 佛教史的 意義〉, 《震檀學報》 75.

한상길, 2000, 〈朝鮮後期 寺刹契 研究〉, 동국대학교 박사논문.

홍윤식, 1975, 〈한국불교의례의 밀교신앙적 구조〉, 《불교학보》 12.
______, 1986, 〈조선시대 진언집의 간행과 儀式의 밀교화〉, 《한국밀교사상연구》 동국대학교출판부.

江田俊雄, 1936, 〈李朝刊經都監と其の刊行佛典〉, 《朝鮮之圖書館》 5-5.
______, 1977, 〈佛書刊行より見た李朝代佛教〉, 《朝鮮佛教史の研究》, 國書刊行會.
今西龍, 1911, 〈朝鮮佛教關係書籍解題〉, 《佛教史學》 1-1·2·3.

조선 후기 사기私記의 불교학적 의미

이정희(동국대 불교문화연구원)

1. 서언

조선불교는 조선왕조의 억불정책으로 개국 당시까지 11종이었던 종파가 7종으로 축소되고 이후 다시 선교양종으로 통폐합되었으며 사원과 승려의 수도 대폭 줄었다(김영태, 1986). 이에 산속으로 물러난 불교의 교세는 극도로 약화의 길을 걷게 되지만 교단은 꾸준히 내부의 역량을 키워가고 있었다. 사자상전師資相傳의 전통을 이어가기 위해 승단의 법맥을 확립하고 선교겸학禪敎兼學의 교육제도를 정비하는 노력이 그것이었다.

청허 휴정淸虛休靜(1520~1604)의 문도들은 중국으로부터 임제선을 이어받아 고려에 전한 태고 보우太古普愚(1301~1382)를 교조로 하는 '태고 법통설'을 정비하여 한국불교의 법맥을 확고히 한다.

법통의 확립은 승가의 자긍심을 회복하고 선교겸학이라는 조선불교의 전통을 세워 가는 데 커다란 힘의 원천이 되었다. 여기에 영향을 받아 성립된 것이 교단의 승가교육제도이다. 조선불교의 교육과정인 현재의 이력과정은 고려 보조 지눌普照知訥(1158~1210)로부터 시작하여 청허의 제4세 법손인 월담 설재月潭雪霽(1632~1704) 시기에 완성되었다는 것이 대체적인 견해이다(김영수, 1928). 그것은 선교겸학이라는 조선불교의 전통에 바탕을 두고 오랜 시간에 걸쳐 정비된 것이기도 하다.

이러한 선교겸학이라는 승가교육의 전통 속에서 생겨난 것이 바로 조선 후기의 사기私記이다. 사기는 강학講學이라는 교육과정에서 축적된 불교학의 연구성과를 집대성한 기록이라 할 수 있다. 여기에는 당대에 유행하던 고증학이 상당한 영향을 미치게 된다.

긴장과 화해를 지속적으로 반복해 온 조선조의 유불관계는 후기에 이르러 한층 더 전향적인 관계로 발전한다. 승려와 유자의 교류가 긴밀하게 이루어지고 교리와 사상에 대한 서로의 관심이 증대되면서 당시의 고증학적 학풍이 불교교리 연구에 자연스럽게 스며들게 된 것이다.

이와 같이 사기는 승가의 교육과목 강의라는 내적 계기와 고증학이라는 외적 영향으로 태어난 조선불교 교학의 새로운 분야로서, 여기에는 조선불교사상의 정수가 그대로 집약되어 있다. 따라서 사기는 다른 한 축을 이루고 있는 불교문학과 함께 조선불교사의 가장 큰 유산이라 할 수 있을 것이다.

대표적인 사기의 저자로는 연담 유일蓮潭有一(1720~1799)과 인악 의첨仁嶽義沾(1746~1796) 그리고 백파 긍선白坡亘璇(1767~1852)이 있다. 연담 유일과 인악 의첨은 주로 화엄을 비롯한 교학 분야의 사기로 평가받았고 백양사의 백파 긍선은 《선문염송禪門拈頌》, 《선문강요禪門綱要》 등 주로 선문의 사기로 관심을 끌었다. 교과목 강의와 그 연구 결과로 찬술된 이러한 사기의 학문적 경향은 당대뿐만 아니라 이후 한국불교학에 지속적인 영향을 미친다. 따라서 이 시대의 사기가 조선불교사에서 차지하는 비중은 결코 과소평가될 수 없을 것이다.

필자는 위 대강백이 찬술한 《화엄》·《선문염송》·《선문강요》·《법집별행록절요병입사기法集別行錄節要幷入私記》·《선원제전집도서禪源諸詮集都序》 등 세 분야의 사기를 중심으로 그 성격과 불교사적 의미를 살펴보고자 한다.

2. 사기의 의의와 현존 사기

1) 사기란 무엇인가

사기는 조선시대 말인 17세기 중반부터 18세기 후반에 걸쳐 강학과정에서 나타난 경론의 주소註疏를 다시 주석한 것을 한정하여 일컫는 말이다. 따라서 사기는 불교학 연구의 한 분야로 평가될 수 있는 저술 양식의 하나라고 할 수 있다.

일반적으로 사기란, 말 그대로 사적인 기록을 가리킨다. 엄밀하게 말하면 경전해석의 한 분과로, 소초疏鈔에 대한 소초이다(이능화, 2003). 불전에는 경율론 삼장이 있고 이를 주석한 소疏가 있다. 소를 다시 해석한 것이 초鈔이고 기記이다. 그러므로 소에 대한 기, 또는 기에 대한 기가 곧 사기라 할 수 있는 것이다. 사기에는 사적으로 기록하였다는 겸양의 의미가 포함되어 있다. 불필요한 것을 붙였다는 뜻에서 화족畵足, 사족蛇足이라 부르기도 하고, 쓸데없는 혹 또는 자루를 붙였다고 하여 췌贅, 병柄 등으로 쓰기도 한다. 이것은 모두 자신의 기록을 겸양하는 말이다.

그러나 사기라는 용어가 조선조 후기에 처음 쓰인 말은 아니다.

이미 《동역전등목록》(대정장 55)에 화엄, 법화, 반야, 유식, 인명 등 각 분야에 걸친 사기의 목록이 26종이나 등재되어 있고 의천(1055~1101)의 《신편제종교장총록》(한불 4)에도 계율, 중관, 구사 등에 관한 6종의 사기목록이 실려 있다. 현재 전하고 있는 주소 성격의 사기는 중국의 승려 법현(?~1001)이 번역한 《마하승기율》(대정장 26)의 중간에 삽입된 몇 행의 〈마하승기율사기〉가 사기라는 명칭으로 쓰인 최초의 기록으로 보인다. 이와는 좀 다르지만 천태 지의(538~597)를 이은 관정(561~632)도 사기라는 말을 사용하였다. 관정의 사기는 지자가 설한 《묘법연화경현의》(대정장 33)의 연기를 기록한 서문에 해당하는 글이다. 여기에서 관정이 쓴 사기의 의미는, 다른 사람과 공동으로 기록한 것이 아니라 전적으로 개인이 정리하여 적은 것이라는 뜻이다. 그렇다면 우리나라에서 가장 오래된 사기에는 어떤 것이 있을까. 현재 남아 있지는 않으나, 목록으로만 전하는 신라 자장(600년대 활동한 율사)의 《사분율갈마사기》(《신편제종교장총록》, 한불 4)가 이에 해당된다고 하겠다. 현재 전해지고 있는 사기 가운데 최고最古 사기는 원효(617~686)의 《범망경보살계본사기》(한불 1)이고, 고려시대 지눌의 《법집별행록절요병입사기》(한불 4)가 비교적 고본古本에 속하는 사기이다. 조선시대에는 회암 정혜(1685~1741)의 《법집별행록절요사기해》(한불 9)를 비롯하여 연담, 인악, 백파 등이 저술한 여러 분야의 사기들이 전해지고 있다(이상 예로 든 사기는 정확히 사기라는 명칭을 사용한 저술만을 포함시킨 것이다).

경經과 논論을 주석한 소疏에는 사기라는 명칭 말고도 기記, 소疏, 의기義記, 의소義疏, 녹錄, 초鈔, 해解 등의 이름이 붙은 수많은 문헌이 있다. 그렇다면 기와 소, 사기, 초 등에는 어떤 차이점이 있을까.

앞에서 사기란 소와 기에 대한 기라고 풀이한 바 있다. 그러나 대부분의 경우 사기와 소, 기 사이에는 거의 구분이 없는 것으로 나타난다. 원효의 저술 가운데《기신론소》와《기신론별기》사이에는 형식 또는 내용에서 특별히 다른 점을 발견하기 어렵다.《기신론소》는 논의 내용을 ① 종체적 표시, ② 제목 해석, ③ 본문 해석이라는 세 부분으로 나누어 분석하고 있다.《별기》또한 마찬가지로《기신론소》의 ②번 내용이 생략된 것 말고는 형식상의 차이점은 거의 찾아볼 수 없다. 본문 풀이에서도 두 저술 모두 철저하게 문단을 나누고 그 체계에 따라 개념과 용어를 해석함으로써 일관된 구조 속에 원문의 의도를 충실히 전하고 있으며, 종宗·인因·유喩라는 삼단논법으로 논리적 적합성을 확보하고 있다. 특히 풍부한 예문과 충실한 전거는 저술의 신뢰성을 더욱 높여 준다.

《범망경보살계본사기》는《범망경》에 대한 주소註疏로서 앞의 소, 기와 같은 형식을 취하고 있다. 경을 주석하는 데는 대개 소라는 명칭을 쓰는 것이 일반적이지만 원효는 사기라는 이름을 붙이고 있다. 당의 법장(643~712)도 마찬가지로《화엄경》에 대한 주소를《탐현기》라고 하여 기記라는 이름을 경소經疏와 동일하게 사용한다. 이렇게 볼 때 소와 기는 어떤 일정한 형식을 지닌 글이 아니고 저자가 자신의 기호에 따라 자유롭게 사용한 명칭이라는 것을 알 수 있다. 이처럼 사기는 소와 기 또는 초와 의소, 녹 등과 특별한 구별 없이 사용되어 온 것이다.

그런데 조선 후기에 쓴 사기는 지금 설명한 소, 기와 성격을 달리한다. 그것은 일반적인 사기의 의미와는 구별되는 독자적인 특징을 지니고 있기 때문이다. 조선시대의 사기는 개인의 독창적인 저술이 아니라 조선불교사라는 큰 흐름 속에서 내적인 변천을 거치고 외적인 영향을 받으면서 꾸준히 축적되어 온 불교학 연구의 결과물로 나타난 기록이라는 점에서 기존의 사기와 차이점이 있는 것이다.

2) 현존 사기

이러한 사기류는 강학 과목 전반에 걸쳐 많은 종류가 전하고 있지만 활자본인 《선원제전집도서》와 《법집별행록절요》 두 종류의 사기(한불 4; 한불 9)를 제외하고는 모두 필사본으로 남아 있다. 더구나 이들 필사본은 필체가 다양하고 난해한 초서로 기록된 것이어서 판독에 어려움이 따른다.

지금까지 확인된 바에 따르면 위의 사기류가 가장 많이 보존되어 있는 곳은 동국대학교 중앙도서관이다. 여기에는 《화엄》을 비롯한 《금강경金剛經》, 《선문염송》, 《도서》 등 다양한 종류의 사기가 소장되어 있다. 1980년대 중반부터 수집한 영인 자료들까지 합하면 상당한 분량에 이른다. 그러나 아직도 적지 않은 사기들이 전국의 각 사찰 또는 개인의 장서로 보관되어 있을 것으로 추정된다.

현재 수집된 사기는 사교四敎에 해당하는 《법화경》·《원각경圓覺經》·《능엄경楞嚴經》·《기신론》, 사집四集에 속하는 《도서》·《서장書狀》·《절요》·《선요禪要》, 대교大敎 과목인 《화엄》·《염송拈頌》 등 강원講院에서 수강하는 전 교과목에 걸쳐 상당한 분량에 달한다(동국대학교 도서관 목록 참조). 이 가운데 수량이 가장 많은 것은 화엄사기이고 다음이 《금강경》 사기이며, 《기신론》·《선문염송》·《원각경》 등의 사기도 꽤 많은 분량으로 남아 있다.

대부분 찬자가 밝혀지지 않았지만 수집 목록에서 확인되는 인물로는 연담, 인악, 백파 등 세 사람이 있으며 설두 유형雪竇有炯(1824~1889), 함명 태선涵溟太先(1824~1902), 범해 각안梵海覺岸(1820~1896) 등의 이름도 보인다. 이들 인물의 사기는 대부분 그 전기에서 기록하고 있는 저술명목과 일치하지만 그곳에 빠져 있는 사기들도 몇 권 정도 수집한 것으로 확인된다.

범해 각안의 《동사열전東師列傳》(한불 10)에 따르면, 연담 유일은 《사집수기》 각 1권, 《기신론사족起信論蛇足》 1권, 《금강경하목金剛經蝦目》 1권, 《원각경사기圓覺經私記》 2권과 《화엄현담사기華嚴玄談私記》 2권, 《화엄유망기華嚴遺忘記》 5권, 《제경회요諸經會要》 1권, 《염송착병拈頌着柄》 2권, 《임하록林下錄》 4권을 찬술하였다고 기록하고 있다. 여기에서 《임하록》 4권만 문집이고 나머지는 전부 사기이다. 《사집수기》의 일부로 보이는 《도서》와 《절요》의 사기는 《임하록》과 함께 목판으로 간행되었고 다른 사기들은 모두 필사본으로 전해지고 있다. 함께 수수된 《능엄경사기》 1권은 연담 전기에서 언급하지 않은 자료이지만 총림에서 연담의 것으로 구전되어 오던 저술이다(《한국불교찬술문헌목록》, 1976).

인악 의첨도 《금강》·《원각》·《능엄》·《기신》 등 사교의 사기와 《선문염송사기》 외에 화엄사기인 《잡화기》를 찬술하였고, 사집의 하나인 《서장사기書狀私記》를 쓴 것으로 파악된다.

백파 긍선은 《선문염송사기》·《오종강요사기五宗綱要私記》·《선문수경禪門手鏡》 등 선학 과목에 중점적으로 사기를 붙였고 《금강경》에도 관심이 깊어 여러 편의 사기를 쓴 것으로 전해지고 있다.

수집 자료 가운데 특히 양전자兩全子의 《화엄축난기華嚴逐難記》와 산사의 《화엄은과華嚴隱科》는 지금까지 알려지지 않았던 자료로 매우 눈길을 끄는 문헌이다.

그러나 이 사기들은 모두 필사본이기 때문에 중복되거나 일부가 결락되는 등 많은 문제점을 안고 있다. 또 몇몇 사기들을 제외하고는 거의 작자를 알 수 없는 미상본이므로 그 정확성이 매우 의심스럽다. 학인들이 수강에 대비하기 위해 베끼거나 혹은 강사들이 강의를 위해 비망록 형태로 작성한 것이기 때문이다. 후자인 경우에는 여러 차례 베꼈다 하여도 일정한 체계 안에서 기록한 것이어서 큰 착오가 없는 것으로 인정되지만, 전자의 경우는 수강자 개개인이 자신의 의도대로 베껴 쓴 것이기 때문에 필사 과정의 오류는 당연히 발생할 수밖에 없을 것으로 판단된다. 다행히 현 자료 가운데 저자 연담과 인악을 표기한 사기들이 남아 있고 대강백 침명枕溟(1801~1876), 금해錦海 등 필사자의 명칭이 기록된 자료가 전해지고 있어 정본의 선택에 큰 도움을 주고 있다. 이러한 사기들이 수 세기에 걸쳐 전해 오는 동안 전란과 화재의 피해로 많은 부분이 일실되었으며 남은 책마저도 체계적으로 보존되지 못하여 각지로 흩어지게 된 것이다. 그러나 어려운 여건에서 이 정도의 사기가 수집된 것도 다행이 아닐 수 없다. 더 많은 자료들을 발굴하고 간행하여 이를 영구히 보존하는 일은 불교학계가 담당해야 할 시급한 과제이다.

이들 자료를 모두 간행하는 데는 몇 가지 어려움이 따른다. 제일 먼저 부딪히는 문제는 필사본을 판독하는 작업이다. 필사자에 따라 필체가 다르고 그것도 대부분 초서와 간자로 기록되었기 때문에 글자를 정확하게 해석하고 정서하는 작업이 그리 쉬운 것만은 아니다.

다음은 미상본을 정리하여 문헌 성격에 따라 저자를 밝히고 전도되었거나 잘못 이어진 문장을 찾아 순차적으로 내용에 맞도록 배열하는 일이다. 이 또한 자료의 판독이 선행되어야 하고, 경론의 성격과 저자의 사상적 경향을 동시에 파악해야 하기 때문에 그 어려움 또한 마찬가지이다.

그러나 이러한 작업이 다 마무리된다 하여도 역시 문제는 남는다. 사기를 인물별로 수록할 것인가, 아니면 분야별로 실을 것인가 하는 것이다. 사기는 찬술자가 분명히 있지만 동시에 시대성을 띠고 있기 때문에 어떤 방법으로 수록할 것인가 하는 것이 문제가 된다. 즉, 각 사기를 인물별로 나누어 실을 경우 사기라는 특성을 보존하여 보여주기가 어렵고, 분야별로 수록할 경우 찬술자의 경향을 분명히 드러낼 수 없기 때문이다. 따라서 사기의 편집 방법에 대한 연구 검토는 또 다른 과제라고 하겠다.

3. 사기 출현의 배경

사기가 출현한 배경에는 직간접적으로 여러 가지 요인이 있으나 밖으로는 유불의 교섭, 안으로는 선교겸학이라는 두 가지 원인을 들 수 있다.

1) 유불교섭

조선시대의 불교는 국가의 통치 이념인 유교와 항상 긴장과 교섭 관계에 있었다. 양교는 갈등과 화해를 반복하고 서로 교류함으로써 이념의 간극을 좁혀 갔다. 조선 초기는 특히 유불 사이의 긴장이 두드러진 시기였다. 이러한 긴장관계는 무학을 이은 득통 기화得通己和(1376~1433)의 《현정론》(한불 7)에 잘 드러나 있다. 당시 유불 대립의 가장 큰 요인은 이념의 문제보다는 윤리관의 차이에 있었던 것으로 보인다. 유자들이 문제 삼는 것은 세속을 벗어난 출가에 관한 것이다. 이들은 출가를 충과 효를 저버리는 가장 비윤리적인 행위라 보았다. 《현정론》에 따르면, 유불의 쟁점은 제사를 비롯한 후사의 문제, 부모에 대한 봉양, 왕과 국가에 대한 충성 등 충효 문제, 금주 생산 등 사회적인 문제, 기타 천당·지옥의 유무, 불교의 구제, 외지의 종교에 대한 이질감, 승려의 타락 등 주로 윤리적 가치들에 집중되어 있다. 기화는 여기에 대해 하나하나 논리적으로 대응하여 그 오류를 지적한다. 그러나 진리를 드러내는 데는 유불의 입장이 근본적으로 다르지 않다는 유불불이설儒佛不異說을 주장한다. 불교의 '고요하면서 항상 비추고 항상 비추면서 고요하다.'는 말이 유교의 '고요하여 움직이지 않지만 감동시켜 통하게 한다(한불 7).'는 말과 일치한다는 것이다.

유교나 불교가 다르지 않다는 것을 실천적으로 보여 준 인물로는 설잠 김시습雪岑 金時習(1435~1493)이 있다. 그는 유학에 정통한 학자였지만 선과 화엄에 뛰어난 지견을 지닌 불교의 승려였다. 출가와 환속을 반복하면서 유와 불이 둘이 아님을 보여 주었다(한불 7). 이러한 전통은 명종대의 고승 나암 보우懶菴 普雨(?~1561)에까지 이어진다. 나암 보우는 선교양종을 부활시키고, 사찰 300여 곳을 정비하였으며, 도첩제를 시행하고 승과를 설치하는 등 조선불교 중흥을 이끈 인물이다(忽滑谷快天, 1978). 그는 유교와 불교가 단지 명칭일 뿐 근본적으로는 서로 통한다는 입장이었다(한불 7).

그 뒤 청허 휴정은 국가적 전란을 맞아 그의 제자들을 이끌고 전공을 세움으로써 유자들로부터 종전과 다른 시각에서 불교를 평가토록 하는 계기를 만들었다. 휴정 또한 유교와 불교가 상충되는 가르침이 아니라는 것을 강조한다. 《삼가귀감三家龜鑑》을 편찬하여 유교의 심성설과 불교의 본래 진심을 대비하여 보여줌으로써 유·불의 상통성을 제시하고 있다. 유·불·도 삼교가 변견邊見에 집착하여 서로 만나는 것조차 꺼리지만 삼교가 주장하는 것이 하나의 '도道'라는 데는 일치한다는 것이 청허의 주장이다(한불 7). '도'란 일원상一圓相으로서 이것을 깨달으면 유·불·도가 모두 헛된 이름일 뿐이라는 것이다.

청허 이후 유불관계에서 불교의 입장은 안정되고 주체적이었다. 많은 문손들이 선교를 겸학함은 물론 유교와 노장사상에도 깊은 관심을 가지게 된 것이다. 부휴파 벽암 각성의 제자 백곡 처능白谷處能(?~1680)은 성명설性命說과 인의설仁義說로 유·불·도의 입장이 다르지 않음을 보여 주고 있다. 유교와 도교는 명命은 하늘에 있고 성性은 사람에 있다고 보지만, 불교는 성과 명을 분리하지 않고 사람에게만 있는 것으로 본다는 것이다. 유불의 성명관性命觀이 다소의 차이가 있는 것처럼 보이지만 달리 의혹이 있을 수 없다는 것이 처능의 관점이다. 그것은 유교와 기타 제가들도 인의를 중시하지만, 불교에서도 자비는 인이고 희사喜捨는 의라고 하니 유교와 마찬가지로 인에 뜻을 둔다는 것이다(한불 8). 그는 또 〈간폐석교소諫廢釋敎疏〉를 지어 조정의 불교 탄압에 대한 부당성을 지적하기도 했다. 이후 침굉 현변枕肱懸辯(1616~1684)을 비롯한 많은 고승들이 유교와 도교를 함께 익혀 모두 삼교三敎에 능했던 것으로 확인되고 있다.

또 조선시대에는 국가의 안녕과 종실의 안위를 위한 국행법회가 사찰에서 자주 개최됨으로써 불교의식이 정비되고 그에 따르는 의식문이 체계화된다. 이러한 의식문에서도 유불교섭의 자취를 찾아볼 수 있다. 명종대 불교의 부흥을 꾀하던 나암 보우는 왕과 왕후를 비롯한 왕실제위의 천도의식을 새로 제정하고 각종 천도재를 집행하였다. 한편 부휴 문하의 벽암 각성碧巖覺性(1575~1660)은 《석문상의초釋門喪儀抄》를 지어 승가의 상례를 정비하였고 그의 제자 나암 진일懶庵眞一(?~?)은 스승의 의식문을 더 보완하여 《석문가례초釋門家禮抄》를 완성하였다. 그 뒤 허백 명조虛白明照(1593~1661)가 《승가예의문僧家禮儀文》을 편찬한 데 이어 〈다비문茶毘文〉, 〈자기문仔夔文〉, 〈수륙재의문水陸齋儀文〉 등 많은 의식문들이 간행되었다. 이들 승가의 상례문은 유가의 의례를 그대로 따르고 있다(한불 8). 이러한 의례문의 저작과 편찬은 예절을 숭상하는 유교적 전통과 무관하지 않음을 알 수 있다.

이와 더불어 유불교섭의 결과로 나타난 것이 승려들의 시문집이다. 조선시대 고승으로 추앙되는 벽송(1464~1534), 보우, 청허, 부휴

(1543~1615), 사명(1544~1610), 편양鞭羊(1581~1644), 연담 등 거의 모든 인물들은 하나같이 시문집을 남겼다. 문집에는 선적 감흥을 노래한 선시와 제자에게 선의 가르침을 주는 선게禪偈가 실려 있고, 승려의 일상과 관련하여 기원 및 천도를 목적으로 하는 소문疏文, 교우 또는 사제 사이에 오고간 서간문, 유산遊山 및 사찰의 탐방기 등으로 구성된 산문이 수록되어 있다. 이러한 문집에는 고뇌하는 시대정신과 뛰어난 문학성이 함께 깃들어 있어 조선불교의 우수한 전기문학으로 평가된다. 청허 이후 70편이 넘는 승려들의 시문집은 조선시대의 소중한 불교적 자산이 아닐 수 없다. 이와 같이 불교문학이 성행하게 된 것은 유불의 안정적 교류에 힘입은 바가 크다고 하겠다.

백암 성총栢庵性聰(1631~1700) 이후 유불교섭은 새로운 국면으로 접어든다. 성총도 마찬가지로 유교와 도교에도 깊은 관심을 가지고 유사儒士들과 교류하면서 많은 경론을 간행하였다. 성총은 불교의 사회적 역할론으로 승가의 자존적 입지를 확고히 한다. 불자들은 무위도식하면서 사찰을 화려하게 지어 백성의 노역과 재물을 빼앗는다는 유자들의 비난에 대해, 성총은 단호하다. 불교는 청정무위로 종지를 삼고 자비·불살不殺로 가르침을 삼기 때문에 세상 사람들에게 선과 악을 알게 하고 나라를 평화롭고 안정되게 유지시키는 것이 그 역할이라고 반박한다(한불 8). 동시에 불교도가 사찰을 짓고 불상을 장엄하는 것은 중생들을 근기에 따라 바르게 이끌기 위한 방편이라는 점을 강조하였다(한불 8).

그 뒤 유불의 관심은 심성설心性說이라는 더 근본적인 곳으로 옮겨 간다. 운봉 대지雲峰大智(?~?)는 유불의 공통점을 심성에서 찾고 있다. 그동안 유불관계에서 성리학적 논의가 없었던 것은 아니지만 성리설과 관련된 심성론을 집중적으로 논구한 학자는 운봉 대지가 처음이다. 대지는 《심성론》에서 심은 곧 성과 같다고 주장한다(한불

9). 무극無極은 일심이고 성각性覺이며 법신法身이라는 것은 불교의 입장이고, 태극太極은 일기一氣이며 명각明覺이라는 것은 유교의 관점이라는 것이다. 따라서 기를 심으로 보는 것이 유불의 차이점이라고 지적한다. 그러나 유불은 근원이 동일한 표리관계라고 하여 유와 불이 서로 다른 대립적 관계가 아님을 역설하였다(한불 9).

심성에 대한 담론은 이후 묵암 최눌默庵最訥(1717~1790)에게로 전해짐으로써 연담 유일과의 논쟁을 통해 불교 내부의 교리적 쟁점으로 다시 떠오른다. '제불과 중생의 마음이 각각 원만各各圓滿'이라는 말에서 '각각'이 하나인가 하나가 아닌가 하는 것이 논쟁의 핵심이다(한불 9). 이러한 논의가 결론에 이른다는 것은 불가능하지만 진성에 접근하는 데 상당히 도움이 된다는 것이 연담의 주장이다. 당시 심성에 대한 논쟁은 불교학계에 적지 않은 반응을 불러온 것으로 보인다.

이후 유교는 불교의 교학 연구방법에도 큰 영향을 미친다. 연담 이후 청나라에서 전해진 고증학적 학풍은 유자들과 교류하던 승려들의 불교학 연구에 자연스럽게 도입되어 경론 해석에 분석적이고 비판적인 시각을 제공하였다. 이러한 학풍은 선禪의 논쟁을 촉발시켜 불교학 연구에 지속적인 활력을 불어넣게 된다.

이와 같이 조선 후기의 유불교섭은 불교학의 실증적 연구에 크게 기여하는 긍정적인 결과를 가져오게 된 것이다.

2) 선교겸학

유불교섭이 사기 출현에 간접적인 영향을 미쳤다고 한다면, 직접적이고 실제적으로 영향을 미친 것은 선교겸학이라 하겠다. 조선불교사에서 유불교섭은 빼놓을 수 없는 중요 요소이지만, 가장 두드러진 특징 가운데 하나는 선교겸학이라 할 수 있다.

선교겸학이 조선시대에 처음 비롯된 것은 아니지만 그 전통은 '선을 벽송에게 전하고 교를 정련에게 전한다'는 벽계 정심碧溪正心(?~?)에게서 찾을 수 있다. 정심은 조선 초의 승려로 일찍이 명나라에 들어가 임제종 총통摠統 화상和尙의 법을 받고 귀국한 선사이지만 선과 교를 나누어 전한다는 말에서 선교를 겸전한 인물이라는 것을 알 수 있다.

벽송 지엄碧松智嚴(1464~1534)은 정심의 선법을 전해 받았지만, 무엇보다도 《능엄경》과 《법화경》을 중시하였으며, 초학을 인도할 때 먼저 《선원집》과 《별행록》으로 지견을 열게 하고 《선요》와 어록으로 지해知解의 병을 고친다고 하여 학인들이 선과 교를 동시에 수학하도록 하였다. 지엄은 스승 정심에게서 선뿐만 아니라 교학까지도 겸수하는 전통을 계승한 선사였던 것이다. 벽송의 법을 받은 부용도 먼저 교를 수학한 뒤 선을 닦았으며 유교는 물론 노장에 이르기까지 널리 배운 종장이었다. 명종 때 선교양종의 승과를 부활시킨 허응당 보우도 선교심천설禪敎深淺說을 비판하고 선과 교가 다르지 않음을 강조하였다(한불 7).

이후 부용 영관芙蓉靈觀(1485~1571)의 문하에 청허 휴정과 부휴 선수라는 두 걸출한 인물이 나와 쇠퇴해 가는 조선불교를 중흥시키고 선교겸학의 전통을 더욱 공고히 한다. 휴정은 숭인崇仁 장로長老에게서 《전등》, 《염송》, 《화엄》, 《원각》, 《능엄》, 《법화》, 《유마》, 《반야》 등 10권의 경론을 배우고 다시 선지禪旨를 얻었다고 한다. 따라서 그는 선과 교에 대한 풍부한 식견을 갖추고 있었으며 뒷날 선과 교를 총괄하는 선교도총섭이 된다. 휴정은 특히 '선은 불의 마음이고 교는 불의 말씀'이라고 하여 선과 교 어느 한 쪽도 배척하지 않고 교를 선으로 들어가는 관문으로 생각하였다. 청허 이후 그의 문하에는 많은 대덕들이 배출되었으며 법손들이 대를 이어 번창하게 된다.

청허에게서 직접 법을 전해 받은 편양 언기鞭羊彦機(1581~1644), 제월 경헌霽月敬軒(1544~1633) 등도 선과 교에 뛰어났으며 선교겸수를 주장했다(한불 8). 더욱이 편양은 '선이 하열下劣한 근기를 위해 교를 차용한다.'고 하여(한불 8) 사교입선捨敎入禪을 주장한 스승 청허와 선교에 대해 같은 입장을 취하였다.

편양 이후 풍담 의심楓潭義諶(1592~1667), 월저 도안月渚道安(1638~1715), 호암 체정虎巖體淨(1687~1759) 등을 비롯하여 제6세 연담 유일에 이르기까지 모든 선사들은 임제선을 계승하고 있지만 교학을 겸비한 대강백들이었다.

휴정과 함께 부용의 법맥을 이은 부휴 선수의 문하에도 선교를 겸수한 고승들이 잇달아 배출된다. 벽암 각성, 모운 진언暮雲震言(1622~1703), 백암 성총, 회암 정혜에 이르기까지 부휴의 법손들은 대부분 교학, 특히 화엄에 일가를 이룬 강백들이다. 이 가운데 모운 진언은 화엄종주로까지 추앙받았으며 백암 성총은 청량 징관淸凉澄觀(738~839)의 《화엄경소연의초華嚴經疏演義鈔》를 인간印刊하여 《화엄경》 연구에 새로운 전기를 마련하였다. 조선불교는 임제선을 계승하지만 실제로는 선과 교를 동시에 수학했던 것이다. 곧 벽계 정심으로부터 청허 휴정과 부휴 선수는 물론 그 이후 양대 거장을 이은 고승들이 모두 선과 교를 겸학한 인물이다. 휴정과 부휴 이후 선교겸학의 전통은 하나의 흐름을 형성하면서 조선 후기까지 이어진다. 이러한 전통이 17세기에 이르러 선교를 겸학하는 승가 교육제도의 완비를 가져왔고, 승가 교육은 다시 강학의 형식인 사기를 출현시키게 된다.

조선시대의 사기란 이러한 승가 교육제도 아래 이루어진 독특한 형태의 저술양식이다. 즉 사집, 사교, 대교 등의 교과과정 강의에서 나타난 불교학 연구의 한 형식이 바로 사기라 할 수 있을 것이다.

4. 조선 후기 사기의 특징

사기가 조선 후기에 집중적으로 나타나는 것은 이 시기에 유불의 안정적 교섭이 이루어지고 선교겸학의 승가 교육과정이 완비되었기 때문이다. 조선시대의 사기란 승가교육의 교과과목에 대한 모든 주소註疏들을 총체적으로 일컫는 말이다. 이러한 조선시대 사기의 특성을 정리하면 다음 두 가지로 요약할 수 있다. 첫째 교과과정과 관련되고, 둘째 고증학적 형식을 띤다는 것이다.

1) 강학으로서의 사기

이전의 사기들은 어떤 배경이나 특별한 형식 아래 쓰인 것이 아니라, 주소가註疏家들 스스로 자유롭게 읽은 주요 경론의 내용을 주석하거나 자신이 속한 학파의 소의경전이나 논서를 해석하는 형태로 나타나는 소·기가 대부분이었다. 원효의 소·기가 전자에 속한다면 법장, 규기, 길장 등 학자들의 주소는 후자에 속한다고 하겠다. 원효는 교학 연구에 매우 자유로운 입장을 취하기 때문에 학파에 구애되지 않고 다양한 경론을 주석하지만, 여타의 소기疏記들은 자파의 소의경론을 위주로 한 것들이 대부분이다. 예를 들면 지의를 비롯한 담연·지례 등 천태학자들은《법화경》중심의 문헌을 주석하였고, 혜소·규기 등 법상학자들은 유식계 경론에, 길장 등 삼론학자들은 반야 중론에, 법장·징관 등 화엄학자들은 대부분《화엄경》에 주소를 붙였던 것이다.

그렇다면 조선시대의 사기는 위에서 설명한 사기들과 어떻게 다를까. 먼저 이 시대의 사기는 교과과목이라는 국한된 분야의 주석이라는 것이다. 현재 전하고 있는 사기로는 사미沙彌과정에 해당하는

《치문사기緇門私記》를 비롯한 사집四集과목인 《선원제전집도서》·《서장》·《법집별행록절요병입사기》·《고봉선요高峯禪要》의 사기, 사교四教과에 속하는 《수능엄경》·《대승기신론》·《금강반야경》·《원각경》의 사기, 대교大教과의 교과과정인 《화엄경》·《선문염송》 등 분야가 다양하다. 그러나 이들 사기는 이력과정의 교과목 범위를 넘지 않는다. 조선시대의 사기는 어떤 특정한 경론을 주석하려는 것이 아니라, 교과과정의 교수과목을 바르게 해석하고자 주석을 붙인 저술 형식이기 때문에 승가 교육제도와 밀접하게 관련되어 있다.

오늘날의 승려 교육과정인 이력과정은 사미과, 사집과, 사교과, 대교과의 4개 과정으로 편제되어 있고, 이 과정을 이수한 뒤 수의隨意과를 학습하도록 짜여 있다. 수업 연한은 10년을 원칙으로 하고 있으나 특수한 경우 11년을 선택하기도 한다. 10년제인 경우 사미과 1년 — 사집과 2년 — 사교과 4년 — 대교과 3년이고, 11년제는 사미과 3년 — 사집과 2년 — 사교과 2년 6개월 — 대교과 3년 6개월로 편성되어 있다(남도영, 1980). 그러나 수업 연한은 개인의 능력에 따라 단축될 수도 있고 사찰에 따라 조금씩 차이를 보이기도 한다.

강원의 이력과정이 언제부터 시작되었는지는 명확하지 않다. 학계는 고려 중기 정혜결사를 조직하고 돈오점수頓悟漸修를 주창한 보조 지눌로부터 시작된 것으로 보고 있다. 이때 선전禪典에 속하는 《절요》, 《도서》, 《계초심학인문誡初心學人文》이 처음 교과과정에 포함되었을 것이라고 추정한다. 이 가운데 《자경문自警文》은 고려 말 야운野雲 이후에 추가되었고 《금강》, 《능엄》, 《선요》, 《절요》, 《도서》, 《서장》, 《치문》, 《자경》, 《초심》, 《염송》(이상은 모두 생략한 제목이다) 등 10개 과목도 이미 고려 말부터 편입되었을 것이란 견해가 지배적이다(남도영, 1980).

조선 초 벽송 지엄은 벽계 정심에게서 선교겸학의 전통을 이어받아《법화경》을 강학과목에 포함시켰다. 실제로 그는《법화경》을 강의했고, 어떤 때는 선으로 수행자를 꾸짖고 어떤 때는 교로써 대중을 가르쳤다고 전한다(한불 7). 또 벽송 지엄은 초학자들에게는 먼저《선원제전집》과《별행록》으로 여실지견如實智見을 세우게 하고《선요》와 어록으로써 지해의 병을 고쳐 선에 대한 식견을 쌓은 다음, 대승경론을 수강하도록 하였다는 것이다(한불 7). 그동안 교과과정의 가르침에 일정한 순차가 없었으나 벽송 때 이르러 비로소 그 차례가 정해진 것으로 보인다. 교과과정도 오늘날 강원과 같은 형태로 완비된 것은 아니지만 선교禪敎 과목들이 비교적 균형 있게 짜여 있었을 것이라고 판단된다. 벽송이 초학자를 위해 쓴《훈몽요초訓夢要鈔》(한불 7)에는 기신, 천태사교, 현수 법장의 오교, 교외별전의 삼처전심 등을 개설적으로 설명하고 있다. 따라서 초심자들이 이들 교학을 배우는 데 필요한 기초적인 개념을 먼저 익히도록 하였다는 것을 알 수 있다. 이와 같이 벽송 지엄은 그동안 선전禪典 중심의 교육과정에 처음으로 교학 과목을 포함시킨 인물이라 하겠다.

동시대에 활약한 허응당 보우는 승과 고시를 부활시키고 선과 교에 능한 인재를 선발하여 그 지도자로 삼았다(김영태, 1986). 고시 과목에《염송》,《전등록傳燈錄》,《화엄》,《십지경론十地經論》등이 포함된 것으로 보아, 이들 과목이 당시 교과과정에 속했을 가능성은 충분하다. 그 뒤 벽송의 고족高足 청허 휴정은《전등》,《염송》,《화엄》,《원각》,《능엄》,《법화》,《유마》,《반야》등 10권의 경론을 숭인 장로에게서 받았다고 그 문집에서 적고 있다. 더욱이《원각경》은 휴정이 직접 강의했으며《화엄경》과《법화경》도 널리 유통되었던 것으로 보인다. 지금과 같은 형태로 완비된 것은 아니지만 위에서 말한 10개 경론은 이미 강학 과목에 포함되었을 가능성이 매우 높은 것이다. 이후 오늘날과 같은 교육과정으로 정비된 것은 휴정의

4세 법손인 월담 설재 때로 추정되고 있다(남도영, 1980). 설재 뒤 월저 도안, 상봉 정원霜峯淨源(1627~1709)과 부휴의 법손 백암 성총 등이 10년제 10과목과 11년제 23개 과목을 확정하여 오늘날에까지 이르렀다는 것이다(남도영, 1980).

조선 불교계는 이러한 교육과정으로 선과 교에 뛰어난 인재들을 많이 배출하였고, 이렇게 배출된 인재들이 다시 선과 교를 동시에 가르침으로써 그것을 대대로 전수하였던 것이다. 이러한 선교겸학의 전통을 직접적으로 보여 주는 것이 바로 선문과 경론이 균형을 이루고 있는 교과과정 편제이다.

강원의 교과목은 선문을 배우고 다시 교학을 배우며 마지막에 선학과 교학을 동시에 수학하는 과정으로 편성되어 있다. 곧 조선시대의 승가 교육과정은 선교겸학의 바탕 위에 마련된 제도이며 이러한 선교겸학에 따른 교과목의 강의 내용을 주석한 것이 바로 조선시대의 불전 사기이다. 따라서 사기는 조선불교의 전통을 그대로 반영하고 있는 문헌이라는 것을 알 수 있다.

2) 고증학적 특색이 반영된 사기

사기는 교과목에 대한 주석이라는 특징 말고도 고증학적 학풍을 반영하고 있다는 점에 유의해야 한다. 앞에서 지적한 것처럼, 일반적으로 소·기의 구조는 먼저 대의를 서술하고 제목을 해석한 뒤 내용을 파악하여 체계를 세우고, 그 체계에 따라 문장을 차례로 해석하는 형식을 따른다. 그러나 조선 후기의 사기는 체계를 세우거나 사상을 이해하는 데 중점을 두기보다는 철저하게 개념을 해석하고 전거를 밝히는 고증적 형식을 따른다고 해설하고 있다(한불 10). 주로 원전의 정확한 해석을 위해 주석을 붙인다는 것이다.

연담은 숨은 글자를 보충하여 드러내고, 개념이 어려운 것은 쉽게 해석하며, 인용문 가운데 생략된 것을 찾아서 보충해 주고, 소초 가운데 글자가 잘못되었거나 탈자 또는 중첩된 글자가 있을 경우 그 잘못을 바로 잡는다고 설명한다(한불 10). 즉 사기는 원전을 정확하게 이해하고 해석한 경론에 대한 주기註記임을 알 수 있다.

인악의 주석 태도도 연담의 주석 방식과 크게 다르지 않다. 배우는 사람의 이해를 돕고자 억측을 배제하고, 강의에서 사소한 부분도 기술하며, 인용한 경론의 본문도 보충하여 사기를 붙였던 것이다(능엄학림, 2002). 이러한 학문적 태도는 바로 문헌 고증에 따른 문자·음운·훈고의 연구와, 이를 바탕으로 하여 고전을 비판적으로 해명하고 정비한 고증학적 영향을 크게 받았다는 것을 입증하고 있다. 조선시대의 사기란 바로 경론의 이해를 위한 고증적 주석의 한 형식이라고 말할 수 있을 것이다.

당시 사기는 강학자들에게 상당한 영향을 미쳐 경론 해석의 전범이 되었지만 그에 따른 반작용 또한 적지 않았던 것으로 보인다. 학자들이 지나치게 사기에 의존함으로써 경론의 정확한 해석을 목표로 하는 사기가 오히려 원전을 왜곡하여 본래 나타내고자 했던 의미로부터 점점 멀어지도록 한다는 지적도 있었다. 이와 같이 사기의 저술이 지엽적인 면에 치중하여 파벌을 형성한다는 부정적인 평가를 받기도 하였으나(이능화, 1918) 한국불교학 연구에 기여한 긍정적 측면을 더 크게 인정해야 할 것이다. 어쨌든 자료에 근거하여 원전을 정확히 분석하고 비판적으로 해석한 당시의 실학과 고증학의 영향으로, 사기 또한 경론을 객관적으로 평가하고 분석적으로 이해하는 접근방법을 도입함으로써 불교학 연구의 새로운 길을 열게 된 것이다.

실학을 받아들이고 서학을 수용한 정약용丁若鏞(1762~1836)은 직접《대동선교고大東禪教考》를 찬술하여 고증학적 연구방법을 선교사禪教史 편찬에 적용하고 있다. 그동안 인물 중심으로 구성되었던 불교사를 사건 중심으로 편성하였으며,《삼국유사》가 아닌《삼국사기》를 전거로 하여 사서史書로서의 체계를 세웠다. 자료의 분석에서도 매우 비판적이어서, 특히 기존 불조사의 법맥을 기록한《불조원류佛祖源流》를 인용하면서도 서술 방식이나 자료의 정확성에 대해서는 의문을 표시한다(한불 10). 이러한 객관적이고 비판적인 연구방법은 불교계의 강백들에게도 상당한 영향을 미쳤을 것으로 보인다.

고증학과 금석학에 정통한 김정희金正喜(1786~1856)는 백파 긍선과 주고받은 편지에서 백파의 삼종선三種禪과 삼처전심설三處傳心說 등에 대해 합리적 근거를 들어 잘못을 지적하고 그 오류를 비판한다. 추사와 동년배인 초의 의순草衣意恂(1786~1866)은 채제공蔡濟恭(1720~1799), 정약용 등의 글을 탐독했고, 김정희와 밀접한 교우관계를 유지함으로써(한불 10) 당시의 유학이나 고증학에 대한 식견을 넓혔던 것으로 파악된다. 의순은 이와 같이 엄밀하고 객관적인 연구방법으로 백파 긍선의 선관禪觀을 분석하고 비판함으로써 선 논쟁에 불을 지핀 인물이다.

이처럼 조선 후기의 사기는 고증학적 학풍을 반영한 새로운 경론 해석방법에 따라 기술된 저술 형식이라는 것을 알 수 있다.

5. 각종 사기와 그 교학적 의미

이러한 선교겸학에 따른 강학의 전통 속에 태어난 것이 조선 후기의 사기이고, 이 사기로부터 촉발된 불교학적 쟁점이 선禪의 논쟁과 교학의 대립을 가져온 계기가 된 것이다. 선의 논쟁은 백파 긍선의 선론禪論에 맞서 이를 비판한 초의로부터 시작되고, 이 논쟁은 다시 조선 후기까지 선의 새로운 과제로 이어진다.

교학의 대립에는 연담 유일과 인악 의첨이 그 중심에 있다. 두 거장은 당대에 활동한 강백으로 각각 청량 징관의《화엄경수소연의초》를 주석하지만 서로 시각을 달리한다. 이를 바탕으로 일어난 것이 '남연담, 북 인악'이라는 화엄학 연구의 새로운 학풍이다(한불 10).

사기는 주로 연담, 인악, 백파 세 사람의 강백에 의해 찬술되지만, 각각 개인의 힘만으로 완성한 것은 아니다. 교과목을 가르치면서 강의할 내용을 메모하여 대대로 보충한 것을 집대성한 것이기 때문이다. 성총이《화엄경수소연의초》를 간행한 이후 그 강의 메모를 정리하여 찬술한 것이 화엄사기이고,《선문염송》과《선문강요》의 강의 내용을 기록한 것이 선문사기이다.

선문사기는 백파의 저술이, 화엄사기는 연담과 인악의 작품이 대표적인 것으로 평가받는다. 세 사람은 많은 경론에 사기를 붙였지만 모두 강원의 교과목 범위를 벗어나지 않는다는 공통점을 가지고 있다.

1) 화엄 사기와 양대 학맥

연담과 인악의 화엄사기는 그 양이 방대할 뿐만 아니라 당시 학자들에게 미친 영향도 가장 큰 것으로 평가되고 있다. 이들 양사兩師의 사기는《화엄경》에 직접 주석을 한 것이 아니라 청량 징관의《화엄경수소연의초》를 다시 주석한 것이다.

《화엄경》이 강의과목으로 편입된 것은 이미 조선 중기로 추정되지만 청량의 소초에 의거하여 강의한 것은 백암 성총 이후라고 하겠다.《화엄경수소연의초》가 조선에 전래된 것은 1681년 무렵으로, 영광 임자도에 표류하다가 정박한 사람 없는 배 안에서 이들 자료가 발견된 것이다(한불 9). 백암 성총은 빈 배 안에 실려 있던 많은 불서들 가운데《화엄경수소연의초》와《정토보서淨土寶書》등을 가려 뽑아 간행하였다고 전한다. 그 이전까지는 참고할 전적이 없어《화엄경》을 보는 것이 매우 어려웠으나《화엄경수소연의초》가 유통된 이후《화엄경》에 대한 새로운 안목을 갖게 되었다는 것이다. 이에 의거하여 강의한 내용을 기록한 것이 화엄사기이다.

곧, 화엄사기란《화엄경》강의에서 축적된 성과를 집대성한 것이다. 이것은 물론 한 권의 책으로 엮어진 것이 아니다.《화엄경수소연의초》가운데《화엄경》대의를 논하는《현담사기》, 십지품을 설명하는《십지기》또는《유망기》, 십지 이전의《삼현기》에 대한 주기 등으로 나누어져 있다. 이러한《화엄경》강의를 집대성하고 정리하여 기록한 사람이 유일과 의첨이라는 양대 강백인 것이다.

《화엄경수소연의초》를 강의한 것은 백암 성총 이후지만《화엄경》은 조선 초기부터 중시되어 온 경전이다. 이미 세조 때의 설잠은《화엄석제華嚴釋題》와《일승법계도주一乘法界圖註》를 찬술하여 화엄을 선의 시각으로 해석함으로써 화엄과 선의 경계를 두지 않았다. 이후 나암 보우가 선교양종판서를 승과고시로 뽑을 때, 화엄은 교종시敎宗試의 중요 과목으로 채택되기도 하였다.

이러한 전통을 이어《화엄경》은 이미 휴정 당시에 교과목으로 편입되어 강의가 이루어졌을 것으로 추정된다. 휴정과 함께 부용의 법을 받은 부휴는《화엄경》과《법화경》을 간행하고 그 소문疏文을 지었다.

그 뒤로《화엄경》에 대한 체계적 분석이 이루어지게 된다. 부휴의 수제자 각성을 이어 화엄을 대성한 모운 진언은 사기의 한 형식인《화엄품목문목관절도華嚴品目問目貫節圖》를 찬술한다. 이 책은〈화엄경7처9회품목도〉와〈화엄4과관절도〉를 합하여 한 권으로 묶은 것이다. 〈화엄4과관절도〉는 청량 징관의 과본科本에 의거, 그것을 경經과 대조하고 안배하여 전체 경문을 신해행증信解行證이라는 네 부분으로 분과한 《화엄경》의 과도科圖로서, 경의 정확한 이해를 위해 체계를 세운 도표이다.

백암 성총의 법손으로 화엄을 연구한 묵암 최눌 또한 자신의 《제경회요諸經會要》에 〈화엄과도華嚴科圖〉를 더욱 체계적으로 보완하고 정밀하게 다듬어 수록함으로써 화엄에 대한 학인들의 안목을 넓히고자 하였다.

묵암 이후 화엄종사로 추앙받은 연담 유일과 인악 의첨은 방대한 양의 화엄사기를 집대성하여 화엄경 연구의 새로운 전기를 마련한다. 현재 전하고 있는 화엄사기의 대부분은 연담 유일과 인악 의첨이 쓴 것이다. 연담 유일과 인악 의첨은 모두 임제선을 이은 휴정의 문손이지만 동시에 화엄의 일대 종장이었다. 그러나 양사의 화엄관은 서로 달랐던 것으로 보인다.

연담 유일은 화엄의 대강백인 호암 체정(1687~1759)의 제자로서 그의 문형인 설파 상언雪坡尙彦(1707~1791)에게서 화엄을 수학한다. 설파 상언은 화엄학에 정통한 학자로, 부휴의 법손인 화엄종장 회암 정혜의 문하에서 배운 화엄교학의 계승자이다(능엄학림, 2002). 설파는 강원의 교재인 《화엄수소연의초》 가운데 빠진 것을 가려내어 도표로 보완하고 인용문이 잘못된 것을 일일이 교정하였다. 이러한 설파의 관련 자료가 전하지 않는 것은 매우 안타까운 일이다. 그러나 그 화엄 연구의 전통은 연담 유일과 인악 의첨에게 계승된다.

연담은 세속에서 사서를 배우고 18살에 출가하여 19살부터 《선요》와 사집, 《능엄경》, 《기신론》, 《금강경》을 배웠으며, 그 뒤 《원각경》을 배우고 설파에게서 《화엄경》을 수강하였다. 그는 일찍이 모든 교과과정을 마치고 대둔사, 미황사, 해인사 등 전국 사찰을 찾아 30여 년 동안 강경講經에 힘썼다(한불 10). 이렇게 화엄과목을 강의하면서 그 내용을 정리한 것이 이른바 연담의 화엄사기이다. 연담의 사기에는 《화엄》 이외에 《사집사기》 1권, 《기신론사족》 1권, 《금강경하목》 1권, 《원각경사기》 2권, 《제경회요》 1권, 《염송착병》 2권 등 많은 사기가 있지만(한불 10) 그 가운데 화엄사기는 그의 화엄관을 반영하고 화엄의 학맥을 형성케 한 주요 문헌으로 꼽힌다. 연담의 화엄사기는 《현담기》와 《유망기(십지기)》로 구성되어 있으며, 인악의 저술로 추정되는 화엄사기와 작자 미상의 사기들도 모두 십지와 현담에 집중되어 있다. 이것은 매우 흥미로운 일이다. 조선시대의 《화엄경》 강의가 경의 대의를 파악하는 현담 이외에, 수행의 단계인 십지품을 중심으로 이루어진 것을 볼 때, 당시의 승가교육은 이론보다 실천수행면에 더 비중을 두었던 것이 아닌가 생각된다.

연담은 청량의 소초를 매우 분석적이고 객관적으로 풀이하였다. 오탈자를 정확하게 찾아 내고 소초의 잘못된 부분은 철저히 전거를 밝혀 바로 잡는다. 여기에는 인악과 다른 화엄에 대한 입장도 잘 드러나 있다. 그러면 연담의 화엄관은 어떠하였는가.

연담은 우주만유가 상항불변常恒不變하는 본성으로부터 나타난다고 하는 성기론적 입장에 서 있었다. 먼저 연담과 묵암 최눌이 논쟁한 심성론에 관한 연담의 평가를 살펴보자.

> '제불과 중생의 마음이 각각 원만하니 하나가 아니다'라고 하는 것은 묵암의 논설이다. 이에 견주어 '각각 원만이라는 것은 본래 하나인 것이다'라는 것은 나의 논리이다(한불 10).

위와 같이 '각각 원만'에 대한 연담과 묵암의 해석이 서로 다르다. "'불과 중생 개개인이 각각 원만하다.'는 것은 묵암의 입장이고, 각각 원만이라는 것은 개개의 모든 불과 중생이 원만하다는 것이 아니라 '각각 원만한 본래 하나'라는 말로서, 연담 자신의 논리"라는 것이다. 이것은 바로 양사의 연기관緣起觀에 대한 차이점이라 할 수 있다. 묵암은 제불과 중생이 모두 자성自性이 원만하지만 불은 불이고 중생은 중생이라는 연기론적 입장이고, 연담은 중생과 불이 둘이 아니라는 성기론적 관점이라 하겠다.

묵암의 각각 원만이 하나가 아니라는 주장은 운봉 대지의 설을 따른 것이다. 운봉은 "불과 법法의 명칭이 비록 하나의 글자라고 하지만 그것은 실제로 본래 갖추고 있는 진제眞諦를 가리킨다. 중생과 불이 동등하게 존재하기 때문에 개개가 원만하게 성취한다는 의미가 명백한 것이다(한불 9)"라고 하여 각각 원만을 하나가 아닌 개개箇箇의 원만으로 해석한다. 그 연장으로 운봉은 심성을 여래장如來藏과 동일시하여 여래장연기설을 주장하고 있다. 묵암도 마찬가지로 인인人人 개개箇箇에 중점을 두는 연기론적 입장을 취한 것이다.

이와 달리 연담은 운봉 대지와 묵암 최눌로 이어지는 이러한 심성론의 관점을 성기설의 입장에서 정면으로 반박한다고 볼 수 있다. 연담은 매우 비판적으로 당시의 불교학을 받아들여 그 기초를 튼튼히 다진 학자라고 하겠다.

연담과 함께 교학 분야에서 가장 많은 사기를 쓴 사람은 인악 의첨이다. 인악은 경북 달성 출생으로 18세에 출가한다. 그는 연담보다 20년 늦게 태어나지만 그 생애는 연담과 매우 비슷하다. 출가한 연령이 같고 세속에서 유학을 배우고 불문에 들어와 승가 교육과정을 이수한 것도 그대로 닮았다. 그는 또 연담이 화엄을 전수받은 설파 상언에게 화엄과 염송을 배운 동문 수학자이기도 하다(능엄학림, 2002). 인악은 유일과 필적하는 당대의 문장가로서 정조正祖의 요청으로 용주사의 불사를 주관하고 불복장 원문願文을 지어 고승으로 추앙받는다(한불 10). 교학적 경향도 연담과 비슷하여 화엄을 중시하고 화엄학에 대한 뛰어난 식견을 갖추고 있었으며 동시에 방대한 분량의 화엄사기를 저술하여 연담과 쌍벽을 이룬다.

그러나 인악의 사상적 성향은 연담과 다소 달랐던 것으로 보인다. 인악은 눌촌에게 보내는 세 편의 답서에서 자신의 심성에 대한 관점을 상세히 적고 있다(한불 10). 먼저 연기설에 대한 인악의 입장을 살펴보자.

> 인연이 화합하면 이 몸이 생겨나고 인연이 흩어지면 이 몸이 사라진다. 어찌 사람뿐이겠는가. 모든 사상事象도 다 그렇다. 통틀어 말하면, 일찍이 한 법도 인연에 의해 생겨나지 않는 것이 없다(한불 10).

인악은 일체 만상이 모두 인과 연에 따라 생성·소멸한다는 연기론적 입장을 취한다. 거울에 만상이 비치는 것처럼, 거울에 물건을 비추면 물건이 나타나고 물건이 사라지면 거울 속의 물건도 사라져 오직 하나의 거울뿐이라는 것이다.

그는 또 이러한 연기설의 관점에서 이기설理氣說을 풀이하기도 한다. 삼라만상의 모든 성질과 그 작용 변화를 기氣라고 보고, 그 이면에서 그것을 가능하게 하는 원리를 이理라고 말한다(한불 10). 이러한 이와 기를 모두 포섭하는 것이 불교의 마음이라는 것이다. 즉 일체 대상과 작용, 그리고 그 원리를 심상에 비치는 현상과 같다고 파악하고 있다. 마음은 거울처럼 원만하고 청정하지만 인물과 산천, 만상과 삼라가 여기에 비치어 형상을 드러낸다는 것이다. 종합적으로 말하면, 만법이 모두 일심이지만 분별해서 말하면 법법마다 각각 일심을 갖추고 있다는 설명이다. 이것은 제불과 중생의 마음이 '각각 원만'하다는 것에 대한 묵암과 연담의 논쟁을 종합하는 화회적 관점이라 하겠다. '각각 원만'이라는 것은 '중생 개개가 원만하냐 아니냐'의 문제가 아니라 '총總이냐 별別이냐' 하는 관점의 차이에 지나지 않는다는 것이다. 또 이것은 일체 현상제법現象諸法이 일심을 근거로 하여 연기한다는 일심연기설一心緣起說을 그대로 드러낸 것이라 하겠다.

성기설과 연기설이 근본적으로 다른 것은 아니지만 연담이 성기론에 무게를 두는 데 견주어 인악은 연기론을 중시한다고 할 수 있다. 그러나 이것은 단지 양사의 관점상 차이일 뿐이다. 연담 사기가 남에서, 인악 사기는 북에서 각각 양대 학파를 이룬 것은, 그 이면에 서로 견해가 다른 연기관이 있었기 때문으로 판단된다.

이와 같은 화엄의 활발한 논의를 비롯하여 강학 경론의 풍부한 주석을 포함하고 있는 사기들은 조선불교의 교학적 전통이 단절되지 않았다는 것을 보여 주는 살아 있는 증거라고 하겠다.

2) 선문 사기와 선의 논쟁

주로 선문에 사기를 붙인 백파 긍선은 30여 년 동안 강학에 힘쓴 대강백이었다. 연담 유일보다 거의 50년 뒤에 태어난 백파는 계율과 화엄 그리고 선에 정통한 인물로서, 그가 선강법회禪講法會를 열 때면 그 명성을 들은 학인들이 구름처럼 몰려들었다고 한다. 백파의 저술에는 《선문수경禪門手鏡》과 《수선결사문修禪結社文》 외에 《선문염송사기禪門拈頌私記》, 《오종강요사기五宗綱要私記》, 《고봉선요사기高峯禪要私記》, 《금강팔해경金剛八解經》 등이 있다. 이 가운데 대표적인 저술이 《선문수경》이다. 이 문헌은 일반 저술의 형태로 간행되었지만 선 과목과 관련된 주요 항목들을 해석한 선문 사기의 성격을 띠고 있다. 여기에는 임제삼구臨濟三句와 삼종선三種禪 그리고 삼처전심

三處傳心이 중심적인 주제로 다루어지고 있으며, 이들 항목은 모두 《선문강요》 가운데 포함된 내용을 주석한 것이다.

백파는 임제삼구를 선문의 가장 핵심적인 가르침이라고 강조한다. 불조사佛祖師로부터 모든 선지식에 이르기까지 이 삼구를 절대로 떠날 수 없다는 것이다. 따라서 이러한 임제삼구를 배우기 위해서는 먼저 《인천안목人天眼目》, 《오종강요》, 《선문강요》를 읽어 삼구의 의미를 파악한 다음, 의심이 사라진 뒤에 《염송》, 《전등》, 사집 등의 어구에서 이 삼구를 대조해 보라고 역설한다. 그의 《선문염송사기》도 혜심이 찬술한 《선문염송》을 임제삼구의 틀로 해석한 것이며, 《오종강요사기》도 마찬가지로 임제삼구를 중심으로 한 《오종강요》의 주석이다.

임제선의 핵심을 임제삼구로 본 것은 《인천안목》과 《선문강요》이다(한불 10). 조선 중기 청허 휴정은 《선가귀감》 끝머리에 이러한 임제삼구와 삼현삼요三玄三要를 임제가臨濟家의 대표적인 가르침으로 다시 언급하였다. 이와 같은 전통을 계승하여 임제삼구를 더욱 상세하게 해석한 사람은 환성 지안喚醒志安(1664~1729)이다. 환성은 자신이 쓴 《선문오종강요》에서 임제삼구를 《선문강요》의 청풍과 호월의 설을 인용하여 주석한다. 백파의 임제삼구 설에 대한 해석 또한 이러한 전통에 바탕을 둔 것이다. 조선시대 선의 논쟁은 바로 임제삼구와 삼종선, 삼처전심에 대한 백파의 해석에서 비롯된다. 그러면 백파는 임제삼구를 어떻게 해석하였는가. 먼저 《인천안목》에 근거한 임제삼구를 살펴보자.

> 삼요의 도장을 찍어 붉은 인발이 정연하니 사량하고 헤아림을 용납하지 않으나 주빈이 나누어지네(백파의 관점으로 해석한 것임).
>
> 묘희가 어찌 무착의 질문을 용납하며 방편이 어찌 흐름(번뇌)을

끊은 기류를 등지리오.

광대가 꼭두각시 놀리는 것을 보니 밀고 당기는 것은 모두 무대 안에 있는 사람들의 짓이구나(한불 9·10).

긍선은 위의 3구를 삼종선에 배대하였다. 제1구에서 터득하면 상사上士로서 조사선을 안 사람이고, 제2구에서 터득하면 중사中士로서 여래선을 안 사람이며, 제3구에서 터득한 사람은 하사下士로서 단지 의리선을 알 뿐이라고 말한다. 또 제1구는 대기대용大機大用이라는 삼요三要로, 제2구는 권실權實이라는 삼현三玄으로, 제3구는 유무중有無中이라는 삼구三句로 해석한다(한불 10). 이와 같이 삼구를 삼종선으로 나누지만, 구마다 삼현과 삼요를 갖추었고 현마다 삼구와 삼요를 갖추었으며 요마다 삼구와 삼현을 갖추었다는 것이다. 비록 삼현을 여래선이라 하고 삼요를 조사선이라 하나 여래선과 조사선 그리고 의리선은 하나의 기틀이라고 주장한다(한불 10). 긍선은 이러한 삼구와 삼종선의 관계는 자신의 억설이 아니고 일우설一愚說에 의거한 것이라고 그 전거를 밝혀 해석하고 있다. 그러나 초의로부터 비판받는 것은 삼종선과 임제삼구와의 관계를 풀이하는 바로 이 대목이다.

초의는 삼요와 삼현의 관계란 거울에 비친 영상과 물체처럼 서로 분리될 수 없는 상호관계라고 평가한다. 또 의리선·격외선은 법에 의거한 것이고 여래선·조사선은 사람에 따른 분류라는 것이 전통적인 해석인데, 의리선·여래선·조사선으로 선을 나누는 것은 타당한 기준이 없는 잘못된 분류라고 지적한다. 그것이 일우의 설이라고 하나 구곡이나 일우 누구도 그러한 말을 하지 않았다는 것이다(한불 10).

그러나 백파가 선을 조사선·여래선·의리선으로 나누지만 단순히 평면적으로 분류하는 것은 아니다. 실제로 백파도 선을 법의 분류라는 의리선과 격외선 둘로 나누고 있다. 이것은 전통적인 선의 분류 방식과 다르지 않다. 다만 여래선과 조사선을 의리선과 격외선 가운데 격외선의 범주에 넣고 있을 뿐이다. 초의의 삼종선 비판에는 이러한 점이 전혀 고려되지 않은 측면도 있다고 하겠다.

백파는 결과적으로 이와 같은 선의 분류가 근기 차별에 따른 방편설이라고 본다. 의리선은 제3구에 해당되는 선으로서 깨달음 뒤의 수행으로 성불하는 법이기 때문에 신훈新熏의 설이라고 해석한다. 여기에는 의리義理의 격식이 있기 때문에 의리선이라 한다는 것이다. 이것은 사견에 빠진 하근 중생을 교화하기 위해 설정하였다는 것이 백파의 설명이다.

한편 격외선은 '마음이 곧 부처이다(여래선)', '산은 산이고 물은 물이다(조사선)'라는 말처럼 기댈 곳도 만질 곳도 없어서 의리(합리성)의 격을 벗어났기 때문에 격외선이라 부른다고 풀이하고 있다. 격외선은 교외별전이고 일미선이어서 이근利根을 위한 최상승선이라는 것이 백파의 판단이다. 여기에 여래선과 조사선이 포함된다는 것이다.

여래선은 중근 중생이 삼현이라는 방편으로 본분과 향상向上에 도달하는 조사문의 일이지만, 여래선이라고 하는 것은 여래가 만법을 총괄하고 일심의 교적敎迹을 밝히는 것과 같기 때문에 폄하하여 부르는 말이라고 설명한다. 조사선은 상근 중생이 삼요의 문으로 향상의 진공묘유眞空妙有를 뚫고 나가기 때문에 조사선이라 부른다는 것이다(한불 10).

그러나 초의는 삼구가 상중하의 근기를 위한 방편설이라는 데 대해서도 단호하게 반대 의견을 편다. 불조사는 상근기를 언구로 제접하는 것이 아니라 단지 일기一機만을 보여 준다는 것이다. 만일 언구로 대한다면 그것은 상기上機가 될 수 없다는 것이 초의의 설이다.

조사선이란 언구로써 설명하는 선이 아니라는 점을 강조한다는 것을 알 수 있다. 또 여래선을 격외선에 넣어 '좌석을 나눈 것(分半座)'에 소속시킨 것이 구곡의 뜻이라고 하지만 구곡설 가운데는 그러한 말이 없다고 반박한다(한불 10).

이어 삼종선의 해석과 함께 비판의 대상이 된 것은 삼처전심설이다. 삼처전심이란 말 그대로 세 곳에서 가섭에게 심법을 전한 일을 가리키는 것이다. 제1처전심은 '석가가 좌석을 가섭과 함께 나누어 앉는 것'이고, 제2처전심은 '석가가 꽃을 집어 들자 가섭이 미소를 지은 것'을 가리키며, 제3처전심은 '열반 후 관 속에서 가섭에게 발을 내밀어 보이신 것'을 말한다.

백파는 일우설에 의거하여, 제1처전심 '좌석을 나눈 것'은 살인도殺人刀이고 제2처전심인 '염화미소'는 활인검活人劍이며 제3처전심인 '관 속에서 발을 보이심'은 살활殺活을 겸한 것이라고 해석한다. 여기에서 제1처전심은 제2구의 본분과 향상으로서 불변진여不變眞如만을 전하기 때문에 살殺뿐이고 활活은 없는 것으로, 제2처전심인 염화는 활인검으로서 제1구 대기대용인 삼현삼요와 향상인 진공묘유에 해당된다는 것이다.

초의는 삼처전심에 대한 살활 구별을 매우 부정적으로 평가한다. 살이라면 삼처가 모두 살이어야 하고, 활이라면 삼처가 모두 활이어야 하며, 살활이 함께한다면 모두가 살활이어야 한다는 것이다. 나아가 살활이란 대기대용과 같이 서로 도와 뗄 수 없는 관계라고 해석한다. 살을 전하지만 반드시 활을 함께 전하며, 활을 전하지만 또한 살을 동시에 전한다는 것이 불조사의 뜻이라고 평가하고 있다. 따라서 단지 살만 전하고 단지 활만을 전했다면 참다운 종사라 할 수 없다는 것이다. 만일 세존의 분좌가 단지 살이라면 세존도 훌륭한 스승이라 할 수 없을 것이며, 청원(?~740)도 살만 전하고 활을 알지 못했다면 그도 또한 훌륭한 선사가 아닐 것이라고 초의는 백파의 설을 비판한다(한불 10).

이후 초의의 비판에 대해 백파의 입장을 옹호한 사람은 설두 유형이다. 유형은 백파의 선전禪典 해석을 계승하여 그것을 더 확장하고 논리적으로 보완한다. 여래선·조사선 및 살인검·활인검은 억측에 따른 주장이 아니라 명확한 전거에 따른 것이며, 깨달음을 비유적으로 설명하는 것이라고 평가한다. '여래선·조사선은 깨달음을 전하는 사람을 일컫는 말이고 살인도·활인검은 여래의 깨달음을 전하는 법에 의거하여 부르는 말'이라고 해석하여 백파의 입장을 지지하였다. 또 임제·운문을 조사선에 배정하고, 조동·위앙·법안을 여래선이라 평가한 백파를 터무니없는 판단이라고 비판한 초의에 대해, '그것은 《인천안목》과 휴정 및 환성 등의 전거에 따른 정당한 주장'이라고 백파 긍선을 적극적으로 옹호한다. 이에 앞서 우담 홍기優曇洪基(1822~1881)는 백파를 비판한 초의의 설을 지지하였고, 이후 축원 진하竺源震河(1861~1925)는 우담의 입장에서 초의의 설을 두둔했다.

이와 같이 임제삼구를 중심으로 한 백파와 초의의 선 논쟁은 이후 조선 후기까지 지속된다. 여기에서 유의할 것은, 이것이 선 자체의 철학적 논쟁이라기보다는 선문 해석의 적합성을 둘러싼 선학禪學의 주변적 논쟁이라 할 수 있다. 형식상으로는 선의 논쟁이지만 내용상으로는 교학적 성격을 띠고 있다는 것이다. 선이란 무엇인가에 대한 논의가 아니라 선의 언어를 어떻게 해석해야 하는가가 중요 쟁점이 되고 있다. 즉 선문에 대한 설명이 불조사의 본의에 맞는지에 대한 해석의 적합성과, 그것이 확실한 전거에 따른 것인가 하는 자료의 실증성이 핵심적인 논점인 것이다.

예컨대 여래선·조사선이라는 말이 일우설一愚說이라 하지만 일우설을 전한《선문강요》어디에도 그러한 말은 없으며 진귀조사설 또한 믿을 만한 전거에 따른 것이 아니라는 주장이다(한불 10). 백파에 대한 추사의 비판도〈망증백파서妄證白坡書〉라는 제목이 시사하는 것처럼 선 자체의 문제라기보다 전거의 정확성과 논리적 타당성이 기준이 되고 있는 것이다. 이와 같이 조선불교의 선 논쟁을 불러일으킨 선문의 사기에는 당시에 유행하던 고증학적 영향이 그대로 스며 있는 것을 볼 수 있다.

백파는 선문을 교학과 관련지어 파악하기도 한다. 선의 핵심적인 언구로 생각하는 임제삼구와 삼종선을, 유식의 삼성설三性說 및《금강경》사구게四句偈와 배대하여 해석하는 데서 이러한 입장이 잘 드러난다(한불 10). 그는 임제선을 교학과 분리하는 것이 아니라 교리를 임제삼구로 풀이하고 있다. 여기에서 초의는 해석의 오류라고 판단하는 부분은 엄격하게 비판하지만 선문의 언구와 교학의 배대 자체에 대해서는 별달리 이의를 제기하지 않는다. 이것은 임제선의 정맥을 중심으로 여타의 교학들을 융섭하려는 당시의 불교학 경향이 반영된 것으로 볼 수 있을 것이다. 이러한 선교관은 선교겸학으로 이루어진 교육제도가 뒷받침되었기에 가능했던 것이라고 판단된다.

이와 같이 고증학과 선교겸학의 영향을 받아 찬술된 사기는 '조선불교사상의 총집약'이라 하겠다. 특히 선문사기에 대한 논쟁이 비록 선의 본질에서 벗어났다 하더라도 불교학 연구에 활력을 불어넣고 그것에 엄밀성을 제공한 긍정적인 효과는 높이 평가되어야 할 것이다.

3)《절요》·《도서》및 기타 사기

교학 과목인 화엄사기와, 선문 사기인《염송사기》및《선문수경》외에 유의해야 할 사기가 있다. 그것은 목판으로 간행되어 널리 유통되어온 사집 과목의 《도서》와 《절요》 사기이다.

선학 과목인 《절요》와 《도서》에 처음 과문을 나눈 사람은 상봉 정원이다. 정원은 풍담 의심의 문하로 《열반경》 등 3백여 부에 구결을 정하고 《화엄경》에서 놓친 3과를 바로 잡는 등 많은 업적을 남겼다. 현재 남아 있는 저술로는 규봉 종밀圭峰宗密(780~841)의 《선원제전집도서》에 과목을 붙인 《선원제전집도서분과》 상·하 2권이 있다. 종밀의 《도서》는 《법집별행록절요병입사기》와 함께 우리나라에서 강원의 교재로 오랫동안 유통되어 온 저술이다. 여러 차례 필사로 전해져, 내용이 본의에 어긋나거나 기록 과정에 오류가 있었기 때문에 정원이 그것을 가려내고 바로 잡아 인간印刊하였다는 것이다(한불 8). 따라서 이 사기는 단순히 과목만을 나누어 간행한 판본이 아니라 교감과 수정이 더해진 교정본이라 할 수 있다. 이 가운데 《절요》 사기는 봉암사 소장으로 알려져 있으나 확인된 것은 아니다.

그 뒤 설암 추붕雪巖秋鵬(1651~1706)은 《도서》를 분과하고 그곳에 간략한 논평을 붙인 《선원제전집도서과평禪源諸詮集都序科評》이라는 사기를 찬술하였다. 추붕은 선교를 겸학한 당대의 대종장으로 규봉 선사의 《도서》를 귀중하게 생각하여 강석에 있을 때나 선정에 들 때는 물론, 길을 걸을 때도 그것을 놓지 않았다고 한다(한불 9).

같은 시대의 백암 성총은 사미과목인 《치문》에 상세한 주기를 달고 《대승기신론》에 현수 법장의 주석과 장수 자선長水子璿(965~1038)의 기記를 편입하여 회편함으로써 교과목의 강의교재로 활용하도록 하였으며, 이후 정혜는 사집 가운데 《선원집도서과기》와 《법집별행록사기해》를 저술하여 난해한 사집을 체계적으로 정리하고 주석하여 학자들의 지남이 되게 하였다.

특히 정혜의 《도서사기》와 《절요사기》는 문장의 분석에 두드러진 면이 있다. 《도서》는 정리량正理量과 성언량聖言量 2양量으로 분과

하였고, 《절요》는 2현 즉 체중현體中玄과 구중현句中玄으로 나누어 과목을 붙였다. 《도서》는 논리적인 저술이라고 평가하고 《절요》는 임제선의 관점으로 분석한 것이다.

임제의 삼현삼요 가운데 삼현이 바로 체중현, 구중현, 현중현이다. 그 가운데 현중현을 제외한 2구가 《절요》의 근본 사상을 드러낸 것이라고 정혜는 풀이한다. 체중현은 삼세일념三世一念 등을 가리키고, 구중현은 경절언구經截言句 등을 일컬으며, 현중현은 방棒·할喝·양구良久 등을 말한다는 것이다(한불 9). 이러한 삼현은 임제가 판별하는 선상禪相이다. 체중현은 선을 이理의 차원에서 언어로 나타내는 것이고, 구중현은 언어를 초월한 언구로 표현하는 것이며, 현중현은 방, 할 등을 사용하여 이심전심以心傳心을 언어 이외의 수단으로 보여 주는 것이라 할 수 있다. 방은 임제가 제자들을 가르치는 주된 방식이다. 따라서 현중현은 임제선의 요체임이 분명하다. 그런데 왜 정혜의 과목에서는 현중현이 빠진 것일까. 그것은 정혜가 현중현도 결국 구중현의 범위를 벗어나는 것이 아니라고 보기 때문이다(한불 9). 이와 같이 정혜는 삼현이라는 독특한 시각으로 《절요》를 해석하고 있는 것이다. 이러한 관점은 연담에 이르기까지 이어져, 많은 학자들이 정혜의 사기를 신봉하였으며 당시의 강학계에 상당한 영향을 미쳤던 것으로 판단된다.

이후 《도서》와 《절요》에 사기를 붙인 학자는 연담 유일이다. 연담 사기의 형식상 특징은 과목을 나누는 데 3·3분법보다 2·2분법을 주로 쓰는 데 있다(한불 10). 이전에는 '① 대의의 총표, ② 개별적 해석, ③ 결론'이라는 삼분법으로 과목을 나누었으나 연담은 '① 대의의 서술, ② 본문의 해석'이라는 2분법을 사용하였다. 연담의 《절요사기》에는 이러한 형식이 잘 나타나 있다. 2·2분법이 원 저자의 뜻을 반영한 측면도 있지만 여기에는 2분법을 선호한 연담 자신의 의

도가 잘 드러나 있다고 하겠다. 회암 정혜는 같은 목우자의 《절요사기》를 분과하는 데 '① 대의를 총체적으로 드러냄, ② 법요를 바로 보임, ③ 결론으로 관행을 권함'이라는 3분법을 사용한다. 그러나 연담은 위와 같이 '① 대의의 서술, ② 본문의 해석'이라는 2분법을 도입하고 있는 것이다. 이러한 2분법은 문세文勢를 억지로 나누는 것이 아니라 자연스럽게 의미를 파악할 수 있다는 장점을 가지고 있다고 판단한 때문이다(한불 10).

교학적 측면에서 연담은 앞의 사기들을 비판적으로 계승한다. 즉 《도서》와 《절요》의 사기에는 상봉 정원, 설암 추붕, 회암 정혜 등이 쓴 세 종류가 있지만 후대로 내려올수록 그 내용이 우수하다고 하여 정혜의 사기를 가장 높게 평가하였다(한불 10). 그러나 연담은 '《도서》와 《절요》 가운데 돈오점수가 가장 큰 절목節目이지만 정혜는 그것을 이지理智로 판단함으로써 본의를 잃어버렸기 때문에 전적으로 의지할 것이 못 된다.'고 비판한다(한불 10). 연담이 돈오점수를 이지가 아닌 사지事智로 해석하여 분석하고 있는 것을 볼 수 있다. 또 자신이 《도서》를 해석하는 데는 회암 정혜와 대동소이하지만 《절요》에서는 관점의 차이가 더 크다고 밝힌다. 연담은 그동안 강학계를 주도해 오던 회암 정혜의 사상을 새로운 관점으로 해석한 것이다. 돈오점수에서 수修와 오悟가 일시라는 것은 돈오를 이지로 보는 전통적인 시각이지만 연담은 여기에 동의하지 않는다. 《도서》의 돈문이란 수오 일시가 아니라 선후가 있는 사지라는 것이다(한불 10). 이것은 종래 회암의 견해와 180도 다른 해석이다. 즉 돈오와 점수는 철저히 수행의 방편이라는 것이 연담의 견해이다.

이상과 같이 정혜는 보조선을 임제선의 시각으로 분석하지만 연담은 돈문頓門을 이지가 아닌 사지로 해석함으로써 회암뿐만 아니라 보조와도 관점을 달리한다. 이처럼 연담의 문헌 해석은 매우 분석적이고 비판적이었다는 것을 알 수 있다. 이러한 그의 불교학 연구방법은 조선 후기 강학에 지대한 영향을 미치게 된다.

연담과 정혜의 《절요사기》는 불교사상사적으로도 매우 중요한 의미를 지닌다. 즉, 이들 사기에서 고려의 보조선이 임제선을 표방한 조선불교에 어떻게 수용·계승되었는가를 이해할 수 있기 때문이다. 연담과 정혜의 양대 《절요사기》를 비교·연구한다면 이러한 문제들이 명료하게 밝혀질 수 있을 것이다.

경론에 대한 주석은 아니지만 사기의 성격을 띤 중요한 문헌이 있다. 그것은 《제교행상》 또는 《제경행상》으로도 불리는 《제경회요》라는 문헌이다. 《제경회요》는 교과목으로 채택된 경론 및 선문의 가르침을 촬요하거나 도표로 만들어 선교의 요지를 체계적으로 보여 주는 저술이다. 그동안 화엄 과목을 표시하는 사기 성격의 몇몇 도표가 있었으나, 여러 교과목의 경론에서 요점을 간추리고 주요 법상을 선정하여 처음으로 정리한 사람은 묵암 최눌이다. 묵암은 강학 과목에 해당하는 《화엄》, 《원각》, 《능엄》, 《금강》, 《기신》 및 《염송》뿐만 아니라 《구사》, 《유식》 등 여타 교학의 법상도 포함시켜 23개에 걸친 항목에 해석을 붙이고 도표를 작성하였다. 이 《제경회요》는 강학 과목 이수를 위한 개론서로 만들어진 저술이라 할 수 있다. 접지로 간행된 묵암의 《제경회요》는 여러 차례 간행·유통된 것이 확인되므로, 강원의 주요 교재로 사용되어 왔을 것이라는 판단이 가능하다.

이 밖에 연담의 저술로 보이는 필사본 《제경회요》에는 묵암이 다뤘던 법상과는 대부분 다른 항목이 실려 있으며 내용도 더욱 자세하고 항목 수도 훨씬 많다. 여기에는 화엄·유식·중론·천태 등 대승 전반에 걸친 법상뿐만 아니라, 소승과 관련된 여러 항목들도 광범하게 수록되어 있다. 이 밖에도 한국의 중요 도서관에는 다수의 《제경회요》가 필사로 전한다. 이것은 묵암 이후 경론을 수학하기 전에 그 개요와 중요 법상을 미리 파악하고자 하는 요구가 차츰 증대됨에 따라, 이와 같이 다른 내용의《제경회요》가 찬술된 것으로 보인다. 이것을 더 보완하고 수정하여 전수한 것이 오늘날 강원에서 필사본으로 유통되고 있는 보충교재, 즉《제교행상》일 것으로 추정된다. 이와 같이 사기는 수준 높은 선교겸학의 조선불교 전통을 그대로 간직하고 있는 중요한 불교문헌임에 틀림없다.

6. 결어

조선 후기의 사기는 유불교섭과 선교겸학이라는 불교사의 전통 속에 나타난 주소註疏의 한 형식이다. 일반적으로 사기란 경과 논을 주석하거나 그 주소를 다시 주석한 것이지만, 조선시대의 사기는 이전의 주기註記와 다른 특징을 가지고 있다. 그것은 선교겸학으로 구성된 강학 과목에 한정된 주석이고 고증학적 영향을 크게 받았다는 것이다.

강학 과목은 고려시대에 지눌이 찬술한《절요사기》와《계초심학인문》이라는 선학과목을 시작으로, 조선시대의 벽송 지엄에 이르러 교학 과목이 보충됨으로써 선교겸학의 체계를 갖추게 되었다. 청허 이후 선학과 교학 과목을 점차 늘려 오다 월담 설재 때에 이르러 오늘날과 같은 교과목이 완성되었다는 것이 대체적인 견해이다. 이와 같이 강학 과목은 선학과 교학을 동시에 수학하도록 지속적으로 보충·편성되어 왔다. 즉 선과 교를 중시하는 전통은 선문과 경론을 강학 과목에 균형 있게 배정하도록 하였고, 이렇게 구성된 강학 과목의 교육은 다시 선과 교를 겸전한 인물을 배출했던 것이다.

18세기에 이르러 유불의 교섭이 활발해지면서, 승려들은 유교와 노장사상에도 적극적인 관심을 갖게 되고, 유사들은 차츰 불교에 흥미를 더하게 되었다. 이들을 통해 불교학에 전해진 고증학적 학풍은 조선시대 강학에 큰 영향을 미친다.

이와 같이 선교겸학으로 편성된 교과목의 강의와, 유불교섭으로 불교학 연구에 도입된 고증학이라는 두 바탕 위에 생겨난 것이 바로 사기라고 하겠다. 조선시대 사기는 선학과 교학 등 여러 분야를 다루고 있지만, 이는 교과과목이라는 범주 안에 한정되며 자료의 고증과 정확한 해석에 중점을 두고 있다.

주목할 만한 사기의 작자로는 연담 유일과 인악 의첨, 백파 긍선 세 사람이다. 이들은 강학 과목 전 분야에 걸쳐 사기를 썼지만, 그 가운데 연담과 인악은 화엄사기로, 백파는 선문사기로 가장 높은 평가를 받았다.

연담은 성기론적 관점으로 청량의《화엄경수소연의초》를 주석하고 인악은 연기론적 관점으로 그것을 해석함으로써, 남南은 연담기, 북北은 인악기를 중심으로 하는《화엄경》연구의 새로운 학풍이 일어나게 된다. 한편 백파는《선문강요》의 사기라 할 수 있는《선문수경》을 지어 조선 후기 선의 논쟁을 촉발시킨다. 그는 임제삼구를 선의 핵심적인 요소로 간주하였으며 삼종선(조사선, 여래선, 의리선)과 삼처전심(다자탑전반분좌多者塔前半分座, 염화미소拈花微笑, 곽시쌍부槨示雙趺)을 일우설에 의거하여 해석하였다. 그러나 이러한 해석은 초의로부터 고증이 미비하고 객관성이 결여되었다는 비판을 받는다. 이후 우담 홍기는 초의의 입장을 지지하지만 설두 유형은 백파의 설을 옹호하였다. 19세기까지 이어진 이러한 논쟁은 조선불교의 강학계에 활력을 불어넣는다.

이처럼 사기는 조선불교 사상을 집약적으로 보여 주고 교학 연구에 새로운 변화를 가져다 준 매우 의미 있는 저술이라 하겠다.

끝으로 사기를 연구하기 위해서 몇 가지 유의해야 할 점을 밝혀 보고자 한다.

첫째, 다른 학문과 공동연구가 필수적이다. 사기를 이해하기 위해서는 사기 자체의 해석은 물론 저자의 생애와 사상이 담긴 문집을 파악하는 작업이 병행되어야 한다. 무엇보다 문집 연구의 어려움은, 시문을 쓴 고승들이 유교와 노장을 동시에 공부하였기 때문에 삼교三敎의 사상을 모두 포함하고 있는 데 있다. 따라서 이러한 난점을 극복하기 위해서는 유학과 노장학을 전공한 다른 분야 연구자들과의 공동연구가 이루어져야 한다고 생각한다.

둘째, 사기는 조선의 승가교육과 동시에 고찰되어야 한다. 조선의 불교사상은 사기를 통하여 전해 왔다고 해도 지나친 말이 아니다. 또 사기는 교과과정과 함께 보완되고 완성되어 왔기 때문에 조선불교의 교육과정을 떠나서 이를 논하는 것은 불가능하다. 사기의 연구는 교과과정과의 동시적 연구를 통해서만 그 성과를 기대할 수 있을 것이다. 교과과정 연구는 역사적 또는 제도적으로 접근할 수 있지만 선교 과목이 보충되어 가는 과정을 불교사적 맥락에서 살피는 것이 더욱 중요하다고 하겠다.

셋째, 같은 종류의 경론에 대한 주석이지만 지은 사람이 다른 사기들을 비교·연구하는 것이 필요하다. 예컨대 화엄사기는 모운 진언으로부터 인악과 연담에 이르기까지, 찬자마다 과목의 분석과 이해의 방식에 차이가 있고, 정원으로부터 연담에 이르는《도서》와《절요》의 사기도 작자에 따라 관점이 다르게 나타난다. 이렇게 시대마다 다른 차이점을 견주어 봄으로써 한국불교사에서 선교관의 변천을 더욱 선명하게 파악할 수 있다고 판단된다.

넷째, 사기의 일종인《제경회요》를 연구하는 것 또한 빼놓을 수 없다. 《제경회요》는 중요 경론의 요지를 간추려 모은 불교학 개론서라 하겠다. 여기에는 여러 경론의 핵심주제뿐만 아니라 주요 법상들이 함께 해설되어 있다. 현재 전하는 《제경회요》는 그 종류가 많지만 찬자가 확인된 것은 묵암과 연담의 《회요》뿐이다. 둘 다 같은 《제경회요》이지만 다루는 항목이나 서술 방식은 서로 다르다. 오늘날 강원에 유통되고 있는 《제교행상》은 위의 두 《회요》를 중심으로 증보·편집된 것이라고 판단된다. 《제경회요》가 비록 간결하게 개설적으로 쓰인 책이지만 여기에는 저자의 사상적 경향이 그대로 반영되어 있다. 이러한 여러 종류의 《제경회요》를 비교·분석하는 것도 한국 불교사상의 이해에 크게 도움이 될 것으로 생각된다.

이러한 점을 고려하여 사기 연구가 본격적으로 이루어진다면 조선불교사상이 더욱 폭넓게 조명될 수 있을 것이다.

참고문헌

1. 자료

원효,《대승기신론소·기》
의천,《신편제종교장총록》
미상,《선문강요집》
혜심·각운,《선문염송염송설화회본》
벽송 지엄,《벽송당야로송》
________,《훈몽요초》
보우,《허응당집》
____,《나암잡저》
설잠,《일승법계도주》
____,《매월당사유록》
득통,《현정론》
휴정,《삼로행적》
____,《삼가귀감》
선수,《부휴당대사집》
각성,《석문상의초》
진일,《석문가례초》
언기,《편양당집》
처능,《대각등개집》
현변,《침굉집》
진언,《화엄품목문목관절도》
정원,《선원제전집도서분과》
성총,《백암집》
대지,《운봉선사심성론》
도안,《월저당대사집》
추붕,《선원제전집도서과평》
지안,《선문오종강요》
정혜,《선원집도서과기》
____,《법집별행록절요사기해》

최눌, 《묵암대사시초》
____, 《제경회요》
유일, 《도서과목병입사기》
____, 《법집별행록절요과목병입사기》
____, 《연담대사임하록》
____, 《제경회요》
의첨, 《인악집》
정약용, 《대동선교고》
긍선, 《선문수경》
____, 《수선결사문과해》
유형, 《산사약초》
____, 《선원소류》
의순, 《선문사변만어》
각안, 《동사열전》
홍기, 《선문증정록》
능엄학림, 《삼가본사기〈유망기〉》, 2002.
________, 《삼가본사기〈잡화기·잡화부〉》, 2002.
________, 《청량소초〈유망기〉》, 2007.
________, 《청량소초〈잡화기, 잡화부〉》, 2007.
________, 《청량소초현담기》

2. 연구 논저

1) 단행본

鎌田茂雄, 신현숙 역, 1988, 《한국불교사》, 민족사.
김영수, 1928, 《조선불교와 소의경전연구》, 일광.
김영태, 1986, 《한국불교사개관》, 경서원.
______, 1997, 《한국불교사》, 경서원.
김용태, 2010, 《조선 후기불교사연구》, 신구문화사.
이능화, 1918, 《조선불교통사》, 신문관.
이지관, 1993, 《한국불교소의경전연구》, 가산문고.
忽滑谷快天, 정호경 역, 1978, 《조선선교사》, 보련각.

2) 논문

금장태, 2008, 〈김정희의 불교인식과 선학논변〉, 《종교와 문화》 14.

남도영, 1980, 〈한국사원교육제도〉, 《역사교육》 28.

이영무, 1982, 〈연담사기를 통해본 조선시대의 화엄학〉, 《한국화엄사상사연구》, 불교문화연구소.

이종수, 2008, 〈조선 후기 불교계의 심성논쟁〉, 《보조사상》 29.

이지관, 1975, 〈연담 및 인악의 사기와 그의 교학관〉, 《한국불교사상사(박길진화갑기념논총)》.

한기두, 1975, 〈백파와 초의시대의 선의 논쟁〉, 《한국불교사상사(박길진화갑기념논총)》.

조선시대 불교조각

송은석(동국대 고고미술사학과)

1. 개관

조선시대 불교조각 연구는 2000년대에 들어 비약적으로 발전하였다. 특히 조선 후기 불교조각에 대한 연구는 조선 전기 이전의 불교조각 연구와 사뭇 달라서 시대양식이나 지역양식 또는 도상학에 대한 탐구보다는 조각가 또는 조각가 유파에 대한 연구가 크게 진전되었다. 이는 상세한 기록물을 수반하는 이 시기 불상들의 조성 방식의 특징에 말미암은 것이지만 문화재청과 대한불교조계종 불교문화재연구소가 광범한 조사를 거쳐 공식적인 보고서를 출판한 데 크게 힘입었음은 두말할 나위가 없을 것이다. 개인 연구자가 접근하기 어려웠던 사찰의 불상들과 복장발원문腹藏發願文이 공개됨으로써, 임진왜란 이후에 조성된 수많은 불상들에 대한 이해가 차츰 높아져 드디어 온전하게 한국미술사의 한 부분을 차지하였고, 한국조각사의 복원과 해석을 기약할 수 있게 되었다. 그러나 아직까지는 기초 자료가 축적되어 공개되고, 이를 바탕으로 기본적인 연구가 진행되는 단계라 하겠다.

조선 초기 15세기 조각에 대한 연구업적이 차츰 쌓여 대강의 윤곽을 가늠해 볼 수 있는 단계에 이르렀다. 중국 원말명초元末明初 14~15세기의 티베트 불상양식의 조각과 비슷한 불상들이 고려 말에서 조선 초에 많이 제작된 점이 조선 초기 조각 연구에 가장 중요한 변화 요인으로 인식되고 있으며, 고려 후기의 전통적 기법과 양식을 간직한 불상들과 더불어 15세기 불교조각계의 중요한 갈래로 자리하고 있음이 논의되었다. 그러나 아직 중국의 같은 시기인 원말명초의 불상들에 대한 자세한 소개와 연구가 부족한 상황이기에 여말선초의 불상에 대한 연구도 완전하지는 않은 상황이다. 최근 중국에서는 명대明代 불상과 티베트 조각에 대한 소개서가 계속 출간되고 있어, 조선 초기 불교조각 연구는 곧 중요한 전환기를 맞이할 것으로 예견된다.

조선 후기 불상을 파악하는 여러 정보 가운데, 불상제작을 둘러싼 다양하고도 풍부한 복장腹藏 기록은 연구에 대한 더 다양한 접근을 가능하게 해 주고 있다. 제작연대, 조각가, 시주자 등 제작에 관여한 모든 사람들의 이름과 다양하게 분담된 역할 등 불상제작에 대한 더 상세한 정보를 복장발원문에서 얻을 수 있다. 조각가의 이름과 절대연대 기록으로 조각가 또는 조각 유파의 양식 변화상을 정확하게 이해할 수 있으며, 시주자 명단으로 후원자들의 사회적 지위·지역 또는 가족 단위의 시주·비구의 재산 소유 정도 등 다양한 방향의 연구를 할 수 있게 되었다. 즉, 후원자·조각가·조각품·봉안 장소 등 불상제작과 봉안·예배를 둘러싼 예술·종교행위에 대한 총체적인 이해가 가능해진 것이다.

조선 후기 불교조각은 현재 각 사찰의 예배상으로 봉안되어 있기 때문에, 건축물·불화·불단·실내장엄·예배자 등 종교의례의 체계 속에서 불상의 기능을 파악할 수 있으며, 불상을 중심으로 건축·불화·의례 등 다양한 분야의 연구도 가능하게 되었다. 즉, 조선시대 특히 조선 후기 불교조각 연구는 양식사나 도상학 위주의 연구방법에 한정되어 있던 고려시대 이전의 연구보다 훨씬 다양한 방법을 통하여 종합적으로 접근할 수 있게 된 것이다.

2. 연구동향과 성과

1) 조선 초기 불상양식과 티베트 조각양식의 유입

조선 초기인 15세기에는 고려시대 말의 조각양식을 계승한 전통적인 조각양식과 함께 고려 말에서 조선 초에 걸쳐 중국의 원나라와 명나라로부터 유입된 티베트 조각양식이 새로이 성행하게 되었다. 조선 초기에 제작된 불상들은 크기가 작은 금은불 또는 금동불들과 불전에 봉안되어 있는 주존불들이 남아 있는데, 조선 초기의 불상들은 고려 후기에 만들어진 불상들에 견주어 입체감과 양감이 줄어든 모습을 하고 있다. 또한 전통양식과 티베트양식을 바탕으로 하면서도 두 요소가 서로 합쳐져 독특한 양식을 이루기도 하였다.

티베트양식의 불상들은 특히 조선 초기 15세기에 많이 제작되었는데, 조선에서 성행한 티베트양식은 티베트 지역에서 발원한 원래의 티베트양식이 아니라, 중국 원명대元明代를 거치면서 중국화한 티베트양식이다. 원래 티베트의 불상은 신체를 적극적으로 표현하려는 의지가 강하여 양감과 입체감의 표현이 두드러져 있다. 넓은 어깨와 가는 허리에 이목구비가 중앙으로 집중된 얼굴을 하고 있으며,

도 1. 〈금동석가불좌상〉(원나라 1336, 높이 21.5cm, 북경 고궁박물원 소장, 왼쪽)
도 2. 〈금동석가불좌상〉(명나라 1403~1424, 높이 22.0cm, 북경 고궁박물원 소장, 오른쪽)

밝고 경쾌한 표정을 짓고 있다. 신체에 걸친 법의는 매우 얇고 신체에 밀착되어 있으며 옷주름은 거의 표현되지 않았다. 원나라 때 처음 중국에 소개되었을 당시 만들어진 티베트양식의 중국 불상도 이와 크게 다르지 않았다(도 1).

그러나 티베트양식의 불상들은 곧 중국의 전통적 불상양식과 결합하는 '중국화'가 진행되었다. 이러한 중국적 변용이 완숙한 경지에 이른 시기는 명나라(1368~1662)에 들어서다. 특히, 명나라 초 영락永樂~선덕宣德 연간(1403~1435)의 불상은 티베트 불상의 특징이 약해지고, 중국의 전통 조상수법과 풍격이 차츰 증가하였으며, 티베트와 중국의 서로 다른 불상양식이 성공적으로 결합하는 데 이르렀다. 신체는 두꺼운 대의大衣 안에 감춰져 밖으로 드러나지 않았으며,

얼굴의 표정은 티베트 불상들보다 중국의 불상에 가깝게 엄숙해졌다. 옷주름이 늘고 두꺼워졌으며, 기복이 심하고 복잡한 옷주름으로 표현되었다. 이러한 중국화는 원대부터 시작되었지만 명대에 들어서 완성되었는데, 명대의 티베트양식 불상은 원대의 작품에 견주어 신체 표현이 소극적으로 변하였고, 의복의 표현이 늘어난 중국적 특징이 강하게 반영되어 있다. 이러한 새로운 조각양식을 '중국화한 티베트양식'이라 한다(도 2).

조선 초기 15세기에 만들어진 티베트양식 불상은 특히 중국화가 완성된 명대 불상양식과 많은 연관이 있다. 그러나 명대의 중국화한 티베트양식을 받아들인 조선의 불상들은 곧 고려 이래의 전통적 양식과 새로운 명대 티베트양식의 요소가 융합하여 새로운 절충적인 양식으로 나타났다(도 3). 여말선초에 제작된 소형 삼존불상 또는 독존상들은 수인手印과 착의법着衣法에 따라, 오른손으로 시무외인施無畏印을 짓고 변형편단우견變形偏袒右肩의 대의를 착용한 전통적인 형식과, 오른손으로 항마촉지인降魔觸地印을 짓고 편단우견偏袒右肩 또는 변형편단우견의 대의를 착용한 새로운 형식의 두 가지로 크게 구분할 수 있다(도 4·5). 그러나 전통적인 형식에도 새로이 유입된 정상계주頂上髻珠, 앙련仰蓮과 복련伏蓮이 붙어 있는 말각삼각형抹角三角形의 대좌 등이 채용되는 등 티베트 요소가 섞여 있으

도 3. 〈은제아미타삼존불좌상〉
(해료海7, 조선 1450년, 높이 11.0cm, 통도사 성보박물관 소장)

도 4. 수인手印: 시무외인(왼쪽), 항마촉지인(오른쪽)

도 5. 가사袈裟: 승기지, 복견의, 대의(칠한 곳)

며, 새로운 티베트양식의 불상에도 하반신을 덮는 영락장식, 삼단의 연화대좌, 낮은 육계 등 전통적인 요소가 섞여 있다. 이는 조선에 들어와 옛 요소와 새 요소가 서로 결합하고 융합하여 새로운 양식을 확립한 것으로 이해된다.

여러 문헌기록과 경천사지 석탑이나 마곡사 석탑, 천은사 불감 등에 반영된 티베트 미술의 요소로 보자면, 한국에 티베트불교 미술이 소개된 시기는 고려시대인 14세기일 것으로 추정된다. 그러나 여말선초에 만들어진 것으로 보이는 불상들에서 발견되는 티베트 조각의 요소는 모두 명대의 중국화한 티베트 불상에서 연원한 것이기 때문에 여말선초의 티베트양식 불상들은 조선에 들어선 15세기에 조성된 작품들이 많을 것으로 추정된다. 중국에서도 티베트 불상양식의 중국화가 완성된 시기가 15세기 명대에 들어서인 점을 감안한다면, 한국 불상에서 티베트 불상의 요소가 본격화한 시기도 1429년의 제작 연도를 갖고 있는 조선중앙역사박물관 소장 〈금동아미타삼존불좌상〉처럼 조선에 들어선 15세기인 것으로 판단된다.

2) 조선 후기 조각승과 조각승 유파에 관한 연구

(1) 조각승 유파의 성립

임진왜란(1592~1598)을 당해 온 국토가 잿더미로 변한 상황에서 왜병에 맞서 싸운 주요 근거지였던 사찰은 많은 피해를 입었다. 현존하는 사찰 가운데 임진왜란 이전에 지어진 불전이 거의 없을 정도로 피해가 막심하였지만, 전후 국가경제가 피폐한 상황에서 사찰을 재건하기란 매우 어려운 일이었다. 그러나 국난에 맞서 혁혁한 전과를 올린 의승군義僧軍의 역할과 전후의 민심 위무의 책임을 맡은 불교계는 서서히 재정을 확보하면서 사찰 재건에 나서게 되었다.

선조 34년(1601) 양산 통도사 대웅전 및 삼문三門의 재건을 시작으로 1602~1605년 보은 법주사 팔상전 재건, 1609~1610년 순천 송광사 재건, 1614년 고창 선운사 대웅전 재건, 1617~1618년 창녕 관룡사 대웅전 재건, 1618년 보은 법주사 대웅보전 재건, 1622년 합천 해인사 수다라장 재건, 1622~1631년 완주 송광사 창건, 1630~1636년 구례 화엄사 재건 등 전국에 걸쳐 재건 불사가 진행되었다. 사찰의 재건 뒤에는 곧 불상의 조성과 봉안이 뒤따랐을 것이나, 궁핍한 국가경제 상황에서는 엄청난 재정이 뒤따르는 사찰 재건이 순조롭게 이루어지지는 않았다. 불전佛殿과 불상 등 예배를 위한 공간과 예배상의 조성은 보통 '불전 → 불단 → 불상 → 불화'의 순으로 이루어졌는데, 전체 공정은 짧게는 1~2년에 이루어지는 경우도 있었지만, 길게는 30~40년이라는 오랜 기간에 걸친 작업도 있었음이 각종 건물의 상량문과 불상의 복장발원문에서 확인되고 있다.

임진왜란 이후 전국적으로 일어난 불상 조성 불사로 말미암아 불상을 조성하는 장인인 조각승들의 수요는 폭발적으로 늘어났다. 수조각승首彫刻僧을 중심으로 여러 명의 하위 조각승들이 함께 지속적으로 불상을 조성하는 구조였으므로, 수조각승의 작풍은 불상 조성 작업을 거쳐 자연스럽게 하위의 조각승들에게 전해졌다. 어느 정도의 작업 시간을 함께 한 하위 조각승들은 수조각승의 작풍을 배워 동일한 작풍을 지니게 되었으며, 자연스럽게 하나의 유파流派를 이루었을 것으로 추정된다. 불상을 조각하는 일은 여러 조각승들이 각 부분의 일을 나누어 수행하는 체계였으며, 이런 작업 과정을 거쳐 조각 기술도 함께 전해졌던 것이다. 즉, 이들 조각승 유파들은 실제 불상을 조성하는 조각가 집단이기도 하였지만, 불상조각을 가르치는 교육기관이기도 하였던 것이다.

(2) 조각승 유파의 활동

그간의 연구를 거쳐 17~18세기에는 10여 개의 큰 조각승 유파가 활동하였음이 밝혀졌으며, 20여 개의 작은 조각승 유파도 연구되고 있다. 원오파元悟派, 현진·청헌파玄眞·淸憲派, 수연파守衍派, 응원·인균파應元·印均派, 법령파法靈派, 무염파無染派, 단응·탁밀파端應·卓密派, 승호파勝湖派, 색난파色難派, 진열파進悅派 등이 큰 조각승 유파에 해당하며, 큰 유파 안에 작은 유파들이 소속되어 있는 것으로 밝혀졌다. 이들 여러 유파들이 조성한 기록이 남겨진 작품들에 대한 개략적인 검토가 이루어졌으며, 조성 기록이 없는 불상들에 대해서도 조각승을 추정하여 복원하는 작업이 일부 이루어지고 있다.

임진왜란으로 파괴된 중요 사찰의 불전들은 17세기 약 100년 동안 대부분 재건되었고, 중심 불전에 봉안된 불상들도 17세기에 대부분 다시 조성되어 봉안되었다. 그러므로 18세기에는 중소형 사찰의 불상이나 중요 사찰의 부속 불전에 봉안된 불상들이 조성된 사례가 많으며, 17세기에 조성된 불상의 중수 또는 개금改金이 주로 이루어졌다.

원오파는 원오元悟를 중심으로 각민覺敏, 행사幸思, 청허淸虛 등의 조각승으로 이루어졌다. 원오는 16세기 말에 이미 기록이 나타나 있으며, 원오파 조각승들은 늦어도 임진왜란이 끝난 직후인 1600년대 초반부터 전라도를 중심으로 활동한 17세기 최초의 조각승 유파로 확인된다. 현재 발원문을 통해 유파의 대체적인 인적 구성이 확인되었으며, 최근 발견된 원오의 1605년 작품은 1614년에 조성된 제자 각민의 작품과 동일한 작풍을 보여, 유파 독자의 작품 양식을 보유하고 있었다고 확인되었다.

현진·청헌파는 현진玄眞에서 시작하여 청헌淸憲을 거쳐 승일勝日, 희장熙藏 등으로 이어지는 여러 조각승들로 이루어져 있으며, 17세기에 가장 먼저 성립한 유파 가운데 하나이다. 현진은 1612년에서 1637년까지 거의 25년 동안 경상도를 중심으로 활동하였는데, 전라도와 충청도에도 많은 작품이 남아 있다. 청헌은 1620년대 말이나 1630년대 초에 현진으로부터 독립하여 독자적인 유파를 이루어 활동한 것으로 보이며, 그 아래에서 승일·응혜·희장 등 걸출한 조각승들이 배출되었다. 1630~40년대 사이에는 청헌이 수조각승으로서 활동하였고, 1640년대부터 1670년대까지는 승일·응혜應惠·희장 등이 각각 작은 유파의 수장이 되어 청헌파를 계승하였다.

현진이 1610년대 초기에 만든 불상들은 마른 체형에 길쭉한 얼굴이 특징이었으나, 1610년대 후반 이후에 육중한 몸과 사각형의 얼굴로 변한 뒤 1630년대까지 이어졌다(도 6). 청헌이 조성한 불상들은 엄숙한 표정의 얼굴과 건장한 신체가 특징으로, 현진의 후반기 작풍과 비슷하다. 청헌의 제자인 승일은 좌우대칭의 곡선들로 이루어진 하반신의 옷주름이 특징이며, 희장은 불상의 측면을 매우 두껍게 조각하여 입체감을 강조한 특징이 있다.

도 6. 〈목조석가불좌상〉
(현진, 1629년, 높이 155.5cm, 창녕 관룡사 대웅전)

응원·인균파는 현재 전라남도 동부 지역을 근거지로 하여 1620년대 초반부터 전라남도 일대에서 활동하였다. 응원應元, 인균印均 등 17세기 전반기의 수조각승들은 1610년대에서 1650년대까지 활동한 기록이 보이며, 응원파의 계승자인 삼인三忍은 1620~50년대 사이에 보조 조각승으로 활동하다가 1650년대 말에는 수조각승으로 활동을 시작하였다. 응원파의 불상은 양감量感이 발달된 얼굴과 부드러운 손, 파도치듯 유려하게 묘사된 옷주름 등이 특징으로 지적되었는

도 7. 〈목조석가불좌상〉
(응원, 1624년, 높이 67.5cm, 순천 송광사 응진당)

데, 이들 특징을 보이는 불상들이 순천, 여수 등 현재 전라남도 동부 지역을 중심으로 17세기 말까지도 많은 영향을 미친 것으로 추정된다(도 7).

수연파는 17세기 전반에는 현재 전라북도를 근거지로 하여 충청도와 경기도, 황해도의 해안 지역에서 활동하였고, 17세기 후반에는 현재 전라남도 일대에서 주로 활동하였다. 1610년대부터 활동을 시작하여, 17세기 전반에는 수연守衍과 영철靈哲이 수조각승으로 불상을 조성하였으며, 17세기 후반에는 운혜雲惠와 경림敬林이 수조각승으로 활동하였다. 수연파 양식의 불상은 얼굴이 사각형이고, 하체에 견주어 상체가 건장하며, 하반신의 옷주름이 매우 율동적으로 처리되어 있는 특징이 있다(도 8).

법령파는 1610년대에 법령法靈을 중심으로 현재 전라북도 일대에서 활동을 시작하였고, 17세기 후반에는 혜희惠熙와 조능祖能이 계승하여 현재 충청남도와 전라북도를 주 무대로 삼아 활동하였다. 법령파의 불상은 귓바퀴에 돌기가 표현되어 있고, 두 다리 사이의 옷주름은 요철凹凸이 강한 특징이 있다(도 9).

도 8. 〈목조석가불좌상〉
(수연, 1623년, 높이 130.0cm, 강화 전등사 대웅전, 왼쪽)
도 9. 〈목조석가불좌상〉
(법령, 1629년, 높이 113.0cm, 군산 은적사 대웅전, 오른쪽)

무염파는 무염無染과 해심海心을 중심으로 1630년대에서 1660년대까지 전라도 일대에서 가장 많은 활동을 한 유파이다. 무염파의 불상은 내적인 에너지가 팽팽한 피부 질

도 10. 〈목조비로자나불좌상〉(무염, 1650년, 높이 81.5cm, 대전 비래사 대적광전, 왼쪽)
도 11. 〈목조아미타불좌상〉(탁밀, 1697년, 높이 100.0cm, 의성 고운사 극락전, 가운데)
도 12. 〈목조아미타불좌상〉(색난, 1694년, 높이 165.4cm, 화순 쌍봉사 극락전, 오른쪽)

감으로 발현된 얼굴 표현과, 옷주름 면에 다시 음각의 옷주름이 더해져 입체성이 극대화된 표현이 특징이다(도 10).

단응·탁밀파는 단응端應과 탁밀卓密, 탁린琢璘을 중심으로 현재 경상북도 북부, 충청북도 북부 그리고 강원도를 아우르는 지역에서 17세기 말에서 18세기 초까지 활동하였다. 단응·탁밀파가 조성한 불상들은 주존의 오른팔을 낮게 두는 변형된 시무외인으로 좌우대칭이 강조되었으며, 정사각형에 가까운 얼굴, 바깥쪽으로 휘어진 귓불을 하고 있으며, 승기지 아래의 대의와 복견의의 옷주름이 'W' 모양처럼 좌우대칭을 이루고 있는 점 등이 특징으로 지적되었다(도 11).

색난파는 색난色難을 중심으로 충옥忠玉, 초변楚卞, 하천夏天 등으로 이루어진 조각승 유파로, 17세기 후반 전라남도에서 활동을 시작하여 18세기에는 경상도까지 활동 영역을 넓혀 나갔다. 얼굴이 정사각형에 가깝고 몸체는 장대하며, 옷주름은 얕게 조각되었는데 주름 잡힌 승기지 상단과 나뭇잎 모양의 오른쪽 무릎 옷주름이 특징으로 지적되었다(도 12).

진열파는 18세기 전반 진열進悅이 현재 전라도 북부를 중심으로

도 13. 〈목조석가불좌상〉
(진열, 18세기 초, 높이 42.0cm, 제주 용문사 대웅전)

활동을 시작하며 만들어졌으며, 18세기 중후반에는 상정尙淨, 계초戒初, 봉현奉玹 등으로 이어졌다. 진열의 계보에 대해서는 아직 확실하게 확인되지 않았지만, 17세기에 활동한 희장熙藏 계열일 것으로 추정하는 견해가 있다(도 13).

1790년 완성된 화성 용주사의 불사에 참여한 설훈雪訓, 봉현奉玹, 상식尙植, 계초戒初 등 당대의 대조각승들에 대한 연구도 문헌기록과 양식 분석을 거쳐 진행되었다. 용주사 불사는 현재 경기 지역, 호남 지역, 강원 지역 등을 대표하는 조각승들이 국가적인 사찰 창건에 맞추어 합동으로 불상을 조성한 사례로, 17세기에 중창된 보은 법주사, 구례 화엄사, 완주 송광사, 서울의 자수사·인수사 불사처럼 큰 불사로 밝혀졌다.

(3) 조각승 유파 사이의 합동 작업

17세기 전반에 성립하여 17세기 후반과 18세기에 걸쳐 활발한 움직임을 보인 조각승 유파들은 각각 일정한 지역을 기반으로 삼았으며, 한 유파는 유파 소속의 조각승들을 중심으로 불상을 조성하였다. 그러다 보니 몇 개의 유파가 모여 함께 불상을 조성하는 합동 작업은 매우 드문 일이어서, 지금까지 5건의 불사만이 알려져 있을 뿐이다. 구례 화엄사, 완주 송광사 같은 당대를 대표할 만한 대찰에서 벽암 각성碧巖覺性(1575~1660) 같은 고승이 주도한 대형의 불사이거나, 서울 자수사·인수사, 화성 용주사처럼 왕실과 관련된 사찰에서만 예외적으로 있었던 것으로 보인다. 구례 화엄사의 불사는 응원·인균파와 청헌파, 완주 송광사의 불사는 청헌파와 법령파가 합동으로 수행한 작업들로서 독립된 대형 유파 사이의 합동 작업이었으며, 구례 천은사 수도암의 불사는 현진·청헌파 내부의 작은 유파인 승일파와 희장파의 합동 작업이었다. 이는 불사 규모 또는 화주승의 차이가 불사에 참여하는 조각승 유파의 수와 규모를 결정지었다는 것을 말해 주고 있다. 예컨대 광해군 때인 1622년에 있었던 자수사·인수사의 불사는 왕비가 발원하여 왕실 관련 사찰에 봉안할 불상을 조성한 불사였고, 1790년의 용주사 불사도 국왕이 창건한 사찰에서 불상을 조성하는 불사였기 때문에, 전국에서 활동하고 있던 유명 조각승 유파들이 대거 참여할 수 있었던 것으로 이해된다.

조각승 유파 대 유파의 합동 작업은 2개 이상의 유파에서 각각의 수장首長이 직접 참여하는 합동 작업으로, 존상들을 나누어 작업하는 방식에 따라 두 가지 유형이 있다. 하나는 불사에 참여한 조각승들이 모든 존상을 함께 조성하는 방식인데, 그것은 다시 수조각승의 작풍만으로 제작된 작례와 수조각승과 차조각승의 작풍이 함께 나타난 작례로 나뉜다. 완주 송광사 〈소조삼방불좌상〉은 수조각승의 작풍만이 나타난 작례였으며, 구례 천은사 수도암 〈목조아미타삼존불좌상〉은 수조각승과 차조각승의 작풍이 함께 나타난 작례였다.

다른 하나는 존상들을 나누어 배분하고 참여한 유파별로 불상을 따로 제작하는 방식이다. 유파별로 서로 다른 작풍에 따라 불상을 만들기 때문에 한 전각 안에 각각의 유파에서 조성한 이질적인 작풍의 불상들이 봉안된다. 구례 화엄사 대웅전의 〈목조삼신불좌상〉과 화성 용주사의 〈목조삼방불좌상〉이 이에 해당한다. 화엄사의 삼신불 가운데 비로자나불과 석가불은 청헌파 양식으로, 노사나불은 응원·인균파 양식으로 제작되어 함께 봉안되었다. 용주사의 삼방불 가운데 석가불은 정읍 내장사 출신의 계초, 약사불은 간성 건봉사 승려인 상식, 그리고 아미타불은 남원 파근사 조각승인 봉현이 각각 맡아서 완성한 것으로 기록되어 있다.

서울 지장암에 봉안되어 있는 〈목조비로자나불좌상〉은 원래 광해군비인 장열왕후가 발원하여 자수사와 인수사에 봉안하였던 전체 11존상 가운데 하나로, 수조각승 현진, 차조각승 응원, 3위 조각승 수연 등 3개 조각승 유파의 작풍이 골고루 나타나 있다. 아직 나머지 10구의 존상들이 발견되지 않은 상황에서 자수사·인수사 불사 전체의 합동 작업 방식을 단언하기는 어렵지만 3개 조각승 유파에서 모든 불상을 함께 만든 방식으로 제작된 것으로 추정된다. 앞으로 새로운 자료가 나타나면 합동 작업 방식도 다양하게 드러나고 합동 작업 방식으로 제작된 불상들의 작례도 늘어날 것이며, 합동 작업의 방식도 좀 더 명확해질 것으로 기대한다.

3) 조선시대 불교조각의 도상학적 연구

조선시대 지어진 사찰은 중심 불전 말고도 여러 불전 건물이 군집을 이루고 있으며, 불전마다 종류가 다른 다양한 불상들이 봉안되어 있다. 대표적인 불전은 대웅전, 극락전, 응진전, 명부전 등이다.

대웅전은 조선시대 사찰의 중심 전각으로 석가불 또는 비로자나불이 주존으로 봉안되었다. 대웅전에는 대부분 아미타불 — 석가불 — 약사불의 삼방불三方佛이 봉안되었는데, 석가불 대신에 비로자나불이 봉안된 경우도 있고, 석가불 — 비로자나불 — 노사나불의 삼신불三身佛이 봉안된 경우도 있다. 드물지만 보현보살 — 비로자나불 — 문수보살의 비로자나삼존불이나 제화갈라보살 — 석가불 — 미륵보살의 삼세불三世佛이 봉안된 경우도 있다. 조선시대 대웅전은 석가불을 주존으로 모신 전각만은 아니었던 것이다.

극락전에 대세지보살(또는 지장보살) — 아미타불 — 관음보살의 아미타삼존불, 응진전에 제화갈라보살 — 석가불 — 미륵보살의 삼세불과 십육나한, 명부전에는 무독귀왕 — 지장보살 — 도명존자의 지장삼존과 시왕 등이 봉안된 것은 매우 일반적인 구성이라 하겠다.

이 가운데 논란이 되는 것은 대웅전에 봉안된 아미타불 — 석가불 — 약사불과 아미타불 — 비로자나불 — 약사불의 두 삼불에 관한 도상학적 해석이다. 아미타불 — 석가불 — 약사불의 삼불은 서방 극락세계의 아미타불, 중방 사바세계의 석가불, 동방 유리세계의 약사불로 이루어진 삼불로 세 곳의 정토를 나타내는 것이다. 세 곳의 세계로 이루어졌다는 의미를 강조하여 '삼세불三世佛'이라고도 하며, 세 곳의 방위를 강조하여 '삼방불三方佛'로 부르기도 한다.

서울의 봉은사 대웅전 삼불을 1765년 개금한 뒤 기록한 개금발원문에 '三世佛'이 언급된 것을 보면 삼세불이라는 용어가 조선시대에도 쓰였던 것을 알 수 있다. 그러나 불교미술사에서 삼세불은 과거 — 현재 — 미래의 시간을 대표하는 연등불燃燈佛 — 석가불釋迦佛 — 미륵불彌勒佛의 삼불을 일컫는 것으로, 앞에서처럼 서방 — 중방 — 동방의 세 정토를 나타낸 공간의 삼불도 삼세불이라 하면 시공간의 착란이 생기게 된다. 그러므로 공간을 구분한 삼불인 아미타 — 석가 — 약사의 삼불 형식은 전통적인 불교의 공간 개념을 사용하여 정의해 줄 필요성이 있다.

불교에서는 전통적으로 공간과 시간을 망라하여 표현할 때 '시방삼세十方三世'라 하였는데, 여기서 '방方'은 공간을, '세世'는 시간을 나타낸다. 그러므로 과거·현재·미래의 세 시간에 상주하는 부처인 과거 연등불(제화갈라), 현재 석가불, 미래 미륵불의 삼불에 대해서는 '삼세불'을 사용하고, 서방·중방(사바)·동방의 세 공간에 상주하는 부처인 아미타불·석가불·약사불의 삼불에 대해서는 '삼방불'을 쓰자는 의견이 제시되었다(도 14·15). 사찰의 응진전 또는 나한전에 제

도 14. 〈목조삼세불좌상〉
(색난, 1685년, 석가 높이 104.0cm, 고흥 능가사 응진당)

도 15. 〈목조삼방불좌상〉
(현진, 1636년, 석가 높이 141.0cm, 청도 적천사 대웅전)

화갈라(연등) — 석가 — 미륵으로 이루어진 '삼세불'이 있어, 이와 구별하기 위해서도 필요하다는 주장이다. 이는 또한 기존에 사용되던 용어인 사방불四方佛, 오방불五方佛 등 각 방위와 공간에 있는 정토와 그곳에 상주하는 부처를 나타낸 불상에 '방方'을 사용하던 전통과 서로 통한다.

다른 또 하나의 논란은 아미타불 — 비로자나불 — 약사불로 구성된 삼불로, 현재까지 조사된 바로는 경주 기림사 대웅전(현 대적광전), 고창 선운사 대웅전 그리고 김제 귀신사 대적광전에 봉안되어 있는 불상들의 도상 해석에 관한 논란이다. 이 도상에 대해서는 두 가지 견해가 발표되었다. 첫 번째는 화신化身석가불 — 법신法身비로자나불

— 보신報身노사나불로 이루어진 삼신불三身佛과 아미타불 — 석가불 — 약사불의 '삼세불(즉 삼방불)'이 합쳐져 만들어진 구성이기 때문에 '삼신삼세불'로 규정한다는 주장이다. 삼신불에서 노사나불과 석가불을 제외한 비로자나불이 남고, 공간의 '삼세불'에서는 주존 석가불을 제외하고 두 협시불인 약사불과 아미타불이 남아, '삼신불'의 주존인 비로자나불, '삼세불'의 협시인 약사불과 아미타불이 합쳐져 이루어졌다는 것이다. 그리하여 '삼신불과 삼세불이 합쳐졌다'는 의미에서 '삼신삼세불'로 해석한 것이다.

또 하나의 해석은 이 삼불이 삼신불과는 전혀 관계가 없이 원래부터 '삼세불'이었다는 견해이다. 중국에서는 북위시대부터 연등불 — 석가불 — 미륵불로 이루어진 시간의 삼세불이 조성되었으며, 시간이 지나면서 차츰 공간적 개념의 삼세불도 나타나게 되었다는 것이다. 공간적 삼세불이 등장한 시기는 대략 원나라 때로 추정되며 명나라 때 성행하였다고 한다. 공간의 삼세불이란 곧 동방·중방·서방의 세 방향에 있는 세 정토를 일컫는 것인데, 이 공간적 개념의 삼세불은 아미타불 — 비로자나불 — 약사불 또는 아미타불 — 석가불 — 약사불로 나타나게 된다. 이러한 중국의 공간적 개념의 삼세불은 고려 말에 한국에 흘러들어와 경천사지 십층석탑의 〈삼세불회도三世佛會圖〉가 성립하였고, 이후 조선시대로 계승되었다고 한다. 또한 시간상의 개념에서 출발한 삼세불은 원대 이후 공간적 개념을 포괄하여 시공時空을 초월한 개념으로 확장되었다는 해석을 하기도 한다.

조선시대에 조성된 이들 삼불 도상의 발생과 전개는 모두 중국에서 선행 예들을 찾아볼 수 있기 때문에, 한국에서 전개된 과정만으로 얻어진 '삼신삼세불설'은 중국의 사례에서 보편성을 얻어야 하는 숙제가 있다. 또한 비로자나불이 주존인 삼불과 석가불이 주존인 삼불을 모두 같은 성격의 '삼세불'로 보는 견해에서도 '시간적' 삼세불이 원대 이후 '공간적' 개념을 갖는 삼세불로 변화한 배경에 티베트 밀교의 영향이 미쳤을 가능성에 대해서도 보완해야 할 숙제가 있다. 중국 산서성 홍동현 광승상사 비로전 등 명대 15~16세기에 조성된 '삼불'이 산서성의 여러 사찰에 봉안되어 있는데, 비로자나불을 중심으로 좌우의 협시불로 이루어진 이 불상들은 모두 보관을 쓰고 있는 보관불寶冠佛 형식의 티베트 계통의 존상들이며, 이는 이들 티베트의 라마교 존상들이 시간적 '삼세불'이 공간성을 획득하는 시기와 일치하기 때문이다.

3. 연구과제와 전망

1) 조각승과 조각승 유파 연구

지금까지 연구로 조선 후기 조각승 유파의 대체적인 윤곽은 확인되었다. 그러나 지역을 대표하는 주요 조각승 유파들 가운데 아직 연구되지 않은 유파들이 많이 남아 있다. 유파와 조각승에 대한 지속적인 보고와 연구는 조선시대 불교조각 연구의 기초이기 때문에, 이에 대한 연구는 지속적으로 진행되어야 한다. 그 가운데 대표적인 유파로 승호파勝湖派를 들 수 있다.

승호파는 승호勝湖와 수종秀宗을 중심으로 현재 경상북도 일대를 무대로 17세기 후반에 활동을 시작하여 18세기 초까지 지속한 조각승 유파이다. 승호파 조각승들은 다른 유파와 달리 오직 경주 불석사佛石山 등에서 나는 돌을 재료로 불상을 조각하였는데, 재질의 특성 때문인지 목조각상에 견주어 공간 표현을 최대한 억제하여 몸과 사지를 최대한 붙은 모습으로 나타내었다. 즉, 같은 시기 목조각상에서 많이 표현되었던 몸과 분리하여 손을 높이 들고 있는 시무외인 표현을 지양하고, 두 손을 모두 무릎에 밀착시킨 표현을 한 데에서 확인된다. 이는 재질의 한계로 말미암아 수인도 변화한 사례로 기록될 수 있을 것이다.

승호파 말고도 16~18세기에 활동한 조각승 유파들은 많이 있다. 16세기에 활동한 향엄香嚴, 17세기의 법해法海와 회감懷鑑, 18세기에 활동한 색난파의 하위 조각승들인 충옥·초변·하천, 그리고 전라도 일대에서 18세기 전반에 활동한 수일守日·법종法宗·순민順敏 등이다. 이들 조각승들이 유파를 이루어 독자적인 활동을 하였는지 아니면 유파를 이루지 못하였는지는 아직 확인되지 않았다.

지금까지 조각승과 유파 연구는 복장발원문·조성기·상량문·연기문 등 1차 기록물에 많이 의존하고 있는데, 앞으로는 문자기록의 한계를 넘어 작가양식 또는 유파양식 등 좀 더 적극적으로 미술사 연구방법을 적용할 필요가 있다. 그리고 새로운 자료를 공개함과 동시에 기존의 자료를 엄밀하게 검증하여 오류를 수정하는 작업도 지속적으로 이어질 것으로 보이며, 이미 공개된 자료들을 바탕으로 자료들을 조합하고 새롭게 해석하는 단계로 나아갈 것으로 예견된다. 또한 지역별 또는 사찰별 불상과 조각승들의 상황에 대한 연구도 향후 진행되어야 할 연구 분야이다.

2) 불전 안의 불교 의식, 건축 구조와 불교조각

임진왜란 이후 조성된 불상들은 대체로 그 이전 시기에 제작된 조각품들보다 조형적으로 떨어지는 것으로 이해되고 있다. 신체에 견주어 얼굴이 커 비례가 적당하지 않으며, 신체의 양감도 적어졌고, 사각기둥을 쌓아 놓은 듯 입체성이 떨어진다는 면에서 그렇다.

또한 허리와 목이 구부정하여 고개를 숙이고 있는 모습도 조선 후기 불상의 조형적 특징으로 언급되고 있으며, 이런 위축된 느낌을 주는 불상의 조형은 억불숭유정책이라는 정치적 상황과도 관련이 있다는 주장도 있다. 물론 고려시대 후기 이후 조선시대 전반까지 제작된 불상은 신체의 양감이 적어지고 입체성이 줄어드는 경향이 지속적으로 나타났다. 그러나 머리를 숙이고 어깨를 움츠린 조형은 임진왜란 이후의 불상에서 눈에 띄게 증가한 특징이다. 임진왜란 이후 불상들의 조형 변화는 불전 내부의 건축적, 의식적儀式的 변화 요인에 말미암았을 것으로 추정되고 있다.

15세기부터 17세기까지 불상을 둘러싼 불전 내부에 미세하지만 지속적인 변화가 일어났다. 먼저 불단佛壇이 불전 안에서 차지하는 비중이 차츰 늘어났고, 불단과 불단을 지탱하는 내부 기둥이 불전 안에서 점차 뒤쪽으로 이동하였으며, 마루가 전면적으로 설치되었다. 또한 불상이 봉안되는 불단과 대좌의 전체 높이가 높아졌다. 불전 내부의 변화가 최고도에 달한 시기가 17세기 중반이며, 이전부터 조금씩 변화를 보이던 불상이 확연하게 변화한 것도 17세기이다.

불전 내부구조 변화의 원인은 법회, 설법, 재 등 불전 안에서 벌어진 의식이 많아졌고, 신도들의 불전 내 의식 참여의 기회도 늘어난 데에 말미암은 것으로 판단된다. 즉, 불전 안에서 거행된 의식이 많아지면서 공양물을 진설할 공간인 불단이 넓어져야 했고, 좁은 불전 안에 넓은 불단을 설치하기 위해 불단을 뒤로 물리어 의식을 치를 공간을 확보하였다. 또한 한정된 공간에 많은 신도들을 수용하기 위하여 불전 안에 마루를 전면적으로 설치하였다. 좁은 불전 안에서 그것도 매우 가까운 거리에서 거룩한 불상을 마주하게 된 신도들에게 불상의 신성함과 위엄을 강조하기 위하여 불단의 높이는 더욱 높아졌다. 즉, 17~18세기에는 불상이 놓이는 자리가 앞선 시기와 달리 매우 높았으며, 이로 말미암아 낮은 불단에 놓였던 이전 시기의 불상과 다른 조형을 갖게 되었을 것으로 추정된다.

조선 후기 불상의 조형성은 불전, 불단, 기둥, 마루, 의식 등 불상을 둘러싼 건축, 의식, 공간에 대한 종합적인 연구를 필요로 한다. 즉, 조선 후기 불교조각은 현재 각 사찰의 예배상으로 봉안되어 있기 때문에 불전, 불화, 불단, 장엄, 예배자 등 종교의례의 맥락 속에서 불상의 기능을 파악할 수 있으며, 불상에 대한 풍부한 문헌기록이 있기 때문에 불상을 중심으로 불전, 불화, 의례 등과 연관된 여러 방법으로 접근할 수 있을 것이다.

참고문헌

1. 자료(불상과 복장발원문 포함)

敬林, 1678, 〈木造阿彌陀三尊佛坐像〉, 木浦 達聖寺(康津 白蓮寺 봉안).

廣圓, 1603, 〈塑造釋迦三尊佛坐像〉, 安城 青龍寺.

端應, 1684, 〈木刻阿彌陀幀〉, 醴泉 龍門寺.

道祐, 1655, 〈石造阿彌陀三尊佛坐像〉, 漆谷 松林寺.

李重善, 1458, 〈木造阿彌陀佛坐像〉, 榮州 黑石寺(井巖山 法泉寺 봉안).

無染, 1635, 〈木造三方佛坐像〉, 靈光 佛甲寺.

____, 1651, 〈木造阿彌陀三尊佛坐像〉, 束草 神興寺.

未詳, 1395, 〈乾漆觀音菩薩坐像〉, 盈德 莊陸寺(盈德 葦長寺 봉안).

____, 1429, 〈金銅阿彌陀三尊佛坐像〉, 平壤 朝鮮中央歷史博物館(金剛山 香爐峰 발견).

____, 1451, 〈金銅阿彌陀三尊佛坐像〉, 平壤 朝鮮中央歷史博物館(金剛山 은정골 발견).

____, 1501, 〈乾漆菩薩坐像〉, 慶州 祇林寺.

法靈, 1629, 〈木造釋迦三尊佛坐像〉, 群山 隱寂寺(원 봉안처 미상).

封玹, 1782, 〈木刻阿彌陀幀〉, 金堤 金山寺博物館(南原 實相寺 藥水庵 봉안).

____·尙植·戒初, 1790, 〈木造三方佛坐像〉, 華城 龍珠寺.

尙淨, 1755, 〈木造阿彌陀佛坐像〉, 楊州 檜巖寺(潭陽 龍興寺 봉안).

色難, 1680, 〈木造地藏菩薩坐像〉, 光州 德林寺(和順 靈鳳寺 봉안).

____·忠玉·一機, 1703, 〈木造三方佛坐像〉, 求禮 華嚴寺.

雪訓, 1790, 〈鐵造地藏菩薩坐像〉, 加平 懸燈寺(加平 懸燈寺 地藏庵 봉안).

守衍, 1619, 〈塑造阿彌陀三尊佛坐像〉, 舒川 鳳棲寺(원 봉안처 미상).

____, 1623, 〈木造三方佛坐像〉, 江華 傳燈寺.

秀宗, 1703, 〈木造觀音勢至菩薩坐像〉, 義城 雲嵐寺(義城 雲岩寺 봉안).

舜敏, 1741, 〈木造釋迦佛坐像〉, 麗水 興國寺.

勝日, 1646, 〈木造阿彌陀三尊佛坐像〉, 求禮 泉隱寺(求禮 修道庵 봉안).

____, 1651, 〈木造藥師彌陀佛坐像〉, 서울 奉恩寺.

勝湖, 1678, 〈石造三世佛坐像〉, 青道 德寺(青道 天柱寺 봉안).

靈哲, 1649, 〈木造地藏菩薩坐像〉, 서울 華溪寺(海州 廣照寺 봉안).

雲惠, 1650, 〈木造三方佛坐像〉, 海南 瑞洞寺.

元悟, 1605, 〈木造菩薩立像〉, 益山 觀音寺(完州 威鳳寺 北庵 봉안)

應元, 1624, 〈木造阿彌陀佛坐像〉, 順天 松廣寺 廣遠庵.
____·淸憲, 1636년 추정, 〈木造三身佛坐像〉, 求禮 華嚴寺.
應惠, 1660, 〈木造阿彌陀佛坐像〉, 潭陽 護國寺(潭陽 晦迹庵 봉안).
印性, 1740, 〈木造阿彌陀三尊佛坐像〉, 서울 道詵寺(서울 津寬菴 봉안).
祖能, 1655, 〈木造觀音菩薩坐像〉, 金堤 靑龍寺(完州 鳳棲寺 봉안).
進悅, 1706, 〈木造觀音菩薩坐像〉, 谷城 西山寺(谷城 觀音寺 大隱菴 봉안).
____, 1713, 〈木造阿彌陀三尊佛坐像〉, 高陽 祥雲寺(高陽 露積寺 봉안).
淸憲, 1639, 〈木造三方佛坐像〉, 河東 雙磎寺.
____, 1641, 〈塑造三方佛坐像〉, 完州 松廣寺.
夏天, 1727, 〈木造三方佛坐像〉, 大邱 桐華寺.
海了, 1450, 〈金銀阿彌陀三尊佛坐像〉, 梁山 通度寺博物館(원 봉안처 미상).
香嚴, 1534, 〈木造菩薩坐像〉, 西歸浦 西山寺(羅州 □□寺 봉안) .
____, 1565, 〈木造地藏菩薩坐像〉, 木浦 達聖寺(羅州 熊岾寺 봉안).
玄眞, 1612, 〈木造觀音菩薩坐像〉, 咸陽 上蓮臺(원 봉안처 미상).
____, 1622, 〈木造毘盧遮那佛坐像〉, 서울 地藏庵(서울 慈壽寺·仁壽寺 봉안).
____, 1626, 〈塑造三身佛坐像〉, 報恩 法住寺.
____, 1633, 〈塑造阿彌陀三尊佛坐像〉, 扶餘 無量寺.
惠熙, 1655, 〈木造觀音菩薩坐像〉, 報恩 法住寺.
熙藏, 1649, 〈木造阿彌陀佛坐像〉, 龜尾 水多寺.
____, 1661, 〈木造三世佛坐像〉, 釜山 梵魚寺.

2. 연구 논저

1) 단행본

文明大, 2003, 《한국의 불상 조각 4—高麗·朝鮮 佛敎彫刻史 硏究》, 예경.
溫陽民俗博物館 編, 1991, 《1302年 阿彌陀佛腹藏物의 調査硏究》.
崔宣一, 2007, 《朝鮮後期僧匠 人名辭典-佛敎彫塑-》, 양사재.
______, 2009, 《17세기 彫刻僧과 佛像 硏究》, 한국연구원.
通度寺聖寶博物館, 1991, 《通度寺 金銅阿彌陀三尊佛像의 綜合的 考察》.

2) 논문

金理那, 1983, 〈뉴욕 메트로폴리탄 博物館의 朝鮮時代 迦葉尊者像〉, 《美術資料》 33.

金春實, 2009, 〈충청북도 제천·단양 지역의 朝鮮 後期 木造佛像〉, 《미술사연구》 23.

魯明信, 1994, 〈朝鮮後期 四天王像에 대한 考察〉, 《美術史學研究》 202.

文明大, 1983, 〈朝鮮前期 彫刻様式의 研究(1)〉, 《梨花史學研究》 13·14.

______, 2003a, 〈무염파(無染派) 목불상의 조성과 설악산 신흥사 목아미타삼존불상의 연구〉, 《講座美術史》 20.

______, 2003b, 〈印性派 木佛像의 조성과 道詵寺 木阿彌陀三尊佛像의 고찰〉, 《聖寶》 5.

______, 2003c, 〈조선시대 불교조각사론〉, 《한국의 불상 조각》 4—高麗·朝鮮 佛教彫刻史 研究, 예경.

______, 2008, 〈선운사 대웅보전 무염(無染)작 비로자나삼불상(毘盧遮那三佛像〉, 《講座美術史》 30.

文賢順, 2000, 〈朝鮮初期 菩薩像의 寶冠 研究〉, 《미술사연구》 16.

宋殷碩, 2001, 〈朝鮮後期 佛菩薩像의 着衣法〉, 《새로운 발견—조선 후기조각전》, 호암미술관.

______, 2004, 〈17世紀 彫刻僧 玄眞과 그 流派의 造像〉, 《美術資料》 70·71.

______, 2006, 〈朝鮮後期 17世紀 彫刻僧 熙藏과 熙藏派의 造像〉, 《泰東古典研究》 21.

______, 2007a, 〈17세기 朝鮮王朝의 彫刻僧과 佛像〉, 서울대학교 박사논문.

______, 2007b, 〈法靈派 彫刻僧과 佛像—法靈, 惠熙, 祖能〉, 《佛教美術史學》 5.

______, 2008, 〈조선 17세기 彫刻僧 유파의 합동작업〉, 《미술사학》 22.

______, 2009, 〈조선 후기 佛殿 내 儀式의 성행과 佛像의 造形性〉, 《미술사학연구》 263.

成春慶, 1999, 〈조선시대 17세기 목조불상에 대하여-전남지방을 중심으로〉, 《文化史學》 11·12·13.

沈柱完, 2002, 〈壬辰倭亂 이후의 大形塑造佛像에 관한 研究〉, 《美術史學研究》 233·234.

______, 2006, 〈龍門寺 木佛像의 작풍과 그 영향〉, 《講座美術史》 26-Ⅰ.

李芬熙, 2006, 〈조각승 勝一派 불상조각의 연구〉, 《講座美術史》 26-Ⅰ.

李宣鎔, 2009, 〈佛腹藏物 구성형식에 관한 연구〉, 《美術史學研究》 261.

李銀洙, 2000, 〈朝鮮初期 金銅佛像에 나타나는 明代 라마불상양식의 영향〉, 《講座美術史》 15.

李鐘文, 1996, 〈朝鮮後期 後佛木刻幀 研究〉, 《美術史學研究》 209.

이희정, 2005, 〈조선 17세기 불교조각과 조각승 淸憲〉, 《佛教美術史學》 3.

林玲愛, 2006, 〈순천 송광사 사천왕상의 방위문제와 조성시기〉, 《송광사 사천왕상 발굴자료의 종합적 연구》.
鄭恩雨, 2005, 〈敬天寺址 10層石塔과 三世佛會考〉, 《미술사연구》 19.
趙恩廷, 1989, 〈朝鮮後期 十六羅漢像에 대한 硏究〉, 《考古美術》 182.
崔宣一, 2000, 〈朝鮮 後期 全羅道 彫刻僧 色難과 그 系譜〉, 《미술사연구》 14.
______, 2003, 〈용주사 대웅보전 목조석가삼존불좌상과 조각승—戒初比丘를 중심으로〉, 《東岳美術史學》 4.
______, 2004a, 〈高陽 祥雲寺 木造阿彌陀三尊佛坐像과 彫刻僧 進悅〉, 《美術史學硏究》 244.
______, 2004b, 〈전라남도 和順 雙峰寺 木造地藏菩薩坐像과 彫刻僧 雲惠〉, 《佛敎美術史學》 2.
______, 2006a, 〈18세기 중반 彫刻僧 尙淨의 활동과 佛像 硏究〉, 《美術資料》 75.
______, 2006b, 〈朝鮮後期 彫刻僧의 활동과 佛像 硏究〉, 홍익대학교 박사논문.
______, 2007, 〈17세기 전반 彫刻僧 守衍의 활동과 佛像 硏究〉, 《東岳美術史學》 8.
______, 2009, 〈17세기 전반 彫刻僧 元悟의 활동과 佛像 硏究〉, 《17세기 彫刻僧과 佛像 硏究》.
허순산, 1984, 〈금강산에서 발견된 금동부처와 천에 대하여〉, 《력사과학》 111.

3. 도판 출처

도 1. 故宮博物院 編, 《圖像與風格—故宮藏傳佛敎造像》 上, 北京, 紫禁城出版社, 2002, 圖 68.
도 2. 《中國藏傳佛敎彫塑全集》 6—金銅佛·上, 北京, 北京美術撮影出版社, 2001, 圖 143.
도 3. 《通度寺聖寶博物館 名品圖錄》, 通度寺聖寶博物館, 1999, 圖1.
도 5~도 12, 도 14~도 15. 송은석.
도 13. 고경 스님.

제6부 근현대불교

일제 침략과 식민지불교

최병헌(서울대 국사학과)

1. 일제日帝의 한국 침략과 일본불교의 침투

1) 문호개방과 일본 정토진종淨土眞宗 오타니파大谷派의 침투

구미 열강의 끈질긴 개항開港 요구에도 불구하고 완강하게 쇄국鎖國을 고집하던 조선왕조는 무력 위압을 배경으로 한 일본의 강요에 굴복하여 1876년 조일수호조규朝日修好條規(일명 江華島條約)를 체결함으로써 마침내 문호를 개방하게 되었다. 조선을 개국시키는 데 성공한 일본은 군사력을 앞세운 정치적 경제적 침략과 아울러 종교를 첨병으로 하는 정신적·문화적 침투정책을 추진하였다. 위로는 지배층을 포섭하고, 아래로는 널리 민중을 교화함으로써 조선을 전면적으로 종속시키려는 의도에서였다. 일본정부가 대외침략을 시작하는 처음 단계부터 정치와 종교는 '새의 두 날개', 또는 '수레의 두 바퀴' 같은 관계라고 하면서 함께 한반도의 진출을 모색하였던 것은 서구

열강의 식민지 침탈에 필수적이었다고 할 수 있는 기독교의 선교사를 앞세운 전례에 따른 것이었다.

일본의 메이지정부가 정신적·문화적 침투의 역할을 담당할 종교로 선택한 것은 불교였다. 한국 침략의 첨병으로서 불교만이 에도막부江戶幕府시기 이래의 강렬한 국가주의적 성격이나 역량으로 보아 신뢰할 수 있었으며, 또한 조선의 불교가 표면상으로는 조선왕조의 억불정책으로 말미암아 침체될 대로 침체되어 무력하게 보이지만 오랜 역사와 전통이 있으며, 사회의 저변에 깊이 뿌리를 내리고 있어서 불교를 앞세우면 한국의 인심을 쉽게 포섭하여 침략에 성공할 수 있을 것이라고 판단했기 때문이었다.

한편 '진호국가鎭護國家', '흥선호국興禪護國', '왕법위본王法爲本', '입정안국立正安國' 등의 교리를 가진 일본의 불교가 국가주의의 고양과 식민지의 개척에 적극적으로 호응하고 나온 것은 당연하였다. 물론 메이지불교가 예외 없이 국가주의화國家主義化의 노선을 취하였던 것만은 아니었다. 이러한 메이지불교에 대하여 의문을 가지고 국가주의화에 반대하여 국가를 초월하는 불교의 보편적 가치를 역설한 비판적인 불교인들도 없지는 않았다. 그러나 극히 소수에 그친 그들의 미약한 주장이 메이지시기 불교계의 주류를 형성할 수는 없었다. 일본불교의 주류는 국가주의 고양을 지상의 과제로 떠받들던 불교인들에 의해서 형성되고 주도되었다.

일본불교의 각 종파는 '개교開敎'라는 미명으로 조선의 개항 초기 단계부터 한반도 진출을 경쟁적으로 추진하여 정치적·경제적 침략에 적극적으로 협력하면서, 동시에 한국의 불교를 전면적으로 장악하여 자신의 종파로서 국교화國敎化하려는 노력을 기울였다. 일본불교의 각 종파는 정치적인 침략의 단계마다 예외 없이 개입하여 종교담당관리宗敎擔當官吏로서의 역할을 충실하게 수행하면서 동시에 그 정치적 사건을 빌미로 자신들의 종파로서 한국불교를 장악하려는 노력을 경쟁적으로 전개하였다.

일본불교의 여러 종파 가운데 가장 먼저 식민지 개척에 편승하여 해외 포교의 의지를 갖고 한반도에 진출한 것은 정토진종淨土眞宗의 오타니파大谷派였다. 오타니파는 메이지 초기부터 홋카이도北海島와 쿠릴열도〔千島〕에서 식민지 개척에 발맞추어 개교를 시작하였으며, 이어 중국과 조선에서 해외 포교를 가장 일찍 전개하여 식산흥업殖産興業과 국위선양國威宣揚에 교단을 바쳐 전면적으로 정부의 정책에 호응하였다. 정토진종 오타니파는 조선에 진출하기에 앞서 1876년 중국 지역의 개교사開教使로 오구루스 코쵸小栗栖香頂(1830~1905)와 타니 료넨谷了然 등을 파견하여 상하이上海에 별원別院을 설치한 바 있으며, 이어 조선이 개항하게 되자, 메이지정부의 요청을 받아들여 곧바로 포교를 추진하였다. 즉 1877년 9월 부산의 개항과 함께 일본 정부의 요청에 따라 '호국護國·호법護法의 일치(眞俗二諦: 기독교를 막는다는 의미의 방사防邪를 추가하여 삼위일체三位一體라고도 한다)'를 표방하면서 포교를 개시하였는데, 식민지 개척 사업의 일환으로서 불교의 포교사업〔開教〕을 추진한 것이었다. 이 오타니파의 오꾸무라 엔신奥村圓心은 부산에 별원을 세우고 일본 승려들에게는 한국어, 한국인에게는 일본어를 학습시켜 한국의 승려와 신도를 포섭하는 종교적 침략활동을 전개함과 함께 개화당開化黨의 지식인들과도 연결하여 1884년의 갑신정변을 지원하여 집권케 함으로써 정토진종으로 '조선의 국교國教'를 삼으려고 하였다. 정토진종 오타니파의 본원사 조선개교감독부本願寺朝鮮開教監督部에서 편찬한 《조선개교오십년지朝鮮開教五十年誌》는 정토진종의 이러한 의도를 다음과 같이 증언하고 있다.

① "우리 본원사는 비록 정치와 종교가 분리되어 있다고 하더라도, 종교는 곧 정치와 서로 상보적이기 때문에 국운의 진전발양과 국민의 활동을 기도해야 할 것을 신조로 하고 있다. 메이지정부가 유신의 대업을 완성하고 점차 중국 · 조선 등의 여러 외국을 향하여 발전하는 때를 맞이하여, 본원사도 역시 홋카이도의 개척을 위시하여 중국과 조선의 개교를 계획하여 본원사에 해외 포교국을 설치한 것이다."(《조선개교오십년지》, 1927)

② "당시 본원사의 계획은 우선 부산에 별원을 창설하고, 국위의 진전 여부에 따라 남보다 앞서 전 조선의 중요한 지역에 별원 및 포교소를 건설하여 재류 일본인의 포교 전도는 물론 교육과 사회개선에 종사하는 한편 조선 동포의 개교를 시도한 것이다."(《조선개교오십년지》, 1927)

그런데 개화당에 의한 갑신정변이 실패함으로써 '정토진종의 국교화國敎化'라는 목표는 이루어지지 못하고 말았으나, 일본불교의 한국 침투과정에서의 선구적인 역할은 충분히 수행한 것이었으며, 한반도에 진출하는 노력은 그 뒤에도 끈질기게 계속되었다.

2) 승려의 도성출입금지령都城出入禁止令 해제와 일본 일연종日蓮宗의 사노 젠레佐野前勵

1894년에 이르러 청일전쟁淸日戰爭이 일어나자, 일본불교의 각 종파는 앞다투어 한국 진출을 기도하여 일본군대에 종군승從軍僧을 파견하여 일본군인을 위문하고 한국인을 선무하는 활동을 전개하였다. 그리하여 일본불교의 한국 진출은 정치적·군사적 색채를 더욱 농후하게 띠게 되었다. 당시 청일전쟁에 종군승을 파견한 종파 가운데는 그 앞서부터 진출해 왔던 정토진종의 오타니파 동본원사東本願寺와 일연종 이외에도 본파本派 서본원사西本願寺와 정토종淨土宗 등이 새로 참여함으로써 일본의 불교종파들 사이에 경쟁적인 상황이 전개되기에 이르렀다.

그런데 청일전쟁 직후 일본불교의 한국 침투에 결정적인 계기를 마련한 것은 일연종의 사노젠레佐野前勵의 주선에 의해 이루어진 승려의 도성출입금지령의 해제 조치였다. 일연종의 관장대리의 자격으로 한국에 온 사노젠레는 일본 공사관의 후원을 받으면서 당시의 총리대신이었던 김홍집金弘集 등 친일내각의 요인들을 설득하여 1895년 4월 승려의 도성출입금지령을 해제하게 하였다. 이 도성출입금지령을 해제한 것은 조선시대 오랫동안 지속되어 왔던 불교 탄압의 상징적인 조치가 철폐되었다는 점에서 당시 한국 승려들에게는 대단히 고무적인 사건으로 받아들여져 대환영을 받게 되었다. 그러나 그러한 조치가 한국 불교계의 자각과 노력에 의해 달성된 것이 아니고, 일본 승려의 주선으로 이루어지게 되었으며, 그 일연종의 배후에는 주한 일본 공사관의 적극적인 후원이 있었기 때문에 이 사건은 일본불교 침투의 새로운 전기를 마련하는 계기가 되었다.

결과적으로 한국 불교계에서 획기적인 사건으로 환영받았던 해제 조치가 한국불교 발전의 계기가 되지 못하였을 뿐만 아니라 도리어 친일적인 분위기를 조성함으로써 일본불교로 예속화하는 단서를 열었다는 점에서 불행한 사건이었다고 아니할 수 없다. 그런데 사노젠레에 의한 한국불교의 장악 기도는 일본 일연종의 종단 내의 사정으로 말미암아 좌절되었지만, 그해 10월 일본공사관과 일본 낭인浪人들에 의해 명성황후가 시해되는 사건에 일연종의 승려로서 사노젠레를 도와 도성출입금지령을 해제하는 데 참여하였던 시부다니 후미에이澁谷文英가 관여함으로써 일연종은 조선 침략의 첨병으로서 역할을 유감없이 보여 주기도 하였다. 일연종은 일본의 메이지불교 가운데서도 국가주의적 성격이 가장 강렬하였던 종파였는데, 특히 한국 진출에 끈질긴 집착을 보여 주었던 시부다니는 일연종의 문화(종교)적 제국주의의 입장을 다음과 같이 천명하고 있었다.

> "최신最新으로서 최극最極인 일본의 불법을 가지고 돌이켜 순로와 같이 조선·만주·중국·샴·인도에 최선의 문명의 광화를 보급시켜, 일찍이 세계 문명의 원천지로서의 고대 인도문명이 하나는 종교적 선전자에 의해, 다른 하나는 정치적 정복자에 의해서 금일의 동서 문명의 원천이 되었던 것과 같이, 일본의 불법 즉 성니치렌聖日蓮의 종교가 전 세계에 방광하여 인류를 구제하고, 그 최후의 귀착처, 최종의 의지처, 최극의 안락을 얻게 할 것을 약속한다."
> (澁谷文英, 《日蓮教と朝鮮》, 1919)

1919년 3·1운동이 일어나기 직전 일연종의 포교를 위하여 다시 한국에 온 시부다니의 위와 같은 주장은 정치적인 정복을 통하여 아시아, 나아가 세계를 지배하려는 야욕에 발맞추어 일본 불교인 일연종의 전도를 통해서 전 세계의 인류를 구원하겠다는 제국주의적인 내용이다. 이는 허황된 주장 같지만 불과 10여 년 뒤 일본의 제국주의가 대동아공영권[東亞一宇]의 건설과 세계정복[八紘一宇]을 위한 침략전쟁을 도발함으로써 구체화했던 사실을 고려하면, 일연종의 국가주의적인 의식과 일본의 제국주의적 침략전쟁에서의 선도적인 역할을 유감없이 나타내 주는 것이라고 아니할 수 없다.

3) 일제의 한국통감부韓國統監府 설치와 사찰의 관리청원管理請願

1904년 러일전쟁露日戰爭이 일어나자, 일본불교의 각 종파는 종군 활동을 적극적으로 전개함과 아울러 한국의 불교계에 대한 침투활동을 더욱 강화하였다. 그리하여 앞서부터 진출해 왔던 오타니파 본원사·본파 본원사·정토종·일연종 등의 여러 종파는 더욱 열심히 침투노력을 기울임과 함께 새로이 진언종眞言宗·조동종曹洞宗·임제종臨濟宗 등도 한국 진출에 참여하였다.

그런데 일본은 러일전쟁을 계기로 하여 제국주의 침략을 더욱 본격적으로 전개하게 되었고, 마침내 러일전쟁에서 승리함으로써 한국의 지배권을 독점하기에 이르렀다. 이에 한국통감부韓國統監府가 설치된 것을 계기로 하여 정치상의 이른바 보호병합保護併合의 기운이 무르익어 가게 되었던 것인데, 불교계에서도 그에 상응하여 한국불교사찰 장악에 나서게 되었다. 일본불교의 각 종파는 경쟁적으로 한국침투를 모색하는 가운데 그 효과를 높이기 위하여 새로운 사찰이나 포교소를 세우는 것보다 한국의 기존 사찰을 장악하고 승려들을 포섭하는 것이 더 유리하다고 판단하고, 한국불교를 포섭하려는 노력을 기울이게 되었다. 일본 승려들로 하여금 이러한 경향을 더욱 부추기게 한 데에는 한국의 승려들에게도 그 책임이 전혀 없지는 않았다.

당시의 한국 승려들은 그 대부분이 천대받고 있던 불운한 처지를 벗어나고 양반관료나 지방토호들의 침탈을 면하기 위해서는 일본불교의 보호를 받는 것이 상책이라는 생각을 앞세우고 있었다. 조선왕조 500여 년 동안 지속된 유교지상주의 사상정책은 불교인들로 하여금 국가와 민족을 생각하기에 앞서 양반 유학자들에 대한 반감과 그 억압으로부터 벗어나는 것을 더 시급한 현실 문제로 받아들이게 하였고, 그러기 위해서는 일본 불교인들의 도움이 필요한 것으로 생각하는 것도 무리가 아니었다. 그리하여 승려의 사회적 지위와 불교의 사회적 역할을 향상시켜 주겠다는 일본불교를 호의적으로 받아들이는 분위기가 쉽게 조성될 수 있었고, 일본 불교인들의 책동에 적극적으로 호응하는 인물들도 나오게 되었다.

더욱이 그때 한국 승려들의 열등한 자질과 식견의 부족은 세계정세의 동향이나 시대변화에 대하여 관심을 가질 수 없게 하였으며, 또한 제국주의 침략세력의 정체나 일본 불교인들의 침투 의도를 제대로 간파할 수도 없게 하였다. 이러한 불교계의 무지無知와 무자각無自覺의 상태는 일본의 한반도 침략과정에서 첨병으로서 침투해 온 일본불교에 쉽게 영합함으로써 일제침략의 길을 열게 하였으며, 일제에 병합된 뒤에는 식민지 통치에 협력하는 친일親日과 어용御用의 불교, 이른바 식민지植民地불교를 형성하게 하였던 것이다.

일본불교 종파에 의한 한국 사찰의 장악은 이른바 '관리청원管理請願'이라는 형태로 나타나게 되었다. 관리청원이라는 것은 곧 일본불교 특정 종파와 연합하거나, 또는 그 말사末寺로 가입加入하는 것을 의미하는 일본식 표현이었다. 통도사의 예와 같이 사찰에 따라서는 일본불교 측의 말사 가입 공작을 단호하게 거부한 경우도 없지는 않았으나, 상당수의 사찰들이 일본불교 각 종파의 말사로 쉽게 편입되어 갔다.

사태가 이렇게 전개되자 일본 통감부에서도 좌시하거나 방치할 수만은 없게 되었다. 일본 승려 가운데 일제의 위세를 업고 부당한 포교 활동을 하거나, 무리하게 강압적으로 한국 사찰을 강탈하려고 하는 일이 발생하게 됨으로써 일제의 한국병합 계획에 차질을 빚을 것을 우려하지 않을 수 없었기 때문이다. 그리하여 한국통감 이토 히로부미伊藤博文는 일본불교의 각 종파에 의한 한국 사찰의 장악을 공인하여 주면서, 동시에 일본 불교인들을 감독·통제하기 위한 조치를 내리게 되었다. 1906년 11월의 〈종교宗教의 선포宣布에 관한 규칙規則〉(통감부령 제45호)은 바로 한국에서 활동하는 신도神道·불교·기타의 종교에 속하는 교종파教宗派의 일본인 포교자만을 대상으로 하여 내놓은 법령이었다. 제1·2조는 일본종교의 관장管長 등이 선정하는 각 교종파의 포교관리자를 한국통감이 인가하여 감독할 것을 규정하였다. 그리고 제3조는 포교의 방법이나 종교시설의 설립에 대한 통감의 인가 권리를 규정하였다. 또 제4조에서는 교종파의 관리자, 또는 제2조의 포교자, 기타 제국의 신민으로서 한국사원 관리의 위촉에 응하려고 할 경우는 통감의 인가를 받도록 하였다. 이리하여 일본인 포교자에 의한 한국 사찰의 관리를 통감이 인가하는 것이 명기됨으로써 일본불교에 의한 한국 사찰의 관리를 통하여 한국불교를 일본불교에 예속화하는 것이 공식적으로 허가되었으며, 동시에 통감의 감독에 따라 한국병합에 효과적으로 활용할 수 있게 되었다.

이상과 같은 한국통감부의 사찰관리규칙이 발표되자, 통감부의 협력에 힘입어 일본불교 각 종파들은 경쟁적으로 한국 사찰을 강탈·병합하려는 노력을 더욱 치열하게 전개하였다. 그리하여 한국의 불교계에 '사원관리청원'이 유행하는 사태가 발생하게 되었으며, 그 결과 전국 대부분의 주요한 사찰들이 일본 각 종파에 점거되어 갔다. 당시의 불교계 상황을 직접 목격하였던 일본인 아오야나기 난메이青柳南冥는 《조선종교사朝鮮宗教史》(1911)에서 "오타니파 본원사에서는 이미 23사를 헤아리고, 그 가운데는 해인사·범어사·화엄사·쌍계사 등의 큰 사찰까지 포함되어 있으며, 본파 본원사에는 현재 말사대장에 등록된 것이 약 100개 사찰에 달하고 현재 출원 중인 것도 매우 많다."고 하여 활발하게 전개된 일본불교의 침투상황을 구체적으로 증언해 주고 있다.

2. 일제의 한국강점과 한국불교 병합

1) 일본 조동종曹洞宗 다케다 한시武田範之의 정치적 종교적 침략

한국통감부의 사찰관리규칙이 반포된 이후 일본불교의 각 종파들이 경쟁적으로 한국 사찰을 장악하려고 얼마나 소란을 떨었던가는 일본불교의 정치적·종교적 침략의 대표적 인물이라고 할 수 있는 다케다 한시武田範之(1863~1911)의 다음과 같은 글을 통해서도 확인할 수 있다.

> "전년 통감부의 초기에 종교선포령宗教宣布令을 발함에 그 조목 가운데 말하기를, '일본 승려가 한국 사찰을 관리하려고 하면 연서 상청하여 마땅히 통감부의 윤허를 받아야 함'이라 하니, 이에 일본의 각 종파가 다투어 포교승을 파견하여 그 관리권을 득하고자 다투고 있으며, 혹은 한국 승려들의 어리석음을 이용하여 몰래 사사로운 약조를 맺는 자까지 생기고 있음이 마치 외교절충을 하는 듯 하였다. 당시의 논주(필자주; 다케다 한시)가 경성에 머무르고 있어 마음속으로 우리 일본 승려들의 뜻을 비루하게 여겨 탄식하여 말하기를 '우리 포교승이 조선민족을 불쌍히 여기고 와서 소생시키기 위함인가, 아니면 조선의 가람을 빼기 위하여 와서 엿보고 있는 것인가."(武田範之, 《圓宗六諦論》, 1911)

이렇게 일본 승려들의 강압적인 한국 사찰의 탈취행위를 비난하고 있던 다케다 한시는 그 자신도 얼마 뒤 한국불교 원종圓宗의 고문이 되어 원종의 대종정 이회광李晦光과 야합해서 한국불교를 통째로 일본 조동종에 예속시키려고 한 장본인이었다. 일본 승려 자신들을 비난하는 글을 싣고 있는 《원종육제론圓宗六諦論》도 한국불교를 하나로 통합시켜 조동종에 예속시키기 위한 목적에서 집필된 것이었다. 그러한 인물이 이같이 일본 승려들을 비난한 것은 선종禪宗에 속하는 승려의 입장에서 정토신앙을 종지로 하는 정토진종과 정토종의 활발한 움직임에 대하여 개인적인 반감을 가지고 있었다는 점도 하나의 원인이었으나, 그보다 더 근본적인 이유는 무계획적으로 설치는 일본 승려들의 불법적인 행위로 말미암아 한국불교를 통째로 장악하려는 자신의 계획에 차질이 생길 것을 걱정했기 때문이었다. 다케다 한시는 한국불교 전체를 통합하여 일본불교에 합병시키는 것만이 '신라 고려의 밝은 시대〔羅麗昭代〕의 영광을 빛나게 할 것'이라고 믿고, 일본 조동종에 병합시키려는 활동을 펼쳤다. 다케다 한시는 조동종의 승려로서 3차에 걸쳐 한국에 왔었는데, 한국에서 그의 활동은 불교 문제보다는 "동양의 평화는 바로 한국 문제의 해결 여하에 달렸다."고 생각하는 정치적 동기에서 출발한 것이었다.

다케다는 1883년 조동종 사찰인 현성사顯聖寺에서 승려가 된 다음에, "(나에게는) 오직 종교와 식민植民만이 있다. 능히 황국을 위하여 원훈을 세우자." 고 결심하고 1892년 부산에 건너와 전라도 여수 앞바다의 금오도金鰲島에서 이주회李周會(豊榮)와 함께 어업에 종사하다가 실패하였고, 부산에 나와 일본 낭인들과 함께 건달생활을 하면서 해적의 흉내까지 내기도 하였다. 다케다는 1894년 동학농민군이 봉기하자 현양사玄洋社의 동료 낭인들과 천우협天佑俠을 조직하고, "금일의 계책은 청일 양국으로 하여금 전쟁의 단서를 열게 하는 데 있다."고 하면서 동학의 지도부(다케다 등의 주장에 따르면 전봉준)와 접촉하였으나, 실패하고 귀국하였다.

다음 해인 1895년 미우라 고로三浦梧樓가 주한일본공사로 부임하게 되자, 천우협 시절의 동료 낭인들과 함께 불려 와 명성황후 시해 사건에 가담하였다가 소환되어 히로시마廣島 형무소에 투옥되었다. 그러나 얼마 되지 않아 증거불충분의 이유로 석방되어 다시 현성사에 들어갔다. 1901년 현성사의 31대 주지가 되어 조동종의 쇄신운동을 일으켜 말파末派의 총대의원으로서 활약하였다. 1904년에는 조동종의 한국포교사로 임명되었는데, 한국에 직접 나왔었는지는 알 수 없다.

다케다 한시는 1906년에 이토 히로부미 한국통감의 촉탁으로 부임하게 된 흑룡회黑龍會의 주간 우찌다 료헤이內田良平의 요구로 다시 한국에 나오게 되었다. 다케다는 우찌다의 소개로 이용구李容九가 창시한 시천교侍天敎의 고문과 일진회一進會의 상담역이 되었다. 그는 이용구의 '비서겸종교고문秘書兼宗敎顧問'이라고 할 수 있는 지위에 있으면서 '합방운동'과 관련된 거의 대부분의 문서 작성에 관여하였다. 1907년 헤이그밀사 사건으로 고종이 양위한 뒤 일본 황태자가 한국을 방문하였을 때에는 일진회를 동원하여 성대한 환영식을 준비하고 이용구를 대신하여 환영사를 작성(《영서비부靈瑞秘符》에서 일본 황태자의 방한을 우담바라의 꽃이 피는 영광에 비유)하였으며, 시천교의 기본경전이 되는 《항해경沆瀣經》을 집필하여 주었다. 또한 1908년에는 한국13도불사총회韓國十三道佛寺總會의 고문에 취임하였으며, 일본 조동종의 한국포교관리가 되어 서울 필동에 조계사를 설립하였다가 1909년에는 용산에 서룡사瑞龍寺를 건립하여 조동종의 포교 근거지로 삼았다. 그러나 곧이어 조동종포교관리의 직을 사임하고 한국강점과 한국불교병합의 추진에 전력하였다.

2) 불교사찰의 통합기구 설치와 원종종무원圓宗宗務院

이미 외국의 선교사와 일본 각 종파의 승려들이 서울의 성안에 들어와 각기 전도와 포교에 힘을 기울이고 있을 때에도 한국 정부는 여전히 자국의 불교에 대한 척불적인 정책의 고삐를 늦출 줄 모르다가 가까스로 시대적 추세를 깨닫게 된 것은 갑오개혁 이후인 1895년에 이르러서였다. 승려의 도성출입금지령의 해제 조처가 그것이었다. 그런데 그러한 조처가 일본인 승려의 주선으로 이루어진 것은 불행이었다. 한국 불교계에 친일적인 분위기를 조성하는 계기가 되었기 때문이었다.

그러나 한국 정부에서도 뒤늦게나마 자각하여 불교배척과 무관심에서 벗어나 국가적인 관리를 꾀하기에 이르렀으며, 이와 아울러 불교계에서도 전국 사사寺社의 통일적인 조직을 마련하기 위한 움직임이 일어났던 사실은 주목할 만한 일이었다. 1902년 정부에서는 궁내부 소속으로 사사관리서寺社管理署를 설치하여 오랫동안 방치하여 왔던 불교 교단에 대한 국가 관리의 의지를 나타내었다. 이에 관리서에서는 〈사사관리세칙寺社管理細則〉, 즉 사찰령 36조를 반포하고, 전국 사찰 및 승려에 관한 일체의 사무를 맡아보게 하였다. 이리하여 관리서에서는 대법산大法山과 중법산中法山 제도를 실시하여 전국 사찰을 통괄하게 하였다. 그리고 동대문 밖에 원흥사元興寺를 창건하여 전국의 수사찰인 대법산으로 정하고, 각도의 대사찰 16곳을 중법산으로 지정하면서 승직을 임명하고 일원적인 통제를 시도하였다. 그러나 실제로는 이렇다 할 성과를 내지 못하고, 사사관리서는 1904년 폐지되고 말았다. 당시의 정치적인 혼란과 불교계의 의식 부족으로 말미암아 제대로 실행되지 못한 결과였다.

사사관리서가 폐지된 뒤 1906년 2월 봉원사奉元寺의 승려 이보담李寶潭과 화계사華溪寺의 승려 홍월초洪月初 등이 주축이 되어 원흥사에 불교연구회佛敎硏究會를 설립하였다. 그리고 또한 원흥사에 최초의 근대식 불교학교인 명진학교明進學校를 설치하였다. 그러나 이 불교연구회는 한국 승려의 순수한 자각과 자주적인 발의에 따라 설립된 것이 아니고, 일본불교, 특히 일본 정토종의 승려 이노우에 겐신井上玄眞의 사주와 영향으로 세워진 것이었으며, 실제 정토신앙을 종지로 하였다.

그 결과 한국불교와 일본 정토종의 합병이 획책되기에 이르렀으며, 이에 대한 찬반 논의가 격화되었다. 이때 제일의 부자 사찰인 통도사의 실권을 쥐고 있던 정토종 승려 일본인 교사가 통도사를 일본 정토종의 말사로 편입하려다가 그 계략이 실패하여 추방된 사건이 일어나는 등 반대운동이 승리함으로써 일본 정토종으로 합병은 유야무야되었다. 이듬해인 1907년 6월 각 도의 사찰 대표자 50여 명이 총회를 열었을 때, 선종을 자처하는 다수 승려들의 반대로 이보담 등이 불교연구회장과 명진학교장의 직을 사임하고, 해인사 주지인 이회광李晦光이 그 후임으로 선임되었다. 이회광은 1908년 3월 전국의 승려 대표 52명을 원흥사에 모아 회의하고, 그를 통해 원종종무원圓宗宗務院을 설립하고 자신이 대종정大宗正으로 선임되어 불교계를 장악하였다.

3) 한일불교의 병합과 원종圓宗·임제종臨濟宗

다케다 한시는 우찌다 료헤이內田良平의 소개로 먼저 이용구가 창시한 시천교의 고문이 되었는데, 1907년 3월 12일 이용구(호 봉암)에게 〈이봉암에게 불교재흥을 권고하는 글〔與李鳳庵勸佛教再興書〕〉을 써 주어 한국불교 부흥에 관한 의견을 제시하는 등 한국불교에 대해 적극적인 관심을 표명하였다. 그리고 그 다음 해 이회광에 의해 원종종무원이 설립되자, 이용구의 추천으로 그 원종의 고문이 됨으로써 한국불교를 일본 조동종에 통합시키려는 의지를 실천에 옮길 수 있게 되었다. 이때 다케다 한시는 "한국의 전체 사찰을 하나로 통합하여 일본불교의 침탈을 벗어나기 위하여 원종을 구성하고 일본의 조동종과 통합할 것"을 권고하였고, 이회광도 정토종 계열의 일본 정토종이나 정토진종과는 거리를 두고 한국불교와 같은 선종 계통인 조동종이나 임제종과 통합하려는 계획을 세우게 되었다. 그리하여 1910년 일제에 의한 한국병합이 이루어지자, 그 계획은 마침내 실현을 보게 되었다.

이회광은 다케다 한시와 모의하고 한국의 원종과 일본의 조동종의 합병을 기도하여 1910년 9월 72개 사찰의 위임장을 얻어낸 뒤 일본에 건너가서 조동종의 관장인 이시가와 소토石川素童와 교섭하였다. 이회광은 연합을 고집하였지만 이시가와는 한국불교의 수준이 낮아 부속종附屬宗으로서 하지 않으면 무리라고 하였다. 연합위임장은 받았지만 부속한다는 위임장은 받지 않았다고 거부하는 이회광에게 조동종 종무원은 주무성主務省의 내락을 받아 연합에 동의하였다. 마침내 10월 6일 원종 종무원 대승정 이회광과 조동종 종무대표 고신 에즈미즈弘津悅三 사이에 이른바 연합조약이 체결되었다. 7개조로 이루어진 이 조약은 표면상으로는 대등한 연합의 형식을 갖추었으나, 실제 내용은 원종을 조동종에 예속시키는 것이었다. 제2조에서 조동종에 의한 인가 취득을 규정한 것은 원종의 종속을 의미하고, 제4조는 조동종으로부터만 고문을 받아들이고 그 반대 경우의 내용은 없으며, 제5조는 일반 포교 및 청년 승려의 교육은 조동종의 지시에 따라 실시한다고 되어 있다. 이회광은 대등한 연합을 고수하였다고 말하였지만, 이와 같은 조문의 내용을 보면 완전히 일본불교에 종속화되는 내용이었다. 이는 8월 22일 한국병합의 체결로부터 45일만에 조인한 것으로서, 국가의 정치적 병합에 이어 한국불교도 일본의 특정 종파에 완전히 병합되기에 이르렀다.

이 조약의 내용이 국내에 알려지자 한국 불교계 일부에서는 "임제종을 법통으로 하는 한국 선종을 일본 조동종에 팔아버렸다[賣宗易祖]"고 하여 맹렬한 반대운동이 일어났으며, 한용운韓龍雲·박한영朴漢永 등에 의해 임제종이 성립되었다. 한국 불교계는 원종과 임제종으로 분열되어 대립하는 가운데 일본 조동종은 와카오 구니에若生國榮를 조선총독부에 파견하여 원종 종무원의 설립 인가 신청서를 제출하였다. 그러나 조선총독부는 인가도 기각도 하지 않고 계속 유보한 채 조용히 다음 해까지 불교계의 사태를 관망하고 있었다.

이에 다케다 한시는 병상에서 《원종육제론》을 지어서 1911년 3월 20일 조선총독 데라우치 마사다케寺內正毅에게 편지와 함께 보내어 연합의 필요성을 강조하고, 조선의 불교를 황국신민화皇國臣民化의 정책에 따르게 하려는 취지임을 설명하였다. 또한 송병준과 조동종의 수뇌 등 각계의 요로에 널리 그 책을 배포하여 일본 당국과 불교계의 여론을 움직이려는 노력을 기울이기도 하였지만, 끝내 받아들여지지 않았다. 그런 가운데 그의 병세는 악화되어 연합 인가의 실현을 보지 못하고 6월 23일 도쿄에서 숨을 거뒀다. 그러나 그의 바람도 헛되이 사망하기 20일 전인 6월 3일 조선총독부에 의해 사찰령寺刹令이 반포됨으로써 한국의 모든 사찰은 조선총독부에 의해 직접 통제되는 직할체제가 되었으며, 일본불교의 특정 종파와의 연결이나 본말사本末寺 관계는 일절 배제되었다. 이 결과 원종도, 그에 반대하던 임제종도 모두 사라지게 되었다.

3. 조선총독부의 식민지불교정책과 본말사제도本末寺制度

1) 사찰령寺刹令 반포와 본말사제도本末寺制度

조선총독부는 한국병합이 일단락되자, 이제 더 이상 일본불교를 이용할 필요성이 없게 되었다. 조선총독부는 식민지 통치에서 일본 승려보다 한국 승려를 직접 내세우는 것이 더 효과적이라고 판단하였던 것 같다. 조선총독부가 일본 조동종에 예속된 원종을 인가하지 않은 이유도 일본불교의 특정 종파가 한국불교를 장악하여 식민 통치에 간여하는 것을 원하지 않은 결과였다. 조선총독부는 한국 침략에 일본불교를 앞세우던 이전의 정책을 변경하여 식민 통치에서 일본불교를 배제하고 한국불교를 전면에 내세우려는 정책을 추진함으로써 일제의 종교적 침략은 새로운 단계로 접어들게 되었다.

1910년 8월 조선총독부가 설치되고, 뒤이어 초대 총독으로 부임한 데라우치 마사다케寺內正毅는 일본 조동종으로 예속 문제를 둘러싸고 한국 불교계가 원종과 임제종으로 나뉘어 격심하게 대립·갈등하던 혼란한 상황을 방관하면서, 다른 한편으로 한국의 불교계 실정에 대한 면밀한 조사를 실시하였다. 그리고 다음 해인 1911년 6월 3일 〈사찰령〉(제령 제7호), 7월 8일 〈사찰령시행규칙寺刹令施行規則〉(조선총독부령 제84호)을 반포하였다. 사찰령은 전문 7개조, 시행규칙은 전문 8개조로 이루어졌다. 〈사찰령〉과 〈사찰령시행규칙〉의 시행으로 불교계는 30본산체제三十本山體制(뒤에는 31본산체제)로 전환되었고, 사찰령 제3조에 의거하여 각 사찰로 하여금 각기 사법寺法을 제정하여 조선총독의 허가를 받도록 하였다. 30본산체제의 확립은 바로 한국의 불교 교단이 조선총독부의 직할체제로 편제되었음을 나타내주는 것이며, 조선총독부가 한국불교를 직접 장악하여 분할 통제하기 위한 식민지 통치 기구가 완성되었음을 의미하는 것이었다.

30본산체제는 일본불교의 본말사제도本末寺制度와 사법寺法의 인가제를 도입한 것으로서, 한국불교의 사정을 고려했다고 하지만 실제로는 조선총독부 당국의 입장에서 통제의 편리성을 위주로 하여 편제된 것이었다. 그리고 사법의 제정에서도 형식적으로는 각 본사에서 자주적으로 이루어진 것으로 되었으나, 실제는 조선총독부의 종교과 주임 와타나베 아키라渡邊彰가 작성한 초안에 각 본사가 그대로 따른 것에 지나지 않았다. 요컨대 조선총독부는 사찰령과 본말사제를 통하여 한국의 불교 교단을 조직적으로 편제하여, 전국의 사찰을 30본사로 분할하여 그 힘을 분산시키고, 조선총독이 교정教政을 완전히 장악하는 분할통치分割統治 방식을 취한 것이었다. 사찰의 이전과 폐지, 본사주지의 임면, 사찰의 재산 관리 등을 조선총독의 인허가제로 묶음으로써 불교계의 인사권과 재정권을 조선총독이 완전히 장악하게 되었다. 그리고 조선총독이 임면권을 가진 본사주지의 권한을 크게 확대시켜 주어 사찰내의 인사권, 그리고 재산의 처분과 관리권이 주어졌다.

사찰의 주지는 원래 산중공의山中公議에 따라 추대되는 것이 불교계의 전통적인 관습이었다. 그런데 사찰령과 사법에 의거해서 주지에게 사찰 운영의 권한이 집중됨으로써 이른바 '주지전횡시대住持專橫時代'라는 특수용어가 생기게 되었다. 이제 주지들의 안중에는 오직 자신의 임면권을 가진 조선총독이라는 감독관만이 있을 뿐, 여타의 시비는 두려울 것이 없게 되었다. 본말사 관계를 종교적 차원이 아닌 행정적 편의주의로 편제하여 불교의 관료화를 초래한 결과였다. 그리하여 주지들의 특권과 재산의 축적으로 말미암은 지계持戒정신의 해이와 불교개혁 의지의 약화는 식민지불교의 고질적인 폐단이 되었다. 또한 사찰령은 한국 승려들의 취처娶妻를 가능케 함으로써 한국불교를 변질시키는 결정적인 요인이 되었다.

원래 사찰령과 사법을 제정할 당시에는 대처육식帶妻肉食하는 자에게는 비구계를 불허하고, 주지 자격에 비구계를 구족해야 하는 규정을 둠으로써 대처승帶妻僧은 주지가 될 수 없었다. 그런데 막강한 권력과 경제적 부의 축적에 몰두한 주지들이 사법에서 이 금지조항을 삭제하도록 청원하여 마침내 1926년에 가서 관철하였다. 이로써 대처승의 주지 취임 문제는 외형상 일단 합법적인 것으로 변질되었고, 1929년까지 대부분의 사찰들이 사법에서 이 금지조항을 삭제하기에 이르렀다. 이에 승려들은 앞다퉈 처첩을 거느리게 되었으며, 대처승들의 숫자는 날로 늘어가서 해방될 때에 이르면 9할 이상의 절대다수가 되었다.

1954년 11월 이승만李承晩 대통령의 유시諭示에 따라 대처승을 축출하는 사찰정화운동이 시작될 때 당시 조계종 총무원장 박성하朴性夏의 증언에 따르면, 승려 총수 6,500여 명 가운데 비구승은 4퍼센트에 지나지 않은 260명인데 견주어 대처승은 96퍼센트인 6,240명이었다. 이것은 주지들의 극단적인 타락상과 불교계의 모순을 보여 주는 단적인 예라고 할 수 있다. 경제적으로 부패하고 윤리적으로 타락한 이들 주지들은 겉으로는 불교의 발전과 개혁을 주장하면서도 내면에서는 교권敎權의 유지에만 매달렸으며, 종권宗權의 장악을 위해서는 정치권력에의 유착과 적극적인 친일행위도 서슴지 않게 되었다. 결국 주지들의 윤리적인 타락과 친일적인 성향은 조선총독부의 불교정책과 사찰령에 말미암은 것이었으며, 주지의 전횡 때문에 불교계의 모순은 승려 개인적인 타락과 친일 차원의 문제로만 그치지 않고, 교단의 구조적인 문제로 심화해 갔던 것이다.

2) 조선총독부 식민지불교정책 추진과 친일불교화親日佛敎化

조선총독부의 불교정책에서 특히 주목할 점은 사찰의 인사와 재정 등의 종무행정의 통제라는 소극적인 정책에 그친 것이 아니라는 것이다. 조선총독부는 불교 교단에 대한 통제 차원에서 한 발짝 더 나아가 더욱 적극적으로 친일적인 불교로의 변화와 한국 불교인들의 자발적인 협조를 이끌어 내기 위하여 불교의 종지宗旨와 의식儀式 등의 문제까지도 간섭하고 규제함으로써 한국불교의 내용과 성격을 크게 변질시키고 있었다.

3·1운동 이전의 식민 통치 방식은 헌병 경찰을 앞세운 무단통치武斷統治였다고 단순하게 이해되어 왔다. 그러나 불교에 대한 정책은 대단히 교묘하고 고차원적인 수준의 것이었음을 주목할 필요가 있다. 오늘날 불교계에서는 일제시기 불교의 변질 내용으로 흔히 대처육식帶妻肉食의 문제만을 주로 지적하고 있지만, 실제로는 제도나 정신 면에 걸쳐서 그보다 훨씬 광범위하고 더욱 본질적인 문제가 있었음을 유의할 필요가 있다.

우선 조선총독부 당국은 1912년 6월 17일 원종종무원圓宗宗務院에서 최초의 30본산 주지회의를 개최하여 한국불교의 종지를 '선교겸수禪敎兼修', 종명을 '조선불교선교양종朝鮮佛敎禪敎兩宗', 그리고 30본산주지회의소를 '조선불교선교양종각본산주지회의원朝鮮佛敎禪敎兩宗各本山住持會議院'으로 결정하도록 하고, 초대 원장에 원종의 이회광李晦光을 선출하여 친일세력이 불교계를 계속 주도하도록 하였다. 조선총독부의 사전 지시에 따른 것임은 물론이다. 이 주지회의원은 1915년 30본산연합사무소가 성립될 때까지 불교계 대표기관의 역할을 하게 되었다.

그러나 새로 설치된 30본산연합사무소도 불교계의 통합관리 기구는 아니었다. 1914년 말 전체 본사주지들의 회의에서 제정한 〈조선각본사연합제규朝鮮各本寺聯合制規〉를 보면 경성(서울)에 연합사무소를 설치하고 위원장 1명과 사무원 약간 명을 두도록 하였으나, 그 설치 목적이 "사찰령과 시행규칙을 준행遵行하며 그에 의하여 사찰을 완전하고 또 영구히 보호하며, 강학과 포교를 일층 장려할 것"이라고 하여, 불교계 대표기관으로서 역할을 친일불교인의 양성을 위한 승려교육과 포교의 문제로 한정하는 것이었기 때문에 종전의 분할통치의 불교정책에는 전연 변화가 없었다. 그리고 연합사무소의 위원장으로 이회광과 함께 친일경쟁을 벌이고 있던 용주사龍珠寺의 주지 강대련姜大蓮을 선출하는 한편, 각 본산 주지들로 하여금 조선총독부에 함께 나아가 신년축하식을 거행하기로 하는 등 일련의 회유정책을 통하여 일제 당국과 타협하고 순응하려는 자세를 취하도록 유도하였다.

한편 조선총독부는 1912년 6월 31일 경성부京城府로 하여금 임제종의 한용운, 원종의 이회광, 용주사의 주지 강대련 등 3인을 소환하여 임제종과 원종의 문패를 철거하도록 지시하였다. 이에 원종 측은 조선총독부의 지시에 순응하여 곧바로 원종종무원을 '조선불교선교양종각본산주지회의원朝鮮佛教禪教兩宗各本山住持會議院'으로 명칭을 변경하였다고 신고하여 승인을 받았지만, 임제종 측은 불응함으로써 강제 해산되고 말았다. 한용운을 비롯한 임제종 승려들은 임제종 중앙포교원을 '조선선종 중앙포교당朝鮮禪宗中央布教堂'으로 개칭하여 활동을 지속하는 한편, 사찰령에 의거한 30본산제도에 대응하는 불교계의 대표기관을 세워 불교를 확장시키자는 취지로 조선불교회朝鮮佛教會와 불교동맹회佛教同盟會 등을 조직하려고 했으나, 일제 당국의 제지로 실패하였다.

다른 한편 한국불교의 종지宗旨를 결정하면서 조선총독부는 원종과 임제종을 모두 부인하는 대신에, 《경국대전經國大典》의 불교 관계 규정을 내세워 "조선왕조 초기의 선교양종禪敎兩宗을 겸수兼修하고, 불법 본지의 실현을 기한다."고 규정함으로써 선교양종의 겸수라고 하는 한국불교의 고유한 전통을 계승·발전시켜 주겠다는 취지를 표명하였다. 그러나 조선 초기의 불교 전통을 계승하여 발전시켜 주겠다는 표방은 일제의 식민 통치에 한국 불교계의 자발적인 협조를 얻어 내기 위한 교묘한 술책에 지나지 않은 것이었다. 실제 조선총독부에서 강요한 불교의 내용은 일본의 황도皇道사상과 신도神道의 요소를 받아들임으로써 일본적인 불교로 크게 변질시킨 것이었다.

본사에서 거행하는 법식의 내용을 보면 일본의 천황에 관한 것, 일본의 건국신화에 관한 것, 일본의 국민적·민속적 습속에 관한 것이 대폭 포함되었으며, 그러한 요소가 불교 본래의 의식보다도 우선하는 것이었다. 즉, 사방배四方拜·기원절紀元節·천장절天長節·신상제新嘗祭를 축리법식일祝釐法式日로 하고, 원시제元始祭·춘계황령제春季皇靈祭·추계황령제秋季皇靈祭·신무천황제神武天皇祭·효명천황제孝明天皇祭(뒤에 明治天皇祭와 大正天皇祭 추가)·신상제神嘗祭를 보은법식일報恩法式日로 규정하여 앞에 내세웠으며, 그 다음에 부처의 열반·탄생·성도일成道日을 보본법식일報本法式日로 하고, 역대 조사祖師의 기일忌日을 존조법식일尊祖法式日로, 그리고 결제일結制日·해제일解制日을 안거법식일安居法式日로 규정하여 뒤에 붙였다. 또한 '천황폐하성수만세天皇陛下聖壽萬歲'의 존패尊牌를 본존本尊 앞에 봉안하고, 매일 축수祝禱와 찬가讚歌에 힘쓰도록 규정함으로써 철저하게 황국신민화정책皇國臣民化政策의 구현에 봉사하도록 강요하였다.

결국 한국불교는 조선총독부의 불교정책에 따라 일본불교의 특정 종파에 예속되는 것은 면하였으며, 표면으로는 선교양종의 겸수라는 조선 초기 불교의 종지宗旨를 계승한 것으로 표방할 수 있었지만,

그 실제 내용이나 성격에서는 철저하게 친일적親日的이고, 어용적御用的이며, 나아가 일본의 신도神道와 결합된 일본적인 불교화의 길을 걷게 되었던 것이다.

3) 한국 불교계의 반응

당시의 한국 불교계는 불행하게도 조선총독부 당국의 의도나 불교정책의 본질을 제대로 이해하는 사람이 거의 없었다. 오히려 일본의 조동종으로 합병조약을 체결한 원종의 인가를 보류함으로써 일본의 특정 종파에 예속되는 것을 막아 주고, 조선 초기의 선교양종 겸수의 전통을 계승·발전시켜 주겠다는 조선총독부의 불교정책에 크게 고무되어 찬양하는 분위기가 지배적이었다. 다시 말하면 오랫동안 억압받아 왔던 한국불교를 보호·육성한다는 그럴듯한 구실로 불교를 친일화·어용화하여 식민 통치의 목적에 활용하려는 의도에서 제정·반포된 사찰령의 취지와 본말사제도의 본질을 꿰뚫어 보지 못하고 한국불교를 발전시켜 주려는 조선총독의 선의로서 받아들이는 분위기가 대세를 이루었던 것이다. 그리고 불교계가 조선총독부의 관리를 받게 된 것에 대해 오히려 환영하는 분위기가 주류를 이루었다. 김지순金之淳과 최취허崔就虛 등 일부 지각없는 승려들은 사찰령을 반포한 조선총독 데라우찌 마사다케를 한국불교의 은인으로 찬양하며 일본 천황의 성은聖恩에 감격하는 글을 발표하기도 하였다.

그리고 당시 본사의 주지로서 대표적인 사판승이었던 이회광·강대련·김구하金九河 등을 비롯하여 대부분의 주지승들은 조선총독부의 불교정책에 호응하여 경쟁적으로 친일에 앞장서게 되었다. '문명아文明兒'·'성은聖恩'·'특은特恩'·'선정善政'·'외호外護' 등 당시의 불교계에서 흔히 들을 수 있었던 말들은, 불교계의 조선총독에 대한 감사와 친일적인 분위기를 단적으로 증언해 주는 것이라고 할 수 있다. 당시 대표적인 엘리트 가운데 한 사람이었던 이능화李能和가 《조선불교통사》를 편찬하면서 사찰령을 비롯한 불교 관계 법령을 모아 놓고, 그 항목의 이름을 〈찰령반포 과몽외호刹令頒布 果蒙外護〉라고 붙여 사찰령의 반포를 조선총독의 커다란 은혜로서 표현하고 있었음도 그러한 불교계의 분위기를 전해 주는 예라고 할 수 있다.

당시 불교계는 조선총독에 대하여 감사하는 분위기와 함께 조선총독부의 지원에 의한 불교 발전의 기대감으로 부풀어 있었다. 당시 한국 승려 가운데는 사찰령의 반포와 30본사제도의 시행을 불교 중흥의 계기로 인식하고 오랜 기간의 침체에서 벗어나기 위한 개혁을 주장하는 젊은 불교인들도 나오게 되었다. 당시 한용운과 함께 불교 혁신론자로 평가되었던 권상로權相老는 1913년에 간행한 〈조선불교혁신론朝鮮佛敎革新論〉에서 당시의 불교계에 '개량改良'·'발달發達'·'확장擴張'·'유신維新'이라는 기치를 내건 각종의 개혁론이 활발하다고 서술하고 있었다. 당시 불교의 개혁론자들은 '적자생존適者生存'·'약육강식弱肉强食'·'우승열패優勝劣敗'의 사회적 진화론을 받아들여 불교 개혁을 주장하면서 그것을 실천하는 방법의 하나로서 계몽적 성격의 불교잡지들을 발간하였다. 당시에 간행된 잡지는 《조선불교월보朝鮮佛敎月報》·《해동불교海東佛敎》·《불교진흥회월보佛敎振興會月報》·《조선불교계朝鮮佛敎界》·《조선불교총보朝鮮佛敎叢報》·《유심唯心》 등 6종에 이르렀으며, 그 잡지의 편집겸 발행인은 권상로·박한영·이능화·한용운 등 30~40대의 젊은 엘리트 불교인들이었다.

자주성과 근대화의 양립이 어려워진 시대 상황에서 식민지불교화의 길로 들어선 이러한 불교계의 분위기는 조선총독부의 집요한 정책적 책동에 따른 것이기도 했다. 즉 본산주지 및 기타 유력인사 등을 우대하여 여러 차례에 걸쳐 일본시찰을 알선하고, 천황 면담의 주선, 조선총독에 대한 신년하례 등을 추진하여 그들의 환심을 사는 데 주력했다. 불교인에 대한 이러한 환대는 그동안 천인賤人 취급을 받으면서 핍박받던 조선시대에 견주면 하늘과 땅 차이의 변모라고 할 만한 것이었다. 그리하여 1910년대 이래의 불교계는 이러한 역사의식歷史認識의 부족이라는 공통적인 한계를 가질 수밖에 없었다. 식민지불교가 초래한 불행이었으며, 해방된 뒷날까지도 쉽게 벗어나기 어려운 폐해를 한국불교에 남겨 놓게 되었다.

4. 조선총독부의 황민화정책皇民化政策과 조계종曹溪宗의 창립

1) 조선총독부의 불교정책 변화와 불교단체佛教團體의 성립

조선총독부의 종교정책은 1911년 사찰령 반포를 통하여 불교의 행정적 통제의 기반을 마련한 데 이어 1915년에는 불교만이 아니라 전 종교를 일괄 통제하는 방향으로 확대되었다. 조선총독부는 1915년 8월 16일 〈신사사원규칙神社寺院規則〉(조선총독부령 제82)과 〈포교규칙布教規則〉(조선총독부령 제83호)을 반포하여 불교·신도·기독교의 포교와 종교적 활동에 대한 통제를 제도화하였다. 이 포교규칙은 앞서 1906년 한국통감부 韓國統監府에서 반포한 〈종교宗教의 선포宣布에 관한 규칙規則〉(한국통감부령 제45호)을 대체한 것인데, 한국통감부의 종교정책에 견주어 크게 확대·강화되었음이 주목된다. 한국통감부의 종교정책은 일본불교와 신도神道의 포교만을 주요 대상으로 하여 일본종교의 한국 진출을 제도적으로 지원·관리함으로써 일제의 한국 침략을 뒷받침하려는 것을 목적으로 하였다.

그런데 〈신사사원규칙〉과 〈포교규칙〉에 나타난 조선총독부의 종교정책은 일본의 신도와 불교를 보호·관리하면서 동시에 기독교를 포함한 불교와 신도 등 전 종교의 한국 포교를 통제대상으로 확대하여 식민지 통치의 목적을 달성하려는 것이었다. 결국 모든 종교 활동이 조선총독의 허가에 따라서 이루어지도록 함으로써 종교 신앙의 자유는 정치적인 통제와 제약을 벗어날 수 없게 되었다. 이제 조선총독부는 사찰령에 의거하여 불교를 규제하고, 포교규칙에 의거하여 교파신도와 기독교를 규제할 수 있게 되었다.

그러나 천도교天道教·시천교侍天教·보천교普天教·대종교大倧教 등 70여 개의 신흥 민족종교는 '유사종교類似宗教'라 하여 종교로 인정하지 않고, 1907년에 발령된 보안법保安法과 1910년 8월 25일 경무총감부령인 〈집회취체集會取締에 관한 건〉에 의거하여 별도의 취체를 받게 하였다. 또한 유교는 종교가 아닌 학사學事로서 다루어 1911년 사찰령과 동시에 반포된 〈경학원규정經學院規定〉(조선총독부령 제73호)에 의거해 조선총독의 감독에 예속시켜 유교의 사회적인 영향력을 축소시키려고 하였다. 이로써 조선총독부의 종교에 대한 법제적 규제 마련은 완료되었다.

그런데 종교통제의 이러한 기본법규는 이 시점에서 일본의 본국, 그리고 타이완臺灣·남사할린南樺太 등 다른 식민지에는 없던 것이었다. 이것은 조선총독부의 종교정책이 지금까지 일본 본국의 연장주의를 벗어나 독자의 방향으로 나아가고 있던 것을 의미하는데, 뒷날 1930년대 일제가 군국주의화의 길을 걷게 되면서 일본 본국에서 추진한 종교정책의 모델이 되었던 사실을 주목할 필요가 있다. 일본 본국에서는 전시체제 아래인 1939년에 와서 비로소 〈종교단체법宗教團體法〉(법률 제77호)이 제정되어 한국에서와 마찬가지로 종교단체들에 대한 통제를 강화하게 되는데, 1910년대 초기에 추진하였던 조선총독부 종교정책과의 비교고찰이 요구되는 문제이다.

3·1운동 이후 조선총독부의 통치정책은 강압적인 무단통치武斷統治에서 다소 완화된 문화통치文化統治로 전환되었다. 이에 따라 1920년 〈사찰령〉과 〈사찰령시행규칙〉, 그리고 〈포교규칙〉 등의 종교법규도 통제를 다소 완화하는 방향으로 개정되었다. 개정된 〈사찰령〉에서는 총본산을 설치하고 관장管長을 두며, 총본산의 옹호기관으로서 불교단체를 설립하여 일반인에 대한 교화와 자선사업 등을 추진할 수 있도록 허용하였다. 그리고 또한 〈포교규칙〉에서는 교회당·설교소·강의소 등의 설립에서 허가주의許可主義를 계출주의屆出主義로 바꾸어 절차를 다소 완화하였다.

그러나 총본산은 30본산 주지들의 연락사무소 이상의 구실은 할 수 없었으며, 관장이나 불교단체의 대표는 친일인사親日人士로 제한하였고, 반일적인 종교 활동은 감시·억압하도록 하였다. 그리고 조선총독부에 협력하는 불교인과 단체는 적극적으로 후원하게 함으로써 충량忠良한 일본제국의 신민을 만드는 데 초점이 맞추어져 있었다. 이 결과 이완용을 회장으로 선임한 불교옹호회佛教擁護會와 재조선일본인과 조선의 유력한 불교인이 조직한 조선불교단朝鮮佛教團을 비롯하여 수많은 친일적인 불교단체들이 설립되는 가운데 조선총독부의 불교정책에 비판적인 단체도 나타나게 되었다. 이러한 불교단체 가운데 조선총독부의 불교정책과 30본산체제에 비판적인 단체로서 가장 주목되는 것은 조선불교청년회朝鮮佛教青年會와 선학원禪學院이었다.

조선불교청년회는 1920년 중앙학림中央學林 학생들이 주도하여 설립한 단체로서 불교의 혁신운동을 전개하였다. 앞서 3·1운동에 참여하였던 청년불교인들은 조선불교청년회·조선불교유신회朝鮮佛教維新會·조선불교청년동맹朝鮮佛教青年同盟 등을 연이어 설립하고, 정치와 종교의 분리·사찰령과 사법의 폐지·주지제도의 개선 등을 주장하였으며,

불교계의 통일운동을 전개하는 등 자주적인 불교 건설과 항일 민족운동의 주역이 되었다. 친일적인 주지들의 비협조와 조선총독부 당국의 억압책으로 활동의 제약을 받았으나, 뒷날 추진되는 총본산건설總本山建設 운동에 선구적인 몫을 담당하였던 것으로 평가된다.

한편 선학원은 1921년 김남전金南泉·강도봉康道峰·김석두金石頭·백용성白龍城·송만공宋滿空·오성월吳惺月 등 선원禪院의 수좌首座들이 설립한 단체인데, 원종에 반대한 임제종운동의 전통을 계승한 것이다. 이들은 조선총독부의 불교정책을 비판하고, 전통불교의 수호와 선풍의 진작을 표방하면서 선학원禪學院·선우공제회禪友共濟會·선리참구원禪理參究院 등을 설립하는 등 선원 수좌들의 수행을 보호하고 지원하려는 노력을 지속적으로 기울였다. 이들은 본산주지들의 비협조로 재정상의 어려움을 겪어 침체와 부흥을 반복한 끝에 마침내 1935년에는 조선불교선종朝鮮佛敎禪宗을 창립하기에 이르렀다.

조선불교선종의 표방은 조선총독부에 의한 선교양종禪敎兩宗에 대항하여 선종이 주류인 한국불교의 정체성을 내세우려는 의지가 담긴 것이었다. 선원 수좌들은 1935년 3월 선학원에서 수좌대회를 개최하여 선종종규禪宗宗規를 비롯한 각종의 규칙을 제정하고 종정宗正으로 신혜월申慧月·송만공宋滿空·방한암方漢岩 3인과 기타 임원들을 선출하였다. 그러나 당시 불교계의 실권을 장악한 주지들의 비협조로 선원 수좌들만의 소수 모임이라는 한계를 벗어나지 못함으로써 통합종단의 설립에는 이르지 못하였다.

2) 총본산總本山의 건설운동

조선 불교계에서 총본산 건설운동의 기원은 1929년 1월에 개최된 조선불교선교양종승려대회朝鮮佛敎禪敎兩宗僧侶大會로 거슬러 올라간다. 앞에서 잠시 언급한 바와 같이 청년 불교인들이 본사주지들의 전횡에 맞서 정교분리政教分離와 사찰령 폐지를 주장하는 불교개혁운동을 일으킨 것이 발단이 되었다. 이들은 불교계 문제의 근원이 분할통제分割統制 방식에 있음을 인식하고 한국 불교계의 통일운동을 전개하게 되었다. 이들은 친일적인 불교단체인 조선불교단朝鮮佛敎團에 의해 추진되고 있던 조선불교대회朝鮮佛敎大會에 맞서 승려대회를 개최하여 종헌宗憲과 종법宗法을 제정하고, 종회와 중앙교무원의 운용을 결의하였다. 종지宗旨와 종통宗統을 다룬 종헌이 제정되고, 종단의 행정적 기구로서 종회와 중앙교무원이 만들어졌다는 것은 통일적인 중앙의 통제기구를 지향한 것이었다고 볼 수 있다. 그리고 종헌에 따라 불교계의 상징적 의미를 지니는 교정敎正을 선출하였다. 이때 선출된 교정은 김환암金幻庵·서해담徐海曇·박한영·이용허李龍虛·김동선金東宣·김경운金擎雲·방한암 등 7명이었다.

그러나 총본산운동은 조선총독부의 방해와 본산주지들의 비협조로 승려대회 도중에 많은 사람이 이탈하여 좌절되었고, 종회와 중앙교무원 역시 소멸되고 말았다. 따라서 이 불교대회는 불교계의 총본산 건설의 필요성을 공식적으로 제기하였다는 점에서 역사적인 의의를 찾을 수 있다. 그리고 종헌에서 조선불교의 선교양종의 종지와 태고보우太古普愚를 종조宗祖로 하는 종통宗統을 밝히고, 교정敎正을 추대한 것은 총본산 건설운동의 선구적인 의미를 갖는 성과였다고 할 수 있다.

불교계의 통일과 총본산 설립은 조선총독부 불교정책의 변화와 본사주지들의 의식의 전환이 없이는 이루어질 수 없는 문제였다. 1935년부터 내선일체內鮮一體를 통한 황국신민화皇國臣民化를 바탕에 둔 심전개발운동心田開發運動의 추진과 관련하여 일제의 식민지정책 담당자들 사이에서 총본산 건설의 필요성이 제기되기 시작하였다.

1935년 7월에 재경주지발기회在京住持發起會를 개최하고 조선불교심전개발사업촉진회朝鮮佛教心田開發事業促進會를 결성한 것이 효시가 되었다. 그리고 이어 본사 주지들은 심전개발사업촉진회에서 내놓은 '불교계의 통일기관 설치의 건'과 '각황사覺皇寺 이전 신축의 건'을 논의하였다. 지금까지 불교계의 통합에 미온적인 모습을 보이던 본사주지들이 이전의 태도를 바꾸어 총본산 건설에 대한 관심을 기울이기 시작했음을 알 수 있다.

그리하여 1937년 2월까지 31본산주지회의에서는 조선불교양종 종무원의 구성을 결의하는 등 통일기관의 설립에 대한 의견이 분분하게 개진되었다. 그해 2월 25일에 열린 31본사주지회의에서는 구체적인 총본산 건설 계획을 협의하고, 건설 사업을 추진하는 총본산건설기초위원總本山建設起草委員을 선임함으로써 총본산 건설 업무가 실질적으로 시작되기에 이르렀다. 이때 선임된 기초위원은 이종욱李鍾郁·임석진林錫珍·이동석李東碩·최영환崔英煥·정병헌鄭秉憲·허영호許永鎬·권상로權相老·신태호辛太皓·강유문姜裕文·강성인姜性仁·김법룡金法龍·한보순韓普淳·박창두朴昌斗·김포광金包光 등 14명으로서 본사 주지들과 일부 엘리트불교인들이 함께 참여하고 있었다. 그러나 이어 3월 6일에는 이들 가운데 이종욱·임석진과 함께 차상명車相明·김구하 등이 총본산건설위원에 취임하였는데, 이들 주지 계열의 인사들이 총본산 건설의 실질적인 주역들이었다.

지금까지 지지부진하던 총본산 건설 사업이 1937년에 들어와 갑자기 활기를 띠게 된 것은 조선총독부의 종용과 적극적인 협조가 있었기 때문이었다. 일제가 중일전쟁中日戰爭을 도발한 이후 전시총동원체제戰時總動員體制로 전환하면서 조선총독부는 분할통제 방식에서 통일기관 설립의 방향으로 불교정책을 변경하고 총본산의 설립을 적극적으로 지원하였다. 2월 26~27일에 31본사주지회의를 조선총독부 제1회의실에서 개최하고, 미나미지로南次郎 총독을 비롯한 담당 관리들이 직접 참석하여 훈시할 정도로 조선총독부의 분위기는 적극적이었다.

1940년에는 전쟁 상황이 더욱 악화됨에 따라 앞서 1938년 조선총독부에서 내세웠던 국민정신총동원체제를 국민총력체제로 전환하고, 산업·경제·문화·종교 등 각 분야의 단체를 총망라해서 통합된 단일기구로 편성하여 일원적 지도체제를 확립하였다. 일원적 지도체제 구축은 전쟁의 격화에 상응하여 모든 분야에서 나타났고, 불교계도 예외는 아니었다. 조선총독부는 불교계의 일원적인 지도체제를 확립하고자 총본산 설립을 서두르게 되었는데, 1940년 11월 28일에는 1937년에 설립된 총본사건설기초위원회總本寺建設起草委員會를 해체하고, 그 대신에 조선불교총본사설립위원회朝鮮佛教總本寺設立委員會를 새로 설치하였다. 새로운 총본사설립위원회의 사무소는 조선총독부朝鮮總督府 학무국學務局 사회교육과社會教育課에 두었으며, 회장은 조선총독부 학무국장學務局長, 부회장 1명은 학무국 사회교육과장社會教育課長이 맡게 하였다. 그리고 다른 1명은 31본사주지 가운데 회장이 위촉하도록 하여 월정사주지 이종욱이 선임되었다. 조선총독부가 간접적인 지원 방식에서 직접 주관하는 방향으로 방침을 바꾼 결과였다.

이로써 총본산 설립은 불교계의 여망과는 관계없이 실제로는 일제 군국주의軍國主義의 산물이었으며, 구체적으로는 조선총독부가 주체가 되어 추진한 것이었음을 알 수 있다.

3) 조계종曹溪宗의 창립

조선총독부가 직접 주관하게 되면서 총본산 건설 사업은 일사천리로 빠르게 진척되어 앞서 1938년 10월 총본산 각황사總本山覺皇寺 대웅전의 이전 공사가 완료된 데 이어 1940년 12월에는 총본사 태고사법總本寺太古寺法을 제정하여 인가 신청을 하였다. 그리고 1941년 4월 23일 마침내 〈조계종총본사태고사법曹溪宗總本寺太古寺法〉 및 〈처무규정處務規定〉이 인가·반포됨으로써 마침내 완전한 통합종단으로서 조선불교조계종朝鮮佛敎曹溪宗이 발족되기에 이르렀다.

그런데 총본산의 설립 과정에서 특히 주목되는 사실은 총본사의 인가를 앞두고 그 직전에 개최된 유교법회遺敎法會였다. 1941년 3월 4일부터 10일 동안 안국동 선학원에서 전국의 청정비구 가운데 송만공·박한영 등 34명을 초청했던 고승법회高僧法會였는데, 본사 주지들의 반대에도 불구하고 총본산 건설을 주관하던 조선총독부 학무국學務局과 종로경찰서가 이면에서 권유하고 후원해서 이루어진 것이었다. 이것은 청정불교전통淸淨佛敎傳統의 회복回復이라는 명분을 획득하면서 동시에 선학원 계열의 인물들을 포섭하기 위한 술책에서 말미암은 것이었다고 볼 수밖에 없다.

실제 총본산 설립이 본격화하는 1937년부터 1941년까지의 기간에 참여하고 있던 인물들은 본사주지 계열의 인사들이 중심을 이루고 있었고, 이밖에 조선불교청년회 계열의 일부가 참가하고 있었던 것인데, 유교법회가 열린 뒤 1개월여 만에 선임된 조계종의 임원 가운데 본사주지 계열의 인사와 함께 선학원 계열의 인사가 일부 포함되었던 사실은 그러한 추측을 뒷받침해 준다.

이로써 조선총독부에 의한 총본산 건설 작업이 전시총동원체제 구축 작업의 일환으로 대단히 용의주도하게 추진되었으며, 그 결과 명분과 실리 양면에서 통합종단으로서의 면모를 갖출 수 있었음을 알 수 있다. 새로 선임된 조계종단의 임원 명단은 다음과 같다.

종정宗正(태고사 제1세주지): 방한암

종무고문宗務顧問: 김경산·김구하·강대련·송만공·송만암·장석상

종무총장宗務總長: 이종욱

서무부장庶務部長: 김법룡

교무부장教務部長: 임석진

재무부장財務部長: 박원찬朴圓讚

사서司書: 허영호

재무주임財務主任: 김낙순金洛淳

서무주임庶務主任: 오타니 마사헤이大谷政平

교무주임教務主任: 김택수金澤修

이상의 임원 명단을 보면 본사주지 계열과 선학원 계열로 나누어지는데, 이 가운데 실제 총본사 운영의 핵심 인물은 친일 성향의 본사주지 계열이었음을 알 수 있다. 실제로 불교 교단의 실권을 가진 종무총장과 각 부장部長은 모두 본사의 주지들이 선임되었다. 월정사 주지 이종욱·보현사 주지 김법룡·송광사 주지 임석진·통도사 주지 박원찬 등이 모두 친일적인 교단의 실세들이었다. 그리고 교단의 상징적 대표인 종정宗正과 실권이 없는 자문기구에 지나지 않은 종무고문에는 유교법회를 주도하였던 송만공·장석상을 비롯하여 방한암·김경산·김구하 등 선학원 계열이거나 그에 협조적인 인물들이 강대련 등 친일적인 본사주지들과 함께 포함되었다.

이로써 조선총독부의 적극적인 지원을 받으면서 친일적인 본사주지들 중심으로 설립된 조계종단에 1921년 이래 전통불교의 수호

와 선풍禪風의 진작을 표방하면서 1935년 조선불교선종을 탄생시켰던 선학원 계열의 대표적인 인물들을 참여시킴으로써 외형상으로는 전불교계의 통합종단으로서 면모를 갖추게 되었다.

한편 총본사의 명칭은 처음에는 '조선불교선교양종 총본산 각황사朝鮮佛敎禪敎兩宗總本山覺皇寺'라고 하였으나, 뒤에 '조선불교조계종 총본사 태고사朝鮮佛敎曹溪宗總本寺太古寺'로 변경하고 아무 관련도 없는 북한산北漢山의 태고사太古寺를 이전하는 형식을 취하였는데, 이것은 새로 제정된 사법을 '태고사법太古寺法'이라고 이름한 것과 함께 새로운 종단의 법통을 고려 말기의 태고 보우에 연결시키려는 의도에서 비롯되었다. 그리고 새로운 종단 이름을 '조계종曹溪宗'이라고 일컬은 것도 고려시대 선종의 대표적 종파였던 조계종의 전통을 계승하려는 의지의 표현이었다. 이러한 명칭은 한국 불교계의 오랜 염원에 부응하는 것이었다고 할 수 있다.

그러나 그러한 명칭의 이면에는 한국불교 전통을 계승·발전시켜준다는 구실로 불교계의 자발적인 협조를 끌어내기 위한 조선총독부의 고차원적인 술책에서 말미암은 것이었음도 고려하지 않을 수 없다. 앞서 1911년 사찰령에 의거해 30본산체제를 성립시키면서 조선 초기의 선교양종을 끌어다 종지宗旨와 종명宗名으로 내세운 조선총독부의 의도가 재연된 것이며, 한 단계 발전한 것이라고 할 수 있다. 이유야 어떻든 1941년의 조계종은 당시 한국 불교계의 여망에 부응하면서 조선총독부의 필요성에 의해 새로 창립된 신흥 종단이었음은 부인할 수 없다.

그런데 조선총독부는 조계종이라는 통합종단을 설립하면서도 〈태고사법〉의 상위 법령인 〈사찰령〉과 〈사찰령시행규칙〉을 그대로 존속시키고, 아울러 그러한 법령에 의거한 31본산체제라고 하는 교단체제를 변경하지는 않고, 31본사 이외에 태고사를 새로운 본사의 하나로 추가하는 데 그쳤다. 그리고 조계종의 총본사에 31본사 주지의 임명권이나 사찰재산 처분의 인가권 등의 실질적인 권한은 부여하지 않고 조선총독이 계속 장악하고 있었으며, 본사주지들의 특권도 그대로 유지하도록 하였다. 이러한 점은 조계종이 창립된 뒤에도 불교 교단의 기본적인 구조는 여전히 31본산체제였음을 말하는 것이며, 불교계의 실질적인 통제권은 여전히 조선총독이 장악하고 있었음을 의미한다.

조선총독부가 조계종과 총본사를 설립한 것은 명실상부한 통합종단의 설립과 자주적인 운영체제를 마련하려는 한국 불교계의 염원과는 무관하게 조선총독부가 31본산체제를 효율적으로 통합·관리함으로써 전쟁 수행을 위한 국민총동원체제에 부응하려는 술책의 산물에 지나지 않은 것이었다.

결국 조계종의 창립은 한국불교의 발전과는 무관한 친일적이고 어용적인 식민지불교의 완성이었다고 볼 수밖에 없다. 그리고 또한 중앙의 통합 관리기구와 지방 본사 사이의 교단행정체계상의 구조적인 모순을 갖고 출발한 것이었다. 통합종단이라고 하는 조계종이 지닌 일본 제국주의에 협력하는 어용적인 성격과 종단체제상의 구조적 모순은 불교계로 하여금 전시총동원체제에 적극적으로 협력하게 하였을 뿐만 아니라 해방된 뒤에도 제대로 해결되지 못하고 식민지불교의 잔재로 계속 이어져 옴으로써 오늘날까지 불교 발전의 심각한 장애 요인으로 작용하게 되었다.

조계종과 총본사의 건설이 완료되자, 한국 불교계에는 조선총독부의 지원과 협력(사실은 직접 건설)에 감사하고 환호하는 분위기가 고조되었다.

"조선불교의 획기적 신기원의 역사를 장식하게 되었다."

"조선불교의 개혁인 동시에 일대 창조다."

그러나 불행하게도 한국 불교인 가운데 일제의 의도를 제대로 간파하고 문제를 제기한 사람은 거의 없었다. 조선총독부의 불교정책을 비판하면서 일관되게 민족운동을 전개해 온 한용운조차도 총본산 건설과 관련해서는 "우리나라 불교의 통제를 스스로가 하지 못할 바에야 외부의 힘에 의해 통제기구가 만들어짐은 오히려 다행이며, 문제는 향후 한국불교에 미치는 이해利害에 있다."고 하여 조계종 창립에서 조선총독부가 담당한 주도적 역할을 간파하였으면서도 한국불교의 발전을 위해서는 불가피한 것으로 받아들여 긍정적으로 수용하고 기대하는 자세를 보이고 있었다.

한국불교의 입장에서는 조선총독부의 새로운 불교정책으로 말미암아 조계종이라는 단일종단을 성립시키게 되었으며, 그 종지는 선종禪宗으로 고려시대 태고 보우의 법통을 이은 것이 되었다. 그러나 실제 내용은 본말사체제本末寺體制라는 분할통제 방식의 기본구조를 그대로 유지한 채 총본사라고 하는 새로운 통합기구를 만들어 전시총동원체제에 부응하도록 한 조치에 지나지 않았다. 그 결과 일본의 군국주의체제에 순응하고 전시총동원체제에 협조하는 어용적이며 친일적인 성격의 식민지불교를 형성하게 됨으로써 이전의 분할통제 방식으로 말미암은 불행과는 또 다른 차원에서 변질과 왜곡이라는 더욱 심한 시련을 겪지 않을 수 없었다.

조선총독부의 불교정책은 처음부터 마지막 단계까지 한국불교의 전통을 계승·발전시킨다는 그럴듯한 구실 아래 추진됨으로써 한국불교인들의 적극적인 호응과 협조를 받아 대성공을 거둘 수 있었다. 그 결과 일제강점기에 형성된 친일적이며 어용적인 성격의 식민지불교는 승려의 개인적인 친일 행위와 윤리적 타락 차원의 문제로 그치는 것이 아닌, 불교 종단의 구조적인 모순으로 심화되기에 이르렀다. 일제강점기 36년 동안에 체질화한 식민지불교의 성격은 해방 뒤에까지도 좀처럼 청산하기 어려운 불행한 유산으로 남아 이어지게 되었는데, 한국불교가 겪은 최대의 불행한 역사적 경험의 산물이었다고 아니할 수 없다.

일제는 1937년 중일전쟁의 발발을 계기로 하여 '통일기관의 설치'라고 하는 한국 불교계의 숙원宿願을 해결해 주면서 일제가 수행하고 있던 전쟁에 따른 한국의 병참기지화정책兵站基地化政策을 효율적으로 해결하고, 이어 태평양전쟁太平洋戰爭을 추진하는 데 필요한 총동원체제를 구축할 수 있는 하나의 발판을 마련하려는 시책의 결과로 총본산 건설의 결실을 보기에 이르렀다.

조선총독부 당국의 지원으로 총본산 건설이 이루어지자, 불교계는 철저하게 친일화·어용화되는 길로 들어서게 되었다. 불교계는 일제의 황민화정책의 일환으로 추진된 심전개발운동에 적극적으로 동참하였으며, 중일전쟁 발발 이후의 각종 시국강연회, 출전부대 송영, 위문금 및 국방헌금의 모금 납부, 창씨개명創氏改名 등에 열성적으로 참여하였다. 그리고 조계종 창립 이후 태평양전쟁이 일어나자 불교근로보국대佛教勤勞報國隊의 편성 등을 통한 일제의 병참기지화정책과 내선일체內鮮一體로 대변되는 황국신민화라고 하는 한국인 말살정책에 철저하게 굴절되는 노선을 걷게 되었다.

5. 맺음말 — 식민지불교의 잔재와 청산과제

한국 근대 불교사에 대한 이해는 오늘날의 불교와 직결된 문제라는 점에서 대단히 중요하다. 그리고 일본 제국주의 침략사의 온전한 이해를 위해서도 간과할 수 없는 문제라고 아니할 수 없다. 그러나 해방 이후 한국 역사학계의 연구경향은 사회경제사 분야에 견주어 사상사 분야에 대한 관심이 적었으며, 특히 불교사 분야에 대한 연구가 극히 부진함을 면치 못하였다. 그 결과 일제의 한국 침략사에 대한 이해는 군사력을 앞세운 정치적·경제적 침략의 문제만을 강조하였을 뿐이고, 종교 특히 불교를 첨병으로 한 정신적·문화적 침투 사실은 전연 지나쳐 버리고 말았다.

이와 달리 불교학계의 연구는 역사의식의 결여와 일방적인 호교적護敎的 자세로 말미암아 일제의 불교침략 사실과 식민지불교의 성격에 대한 이해를 정확히 할 수 없었다. 그리고 불교학계의 근대불교사 연구가 특히 부진하게 된 이유의 이면에는 한국 불교계가 아직까지도 식민지불교의 잔재를 제대로 청산하지 못하고 있을 뿐만 아니라 그 필요성에 대한 문제의식조차도 갖지 못하고 있는 현실이 심각한 장애가 되어 왔음도 부인할 수 없다.

일제는 한국 진출을 시작하는 처음 단계부터 '정치와 종교는 새의 두 날개', 또는 '수레의 두 바퀴 같은 관계'라고 표방하면서 불교인들에게 한반도 침투를 종용하였고, 일본 제국주의의 식민지 개척과 불교의 해외포교를 일체화하여 대외침략을 추진하였다. 한편 메이지유신 이후 일본의 근대화과정에서 국가주의적 성격을 갖게 된 일본 불교계도 이에 적극적으로 호응하여 '호국과 호법의 일치'를 표방하면서 한국 침략의 첨병 역할을 자임하였다.

그리하여 부산항이 개항되는 1877년부터 한국을 강점하는 1910년까지 일본불교의 각 종파는 침략의 단계마다 경쟁적으로 진출하여 와서 한국 불교인의 회유와 사찰의 장악에 매진하였으며, 때로는 청일전쟁과 러일전쟁과 같은 군사적 침략전쟁에 참여하고, 또한 갑신정변, 명성황후의 시해, 한국병합 같은 정치적 침략사건에도 직접 개입하는 등 일본 제국주의의 종교담당관리로서 한국 침략의 첨병 역할을 충실히 수행하였다.

그런데 일제는 1910년 한국 강점의 목적을 달성하자, 불교정책을 변경하여 그때까지 침략의 첨병 역할을 충실하게 수행해 오던 일본불교를 배제하고, 그 대신 한국불교를 직접 장악하여 식민 통치의 전면에 내세웠다. 조선총독부는 30본말사제三十本末寺制를 통하여 분할통제방식을 갖추어 일제 당국에 대한 경쟁적인 충성을 유도하면서 《경국대전經國大典》의 불교조항에 의거하여 조선왕조 초기 불교 통폐합의 산물인 '선교양종禪教兩宗'을 종명으로 삼아 전통불교의 계승· 발전을 표방하게 함으로써 한국 불교계의 자발적인 협조를 이끌어 내는 데 성공하였다.

그리고 본사주지들을 중심으로 세속적 권력을 강화하고 재산을 축적하는 풍조를 묵인 내지 방조함으로써 불교계의 세속화와 윤리적 타락을 부채질하였다. 더욱이 친일지주적인 성격을 띤 주지들이 앞장선 대처의 풍조는 불교타락의 전형이 되었으며, 해방 이후 식민지불교의 잔재로서 커다란 후유증을 남겨 20여 년 동안 비구와 대처승 사이의 치열한 싸움을 유발하였고, 마침내 불교 교단이 분열되는 불행한 사태를 초래하였다. 일제 식민지불교의 잔재인 불교의 세속화와 대처승 문제는 해방 이후 오늘날에 이르기까지 한국불교의 발전을 가로막는 심각한 장애요인이 되어 왔음은 아무리 강조해도 지나치지 않다.

오늘날 불교계에서 일제 식민지불교의 잔재로서 불교의 세속화와 대처승 문제를 거론하는 것에는 이의가 없다. 그러나 식민지불교의 또 다른 잔재로서 오늘날까지 이어져 오면서 불교의 발전에 더욱 심각한 장애요인이 되고 있는 것은 정치권력과 유착된 어용성의 문제이다. 1930년대 후반 일제는 전시총동원체제를 구축하면서 불교 교단에 대한 일제 초기의 분할통제방식을 변경하여 총본산을 새로 설치하게 하였다. 조선총독부는 통합종단의 설립이라는 한국 불교계의 오랜 숙원을 들어주는 형식을 취하면서 고려시대의 조계종과 태고 보우의 불교 전통의 계승을 표방하고, 유교법회遺教法會의 개최를 통하여 선학원 계열의 승려들까지 포섭함으로써 외형상으로는 대부분의 불교인들이 참여하는 통합종단을 설립하게 하였다.

그러나 실제 이면에서는 조선총독부가 주도하고 친일적인 본사주지들이 주관하는 방식으로 이루어졌던 것이며, 통합종단에 참여한 인물들도 친일지주적인 성격을 가진 본사주지들이 중심을 이루고 선학원 계열의 승려들은 들러리 역할에 지나지 않았다. 그러므로 총본산 건설은 일제의 전쟁수행을 위한 국민총동원체제에 부응하려는 술책의 산물에 지나지 않은 것이라고 평가하지 않을 수 없다. 그 결과 일본의 군국주의체제에 순응하고, 전시총동원체제에 협조하는 친일적이며 어용적인 성격의 식민지불교를 형성하게 됨으로써 이전의 분할통제 방식으로 말미암은 불행과는 또 다른 차원에서의 변질과 왜곡이라는 더욱 심한 시련을 겪게 되었다.

오늘날 불교계와 역사학계 일각에서 일제강점기의 친일적인 승려들에 대한 비판이 제기되고 있으나, 당시 불교계의 친일적이며 어용적인 성격은 개인적인 친일 차원의 비판으로서만 끝낼 수 있는 것이 아니라는 데 문제의 심각성이 있다. 식민지불교의 친일적이며 어용적인 성격은 일제의 불교정책에 따른 불교 교단의 구조적이며 체질화한 문제였기 때문이다.

일제강점기 초반에 경쟁적으로 친일을 주도하였던 이회광·강대련·김용곡金龍谷 등은 대본산의 주지이자 30대본산주지회의원 원장·30대본산연합사무소 위원장의 자격으로 조선총독부의 식민 통치에 협력하는 일에 앞장섰다. 그리고 일제말기 태평양전쟁의 수행에 앞장섰던 이종욱·김법룡·임석진·박원찬·허영호 등은 조계종 교단의 실권을 장악한 종무총장과 각 부장, 그리고 사서 등 임원의 자격으로 전시총동원체제의 구축과 황국신민화의 정책에 대한 순응과 협력을 주도하였다. 그러므로 이들의 친일행위는 개인적인 차원의 문제만으로 그치는 것이 아니고, 조계종이라는 종단의 구조적인 문제로 접근해야 할 과제가 되는 것이다.

한편 본말사제도라는 일제 초기의 분할통제 방식을 그대로 유지한 상태에서 그 위에 통합종단 조계종과 총본사 태고사를 건립한 것은 교단의 행정체계상 새로운 문제점을 낳게 되었다. 조선총독부 당국의 불교정책이 한국불교의 발전은 관심 밖이었고, 다만 일제의 전시총동원체제의 구축 방침에 순응하여 불교를 전쟁에 총동원하는 것만을 우선으로 하였기 때문이었다. 그 결과 일제 식민지불교의 분할통제 방식의 교단체제의 기본골격은 그대로 존속시키면서 그 위에 중앙의 통제기관으로 총본사總本寺를 설치함으로써 중앙의 통합관리 기구와 지방 본사 사이에 교단행정체계상의 구조적인 모순을 발생하지 않을 수 없게 되었다. 조계종단의 이러한 구조적인 모순은 교단 운영에 혼란과 비효율성이라는 부정적인 요인으로 작용하여 오늘날까지도 이어져 오면서 중앙의 총무원總務院과 지방의 본사本寺 사이에 갈등을 일으키는 근본적 원인이 되고 있다.

해방된 뒤 식민지불교의 청산 작업이 불교계의 운명을 스스로 개척하려는 의지와 노력으로 추진되지 못하고 정치권력만 쳐다보다가 정치권력에의 예속을 자초하였으며, 그 개혁의 내용도 비구와 대처승 사이의 종권의 장악과 사찰재산 싸움으로만 전개되었다. 그 결과 대처승 문제보다 더욱 본질적이라고 할 수 있는 체질화한 어용적인 성격의 극복과 교단체제의 구조적인 모순의 해결은 오늘날까지도 제대로 이루어지지 못하고 있다. 해방 이후 끊임없이 되풀이되고 있는 파벌싸움, 그리고 정치권력과의 유착은 한국불교의 발전을 가로막는 결정적인 장애가 되고 있으며, 그것은 결국 식민지불교의 잔재에 말미암은 것이다.

1954년 이후의 불교정화운동 과정과 1962년의 통합종단의 성립과정, 그리고 그 이후의 끊임없이 전개되어 온 파벌싸움과정에서 보여 주었던 것과 같은 정치권력에 기대었던 불교인들의 의식과 자세에 대한 뼈아픈 반성과 비판이 있어야 했다. 그리고 나아가 일제강점기에 체질화한 어용적인 성격에 대한 깊은 고뇌와 성찰이 전제되어야만 했다.

그런데 오늘날까지도 우리 불교계에서 근대불교사에 대한 정확한 이해가 결여되어 있고, 어용성의 문제를 호국불교라는 그럴듯한 명분으로 호도하면서 그 문제의 심각성을 제대로 인식하지 못하고 있는 실정은 매우 안타까운 일이다. 해방되고 반세기가 훨씬 지난 오늘날까지 대부분의 불교인들이 일제 식민지불교의 잔재와 극복이라는 문제의식조차도 제대로 가지고 있지 못하다는 사실은 한국불교의 앞날을 더욱 어둡게 하는 근본적인 원인이 되고 있다는 점을 재삼 지적하지 않을 수 없다. 우리 역사학계에서는 그 동안 일제강점기 식민지 지배의 폐해로서 경제적 수탈의 문제만을 주목하여 왔으나, 정신적·문화적 침략이 남긴 식민지 유산이 더욱 극복하기 어려운 고질적인 문제라는 사실을 오늘날의 불교계 상황이 확인해 주고 있는 것이다.

산업화와 민주화에 성공하여 선진화의 문턱을 넘어서고, 식민지 지배의 또 다른 후유증인 민족분단의 극복을 눈앞에 둔 시점에서 우리 불교계가 식민지불교의 미망에서 여전히 벗어나지 못하고 있는 현실에 대하여 깊이 성찰하고 뼈아프게 반성할 것을 촉구한다. 그리고 또한 불교사학계의 근대불교사에 대한 연구도 친일親日과 항일抗

日의 이분법적인 평면적 이해방법에서 벗어나 불교 교단의 구조적인 모순과 근대불교의 식민지 체질을 해명하는 작업으로 확대되어야 할 것이며, 또한 종단에서의 특정 인물에 대한 현창 사업과 학계에서의 학문 연구는 엄격하게 구분하여 시대적인 과제와 관련시킨 비판적인 검토와 체계적인 이해로 진전되어야 할 것이다.

참 고 문 헌

1. 연구 논저

1) 단행본

權相老, 1917, 《朝鮮佛教略史》, 京城, 新文館.

______, 1943, 《臨戰의 朝鮮佛教》, 京城, 卍商會.

김경집, 1998, 《한국 근대불교사》, 서울, 경서원.

김광식, 1996, 《韓國近代佛教史研究》, 서울, 민족사.

______, 1998, 《韓國近代佛教의 現實認識》, 서울, 민족사.

______, 2000, 《근현대불교의 재조명》, 서울, 민족사.

김순석, 2003, 《일제시대 조선총독부의 불교정책과 불교계의 대응》, 서울, 경인문화사.

김호성, 1995, 《방한암선사》, 서울, 민족사.

대한불교조계종 교육원 불학연구소 편, 2005, 《曹溪宗史 근현대편》, 서울, 조계종출판사.

三寶學會 編, 1985, 《韓國近世佛教百年史》, 서울, 민족사.

신규탁, 2012, 《한국 근현대 불교사상 탐구》, 서울, 새문사.

윤이흠, 1997, 《일제의 한국 민족종교 말살책》, 서울, 고려한림원.

李能和, 1918, 《朝鮮佛教通史》, 京城, 新文館.

鄭珖鎬, 1992, 《近代韓日佛教關係史研究》, 인천, 인하대학교출판부.

______, 1999, 《韓國佛教最近百年史編年》, 인천, 인하대학교출판부.

韓普光, 1981, 《龍城禪師研究》, 서울, 감로당.

江田俊雄, 1977, 《朝鮮佛教史の研究》, 東京, 國書刊行會.

工藤英勝·菱木政晴·藤井健志·木場明志·安中尙史 等, 2000, 《現代日本と佛教 第2卷-國家と佛教》, 東京, 平凡社.

高橋亨, 1929, 《李朝佛教》, 東京, 寶文館.

磯前順一, 2012, 《宗教觀念あるいは宗教學の死》, 東京, 東京大學出版會.

吉田久一, 1991, 《日本近代佛教史研究》, 東京, 川島書店.

吉川文太郎, 1921, 《朝鮮の宗教》, 京城, 朝鮮印刷株式會社.

________, 1922, 《朝鮮諸宗教》, 京城, 朝鮮興文會.

瀧澤誠, 1986,《武田範之とその時代》, 東京, 三嶺書房.

大谷派本願寺 朝鮮開教監督部 編, 1927,《朝鮮開教五十年誌》, 京城, 朝鮮開教監督部.

大西修, 1995,《戰時教學と淨土眞宗》, 社會評論社.

末木文美士, 2004,《近代日本と佛教》, TRansview; 이태승·권서용 옮김, 2009,《근대 일본과 불교》, 그린비출판사.

柏原祐泉, 1990,《日本佛教史-近代》, 東京, 吉川弘文館; 원영상·윤기엽·조승미 옮김, 2008,《일본불교사 근대》, 서울, 동국대학교출판부.

北川弘三, 1961,《淨土宗韓國開教誌》, 淨土宗傳道會.

小島勝·木場明志 編著, 1992,《アジアの開教と教育》, 京都, 法藏館.

市川白弦, 1970,《佛教者の戰爭責任》, 東京, 春秋社.

一戶彰晃, 2012,《曹洞宗は朝鮮で何をしたのか》, 東京, 皓星社; 장옥희 옮김, 2013,《조선침략참회기—일본 조동종은 조선에서 무엇을 했나—》, 서울, 동국대학교출판부.

中濃教篤 編, 1979,《戰時下の佛教》(講座 日本近代と佛教 6), 東京, 國書刊行會.

________, 1976,《天皇制國家と植民地傳道》, 東京, 國書刊行會.

川上善兵衛, 1987,《武田範之傳—興亞前提史—》, 東京, 日本經濟評論社.

青柳南冥, 1911,《朝鮮宗教史》, 京城, 朝鮮硏究會.

韓晳曦, 1988,《日本の朝鮮支配と宗教政策》, 東京, 未來社; 金承台 옮김, 1990,《일제의 종교침략사》, 서울, 기독교문사.

戶頃重基·丸山照雄 編, 1980,《天皇制と日本宗教》, 東京, 傳統と現代社.

Brian Daizen Victoria, 2006, *Zen at War*(2nd Edition), Maryland U.S.A.: Rowman & Littlefield Publishers, Inc.; 정혁현 옮김, 2009,《전쟁과 선》, 인간사랑.

2) 논문

姜敦求, 1993,〈美軍政의 宗教政策〉,《宗教學硏究》12.

강영한, 1996,〈일본불교의 조선침투과정과 한국의 불교개혁운동〉,《종교연구》12.

金敬執, 1999,〈近代佛教의 硏究 現況과 課題〉,《한국종교사연구》7.

金淳碩, 1994,〈開港期 日本 佛教宗派들의 韓國 浸透〉,《한국독립운동사연구》8.

김천학, 2001,〈일본불교의 한국불교 인식〉,《불교평론》9.

김호성, 1995,〈결사의 근대적 전개양상〉,《普照思想》8.

徐景洙, 1982,〈日帝의 宗教政策—寺刹令을 중심으로—〉,《佛教學報》24.

송현주, 2000,〈근대 한국불교 개혁운동에서 의례의 문제〉,《종교와 문화》6.

李光麟, 1970, 〈開化僧 李東仁〉, 《創作과批評》 가을호.
______, 1973, 〈숨은 開化思想家 劉大致〉, 《開化黨硏究》.
이태승, 2006, 〈日本 明治時期 廢佛毁釋의 展開와 그 原因에 대하여〉, 《제45회 한국불교학회 추계학술발표대회》(발표논문초록집).
______, 2013, 〈일본 근대불교계의 전쟁에 대한 인식 연구〉, 《2013 불교학연구회 춘계학술대회 불교학의 첨단연구》(발표논문초록집).
鄭珖鎬, 1980, 〈日帝의 宗敎政策과 植民地佛敎〉, 《韓國史學》 3.
崔柄憲, 1995, 〈日帝佛敎의 浸透와 植民地 佛敎의 性格〉, 《韓國思想史學》 7.
______, 1999, 〈近代 禪宗의 復興과 鏡虛의 歷史的 位置〉, 《德崇禪學》 창간호.
______, 2001, 〈일제의 침략과 불교—일본 曹洞宗의 武田範之와 圓宗—〉, 《한국사연구》 114.
______, 2009, 〈日帝佛敎의 浸透와 植民地佛敎의 性格—政治權力과 佛敎敎團의 관係 —〉, 《식민주의의 정치적 유산—아시아를 중심으로—》(서울대학교 역사연구소 제3차 국제학술대회 발표논문집).
______, 2012, 〈한국불교 역사상의 조계종〉, 《불교평론》 51.

高橋勝, 1988, 〈明治期における朝鮮開教と宗教政策〉, 《佛教史研究》 24.
金義煥, 1981, 〈朝鮮開化黨の幕後の指導者劉大致の活躍と最後〉, 《朝鮮學報》 98.
菱木政晴, 1993, 〈東西本願寺教團の植民地布教〉, 《岩波講座 近代日本と植民地 4: 統合と支配の論理》.
中西直樹, 2013, 〈明治前期 眞宗大谷派の海外進出とその背景〉, 《龍谷大學論集》 481.
________, 2013, 〈朝鮮植民地化過程と日本佛教の布教活動〉, 《龍谷史壇》 137.
遠藤一, 1989, 〈淨土眞宗本願寺派朝鮮開教への發端〉, 《龍谷大學佛教文化研究所紀要》 27.

근대 불교 종단 성립

김순석(국학진흥원 유학문화박물관)

1. 근대 불교 종단 성립의 의의

중국은 19세기 중반 무력을 앞세운 서양 제국주의 세력 앞에 무력하게 무너져 내렸다. 지식인들은 큰 충격에 휩싸였으며, 서양을 배워야 한다는 양무운동洋務運動이 일어났다. 지식인들은 전통사상에 눈을 돌렸으며 불교는 대안의 하나로 떠올랐다. 중국 근대 불교계는 서양 제국주의 세력의 침략을 당하여 오히려 민중들의 각성을 촉구하고, 서구의 철학에 맞서 전통을 회복하려는 계몽운동의 성격을 띠었다. 근대사회에서 불교는 서양철학에 대항하는 사상적 무기로서 구실을 하였고, 그 주도 세력은 거사들이 중심이 된 거사불교였다. 거사불교는 출가한 승려들이 아닌 재가자들이 술과 고기, 오신채를 먹지 않고 결사운동을 전개하여 불도를 닦는 것을 말한다. 중국 근대 거사불교는 귀족 중심의 불교를 대중화시켰으며, 불교혁신운동을 주도하였다.

근대 이전 주자학의 위세에 힘을 잃고 있었던 불교와 양명학이 부활하였고, 근대에 들어와 대승불교가 발전하였다. 특히 체계적이고, 분석적인 유식불교에 대한 연구가 활발히 일어나게 된다(김영진, 2007). 대표적인 학자로는 양런산楊仁山을 들 수 있다. 그의 본명은 양원후이楊文會이고 런산은 그의 호이다. 그는 우연히 《대승기신론大乘起信論》을 읽고 깊은 감명을 받아, 비록 유학자 가정에서 태어났지만 불교 연구에 몰두하였다. 그는 어우양징우歐陽竟無와 메이광시梅光羲 등과 함께 유식불교를 연구하였다. 이후 타이쉬太虛와 한칭징韓淸淨 등의 학자들이 합류하였다. 양런산은 캉유웨이康有爲, 장타이엔章太炎, 뤼칭呂澂, 탄쓰퉁譚嗣同, 량치차오梁啓超, 량수밍梁漱溟, 슝스리熊十力 등의 학자들에게 큰 영향을 주었다. 양런산의 영향을 받은 이들 신진학자들은 중국 사회를 근대화하는 데 큰 몫을 하였다. 양런산은 뜻을 같이 하는 사람들과 함께 1866년 난징에 금릉각경처金陵刻經處를 설립하여 목판으로 불경을 인출·보급하고, 불교를 널리 전파하였다(김진무, 2007).

금릉각경처를 중심으로 한 불교 연구는 양런산의 제자인 어우양징우와 타이쉬에 의해 한층 발전하게 된다. 어우양징우는 1922년 남경내학원南京內學院을 설립하여 불교학을 연구하였고, 타이쉬는 무창불학원武昌佛學院을 창립하여 선종사상이 중국 불교개혁의 최대 정신적 동력이라고 파악하였다. 슝스리의 불교학은 송·명 성리학의 현세적 견해를 그대로 받아들이되, 신분 계급 질서를 부정하고 봉건제 대신 반봉건, 반외세의 시대적 변화를 수용하였다. 이러한 거사불교의 융성은 유식불교의 이성적이고, 사변적인 논리를 근대 이후 서양 철학의 유입에 대응하는 하나의 방법으로 생각하였고, 동시에 근대성의 중심이라 할 개인의 주체성을 강조하였다고 할 수 있다(김제란, 2006).

근대 초기에 중국불교는 계몽운동의 성격을 띠고 사상계를 주도하였던 데 견주어 일본 불교계는 정치권으로부터 큰 수난을 당하였다. 일본 불교계는 메이지유신明治維新 정부가 성립되는 과정에서 바쿠후幕府 세력을 후원하였기 때문에 천황제 국가가 들어서자 역사상 유례없는 탄압을 받게 된다. 불교계는 자구책의 일환으로 천황제 아래서 정권과 유대관계를 강화하는 한편 해외 포교에 나서면서 국익을 위해 봉사하겠다는 입장을 밝혔다(柏原祐泉, 1998). 메이지유신 이전까지 불교는 일본 종교의 주류를 이루었으며 신도神道는 종속적인 위치에서 신불습합神佛習合의 상태로 신봉되어 왔다. 메이지유신 이후 신불을 분리하는 정책(신불분리령神佛分離令)이 시행되자 신도는 천황제 국가의 지도 이념이 되어 거의 국교와 다름없는 지위를 확립하게 된다. 이와 달리 불교는 폐불훼석廢佛毁釋 사태가 일어나는 등 대대적인 탄압을 받는다. 폐불훼석이란 불상을 훼손하는 것으로 불상은 목과 팔이 잘려 나가는 수난을 당하였다. 불교계는 이러한 위기를 타개하기 위해서 정권과 타협책을 모색하지 않을 수 없었고, 그 결과로 나타난 것이 해외 식민지포교였다(韓晳羲, 1988).

조선왕조는 외세의 강압으로 문호가 개방되어 근대사회가 시작되면서 500여 년 동안 지속하였던 불교 탄압을 완화하였다. 대한제국 정부는 조선 후기부터 민간에 전파되고 있던 천주교와 문호개방 이후 상륙한 개신교의 포교를 묵인할 수밖에 없었다. 특히 1895년 일본 일련종의 승려 사노 젠레이佐野前勵는 승려들의 도성출입을 허용해 줄 것을 조선왕조 정부에 건의하여 관철시켰다. 조선의 승려들 가운데는 사노의 도성출입 해금을 큰 은혜로 여기는 사람도 있었다. 그렇지만 근대사회에 들어서 실시된 조선의 개혁정책은 승려들의 도성출입 해금을 눈앞의 현실로 받아들이고 있는 분위기였다. 1894년 동학농민전쟁 이후에 설치된 군국기무처에서 시행한 일련의 개혁 사안 가운데 승려들의 도성출입 해금이 포함된 데서 그러한 사실을 알 수 있다(김경집, 2000). 일본 불교세력은 커다란 정치적 사건이 있을 때마다 세력 확장을 시도하면서 조선 불교계를 장악하려고 하였다. 승려들의 도성출입 금지 해제는 조선왕조 정부가 불교의 공식적인 포교를 허용하였다는 것을 뜻한다.

대한제국 정부는 1902년 동대문 밖에 13도 사찰을 총괄하는 원흥사元興寺를 창건하고 그 안에 사사관리서寺社管理署를 설치하여 종2품 가선대부 권중석을 책임자로 임명하여 불교계를 관장하게 하였다. 1902년 7월에 권중석의 이름으로 〈국내사찰현행세칙〉 36개조가 발표된다. 이 〈국내사찰현행세칙〉은 조선왕조 정부가 500여 년 동안 불교계에 취한 탄압정책을 생각하면 제한적이기는 하지만 자율권을 보장한 법령이었다(김순석, 2003). 이 세칙은 원흥사를 수사찰首寺刹로 하고 각 도에 중법산을 두어 사찰을 일원적으로 총괄하게 하였다. 1906년 불교계는 원흥사 안에 우리나라 최초의 근대식 학교인 명진학교明進學校를 설립하고 새로운 시대를 열어갈 인재 양성 사업을 시작하였다. 불교연구회는 명진학교를 설립하면서 포교사를 양성하고, 불교계의 발전을 도모하였다. 불교계가 자체적으로 발전을 지향하고자 하는 여망은 종단 설립으로 구체화되었다(남도영, 1981). 1908년 3월 불교계의 대표 52명이 원흥사에 모여 원종圓宗을 설립하고 당시 해인사의 이회광李晦光을 종정으로 추대하였다.

원종이 설립될 당시 신문지상에 발표된 〈불교종무국취지서佛敎宗務局趣旨書〉를 살펴보면 종단 설립의 내용을 더욱 잘 알 수 있다. 그 요지는 대체로 다음과 같다. "현재 세계 각국은 모두 발전하는데 우리나라만 지지부진하며, 각국의 불교가 모두 흥왕하는데 한국불교만 어둠 속에서 벗어나지 못하는가. 이러한 때에 각 승려가 경성의 명진학교에 모여 교육의 방침과 포교의 규정을 원만하게 시행하기 위하여 그 사무소를 설립하고 불교종무국이라고 하였다. 불교종무국은 각 도 사원의 총람기관總攬機關이요, 전국 승려 활동의 주체가 될 것이다." 이 취지서에 서명한 발기인은 원종 종무원의 임원을 중심으로 모두 65명이었다. 새로 탄생하는 종단은 한국 불교계가 안고 있었던 여러 가지 제약을 극복하고 면모를 새롭게 하여 교육과 포교에 매진할 것이니 모든 불자들은 적극적으로 동참하여 달라고 당부하고 있다(김경집, 2001).

원종은 근대사회 초기에 성립된 종단이었기 때문에 해결해야 할 여러 가지 문제를 안고 있었다. 먼저 전국적인 조직망 확보와 교육 및 포교사업의 방향 설정 그리고 국가로부터 종단으로 승인받는 일 등을 비롯하여 문제가 산적해 있었다. 이 가운데 국가로부터 불교 종단으로 승인을 받는 문제가 우선적으로 해결해야 할 과제였다.

원종은 전국 사찰의 주지와 각 도의 지원장支院長 임면권 등 13도 사찰을 총괄할 수 있고, 종단 운영에 필요한 예산 등을 확보하기 위해서 합법적인 권한을 부여받을 필요성이 있었다. 이 문제를 해결하기 위해서 이회광은 일본 불교세력의 힘을 빌리고자 하였다. 이회광은 당시 대표적인 친일파로 일진회 회장이었던 이용구李容九와 내부대신 송병준宋秉畯의 권유로 일본 조동종 승려로서 정치권과 긴밀한 연관을 가지고 있던 다케다 한시武田範之를 원종의 고문으로 영입하였다(서경수, 1988). 다케다는 명성황후 시해사건에 관련되어 히로시마廣島 감옥에 투옥된 경험이 있는 인물이었다. 그뿐만 아니라 그는 뒷날 원종과 일본 조동종을 연합시키려고 이회광을 배후에서 움직인 인물이기도 하다(한석희, 1988).

이러한 상황에서 1908년 7월 27일 이회광을 비롯한 13도 사찰 대표 48명은 원종의 인가 문제와 불교계의 개선사항을 담은 청원서를 내부에 제출하였다. 이회광은 원종 종무원의 인가를 받고자 신청서를 1910년 5월 한성부를 통해서 통감부에도 제출하였다(김광식, 1996). 그러나 통감부는 원종 종무원을 인가하지 않았는데, 그 까닭은 일본 불교세력으로 하여금 한국 불교계를 장악하게 하려는 의도가 깔려 있었지만 실제로 내세운 명분은 이러하다. '새로운 사찰의 창립' 허용 여부와 '주지 임용'에 관한 절차 문제 그리고 '종무원의 명칭 사용'에 관한 문제들이 걸림돌이 되었다. 통감부는 한국 불교계가 자체적으로 종단을 구성하여 전국의 사찰을 통솔하게 된다면 그로 말미암아 발생되는 문제가 적지 않을 것으로 판단한 듯하다(한동민, 2005).

원종의 설립 인가가 벽에 부딪히게 되자 이회광은 종단의 인가를 받기 위한 방법으로 일본 조동종과 연합을 시도하게 된다. 그는 이 연합을 성사시키고자 전국 72개 사찰의 위임장을 받아 일본으로 건너가서 1910년 10월 7일 한국불교 원종과 일본불교 조동종이 연합한다는 〈연합맹약〉을 맺었다. 이러한 이회광의 매종책동賣宗策動은 1910년 12월 무렵 원종 종무원 서기에 의해서 통도사에 전해짐으로써 불교계에 알려지게 되었다.

이 소식을 전해 들은 불교계는 논란의 소용돌이에 휩싸였다. 민족적인 성향이 강하였던 박한영朴漢永·진진응陳震應·김종래金鍾來·한용운韓龍雲 등이 중심이 되어 이회광의 매종행위를 규탄하고 나섰다. 이들은 1910년 10월 5일 전라남도 광주 증심사證心寺에서 궐기대회를 가지기로 하였으나 참석자가 적어 성사되지 못하고 다음 해 1월 15일 송광사에서 승려대회를 열기로 하였다. 이 승려대회 이전인 1911년 1월 6일 김학산金學山·김보정金寶鼎·김율암金栗庵·아회성阿檜城·조신봉趙信峯·김청호金淸浩·장기림張基林·박한영·진진응·신경허申鏡虛·송종헌宋宗憲·김종래·김석연金錫演·송학봉宋學峰·도진호都振浩 등 15명이 광주군 서석산 아래 증심사 안에서 회합을 가지고 교학을 쇄

신할 것을 논의하였다(김광식, 1995). 이들은 이회광의 매종책동을 저지하는 차원을 넘어서 "신교信敎의 자유를 확보하는 것은 신세계 종교인의 의무"라고 밝히고, 1911년 1월 15일 송광사에서 승려대회를 개최하여 임제종을 탄생시켰다. 그리고 종무원 임시관장으로 선암사의 김경운金敬雲을 선출하였지만 연로하여 직책을 수행할 수 없었기 때문에 한용운에게 직무의 수행을 맡기기로 결정했다.

임제종 설립의 주역들이 조동종과의 연합을 반대하는 까닭은 조선불교의 종지는 선종으로 임제종 계통인데, 같은 선종이기는 하지만 조동종과는 계파가 다르다는 것이었다. 하지만 이것은 어디까지나 형식적인 논리에 지나지 않았고 실제적인 이유는 이회광이 체결한 연합책동의 내용이 굴욕적이라는 데 있었다. 임제종은 조일불교연합책동의 대책 마련 차원을 넘어서 조선불교의 정통성을 천명하고 나섰다(김순석, 2003).

그러나 조선불교의 정통성 수호를 고집하던 임제종 설립 운동이 지속적으로 전개되기에는 한계가 있었다. 총독부는 1911년 6월 사찰령을 공포하여 불교계를 장악하고 임제종의 활동을 더 이상 용인하지 않았다. 사찰령의 시행으로 불교계는 30본사 체제로 전환되었고 각 본사마다 사법寺法을 제정한다. 총독부는 30본사 체제를 확립하고 본사 주지의 임면에 대하여 인가권을 가졌고, 사찰의 토지와 재산을 매각할 때 사전에 관청의 허가를 받게 함으로써 인사권과 재정권을 장악하였다. 30본사 체제는 선암사의 말사였던 화엄사가 사격寺格이 맞지 않는다는 이의를 제기하여 1924년에 본사로 승격함으로써 31본사 체제가 된다.

1912년 6월 17일에 원종 종무원에서 최초의 30본사 주지회의가 개최되었다. 이 자리에서 종지를 선교양종으로 하자는 제안이 만장일치로 채택되었다. 30본사 주지들이 종단의 종지를 확립하여 종회를 구성하지 못하고 조선시대 선교양종 체제로 회귀한 것은 이들이 총독부 권력에 예속되어 있었다는 것을 뜻한다. 30본사 주지들이 이와 같은 결정을 내리자 이회광은 중부 박동에 있는 각황사와 사동에 있는 임제종 포교당을 병합시키고자 하였으나 범어사 주지이면서 임제종 포교당의 당주였던 오성월吳惺月의 반대에 부딪혀 성사되지 못하였다(김광식, 1995).

이러한 상황에서 1912년 6월 21일 경성부는 한용운과 이회광 그리고 강대련을 소환하여 임제종과 원종의 문패를 철거하도록 하였다. 이에 대해서 원종 측은 1912년 6월 17일부터 22일까지 개최된 30본사 주지회의에서 대한제국 시기에 성립하였던 원종이 조선불교선교양종각본산주지회의원朝鮮佛教禪教兩宗各本山住持會議院으로 명칭을 변경하였다고 하여 승인을 받았지만 임제종은 해산된다(김순석, 2003).

원종은 개항기 불교계의 자주적인 노력으로 세운 근대 최초의 불교 종단이었다. 그러나 종정이었던 이회광은 제국주의 세력의 본질을 정확하게 파악하지 못하고 조일불교 연합책동을 벌였다. 이러한 이회광의 망동을 저지하기 위한 노력으로 남쪽 지방에서 임제종이 성립되었다. 이로써 불교계는 북쪽의 원종과 남쪽의 임제종으로 양분되는 사태가 벌어졌다. 임제종 설립운동의 주역들은 이후 3·1운동과 1920년대 초반 불교계 개혁세력으로 탈바꿈하여 불교계의 자주성을 수호하려는 노력을 계속하게 된다. 불교계의 독자성을 수호하려는 자주적인 움직임은 1921년 선학원禪學院의 설립으로 이어진다(김광식, 1994).

일본은 1919년 3·1운동을 겪고 나서 조선의 통치정책을 강경책에서 회유책으로 전환한다. 이른바 문화통치라고 불리는 이 회유책은 조선인들에게 얼마간 문화적인 자유를 허용하면서 감시와 통제를 강화하는 것이었다. 이러한 정책 전환에 따라 비구승들이 중심이 되어 1921년 종로구 안국동에 선학원을 건립한다. 선학원은 1910년부터 시작된 임제종 설립운동의 주역들과 1920년 불교계의 자주 세력인 조선불교청년회의 주요 구성원들이 주축이 되어 창립되었다. 그렇기 때문에 일제시대에는 항일의식이 강한 승려들이 자주 드나들던 곳이다.

선학원은 창립된 지 얼마 되지 않아서 선우공제회라는 자치조직을 만들어 선풍 진작 활동을 시작한다. 선우공제회의 창립 목적은 비구승들의 처지가 날로 궁색해져 가는 상황에서 출가 본래의 목적을 성취하기 위해서 함께 모여 대책을 마련하자는 데 있었다(김광식, 1994). 비구승들 자구책의 일환으로 만들어진 선우공제회는 세 차례나 총회를 개최하여 대안을 모색하였지만 결국 재정난을 이기지 못하고 1926년 범어사 포교소로 전환된다.

설립된 지 얼마 되지 않아서 재정난에 부딪힌 선학원은 1931년 1월에 김적음이라는 승려로 말미암아 중흥의 계기를 맞게 된다. 그는 송만공의 제자로서 한의학에 능하여 침술과 약으로 많은 사람들의 병을 고쳐 주었다고 한다. 그가 선학원을 인수하고, 큰방을 거처로 해서 이탄옹李炭翁을 입승으로 하여 참선을 시작하게 하니 승려 및 신도가 20여 명에 이르렀다. 3월 1일에는 선을 대중화하기 위해서 남녀선우회가 조직되었고, 회원 수는 약 70여 명이었다. 부인선우회도 조직되었으며, 대중포교를 위한 기관지 《선원禪苑》을 간행하였다. 이렇듯 선학원은 선의 대중화에 노력하면서 전선수좌대회全鮮首座大會를 개최하여 내실을 기하고자 하였다. 수좌대회는 1931년, 1934년, 1935년, 1939년 등 몇 차례에 걸쳐서 개최되었다. 그러나 선학원은 거듭되는 재정난을 타개하기 위해서 1934년에 재단법인 조선불교선리참구원으로 전환된다(김순석, 2006).

조선불교선리참구원은 1935년 3월 7일과 8일 이틀에 걸쳐 개최된 제3차 수좌대회를 계기로 조선불교 선종禪宗을 탄생시켰다. 선승들은 종헌과 각종 법안을 제정하고 종정, 종무원 간부, 선리참구원 이사, 수좌 대표의원 등의 보직자를 선출한다. 전국 수좌대회 개최의 결과로 '선종'이 탄생한 것은 근대 불교사에서 큰 의미를 가진다(김광식, 2006). 왜냐하면 사찰령 체제 아래 본산 주지들은 종명을 '조선불교선교양종'이라고 함으로써 제대로 된 종명조차 채택하지 못하였지만, 수좌대회를 개최한 선승들은 선종이라는 종명을 채택하고 조선 불교의 연원이 선종에 있음을 밝혔기 때문이다. 이것은 선종이 총독부와 결탁한 30본산 주지들의 회합체인 30본산연합사무소와는 성격을 달리한다는 것을 뜻한다. 이러한 사실은 선종이 일본불교에 동화되지 않고 조선불교의 독자성을 천명하였기 때문에 그 의미가 크다고 할 수 있다.

이렇게 비구승들이 독자적으로 선종을 창종한 것과는 달리, 총독부의 지시에 따라 조선불교 조계종이 탄생한다. 일제 말기 종단 설립운동은 일본이 1937년 중일전쟁을 일으킨 뒤 전시체제에서 총독부의 간섭으로 이루어진다. 총독부는 사찰령 체제 아래서 불교계를 31개 본사로 나누어 통제하였다. 총독부가 불교계를 31본사로 분할한 것은 단일한 지도체제 아래서 통일된 목소리를 낼 경우 그것이 지배체제에 저항하는 모습을 띠게 된다면 대처하기가 어려웠기 때문이다. 그런 까닭에 일제는 분할통치 방식을 도입하여 서로 충성 경쟁을 유도하여 효율적인 지배를 꾀하였다. 불교계 내부에서는 분열된 체제의 한계를 극복하고 독자적인 노선을 견지하기 위해서는 통일기관 설립이 필요함을 느끼고 있었다. 총독부는 이러한 불교계의 여망을 잘 파악하고 중일전쟁 도발 이후 이른바 총력전 체제로 전환한 뒤에 불교계에 통일기관 설립을 종용하였다. 총력전 체제란 모든 국민들이 천황을 중심으로 일치단결하여 세계 재분할 전쟁에서 승리할 것을 준비하는 체제였다. 그 내용은 단지 자원, 자재, 자금, 노동력을 어떻게 배분하는가 하는 물자조달 체제를 구축하는 것과 더불어, 사상적으로도 통제책을 강화하여 신속한 명령 전달체계를 확립하는 것이었다(김순석, 2001).

일본은 전쟁 상황이 악화됨에 따라 1938년 조선에서 구축된 국민정신총동원 체제를 1940년 10월에 국민총력 체제로 전환하였다. 그리고 산업·경제·문화·종교 등 각 방면의 단체를 총망라하고 통합된 단일기구로서 일원적 지도 체제를 확립하였다. 일원적 지도 체제 구축은 전쟁 상황의 격화와 함께 모든 부분에서 나타났고 불교계도 예외는 아니었다.

불교계의 일원적인 지도 체제는 총본사 설립이라는 형태로 나타났다. 총본사 설립에 관한 논의는 1937년 2월 총독부가 31본사 주지들 앞으로 두 가지 사항에 대하여 서면으로 의견을 제출하라는 공문을 시달한 이후부터 본격적으로 진행된다. 두 가지 사항 가운데 첫 번째는 조선불교 진흥책에 관한 것이었고, 두 번째는 재단법인 조선불교중앙교무원 및 중앙불교전문학교에 대한 개선책이었다. 총독부는 두 가지 건에 대해서 본사 주지들의 의견을 직접 듣고자 회의를 열었다. 총독부가 31본사 주지회의를 개최한 목적은 총본사의 설립이 불교계 내부의 여망에 따라 이루어진 것처럼 보이기 위함이었다. 31본사 주지회의 결과, 총본사 건설비와 유지비 40만원을 각 사찰이 분담금으로 나누어 납부하기로 결정하였다. 그리고 종정과 종무총장, 각 부장의 선출방법과 임기를 확정하였다.

총본사의 명칭은 조선불교선교양종총본산 각황사로 하였으며, 위치는 경성부 수송정 44번지 재단법인 조선불교중앙교무원 안에 두기로 하였다(김광식, 1994). 총본사의 명칭은 처음에는 각황사라고 하였으나 도중에 태고사로 바뀐다. 총본사의 명칭이 태고사로 바뀌게 된 것은 조계종의 법통을 고려 말의 태고화상에서 찾으려는 데서 비롯되었다. 총본사 태고사는 1937년 5월에 짓기 시작하여 1938년 10월에 완공되었다. 태고사 건축은 전북 정읍에 있는 보천교의 십일전을 해체한 목재를 사다가 지었으며, 1940년 5월에 조선불교 조계종 총본사 태고사가 총독부의 인가를 받았다. 총독부는 태고사를 불교계의 최고 기관으로 승인하고서도 종정에게 31본사 주지의 임면권이라든지, 사찰 재산의 처분 인가권 등 실질적인 권한은 부여하지 않았다. 이러한 점은 총독부가 총본사를 설립함으로써 31본사 통제를 원활하게 하여 더 효율적으로 전쟁을 수행하고자 하였기 때문이다(김순석, 2001).

근대 불교 종단의 성립은 개항기부터 유입되기 시작한 서구 종교와 일본 불교계의 영향으로, 오랜 억압에서 벗어나면서 근대적인 자각이 시작됨과 더불어 성립하게 된다. 그러나 승려들의 의식이 근대화하지 못하였고 침략적 성격을 띤 일본 불교계의 야욕으로 자주적인 종단 설립은 난항을 겪게 된다. 일제시대에는 항일의식을 지닌 승려들이 중심이 되어 선종이라는 종단을 창종하게 되지만 일제의 감시와 탄압으로 제대로 활동을 못하였다. 그러다가 1937년 중일전쟁 이후, 총독부의 필요성에 따라 총본사가 설립되어 조선불교 조계종이 탄생한다. 근대 불교 종단의 성립은 외세와 충돌과 갈등을 겪으면서 1910년부터 1920년대를 거치면서 진행되었다. 1941년에 성립된 조선불교 조계종은 오늘날 대한불교 조계종의 모태가 되지만 탄생 과정에서 총독부의 영향력이 강하게 작용한 것은 시대적인 제약으로 말미암아 겪어야 했던 비극이었다.

2. 근대 불교 종단 성립의 연구동향과 그 성과

1908년에 성립된 원종이 우리나라 최초의 근대 종단이었다는 점은 학계에서 대체로 동의한다. 그렇지만 종정이었던 이회광의 조일불교朝日佛教 연합책동聯合策動으로 말미암아 성격 자체가 많이 훼손된 것이다. 임제종에 대한 연구성과는 항일의식의 발로라고 보는 시각이 대부분이며, 넓게는 독립운동의 일환으로 해석하는 관점도 있다. 지금까지의 연구성과는 원종과 임제종을 지나치게 대립적으로 이해한 측면이 강하다. 이를테면 이회광이 중심이 되어 이끌었던 원종은 친일 종단으로 이해하는 경향이 있는가 하면, 임제종은 주체적이고, 자주적이며, 항일의식이 강한 승려들에 의해 주도되었다고 이해한다. 그런 까닭에 친일과 항일의 분종分宗이라고 표현될 정도이다(한동민, 2005).

그렇지만 원종이 불교계의 총의를 모아서 성립된 최초의 근대 종단이었다는 사실은 부정될 수 없다. 다만 운영 주체들이 민족의식이 투철하지 못하였고, 나아가 근대화를 위한 조건도 갖추지 못한 상태에서 일본불교를 모방하려는 오류를 범했다는 평은 면하기 어렵다. 그렇다고 임제종 설립운동에 참여하였던 승려들이 모두 항일의식이 투철하였던 것은 아니고 단지 한국불교가 일본불교의 한 종파로 병합된다는 사실에 분노하였던 것으로 보인다.

임제종이 해산된 이후에 새로운 종단은 1935년 전국의 비구승들이 모여서 전국수좌대회를 개최하고, 그 결과로 탄생한 것이 선종禪宗이다. 선종은 인적 구성면에서도 임제종에 가담하였던 승려들이 주축을 이룬다. 그뿐만 아니라 선종의 종지 또한 선禪을 표방함으로써 그 연원이 임제종에 이어진다고 할 수 있다. 그런데 이러한 선종이 창설될 수 있었던 모태는 1921년에 설립된 선학원이다(김광식, 2007).

선학원에 대한 연구성과는 그 창설의 배경을 두고 크게 두 가지 설로 나뉜다. 그 하나는 사찰령 체제 아래서 조선불교가 일본 불교로 동화되어 가던 시기에 비구승들이 중심이 되어 은연중에 전국의 선객들을 통솔하면서 선학원이 항일 승려들의 근거지가 되었다는 설이다. 그런 까닭에 이런 주장을 하는 학자들은 선학원이 사찰령의 통제를 받지 않으려는 의도에서 그 명칭을 '사寺'나 '암庵'이 아닌 '원院'이라고 하였다고 주장한다. 해방 뒤 이른바 정화불사 때에는 비구승 측의 대본산이 되었다고 평가한다(정광호, 2001).

또 다른 시각은, 선학원의 창설이 총독부의 간섭에서 벗어나려는 비구승들의 노력이었다는 관점이 아니라, 일본의 조선 지배정책 변화에서 찾아야 한다고 보았다. 이러한 견해는 선학원이 창설될 수 있었던 배경을 1920년대 총독부의 통치정책이 문화정치로 전환되면서 각종 문화단체의 창립을 용인한 것과 관련이 있다고 지적한다. 곧 조선에서 문화단체의 설립을 허용하면서 조선의 지식인들을 친일파로 회유하는 방향으로 정책을 전환하였다(김순석, 1999). 그 결과 많은 민족주의자들이 해방과 독립을 싸워서 쟁취한다는 민족주의 본래의 입장에서 물러나서, 총독부 권력과 일정하게 타협한다. 이들은 선학원이 항일적인 성향이 강한 승려들이 중심이 되어 건립되었다고 하더라도 총독부 당국이 인정하는 범위 안에서 활동할 수밖에 없었기 때문에 일정한 한계가 있었다고 주장한다.

그리고 선학원이 '원院'이라고 이름이 붙여진 데는 사찰령에 사찰의 신규창립에 관한 조항이 없었기 때문이라고 지적한다. 이러한 주장을 가능하게 하는 근거로는 1925년 6월 교무원에서 여태까지 시행되어 온 사찰 관련 법규를 모아서 발간한 《사찰예규寺刹例規》에서 찾을 수 있다. 《사찰예규》에 따르면 "사찰령 및 사찰령 시행규칙에 사찰 창립에 관한 규정은 없는 까닭에 사찰의 신규 창립은 이들 법령이 개정되지 않는 한 불가능한 일이다."라고 되어 있다. 이러한 견해는 식민지 시대에 사寺나 암庵이 아니었다고 하더라도 식민지 통치권력으로부터 자유로울 수 있는 공간을 마련한다는 것은 불가능했다는 것이다(김순석, 2006).

위의 연구동향과 마찬가지로, 일제시대 말기에 현재 조계종단의 모태가 되는 조선불교 조계종 설립을 평가하는 관점도 크게 두 가지로 나뉜다. 한 가지 설은 조계종의 탄생이 조선 불교계의 자주성을 수호하려는 움직임에서 비롯되었다고 보는 관점이다(김광식, 1994). 또 다른 견해는 총독부가 전쟁 수행에 효율성을 기하고자 불교계에 종단 창립을 지시하였으며, 이 지시는 조선 불교계의 통일기관 수립 여망을 수용하는 것처럼 위장되었다는 관점이다(김순석, 2001).

조계종의 설립을 자주적으로 보는 견해는 조선불교 조계종의 탄생이 불교계의 정체성 수호 노력과 대표기관을 설립하려는 자주적인 의지가 결합된 산물이라고 본다. 그리고 이러한 노력을 총독부가 인정할 수밖에 없었다고 한다(김광식, 1994). 이러한 관점은 언뜻 보기에 식민지 체제 아래 불교계의 자주적인 면모를 부각시키는 긍정적인 해석으로 보일 수 있지만, 이 견해는 식민지 지배 세력의 특성을 잘 이해하지 못한 것으로 생각된다. 식민지 지배 권력의 특성은 수탈에 있고, 수탈의 강도는 피지배 세력의 저항 정도를 일정하게 반영할 수밖에 없다. 식민지 권력은 피지배 세력의 저항이 완강하면 일정하게 양보하여 타협하고, 저항이 약하면 원래 의도를 관철하고자 한다. 1937년 중일전쟁 이후 전시체제 아래 파시즘 세력의 독재는 가혹하였다. 그러한 가혹함 아래 국내에서 식민지 피지배 민족의 자주성 관철을 주장하는 것은 무리라고 보인다. 그보다는 조계종 종단 설립은 식민지 지배 권력이 전쟁수행의 효율성 제고라는 측면에서 해석해야 한다고 본다.

총독부의 조계종 설립 허가를 식민지 통치의 노림수로 파악하는 관점은 31본사 제도를 분할통치 방식으로 이해하며, 본사마다 서로 충성 경쟁을 유도하여 효율적인 지배를 꾀하였다는 견해이다. 물론 조선 불교계도 내부의 분열된 체제에서 오는 한계를 극복하고 독자적인 노선을 견지하고자 통일기관 설립의 필요성을 느끼고 있었다는 것을 인정하지만, 일제는 이러한 불교계의 여망을 잘 파악하고 있었다고 본다(김순석, 2001). 총독부는 3·1운동 직후 이미 총본사 설립안을 검토하였다. 1920년 사이토齋藤實 총독이 부임할 당시에, 경성에 30본산을 총괄하는 총본사를 세우고 중앙집권화를 꾀할 것과 총본사의 관장에는 친일주의자를 세울 것을 구상하였다는 내용이 '사이토 문서'에 나타난다는 지적이다(김순석, 1999). 그 뒤 총독부는 불교계에 통일기관 설립에 대하여 침묵하고 있었다. 그러다가 1937년 중일전쟁 도발 이후 이른바 총력전 체제로 전환한 뒤에야 불교계에 통일기관 설립을 종용한 것이다.

이 연구는 총독부가 조계종의 탄생을 면밀한 계획 아래 진행했다고 본다. 그 근거로 총본사가 인가될 즈음에 조선불교총본사설립위원회가 조직되었는데, 그 위원회의 사무소가 총독부 학무국 사회교육과에 두어졌고, 위원장은 총독부 학무국장이었다는 점을 꼽는다. 또 2명의 부위원장 가운데 1명은 총독부 사회교육과장이었고, 나머지 1명의 부위원장은 친일파로 지목되는 월정사 주지 이종욱이었다는 사실만으로도 총본사의 설립이 총독부의 구도에 따라 진행되었다는 것을 알 수 있다고 한다.

그뿐만 아니라 종정에게 종회 의장직을 겸직하도록 한 데서도 그 단서를 찾을 수 있다. 태고사법 제6장 52조는 다음과 같이 되어 있다. "총본사에는 중앙 종회를 두고 본사에는 지방 종회를 둔다. 중앙 종회는 종정 및 본사 주지로 조직한다. 중앙 종회 의장은 종정이 되고 종정이 사고가 있을 경우 종회 의원 가운데 가의장假議長을 선출한다. 가의장은 연장의 종회원으로 의장의 직무를 대리한다." 이처럼 전시 비상체제 아래서 총독부는 31본사들을 총괄하면서 시달되는 지침을 신속하게 수행할 수 있는 총본사를 필요로 하였다. 총독부는 신속한 후방의 지원 체제를 구축하기 위해서 종정으로 하여금 종회 의장을 겸직하게 하였다. 이러한 사실에서 조선불교 조계종의 탄생은 총독부의 식민지 통치정책의 산물이라는 것이다(김순석, 2001).

근대 종단에 관한 연구는 아직 초기 단계에 있고 바라보는 시각 또한 단조롭다. 대체로 친일과 항일이라는 대립구도로 이해하는 시각이 주류를 이루고 있다. 일제시대 종교 단체나 사찰에서 항일의지를 표방하고, 항일활동을 한다는 것 자체가 불가능하였기 때문에 이러한 대립적인 이해는 문제가 있다고 본다. 다만, 인적 구성을 중심으로 볼 때는 대립적인 이해가 가능할 것도 같지만, 최근 '위장친일'이라는 용어를 쓰면서, 일제시대 불교계의 요직을 지낸 승려들이 신문이나 잡지에 발표했던 논설과 기고문들이 본의가 아니었다고 주장하는 문손門孫들이 있는가 하면, 그 증거 자료를 제시하는 경우도 있어 이 역시 쉬운 일이 아니며, 향후 더 엄밀한 검증이 필요하다고 본다.

3. 근대 불교 교단 성립에 관한 연구과제와 전망

한국 근대 불교사에 대한 본격적인 논문이 발표되고 연구가 진행된 것은 1993년 《친일불교론》(임혜봉, 1993)을 기점으로 한다. 그 이전에 근대 불교사는 거의 황무지로 남아 있었다. 물론 연구가 전혀 없었던 것은 아니었고, 몇몇 연구자들의 연구성과가 있었지만 학계의 주목을 받지 못하였다. 그동안 연구가 진행되지 못한 원인은 여러 가지가 있겠지만 첫째로 관심을 가지고 접근하는 연구자 수가 부족하였다는 점을 들 수 있다.

그것은 근대 불교사에 대한 편견 때문이기도 하다. 근대 불교사는 일본 불교세력의 침략에 친일로 얼룩진 역사라는 인식 때문이기도 하였다(김광식, 2006). 《친일불교론》은 이러한 인식을 강화하는 측면이기보다는 오히려 근대 불교사 연구를 촉발시키는 계기가 되었다. 《친일불교론》이 출간(1993)된 이후 본격적인 일제시대 불교사 논문이 발표되기 시작하였다. 이러한 연구 경향은 《친일불교론》에 동조하기보다는 오히려 불교계의 자주성을 부각시키는 경향을 띠었다(김광식 1996). 이와 달리 이 시기 불교사의 흐름은 일본의 식민지 지배정책과 총독부의 불교정책과의 관련성에 주목하여야 한다는 시각의 연구도 진행되었다(김순석, 2003).

둘째, 근대 불교사는 연구자 몇몇에 의해 이루어졌기 때문에 시각이 다양화하지 못하는 한계를 드러내고 있다. 이것은 근대 불교사 연구가 진행된 시기가 짧기 때문에 빚어지는 한계이다. 향후 인접 분야의 학문과 교류가 진행되고 학제 사이의 공동 연구가 진행되어야 한다.

셋째, 자료상의 한계를 들 수 있다. 이 시기 불교사를 조명할 수 있는 자료가 그리 많지 않다는 것이 연구를 제약하는 요인이다. 그런 가운데 1996년 김광식·이철교의 노력으로 《한국근현대불교자료전집》 총 65권이 발간된 것은 근대 불교사 연구에 고무적인 일이었다. 이 전집은 1920년대에 발간된 잡지 《불교佛敎》에서부터 1950년대 초반에 발간된 《불교신문佛敎新聞》에 이르기까지 불교계의 잡지와 신문을 집대성한 것이다. 《한국근현대불교자료전집》의 발간은 자료 부족으로 허덕이던 근대 불교사 연구에 활력을 불어넣는 주요한 성과이다.

넷째, 근대 불교사는 불교계의 흐름만 보아서는 곤란하며 정치·경제·사회 상황과 밀접한 관련성 속에서 해명되어야 한다. 당시 일본은 동아시아 정국의 변화를 면밀하게 분석하고 대륙 진출을 시도했다. 이러한 일본의 정국 변화는 종교정책에도 반영되고 있으므로 조선 불교계의 상황을 제대로 파악하자면 일본의 정국 변화와 그에 따른 불교계의 동향을 먼저 이해하여야 한다. 그런데 아직까지 국내의 연구성과 가운데는 일본의 정국 변화와 불교계의 동향을 면밀하게 분석한 연구가 이루어지지 않고 있다.

다섯째, 일제시대 불교사는 전체 일제시대사 가운데 특수한 분야의 역사이다. 그런 까닭에 식민지시대 전체적인 구도 속에서 이해되어야 한다. 일본은 1910년 조선 강제병합을 단행한 이후로 끊임없이 내선일체를 강조하면서 동화정책을 시행하여 왔다. 동방요배·황국신민의서사·창씨개명 같은 정책은 그 단적인 예이다. 일본의 동화정책은 총독부를 거쳐 조선 불교계에 전달되었다. 사법寺法제도를 도입한 것이 그렇고 대처식육帶妻食肉을 허용한 것이 그렇다. 일본의 동화정책에 순응과 저항이라는 관점에서 불교정책을 해명할 때보다 선명하게 그 실체가 드러날 수 있다고 본다. 일본 정국의 변화와 불교계의 연관성을 검토하면서 그것이 어떻게 조선 불교계에 나타났는지에 대한 연구가 이뤄져야 한다.

여섯째, 일제시대라는 특수성과 조선총독부의 정책 변화에 따른 불교계의 대응이라는 차원에서 접근이 이루어져야 한다. 일본의 조선정책은 기본적으로 수탈을 전제로 한 것이다. 식민지 수탈정책은 피압박 민족의 정서와 저항의 정도에 따라 강도가 조정된다. 저항이 거세면 탄압의 강도를 낮추고, 저항이 수그러들면 탄압의 강도를 높인다.

일곱째, 일제시대 교단의 형성에 영향력을 행사한 세력은 31본사의 주지들이다. 이들의 성향과 노선을 정밀하게 분석할 필요가 있으며, 이들의 친일 논리를 분석할 필요가 있다.

참고문헌

1. 연구 논저

1) 단행본

김경집, 2000, 《한국근대불교사》, 경서원.
金光植, 1996, 《韓國近代佛敎史硏究》, 民族社.
金淳碩, 2003, 《일제시대 조선총독부의 불교정책과 불교계의 대응》, 경인문화사.
김영진, 2007, 《중국 근대사상과 불교》, 그린비.
임혜봉, 1993, 《친일불교론》 상·하, 민족사.
鄭珖鎬, 2001, 《일본침략시기의 한일불교관계사》, 아름다운 세상.

柏原祐泉, 1998, 《日本佛敎史》 近代, 吉川弘文館.
韓晳曦, 1988, 《日本の朝鮮支配と宗敎政策》, 未來社.

2) 논문

김경집, 2001, 〈근대 원종의 설립과 의의〉, 《한국불교학》 29.
金光植, 1994, 〈일제하 佛敎界의 總本山 建立運動과 曹溪宗〉, 《한국민족운동사연구》 10, 한국민족운동사연구회.
______, 1994, 〈日帝下 禪學院의 운영과 성격〉, 《한국독립운동사연구》 8.
______, 1995, 〈1910년대 불교계 曹洞宗 盟約과 臨濟宗運動〉, 《한국민족운동사연구》 12, 한국민족운동사연구회.
______, 1997, 〈1926년 불교계의 帶妻食肉論과 白龍城의 建白書〉, 《한국독립운동사연구》 11.
______, 1997, 〈朝鮮佛敎禪宗 宗憲과 首座의 現實認識〉, 《建大史學》 9.
______, 1998, 〈1926년 불교계의 帶妻食肉論과 白龍城의 건백서〉, 《韓國近代佛敎의 現實認識》, 民族社.
______, 2002, 〈조선불교조계종의 성립과 역사적 의의〉, 《새불교운동의 전개》, 도피안사.
______, 2006. 12, 〈근대불교사 연구의 성찰: 회고와 전망〉, 《민족문화연구》 45, 고려대학교 민족문화연구원.

______, 2006. 12., 〈조선불교 禪宗과 首座大會〉, 《불교 근대화의 전개와 성격》, 대한불교조계종 교육원, 불학연구소.

金淳碩, 1999, 〈1920년대 초반 조선총독부의 불교정책—재단법인 조선불교중앙교무원의 성립을 중심으로—〉, 《한국독립운동사연구》 13.

______, 2001, 〈중일전쟁 이후 조선총독부의 불교정책과 불교계의 대응〉, 《한국근현대사연구》 17.

______, 2006, 〈중일전쟁 이후 선학원의 성격 변화〉, 《선문화연구》 창간호, 한국불교선리연구원.

김제란, 2006, 〈중국 근대 신불교운동과 《大乘起信論》 논쟁〉, 《불교학보》 45, 불교문화연구원.

김진무, 2007, 〈楊文會의 佛學思想과 金陵刻經處〉, 《불교학보》 46, 불교문화연구원.

서경수, 1988, 〈日帝의 佛教政策〉, 《近代韓國佛教史論》(불교사학회 편), 민족사.

한동민, 2005, 〈'寺刹令' 體制下 本山制度 研究〉, 중앙대학교 박사논문.

해방공간의 불교

김광식(동국대 불교학술원)

1. 개관

8·15 해방공간의 불교는 한국 근대불교와 현대불교의 다리 역할을 하였던 무대이자 연결 고리이다. 일제 식민지불교 체제를 거쳤던 근대불교와, 근대불교의 모순과 문제점을 극복하면서 새로운 지향으로 나가려 하였던 현대불교는 해방공간에서 운명적으로 만났다. 그런데 그 만남은 화해와 상생의 만남이 아니라, 갈등과 대립의 양상으로 전개되었다. 때문에 이 시기의 불교는 다의적, 중층적 문제를 잉태하고 있었다. 그 문제의 밑바탕에는 전통적인 불교를 회복할 것인가, 아니면 근대적 기획, 경험을 거친 근대주의적 불교를 보완할 것인가의 조류가 대응하고 있었다.

전통주의와 근대주의 대응은 그 자체의 명분·정체성이라는 측면에서 이질적이었지만, 현실적인 이해관계·종권·사찰 관리권·승려 정체성이라는 측면에서도 결코 양보할 수 없는 대결 구도를 띠고 있었다. 이는 불교의 발전, 불교의 대중화, 불교의 사회화를 놓고도 상이한 현실 인식을 드러내는 것이었다.

이와 같은 성격을 지니고 있었기에 해방공간의 불교는 연구할 대상이 산적하였다. 그리고 학문적인 분석·정리·해석에서 뿐만 아니라 현재 불교계 종단의 정체성을 해명하는 데에 있어서도 연구가 요청되는 분야였다. 그럼에도 아직 이 분야는 불교학, 역사학, 종교학, 사회학 등의 분야에서는 학문적인 심화 단계에 이르지 못하였다. 지금까지는 이 분야에 관심 있는 소수의 연구자들에 따라 그 일단一段, 부분만이 밝혀졌을 뿐이다.

해방공간의 불교에 대해서는 8·15 해방이라는 정치적 변동에 따라 나타난 교단의 변화상이 연구과제로 첫손가락에 꼽힌다. 여기에서는 교단의 주류와 집행부는 누구이며, 그들은 어떠한 관점으로 해방공간의 불교를 이해하고, 교단을 어떤 방향으로 가도록 하였으며, 그들의 불교사상은 무엇인가 등이 해명되어야 할 것이다. 다음으로는 교단과는 이질적인 현실 인식을 지니고 불교 및 교단의 혁신을 강력히 주장한 재야의 불교 혁신단체의 개요, 활동, 성격, 사상 등을 연구주제로 설정할 수 있다.

교단과 혁신단체 사이의 서로 다른 현실 인식은 승려의 정의, 종권 및 사찰관리권의 주관, 불교 대중화의 방법을 둘러싼 이질적인 이해관계에서 비롯되었다. 그러나 그들은 모두 불교 발전을 기해야 한다는 것과 일제시대와는 다른 방법으로 불교 대중화를 추진해야 한다는 것에는 공감하였다. 그렇지만 불교 발전과 불교 대중화를 위한 내부의 준비, 교육, 수행에서는 적지 않은 차별성을 띠고 있었다. 이런 차별성은 저절로 자기 혁신, 추진 방법에서도 차이를 드러냈다. 그래서 교단, 재야 승려, 지방 승려들은 그에 대하여 각각의 노선을 경주하였다. 요컨대 이런 배경에서 나온 기획·프로그램·수행과 연관된 가야총림, 봉암사 결사, 고불총림, 불교정화운동 등의 전모와 성격, 사상 등을 해명할 과제가 제기되었다.

한편 불교계 내부의 이와 같은 변화, 고뇌, 실험은 불교 외부 환경에서도 영향을 받았다. 즉 일제의 패망, 38선의 구획, 민족의 남북 분단, 이념적인 대응, 군정 실시, 정부 수립 등이 바로 그것이다. 그러므로 이 분야 연구의 대상에는 불교에 영향을 주었던 정치적, 사회적 움직임과 그에 영향을 준 대상이 포함되어야 한다. 예컨대 미군정의 불교정책, 이승만 정권의 불교정책, 분단과 건국이 불교에 미친 영향, 적산사찰의 향배 및 관리, 사찰재산 변동과 농지개혁, 북한으로 넘어간 승려 등이 바로 그것이다.

지금까지 제시된 주제와 대상들에 대한 기초적인 연구가 수행되고, 나아가서는 해방공간의 불교와 식민지불교, 6·25전쟁 이후의 불교가 어떠한 역사적 맥락에서 연결되었는가를 거시적으로 살필 때 이 시기 불교의 전체 내용과 성격은 명쾌하게 드러날 것이다.

2. 연구동향과 성과

해방공간의 불교가 연구의 대상이 된 것은 1990년대 중반부터라고 볼 수 있다. 그 이전에도 이 시기 불교를 대중적인 글로서 발표한 경우는 회고, 증언, 단편적인 정리 수준에 지나지 않았다. 그래서 1990년 중반 이전의 글들은 학문적인 섭렵 과정을 거친 것이라고 보기 어려운 실정이다. 따라서 이 글에서는 1990년대 중반 이후부터 나온 연구성과를, 앞에서 연구대상으로 꼽았던 주제대로 그 내용을 요약·소개하려고 한다.

우선 8·15 해방으로 나타난 교단의 변화상은 대략 일제 패망 직후의 교단의 변화상과 승려들의 자각적 대응의식으로 나온 승려대회가 연구되었다. 그러나 이러한 연구는 매우 소략하고, 그 변동 및 승려대회의 전체 내용을 소개·정리하는 정도에 머물고 있다. 해방과 불교계 동향에서는 교단 정비, 불교 혁신단체의 개요 및 주장, 그리고 교단과 혁신단체 사이의 서로 다른 현실 인식과 그 갈등을 집중적으로 소개하는 정도였다. 다시 말하면, 교단과 혁신단체의 움직임을 개괄적으로 정리하였던 것이다. 그리고 혁신단체의 강력한 교단개혁의 주장으로 교단이 분열되었던 동향을 분석·정리하는 수준의 연구가 수행되었다. 이런 연구를 거쳐 해방공간에서 불교의 흐름, 전개 과정, 성격을 가늠할 수 있을 정도의 기초적인 연구는 이루어졌다고 하겠다.

이런 교단 변화상과 관련하여 승려들이 모임을 갖고 그 당시 불교, 교단, 승려가 처하였던 문제를 해결하려는 승려대회를 정리한 연구성과가 집중적인 조명을 받았다. 1945년 9월 22~23일 서울 태고사(현 조계사)에서 개최된 전국승려대회, 1945년 12월 2~3일 제주시 관음사 포교당에서 개최된 제주불교혁신승려대회, 1945년 11월 10~11일 전북 부안의 내소사에서 개최된 부안불교승려대회 등에 대한 개요·전개 과정·성격 등이 소상하게 연구되었던 것이다. 이로써 해방공간에서 승려들의 고뇌, 지향, 문제점 등을 파악할 수 있었다. 이런 승려대회의 전체 내용은 중앙 차원의 변화상을 더욱 구조적으로 이해할 수 있는 단서를 제공한다는 점에서 특기할 내용들이다. 승려대회에서는 공통적으로 일제 식민지불교의 핵심인 사찰령을 부정하고, 수행풍토의 개선·교육제도의 혁신·교단 운영의 대안 등이 제기되었다.

이렇게 해방된 공간에서 승려대회와 교단의 동향을 대략적으로 파악할 수 있을 정도의 연구 바탕은 마련된 셈이다. 그리하여 이런 연구와 짝하여 교단 외부에서 불교 혁신을 강력하게 주장한 혁신단체, 혁신단체의 주장, 혁신단체의 총연합체인 불교혁신총연맹과 전국불교도총연맹의 등장 과정, 주장, 성격도 아울러 조명되었다. 그 결과 해방공간의 혁신단체로 선리참구원, 불교청년당, 혁명불교도동맹, 불교여성총동맹, 조선불교혁신회, 선우부인회, 재남 이북승려회 등의 전체 모습도 밝혀진 것이다. 교단과 대응적인 혁신단체의 활동을 조명한 결과, 그들의 주장·논리도 정리되었을 뿐만 아니라, 그들의 인적 구성도 어느 정도는 드러났다.

이러한 연구 결과, 교단과 혁신단체 사이의 이질성·갈등·대립의 초점이 분명하게 정리되었다. 무엇보다도 승려의 정체성, 교단의 주도를 누가 할 것인가, 사찰재산을 어떻게 처리할 것인가 등의 문제에서 확연한 입장 차이가 있었다. 승려의 신분 정체성의 핵심은 이른바 대처승을 승려로 인정할 것인가의 여부였다. 대처승을 승려로 인정하지 않는다는 것은 일본불교의 영향에서 벗어나고, 불교 근대화의 일환으로 받아들여서 상당 부분 토착화했던 관행을 근원에서부터 부정하는 것이었다. 이에 교단은 기존 제도와 관행을 고수하는 입장에 있었던 것과 달리, 혁신단체는 대처승은 승려로 볼 수 없다는 인식이 깔려 있었다. 이에 혁신단체와 그 인사들은 교도제敎徒制라는 새로운 제도를 도입·관철하려고 하였다. 교도제는 승려와 신도 등 불교를 신행하는 대상자들은 다 평등한 교도로 보고, 다만 그 능력과 소임에 따라 다른 권리와 위상을 부여해야 한다는 것이다. 이 구도에는 대처승은 주지, 설법자가 될 수 없고 종무원, 포교사, 교사로 근무해야 한다는 논리가 깔려 있었다. 이런 문제였기에 교단은 혁신단체의 주장을 극력 배척하였다고 보인다. 그와 달리 혁신계열에서는 대처승들은 교단의 주역이 될 수 없다는 논리로 나아갈 여지가 다분한 것이었다.

사찰재산의 문제는 남북한에서 농지〔토지〕개혁이 실시되고, 그 즈음에 불교가 어떤 입장을 지녔느냐는 문제이다. 교단은 사찰재산은 지켜져야 하며, 유상몰수 유상분배를 해야 한다는 입장이었다. 그러나 혁신단체는 무상몰수 무상분배의 입장에서 토지개혁은 반드시 될 것이라는 예견 아래, 소작농민들에게 과감하게 토지를 제공할 것을 주장하였다. 그런 뒤에는 대중들에게 포교를 적극적으로 하고, 소작농민을 포함한 다수의 교도를 조직화할 것을 강조하였다. 이런 혁신단체의 주장을 극력 부정한 교단 측 인사는 혁신단체의 주장을 이북 노선, 혹은 빨갱이 노선이라는 비판도 서슴지 않았다. 이런 제반 상황을 보건대, 교단과 혁신단체는 의견의 조율이나 일치를 이룰 여지가 전혀 없었다.

이제부터는 교단과 교단 노선에 비판적인 승려, 교단과 무관하게 독자성이 강렬한 승려 등이 불교의 변화와 개혁, 미래 준비 차원에서 추진한 수행·개혁 프로그램을 살피고자 한다. 그 대상은 해인사의 가야총림, 봉암사 결사, 고불총림 등이었다.

가야총림은 수좌首座들의 조직체였던 선리참구원이 모범총림을 세우고, 그를 교단에서 주관하여 운영해야 한다는 건의에서 비롯되었다. 이에 교단은 1946년 10월 무렵, 해인사에 총림을 세웠으나 단지 선원만 개설하는 정도였다. 그것은 교단의 후원 미약, 해인사 대처승들의 비협조 등이 작용하였기 때문이다. 더욱이 6·25로 말미암아 가야총림은 중단되는 운명을 맞이하였다. 그럼에도 조실祖室로 효봉曉峰이 송광사에서 왔고, 50명이 넘는 수좌들이 집단적으로 모여 수행을 하였다. 그러나 가야총림에 대한 개별적인 연구는 최근에 가시화했을 뿐이었다.

고불총림은 교단과 이질적 노선을 펴고 있었던 백양사의 송만암이 1947년 2월부터 백양사를 거점으로 하여 전라도 일대 사찰 22곳에서 실천한 개혁을 일컫는다. 비구승과 대처승의 병행 존속을 일시적으로 인정하면서도, 대처승이 나온 현실을 비판하고 비구승 중심의 교단 운영을 고려한 대안적인 실험이었다. 이에 대한 개요, 성격 등을 정리한 연구가 이루어졌다. 고불총림은 교단이 식민지불교의 극복, 불교정화에 대하여 너무 미온적이라는 불만에서 나온 것이다. 그리하여 송만암은 현실 인정, 점진적 정화, 단계별 정화를 위한 대안을 실천하였다는 역사성을 갖추게 되었다. 이는 그가 6·25전쟁 기간에 교단 책임자인 교정教正에 취임한 이후, 수좌의 수행도량 확보라는 건의를 받아 자생적 정화를 추진한 것과 연결해 이해할 때 독특한 실험임이 밝혀졌다. 간혹 불교계에서는 송만암의 실험이 채택되어 불교정화가 추진되었다면 지금의 불교는 많은 차이와 변화를 가져왔을 것이라는 가정을 하는 경우가 적지 않았다. 세간의 좌우합작위원회와 같은 성향을 띠는 역사적 가정인 것이다.

봉암사 결사는 연구자나 조계종단 차원에서 상당한 관심사가 되었던 연구대상이었다. 봉암사 결사는 1947년 10월부터 1950년 3월까지 봉암사에서 진행된 수행 결사였다. 교단 운영의 기조에 반발하고, 가야총림의 운영에 이의를 제기하였던 한 무리의 수좌들이 '부처님 법대로 살아보자'는 슬로건과 수행 청규인 〈공주규약共住規約〉을 제정하고, 율장에 근거하여 수행을 하였다. 이성철·이청담·김자운·이우봉·신보문 등에 의해서 추진되었던 이 결사는 한때 수십 명이 모여 공동 수행을 해 나갈 정도로 그 위세가 대단하였다. 이들은 〈백장청규〉와 총림을 모방하고, 율장에 의거하여 참선·운력 등의 생활을 하면서 근본주의적인 불교로 복귀하는 것을 지향하였다.

이러한 결사의 실행에는 현재 불교계에서 익숙한 신행, 관행이 꽤 있다. 《반야심경》의 보편적 신행, 승려들에 대한 공경, 괴색 가사와 보조장삼의 보편화 등이 그것이었다. 이는 이 결사가 조계종단으로 대표되는 한국불교에 끼친 영향이 상당함을 뜻하는 것이다. 이 결사에 참여했던 수행자들이 조계종단의 종정, 총무원장을 역임한 경우가 많았으며, 결사 수행자들은 조계종단의 재건을 추동한 불교정화운동의 일선에 나섰음도 같은 사례이다.

이러한 봉암사 결사에 대해서는 결사의 배경, 전개, 성격 등 그 전체 내용이 상당 부분 분석·정리되었다. 특히 2007년 10월 18~19일에는 봉암사 결사 60주년을 기념하는 학술세미나와 대법회가 조계종단 차원으로 개최되는 등 결사를 조명하는 다각적인 연구가 진행되었다. 그곳에서 결사의 재조명, 결사의 의례, 결사 개념, 결사를 주도한 이성철과 이청담에 대한 전모와 특성과 사상이 연구·발표되었다. 봉암사 결사는 학술적인 접근뿐만 아니라 그에 연관된 자료 발굴, 구술 증언의 채록, 해당 문도들의 회고, 계승 활동이 지속되고 있다는 점에서 지속적인 재생산 구도에 자리하고 있다.

그러나 봉암사 결사는 절반의 성공으로만 인식해야 한다는 목소리도 일부 나왔다. 즉 봉암사 결사는 일제시대에 근대적 기획·실험을 하였던 근대주의 계열의 고민과 개혁은 전혀 검토하지 않았으며, 결과적으로 불교계에서 전통은 공고해졌지만 근대주의는 존립 기반이 상실되었음과 무관할 수 없다는 것이다. 지금까지 봉암사 결사의 연구는 조계종단 중심, 정화운동의 구도, 문중·문도 중심의 접근, 긍정 위주의 해석, 한계 및 계승의 관점 미약 등이 그 핵심이 되었음을 부인하기는 어렵다.

이제는 이와 같은 동향, 수행, 지향 등의 움직임과 관련된 해방공간 불교정책의 문제를 조망하려고 한다. 지금껏 이 분야에 대한 것은 거의 학문적인 주목을 받지 못하였으나 최근에 들어서 일부 연구자들의 고찰이 나왔다. 그런데 이에 대한 연구 경향은 기독교에 대한 피해의식, 차별대우 등이라는 관점이 강하게 드러났다. 그럼에도 한편으로는 그간 전혀 알려지지 않은 사실, 내용 등이 상당 부분 제기되었다.

우선 미군정의 기독교 중심 공인교제도公認敎制度와 그에 따른 차별대우가 해방공간에서 이루어졌음을 밝혀냈다. 결과적으로 그런 불리한 여건을 극복하지 못하고, 바로 그즈음에 나온 불교계 분열로 말미암아 불교개혁은 실패하였다는 성찰적인 내용이었다. 이는 곧 불교 교단이 해방이라는 조건이 만들어낸 종교 지형의 변화에 적극적으로 대응하지 못한 결과이며, 나아가 불교가 자기 정체성 확립에 실패하였다고 보았다. 이러한 미군정의 종교정책, 불교정책의 구도는 자연 이승만 정권의 불교정책에도 영향을 미쳤다. 이에 이승만 정권 제1공화국의 불교정책이 미군정의 정치 구도와 지형에서 말미암았다는 견해가 제기되었다. 물론 여기에서도 차별적인 대우, 기독교 중심적인 이해가 개진되었음은 물론이다.

해방공간의 불교재산과 관련된 뜨거운 논란은 농지개혁법으로 말미암은 사찰재산의 변동 문제였다. 불교재산의 기반이 되었던 농지는 1,600년이 넘는 기간 동안 불교 재정의 버팀목이었다. 그런데 이런 관행적인 경제 기반이 한꺼번에 사라질 운명에 놓였다. 교단과 재야 혁신단체는 사찰재산 변동에 대한 인식, 접근방법, 대안을 놓고 대립하였던 것이다. 불교가 가지고 있던 농지는 대부분 자경自耕하는 것이 아니었기에 농민들에게 분배되었다. 이에 교단 내부에서는 사찰경제의 기반 확충, 공고화를 위해 사찰유지대책위원회를 조직하여 정치권에 대책을 마련해 줄 것을 요청하였다. 이것은 사찰의 자경농지 보유를 허용하고, 귀속(적산)사찰·기업체를 불교계에 불하하라는 요구였다. 그 결과 이승만의 불교계 후원, 자경농지의 기준 재검토에 대한 발언이 나왔다. 전국적으로 공권력이 개입하는 가운데 소작농은 이미 받은 토지를 사찰에 돌려주는 일도 벌어졌다. 이는 농지개혁의 근본이 사찰 일부에서는 왜곡되었고, 사찰의 지주적 속성이 잔존하였음을 말하는 것이다. 이 같은 농지개혁은 1950년 10월 19일의 농지개혁 실시 및 임시 조치 건에 따라 본격화해, 해방공간보다는 6·25전쟁 기간과 전쟁 직후에 본격적으로 전개되었다. 농지개혁은 불교 활동의 위축, 수행 기관인 강원과 선원의 존립 문제, 사찰 유지 심지어는 승려의 생존적 차원에서 큰 문제를 안고 있었다.

한편 사찰농지 반환에서 공권력의 불교 지원은 해당 농민들의 반발을 사 소송을 제기하는 경우도 있었다. 초기의 판결은 사찰의 자경농지를 인정해 주는 방향으로 나왔으나 경작자가 누구인가, 강제력이 동원되었는가의 관점에서 차츰 소작인들의 처지를 옹호하는 판결이 나왔다. 불교는 농지개혁으로 전답의 농지 대부분을 상실하면서 경제 기반의 대변동을 겪었다. 일부 사찰, 법인, 단체에서는 농지개혁으로 받은 자금으로 공장, 회사 등을 인수하여 경영에 나선 경우도 적지 않았다. 그러나 그에 대한 전체 윤곽은 아직 파악되지 않고 있다. 그리하여 해방공간에서 불교의 재산, 경제적 기반에 대한 연구는 이제 첫 발걸음을 내딛는 정도에 지나지 않는다.

해방공간의 불교와 정치에 관해서는 일부 승려들이 진보적인 입장에서 불교 활동을 한 것이 밑그림을 그리는 정도로 다루어졌다. 그래서 김구의 북행에 동행한 단체와 개인도 있었으며, 그들 가운데 일부 승려는 남하하지 않은 경우도 있었다. 승려의 진보성은 보수적인 교단에서 혁신계열을 비판하는 대상으로도 이용된 것은 사실이다. 그러나 당사자들은 불교의 혁신을 과감하게 하는 입장이라고 강변하면서, 이념과는 무관하다고 그 지적에 반발하였다. 이러한 사실에서 그에 연관된 일부의 단체 및 승려의 대상이 확인되기도 하였으나 본격적인 연구 대상화까지는 이르지 못한 아쉬움을 남기고 있다.

3. 과제와 전망

지금부터는 위에서 살핀 연구사 검토에 나타난 문제를 정리하면서, 추후에 연구되어야 할 대상과 그에 연관된 자료적인 측면에서 고려할 것도 아울러 제시하고자 한다.

우선 해방공간의 불교에 대해서는 아직 이렇다 할 연구의 흐름이나 연구방법론을 논하지 못할 정도로 연구성과가 빈약하다. 연구자의 수도 그러하고, 연구가 본격화한 기간이라는 면에서도 그러하다. 지금껏 소수 연구자들에 의해 이 시기 불교에 관련된 사실, 동향, 움직임 등을 소개·발굴·정리하는 수준에 머물러 있기 때문이다. 이 분야 연구자들은 대개 역사, 종교, 불교철학의 분야에서 나왔지만, 그 연구는 역사적인 접근이 주된 흐름이었다.

해방공간 교단의 동향에 대해서는 개요, 전개 과정 등은 정리되었다. 아울러 그를 추동한 승려대회, 교단 내부의 지향 등도 조명되었다. 그러나 교단 집행부의 노선이 무엇을 지향하였는가, 그 지향이 불교사상적인 측면에서는 어떤 의미를 지니고 있었으며, 교단 집행부 내부의 갈등 구조는 어떠하였는가 등등에 대해서는 더욱 관심을 기울일 분야라 하겠다. 이 시기 불교사상과 관련하여 임제종과 태고보우국사 계승의식의 문제도 반드시 짚어야 할 과제이다. 아울러 남한의 건국 전후로 중앙 교단 집행부는 공금 유용, 적산사찰 독점 등의 청렴성 문제로 자리에서 물러났는데, 이에 대한 전후 관계에 대해서는 거의 정리되지 않았다. 그리고 혁신단체가 등장하고, 중앙교단이 분열될 때 일부 지방에서는 혁신단체에 기울어진 경우도 있었는데, 이처럼 각 지방의 교단, 본사 등의 향배도 흥미로운 연구과제이다. 나아가 중앙교단 집행부에서는 그들의 노선과 사상이 만해 한용운 노선이라고 자인한 기록이 있다. 이렇게 교단 집행부는 한용운 노선을 추종하였던 것으로 보이거니와 이에 대한 정밀하고도 치밀한 분석이 요망된다.

교단의 움직임과 대응하였던 혁신단체는 그동안의 연구에서 윤곽, 동향, 성격 등이 정리되었다. 앞으로는 각 혁신단체에 대한 구체적인 등장 과정, 인물, 추이라는 측면에서 진일보한 연구가 필요하다. 그러기 위해서 각 단체의 관련 자료가 발굴되고, 그 인물들의 후손을 찾아서 구술 증언을 듣는다거나 미군정기 비밀 자료의 분석 등 다양한 방법이 요청된다. 그리고 혁신단체와 그 단체의 주요 인물들의 이념, 불교사상이 반드시 분석되어야 한다. 이들의 활동, 사상의 근거는 무엇이었으며 그들이 지향한 불교노선은 어떠한 가치, 의의, 평가를 받을 것인가에 대한 냉정한 정리도 연구 무대로 올려야 한다. 해방공간의 불교계 신문을 보면 그 단서를 파악할 수 있다.

일부 승려들은 월북한 사례도 있고, 6·25 기간에 남하하여 서울에서 남조선불교도동맹의 결성을 주도한 경우도 있다. 이런 인물들은 이념적 대립이라는 민족적 비극으로 말미암아 남북한 불교에서 모두 잊혀진 채 방치되었다. 이에 대한 복권, 역사로의 편입 작업도 흥미로운 연구과제이다. 그런데 진보적인 승려들의 출신, 영향과 관련하여 일제시대 일본 유학생의 동향이라는 주제도 주목할 대상이다. 진보적인 승려들은 강원, 선원에서 수학한 경우도 있었지만, 추정하건대 일본에서 유학하면서 사회주의나 민주주의 등 새로운 이념과 문명을 지켜보고 그를 불교사상에 접목하려고 하였던 승려도 생각해 볼 수 있는 것이다. 이렇게 불교계 내부에 사회주의, 공산주의에 영향을 받은 진보 성향의 승려가 있었음은 이미 구전口傳, 경찰의 해석, 증언 등의 다양한 채널에서 흘러 나왔다.

한편, 해방공간에서 혁신단체의 동향과 관련하여 앞으로 더욱더 관심을 기울일 주제는 선리참구원이다. 선리참구원은 일제시대 선불교, 수좌, 선원 계열을 대표하던 중앙의 재단법인체로서 선학원으로 널리 알려진 기관이었다. 그 중심을 이루었던 수좌들은 일제 하에서는 일본불교 유입, 계율 파괴, 원융살림 파탄 등에 대하여 강한 비판의 날을 세웠던 당사자들로서, 이들이 어떤 고뇌·지향·대안을 가지고 선리참구원을 이끌었는가에 주목할 필요가 있다. 일제시대 불교에서는 강한 저항성을 표출하였지만 오히려 해방공간에서는 그 색깔이 퇴색한 느낌을 받게 되거니와 이에 대한 설명이 요망된다. 일부 기록에는 이념을 둘러싼 내적인 갈등도 있었으며, 무상몰수 무상분배라는 혁신단체의 주장을 인정하는가 여부를 놓고 수좌들 내부에서 갈등을 겪었다는 증언도 있었음을 고려할 때에 더욱 그렇다.

다음으로는 이 시기 수행·교육·개혁·실험 등 미래를 준비하고, 개혁을 실천한 내용을 제시하려고 한다. 지금껏 이에 대해서는 봉암사 결사를 중심으로 관심, 연구가 집중된 감이 적지 않다. 그 결과 봉암사 결사에 대해서는 불교사, 조계종단사 차원에서 개요·의의·성격 등에 대한 일정한 연구가 축적되어 있다. 그러나 봉암사 결사는 이제 그 열기를 식히고, 더 냉정한 관점에서 재검토될 시점에 와 있다. 그러기 위해서는 수사적인 과도한 해석과 특정 승려를 지나치게 평가하는 큰스님 살리기의 역사 이해는 잠시 접어 두어야 한다. 한국불교사, 근현대 불교사라는 거대한 흐름 아래서 그 역사성을 객관적으로 보아야 한다. 아울러 그 결사에 담긴 불교사상도 지금까지는 〈공주규약〉을 중심으로 보면서 〈백장청규〉나 율장을 강조하는 선에 머물러 있었지만, 결사에 담긴 사상을 차분하게 정리돼야 할 것으로 본다.

이와 달리 고불총림은 그 주관자인 송만암이 걸어간 노선이 조계종단과의 불편함으로 말미암아 연구 무대로 올려지지 않았다. 특정 연구자가 역사의 공백을 메운다는 차원에서 연구하였을 뿐이다. 그 결사에 담긴 사상과 전라도 사찰의 현장에서 벌어진 일에 대해서는 거의 주목하지 않았고, 밝혀낸 것도 극히 미약하다. 그리고 송만암이 교정에 취임하여 자생적인 불교 교단 정화를 시도하였음은 간헐적으로 전하고 있으나, 그에 대한 연대기적 정리와 관련 사찰 및 그 내용 등은 입체적으로 정리되지 못하였다. 이러한 접근은 고불총림의 지속성, 역사성과 만암의 사상 및 불교정화의 내재성이라는 측면에서 중요한 의의를 담보하는 것이다. 그러기 위해서는 만암의 문도들과 밀접한 연계를 갖고 다양한 자료, 증언을 확보한 뒤에 그 총림의 진행과정, 추이 등의 관계를 철저히 분석·정리해야 할 것이다.

해인사의 가야총림은 그 규약이 소개된 정도에 머물러 있고, 1967년 해인총림의 전 단계였다는 이해의 수준이다. 가야총림을 연구할 경우에는 당시 해인사에서 수행하였던 관련 승려들 가운데 생존자로부터 다양한 자료를 확보할 필요성이 제기된다. 최근 그들의 증언을 청취한 구술 증언록이 발간되었거니와, 그에 근거하여 더욱 세밀한 증언 확보에 나서야 한다.

해방공간의 불교정책 분야도 연구의 시작이라고 할 정도로 걸음마 수준이다. 현재 이 분야는 교단 동향에 나타난 것을 준거로 하여 그 관련 사실을 정리하고, 그를 확대해석 하여 성격과 한계를 정리하는 선에 머물러 있다. 이 분야 연구가 진일보하려면 우선적으로 미군정과 교단 사이에서 오간 공문과 미군정의 정책 자료를 입수하여 정밀하고도 치밀하게 정리하는 작업이 선행되어야 할 것으로 보인다. 미군정과 이승만 정권이 기독교적인 색채가 강하였고, 기독교 우호적인 정책이 구현되었다는 선입견을 떨쳐 버리는 것이 자료 해석과 국가권력과 상관성을 해석하는 데 유익한 시야와 바탕을 제공할 것으로 기대된다.

이러한 수행·결사·사상과 연관하여 유의할 또 다른 대목은 해방공간의 개혁, 대안이라는 이름에서 나온 각종 실험을 불교정화(운동)와는 어떻게 연결 지을 것인가의 문제이다. 즉 해방공간에서 이루어진 혁신활동이 불교정화의 계기, 원인과 결과, 배경이라는 것들과 직접적으로 연계되는가 하는 점이다. 다시 말해 해방공간의 활동도 불교정화운동의 구도를 가는 것인가 하는 점이다. 이에 대해서는 다양한 관점, 해석이 나올 가능성이 짙다.

미군정 불교정책과 연관하여 살필 대상은 해방공간 불교의 경제적 기반, 변동 등의 문제이다. 지금까지는 미군정, 이승만 정권의 불교정책과 사찰재산 변동의 문제를 분리하여 접근한 감이 적지 않았다. 불교정책과 사찰재산 변동은 따로 놓고 볼 수 없는 주제이다. 해방공간의 사찰재산은 무엇이었으며, 이는 어떠한 형태로 경영되었고, 그 경제력은 누구에 의해서 분배·관리되었으며, 교단은 이를 통제하였는가도 주요한 연구 초점이다. 일본불교의 사찰, 포교당, 재산은 어느 정도였으며, 전국적인 분포는 어떠하였고, 교단으로 들어와 관리된 것은 얼마였고, 기독교 등 불교계 외부로 넘어간 경우는 얼마나 되는가에 대해서도 관심을 기울여야 한다. 이것과 관련해서 농지개혁, 농지를 소작인에게 제공한 대가로 받은 자금은 얼마였고, 그 자금으로 수많은 기업체와 공장 등의 인수에 관련된 통계는 있는지도 전혀 밝혀지지 않았다. 그런데 이러한 것과 관련한 직접적 자료는 입수하는 것 자체가 어렵다. 그렇기 때문에 이를 타개하려면 자료가 풍부한 특정한 사찰, 기업체, 승려를 선택하여 분석하는 사례 연구를 고려할 수 있다 하겠다. 이 문제는 불교의 수행, 교육 문제뿐만 아니라 사찰의 관리권, 비구승과 대처승 사이의 갈등 구조, 농지개혁 이후 사찰경영의 변동을 밝히는 데도 유익한 주제이다.

참 고 문 헌

1. 자료

이철교·김광식, 《한국근현대불교자료전집》 권59(《신생, 불교》)·권69(《해방공간기 불교계 신문》), 민족사.

2. 연구 논저

1) 단행본

김광식, 1998, 《한국 근대불교의 현실인식》, 민족사.
______, 2000, 《근현대불교의 재조명》, 민족사.
______, 2002, 《새불교운동의 전개》, 도피안사.
______, 2004, 《아! 청담》, 화남.
______, 2006, 《한국 현대불교사 연구》, 불교시대사.
______, 2007, 《동산대종사와 불교정화운동》, 영광도서.
______, 2007, 《민족불교의 이상과 현실》, 도피안사.
______, 2008, 《범어사와 불교정화운동》, 영광도서.
______, 2010, 《한국 현대선의 지성사 탐구》, 도피안사.
조계종 교육원, 2001, 《조계종사, 근현대편》, 조계종출판사.
조계종 불학연구소, 2008, 《봉암사결사와 한국 현대불교》, 조계종출판사.
________________·종교평화위원회, 2010, 《불교와 국가권력 , 갈등과 상생》, 조계종출판사.

2) 논문

강돈구, 1993, 〈미군정의 종교정책〉, 《종교학연구》 12.
강인철, 2000, 〈해방 후 불교와 국가; 1945~1960〉, 《사회와 역사》 57.
김광식, 1996, 〈8.15해방과 불교계 동향〉, 《불교사연구》(중앙승가대) 창간호.
______, 1996, 〈불교혁신총연맹의 결성과 이념〉, 《한국사의 이해》(중산 정덕기박사 화갑기념 한국사학논총), 경인문화사.
______, 1997, 〈전국불교도총연맹의 결성과 불교계 동향〉, 《미래불교의 향방》(미천 목정배박사 화갑기념논총), 장경각.

______, 1998, 〈해방직후 제주 불교계의 동향〉, 《한국독립운동사연구》 12.
______, 2000, 〈8.15해방과 부안불교 승려대회〉, 《한국민족운동사연구》 25.
______, 2004, 〈고불총림과 불교정화〉, 《불교사연구》(중앙승가대) 4·5.
______, 2004, 〈농지개혁법 시행과 불교계의 대응〉, 《불교평론》 20.
______, 2004, 〈한국 현대불교와 정화운동〉, 《대각사상》 7.
______, 2006, 〈8.15해방과 전국승려대회〉, 《한국 현대불교사 연구》, 불교시대사.
______, 2006, 〈봉암사 결사의 전개와 성격〉, 《한국 현대불교사 연구》, 불교시대사.
______, 2006, 〈이성철의 불교개혁론〉, 《한국 현대불교사 연구》, 불교시대사.
______, 2008, 〈봉암사 결사의 재조명〉, 《한국 현대불교와 봉암사 결사》, 조계종출판사.
______, 2010, 〈한국전쟁과 불교계—북으로 간 승려들과 불교혁신운동〉, 《불교평론》 43.
김범준, 2007, 〈미군정기 불교정책 연구〉, 《선문화연구》 3.
김순미, 2007, 〈농지개혁과 사찰농지의 변동〉, 《불교정화운동의 재조명》, 조계종출판사.
김순석, 2007, 〈이승만정권의 불교정책〉, 《불교정화운동의 재조명》, 조계종출판사.
김종인, 2006, 〈1960년대 한국불교와 성철의 활동; 봉암사결사와 해인총림〉, 《백련불교논집》 16.
김호성, 2008, 〈봉암사 결사의 윤리성〉, 《한국 현대불교와 봉암사 결사》, 조계종출판사.
목정배, 2008, 〈봉암사결사와 자운대종사〉, 《한국 현대불교와 봉암사 결사》, 조계종출판사.
서재영, 2008, 〈봉암사 결사에서 퇴옹 성철의 역할〉, 《한국 현대불교와 봉암사 결사》, 조계종출판사.
송현주, 2008, 〈봉암사 결사의 의례적 차원—특징과 의의〉, 《한국 현대불교와 봉암사 결사》, 조계종출판사.
이재헌, 2007, 〈미군정의 종교정책과 불교계의 분열〉, 《불교정화운동의 재조명》, 조계종출판사.
정성화, 1990, 〈적산의 처리를 통해서 본 미국의 대한정책: 1945~1948〉, 《경희사학》 16·17.
조성택, 2007, 〈봉암사 결사를 다시 생각한다〉, 《불교평론》 30.
혜정, 2008, 〈봉암사결사와 청담대종사〉, 《한국 현대불교와 봉암사 결사》, 조계종출판사.

근현대 불서간행

윤창화(민족사 대표)

1. 개관

불교사나 불교학 연구에서 '근대'라고 하면 언제부터일까? 먼저 근대라고 하면 종래의 방식에서 벗어나 새로운 연구방법, 즉 탐구와 고증을 거쳐 사료를 분석하고 천착하는 것이 있어야 한다.

2005년 12월 《불교신문》에서는 학자들의 자문을 받아 근대불교학의 시점을 동국대 전신인 명진학교明進學校가 설립되는 1906년으로 정하여 각 분야의 연구성과를 조명한 바 있다. 그러나 이것은 근대적 교육방식을 띤 학교 설립을 기준으로 한 것으로 학문적 기준이라기보다는 교육사적 기준이라고 할 수 있다.

불교학이나 불교사학에서 근대적 성격을 띠고 나타나는 것은 이보다 좀 더 늦은 1910년대 후반쯤이다. 종래 경전에 대한 고전적인 주석에서 한 걸음 나아가 근대적인 방법으로 학문을 탐구하던 때가 학문적으로는 근대라고 할 수 있을 것이다.

또 불서간행에서 근현대라고 한다면, 역시 종래 목판본 경전을 복각 간행하던 방법에서 발전하여 납활자[1]로 조판한 뒤 다량으로 간행하기 시작한 때가 근현대 불교출판의 효시일 것이다.

근대적 출판방법인 납활자로 간행된 최초의 불서는 한용운의 《조선불교유신론》(1913, 불교서관), 백용성의 《귀원정종》(1913, 중앙포교당), 이교담의 《팔상록》(1913, 중앙포교당), 한용운의 《불교대전》(1914, 범어사) 등이다.[2]

한편 불교학에서는 최초의 한국불교사 개설서인 권상로의 《조선불교약사》(1917, 신문관)와 통사적 입장에서 자료를 모아 서술한 이능화의 《조선불교통사》(1918, 신문관)가 간행된 1910년대 후반이라고 할 수 있다. 학문적으로는 아무래도 이때가 근대불교학의 시작이 아닐까 생각된다.

불교잡지도 이때에 이르러 《조선불교월보》(1912년 2월, 편집 및 발행인 권상로)와 《해동불보》(1913년 11월, 발행인 박한영), 《불교진흥회월보》(1915년 1월, 편집 및 발행인 이능화), 《조선불교계》(1916년, 편집 및 발행인 이능화), 《조선불교총보》(1921년, 편집 및 발행인 이능화) 등 여러 잡지가 간행되기 시작했는데[3] 시사적인 기사 외에도 고승들의 비문과 사찰의 사적 등 역사적인 사료가 소개되고 있어서 미약하나마 근대적 성격의 학문 모습을 보여 주고 있다.

근현대 불서간행에 대한 구체적인 고찰은 거의 없는 편이다. 간혹

---

1) 출판에서 근현대라고 한다면 과거 목판인쇄에서 발전하여 납활자와 윤전기로 다량 생산하던 1880년대로 잡고 있다. 근대적 출판이 시작된 것은 최초의 민간 출판사인 광인사廣印社가 설립되면서부터다. 광인사는 1884년 일본에서 납활자를 수입해서 근대 한국 최초의 출판물인《충효경집주합벽忠孝經集注合壁》(1884)을 비롯해 《농정신편農政新編》(1885), 《농정촬요農政撮要》(1886) 등을 출판했다.

2) 이 책 이전에 현공염玄公廉의 《석가여래전》(1912, 대창서원) 등 납활자로 간행된 책이 몇 권 더 있을 것이다. 그러나 목록만 있을 뿐 실물을 확인할 수 없다.

3) 최초의 불교잡지는 《원종圓宗》(1910년, 발행인 김지순金之淳)이다. 그러나 현재 《원종》은 전하지 않는다.

신문이나 잡지에서 1년에 한두 번씩 그때그때 나온 책을 중심으로 시사적으로 다루었을 뿐이다. 다만 학술서 분야에는 논문이나 저서에서 연구사를 검토하면서 관련 글을 언급하고 있고, 한국불교사 분야에는 길희성의 〈한국불교사 연구의 어제와 오늘〉(1999) 등이 있다(고영섭, 2007; 윤창화, 2003a·b·c·d; 홍사성, 2007). 길희성의 글은 1910년대부터 최근까지 연구사 정리 입장에서 처음으로 학자들의 연구성과와 관련 서적을 조망한 글이다.

근대 이후 현재(2005)까지 1세기 동안 출판된 불교서적은 약 1만 3천여 종쯤 될 것으로 추정된다. 그 가운데는 당시는 물론 현재까지 여전히 학계나 독자들의 지침이 되고 있는 책이 있는가 하면, 이미 우리의 시야에서 사라져 버린 책도 허다하다.

문화와 사상도 그러하듯, 책은 대체로 그 시대의 사조와 문화·주의·주장·필요성·가치관 등을 반영한다. "인생은 짧고 예술은 길다."는 말처럼 수많은 책들이 간행되어 영원을 추구했지만 실제 시간과 공간을 넘어 오늘날에도 변함없이 독자의 가슴에 남아 있는 명저는 몇 권 되지 않는다.

필자는 몇 년 전 《법보신문》에 근현대 100년 동안 출판된 불서 가운데 명저가 될 만한 책을 선정하여 연재한 적이 있었다. 어떤 이는 당시 신문과 잡지를 석권할 정도로 많은 글을 발표했으나 워낙 이것저것 손대다 보니 단 한 권의 명저도 남기지 못한 경우가 있는가 하면, 명성은 대단했으나 이렇다 할 대표작이 없는 경우도 있고, 또 논문은 100여 편이 넘지만 단 한 편도 두드러진 것이 없는 경우도 있다.

2. 불서간행의 시대별 동향과 성과

1) 근대의 불서간행(1910~1945)

근대 불서간행을 개관해 보면 1910년에서 1945년까지 출판된 책은 200여 종에서 250여 종쯤 된다. 종류별로 보면 역시 경전을 새롭게 간행하거나 현토한 경우가 가장 많았고, 경전을 한글로 번역하여 간행한 것, 그 다음으로는 불교영험설화, 강원교재, 사찰의 사지寺誌 등의 순이다. 간혹 불교교리를 대중들에게 더 쉽게 알리기 위하여 새롭게 풀어 쓴 책도 있고, 원효의 《금강삼매경론》(1923, 조선불교회)처럼 귀중한 자료를 발굴·소개한 것도 있다.

이 시기에 불서간행과 저술 활동에 진력한 사람은 백용성(백상규)·이능화·권상로·박한영·한용운·안진호·김태흡(김대은)·허영호 등이다. 이들은 대부분 승려로서 당시 불교계를 대표하는 지식인들이었다. 특징은 자신이 직접 경전을 번역 또는 저술하여 출판까지 담당하는 경우가 많았다. 대표적인 불교출판사는 백용성의 삼장역회, 안진호의 만상회, 김태흡의 불교시보사 등이고, 일반 출판사로서는 육당 최남선의 신문관(1908)이 있었다.

해방 이전에는 대부분 경전 번역서와 한문으로 된 불교경전에 토를 단(懸吐) 책과 설화집 등이 주류이고, 불교교리를 새롭게 해석한 책이나 사상서, 대중서, 학술서 등은 몇 권 되지 않는다. 그 분량도 150쪽 미만의 책들이 대부분이었다.

근현대 불서 간행물을 고찰하면서 번역보다는 저술을 중심으로 어떤 책이 나와서 어떤 구실을 했는지, 저자의 생각과 정신은 무엇이었는지 간단하게 살펴보고자 한다.

(1) 일반서 및 대중서

1910년 초에 간행된 불서 가운데 먼저 살펴볼 책은 백용성(1864~1940)의 《귀원정종歸源正宗》(1913, 중앙포교당)이다. 이 책은 그의 저작 가운데서도 첫 번째 책으로 유학자들과 기독교도들의 불교비방과 비판에 대하여 그 부당함을 논파한 책이다. 유학자들은 조선시대 500년 동안 불교를 멸시·비판했고, 서양에서 갓 들어온 기독교는 불교를 우상숭배라고 공격했다. 주자학과 기독교도들의 비이성적인 공격과 비방에 대하여 백용성은 그들의 생각이 잘못되었음을 지적하고 적극적으로 불교의 장점을 알리고자 했다.

상권에서는 '불교도들은 인륜을 섬기지 않는다(不事人倫難)', '불교에서 말하는 인과는 믿을 수 없다(因果難信難)', '불교는 허무적멸의 가르침이다(虛無寂滅難)' 등 30개 항목을 뽑아서 그 부당성을 논리적으로 반박했고, 하권에서는 '불살생의 계율은 평등과 자비의 정신', '불보살의 수행방법' 그리고 기독교(야소교耶蘇教)에서 말하고 있는 천지창조 등 30여 개 문제를 뽑아서 서술했다.

그는 기독교의 천지창조설에 대하여 "만일 하느님이 인간을 비롯한 모든 것을 창조했다면 대단한 권능을 가진 분인데, 그렇다면 누구나 다 안락하게 살 수 있도록 창조할 것이지 누구는 잘 살게 만들고 누구는 못 살게 만든다는 말인가? 곤충이나 짐승들은 왜 서로 살육하게 만들었는가? 하느님의 능력은 이뿐인가? 이것은 삿된 것이다."라고 하면서 아주 논리적으로 반박하고 있다.

그러나 이 책은 아쉽게도 국한문체가 아닌 어려운 한문으로 써져 있어 대중화가 어려워 별로 읽히지도 못했다. 만일 국한문체로 간행되었다거나 당시 선견지명이 있는 고승들이 협심하여 한글로 풀어 썼더라면 유학자들과 기독교들의 비난에 매우 유익하게 활용되었을 것이다.

백용성의 《각해일륜》(1930, 대각교당)은 그가 펼쳤던 대각교운동의 지침서 겸 이념서로서 여러 저작 가운데 대표작으로 알려져 있다. 이 책은 당시 불교에 대한 의문점과 궁금한 것들을 모아 문답식으로 풀어 쓴 교리·입문·수행·신앙서이다. 《대승기신론》, 《능엄경》, 《화엄경》, 《원각경》, 《금강경》 등 주로 한국불교에서 중시하는 전통적인 경전들을 교리적 바탕으로 하여 썼다. 그러나 때로는 좀 잡다하여 서술이 일관되지 못한 점도 있고 다소 무속적인 데도 있다. 특히 3권 〈수심정로〉에서는 도가적 색채가 짙은 《능엄경》 50변마장의 내용을 그대로 인정하여 색음이 녹아지면 산이나 물속이나 석벽 속에 걸림 없이 왕래한다든가, 몸속에 있는 회충과 벌레를 주워내도 헐거나 상처가 나지 않는다는 등 신체적·정신적 신비주의를 추구하는 내용은 재검토되어야 할 사항이다.

백용성은 그 밖에도 부처님 생애를 정리한 《팔상록》(1922, 대각교회)과 유심의 이치에 대해서 쓴 《심조만유론》(1924, 삼장역회), 《조선글 화엄경》(전12권, 1927~1928, 삼장역회) 등 24종에 달하는 책을 저술 또는 번역하여 간행했다. 식민지 아래서도 불교경전을 한글화하고 일반 불자들에게 불교를 알리고자 노력한 점은 단연 으뜸일 것이다.

한용운(1879~1944)의 《조선불교유신론》(1913, 불교서관)은, 널리 알려진 바와 같이, 불교의 비사회적인 제도·문화·사고방식·구습 등을 타파하여 불교를 시대에 맞는 종교로 새롭게 만들어 보고자 하는 의도에서 쓴 책이다. 그가 새로워져야(維新) 한다고 제시한 항목은 '승려취처론' 등 모두 12가지였다.

첫째로 불교가 발전하자면 승려들의 자질이 향상되어야 하므로 교육방법을 바꾸어야 하고, 다음으로는 선방에서 참선을 한다고 앉아 있는 사람들은 무지하거나 게으르고 생활고를 해결하려 모인 이들이 대부분이므로 중앙에 선학관 한두 곳만 두고 나머지는 모두 폐지해야 한다는 것이다. 또 대웅전을 제외한 갖가지 염불당을 폐지할 것과 불교의 포교를 활성화할 것, 사찰의 위치를 산속에서 도심으로 옮겨 사회에 적응하도록 할 것, 존상尊像으로서는 석가모니 부처님 외에는 교리적으로 맞지 않으므로 모두 철폐할 것, 사찰의 각종 의식을 간소화 할 것, 경제활동으로 승려들의 인권을 향상시킬 것, 불교의 장래를 위하여 승려들도 결혼할 것, 훌륭한 주지를 뽑아야 불교가 발전할 수 있으므로 주지를 선거제로 할 것, 중앙에 불교 통제 기구를 설치할 것 등이었다. 이 가운데 승려취처론 등 한두 가지를 제외하면 모두가 선각자다운 안목이라고 할 수 있다.

한용운의 《불교대전》(1914, 범어사)은 대장경 속에서 수행과 생활에 지침이 될 만한 구절을 뽑아 주제별로 엮은 것으로, 일상에서 성전처럼 활용될 수 있도록 만든 책이다. 목차는 서품·교리강령품·불타품·신앙품·업연품·자치품自治品·대치품對治品·포교품·구경품究竟品 등 모두 9장으로 분류되어 있는데, 이 순서 자체가 매우 체계적이다. 특징은 대치품과 포교품을 두어 포교는 물론 가정·윤리·효도·부부·예절·스승·대인관계 등 대사회적인 문제에 비중을 두고 있다는 것이다. 그의 시집 〈님의 침묵〉(1926, 회동서관)은 우리나라 문학사에 길이 남을 것이다.

안진호(1880~1965)의 《신편팔상록》(1942, 만상회)은 한글로 된 부처님 전기이다. 초기불전이 아닌 대승불교 문헌을 바탕으로 신이적神異的으로 쓰였다. 부처님 생애 말고도 《화엄경》, 《능엄경》, 《법화경》, 《유마경》 등 대승경전의 내용을 상당량 삽입하여 당시로서는 입문서 구실도 하고 있다. 안진호의 《신편팔상록》 이전에 두 종류가 있었다. 최초의 팔상록은 1913년 중앙포교당에서 나온 이교담의 《팔상록》이고, 다음은 1922년 삼장역회에서 간행된 백용성의 《팔상록》이다. 안진호의 《신편팔상록》은 이들 두 책을 바탕으로 대폭 보완한 것이다. 1960년대 말까지 불교서적으로서는 스테디셀러였다.

안진호가 편찬한 《석문의범》(1935, 만상회)은 각 사찰이나 지역마다 범람하던 불교의식佛教儀式을 집대성한 책이다. 조선 중기 이후 근대까지 각 사찰의 불교의식과 염불은 제각각이었다. 별도로 의식집을 만들어 썼으므로 자연스럽게 염불과 의식이 통일될 수가 없었다. 경상도 스님과 전라도 스님이 만나면 염불의 순서와 내용이 각각 달랐다. 안진호는 이러한 문제점을 개선하고자 표준이 되는 이 책을 펴냈다. 염불과 의식을 통일시키고자 한 것이다.

그런데 이 책은 단순히 염불만 수록하고 있는 것이 아니라 나름대로 한국불교의 특성을 고려하여 화두와 좌선의식·수계의식·계문戒文·각종 방함록·조선사찰일람표 등이 함께 수록되어 있다. 특히 포교의 필요성이 절실한 새로운 시대에 맞추어 설교의식·강연의식·결혼의식·추도의식 등 대중포교에 적합한 법식과 요령도 수록했는데 이러한 점은 매우 선진적이었다. 그 밖에 찬불가와 여러 가지 잠언, 명구도 수록하고 있다.

신소천申素天(韶天, 1897~1978)의 《금강반야바라밀경강의》(1936, 사바도원)는 근대불교에서 이루어진 첫 경전 강의서라고 할 수 있다. 금강경 강의서로서는 지금 읽어도 놀라울 정도로 학문적이다. 물론 《금강경오가해》를 참고하고 있지만 독창성이 매우 높은 강의서이다. 특히 '활공活空'을 주장하여 공허에 빠져 있는 《금강경》의 공空사상을 살리고 있다. '공(색즉시공)'하다고 하는 개념에서 벗어나 공사상을 바탕으로 사회를 새롭게 만들어 보고자 했던 것이다.

(2) 학술서 및 기타 자료집

한편 학자들은 일제의 통치 아래에서도 불교학의 기초를 다지고 불교문화의 가치를 발견하고자 애썼다. 그 대표적인 이가 이능화

(1869~1943), 권상로(1879~1965), 박한영(1870~1948), 포광 김영수金映遂(1884~1965) 등이고, 일반 학자로서는 육당 최남선(1890~1957)이다. 이들의 저작이 없었다면 근대불교사학은 논할 것이 없을 정도이다.

권상로의 《조선불교약사》(1917)는 최초로 한국불교사 전체를 다루고 있는 개설서이다. 각 사찰의 지방학림, 즉 전통강원의 교재로 사용하고자 저술되었다. 편년체로서 단순히 있는 사실을 나열하고는 있지만 최초의 한국불교사 개설서라는 점에서 역사 인식에 대한 새로운 모습을 보여 주고 있다.

삼국불교·고려불교·조선불교로 구성되어 있고, 부록까지 합하면 모두 4편으로 340여 쪽에 달하는 국한문 혼용책이다. 불교가 전래되는 고구려 소수림왕 2년(372)부터 시작하여 각황사(현 조계사)가 개축되는 갑인년(1914)까지 약 1,542년 동안의 불교사를 다루고 있다. 부록의 〈제종종요諸宗宗要〉에서는 삼론종·중도종·선종 등 우리나라에 있었던 모든 종파를 다루고 있는데, 특히 인명색인을 넣었다는 것은 상당히 근대적인 생각이 아닐 수 없다.

권상로는 서문에서 "인도, 중국, 일본 등 불교가 있는 곳에는 다 역사서가 있는데 우리나라에만 없다."고 개탄하면서 비록 약사略史이지만 기년체로 1,500년 동안의 역사를 쓰게 되었다고 밝히고 있다. 그 밖에 권상로의 저술로서 《조선불교사개설》(1939, 불교시보사)이 있다.

이능화의 《조선불교통사》(1918)는 학자라면 모르는 사람이 없을 정도로 널리 알려진 책이다. 한국불교 연구에 없어서는 안 될 중요한 사료집으로 불교 전래 이후 1,600년 동안의 사료를 모은 것이다. 《삼국사기》, 《삼국유사》 등 종래 역사서에서 전해 내려오는 자료와 기타 사지寺誌·사적비·기문·비문·개인 문집, 그리고 일본 등 외국의 자료까지 열람하여 중요하다고 판단되는 것은 모두 수집했다.

상권은 편년체로서 불교가 들어온 해인 고구려 소수림왕 2년(372)부터 이 원고가 탈고되는 시점(1916)까지 서술했다. 분류는 고구려·백제·신라(附 가락국)·고려·조선·총독부 시대 등 여섯으로 나누어 각 시대별로 불교의 역사와 인물 등을 서술하고, 다시 별도로 항목을 설정하여 전국 사찰과 암자·탑·불상·사건 등 중요 사항을 서술했다.

중권에서는 주로 인도·중국·한국에서 형성된 여러 불교 종파의 연원과 고승들을 서술했는데, 다른 종파에 대한 비중은 개략적인 것과 달리 임제종 출신의 선승들에 대해서는 지면을 크게 배정하여 서술하고 있다. 우리나라 선승에 대해서도 태고 보우로부터 조선 중기 부휴 선수浮休善修까지 임제법맥의 고승들만 크게 부각시키고 있다. 이것은 서산과 채영의 《불조원류》의 영향 때문이 아닌가 생각된다.

하권은 잡항雜項으로서 불교사적으로 매우 중요하다고 판단되는 200여 가지 주제를 선정하여 기전체 형식으로 서술하였는데, 특히 뒤의 인명세목人名細目 부분에 가서는 불교 관계뿐만 아니라 일반 역사나 사상·언어·문화 등에 대해서도 지대한 영향을 미쳤다고 생각되는 사건도 다루고 있어 흥미롭다.

정사正史에서부터 야사·야담·설화 등에 이르기까지 불교와 관련이 있고, 또 일반사나 문화사에서도 중요하다고 판단되는 자료는 모두 수록하였는데, 출처를 밝히고 있는 것도 있고 밝히지 않은 것도 많다. 예컨대 한글은 인도 범어梵語에 영향을 받았다고 하여 한글의 기원을 범어에 두었는데 어떻게 영향을 받은 것인지, 관련 자료나 출전은 어떤 것인지에 대해서는 전혀 언급이 없다. 이런 것은 아마 당시 자신이 들었던 이야기를 그대로 옮겨 놓은 것으로 보인다. 사료가치가 없다고 비판하는 학자도 있지만, 다시금 고증해 볼 필요가 있다. 이 책은 불교사 연구의 보고로서 한국불교를 전공하고자 하는 사람이라면 숙독해야 할 책이다.

그는 기사를 서술하고 나서 때로는 끝에 '상현왈尙玄曰' '상현尙玄안按'을 두어 자신의 견해를 밝히기도 하고, 또는 '비고備考' 란을 두어 금석문이나 비문·기문記文·종명鐘銘 등 관련 자료를 첨부하고 있다는 점에서 사가史家의 태도를 잘 보여 주고 있다.

육당 최남선의 《조선불교》(1930, 조선불교청년회)는 원래 본격적인 저술로 쓴 것이 아니라 1930년 7월 하와이에서 열린 '범태평양 불교청년대회'에 참석하는 한국대표단을 위하여 만든 책이다. 즉 세계적인 불교대회에서 한국불교를 알리고자 영문 및 한글 팸플릿용으로 집필한 것이다.

그런데 이 작은 책자에 담겨 있는 의의는 수십 권의 책을 넘어선다. 한마디로 이 책은 일제의 식민사관에 대항하여 한국 고대문화의 우수성과 독창성을 밝힘과 동시에, 한국 고대문화의 세계사적 위치를 정립하고자 한 책이다. 한국불교의 존재가 미국, 유럽 등 세계에 알려지게 된 것도, 경주 석굴암과 해인사 고려대장경판이 세계적인 문화유산에 속한다는 사실을 인식시켜 준 것도, 그리고 승랑僧朗·원측圓測·대현大賢·순경順璟·원효元曉·의상義湘·의천義天 등이 동아시아 불교사 및 세계 종교사상가와 함께 어깨를 나란히 할 수 있는 사상가라고 평가한 것도 이 책이었다.

그는 고구려 승랑을 '새롭게 삼론학을 정립한 사람'으로, 원측은 '현장, 규기 등 중국 유식학승들을 능가하는 유식학자'로, 의상은 중국 화엄학의 대가 법장보다도 뛰어나며 〈화엄일승법계도〉는 화엄사상의 정수를 표현한 탁월한 걸작이라고 평했다. 또 원효를 일컬어 '세계적인 사상가'라고 평가한 뒤에 그를 '대중불교의 실천자', '통불교의 건설자'로 규정했으며, 이어 그의 '실천불교정신'과 '통불교정신'은 한국불교의 전통이라고 하였다.

그는 인도불교에 대해서는 서론적인 불교, 중국불교는 각론적인 불교(종파불교), 한국불교는 결론적 불교라고 규정하였고, 또 원효사상을 '화쟁사상', '일심사상', '통불교(회통불교)', '전全불교', '종합불교', '통일불교' 등으로 규정했는데, 이러한 평가와 용어, 규정은 70여 년이 지난 오늘까지도 여전히 학계에 통용되고 있다. 말하자면 오늘날 원효사상을 일컬어 화쟁사상이니 일심사상이니 또는 대중불교의 실천자라고 부르고 있는 것도 모두가 사학자이자 문화운동가였던 육당의 말이었다. 다만 그가 어떤 근거로 그렇게 본 것인지에 대해서는 별다른 말이 없다.

그 밖에 자료집으로서는 《조선사찰사료》(2책, 1911, 조선총독부)와 《조선금석총람》(상권 1919, 하권 1923, 조선총독부) 등이 있다.

(3) 일본 불교학자들의 저술

일제 지배 아래 나타난 다른 현상은 한국불교 연구에 대한 일본인 학자들의 저술이다. 그들은 대부분 총독부의 요청에 따라 한국의 사찰과 문헌을 조사하는 과정에서, 또는 1930년대 경성제대(현 서울대)나 혜화전문학교(현 동국대) 등에서 강의를 맡고 있으면서 자연스럽게 한국불교에 관심을 가지고 연구하게 되었다. 그 대표적인 사람이 다카하시 토오루高橋亨(1877~1966)와 누카리야 카이텐忽滑谷快天(1867~1934), 그리고 에다 토시오江田俊雄(1898~1957)이다. 일본인 학자들의 한국불교에 대한 연구 태도나 관점은 대부분 식민사관에 바탕을 두고 있었다. 조선은 대일본제국의 식민지라는 관점에서 한국불교를 폄하하고자 하는 습성이다. 그러나 한편으로는 학문적인 입장에서 기술하고 있는 부분도 많으므로 일방적으로 평가절하할 필요는 없다. 특히 자료를 발굴하고 수집한 점은 높이 평가해야 한다.

다카하시 토오루의 《이조불교李朝佛教》(1929, 寶文館, 일본)는 조선

초에서 1920년대 중반까지, 곧 일본의 다이쇼 연간까지 다룬 책이다. 역사·인물·문파·가람·승려들의 생활상 등 미술을 제외한 거의 모든 분야를 다루고 있다. 총 4편 33장으로 구성되어 있는데 1편에서는 고려불교를 개관한 다음 태조에서 성종 때까지 서술했다. 그는 이 시기를 조선시대 불교의 제1기에 해당한다고 보았다. 2편은 연산군에서 인조 때까지로 이 시기를 제2기로 보았고, 3편은 효종에서 1920년대까지로 이 시기를 제3기로 보았다. 그리고 4편은 기타 사항으로서 사찰의 토지·승직·승려의 수계·사찰관계 등을 서술하고 있다. 조선시대 불교가 억불抑佛로 말미암아 기세를 떨치지 못했다는 관점을 갖고 있다.

조선시대 불교사에 관한 자료집 겸 연구서로 아직 이만한 책이 없다. 그 가운데 조선시대 사찰과 승려들의 생활상을 서술한 부분은 왜곡된 부분도 적지 않지만 주목할 만하다. 그는 한말의 승려들은 무사안일자와 무학자無學者가 많았다고 지적했는데, 불쾌하지만 이 지적은 부인할 수 없는 사실이다. 사실 조선 후기에서 한말까지 속가俗家에서 유서儒書를 읽었던 몇몇 지식층 승려들을 제외하고는 대부분 한문 독해능력이 없었다.

누카리야 카이텐의 《조선선교사朝鮮禪敎史》(1930, 春秋社, 일본, 東京)는 한국불교사 전체를 다룬 통사이다. 목차에 나타나 있듯이 전래 초기에는 교학이 들어왔고, 신라 말에 이르러 선禪이 들어왔으며, 고려시대에는 선·교가 병립하였으나 조선시대에는 선·교 모두 쇠퇴기였다고 보고 있다. 모두 4편으로 되어 있는데, 제1편은 교학 전래의 시대로서 고조선에서 통일신라시대 후반까지 다루고 있고, 제2편은 신라 말 선종의 유입을 다루고 있으며, 제3편은 선·교 병립의 시대로서 고려불교사를, 제4편은 선·교 쇠퇴의 시대로서 조선시대 불교사를 서술하고 있다.

이 책은 그가 서문에서 밝히고 있듯이 독창적인 것이 아니다. 권상로의 《조선불교약사》와 이능화의 《조선불교통사》 등 기존의 책과 자료를 바탕으로 쓴 책이다. 자료를 수집하고 서술하는 과정에서 권상로·이능화·정광진 등 우리나라 학자들의 도움이 컸음을 밝히고 있는 대목이 눈길을 끈다.

에다 토시오의 《조선불교사朝鮮佛敎史의 연구硏究》(1977, 國書刊行會, 일본)는 앞의 두 책과는 달리 발표한 논문을 모은 것이다. 수록한 논문은 총 29편으로 대부분 1920년대 말부터 1930년대 말까지 불교전문학교, 즉 혜화전문(동국대 전신)의 교수로 있으면서 발표한 논문이다. 그 밖에 일본으로 들어간 뒤에 1959년 그가 세상을 떠날 때까지 발표한 논문도 들어 있다. 내용은 모두 우리나라 불교 관계로서 작고한 뒤인 1977년(소화 52)에 나카요시中吉功·조명기 등 제자들의 손에 의해 편집·출판되었다. 이 책은 비록 논문 모음집이기는 해도 처음으로 우리나라 불교에 대하여 연구·고증한 것으로 밑돌이 되는 글들이다.

이상 3권의 책은 모두 일본 불교학자들의 저술로서 일정 부분 식민사관에 바탕을 두고 있다. 대부분 '조선불교는 중국불교의 아류', '조선의 승려들은 무학자들이 많고 아무런 의식이 없다'는 지적이다. 하지만 그들의 책 속에 등장하고 있는 한국불교사 관계 사료는 앞으로 더 연구해야 할 가치가 있다.

필자는 처음 이들의 글을 대했을 때 심한 모욕감 같은 것을 느꼈다. 의도적으로 폄하하고 있다고 생각되었지만 근래 우리 불교의 교학과 그리고 무지선無知禪에 가까운 근현대 한국 선불교의 뿌리를 거슬러 추적해 가면서 새삼 이들의 지적이 단순히 식민사관에서 나온 것만은 아니라는 점을 알게 되었다. 한 예로 화두참구와 간화선에 대한 것도 보조 지눌과 진각 혜심 등 몇몇 선승들을 제외한다면 자기 견해를 갖고 있는 사람이 드문 편이다. 대부분 고봉 원묘의 《선요》와 몽산 덕이의 《몽산화상어록》 등 원나라 말 선승들의 어록을 답습하는 데 지나지 않는다.

그 밖에 오야 토쿠죠大屋德城의 《고려속장조조고高麗續藏雕造攷》와 《신편제종교장총록新編諸宗敎藏總錄》에 대한 연구가 있다. 이 두 책은 고려속장과 대장경에 대한 최초의 연구이다.

2) 혼란기의 불서간행(1946~1959)

해방 이후 1950년대 말까지는 문화적·학문적으로 침체기였다. 해방과 6·25로 말미암아 저술이나 출판활동이 매우 저조했고, 곧이어 불교계에 전국적으로 불어닥친 정화운동(1955)으로 말미암아 문화는 완전히 뒷전으로 내동댕이쳐졌다. 15년 동안 출판된 책은 많아야 100여 종을 넘지 않았고, 그나마 책다운 책을 찾아보기 힘들 정도이다. 불교를 대표하는 출판사도 저술가도 없다. 한마디로 불교의 지적활동의 공백기라고 할 수 있다.

춘원 이광수(1892~?)의 역사소설 《원효대사》(1948)는 원효라고 하는 한 인물을 무애도인, 전설적인 고승, 위대한 민족주의자, 구국주의자로 승화시킨 작품이다. 이 작품은 1942년 3월부터 10월까지 《매일신보》에 연재된 소설로서 그의 단편소설 〈꿈〉과 함께 불교적 소재를 문학 속에 끌어들인 대표적인 작품이다. 1956년 광영사에서 재출간하여 불교 소설로서는 최초로 베스트셀러가 되었다.

김용담의 《선가귀감》(1949, 한글선학간행회)은 청허 휴정의 《선가귀감》을 우리말로 번역한 것이다. 이 책은 토속적인 우리말을 잘 살려가면서도 원래의 뜻을 유감없이 전달하고 있다. 아마도 경전이나 선어록에 대한 우리말 번역으로서는 전형이라고 할 수 있겠다. 문장도 간결하고 표현력도 뛰어나며, 어감도 완전히 살아 있어서 보충 설명 없이도 이해할 수 있다. 특히 주註 처리는 요즘의 역주본을 능가한다. 그런데 편집이 엉망이라서 어떤 것이 원문이고 어떤 것이 청허 휴정의 주석인지 구분이 잘 되지 않는다.

혼란기에서도 고유섭(1905~1944)의 《조선탑파의 연구》(1948, 을유문화사)는 한국 미술사의 자존심을 우뚝 세운 역작이다. 이 책은 독일의 양식론에 입각하여 우리나라의 불탑을 연구·정리했다. 불모지나 다름없던 한국 미술사학의 바탕을 오늘날과 같은 궤도에 올려놓은 책이다.

김동화(1902~1980)의 《불교학개론》(1955, 백영사)은 우리나라 최초의 불교학 개론서이다. 붓다의 생애를 비롯하여 원시·아비달마·대승불교의 교학과 사상, 중국에서 형성된 각 종파의 교리와 사상 및 학설 등 불교학의 전 분야에 대한 개론서이다.

서론에서는 불교의 의의와 정의·목적·연구방법 등에 대하여, 1편 불타론에서는 부처님의 생애와 사상, 기타 여러 가지 불신설에 대하여 서술했다. 2편 법보론에서는 불교의 근본교리인 삼법인·사성제·팔정도·중도설·업감연기·아뢰야식연기·진여연기·법계연기 등 각종 연기설과 실상론에 대하여, 3편 승보론에서는 승보의 의의·신앙론·열반론·수행론 등을 서술했다.

그런데 이 책은 저자가 일본에서 유학한 탓인지 본문에 쇼토쿠태자聖德太子 등의 일본불교 냄새가 물씬 풍긴다. 물론 당시 우리나라 불교학이라는 것이 개론서를 낼 만큼 연구가 되어 있지 않아서 부득이 일본의 연구성과를 바탕으로 써야 했겠지만 이런 점은 좀 걸렀더라면 하는 아쉬운 생각이 든다.

1957년부터는 동국대에서 《고려대장경》 영인사업이 시작되어 첫 권이 간행되기 시작하였고(1976년 전48권 완간), 불교학계에서는 처음으로 기념논총인 《백성욱박사 송수기념논총 불교학논문집》(1959, 동국대)이 나왔다. 이 논총에는 약 40여 편의 국내외 학자들의 글이 실려 있는데, 양적·질적으로 불교학계뿐만 아니라 당시 인문학계를 통틀어서도 이만한 논총은 찾아보기 어렵다.

3) 불서간행의 모색기(1960~1969)

1960년대는 현대적 불서출판의 모색기라고 할 수 있다. 우선 1960년대 초 특필할 만한 책은 이운허(1892~1980)의 《불교사전》(1961, 법보원)일 것이다. 이 책은 우리나라 최초의 한글 불교사전이라는 점에서 그 상징적 의의는 대단하다. 총 1만 2천여 개의 소항목으로 구성되어 있는데 한문이나 일어를 잘 모르는 일반 불자들에겐 더없이 유익한 사전이다. 불교출판 문화사뿐만 아니라 불교 대중화에도 한몫을 했다.

문학서로는 김일엽(1896~1971)의 《청춘을 불사르고》(1962, 문선각)가 불교 수필집으로는 첫 번째 베스트셀러가 되었다. 이 책은 사실 김일엽의 명성에 힘입어 베스트셀러가 된 책으로 수필문학으로는 그다지 높게 평가할 만한 책은 아니지만 비구니의 신분으로서 자신의 심정을 과감하고 솔직하게 고백하고 있다는 점에서 놀라움을 금치 못하게 한다.

서경수(1925~1986)의 수상집 《세속의 길 열반의 길》(1966, 원음각)은 수필·수상이라는 장르로써 일반 대중들에게 불교를 알리고, 불교를 사랑하며, 불교를 비판한 책이다. 특히 불교승단에 대한 반성과 성찰을 촉구했다. 사유가 깊고 논리적이고 철학적이다. 그의 글은 고뇌에 가득 차 있다.

불교학자 이종익(1912~1991)이 쓴 역사소설 《사명대사》도 불자들에게 많이 읽혔다.

이즈음 특필할 만한 책은 대한불교청년회에서 펴낸 《우리말 팔만대장경》(1963, 법통사)이다. 이 책은 한 권으로 읽는 팔만대장경 겸 불교성전으로서 초기불전과 대승경전에서 중요한 부분을 뽑아 번역했다. 생애와 사상 등 장르를 나누어 관련 경전을 전역全譯 또는 발췌역을 했는데, 번역문체도 유려하고 특히 편집과 색인이 돋보이는 책이다. 당시로서는 조계종단 전체가 합심해도 어려운 작업을 청년단체와 일개 출판사가 했다는 점에서 찬사를 보내야 할 일이다.

김달진의 《법구경》(1965, 현암사)은 한역漢譯 법구경을 처음으로 우리말로 번역한 것으로, 팔리본 원전과는 차이가 있지만 우리의 정서에 딱 맞는 명번역이었다. 1970년대는 물론 1980년대 중반에 새로운 번역이 쏟아질 때까지 많은 시인과 독자들로부터 한껏 사랑을 받았다.

개론서로서는 황성기(1919~1979)의 《불교학개론》(1964, 황금출판사)이 나왔다. 이 책은 그의 스승인 김동화의 개론을 바탕으로 대폭 축소·압축한 것이다. 부처님 생애와 삼법인·사성제·팔정도·십이연기 등 기본교리와 대승불교 교리 가운데 중요한 것만 뽑았다. 원시불교 교리를 바탕으로 하면서도 무게 중심은 대승불교에 두었는데, 설명이 매우 쉽고 간결하다. 한문 불교용어를 과감히 한글로 풀어 썼으며, 일본적인 것은 완전히 배제했다. 말하자면 탈脫한문·탈脫일본 불교학이라는 의식 아래 한국적인 개론서를 쓰고자 했던 것이다. 당시 각종 불교서적이 여전히 한문의 굴레에서 벗어나지 못하고 있을 때에 한문 불교용어의 개념을 과감히 우리말화했다는 점에서 그의 식견과 안목을 높이 평가해야 한다.

김잉석(1900~1965)의 《화엄학개론》(1960, 동국대학교출판부)은 화엄교학을 정리한 개론서이다. 화엄경 유통과 중국 화엄교학사, 그리고 우리나라의 화엄교학사를 서술했다. 특징은 인도와 중국의 화엄학에 대해서는 10여 쪽 정도로 간략하게 다룬 반면, 한국 화엄학사에 대해서는 신라 녹기조사緣起祖師에서부터 원효·의상·균여·보조지눌·함허·설잠·연담 유일까지 무려 80쪽을 할애하여 매우 구체적으로 다루고 있다. 한국 화엄사상의 의의와 가치를 정립하고자 했던 책이라고 할 수 있다. 그러나 이 책은 워낙 한문 문장이 그대로 쏟아져 나오고 있어서 당시 학생들로서도 읽기 어려웠다고 한다.

우정상·김영태 공저《한국불교사》(1969, 진수당)는 동국대 불교학과의 교재로 쓰기 위하여 만든 책이다. 편의상 임시로 만든 책이기는 하지만 함량 미달의 책으로서 논하기가 어렵다. 김영태는 이러한 문제를 보완하고자 1986년 단독으로《한국불교사개설》(경서원)을 출간했지만 종파사宗派史에 관한 것을 추가한 것 말고는 앞의 책에 견주어 크게 달라진 것이 없었다. 그 뒤 다시 증보하여 1997년에《한국불교사》(경서원)를 출간했는데, 세 번 만에 비로소 개설서의 면모를 갖추게 되었다.

조명기(1905~1988)의 저서《신라불교의 이념과 역사》(1962, 신태양사)와《고려 대각국사와 천태사상》(1964, 동국문화사)은 이 시대를 대표하는 불교사 관련서이다. 앞의 책은 불교의 전래(初傳) 문제와 신라의 대표적 고승 겸 학승인 원효·의상·원측·태현·경흥의 전기와 저술들을 소개했다. 그리고 마지막 4장에서 신라불교의 지향점으로 '총화불교總和佛敎'를 강조했는데, 생각보다는 기대에 미치지 못하는 책이다.《고려 대각국사와 천태사상》은 이 분야에서는 돋보이는 책이다.

이기영(1922~1996)의《원효사상》(1967, 원음각)은 원효의 대표적 저술인《대승기신론소별기》에 대한 번역 및 강의와 해설서이다. 그런데 이 책은 단순한 강의서가 아니라 매우 철학적인 강의서이다.

그간 원효에 대한 단편적인 글은 몇 편 있었으나 이 책처럼 한 권의 저작을 탐구한 책은 일찍이 없었다. 특히 과감한 의역과 명쾌한 설명, 뛰어난 통찰력과 간결한 문장은 감탄할 만하다. 목적은《기신론소별기》 강의를 통하여 원효사상의 위대성을 드러내고자 했다.

이 책은 출판 다음 해인 1968년부터 1970년까지 3년 사이에 '서울시 문화상'과 한국일보 주최 '1960년대 양서 18권', 유네스코 한국위원회 선정 '해방 25년 한국의 10대 명저', 한국도서관협회 '우량도서' 등 각종 출판상을 휩쓸었다.

1963년 10월에는 우리나라 불교학계 최초의 학술지인《불교학보》1집이 간행되어 학술발표의 마당을 마련했다. 그 뒤 해마다 한 권씩 정기적으로 간행되었는데, 비록 상징적이지만《불교학보》간행은 우리나라 불교학의 서막을 올린 '개시開始의 종鐘'이었다.

삼보학회에서 펴낸《한국근세불교백년사》(4권 프린트본, 1965)는 1865년부터 1965년까지 승단·법식·선방·교육·포교·탑비·불상·역경 등 한국불교 관련 자료와 신문·잡지의 기사를 모은 자료집으로 활자본이 아닌 프린트본이지만 근대불교 연구에 참고가 되는 책이다.

또 이즈음 이운허(1892~1980), 강석주(1909~2005) 등의 주도로 법보원이 설립(1961, 동국역경원 전신)되어 경전의 한글화 작업이 진행되었고, 1964년에는 본격적 역경기관인 동국역경원東國譯經院 설립되어《한글대장경》간행에 박차를 가했다. 우리말로 된 대장경을 만든다는 자부심 아래 첫째 권인《장아함경》이 1965년에 간행되었다.

1960년대는 불교출판의 모색기로 이 시기를 대표하는 출판사는 법보원, 법통사, 원음각, 홍법원, 보련각 등이다.

4) 불서간행의 접목기(1970~1979)

1970년대는 수필문학과 시문학 등 불교와 현대문학, 불교와 국문학 사이의 접목이 매우 활발했던 시기였다. 특히 조오현(《심우도》)·석성우·석지현(《비원悲願》)·이향봉·김정휴 등 승려시인이 대거 등단하여 시낭독회를 하는 등 동인활동이 두드러졌다. 시집과 수필집, 국문학 관계의 책들도 많이 출판되었는데 이때가 불교문학의 르네상스라고 할 수 있다.

수필집으로는 법정 스님의 《영혼의 모음》(1973, 동서문화원)과 《무소유》(1976, 범우사)가 나와서 《청춘을 불사르고》에 이어 두 번째로 베스트셀러가 되었다. 특히 《무소유》는 법정 수필의 정수로서 오랫동안 독자들의 주목을 받으며, 한국 출판계에 수필집 바람을 일으켰다. 그의 수필이 이와 같이 많은 독자들로부터 관심을 집중시켰던 것은 단순히 자연묘사에서 벗어나 시대와 사회현상에 대한 비평과 성찰 등 지성적인 메시지가 담겨 있기 때문이었다.

1976년에는 석지현의 《선시禪詩》(1975, 현암사)가 나와서 불교와 시문학의 다리 노릇을 했다. 이 책은 옛 선승들의 시를 모아 시적인 번역과 간단한 주를 달았는데, 번역과 해설 모두가 좋았다. 문학의 한 장르로서 선시가 등장한 것도 이때부터이다.

국문학 분야에는 신라시대 불교설화를 연구한 황패강의 《신라불교설화연구》(1975, 일지사)와 향가를 연구한 김운학(1934~1981)의 《신라불교문학연구》(1976, 현암사)가 있다. 《신라불교설화연구》는 불교설화가 대중교화 차원에서 이루어지고 있음을 밝힌 책으로 《삼국유사》, 《해동고승전》, 《조선불교통사》, 그리고 각 사찰의 사지, 사적 등 여러 문헌에 수록되어 있는 불교설화를 본격적으로 연구 조사하여 하나의 야담에 지나지 않았던 불교설화문학을 학문의 연구 대상으로 올려

놓은 책이다.

《신라불교문학연구》는 신라 향가가 대부분 불교사상을 바탕으로 만들어졌다는 관점에서 연구한 책으로 향가문학을 통하여 신라불교의 정체성을 조명하고자 했다. 특히 오쿠라 신페이小倉進平(1882~1944)로부터 양주동(1903~1977)의 《고가연구》에 이르기까지 많은 학자들의 향가연구와 해석 및 학설에 대하여 본격적으로 다시 검토·고증하는 한편, 자신의 해석과 견해를 밝히고 있다.

불교미술서인 황수영의 《한국불상의 연구》(1973, 삼화출판사)는 그동안 저자가 발표한 논문을 모은 책이자 고유섭에 이어 불교미술 및 미술사 연구의 기초를 다진 책이다. 진홍섭의 《한국의 불상》(1976, 일지사)은 불상에 대한 입문서이다. 이들은 모두 고유섭의 제자로서 한국미술사 연구의 2세대이다. 개설서인 문명대의 《한국의 불화》(1977, 열화당)는 불화 이해의 필독서였다.

학술 쪽에서는 고형곤의 《선의 세계》(1971, 태학사)가 나와 처음으로 선과 서양철학과의 접목을 시도했다. 이 책으로 말미암아 비로소 불교와 서양철학, 선과 서양철학에 대한 관심을 갖게 되었다. 그러나 이 책은 본문에서 선어록의 문장이 번역 없이 그대로 등장하여 매우 어렵다.

박종홍의 《한국사상사-불교편》(1972, 서문문고)은 해방 후 밀물처럼 밀려오는 서구문화와 서양철학의 홍수 속에서 동양철학, 특히 한국철학의 가치를 발견하여 그 우수성을 드러내 보고자 쓴 책이다. 또한 이 책은 유학儒學 연구 일색인 한국사상사 연구에 불교사상의 가치를 새롭게 인식시켜 준 책이기도 하다. 원효와 원측, 보조 지눌의 사상은 세계사상사에 내놓아도 조금도 손색이 없다고 언급함으로써 많은 철학도들로 하여금 원효와 보조 지눌을 탐구하게 하는 계기를 마련했다.

김동화(1902~1980)의 《불교교리발달사》(1977, 삼영사)는 의외로 잘 알려지지 않았지만 불교의 여러 가지 교리와 사상·학설이 초기부파 대승불교시대를 거치면서 시대적으로 어떻게 변천·발달·해석되어 갔는지 그 과정을 서술한 책이다. 《원시불교사상》, 《대승불교사상》, 《구사학》, 《유식철학》, 《선종사상사》 등도 그의 여러 저작 가운데 가장 대표적인 것들이다. 김동화의 저술은 대부분 순수 불교학 관련서이다. 비록 일본 불교학의 연구를 바탕으로 쓴 책이지만 불교학 쪽에서는 고전적인 책들이다. 김동화의 최대 관심사와 학문적 목적은 불교교리에 대한 체계적인 연구였다. 그 결실로 나타난 것이 《불교교리발달사》이다. 1977년에 출판되었지만, 이미 1960년 초부터 비공식적인 프린트본으로 만들어 대학원에서 교재로 썼다.

기념논총으로는 박길진 박사 화갑기념논총 《한국불교사상사》(1975, 원광대)가 있다. 백성욱 기념논총 《불교학논문집》(1959)과 조명기 논총 《불교사학논집》(1965)에 이은 세 번째 논총이다. 이 논총은 기획 단계부터 주제를 정하여 원고를 의뢰했는데, 한국불교사상사에서 중요하다고 판단되는 사건과 사상·인물·주제 등 전반에 걸쳐 체계적으로 다룬 논총이다. 한국불교 연구의 질과 폭, 그 영역을 한 단계 끌어올렸다.

학술지로서는 《한국불교학》이 1975년 12월부터 간행되기 시작했고, 자료집으로는 김지견(1931~2001) 편 《균여대사 화엄학전서》(1977, 대한전통불교연구원)가 나와 균여 연구에 단초를 제공했다. 동국대 불교문화연구원 편 《한국불교찬술문헌총록》(1976, 동국대학교출판부)은 우리나라 불교문헌을 모두 정리한 목록으로서 한국불교 연구의 기초적인 자료집이다. 권상로 편 《한국사찰전서》(2책, 1979, 동국대학교출판부)는 전국에 흩어져 있는 사찰의 자료를 집대성한 것이다. 한국불교연구원 편 《한국의 사찰》(일지사) 시리즈도 사찰 연구에 기초가 되는 책이다.

대중적인 입문서 및 개론서로는 1970년대 초부터 현암사에서 나온 《불교개론》·《아함경이야기》(마스타니 후미오, 이원섭 역, 1976), 《밀린다왕문경》 등 '현대인의 불교' 시리즈 6권이 있다. 비록 번역서지만 이 시리즈는 불교를 알고자 하는 대중들에게 산소 같은 책이었다.

그 밖에 조계종의 공식적인 《불교성전》(1972, 대한불교조계종 교화사업후원회, 동국역경원)이 처음으로 간행되었고, 1974년에는 김탄허 현토역해 《신화엄경합론》(47권, 화엄학연구소)이 간행되었다. 이 책은 화엄학 관계 3대서(화엄경, 화엄론, 청량소초)를 집대성하여 번역했는데 강원교육에 큰 밑바탕이 되었다.

고익진의 《아함법상의 체계성 연구》가 정식으로 출판된 것은 1990년(동국대학교출판부)이다. 1970년에 쓴 그의 석사학위논문을 뒤늦게 간행한 것이다(따라서 이 책은 어느 시기에 넣어야 할지 고민스럽지만 여러 가지를 참고하여 1970년대에 넣었다). 불교학은 아함에서부터 시작해야 한다는 것으로 아함경의 가치와 중요성을 새롭게 인식시켜 준 책이었다.

1970년대 말에는 김성동의 자전적 구도소설 《만다라》(1979, 한국문학사)가 나와서 불교 소설의 새로운 장을 열었다. 《만다라》는 한 승려의 구도와 방황을 그린 작품으로 불교를 소재로 한 소설도 충분히 베스트셀러가 될 수 있다는 가능성을 심어 주었다. 하지만 승단 내부의 단면들이 속속 노출됨으로써 커다란 충격을 주었다.

5) 불서간행의 도약기(1980~1989)

1980년대는 학술·문화·문학 등 다방면에서 여러 가지 책들이 간행되었다. 무언가 새로운, 도약해 보고자 하는 움직임을 볼 수 있다.

문학에서는 김성동의 《만다라》(1979)에 이어 불교를 소재로 한 소설이 많이 출판되었고, 후반부터는 종래 대중적인 일본불교서 번역에서 한 단계 진전하여 전문적인 개설서가 번역되기 시작하였다.

소설로는 김정휴의 《열반재》(1984, 소설문학사), 한승원의 《아제아제 바라아제》(1985, 삼성출판사), 남지심의 《우담바라》(1988, 고려원) 등이 나와서 불교문학을 더욱 풍요롭게 했다.

국문학과 관련된 책으로는 이상보의 《한국불교가사전집》(1980, 집문당)과 인권환의 《고려시대불교시연구》(1983, 고대민족문화연구소 출판부)가 있다. 이상보의 책은 고려 말 나옹의 〈서왕가〉, 청허 휴정의 〈회심곡〉·〈별회심곡〉, 경허의 〈참선곡〉, 학명의 〈왕생가〉·〈몽환가〉 등 고려시대 이후 근대까지 창작된 불교가사를 모두 수집·정리하여 해설을 붙인 책이다.

인권환의 책은 고려 후기 대표적 선승인 진각 혜심·일연·원감 충지·백운 경한·태고 보우·나옹 혜근 등 6인의 선승이 남긴 시詩를 연구한 것으로, 국문학에서 불교시가문학의 존재와 가치, 선시禪詩의 문학사적 의의, 그리고 선시를 통한 국문학적 지평과 확대 등을 모색한 책이다. 말하자면 이 책은 그동안 도외시되었던 선승들의 오도송을 비롯한 선시를 본격적으로 천착하여 국문학의 연구 범위 속에 끌어들인 책이다.

불교사학에서도 괄목할 만한 책이 나오기 시작하였다. 강석주·박경훈의 《불교근세백년》(1980, 중앙신서; 2002, 민족사 재간)은 작은 문고판이지만 근대불교 개설서로는 비교적 잘 서술된 책이고 유일한 책이다.

안계현(1927~1981)의 《한국불교사상사연구》(1983, 동국대학교출판부)와 《한국불교사연구》(1982, 동화출판공사)는 발표한 논문을 모아 저자 사후 지인들에 의해 간행된 책이다. 주지하다시피 그의 불교사 및 사상사 연구는 정평이 나 있을 정도로 매우 합리적이다. 종래의 연구방법이나 범위 등에서 탈피하여 해박한 지식을 바탕으로 한국불교의 토착적 전개 과정과 시대적·사회적 배경에 주목하는 한편, 거시적인 관점에서 한국불교사를 이해하고자 했다. 더욱이 사회 문화적 배경과 시대적 배경을 함께 고찰함으로써 불교는 그 시대에 어떠한 구실을 했으며, 어떠한 위치에 있었는가를 밝히는 데 역점을 두었다. 말하자면 불교 위주의 일방적인 연구에서 더 객관적이고 합리적으로 불교사를 연구함으로써 한국불교사 연구의 새로운 지평을 열었다고 할 수 있다. 그의 박사학위 논문을 정리한 《신라정토사상사 연구》(1976, 아세아문화사; 1987, 현음사 재간)도 이 분야에서는 주춧돌이 되는 책이다.

허흥식의 《고려불교사 연구》는 발표한 논문을 모은 것으로 지금까지 관심권 밖에 있었던 고려시대 승려들의 비문과 비음기 등 금석문 자료를 연구·분석하여, 고려시대의 불교와 정치·사회와의 관계를 밝히는 데 초점을 둔 책이다. 연구방법과 자료 취급 방법, 그리고 금석문 자료의 중요성을 새롭게 인식시켜 주었는데, 이는 매우 신선한 연구방법과 방향이었다. 고려시대 불교사는 말할 것도 없고 한국불교사를 다루고 있는 책 가운데에서도 역작이라고 할 수 있다.

그 밖에도 《고려 중세 불교사 연구》(1994, 일조각), 《고려로 옮긴 인도의 등불》, 《지공단현指空禪賢》(1997, 일조각) 등은 높이 평가해야 할 책이다.

고익진의 《한국고대불교사상사》는 사상의 근저에는 반드시 시대 및 사회상이 바탕하고 있다는 관점 아래, 고대 한국불교사상사를 다음과 같이 다섯 가지 흐름으로 파악하고 있다. 첫 번째는 삼국의 불교 전래와 그 정착 문제로 불교 전래 이전의 한국의 고대신앙, 두 번째는 불교의 토착화 작업 이후 승랑의 삼론학과 원측의 유식학 등 대승교학의 발생과 교학사상의 문제, 세 번째는 의상과 원효에 의해 성립된 신라 중대 화엄사상, 네 번째는 밀교사상의 전래 문제, 다섯 번째는 신라 하대에 이르러 선사상의 전래이다. 특징은 불교학계의 시각(호교론적 시각)과 일반 사학계의 시각(사회 정치사)을 적절히 조화시키고 있다.

김영태의 《신라불교연구》(1987, 민족문화사)는 이미 발표한 논문을 모은 것으로 그의 대표적인 논문은 모두 수록했다. 그의 장점은 불교사 연구에서 항상 경전적 전거를 바탕으로 고찰하고 있어서 일반 사학계의 부족한 점을 메워 주고 있다는 것이다. 그러나 좀 호교護教론적이라는 것이 단점이다.

영암군에서 펴낸 《선각국사 도선의 신연구》(1988, 전남 영암군 학술세미나 자료집)는 신라 말 선승 도선에 대한 연구로서 '신승神僧', '술승術僧', '풍수지리의 대가'로 알려져 있는 도선을 선승의 자리로 되돌려 놓은 책이다.

박선영의 《불교의 교육사상》(1981, 동화출판공사)은 불교사상을 교육철학적으로 탐구하여 불교적 교육관을 정립함과 동시에 불교사상의 교육철학적 입장과 불교사상에 바탕을 둔 교육철학적 체계를 모색한 책이다.

한국불교사를 처음 공부하고자 하는 사람들에겐 카마타 시게오鎌田茂雄가 쓴 개설서 《한국불교사》(1988, 민족사. 原著 1987)도 참고가 된다. 그는 현대 일본불교학자 가운데 중국·한국불교사 연구에 가장 열정적이었다.

자료집으로서는 《한국불교전서》(14책, 1979~1989, 동국대학교출판부)가 있다. 삼국시대부터 구한말(1896)에 이르기까지 고승 석학들이 남긴 저술들을 모은 것으로 11권과 12권은 보유편이고 13권과 14권은 근대자료이다. 이 자료집은 한국불교 연구에 많은 자료를 제공했다. 특히 시간이 지남에 따라 자연히 유실될 수밖에 없었던 자료들을 한 곳에 모아 활자로나마 영구히 존속할 수 있게 하여 자료를 열람하기 위해 여러 도서관을 전전해야 했던 연구자들에겐 시간적·경제적으로 큰 편의를 제공한 책이다. 그런데 생각보다는 오자가 좀 있는 편이다. 따라서 연구자들은 반드시 원본을 고증한 뒤에 연구·인용해야 한다.

그리고 동국대 불교문화연구원에서 나온《한국화엄사상연구》(1982, 동국대학교출판부),《한국천태사상연구》,《한국선사상연구》(1984),《한국정토사상연구》(1985),《한국밀교사상연구》(1986),《한국미륵사상연구》(1987) 등 시리즈도 참고할 만한 책이다.

불교미술서로는 최완수의《불상연구佛像硏究》(1984, 지식산업사)와 홍윤식의《한국의 불교미술》(1986, 대원정사) 등이 나왔다. 최완수의《불상연구》는 불상을 비롯하여 보살상·신중상·불전도 등 다양한 불교조각상에 대하여 양식적·미술적 설명과 함께 교리적·경전적 전거를 밝힌 책이다. 인도와 중국불교의 유명한 석존상과 보살상·불전도 등 불보살상에 대하여, 시대적·양식적·미술적 설명은 물론이고 더 나아가 이 불상은 왜 이러한 양식과 기법으로 조각되었는지, 그 이유는 무엇인지, 그리고 불상의 각 부분은 무엇을 뜻하고 있는지 등 이유와 의미를 교리적·경전적으로 고증했다.

홍윤식의《한국의 불교미술》은 우리나라 불교미술 전반에 대한 입문서이다. 불상, 불화 등 불교미술이란 무엇이며 어떤 것들이 있는가를 일목요연하게 정리한 개론서이다. 불교미술품이 지니는 미술적인 아름다움과 함께, 교리적인 의미도 관찰할 줄 알아야만 불교미술의 진정한 아름다움을 발견할 수 있음을 강조했다.

장충식의《고려화엄판화의 세계》(1982, 아세아문화사)는 해인사 사간 장경판각에 있는〈화엄변상도〉80장을 영인하여 해제와 함께 수록했는데, 이 책은 경전의 변상도 연구의 초석을 다진 첫 책으로 학계의 관심을 불러일으켰다.

김리나의 《한국고대불교조각사 연구》(1989, 일조각)는 그동안 발표한 논문을 모은 것으로, 인도와 서역·중국 등 여러 나라를 거쳐 우리나라에 들어오는 과정에서 각국의 불교미술이 한국에서 어떻게 수용되고 토착화되는지에 초점을 맞추고 있다. 한국 불상에 나타나는 국제적인 성격과 한국적 독자성을 규명한 책이다.

이 시기 승단과 학계에서 가장 관심을 받았던 책은 성철(1911~1993)의 《선문정로》(1981, 해인총림)이다. 이 책은 깨달음의 문제에 돈오돈수인가 돈오점수인가 하는 논쟁을 불러일으킨 책이다. 그는 자신의 저서 《선문정로》에서 '돈오돈수'를 주장하면서 보조 지눌의 돈오점수는 "선문禪門의 이단사설이다.", "몹쓸 나무(보조 지눌)가 뜰 안에 돋아났으니 베어버리지 않을 수 없다(毒樹生庭 不可不伐)."고 강하게 비판했다. 이것은 800년의 역사와 시간을 뛰어넘어 전개된 고승과 고승 사이의 사상적 논쟁이었다.

이 책은 〈견성즉불〉, 〈중생불성〉, 〈번뇌망상〉, 〈오매일여〉, 〈해오점수〉, 〈내외명철〉 등 모두 19장으로 되어 있다. 《종경록》, 《기신론》, 《능가경》, 《법화경》, 《화엄론》, 《전등록》 등 선어록에서 돈오돈수적인 글을 뽑아 원문과 번역을 수록하고 해설 즉 자신의 견해를 첨부했는데, 특징은 한 문장을 인용하면서도 점수적인 글은 놔두고 돈수적인 글만 절취하여 인용했고, 해석도 돈오돈수적으로만 풀이하고 있다는 것이다.

6) 불서간행의 성장기(1990~1999)

1990년대에는 불서간행의 성장기·전성기였다. 입문서·대중서·학술서·문화서 등 다방면에서 양적으로 많은 책들이 출판되었다. 특히 일서日書와 영문英文 불교서 번역이 많이 이루어졌다. 유홍준의《나의 문화유산답사기》의 영향으로 불교문화 관련 서적도 꽤 많이 나왔다. 그러나 몇몇 책을 제외한 대부분의 책들이 창의성이나 독창성이 부족하다. 무엇을 말하고자 하는지 핵심이 없고, 학술서도 기존의 연구성과를 검토하고 조합하는 경향이 짙었다. 후반에 들어와서는 인문학의 쇠퇴와 함께 학구열이 크게 떨어졌다. 사회의 가치관은 오직 출세와 돈에 쏠려 있었다.

소설로는 고은의《소설 화엄경》(1991, 민음사)이 나와서 예상을 뒤엎고 베스트셀러가 되었다. 난해한 경전의 소설화에 성공하자 많은 작가들이 경전 소설화에 뛰어들었다. 이어 조정래의《소설 대장경》(1991, 민족과문학사)과 최인호의《길 없는 길》(1993, 샘터) 등 불교를 소재로 한 소설이 모두 베스트셀러에 진입하는 기록을 세웠다. 이문열의《사람의 아들》(1978, 민음사)이 기독교 소설로서 유일한 베스트셀러였다면, 불교 소설로서 베스트셀러가 된 것은 10권이 넘는 점이다. 이는 책을 읽지 않기로 유명한 불교계의 아이러니가 아닐 수 없다.

수필로는 법정 스님의《버리고 떠나기》(1993, 샘터),《산에는 꽃이 피네》(1998, 동쪽나라),《오두막 편지》등 여러 권이 나왔는데 출판될 때마다 모두 베스트셀러가 되었다.

학술서 가운데는 정성본의《중국선종의 성립사연구》(1991, 민족사)가 가장 돋보였다. 이 책은 초기 중국선종의 성립사, 즉 조사선 사상의 성립에 관한 연구서로서 서술이나 관점 등 모든 면에서 한국 선학계에 새로운 활력소가 되었다. 그의 연구방법은 선종사 관련 자료들을 철저하게 고증·분석한 다음, 문헌을 성립 순으로 나열하고, 그 자료를 바탕으로 선사상의 전개 과정을 파악해 가는 것이다. 이런 방법이 선사상사를 더욱 분명하게 규명해 볼 수 있기 때문이었다.

그는 이 책에서 《육조단경》은 혜능의 친작도 그의 법어집도 아니라고 밝힘으로써 불교학계에 신선한 충격을 주었다. 또 현재 우리나라에서 유통되고 있는 덕이본 《육조단경》은 후대에 증광된 것으로 원형에 가까운 《돈황본 육조단경》이 있음을 자세히 소개했다. 1990년대 학술서로는 가장 특필할 만한 책으로 중국 선사상 연구의 한 획을 그었다. 정성본의 《선사상사》(1993, 선문화연구소)는 중국 선종사에 대한 개설서이다. 아직 이만한 개설서가 없다. 위의 두 책은 중국 선사상과 역사를 공부하는 사람들에겐 중요한 책이다.

김상현의 《신라화엄사상사연구》(1991, 민족사)는 이 분야에 가장 주목할 만한 역저이다. 의상의 화엄종은 불교와 신라 사회의 중심에 있었다. 이런 점 때문에 그동안 국사학계(이기백 등)에서는 의상의 화엄사상이 신라 중대 전제왕권의 이데올로기가 되었다고 보았는데, 그는 이 주장에 대하여 이렇다 할 근거도 설득력도 없다고 반박했다. 왕권에서 화엄사상을 활용할 수는 있어도 의상 자신이 화엄사상을 이데올로기로 제공하지 않았다는 것이다. 또 의상계 승려들의 사자師資관계와 저술 등을 자세히 밝힌 점, 불국사와 사복蛇福설화의 연관성을 밝힌 점 등은 주목할 만하다.

전해주의 《의상화엄사상사연구》(1992, 민족사)는 의상의 저술인 〈화엄일승법계도〉의 분석을 통하여, 그의 화엄 성기사상性起思想이 신라 이후 보조 지눌과 조선시대 김시습까지 어떻게 전승·발전되었는가, 그들의 화엄에 어떠한 영향을 미쳤는가를 고찰한 책이다. 한국 선사상의 근저에 화엄사상이 자리 잡고 있음을 밝혀 보기 위한 것이었다.

신종원의 《신라초기불교사연구》(1992, 민족사)는 역사학자의 입장에서 신라 중고기 즉 5~6세기에 형성된 신라시대 사상사 및 국가, 사회사를 연구한 것이다. 특히 불교초전에 대한 집중적인 연구서로서 불교가 공인되기 이전에 이미 민간에 유입되었다는 점을 제시하고 있다.

김광식의 《한국근대불교사연구》(1996, 민족사)는 기존에 발표한 논문을 모은 것이지만 근대불교사 연구서로는 가장 뛰어난 책이다. 그는 개화기 이후 한국 근대불교사의 여러 문제들을 본격적으로 천착했는데, 특히 지금까지의 연구 범위나 주제, 자료의 한계 등을 벗어나 넓은 관점에서 새로운 자료를 바탕으로 근대불교의 중요 사건과 인물 교단사 등을 연구했다. 부록으로 실려 있는 〈근대 한국불교 인물행적 기초 조사록〉은 근대 불교계에서 활동했던 인물에 대하여 출신·출가·본사·활동 등을 조사한 것으로, 근대 불교 연구는 인물에 대한 고찰이 선행되어야 한다는 점에서 중요하다.

순수 불교학 쪽에는 윤호진의 《무아·윤회문제의 연구》(1992, 민족사)가 나왔다. 초기 경전과 《나선비구경》을 바탕으로 불교교리의 중요한 문제인 무아·윤회 문제를 탐구한 책이다. 그는 여기서 "불교의 무아이론과 윤회이론은 서로 모순됨을 가지고 있어 양립할 수 없다."고 주장했다. 또한 "윤회의 주체를 인정하는 것은 결국 실체적인 자아를 인정하는 것이기 때문에, 무아·윤회설은 서로 양립할 수 없지만, 불교는 이 두 이론 중 어느 하나도 버릴 수 없었다."며 국내에서는 처음으로 무아·윤회 문제를 연구하여 표면화시켰는데, 이후 이 문제는 정승석·한자경·김진·조성택 등 여러 학자들이 뛰어들어 열띤 논쟁을 벌였다.

은정희의 《대승기신론소별기》(1991, 일지사)는 원효의 대표작인 《대승기신론소별기》에 대한 역주·해설서이다. 원효가 경론에서 인용한 140여 개 내용 가운데 127개의 출처를 찾아내는 등 여러 가지 역주본 가운데서도 비교적 학술적인 역주였다. 특히 주註에서 이기영·성낙훈·김탄허의 번역을 비교·대조한 것은 돋보이는 작업이었다.

불교미술사 쪽에서도 여러 책이 나왔다. 그 가운데서도 특필하고 싶은 책은 강우방의 《원융과 조화: 한국고대조각사의 원리》(1990, 열화당)이다. 이 책은 금동불상과 반가사유상 등 한국 고대 조각예술인 불상에 대하여 미술적·사학사적 연구는 물론이고, 더 나아가 종교적·철학적으로 그 원리를 탐구함으로써 과거 미술사학의 연구 영역을 크게 넓힌 책이다. 그의 불교미술과 예술에 대한 독특한 표현과 정의는 마치 한 구의 명언을 감상하는 느낌이다. 이런 점 때문에 정통 미술사학 쪽에서는 뜨악해 하지만, 이런 시도는 미술사학의 영역과 수준을 예술의 테두리에 가두지 않고, 기존의 철학·문학·종교학에 비견될 수 있도록 그 영역을 넓히는 작업이 될 것이다.

자료집으로는 《퇴경당전서》(10권, 1990, 이화문화사)와 《뇌허 김동화전집》(14권, 2002, 뇌허불교학술원)이 나왔다. 권상로의 연구 분야는 한국불교사로서 저술보다는 고승들의 저술, 전기 자료, 사찰의 자료를 모아서 정리·간행하는 데 힘썼다. 김동화는 순수 불교학 분야로서 자료정리보다는 연구서를 많이 냈다. 《신문으로 본 한국불교근현대사》(1996, 선우도량)와 김광식·이철교 편의 《한국근현대불교자료전집》(1996, 민족사) 등도 근대불교 연구에는 중요한 자료집이다.

김상현의 《역사로 읽는 원효》(1994, 고려원)는 원효의 삶과 사상을 다룬 평전이다. 원효의 저술과 어록을 중심으로 그의 삶의 전모를 밝혀보고자 노력한 책으로, 고승 전기의 새로운 전형을 보여 준 책이다. 이 책은 현존하는 원효의 전기 자료를 세밀하게 분석함은 물론이고, 지금까지 이루어진 연구성과를 모두 반영하면서도 엄격한 비평을 거친 뒤에 활용하고 있다. 또 일반인들이 알고 있는 피상적이며 신화적인 원효와, 그리고 전문 학자들이 탐구하고 있는 철학적이며 학문적인 원효 사이의 간격을 좁혀 주고 있는 책이다.

정승석의 《인간을 생각하는 다섯 가지 주제》(1996, 대원정사)는 인간을 둘러싸고 있는 사랑·번뇌·업·고통·마음에 대하여 불교경전과 논서를 바탕으로 쓴 책이다. 이것은 항상 우리 곁을 떠나지 않는 주제이며 해결해야 할 과제이기도 하다. 저자는 중수필 형식의 잔잔한 문체로 풀어나가고 있다.

개론서로는 장휘옥의 《불교학개론 강의실 1·2》(1992, 장승)가 있다. '강의실' 1권은 개인적인 이야기가 너무 많은 반면, '강의실' 2권은 본격 개론으로서 종래의 개론서 영역과 서술방법에서 완전히 벗어난 새로운 개론서였다. 교리해설과 관점 및 서술도 명확하고, 다루고자 하는 영역도 딱 맞게 설정했다. 이만한 개론서도 드물 것이다.

번역서로는 케네스 첸(박해당 역)의 《중국불교》(1991, 민족사. 원서는 1960년대 초반 출판), 나카무라 하지메(김지견 역)의 《불타의 세계》(1990, 김영사) 등이 있다. 앞의 책은 중국의 불교를 문화적·사상적·역사적인 측면에서 폭넓게 쓴 개설서이다. 많은 자료와 문헌, 그리고 풍부한 서술은 저절로 감탄사가 나온다. 이제는 한국불교사학계에서도 이런 책이 좀 나와야 할 것이다. 《불타의 세계》는 불교의 발생과 성장, 변화의 자취를 더듬어 그 근본과 현주소를 생생하게 기술한 책이다. 불교성립의 문화적·사회적 제반 배경과 불타의 생애, 불교의 기본교리·발전·전파 및 최근까지의 불교학·인도철학의 연구성과를 집성하여 간결하게 서술하였다.

또 이 시기에 주목할 책은 임혜봉의 《친일불교론》(1993, 민족사)이다. 이 책은 일제 지배 아래 불교계의 친일을 조사·규명하여 그 진상을 밝힘과 아울러, 다시는 이와 같은 역사의 오점을 되풀이하지 말아야 한다는 인식 아래 쓴 책이다. 일본불교의 조선침략과 친일불교의 전개 양상, 중일전쟁과 친일불교, 불교계의 창씨개명 등의 주제로 구성되었고 부록으로 〈친일불교 논설 목록〉과 〈창씨개명 명단〉이 들어 있다. 이 책은 그동안 누구도 밝히기를 꺼려했던 불교계의 친일상을 조사하여, 그 성역을 허물고 본격적으로 친일 문제를 논의할 수 있는 마당과 계기를 마련했다는 측면에서 의의가 있다.

1990년대의 불서간행에 대한 고찰은 대략 여기(1996)에서 마치고자 한다. 1990년대 후반에는 각 분야에서 많은 불서들이 간행되었다. 학술서도 과거에 견주어 양적으로 크게 늘었다. 그러나 개별적으로 볼 때에는 특징이 없는 책이 많은 편이었다. 학자들도 치열한 탐구의식이나 학문에 대한 애정, 고민, 문제의식이 부족했고 출판된 책도 이렇다 할 성격을 포착하기 어려웠다. 책들이 모두 그만그만해서 어느 한 권에 의의를 부여하여 서술할 경우, 여러 책을 줄줄이 언급하지 않으면 안 되겠기에 부득이 여기에서 마치고자 한다. 1990년대 중반 이후에 대한 평가는 앞으로 10년쯤 더 있다가 해야 할 것이다.

2001년에는 《한글대장경》이 36년 만에 완간되었다. 《한글대장경》(총 318권)이 완간됨으로써 우리말로 된 대장경을 갖게 되었다는 데 출판사적으로 의의가 크다. 이 속에는 한역 4아함을 비롯한 대소승경전과 중국과 한국에서 찬술된 중요 문헌들이 모두 망라되어 있다. 그러나 이 대장경은 학계로부터는 신뢰를 받지 못하고 있다. 아쉽다고 하지 않을 수 없다.

2000년대에 들어와 불교출판의 일반적인 흐름은 위빠사나(uipassana) 관련서 및 달라이라마, 틱낫한 스님의 책이 많이 번역되었다. 위빠사나도 우리나라에서는 새롭게 소개되는 수행법이었고 틱낫한, 달라이라마의 책도 잔잔하고 쉽고 감동적이어서 독자들에게 크게 어필하였다.

참 고 문 헌

1. 연구 논저

1) 논문

고영섭, 2007, 〈한국불교학 연구의 어제와 그 이후〉, 《문학사학철학》 9, 한국불교사연구소.

길희성, 1999, 〈한국불교사 연구의 어제와 오늘〉, 《한국종교연구》 1, 서강대 종교연구소.

윤창화, 2003a(11~12월), 〈석주스님과 법보원〉, 대한불교진흥원.

______, 2003b(3~4월), 〈삼장역회와 용성스님〉, 《불교와 문화》, 대한불교진흥원.

______, 2003c(5~6월), 〈만상회와 안진호〉, 《불교와 문화》, 대한불교진흥원.

______, 2003d(9~10월), 〈대은스님과 불교시보사〉, 대한불교진흥원.

홍사성, 2007, 〈불교출판의 현황과 과제〉, 《대각사상》 6, 대각사상연구원.

제7부 외국 학계의 한국불교사 연구

일본 메이지시기 불교의 전개와 근대불교학의 성립

이태승(위덕대 불교문화학부)

1. 들어가는 말

필자는 일본의 근대불교학에 대해 일찍부터 관심을 가졌고, 이러한 관심은 1988년 일본 유학을 계기로 좀 더 깊어질 수 있었다. 그렇지만 일본 근대불교학 분야는 필자의 직접적인 전공영역이 아니어서 실제 본격적인 연구를 하기 어려웠다. 하지만 그 분야에 대한 관심의 일환으로 1995년 〈근대불교학近代日本佛教學의 공과功過〉라는 제목으로 번역논문을 발표한 바 있고, 또한 2006년 한국불교학회에 〈일본日本 명치시대明治時代 폐불훼석廢佛毁釋의 전개展開와 그 원인原因에 대하여〉란 제목의 논문을 발표하기도 하였다. 한국불교학회의 발표는 아쉽게도 초록발표로만 끝났지만, 이 발표는 여전히 필자가 근대불교 연구의 필요성과 중요성을 나름대로 인식하고 있다는 관심 표명이었다. 따라서 이 글은 지금까지 필자의 관심과 인식을 바탕으로 일본 근대불교 전개의 중심이 되는 메이지明治시기의 불교와 근대불교학의 형성을 살펴보고자 하는 것이다.

일반적으로 일본에서 근대라는 말은 메이지·다이쇼大正·쇼와昭和시대를 포함해 태평양전쟁 시기까지를 아우르지만, 그 가운데서도 메이지 유신明治維新을 기점으로 하는 메이지시대는 일본사회 전반에 걸쳐 획기적인 변혁과 개혁이 일어난 때이다. 곧 메이지 이전 도쿠가와德川 막부에 의한 봉건주의적인 근세가 서구의 자본주의 체제의 근대로 확연하게 바뀐 것이다. 이러한 변혁의 시대에 지난 봉건주의 시대의 정신적 근간을 이루었던 일본불교가 어떠한 변화와 자세로 새로운 시대에 대응하여 가는가를 살펴보는 것이 이 글의 주요한 목적이다. 여기에는 메이지 초기 불교계에 밀어닥친 반反불교적 운동으로서 폐불훼석廢佛毁釋에 대해 불교계가 어떻게 극복해 가는가를 주로 고찰하게 될 것이다. 그리고 잘 알려진 바와 같이, 근대에 들어 일본의 불교계는 전통적인 불교를 서양의 학문적 전통과 결부시켜 불교학佛敎學이란 학문을 정립하였다. 도쿄대학을 비롯한 정규대학에서 불교와 더불어 동양의 전통이 체계적으로 연구되는 계기가 마련되어 서구 일변도의 학문전통과 대비되는 독자적인 학문 분야를 개척한 것이다. 불교학의 성립도 메이지 유신의 새로운 변화와 관련한 불교계의 산물이라 할 수 있는 것으로, 근대의 불교학이 어떠한 과정을 거쳐 성립되고 전개되어 가는가를 살펴보는 것 또한 이 글의 목적이다.

메이지시대를 비롯한 근대의 일본불교 연구에 대해서는 최근 한국에서도 성과가 나오고 있지만, 다른 불교학 영역의 성과와는 비교할 수 없을 정도로 미미한 상태이다. 그러나 메이지시대를 포함한 근대 일본불교는 정치적으로 민감한 근현대의 한국과 일본의 관계를 고려할 때 더 많은 연구가 이루어져야 하는 부분이라 생각된다.

이것은 일제의 식민지를 경험한 한국의 처지에서 실질적인 한·일 불교 사이의 선린우호는 근현대에 대한 분명한 인식과 지식이 있어야 가능할 것이라 생각하기 때문이다. 다시 말해 메이지시대 후기 일본사회의 국수주의적 성향과 함께 다이쇼·쇼와에 들어 일본 정부의 제국주의, 침략주의 노선에 일본불교가 어떻게 대응해 갔는가에 대한 분명한 이해가 있어야 할 것이기 때문이다. 따라서 이 글은 동아시아의 전통적인 불교의 동질성에 근거한 한·일의 선린우호는, 일본 근대불교가 어떻게 전개되어 왔는가에 대한 정확한 이해에 있다는 것을 기본 전제로 하여, 근대 일본불교의 일단을 살펴보고자 하는 것이다.

2. 메이지 초기 폐불훼석과 불교계의 대응

1) 신불분리령과 폐불훼석

일본의 근대는 1868년 메이지 유신으로부터 시작된다. 메이지 유신은 260여 년 동안 지속된 에도江戶 막부의 통치를 폐하고 천황이 직접 통치하는 새로운 정치체제를 구축한 것이다. 그렇지만 메이지 유신을 주도한 사람들은 일본의 전통적인 종교인 신도神道의 체계에 근거해 천황을 중심으로 정치 이념을 세우고 사회체제를 재편하고자 하였다. 메이지 유신의 주역들은 그 정부의 이념을 일본 고대의 이상적인 정치형태로서 천황에 의한 제정일치에서 찾고, 그 정치 이념의 근거를 신도의 체계로 뒷받침하고자 하였던 것이다. 이를 위해 메이지 정부는 고대 최고最高행정기관인 태정관太政官과 신기관神祇官을 부흥시켜 정부 조직의 최고기관으로 삼았다(柏原祐泉, 1990, 13쪽).

특히 신기관은 신도의 예배대상인 신기神祇의 제사를 담당하는 기관이지만, 메이지 초기부터 신기사무과神祇事務科, 신기사무국神祇事務局, 신기관神祇官 등으로 명칭을 바꾸며 한때는 태정관보다 우위에 있는 최고기관 노릇을 하였다. 그리고 메이지 유신 직후부터 이 기관에서는 신도 부흥을 목적으로 신불분리령神佛分離令(또는 신불판연령神佛判然令)을 하달하였다. 불교가 일본에 전래된 이래 전통적인 종교 이념으로서 신불습합神佛習合에 의거해 불교사원과 신사神社가 혼재하여 있던 것이 역사상 최초로 정부에 의해 그 분리가 단행되었던 것이다. 신불분리령이 명확하게 드러난 것이 메이지 원년(1868) 3월 17일 신기사무국 제165호와 3월 28일 제196호로 하달된 명령이었다(본절 하단 참조). 이 명령 이후로도 메이지 정부는 새로운 명령을 내려 신사와 사원을 분리시키지만, 이러한 명령으로 불교사원은 강압적으로 탄압을 받기에 이르렀다. 이른바 메이지 초기 우리에게 널리 알려진 폐불훼석 사건으로 이어지는 것으로, 신사의 독립을 정부가 공인함으로써 전통적인 불교가 역사상 최초이자 본격적으로 탄압을 받게 된 것이다. 이 폐불훼석 사건은 구체적으로 불교사원의 파괴, 다수 불교사원의 통폐합, 불교사원의 신사화 등으로 이어졌다. 곧 메이지 유신은 불교계에 유사 이래 처음으로 겪는 불교 탄압과 절대적인 위기를 가져왔다.

메이지 정부가 초기부터 신도주의神道主義를 바탕으로 불교에 대한 적대감을 드러낸 것은 에도 막부 이래의 전통적인 사상 흐름을 반영하는 것이기도 하였다. 곧 일본 고유의 전통적인 종교로서 신도의 복고운동과 새로운 정신으로서 국학운동, 그리고 이러한 것에 의거한 배불론排佛論이나 실질적인 불교의 폐해 등이 메이지 초기의 신도주의와 폐불훼석으로 전개되었다(辻善之助, 1949, 64~77쪽). 이 폐불훼석으로 입은 불교계의 피해는 실로 엄청난 것이었다. 오미近江

국의 히에日吉신사와 나라奈良의 흥복사 등과 같이 사원이 철저하게 파괴되거나, 도야마富山번·마츠모토松本번·사도佐渡에서처럼 사원이 강제적으로 통폐합되는 일이 전국에 걸쳐 일어났다(柏原祐泉, 1990, 15~18쪽). 그리고 사원이 신사로 바뀐 대표적인 예로는 하치만八幡대보살의 명호가 붙었던 사원이 하치만신사로 바뀐 것을 들 수 있다(佐伯惠達, 2003, 138~143쪽). 이처럼 일본 각 지역에서 불교에 대한 탄압이 이루어짐에 따라 승려의 환속이 이어졌으며, 사원 통폐합으로 승려들은 하루아침에 오갈 데 없는 신세가 되기도 하였다. 실로 메이지 유신은 일본 불교계에 엄청난 위기를 몰고 왔다.

〔제165호령〕

금번 왕정복고를 이루고 구폐舊弊를 없애는 데, 전국 크고작은 신사에서 승려의 차림새로 별당別堂 혹은 사승社僧의 무리라 일컬어지는 자는 환속시켜 물러나게 하고, 만약 환속의 의례에 사정상 어려움이 있을 때는 신고하고 그것을 마음에 잘 새길 것. 물론 별당과 사승의 무리가 환속을 할 경우 지금까지 누려온 승위僧位, 승관僧官을 반납한다. 단, 신주神主를 모시는 관위官位의 법도는 추후 기별할 것으로 그동안 의복은 정의淨衣로 하여 신사의 사무를 담당할 것. 이것을 마음에 새기며, 환속할 때는 곧바로 당국에 신고를 할 것(櫻井匡, 필자 역, 1971, 22쪽 참조).

〔제196호령〕

하나. 중고中古 이래로 어떤 '권현權現' 혹은 '우두천왕지류牛頭天王之類', 그 밖에 불교의 용어로 신의 호칭을 삼는 신사가 적지 않았다. 어느 것이나 그 신사의 유서由緖를 상세하게 써 빨리 제출할 것. (중략)

하나. 불상으로써 신체神體를 삼는 신사는 이후로 다시 바꾸도록 할 것.

부가. 본지本地 등이라 하여 신사의 앞에 내건 불상, 혹은 악구鰐口·범종梵鐘·불구류佛具類들은 빨리 없애도록 할 것(櫻井匡, 필자 역, 1971, 22~23쪽 참조).

2) 제종동덕회맹의 성립과 전개

메이지 초기 시행된 신불분리령에 따른 폐불훼석은 일본 역사에서 국가에 의한 최초의 불교 탄압으로 불교계의 절대적인 위기를 몰고 왔다. 하지만 이 폐불훼석은 260년 넘게 도쿠가와 막부의 보호 속에 안주해 왔던 불교계에 새로운 자극과 변혁을 가져오는 계기가 되었다. 다수의 승려들이 사찰을 버리고 환속하는 가운데 불교의 정체성이 투철한 승려들에 의해 새로운 불교의 분위기가 조성되었다. 개별적으로는 신불분리령이 발표되자 그것의 부당성을 알리려는 승려들이 출현하였고〔대표적인 인물로 진언종 사쿠 운쇼釋雲照를 들 수 있다(吉田久一, 1998, 69~70쪽)〕, 또한 종단별로는 동서본원사東西本願寺와 같이 메이지 정부의 정책에 적극 협력하는 교단도 생겨났다(柏原祐泉, 1990, 20쪽). 이런 가운데 불교의 모든 교단이 모여 불교계에 닥친 위기를 타계하고자 하는 움직임이 생겨났는데, 이때 결성된 것이 제종동덕회맹諸宗同德會盟(이하 회맹)이다.

이 회맹은 메이지 원년(1868) 12월 임제종의 도코쿠韜谷과 진종의 셋신攝信이 중심이 되어 40여 개 절의 승려가 모여 교토 흥정사에서 최초로 집회를 가졌다. 이어서는 각 종단별로 돌아가며 회의를 거행하여 다음 해는 도쿄, 오사카에서 회의가 열렸으며, 메이지 5년 무렵까지 계속되었다. 이 회맹의 중심인물로는 도코쿠와 셋신 말고도 조동종 에키도奕堂, 임제종 도쿠온獨園, 진언종 조류增隆·운쇼雲照·도케이道契, 천태종 쇼슌韶舜, 정토종 데츠죠徹定·교카이行誡, 일련종 닛사츠日薩, 진종서본원사 신스이針水·탄운淡雲 등을 들 수 있다(柏原祐泉, 1990, 21쪽). 이렇게 여러 종파의 승려가 모여 집회를 갖는 것은 에도시대에는 없었던 일로, 폐불훼석을 계기로 불교계의 위기를 타개하고자 불교 각 종단이 연합하였다는 중요한 의미를 갖는 것이었다. 또한 이것은 폐불훼석의 광풍 속에서 불법을 지킨다는 호법護法 정신에 여러 종단의 승려가 공감을 하였기 때문에 가능한 일이기도 하였다. 그만큼 당시 불교계의 사정은 급박하였다. 이 모임은 차례를 거듭할수록 더욱 많은 사람들이 참가하여 불교계의 단합된 모습을 보여 주었다.

그리고 제종동덕회맹에서는 8개 과제가 논의의 주제가 되었다. 그 8가지 과제는 ① 王法佛法不離之論, ② 邪教研窮毀斥之論, ③ 自宗教書研覈之論, ④ 三道鼎立練磨之論, ⑤ 自宗舊弊一洗之論, ⑥ 新規學校營繕之論, ⑦ 宗宗人才登庸之論, ⑧ 諸州民間教諭之論의 8가지이다(辻善之助, 1949, 96~97쪽; 柏原祐泉, 1990, 21~24쪽). 먼저 ①은 왕법과 불법이 서로 어긋나지 않는다는 것으로, 이것은 당시 천황을 근본으로 내세운 왕법과 불교의 가르침이 서로 통한다는 것을 내세운 것이다. ②는 사교 곧 서양의 종교로서 기독교를 의미하는 것으로, 기독교의 교리를 연구해 그것을 물리친다는 것을 뜻한다. ③은 각 종단별 교학을 체계적으로 정립한다는 뜻이며, ④는 신도·유교·불교의 3교가 서로 일치하는 것을 분명히 한다는 것이다. ⑤는 불교계 스스로가 과거의 폐해를 고치자는 것이며, ⑥은 새 시대에 걸맞게 교육기관을 운영한다는 것, ⑦은 각 종단의 인재를 등용하자는 것, ⑧은 일본 각 지역의 사람들에게 불교를 올바로 가르치자는 것을 뜻한다. 곧 이 여덟

개 과제는 당시 불교계가 풀어나가야 할 중요한 주제로서, 각 종단이 서로 머리를 맞대고 논의하였던 내용들인 것이다. 또한 새로운 시대에 부응해 불교계가 환골탈태해야 하는 시대적 요구 속에서 당면한 문제이기도 하였다.

이와 같이 폐불훼석의 분위기 속에서 불교계는 회맹을 통해 사회적 요구를 수렴하여, 불교의 새로운 대안을 제시하였다. 각 종파의 다양한 사람들에게서 대안이 제시되었고, 이로써 불교계는 어려운 시대의 여건을 극복해 갔다. 이러한 시대 상황에서 불교의 억압을 주도한 신기관은 메이지 4년(1871) 신기성神祇省으로 바뀌어 당시 최고기관으로서 태정관 안의 한 성省으로 축소되었고, 메이지 5년(1872)에는 신기성이 폐지되고 새롭게 교부성敎部省이 설치되었다. 교부성은 불교를 국민교화에 활용하려는 정부의 의도로 설치된 것으로, 그것은 당시 여러 승려들의 건의에 따른 것이기도 하였다. 교부성의 설치에 이르러 정부는 불교를 국민의 교화에 활용하는 방향으로 크게 전향하였다.

3) 대교원 운동과 3조교칙 비판

메이지 5년(1872) 메이지 정부는 교부성을 신설하고, 4월 25일 교부성의 관할 아래 교도직敎導職을 설치하였다. 교도직은 대교정大敎正·권대교정權大敎正·중교정中敎正·권중교정權中敎正·소교정少敎正·권소교정權少敎正·대강의大講義·권대강의權大講義·중강의中講義·권중강의權中講義·소강의少講義·권소강의權少講義·훈도訓導·권훈도權訓導의 14개 직급으로 나누고 그 자리에 신관과 승려를 각각 임명하였으며, 6월에는 각 종단별 교도직의 최상위에 관장官長을 두어 통솔하게 하였다(柏原祐泉, 1990, 34~35쪽). 처음 교도직이 발표될 당시 불교계에서는 각 종단별로 17명이 권소교정으로 임명되었지만, 얼마 되지 않아 진종 동본원사의 코쇼光勝와 진종 서본원사의 코손光尊이 대교정의 지위에 오르게 되었다(柏原祐泉, 1990, 35쪽). 이처럼 메이지 정부는 교도직을 설치해 신관과 승려들로 하여금 국민교화를 담당케 하였다. 그리고 교도직 설치를 발표한 바로 직후인 4월 28일에는 국민을 교도함에 지침이 되는 세 가지 교칙을 발표하였다. 이른바 3조교칙으로 일컬어지는 것으로 ① 경신애국敬神愛國의 뜻을 핵심[體]으로 할 것, ② 천리인도天理人道를 분명히 할 것, ③ 황상皇上을 봉대奉戴하고 조정朝廷의 뜻을 준수할 것의 세 가지였다. 이것은 메이지 정부의 정신적 근간인 신도를 중심으로 국민교화를 담당할 것을 명하는 것이었다. 따라서 이것이 발표되자 신도, 불교의 각 종단에서는 그것을 부연하고 해석하는 여러 해설서와 주석서가 만들어졌다(柏原祐泉, 1990, 36쪽).

그렇지만 3조교칙이 발표되자 그 교칙에 담겨 있는 신도 중심의 이념에 대해 불교계에서 반발이 생겨났다. 그리고 이러한 반발은 불교 각 종단이 연합하는 새로운 연합체인 대교원大教院의 설립으로 이어졌다. 곧 국민의 정신적 순화를 위해 더 폭넓고 다양한 교화가 필요한 것을 강조해 불교계가 연합하여 그 교화를 담당하기 위한 조직체의 성립을 요구한 것이다. 메이지 정부는 불교계의 요구를 받아들여 대교원 설립을 허가하였지만, 불교계의 근본 의도와 달리 실제 대교원의 활동에서도 신도 측의 참여와 신도 중심적인 활동 전개가 이루어졌다. 또한 대교원에 이어 각 지방에 중교원中教院, 소교원小教院 등이 생겨나 3조교칙을 국민들에게 전달하고 이해시키는 역할을 담당하였다. 이와 같이 불교계의 근본 의도와 달리 신도 중심으로 3조교칙이 전달되는 가운데, 불교계에서는 대교원 이탈운동이 일어나게 되었다. 그리고 이러한 이탈운동에 본격적으로 불을 붙이는 사건이 발생하였는데, 그것이 3조교칙 비판이었다.

3조교칙을 비판하는 〈삼조교칙비판건백서三條教則批判建白書〉를 올린 사람은 진종 서본원사파에 속하였던 시마지 모쿠라이島地黙雷로서, 그는 당시 유럽 지역의 종교를 시찰하다가 3조교칙의 발표를 듣고 파리에서 이 건백서를 썼다(藤井健志, 2000b, 102쪽). 당시 서본원사에서는 서구 기독교에 대한 이해를 포함해 종교 일반에 대한 더 깊은 지식의 필요성을 느껴, 종단의 인재들로 하여금 서구의 종교 사정을 시찰케 하였다. 메이지 5년(1872) 1월 출발한 이래 메이지 6년(1873) 6월 귀국하였지만, 그 사이 시마지는 3조교칙에 대한 비판을 정부에 제출하였다.

이 건백서는 종교와 정치의 분리와 관련된 당시 서구의 종교적 입장을 반영한 중요한 비판으로, 이로 말미암아 불교의 대교원 분리 운동이 더욱 가속화했다. 곧 시마지는 3조교칙에서 보이는 내용에 대해, 경신과 천리는 종교적인 입장이며, 애국과 인도는 정치적인 입장이라 하여, 종교와 정치가 명확히 분리되어야 함에도 이 교칙에 정치와 종교가 혼재되어 있음을 지적하였다(藤井健志, 2000b, 103~104쪽). 종교와 정치에 대한 명확한 구분은 이전까지는 이루어지지 않았던 일로, 이 3조교칙에 대한 비판은 종교와 정치의 분리를 명확히 제기한 중요한 사건이었다. 이것은 당시 메이지 정부가 신도를 이념으로 하여 국가의 윤리체제를 강제하고 있던 상황을 고려하면 중요한 문제 제기였다고 할 수 있다. 시마지는 유럽에서 귀국한 뒤 대교원 분리에 관한 건백서 제출 등 다양한 활동을 전개한다. 이러한 불교계의 활동으로 말미암아 메이지 8년(1875) 5월 교부성으로부터 신불합동神佛合同의 교원教院을 폐지하고 각 종교별로 3조교칙을 받들어 전하라는 명령서가 전달되어, 대교원이 실질적으로 폐지되었다. 신도 측에서도 이미 3월 대교원을 대신하는 기관으로서 신도사무국神道事務局을 설치하였다. 메이지 10년(1877)에는 교부성이 폐지되고, 내무성內務省에 사사국社寺局을 두어 신사와 사찰을 관리하였다. 교도

직도 이후 상당 기간 존속하였지만, 메이지 17년(1884) 신불교도직神佛敎導職은 모두 폐지되고, 불교계의 모든 행정은 각 종파의 관장에게 일임되었다(柏原祐泉, 1990, 40쪽).

3. 국가주의 불교와 교단별 해외포교

1) 국가주의 불교의 전개

메이지 유신으로부터 시작되는 근대 일본의 불교는 역사에서 처음으로 직면한 폐불훼석의 소용돌이에 휘말리면서 출발하였다. 물론 폐불훼석은 메이지 신新정부의 천황 중심 정치체제를 뒷받침하는 신도의 이념을 본격적으로 드러내는 과정에서 빚어진 사건이다. 곧 신불습합의 이념에 의거해 불교사원과 신사가 공존하던 에도시대까지의 전통적인 종교 형태를 벗어나 신도 중심의 체제를 확립하고자 메이지 정부가 발표한 신불분리령이 불교사원의 파괴와 통폐합, 불교사원의 신사화 등으로 이어졌던 것이다. 이러한 폐불훼석을 의도하여 메이지 정부가 신불분리령을 발표했는지는 의문이지만(윤기엽, 2005, 136쪽), 실제 일본 각 지역에서 폐불훼석으로 말미암은 불교계의 폐해는 실로 엄청났다. 이러한 폐불훼석을 가져온 신도 중심의 공식적인 정부 방침은 메이지 10년(1877) 교부성이 폐지될 때까지 지속되었다. 곧 메이지 초기 신기사무과의 설치로부터 교부성이 폐지될 때까지 정부 주도의 종교정책 아래 불교는 정부의 시책에 따를 수밖에 없었다. 더욱이 메이지 5년(1872) 4월 25일 태정관 포고 제133호로 발령된 〈육식처대肉食妻帶 마음대로 할 것〉을 정하는 포고령(吉田久一, 1998, 64쪽)은, 정부가 불교계를 일방적으로 무시하는 극단적인 예를 보여 주는 정책이라고 할 수 있다.

그렇지만 메이지 원년(1868) 그 활동을 전개한 제종동덕회맹에서 보듯 폐불훼석의 폭풍이 불어오는 소용돌이 속에 뜻있는 승려들에 의해 불교계의 대응과 반성이 나타났다. 곧 신불분리령에 대한 비판도 나타나며, 전통적인 불교의 폐해에 대한 반성도 나타난 것이다. 이러한 움직임에서 유의할 것은 그러한 대응과 반성이 각 종단 차원이 아니라 모든 종단 차원에서 이루어지고 있는 점이다. 앞에서 보았듯이, 제종동덕회맹의 8개 과제에서도 그러한 모습은 잘 드러나지만, 회맹은 세부적인 규칙을 정해 각 종단이 연합으로 대처해야 함을 분명히 밝히고 있다. 13개의 세부규칙 가운데 ① 회맹은 제종자종타종의 습염習染을 벗어나 일미화합一味和合·동심협력同心協力할 것, ② 탄원서 등의 연서連署·건백서建白書는 각각 모두 합의한 방식으로 제출할 것, ③ 건백의안建白議案 등은 회맹의 자리에 지참 피로披露할 것 등과 같이 중요한 문제에 대해 모든 종단이 합심·협력할 것을 정하고 있다(辻善之助, 1949, 97쪽). 이러한 불교계의 일치된 노력은 이후 대교원 설립운동에서도 나타나고 있다. 대교원은 불교 측의 주장으로 설립된 것이지만, 실제로는 신도와 연합된 형태로 국민교화가 이루어져 뒤에 불교계는 탈퇴하였다. 불교계의 대교원 탈퇴를 계기로 교부성이 폐지되고, 이후 신도와 불교는 각기 독자적인 조직과 기능으로 종교의 사회적 구실을 담당하게 되었다.

메이지 초기부터 메이지 10년(1877) 교부성이 폐지되기까지 불교계는 이전에 경험하지 못한 새로운 경험을 하게 되어, 새로운 시대에 걸맞은 변화를 꾀하게 되었다. 곧, 더 이상 국가적인 보호가 이루어지지 않는다는 명확한 현실 인식 속에서 각 종단은 새로운 시대에 부응하는 기틀을 갖추고자 노력하였다. 이러한 노력은 메이지시대 서구 문물의 본격적인 유입으로 말미암은 사회변화 속에서 당연한 것이었지만, 또한 각 종단은 자발적으로 서구 시찰 등을 통해 능동적으로 변화를 받아들이고자 하였다. 이러한 사회변혁과 관련된 종단의 다양한 노력과는 별도로 각 종단은 기본적으로 메이지 정부의 각종 정책에 적극적으로 협조하고 순응하는 자세를 견지하였다. 앞서 말한 회맹의 8개 과제에서도 나타나듯, 불법佛法은 왕법王法과 분리되지 않는다는 전통적 종교관을 그대로 고수하고 있었던 것이다. 곧 이것은 메이지 정부의 근본으로서 천황을 중심으로 하는 사회체제인 왕법이 불법과 크게 다르지 않음을 뜻하는 것이기도 하였다. 불교의 가르침이 메이지 정부의 사회윤리에 반하는 것이 아니라 적극 협력·협조할 수 있다는 불교계의 입장이 반영된 것이다. 물론 메이지 초기 10여 년 동안은 정부에 의한 신도 중심의 분명한 이념제시가 있었던 까닭에 사회 전체 속에서 불교의 역할은 미진하였지만, 그럼에도 불교계는 정부의 방침에 따른 여러 가지 정책에 적극 가담하거나 앞장서 실천하고자 하였다. 메이지 초기 각 종단에서 적극적으로 실행에 옮긴 아시아 지역을 중심으로 한 해외포교도 정부의 시책에 적극 가담한 좋은 사례라고 할 수 있다.

2) 각 교단별 해외포교

메이지 초기 각 종단별 해외포교는 메이지 정부의 정책과 밀접히 관련되어 있다. 메이지 정부 안에서는 메이지 6년(1873) 조선을 강점하고자 하는 의도에서 정한론征韓論을 둘러싼 논쟁이 일어나, 일단 정부 시책의 하나로 채택되었다. 하지만 메이지 4년(1871) 미국과 맺은 불평등조약을 개선하려는 의도에서 미국과 유럽시찰을 떠난 이와쿠라岩倉 견외사절단遣外使節團이 메이지 6년(1873)에 귀국한 뒤, 내치 우선의 주장이 강화되어 정한론은 철회되었다. 이로써 메이지 유신을 주도한 정부 안의 인사들 사이에 새로운 권력투쟁이 일어났지만, 내치를 주장하던 주류세력도 얼마 지나지 않아 대외 팽창에 눈을 돌렸고 마침내 이웃나라의 침략으로 이어졌다. 메이지 정부의 대외 관계는 메이지 4년(1871) 청일수호조약淸日修好條規, 메이지 7년(1874) 대만 출병, 메이지 9년(1876) 한국과의 강화도조약 등으로 이어져, 이러한 정부의 시책과 결부해 불교계도 해외포교에 가담하게 되었다.

불교계에서 최초로 해외포교에 가담하는 종단은 진종眞宗으로, 메이지 6년(1873) 진종 동본원사파의 오구루스 고초小栗栖香頂가 중국으로 건너가 포교를 시작하였다(柏原祐泉, 1990, 63쪽). 메이지 9년(1876) 7월에는 동본원사에서 오구루스를 비롯한 6명을 상하이에 파견해, 상해별원上海別院을 설립하고, 별원 안에 강소교교江蘇敎校를 개설하였다. 이 강소교교에서는 중국에 파견할 본격적인 전도 인력을 양성하고자 중국어 습득과 포교를 위한 구체적인 공부가 이루어졌다. 조선에 대해서도 동본원사는 메이지 10년(1877) 오쿠무라 엔신奧村圓心과 히라노 에스이平野惠粹를 부산에 파견하고, 별원을 설립하였다(柏原祐泉, 1990, 64쪽). 부산 지역의 포교도 메이지 9년(1876) 체결된 강화도조약으로 부산, 원산, 인천이 개항됨에 따라 일본의 정부시책에 응해 포교가 이루어졌던 것이다. 부산별원에서는 한어학사韓語學舍가 설치되어 종문의 유학생들이 머물며 조선어를 배워 원어로 직접적인 포교를 준비하였다. 동본원사파는 포교과정에서 당시 독립당獨立黨에 소속되어 있던 김옥균·박영효 등과 연결되어, 갑신정변 뒤 일본망명에 도움을 주기도 하였다. 이와 같이 진종을 선두로 하여 중국·조선에 대한 포교가 시작되지만, 실제 일본 각 종단의 아시아 지역에 대한 포교는 메이지 27~28년(1894~95)의 청일전쟁淸日戰爭 이후 본격화했다. 청일전쟁은 조선을 둘러싸고 일본과 청나라 사이에 벌어진 전쟁으로, 일본은 이 전쟁에서 승리한 것을 계기로 본격적인 조선과 중국에 대한 포교를 전개하였다. 특히 일본불교의 조선 포교는 메이지 43년(1910) 한국병합 뒤에 더욱 가속화했다.

정토진종에서는 동·서본원사가 서로 경쟁을 하듯 중국과 조선에 포교를 거듭하였다. 동본원사파는 조선에 메이지 28년(1895) 경성별원京城別院을 설립해 적극적인 포교에 나섰고, 서본원사파도 메이지 40년(1907) 경성에 조선별원을 세웠다(柏原祐泉, 1990, 65쪽). 진종 외에 조동종, 일련종, 정토종 등의 교단도 조선에 사원을 세워 포교에 뛰어들었다. 이들 종단 가운데 특히 조동종의 다케다 한시武田範之는 한국병합 뒤 한국의 불교 종단을 조동종에 병합시키고자 하였다. 이것은 다케다가 일본 조동종 종무원으로부터 초대 조동종 한국포교 관리자로 임명된 뒤, 한국의 원종圓宗과 동맹관계를 맺은 데서 비롯되었다(工藤英勝, 2000, 246쪽). 이러한 동맹은 한국과 일본 양측에서 반대운동이 전개됨으로써 실현되지 않았지만, 이것을 계기로 조선의 총독부는 불교계에 대한 불간섭의 방침을 바꾸어 메이지 44년(1911) 사찰령寺刹令 반포를 비롯 일본불교와 한국불교를 '내지불교內地佛敎'와 '조선사찰朝鮮寺刹'로 분리하여 통제하기에 이르렀다(工藤英勝, 2000, 247쪽). 이렇게 일본 각 종단이 조선에서 활동을 활발히 펼쳐, 쇼와 9년(1934)에는 종파수 26파, 사원 143개소, 포교소 422개소, 포교자 610명에 이르렀다(柏原祐泉, 1990, 65쪽).

일본불교의 해외포교는 정부의 대외정책에 편승해 포교가 이루어지지만, 일본의 대외팽창으로 말미암은 전쟁의 소용돌이 속에 불교도 또한 전쟁과 관련하게 되었다. 곧 일본의 각 종단들은 청일전쟁과 러일전쟁(1904) 때에는 전쟁을 수행하는 군인의 위문과 죽은 자에 대한 추선·법요 등을 목적으로 군부에 종군포교를 탄원하였다. 이와 같이 전쟁과 관련하여 일본 종단이 전쟁수행에 한 몫을 담당하였다. 이러한 종군포교와 관련해 조직적인 운동을 펼친 대표적인 예로 일련종에서 조직된 일련종보국의회日蓮宗報國義會를 들 수 있다. 이것은 청일전쟁이 일어난 메이지 27년(1894) 조직된 것으로, 전승기도와 의연금 모집, 전쟁터에서 포교 등을 기치로 내세워 전국적인 활동을 펼쳤다(安中尙史, 2000, 249쪽). 이러한 활동 속에 구체적으로 종군승이 선발, 파견되어 전사자의 공양, 병원의 위문 등이 이루어졌다. 이와 같은 종군승의 활동은 일본 각 종단별로 이루어졌고, 그러한 활동은 태평양 전쟁이 끝날 때까지 계속되었다.

3) 불교계의 전쟁 책임

일본 각 종단의 해외포교는 실로 광대하고 다양하였다. 예를 들면 진종 본원사파의 해외포교 영역으로는 중국 동북부·북부·중남부, 조선, 대만, 남양 지역에 이르렀으며(柏原祐泉, 1990, 67쪽), 조동종·정토종·일련종 등도 대다수의 지역에 별원이나 포교소를 두어 포교에 임하였다. 이와 같은 각 종단에 의한 포교는 일본 정부의 대외 팽창주의와 아시아 침략, 태평양전쟁의 발발과 더불어 계속되었고, 태평양전쟁의 종결과 함께 끝이 났다. 그리고 그와 동시에 해외 각 지역에 있던 일본불교의 사원이 거의 대다수 철수하게 되는 것은 불교의 해외포교가 정부 시책에 따른 정책의 일환이었음을 보여 준다. 곧 종교의 본질로서 보편적인 인류애를 바탕으로 한 자비나 사랑을 각 지역에 구현한 것이 아니라, 정부의 시책과 현실적인 정책에 편승하여 불교의 포교가 이루어졌다고 할 수 있다. 따라서 포교의 명목으로 이루어진 불교계의 해외활동은 침략 전쟁이 장기화하고 더욱 악화될수록 현실적인 참상과 결부되어 종교의 본질과는 유리될 수밖에 없었다. 이러한 불교계와 전쟁의 관계는 종전 뒤 일본 불교계의 책임론으로 전개되었다. 더욱이 이 책임론은 전쟁이 계속되는 가운데 많은 일본인으로 하여금 전쟁을 계속적으로 수행해야 하는 이유와 근거를 불교계가 제공했다는 점에 그 초점이 맞추어져 있다.

일본 불교계의 전쟁 책임을 논하는 글에서 히시키 마사하루菱木政晴는, 일본 정부가 대외 침략의 근본 장치로서 설정한 것을 다음의 세 가지 교의로 요약하고 있다(菱木政晴, 2000, 256~259쪽). 곧 ① 성전교의聖戰敎義(자국의 전투행위는 항상 옳고, 거기에 참가하는 것은 숭고한 의무이다), ② 영령교의英靈敎義(그러한 전투에 종사하다 죽으면 신이 된다; 그 때문에 죽은자를 추선한다), ③ 현창교의顯彰敎義(그 영령을 모범으로, 그것을 보고 배워 뒤를 따른다)의 셋이다. 히시키는 일본 불교계가 전쟁과 관련된 이 세 가지 교의에 적극 가담하였고, 또한 그것을 찬미하고 선양하여 많은 사람들을 전쟁터로 몰고 간 책임을 지적하고 있다. 곧 법요나 의식으로써 죽은 자를 찬양하고, 침략동원을 미화하여 많은 이들로 하여금 그 뒤를 따르도록 한 것 자체가 중대한 책임이라는 것이다. 따라서 본질적으로 보면, 영령을 현창하는 것이 아니라 사죄반성의 형으로 바뀌어야 하고, 그러한 반성 자체가 전쟁 책임에 대한 자각이며, 불교에서 말하는 구제이고, 인간 해방임을 지적하고 있다(菱木政晴, 2000, 263~265쪽).

일본에서는 종단 차원은 물론 개별적인 연구자에 의해 근대의 해외포교와 전쟁 책임에 관한 다양한 자료와 저술이 만들어졌다. 예를 들면 진종 서본원사와 관련해서는 〈중국 침략과 종교—중국침략실태조사방중단 참가보고〉(野世英水, 《진종연구회기요》, 1986), 〈전시 진종자의 종군포교〉(《용곡대학대학원연구기요》, 1991), 〈전시 진종교단의 해외포교〉(《해방의 진종》 2호, 1994) 등이 있고, 동본원사 교단과 관련해서는 〈다이쇼시대 대곡파 해외포교의 문제〉(都築淳, 《교화연구》 92·93 합병호, 1986), 〈쇼와 초기 대곡파 해외포교 문제〉(都築淳,

《교화연구》 95·96 합병호), 〈진종의 조선포교〉(美藤遼, 《근대진종교단사 연구》, 1987), 〈1920년대 진종 대곡파 상해별원이 담당한 역할〉(山内小夜子, 《교화연구》 99호, 1989) 등이 있다. 이외에 양교단을 통합해서 다룬 것으로 〈동서본원사 교단의 식민지포교〉(菱木政晴, 《이와나미강좌 근대 일본과 식민지》 4, 1993), 《정토진종의 전쟁책임》(菱木政晴, 1993) 등을 들 수 있다(木場明志, 2000b, 237쪽).

한편 조동종에서는 해외포교와 관련해 보고서를 만들었다가 비판을 받아 나중에 회수한 사건도 일어났다. 조동종은 1980년 11월 10일 자로 《조동종해외개교전도사》(曹洞宗海外開教傳道史編纂委員會 편집, 曹洞宗宗務廳 발행)를 발간하였다. 조동종 교단의 해외포교와 관련한 유일한 보고서로서 간행된 것이지만, 그 내용에 대해 교단 내부에서도 고발과 반발이 일자 1992년 그것을 회수, 폐기처분하기에 이르렀다. 식민지나 전쟁에 대한 역사적인 입장을 반영한 것이 아니라, 안일하고 자기만족적인 내용 일색으로 안팎에서 비판을 받았던 것이다(工藤英勝, 2000, 243쪽). 이와 같이 각 교단별로 해외포교에 관한 반성과 책임이 나타나고 있지만, 이러한 반성과 책임의식에 대해서는 일본 제국주의에 의한 식민지 당사국인 한국의 처지에서도 분명하게 인식하고 대비해, 명확하게 대처해야 할 일이라고 생각된다.

4. 근대불교학의 성립과 전개

1) 근대불교학의 형성

일본의 불교계는 메이지 유신 뒤 폐불훼석의 사회 분위기 속에서 역사에서 처음으로 존폐의 위기감을 느꼈으며, 아울러 새로운 서구의 문물에 큰 자극을 받았다. 국내적으로는 제종동덕회맹과 같은 연합체가 생겼지만, 국제적인 시야를 두고서는 각 종단별로 그 대처에 부심하였다. 이러한 사회 분위기 속에서 불교의 쇄신을 위해 국제적으로 눈을 돌린 교단이 진종 교단이었다. 진종 동본원사파는 메이지 5년(1872) 9월 서구의 종교 사정을 알고자 시찰단을 보냈으며, 시찰단은 다음 해 귀국하였다. 진종 서본원사파도 같은 해 1월 시마지 모쿠라이島地默雷 등을 비롯한 시찰단을 서구에 파견하였고, 시마지는 인도 등을 거쳐 다음 해 귀국하였다(柏原祐泉, 1990, 72쪽). 이 진종 두 본원사의 서구 시찰은 진종 교단 안에 큰 영향을 끼쳐 자체적인 개혁에 돌입함은 물론, 교단 안의 인재를 서구에 파견하는 계기가 되었다.

동본원사에서는 메이지 9년(1876) 난죠 분유南條文雄와 가사하라 겐쥬笠原研壽를 영국에 파견해 산스크리트어〔梵語〕를 배우게 하였고, 서본원사에서도 메이지 8년(1875) 이마다테 도스이今立吐醉를 미국에, 메이지 14년(1881) 기타바타케 도류北畠道龍를 구미에, 메이지 15년(1882) 후지에다 다츠쿠藤枝澤通와 후지시마 료온藤島了穩 등을 프랑스에 파견해 공부하게 하였다(柏原祐泉, 1990, 72쪽). 이러한 진종의 인재 파견은 다른 교단과 종파에도 영향을 주어, 이후 진종은 물론 다른 종단에서도 다수의 유학생이 배출되었다. 그리고 종단에서 파견된 유학생들은 각각의 지역에서 수학한 뒤에 귀국하여 일본 불교계에 새로운 불교학의 주춧돌을 닦게 되었다. 이러한 주춧돌을 놓은 중요한 사람으로서는 난죠 분유南條文雄, 다카쿠스 준지로高楠順次郎, 오기하라 운라이荻原雲來, 와타나베 가이교쿠渡邊海旭 등을 들 수 있다.

그리고 이러한 각 종단별 유학생의 파견과 함께 일본에서는 새로운 교육령에 근거해 대학이 생겨나 메이지 10년(1877) 최초의 관립대학으로서 도쿄대학이 설립되었다. 도쿄대학의 명칭은 메이지 19

년(1886) 제국대학, 메이지 30년(1897) 도쿄제국대학으로 바뀌는데 이 관립대학에서 불교 관련 강좌가 개설되었다. 도쿄대학에서 불교 강의가 이루어진 것은 메이지 12년(1879) 12월 25일 조동종 승려였던 하라 탄잔原坦山에 의해서였다(심봉섭, 1996, 7쪽). 하라는 젊은 날 의술醫術을 연구하여 불교적 이해에 의학적 방법을 동원한 것으로 잘 알려져 있으며, 그가 화한문학과和漢文學科의 강사로서 불서佛書 강의를 담당한 것이 최초의 불교학 강의이다. 이러한 불교학 강의는 꾸준히 이어져, 난죠 분유南條文雄 역시 1885년 도쿄대학 강사로 임명되어 산스크리트어 강의를 담당하였다. 동양의 전통적인 불교이해를 바탕으로 서양에서 배운 문헌학적 연구방법이 가미된 새로운 불교학이 뿌리를 내리기 시작한 것이다. 이렇게 전개된 불교학이 일본에 본격적으로 정착하게 되는 데 절대적인 공헌을 한 사람이 다카쿠스 준지로高楠順次朗로서, 그는 메이지 23년(1890) 영국에 유학한 뒤 메이지 30년(1897) 일본에 돌아와 도쿄대학의 강사가 되었다. 메이지 34년(1901) 일본에서는 최초로 범어학梵語學 강좌가 설치되어 다카쿠스가 초대교수로 임명되었다. 다카쿠스에 의해 불교학의 체계가 정착하였으며, 이러한 전통은 뒷날 기무라 타이켄木村泰賢, 우이하쿠주宇井伯壽 등으로 이어졌다. 그리고 도쿄대학에 정착한 불교학과 인도철학의 학문적 체계는 다른 제국대학은 물론 불교계 사립대학 등에도 영향을 끼쳐 불교학의 본격적인 발전으로 이어졌다.

더욱이 일본 각각의 종단들은 제종동덕회맹의 8개 과제에서도 나타나듯, 종단별 교육기관과 연구기관의 설치 등에 관심을 기울여 전통적인 종단 교육기관을 대학으로 바꾸어 새롭게 시대에 대응하였다. 예를 들어 조동종 종립대학인 고마자와대학駒澤大學은 그 전신이 에도시대 이래의 전단림학료栴檀林學寮라 불리던 것으로, 그것이 메이지 15년(1882) 조동종대학림曹洞宗大學林으로, 메이지 38년(1905) 조동종대학曹洞宗大學, 다이쇼 14년(1925) 대학령으로 고마자와대학으로 개칭되었다. 이렇게 메이지시대에 들어 교단의 전통적인 교육기관에서 새롭게 대학으로 탈바꿈한 대표적인 대학으로 릿쇼立正대학(일련종), 오타니大谷대학(진종대곡파), 류코쿠龍谷대학(진종본원사파), 하나조노花園대학(임제종), 다이쇼大正대학(천태, 밀교), 고야산高野山대학(진언종) 등을 들 수 있다. 이처럼 일본의 각 종단은 메이지 유신으로 말미암은 서구의 문물 유입에 자극을 받으면서도 새로운 시대에 대응하기 위해 유학생의 파견, 교육기관 설립 등 다양한 노력을 기울였다.

2) 불교학의 다양한 전개

메이지시기 근대불교학의 성립에는 서구에서 유학하고 귀국한 유학승의 역할이 컸지만, 이들에 의해 불교학이 꽃필 수 있었던 데에는 당시 서구에 훌륭한 동양학자들이 있었기 때문이기도 하였다. 곧 메이지 연간 서구에서도 영국, 프랑스, 독일 등을 중심으로 동양학의 발전이 이루어져 다양한 학문적 업적이 쌓이고 있었다. 영국의 막스 뮐러Max Müller, 리스 데이비스T. W. Rhys Davids를 비롯해 프랑스의 실비앙 레비Sylvain Levi, 독일의 폴 도이센Paul Deussen·올덴베르히Hermann Oldenberg·노이만Karl Eugen Neumann 등 다양한 학자들에 의해 산스크리트어학을 바탕으로 동양학 발전이 이루어지고 있었다. 서구에 유학한 대다수의 일본 유학승들도 이들 밑에서 공부하였고, 특히 몇몇 사람들은 동양의 전통적인 불교 교학을 서구의 학문적 체계와 관련지어 큰 업적을 올리기도 하였다. 그 가운데 대표적인 것으로 난죠 분유南條文雄가 막스 뮐러의 협조로 출간한《대명삼장성교목록大明三藏聖教目錄》을 들 수 있다. 이 책은 명판明版 대장경의 목록을 영역·해설한 것으로, '난죠 카탈로그'라고 불리며 당시 서구의 동양학자들 사이에서 많이 활용되었다(柏原祐泉, 1990, 75쪽). 이러한 서양의 동양학 연구방법을 습득한 유학승들에 의해 일본의 불교학은 다양하게 전개되었다.

일본 근대불교학의 연구 방향은 서양의 방법론에 의거해 처음에는 전통적인 한문경전의 비판, 곧 산스크리트 원전에 의거한 불교경전 연구로부터 시작되었다. 이러한 역할을 담당한 대표적인 인물이 난죠 분유南條文雄로, 귀국 후 그는 《금강반야경》, 《무량수경》, 《아미타경》, 《반야심경》 등의 산스크리트본을 출간하고, 뒤에 네덜란드의 케른(H. Kern)과 공동으로 《범문법화경梵文法華經》을 출간한다. 만년에는 《범문입릉가경梵文入楞伽經》을 간행하였다(柏原祐泉, 1990, 75쪽). 난죠에게서 보이는 원전에 대한 이해와 그 연구의 중요성은 이후 일본 불교학의 근본이 되어 팔리어, 티베트어 원전 연구로 이어졌다. 이러한 원전에 대한 각성은 메이지 34년(1901) 도쿄대학에 범어학 강좌가 설치되어 다카쿠스 준지로高楠順次郎가 담당교수로 취임하면서 일본불교학의 방향을 정립하였다(심봉섭, 1996, 7~8쪽). 다카쿠스 역시 젊은 날 영국에 유학하고, 프랑스·이탈리아 등지의 학자와 교유하면서 학문적 역량을 키웠다. 그에 의해 불교학·인도철학은 깊게 뿌리를 내리며, 더욱이 그의 주도로 이루어진 《대정신수대장경大正新修大藏經》과 《남전대장경南傳大藏經》 등의 출간은 일본 불교학계의 불후의 업적으로 간주되고 있다. 도쿄 정토종학교를 졸업하고 독일에 유학해 로이만을 스승으로 공부하고 돌아온 오기하라 운라이荻原雲來 또한 범어에 대한 이해를 바탕으로 다수의 업적을 내어 근대불교학이 뿌리내리는 데 중요한 몫을 하였다(柏原祐泉, 1990, 76~77쪽).

이러한 산스크리트 원전에 대한 이해는 자연히 팔리어와 티베트어 불전에 대한 관심으로 이어지지만, 특히 메이지 연간에는 티베트

불교에 대한 이해가 증진되어 실제 티베트에 들어간 일본인도 나타났다. 그 대표적인 인물로서는 가와구치 에카이河口慧海와 테라모토 엔가寺本婉雅를 들 수 있다(柏原祐泉, 1990, 78~80쪽).

가와구치는 도쿄의 철학관(뒷날 도요대학)에서 공부하고 처음에 황벽종黃檗宗의 승려가 되어 남방불교를 공부했지만, 뒤에 원전 연구의 필요성을 느껴 티베트에 들어갈 것을 결심했다. 메이지 30년(1897) 일본을 출발해 메이지 33년(1900) 티베트 라사의 세라 사원에 들어갔다. 이것은 일본인 최초로 티베트에 들어간 것이지만, 당시 티베트는 외국인의 입국이 법으로 금지되어 있었다. 발각된 가와구치는 티베트에서 추방되어, 메이지 36년(1906) 일본으로 돌아왔다. 그 뒤 신문에 〈서장여행기西藏旅行記〉를 연재하고, 《하구혜해사장래서장품도록河口慧海師將來西藏品圖錄》을 간행하였다. 그는 또다시 티베트에 들어가고자 결심하여 메이지 37년(1907) 일본을 출발하여 다이쇼 3년(1914) 티베트에 들어갔다. 그는 가지고 간 한역대장경과 티베트대장경을 교환하고, 달라이 라마로부터 도쿄대학에 티베트대장경의 기증을 위탁받았으며, 다이쇼 4년(1915) 귀국하였다. 두 번째 티베트 방문에서 돌아온 가와구치는 다양한 번역활동과 저술로 티베트불교학에 대한 이해를 증진시키는 데 큰 구실을 하였다.

테라모토 엔가寺本婉雅는 진종대곡파 소속으로, 메이지 31년(1898) 중국 베이징에 유학하여, 중국에서 티베트로 들어가려 하였지만, 실패하고 일본으로 돌아왔다. 그 뒤 테라모토는 메이지 33년(1900) 통역으로 베이징 공사관에 근무하다 외무대신의 명으로 티베트에 들어가 공부하게 되었다. 라사의 데풍 사원에 머물며 공부하고, 메이지 38년(1905) 5월에는 다실룽포 사원에 머물다가, 10월 인도를 거쳐 귀국하였다. 이후 메이지 39년(1906) 또 다시 티베트에 들어가 공부하고 메이지 42년(1909) 2월에 귀국하였다. 그는 티베트 타라나타의

《인도불교사》를 번역하고, 중론의 주석서인 《용수조龍樹造 중론무외소中論無畏疏》를 번역하는 등 많은 학문적 업적을 남겼다.

이와 같이 여러 학자들에 의해 연구성과가 나타나는 가운데 메이지시대에는 종단 차원의 학술탐험대를 조직해 해외 답사를 한 경우도 있었다. 대표적인 것이 진종 서본원사파의 서역西域 학술탐험으로, 세 차례에 걸쳐 진행되었다(柏原祐泉, 1990, 80~81쪽). 제1회는 메이지 35년(1902)~37년(1904), 제2회는 41년(1908)~42년(1909), 제3회는 43년(1910)~다이쇼 3년(1914)에 걸친 학술탐사로, 제1회 때에는 서본원사 법주法主 오타니 고즈이大谷光瑞가 직접 탐사에 참가하였다. 이 서역 학술탐사로 말미암아 불경을 비롯한 다수의 유물·유적을 발굴하고 가져와 불교학계의 서역 연구에 막대한 자료를 제공하였다. 그 가운데 일부분은 다이쇼 4년(1915) 《서역고고도보西域考古圖譜》로 정리·출간되었다. 이처럼 메이지시기에는 산스크리트어, 팔리어, 티베트어에 의한 원전 연구 및 학술탐험 등 다양한 불교학 전개가 이루어졌다. 이러한 전개 가운데 동양의 전통적인 불교 이해와 해석상의 차이가 생기거나 불교 교리와 관련하여 논쟁이 일어나기도 하였다.

3) 불교사상 논쟁과 불교학의 영향

일본의 불교학은 제국대학인 국립대학과 종단 설립의 사립대학에서 불교에 대한 강의가 체계적으로 이루어짐에 따라 발전적으로 전개되었다. 곧 서구의 합리적이고 논리적인 학문체계의 방법론을 바탕으로, 동양의 전통적인 불교가 대학의 공간에서 본격적으로 연구되어 새로운 개발이 이루어진 것이다. 이러한 대학의 불교연구는 메이지 초기 폐불훼석으로 억압받은 불교의 전통 체계를 더 합리적으로 지식인 사회에 전달하는 계기를 마련하였다. 다시 말해 객관적이고 과학적으로 불교의 본질을 밝혀 일본사회에 불교의 위상을 더욱 공고히 하는 계기를 만들었던 것이다. 그러한 성과를 대표하는 인물로서 하라 탄잔原坦山과 이노우에 엔료井上圓了를 들 수 있다.

하라는 최초로 도쿄대학 강사를 역임한 인물로 의학의 실험적 방법론에 의거해 불교를 과학적으로 검토하여 그 본질을 밝힌 것으로 유명하다(柏原祐泉, 1990, 81~82쪽). 도쿄대학을 졸업하고 뒷날 철학관을 열어 불교의 발전에 기여한 이노우에도 서구철학의 방법론에 의거해 불교의 진리를 객관적으로 검토하였고, 불교철학의 우위성을 주장하였다. 그의 대표적인 저술로 《불교활론佛教活論》, 《진리금침眞理金針》을 들 수 있으며, 더욱이 뒤의 책은 서구의 기독교 교리에 대한 불교사상의 우위를 체계적으로 논증한 것으로 널리 알려져 있다(柏原祐泉, 1990, 84~86쪽). 이러한 과학적이고 객관적인 불교 교리에 대한 탐구와 연구는 메이지 연간 중요한 불교사상 논쟁을 낳았고, 그 가운데 대표적인 것이 대승비불설론大乘非佛說論이다.

대승비불설론이란 대승이 불설佛說이 아니라는 것으로, 곧 대승불교는 석존 입멸 후 오랜 기간이 지나서 생겨난 불교로서 석존의 진설眞說이 아니라는 것이다. 대승에 대한 이와 같은 역사적 태도는 이미 에도시대 도미나가 나카모토富永仲基가 주장한 가상설加上說을 이어받는 것으로, 메이지 연간 불교에 대한 객관적 연구가 이루어지면서 다시 대두하게 되었다(柏原祐泉, 1990, 88쪽). 객관적이며 역사적인 연구방법에 따른 불교에 대한 이해는 메이지시대 이후 불교학의 기본적인 태도였지만, 기존 불교계의 전통적인 이해방식과는 배치되는 것이었다. 즉 대승불교를 불타의 진설로 이해해 온 전통 교단의 견해와 차이가 생기게 된 것이다. 곧 학문적인 연구 차원에서 불교의 역사성을 분명히 하려는 입장과 전통적으로 대승불교를 불교의 근본 견해로 간주하던 교단의 입장과 차이가 있었던 것이다.

대승비불설론의 논쟁에 가담한 대표적인 학자로는 무라카미 센쇼村上專精, 아네자키 마사하루姉崎正治, 마에다 에운前田慧雲 등을 꼽을 수 있다(柏原祐泉, 1990, 89~93쪽). 하라 탄잔을 이어 도쿄대학 강사가 된 무라카미는 《불교통일론》, 《대승불설론비판》 등을 지어 불교의 역사성을 분명히 하려고 했지만, 이로 말미암아 자신이 속한 진종대곡파에 강제적으로 승적을 반환하기도 하였다. 도쿄대학 철학과를 졸업하고 같은 대학 종교학 강좌의 교수로 취임한 아네자키는 대승불교가 석존의 불교와 역사적으로도 사상적으로도 분리되어 있음을 분명히 하여 근본불교만이 불교의 참된 뜻을 담고 있다고 주장하였다. 도쿄대학 강사를 역임하고 류코쿠대학 학장을 지낸 마에다는 대승불교를 역사적인 방법론에 따라 연구하여, 대승불교가 석존의 진설을 이어받고 있음을 논증하려고 하였다. 이 대승비불설론 논쟁과 관련한 마에다의 견해는 이후 일본 불교계에 큰 영향을 준 것으로 간주되고 있다.

이처럼 대승비불설론 논쟁은 불교 연구의 역사적·과학적 방법의 도입과 관련되어 메이지 연간 불교의 이해를 둘러싼 중요한 논쟁으로 간주된다. 또한 이 방법론은 이후 불교학의 기본적인 연구방법으로 여겨져 불교학의 다양한 분야에서 연구성과가 나타나게 되었다. 그리고 조금 시대가 내려오지만, 다이쇼 연간과 쇼와 초기에 원시불교의 사상을 둘러싼 기무라 타이켄木村泰賢, 우이 하쿠주宇井伯壽, 와츠지 테츠로和辻哲郞 등의 논쟁 또한 일본 불교사상계에 중요한 논쟁으로 간주되고 있다. 도쿄대학에 범어학 강좌가 개설된 뒤 배출된 불교학자로 다카쿠스 준지로의 후임으로 임명된 사람이 기무라였고, 기무라와 동기였던 우이는 도호쿠대학 교수로 임명되었다. 이들 사이에 원시불교의 교학과 관련된 논쟁이 일어나, 이 논쟁에 와츠지와 아카누마 치젠赤沼智善이 참가해 실로 불교사상의 원점을 둘러싼 논쟁이 전개되었다(이태승, 1995 참조). 이것은 원시불교의 연기설과 관련된 논쟁으로 특히 12연기의 무명無明 해석과 관련된 논쟁이었다. 이 논쟁은 더욱 본격적으로 진행되려는 시점에서 기무라가 죽음으로써 끝이 났고, 기무라의 후임으로 우이가 도쿄대학으로 온 이후 그의 불교방법론이 도쿄대학에 정착되었다.

이와 같이 불교학의 성립과 전개에 따라 불교사상 논쟁을 비롯한 다양한 불교학의 성과가 나타나 발전 양상을 보였다. 이러한 불교학은 객관적이고 합리적인 방법론에 의거, 다양한 연구성과를 올려 일본을 불교학의 종주국으로 만들었다. 하지만 과학적인 연구방법의 불교학 연구와 실제 전통적인 현실 불교의 모습은 오랜 기간 유리된 상태로 있었다. 다시 말해 폐불훼석 이후 각 교단은 정부 주도의 종교정책에 순응하여 현실적 종교생활의 유지와 안주에 머물렀고, 일본이 제국주의, 침략주의로 방향을 바꾸어 가는 것에 순응하며 그것을 따라가게 되었다. 즉 불교학의 합리적 체계가 현실 생활에서 인간 내면의 주체적 변화를 동반하는 데까지 이르지 않는 이상, 불교학과 현실불교는 유리될 수밖에 없는 상황이었다. 그렇지만 이러한 상황에서 불교학의 발전과 함께 불교의 이념을 현실의 삶에서 실천하려는 재가在家의 불교도와 불교단체가 나타나기도 하였다. 하지만 불교계의 주류를 형성하고 있던 각 교단들은 제국주의적, 침략주의적 사회 흐름 속에서 국가의 이념을 받들고 실천하는 데 적극 협력하였다. 현실 불교계의 사회적 동향과 관련하여 일본의 불교학계가 어떠한 입장을 취하였는가는 향후 좀 더 깊이 있는 연구가 필요한 부분이다.

5. 근대 불교의 연구 전망과 중요 인물

1) 근대불교의 연구 전망

일본 불교계는 불교학의 발전에 따라 불교에 대한 새로운 인식이 생겨나면서 재가의 불교도에 의한 불교운동도 일어났다. 재가 불교운동으로서 기존의 교단과 관계없이 불교도의 결속에 따른 단체로 특히 유명했던 것이 메이지 32년(1899)에 결성된 신불교도동지회新佛教徒同志會이며, 이 동지회는 불교의 근본 이념을 사회에 실현하고자 노력하였다. 그리고 불교의 이념을 몸소 실현하고자 사회적인 운동을 벌이거나 개별적인 단체를 만들어 활동한 사람들도 나타났다. 불교사상에 의거해 정신주의를 제창한 기요자와 만시淸澤滿之, 구도求道운동을 제창한 치카즈미 조칸近角常觀, 무아애無我愛운동을 펼친 이토 쇼신伊藤証信이나 일련주의日蓮主義를 내세워 그 이념을 구현하고자 한 다카야마 쵸규高山樗牛, 일등원一燈園을 만들어 활동을 편 니시다 텐코西田天香 등을 그 대표로 들 수 있다(柏原祐泉, 1990, 113~135쪽 참조). 이들 운동은 기존 교단 중심의 활동과 별개로 전개되어 불교 정신의 근대화·사회화에 많은 공헌을 하였다. 그렇지만 일본사회가 제국주의, 침략주의로 기울면서 많은 불교 활동이 움츠러들어 불교의 사회적 활동에는 제약이 따를 수밖에 없었다. 이러한 가운데 쇼와 6년(1931) 만주사변 이후 본격적인 전쟁 돌입 속에서 불교계도 기존의 교단불교를 중심으로 전쟁에 협력을 하게 되었다.

메이지시기를 포함해 다이쇼, 쇼와의 태평양전쟁 종전까지를 포함하는 일본의 근대불교는 실로 복잡·다양한 전개가 이루어진 시기이다. 메이지 정부의 신불분리령에 따른 폐불훼석으로부터 시작된 근대불교는, 폐불훼석의 극복과 새로운 불교학의 성립, 제국주의, 침략주의의 방침에 선 국가의 향방 속에서 현실 불교계의 흐름 등 실로 다양한 전개를 보이고 있다. 이렇게 복잡하고 다양하게 전개된 근대불교계의 역할과 방향에 대해 살펴보면 다음과 같이 다섯 가지 방향에서 정리할 수 있다(木場明志, 2000a, 64쪽).

첫째는 국가와 관계에서 불교에 의한 국가보익성國家輔翼性, 사회질서유지, 국민정신 위무 등의 역할이다. 둘째는 사회와의 문제로 사회개량·교육·자선·교화단체의 설립 등과 관련한 불교의 활동이다. 셋째는 인간의 문제로 불교교리의 철학적·사상적 이해, 교조敎祖의 인간적 이해 등에 대한 것이다. 넷째는 전근대 유산과 관련된 것으로, 단가제檀家制, 의식儀式 의존 등과 관련된 문제이다. 다섯째는 타문화와 문제로 국가신도國家神道와 동화, 기독교와의 대론 등의 문제이다. 이상의 다섯은 근대불교와 관련된 다양한 관계를 보여 주는 것으로, 근대불교를 이해하는 각각의 방향을 제시하고 있다. 이것이 곧 근대불교의 복잡성과 다양성을 말하는 것임은 물론이다.

이러한 일본의 근대불교에 대해 우리 학계에서도 최근 연구성과물이 나오고 있지만, 아직은 미진한 상태라 생각된다. 그렇지만 근대의 일본은 우리와는 정치적으로도 민감한 역사적 현실을 나누고 있기 때문에 앞으로 더 다양하고 적극적인 연구가 이루어져야 할 것이다. 이것은 가까우면서도 먼 한국과 일본의 관계를 따져볼 때, 근대 일본불교에 대한 관심과 연구는 정치적으로는 해결할 수 없는 더 보편적인 인간적 삶과 가치에 대한 이해를 더해 주리라 생각한다. 또한 불교정신이 가지는 보편성이 근대 일본의 역사 속에서 어떻게 펼쳐졌는가를 분명히 하는 것은 오늘날 종교와 사회가 어떠한 관계로 정립되어야 하는가에 대해 중요한 사례를 제공해 줄 것이다. 이러한 관계를 고려해 볼 때, 최근 서구에서 일본 근대에 불교계의 역할을 밝힌 브라이언 빅토리아Brian Victoria의 《선과 전쟁*ZEN AT WAR*》

이 갖는 의미는 매우 중요하다. 불교계가 전쟁에 가담한 구체적인 사실을 제시하여 불교계의 책임과 반성을 촉구하는 내용으로, 종교와 사회가 어떠한 관계를 맺어야 하는가를 성찰할 수 있는 중요한 책이라 생각된다.

한국 학계에서도 근대 일본불교에 대한 다양한 연구가 이루어져 한국 불교학의 발전으로 이어져야 할 것이다. 동아시아의 동질적인 정신문화를 제공한 불교가 일본의 경우 에도시대 국교國教 노릇을 한 것과는 대조적으로, 같은 시대 조선에서는 숭유억불崇儒抑佛정책에 따라 천대받는 등 각자 다른 길을 걸었다. 그리고 오늘날 일본 불교학계의 많은 연구성과로부터 도움을 받고 있는 것이 우리 불교학계의 현실이라 생각된다. 따라서 불교정신에 따른 새로운 연구 풍토와 사회윤리를 구축하기 위해 일본 근대불교의 전개에 대한 이해는 매우 중요한 의미를 갖는다고 생각한다. 아울러 불교계가 가져야 하는 더욱 분명한 사회적 역할과 책임을 다하기 위해 서로 근대 일본불교에 대한 다양한 관심과 연구가 요구되는 시점인 것이다.

2) 각 종단별 중요 인물

여기에서는 일본 근대불교에 족적을 남긴 각 교단별 인물을 정리해 둔다[《대법륜大法輪》(1993-4·5)에 나타나는 분야별(일부 생략) 인물을 정리한 것이다].

〔나라불교계〕

사에키 조인佐伯定胤(1867~1952), 오오니시 료케이大西良慶(1875~1983), 하시모토 교인橋本凝胤(1897~1978)

〔천태종〕

하코자키 분노箱崎文応(1892~1990), 시미즈타니 교준清水谷恭順(1891~1979)

〔진언종〕

샤쿠 운쇼釋雲照(1827~1909), 곤다 라이후權田雷斧(1846~1934), 모리 사이안毛利柴庵(1871~1938), 다카가미 가큐쇼高神覺昇(1894~1948), 이와보리 시도岩堀至道(1909~1982)

〔정토종〕

후쿠다 교카이福田行誡(1805~1888), 야마시타 겐유山下現有(1832~1934), 야마자키 벤에이山崎弁榮(1859~1920), 하야시 겐묘林彦明(1868~1945), 오노 겐묘小野玄妙(1883~1939), 도모마츠 엔타이友松圓諦(1895~1972)

〔임제선계〕

이마키타 고오센今北洪川(1816~1892), 야마오카 뎃슈山岡鐵舟(1836~1888), 샤쿠 소엔釋宗演(1859~1919), 아시카가 시잔足利紫山(1859~1959), 야마모토 겐포山本玄峰(1865~1961), 스즈키 다이세츠鈴木大拙(1870~1966), 후루카와 타이코古川大航(1871~1968), 가토 고산加藤耕山(1876~1971), 히사마츠 신이치久松眞一(1889~1980), 모리모토 쇼넨森本省念(1889~1984), 시바야마 젠케이柴山全慶(1894~1974), 나카가와 소엔中川宋淵(1907~1984), 오사카 고류苧坂光龍(1901~1985), 세키 쇼세츠關精拙(1886~1945)

〔조동종〕

하라 탄잔原坦山(1819~1892), 니시아리 보쿠잔西有穆山(1821~1910), 모리다 고유森田悟由(1833~1914), 오우치 세이란大內青巒(1845~1918), 오카 소단丘宗潭(1860~1921), 이이다 도인飯田欓隱(1863~1937), 아라

이 세키젠新井石禪(1864~1927), 기시자와 이안岸澤惟安(1865~1955), 와타나베 겐소渡邊玄宗(1865~1963), 하라다 소가쿠原田祖岳(1871~1961), 구마자와 타이젠熊澤泰禪(1873~1968), 우치야마 구도內山愚童(1874~1911), 다카시나 로센高階瓏仙(1876~1968), 사와키 고도澤木興道(1880~1965)

〔진종대곡파〕

기요자와 만시淸澤滿之(1863~1903), 기즈 무안木津無庵(1867~1943), 와시오 쥰쿄鷲尾順敬(1868~1941), 치카즈미 조칸近角常觀(1870~1941), 사사키 겟쇼佐々木月樵(1875~1926), 소가 료진曽我量深(1875~1971), 이토 쇼신伊藤證信(1876~1963), 아게가라 스하아曉烏 敏(1877~1954), 다카미츠 다이센高光大船(1879~1951), 가네코 다이에이金子大榮(1881~1976), 야스다 리진安田理深(1900~1982)

〔정토진종본원사파〕

기타바타케 도류北畠道龍(1820~), 시치리 고쥰七里恒順(1835~1900), 시마지 모쿠라이島地黙雷(1838~1911), 아카마츠 렌죠赤松連城(1841~), 이나바노 겐자因幡の源左(1842~1930), 아사하라 사이치淺原才市(1850~1933), 마에다 에운前田慧雲(1857~1930), 마타니 루이고츠眞溪淚骨(1869~1956)

〔일련계〕

아라이 닛사츠新居日薩(1830~1888), 다나카 치가쿠田中智學(1861~1939), 혼다 닛쇼本多日生(1867~1931), 후지이 닛다츠藤井日達(1885~1985), 세노오 기로妹尾義郎(1889~1961)

〔학자〕

난죠 분유南條文雄(1849~1927), 무라카미 센쇼村上專精(1851~1929), 이

노우에 엔료井上圓了(1858~1919), 오다 토쿠노織田得能(1860~1911), 다카쿠스 준지로高楠順次郎(1866~1945), 모치즈키 신쿄望月信亨(1869~1948), 오기하라 운라이荻原雲來(1869~1937), 가토 도츠도加藤咄堂(1870~1949), 와타나베 가이교쿠渡邊海旭(1872~1933), 아네자키 마사하루姉崎正治(1873~1949), 사카이노 고요境野黃洋(1871~1933), 다카시마 베이호高島米峰(1875~1949), 시이오 벤쿄椎尾辨匡(1876~1971), 츠지 젠노스케辻善之助(1877~1955), 기무라 타이켄木村泰賢(1881~1930), 우이 하쿠주宇井伯壽(1882~1963), 나가이 마코토長井眞琴(1881~1970), 야마구치 스스무山口益(1895~1976)

〔티베트계〕

가와구치 에카이河口慧海(1866~?), 테라모토 엔가寺本婉雅(1872~1930), 오오타니 코즈이大谷光瑞(1876~1948), 아오키 분쿄青木文敎(1886~1956), 다다 도칸多田等觀(1890~1967)

후 기

본고에서 다수 참조·인용한 가시와하라 유센柏原祐泉의 《日本佛敎史—近代》는 2008년 8월, 동국대학교출판부에서 한국어로 출간되었다(《일본불교사 근대》, 원영상·윤기엽·조승미 옮김). 필자가 본고를 탈고한 것은 《한국불교사 연구 입문》의 마감일이었던 2008년 2월 말로서, 이미 탈고한 상태라 따로 한국어 번역본은 대조하지 않았다. 그리고 일본 근대불교의 명암을 서구에 알린 책으로 유명한 브라이언 빅토리아의 《선과 전쟁》도 최근 한국어로 출간되었다(브라이언 다이젠 빅토리아 지음, 정혁현 옮김, 2009년 11월, 《전쟁과 선》, 인간사랑).

참 고 문 헌

1. 연구 논저

1) 단행본

《日本史辭典》(角川 第2版; 高柳光壽·竹內理三 編), 1989(제2판제20쇄, 초판: 1966), 角川書店.

特集〈心に残る近代の仏教者100人〉 上·下, 《大法輪》, 1993年 4·5月號.

무라카미 시게요시 外 저, 최길성 편역, 1993(재판, 초판 1989), 《일본의 종교》, 예전사.

한국유학생 인도학불교학연구회 편, 1996, 《일본의 인도철학·불교학 연구》, 아세아문화사(《韓國佛敎學 SEMINAR》 第6號 韓國語版特輯號, 1995).

吉田久一, 1998, 《近現代佛教の歷史》, 筑摩書房.

末木文美士, 2004a, 《明治思想家論—近代日本の思想·再考 I》, TRansview, 2004.

_________, 2004b, 《近代日本と佛教—近代日本の思想·再考 II》, TRansview, 2004.

柏原祐泉, 1990, 《日本佛教史—近代》, 吉川弘文館.

辻善之助, 1949, 《明治佛教史の問題》, 立文書院.

櫻井匡, 1971, 《明治宗教史研究》, 春秋社.

田村晃祐, 2005, 《近代日本の佛教者たち》, NHK ライブラリー.

佐伯惠達, 2003, 《廢佛毀釋百年(改訂版)》, 鑛脈社.

ブラィアン·アンドルー·ブィクトリア著·エィミ·ルィズ·ツジモト譯, 2001, 《禪と戰爭》, 光人社(Brian Victoria, 1997, *ZEN AT WAR*, New York: Weatherhill).

2) 논문

심봉섭, 1996, 〈일본의 인도철학 연구현황〉, 《일본의 인도철학·불교학 연구》, 아세아문화사.

야마오리 테츠오 저, 이태승 역, 1995, 〈近代日本佛敎學의 功過〉, 《印度哲學》 5.

윤기엽, 2005, 〈廢佛毁釋과 메이지정부(明治政府)〉, 《佛教學報》 45.

______, 2007, 〈일본 大正時代 佛教界의 編纂事業〉, 《韓國佛教學》 48.

이태승, 2006, 〈日本 明治時期 廢佛毁釋의 展開와 그 原因에 대하여〉, 《제45회 한국

불교학회 추계학술발표대회》(발표논문초록집).
허남린, 2005, 〈일본에 있어서 불교와 불교학의 근대화〉, 《종교문화비평》 8, 한국종교문화연구소.

工藤英勝, 2000, 〈曹洞宗と海外布教〉, 《現代日本と佛教 第2卷—國家と佛教》, 平凡社.
菱木政晴, 2000, 〈日本佛教の戰爭責任〉, 《現代日本と佛教 第2卷—國家と佛教》, 平凡社.
藤井健志, 2000a, 〈佛教の海外布教に関する研究〉, 《現代日本と佛教 第2卷—國家と佛教》, 平凡社.
藤井健志, 2000b, 〈島地黙雷の三條教則批判〉, 《現代日本と佛教 第2卷—國家と佛教》, 平凡社.
木場明志, 2000a, 〈近代佛教研究を問う〉, 《現代日本と佛教 第2卷—國家と佛教》, 平凡社.
________, 2000b, 〈眞宗と海外布教〉, 《現代日本と佛教 第2卷—國家と佛教》, 平凡社.
安中尙史, 2000, 〈日蓮宗と海外布教〉, 《現代日本と佛教 第2卷—國家と佛教》, 平凡社.

일본 학계의 한국 화엄학 연구동향

김천학(금강대 불교문화연구소)

1. 개관: 일본 학계의 한국불교에 대한 주요 연구

일본의 한국불교 연구성과에 대해서는 이 책《한국불교사 연구입문》의 각 주제별 연구에서 이미 많은 부분이 다루어졌다. 다만, 그러한 주제별 연구에서는 일본의 한국불교 연구동향을 전체적으로 조망하지는 않았을 것이다. 그런 까닭에 일본에서 이루어진 한국불교에 대한 연구에 대해 개관하는 것은 어느 정도 정돈된 정보를 제공한다는 점에서 의의가 있을 것이다. 필자는《불교평론》에〈일본불교의 한국불교인식〉(2001)을 실은 적이 있다. 아울러 이 글 또한 필자의 기존 발표 논문을 바탕으로 하여 전개함을 밝힌다.

일본에서 한국불교에 대해 관심을 나타내기 시작한 것은 메이지明治시대 이후이다. 이때 일본은 부국강병의 논리를 확대하고자 한국불교에 대해 관심을 보였으며, 한국불교를 포교의 대상으로서 인식하였다. 일제강점기에 들어서도 한국불교에 대한 관심이 정치적 의도와 맞물려 이해되고 추진되었음은 모두 아는 사실이다. 그런 가운데서 한국불교를 학문적 관심에서 연구하는 학자들이 다이쇼大正 시대에서 쇼와昭和 초기에 걸쳐 나타났다. 대표적인 학자로는 1929년에 《이조불교李朝佛教》를 완성한 다카하시 토오루高橋亨(1877~1966)와 1928년 경성불교전문학교에 부임하면서 한국불교사에 관한 논문을 수십 편 남긴 에다 토시오江田俊雄(1898~1957)를 꼽는다. 1930년에 《조선선교사朝鮮禪教史》를 완성한 누카리야 카이텐忽滑谷快天(1867~1934)과 1922년부터 한국불교를 둘러보고 《고려대장경高麗大藏經》과 의천義天의 《신편제종교장총록新編諸宗教藏總錄》에 대해서 방대한 저술을 남기는 등 고려불교사 연구에 큰 업적을 남긴 오오야 토쿠죠大屋德城(1882~1950)도 빼놓을 수 없을 것이다.

다카하시 토오루는 1904년에 대한제국 정부 초빙으로 한국에 건너왔다. 그 뒤 조선총독부 촉탁위원 등을 역임하고, 1926년 경성제국대학 개교에 맞춰 교수가 될 만큼 한국과 인연이 깊은 인물이었다. 그는 한국불교가 중국불교의 한 분파라고 보았고, 따라서 한국불교에 독창성이 없다고 말하였다. 이와 같은 다카하시의 한국불교 부재론은 일제강점기 일본 학자들의 한국불교에 대한 전형적 가치판단이다. 그럼에도 그는 신앙사(불교사)의 측면에서 조선불교사의 가치를 인정하였다. 즉, 종교사적 측면에서 한국불교의 높은 가치를 인정한 셈이다.

1922년 고마자와駒澤 대학을 졸업한 에다 토시오는 1928년 경성중앙불교전문학교 교수에 부임함으로써 한국불교와 깊은 인연을 맺었다. 에다 또한 다카하시처럼 한국불교를 중국불교의 종속적인 측면에서 바라보았다. 〈조선불교고찰서설〉이라는 글에서 에다는 한국불교가 일본불교와 마찬가지로 중국불교를 모태로 하지만 일본불교처럼 민족에 녹아들어 독특한 색채를 띤 불교에 이르지 못하고, 언제나 중국에 의존하여 중국불교의 복사판에 지나지 않았다고 평가하였다(江田俊雄, 1977). 그는 일본이 한국을 통치하기 위해서는 불교 연구가 필수불가결하다고 생각하기도 하였다. 당시 일본의 한국 연구가 순수한 학문적인 태도와는 거리가 멀고 정치적인 목적에서 고양되었음을 감안할 때, 일본 학자들 치고 이와 같은 정치적 목적을 등한시한 인물은 없었다고 봐도 지나치지 않다. 에다 토시오 또한 그런 부류의 학자였던 것이다.

다카하시의 《이조불교》가 출간된 다음 해인 1930년에 누카리야 카이텐의 《조선선교사》가 간행되었다. 그는 중국 선사상이 전공이었는데, 고마자와 대학에서 조선선교사를 강의하면서 한국 선종에 대해서 관심을 가지게 된 것이다. 그의 《조선선교사》는 선종사와 교학사를 아우르고 있지만, 선종에 중점을 두어 서술하고 있다. 특히, 해인사에 유일하게 남아 있어 한국 초기 선종에 대한 기술이 많은 《조당집祖堂集》을 중요한 자료로 활용하고 있다는 점은 특기할 만하다. 이 책을 한국사상을 서술하기 위한 자료로 사용한 첫 사례이기 때문이다.

비교적 순수학문의 관점에서 한국불교 연구에 중요한 업적을 남긴 학자로서 오야 토쿠죠大屋德城가 있다. 그가 한국불교 연구와 연을 맺게 된 것은 그의 나이 마흔이 되던 1922년에 4개월 동안 한국을 방문하여 불교 사적을 답사하면서부터이다. 일본에서는 세키노 타다시關野貞가 〈한국건축조사보고서〉에서 《고려대장경》의 존재를 알린 뒤 관심이 증폭되었는데(關野貞, 1904), 오야는 해인사의 보판補板 및 잡판雜板에 관한 불교문헌학상의 가치를 논한 〈조선해인사경판고朝鮮海印寺經板攷〉(大屋德城, 1926)를 발표하였고, 이러한 연구를 심화시켜 의천의 《교장총록》을 연구하여 《고려속장조조고高麗續藏雕造攷》(1937)를 간행하였다. 이 책에서 오야는 한국의 대장경 조조를 문화적으로 극찬하였지만, 한국불교를 중국불교의 지파支派로 이해함으로써, 당시 일본 학자들의 한국불교사관을 벗어나지는 못하였다(大屋德城, 1937).

현대에 들어와서는 1970년 이후 일본의 한국불교에 대한 연구가 많아졌다. 하지만, 현대 일본의 연구도 불교가 인도 — 중국 — 일본으로 이어진다는 삼국사관三國史觀에서 크게 벗어나지 못하였다고 해도 지나치지 않다. 이러한 까닭으로 한국불교는 중국불교의 항목 안에서 다루어졌다. 한국불교가 삼국사관 아래서 서술되는 것은 각 종파의 통사에서도 마찬가지이다. 그럼에도 일찍이 이와 같은 삼국사관의 틀에서 벗어나려는 노력도 있었다. 후키와라 쇼신富歸原章信의 《일본유식사상사日本唯識思想史》(1944)와 사카모토 유키오坂本幸男의 《화엄교학의 연구》(1956)가 그것이다. 후키와라는 종래의 삼국사관을 비판하면서, 일본 유식사상의 원류를 찾기 위해 우리나라 삼국시대의 불교를 자세히 다루었다. 한편, 사카모토는 화엄교학의 성립 문제에서 〈신라 의상의 교학〉이라는 목차를 설정하여 동아시아 화엄사상사를 해석함으로써 한국 화엄의 중요성을 부각시켰다. 하지만 한국불교가 중국불교 틀 안에서 이해되는 경향은 1970년대까지도 좀처럼 해소되지 않았다.

이후 한국불교의 독립성이 강조되고 그 독특성이 인정되는 데 중요한 역할을 한 연구자로 에타니 류카이惠谷隆戒(1902~1979), 다무라 엔쵸田村圓澄(1917~), 가마타 시게오鎌田茂雄(1927~2001)를 들 수 있다.

에타니는 정토종 승려로서 신라정토교와 천태교학을 깊이 연구하였다. 그는 박사학위 논문에서 4개의 장章에 걸쳐 법위法位·원효元曉·의적義寂·경흥憬興의 정토교를 다루고 있을 만큼, 일본 정토교에서 신라 정토교의 역할을 충분히 인정하였다(惠谷隆戒, 1976). 에타니가 한국 정토교 연구를 시작한 것은 의적의 《무량수경의기》에 대한 연구를 하면서이다(惠谷隆戒, 1958). 그가 복원한 신라 법위의 《무량수경의소無量壽經義疏》가 《한국불교전서》 2권에 실려 있는 것만으로도 그의 한국불교에 대한 이해를 짐작할 수 있다.

다무라는 1967년 무렵부터 한일 불교 교류사에 전념하게 되는데, 이는 아스카불교의 원점이 한국불교라고 판단하였기 때문이었다. 그는 많은 저술과 공저 등으로 한일 불교 교류사에 금자탑을 세웠으며, 《일본불교사》 전 6권 가운데 제4권을 신라·백제 편으로 구성할 만큼 일본불교사에서 한국불교의 중요성을 강조하였다(田村圓澄, 1983).

가마타는 1970년대부터 한국 사찰을 조사하였으며, 그 결과를 저술로 발표하면서 한국불교에 대해 적극적 관심을 보였다(鎌田茂雄, 1980). 그는 교넨凝然 이래 삼국사관을 비판하며 동아시아 불교사상사에서 차지하는 한국불교의 중요성을 역설하였다. 또한, 한글문헌을 해독하여 그 성과를 비판적으로 섭취하지 않고서는 한국불교사를 연구하는 것이 불가능하다고 말할 정도로 한국불교 연구에 적극적이었다. 그는 1983년에 《조선불교사》를 집필하고(鎌田茂雄, 1983a) 이후 단독 저술로 출판했으며(鎌田茂雄, 1987a), 《신라불교사서설》(1988)을 저술하는 등 일본에 한국불교를 알리는 데 힘을 기울였다. 또한 균여均如의 《석화엄교분기원통초釋華嚴敎分記圓通鈔》 세미나를 주관하여 일본과 한국의 여러 학자들을 참여시키고, 1981년부터 그 연구성과를 몇 편의 논문으로 나누어 간행하였다. 전체 10권을 전부 역주할 기획이었지만 제7권의 연구성과가 나온 뒤로는 답보 상태에 있다(鎌田茂雄, 1981·1982·1984b·1984c·1987b·1987c). 이러한 점에서 한국불교의 중요성 및 독특성을 일본에 인식시킨 그의 공적은 크다고 하겠다. 한편 현재 우리나라에서는 《석화엄교분기원통초》의 번역이 완성되었는데, 일본의 선행 연구가 없었다면 이루어지기 힘들었을 것이다.

그동안 일본의 한국불교 사관에는 여러 긍정적인 변화가 있었다. 그러나 일본불교의 한국불교에 대한 관심이 여전히 일본과 중국불교를 이해하기 위한 2차적 수단에 머물러 있다는 것은 문제이다. 이 같은 연구 경향은 일본에서 한국불교 관계 논문의 편향성마저 낳았다. 즉 일본불교와 관련 깊은 한국불교만을 연구대상으로 한다는 것이다. 예를 들어 원측 연구, 화엄 연구, 정토 연구, 그리고 경전 간행에 관한 연구가 많은 것이 이를 반영한다(金天鶴, 2001b).

2. 일본 학계 화엄학 연구의 주요 흐름

불교에 대한 일본의 학문적 관심은 근대 이후 강단불교가 생겨나고, 서양에서 인도고전어를 습득한 인물들이 속속 귀국한 이후라고 할 것이다. 그러나 화엄 연구는 오히려 일본의 전통적 학풍 아래에서 근대불교 연구방법을 도입하면서 성립되어 갔다. 특히 에도시대의 정토진종 오타니파의 이치렌인 슈존一蓮院 秀存(1788~1860)이 그 선구자라고 할 수 있다. 이치렌인 화엄학당 출신의 대표적인 학자로는 유스기 료에湯次了榮, 와키야 기켄脇谷撝謙, 가와노 호운河野法雲 등이 있다.

일본 근대의 체계적인 화엄학 연구성과로서는 류코쿠龍谷 대학의 교수로 있던 유스기의 저서《화엄대계》(1915)를 들 수 있다. 이 저술에서는 경전의 유통사〔教史〕, 경전관〔本經〕, 교판教判, 교리教理, 실천〔修證〕의 다섯 항목으로 인도에서 일본에 이르기까지 화엄학 관련 내용을 방대하게 다루고 있다. 이것을 모본으로 하여 이후의 화엄 연구는 그 깊이가 더해지고 내용이 차츰 추가된다. 다만,《화엄대계》는 법장法藏 계통의 화엄을 정통으로 해석한다는 점을 염두에 두고 읽을 필요가 있다. 유스기는 이 밖에도《화엄오교장강의》(1927)를 간행하였는데, 이것 역시 이후 법장의《오교장》을 이해하기 위한 연구의 가장 모본이 되었다.

도요東洋대학 교수였던 와키야 기켄은《화엄경요의華嚴經要義》(1920)를 저술하였는데, 이는 주로 중국 화엄사상에 초첨이 맞추어져 있다. 한편, 가와노 호운과 가메야 세케이亀谷聖馨의 공저인《화엄발달사》(1922)는 화엄학의 전승 문제에 초점이 맞추어져 있다. 특히, 유스기의《화엄대계》에서는 간단히 다루는 데 그치고 말았던 일본 화엄의 흐름에 대해서 150쪽 정도에 걸쳐 자세하게 다룬 최초의 저서이다.

한편, 가메야 세케이는 독자적으로 화엄철학에 관한 저술을 간행하였다. 그 가운데서도《화엄철학연구》(1922)는 화엄의 주요 주제 가운데 하나인 '연기緣起와 성기性起' 문제를 집중적으로 다루었는데, 성기보다도 법계연기法界緣起가 중시되고 있다. 그 뒤 가메야는 법장의《화엄오교장》의 구조를 따라 구성한《화엄성전연구》(1925)도 출간하였다. 신라 견등見登의《화엄일승성불묘의華嚴一乘成佛妙義》를 화엄종 성불론의 항목에 두고 20쪽에 걸쳐 분석한 내용은 눈여겨볼 만하다.

다카미네 료슈高峯了州의《화엄사상사》(1942)는 서언에서 알 수 있듯이 1934년부터 1936년까지의 강의노트를 기본으로 하여 화엄사상의 계통과 교학 전통을 결합시켜 보려는 의도에서 써졌다. 이 저서는 전체적으로《화엄발달사》의 형식과 비슷하게 되었으나, ① 인도의 여러 논사論師에서 마명馬鳴의《대승기신론》을 거론하고, ②《섭대승론》의 사상을 화엄사상의 흐름에 끌어들이며, ③ 지론종의 법상에 대해서 언급하고, ④ 법장의 제자 혜원慧苑과 문초文超의 사상을 조명하였다는 점은 특기할 만하다. 다카미네는 이후 논문들을 모아 《화엄논집》(1976)을 간행하기도 하였다.

사카모토 유키오坂本幸男는 《화엄교학의 연구》(1956)를 간행하여 제1부에서 법장의 제자 혜원에 대하여 재평가를 시도하였다. 법장의 《신新화엄경》 주석서를 계승하여 《속화엄간정기續華嚴刊定記》를 저술한 혜원은 징관澄觀(738~839)의 신랄한 비판 이후, 화엄의 계보에서 정통의 자리를 빼앗긴 채로 그 평판이 근대까지 지속되었다. 사카모토의 연구는 이러한 기존 학계의 인식에 객관적으로 접근하여 그 당부當否를 밝혔다는 데 큰 의의가 있다.

제2부는 〈화엄학의 제문제〉로 이름 붙이고, 그동안 문제 제기 수준에 머물렀던 화엄학의 문제들에 대해서 본격적으로 해결을 시도하였다. 그 한 예가 《십지경론十地經論》의 번역을 둘러싼 문제를 다룬 것이다. 또한 화엄교학의 성립 문제를 심식설心識說을 통해 접근하였다는 점에서 특기할 만하다. 이와 같이 사카모토의 저술은 문제의식을 중심으로 전개하였다는 데서 의의가 크다고 하겠다. 사카모토는 이 저술을 간행하기 전에 《국역일체경國譯一切經》 가운데 《탐현기探玄記》 부분을 전 20권 가운데 15권까지 역주하였으며, 그 주석의 내용은 현재까지도 정평이 나 있다(坂本幸男, 1937~1940). 각주에서는 지엄, 징관과의 사상적 차이를 드러내거나 지론사 혜원과의 차이를 밝혔으며, 현재 공개되지 않은 화엄 관계 사본을 참조하거나 에도시대 일본의 화엄학 연구 등을 폭넓게 참조하였다. 이 역주는 법장의 저술이 신라에 들어온 이후 본격적으로 전개되는 한국 화엄학을 이해하는 데에도 필수적인 참고서이다.

화엄학의 방향에서 문제의식이 더욱 전문적으로 나타난 것은 가마타 시게오의 《중국 화엄사상사의 연구》(1965)와 《종밀교학의 사상사적 연구》(1975), 그리고 기무라 키요타카木村清孝의 《초기 중국 화엄사상의 연구》(1977)일 것이다.

가마타 시게오는 1959년부터 본격적인 화엄학 연구자료집을 만들기 시작하여《화엄학연구자료집성》(1983)을 내놓았다. 이 책에는 당시까지 화엄학 연구자료를 고대의 목록집부터 각 분야의 저술과 논문에 이르기까지 모두 망라해 놓았다. 그뿐만 아니라 한국, 중국, 영어권 연구목록을 부록으로 제공하고 있다. 그는 이듬해에《선전적내화엄자료집성禪典籍內華嚴資料集成》(1984)을 간행하여 선교일치사상禪教一致思想을 연구할 수 있는 자료도 내놓았다.

위 자료 집성에 근거하여 가마타의 저술 의도를 소개하자면 다음과 같다. 우선,《중국 화엄사상사의 연구》는 징관을 중심으로 서술하였는데, 기존의 화엄사상사 연구방법이 주로 교리의 해설을 중심으로 연대순으로 배열한 것과는 달리, 사상의 변모를 사회적 배경과 관련해서 파악하려는 새로운 연구방법론으로 시도된 저술이다. 또한 도교, 승조僧肇·도생道生의 쿠마라지바계의 불교, 천태 등과 화엄의 관련성을 논한 점에서 특기할 만하다. 한편《종밀 교학의 사상사적 연구》는 앞의 저술과 같은 방법론을 도입하여 종밀宗密 교학의 전체상을 종합적으로 파악하려는 의도에서 쓴 것이다. 가마타는 이밖에도 중국불교사 전체를 서술하고, 화엄의 사상을 알기 쉽게 저술하여 일반인에게 화엄을 알리는 등 불교의 여러 연구 분야에서 선구자 노릇을 하여, 후학들의 정밀한 불교 연구에 큰 도움을 주었다.

기무라 키요타카의《초기 중국 화엄사상의 연구》는 지엄의 사상을 밝히려는 데 주안점이 있다. 여기서는 그동안 화엄학자들 사이에 개념상 구분이 애매했던 부분에 대해 반성하며 '《화엄경》 사상'과 '화엄사상', '화엄교학'을 구분하여 사용할 것을 제안하였다. 이러한 구분 아래 논지를 전개함으로써 지론 계통의 인물뿐 아니라, 담란曇鸞, 길장吉藏 등의 인물에 대해서 서술할 수 있는 근거를 마련하였으며, 위경僞經과《화엄경》의 관계,《화엄경》 신앙 문제를 다루는 등 화엄 연구에 새로운 전기를 마련하였다는 데서 의의가 크다. 지엄 사상을 해명하기 위해서 의상義湘이나 《법계도기총수록法界圖記叢髓錄》 등의 한국 화엄자료를 다수 이용한 것도 특기할 만하다. 기무라는 이후 《중국 화엄사상사》(1992)를 저술하였는데, 여기서는 특히 요나라의 선연鮮然, 각원覺苑과 선종에서 화엄사상과 관련 있는 인물, 그리고 거사居士로서 이지李贄를 다룸으로써 중국에서 종밀 이후 화엄사상사가 종파 또는 학파를 넘어서는 모습을 보여 주었다. 특히 요나라 화엄사상은 고려시대 화엄사상을 이해하는 데 중요한 실마리를 제공할 것으로 기대된다. 이 글은 한국어로 번역되어 있다.

요시즈 요시히데吉津宜英는 《화엄선의 사상사적 연구》(1985)를 간행하여, '화엄선華嚴禪'이라는 새로운 개념을 제안하였다. 이 개념은 다카미네 료슈高峯了州의 《선과 화엄의 통로》(1956)를 극복하려는 의도에서 쓰였다. 여기서 말하는 화엄선은 정확히는 종밀선의 특징적 파악이다. 그럼에도 이 저술은 동아시아 화엄학의 성불론을 이해하는 데 필수적이며, 의상의 성불론도 구체적으로 다루고 있다. 《화엄일승사상의 연구》(吉津宜英, 1991)는 《탐현기》, 《오교장》, 《대승기신론의기》, 《범망경소》를 통하여 법장의 화엄사상을 '별교일승우월주의別教一乘優越主義'로 규정한다. 이러한 관점에서 특히 《대승기신론의기大乘起信論義記》, 《범망경소梵網經疏》에 대해서는 법장이 삼승三乘의 논서로 파악하고 있음을 밝혔다. 한편, 이러한 법장의 일승주의를 특징화하고자 신라의 원효, 표원表員, 고려 균여의 화엄학 및 원효와 태현太賢의 기신론관이 비교 대상이 되었다.

이시이 코세이石井公成의 《화엄사상의 연구》(1996)는 이른바 일본 전통적인 삼국사관을 비판하면서 지론종으로부터 시작되는 화엄사상의 흐름을 중국에서 신라, 일본으로 이어지는 동아시아적 맥락에서 다루고 있고, 특히 돈황사본 가운데 지론종 문헌을 적극적으로 이용하여 기존에 명확하지 못했던 화엄사상을 밝혔다. 의상의 법계도인法界圖印이 이미 중국에서 유행하던 인印의 형식을 가져온 것임을 밝힌 것이나, 의상 사상의 형성 배경을 지론종과 선종을 중심으로 파악한 것 등은 주목할 만하다.

이와 같은 일련의 연구물은 전통 화엄학 연구방법 위에 근현대의 문헌학적 정치함을 도입한 주요 연구성과라 할 수 있다.

이후 전통적 화엄학 연구동향은 일본인의 단행본 저술을 중심으로 파악할 때 반드시 활발하다고는 할 수 없다. 꽤 공백기를 거쳐 오타케 스스무大竹晋의 《초기 화엄교학의 연구》(2007)가 간행되었다. 이 저술은 초기 화엄교학을 넓은 의미의 유식설로서 파악하려는 의도에서 쓰였다. 지엄의 유식설을 중심으로 논하면서 지엄 앞의 지론종, 섭론종, 그리고 지엄의 제자 의상과 법장을 거쳐 초기 화엄교학이 전승되고 단절되어 가는 과정을 풀어간다. 특히 각 인물들이 이용하는 경론의 티베트어, 산스크리트어, 한역본 등을 대조하여 어구의 출입에서 사상의 변화를 짚어 냄으로써 전통적인 화엄교학의 연구방법을 일신하였다고 평가할 수 있다.

이 밖에도 유고집 성격을 띤 유키 레이몽結城令聞의 《화엄사상》(1999)이 간행되었다. 여기에는 중국과 일본의 초기 화엄과 신라 화엄의 관계 및 에도시대의 화엄 관계 논문이 실려 있다. 또, 기념논문집 내지는 논문 모음집인 《화엄사상》(1960)과 《화엄학논집》(1997)에도 동아시아 화엄학 관련 논문이 풍성하다.

이토 즈에이伊藤瑞叡가 쓴 대저 《화엄보살도의 기초적 연구》(1988)도 주목할 만하다. 이 저술은 기존의 화엄교학 연구 풍토에서 벗어난, 이른바 《화엄경》 사상에 속하는 연구이다. 그 가운데서도 《십지경》의 보살사상을 밝힌 연구인데, 특히 인도고전어, 티베트어, 그리고 한문문헌으로 된 경전, 주석서를 망라하여 비교하였다는 점에서 그 의의가 자못 크며, 《십지경론》의 티베트본이 완역되었다는 데서도 그 의의가 크다. 앞의 오타케의 연구는 이토의 이러한 선행연구가 있었기에 시도가 가능했던 연구방법론으로 볼 수 있다.

마찬가지로 정통 화엄교학에 근거한 연구는 아니지만, 나카무라 가오루中村薰의 《중국 화엄정토사상의 연구》(2001)는 두순杜順에서 청나라 말기의 거사들에 이르는 화엄정토의 의미를 다루었다.

역사적 관점에서 화엄을 다룬 저술로서는 이시다 모사쿠石田茂作의 《사경으로 본 나라시대 불교의 연구》(1930) 가운데서 화엄종 관련 서술을 빼놓을 수 없다. 이어 호리이케 슌포堀池春峰의 《남도불교사의 연구》 동대사東大寺 편(1980)과 유방遺芳 편(2004)에 동대사 화엄과 관련된 중요한 논문이 실려 있다. 히라오카 죠카이平岡定海의 《일본사원사의 연구》(1981) 가운데 동대사 성립에 관한 부분은 호리이케 슌포와 쌍벽을 이룰 만한 성과이다. 다무라 엔쵸田村圓澄의 《고대일본의 국가와 불교: 동대사 창건의 연구》(1999)에도 화엄종에 관한 중요한 정보가 소개되어 있다. 중요한 것은 나라시대의 화엄학 동향과 동대사 창건에 얽힌 부분이 신라 화엄학 경향과 밀접한 관계를 가지고 있다는 것이다.

치쿠사 마사아키竺沙雅章의 《송원불교문화사연구》(2000)에서는 10세기부터 14세기까지의 중국 불교문화사를 다루었는데, 특히 요遼나라 화엄전적의 연구로서 주목할 만하다. 치쿠사에 따르면, 이 시기의 요나라 불교전적은 송, 돈황, 고려, 그리고 일본으로 흘러들었으며, 따라서 동아시아 불교권에서 요는 결코 고립된 존재가 아니었음을 밝혔다.

또 일본의 후쿠시 지닌福士慈稔의 《신라원효연구》(2004)는 동아시아에서 원효가 어떻게 인식되고 있는지를 추적한 연구서이다. 중국, 한국, 일본의 불교 저술 및 사서에서 인용된 원효의 저술 사적들을 모아 원효가 동아시아 불교에 미친 영향을 사료를 통해 증명한 저술로서, 향후의 원효 연구에 중요한 자료를 제공해 주었다. 더욱이 일본불교에서 원효의 영향이 지대함을 밝힘과 동시에 한국불교에서 원효 저술은 법장 및 여러 학승들의 저술을 이해하기 위해 인용되었다고 지적하기도 하였다.

이상에서 단행본을 중심으로 일본 불교학계의 화엄학 연구동향에 대해 소개하였다. 각 분야별 연구성과에 대해서는《일본의 인도철학·불교학연구》(한국유학생인도학불교학연구회편, 1996)의 화엄 부분과 조윤호의《동아시아 불교와 화엄사상》(2003)을 참조하기 바란다.

한편, 외국인에 의한 일본어로 된 화엄학 연구저술은 유학留學의 성과에 말미암은 것이다. 일본의 학풍을 충분히 반영하는 것이라 할 수 있어, 일본 학계의 연구성과로 보아도 될 것이다.

진영유陳永裕의《화엄관법의 기초적 연구》(1995)는 고마자와 대학에 유학해 거둔 성과를 출판한 저술이다. 중국, 한국, 일본의 화엄전적에서 볼 수 있는 화엄관법의 자료를 모두 망라해 놓았으며, 화엄관법을 체계적으로 정리·해석한 최초의 저술이라는 점에서 주목할 만하다.

이혜영李惠英(대만)의《혜원찬《속화엄간정기》의 기초적 연구》(2000)는 도쿄 대학에서 거둔 유학의 성과를 출판한 저술이다. 사카모토의 혜원 연구를 계승하여, 혜원의《속화엄간정기》의 서지와 사상 내용을 해석하였다.

이도업李道業의《화엄경사상연구》(2001)는 불교佛教 대학에서 거둔 유학의 성과를 출판한 저술인데, 화엄경 신앙에 관한 내용이 눈에 띈다.

장문량張文良(중국)의《징관 화엄사상의 연구―'心'의 문제를 중심으로》(2006)는 도쿄 대학에서 거둔 성과를 출판한 것인데, 징관을 전문적으로 연구하여 출판한 저술로서는 최초라고 할 수 있다. 징관이 사용하는 불성, 법성, 여래장 등의 개념으로 징관의 심心의 문제를 밝혀 나가고 있다.

3. 일본 학계의 한국 화엄학 연구동향과 성과

〈일본의 한국 화엄학 연구동향〉(조윤호·사토 아츠시, 2001)과, 여기에 실린 내용을 조금 수정한 조윤호의 《동아시아 불교와 화엄사상》(2003) 가운데 제12장 〈일본에서의 한국 화엄사상 연구〉에는 2000년까지 일본 학계의 한국 화엄학 연구성과와 과제가 자세히 소개되어 있다. 그리고 일본에서 이루어진 의상 연구만을 단독으로 정리한 연구사가 있다(김천학, 2002). 본 장에서는 앞의 세 연구학사에 대한 내용을 소개하고, 그 이후의 성과를 정리하는 순으로 현대 일본 학계의 한국 화엄학에 대한 연구동향과 성과를 짚어 보고자 한다.

먼저, 조윤호·사토 아츠시가 공동으로 집필한 위의 책에서는 연대별로 한국 화엄에 대한 인식을 총괄한 뒤에, 각 시대별로, 그리고 그 안에서 세부 주제로 나누어 일본 학계에서 한국 화엄 연구를 정리하는 방법을 취하였다. 목차는 아래와 같다.

1. 한국 화엄사상 연구사 개관
2. 신라·고려시대 화엄학의 계통
3. 신라시대의 화엄
4. 고려시대의 화엄
5. 조선시대의 화엄
6. 화엄신앙에 관한 연구

7. 연구의 과제와 전망
8. 부록: 연구문헌목록

〈한국 화엄사상 연구사 개관〉에서는 1910년부터 10년 단위로 끊어 각 기간의 연구성과를 정리하였다. 이 연구성과에 대한 검토 결과는 두 가지로 요약된다. 첫째, 1970년대 김지견金知見에 의해 한국화엄전적이 간행되면서 한국 화엄에 대한 연구의 전환기를 맞이하였고, 이후 가마타 시게오를 비롯한 학자들의 활약으로 한국불교가 하나의 연구분야로서 인식되었다. 둘째, 이러한 한국 화엄에 대한 연구성과는 한국 화엄 내지 한국불교의 고유 가치를 발견해 가는 과정임과 동시에 화엄학 연구의 질적인 변동을 일으켰다는 점이다.

각 시대별 연구성과에 대한 검토로 볼 때, 일본 학계에서는 우선 신라시대 화엄의 계보에 대한 연구가 진행되면서 동시에 각 인물에 대한 상세한 연구가 신라, 고려, 조선시대의 화엄에 대한 이해로 전개되었음을 알 수 있다. 화엄계보로서는 의상계, 원효계의 논의가 한국불교학계에서 제기된 뒤, 일본의 화엄학계에서 요시즈 요시히데에 의해 '원효·법장 융합 형태'라는 새로운 학적學的 전통 개념이 제시되면서 한국 화엄의 계보에 관한 연구에 박차를 가하게 된다.

인물로서는 의상, 의상 계통, 원효, 표원, 균여, 의천, 지눌, 설잠雪岑, 유문有聞에 관한 논문이 소개되었다. 이 가운데 조선시대에 관한 연구 논문은 일본에서 활약한 한국인 학자에 한정되어 있다. 이러한 결과를 포함해서 향후 일본의 한국 화엄학 연구과제에 대해서 다음과 같이 제시한다. 즉, 고려·조선시대에 관한 연구 부족을 거론하며, 한편으로는 가장 연구가 활발한 신라시대 화엄에 대한 일문逸文 집성의 필요성을 제기하였고, 학파별·인물별로 화엄교학 자체를 재검토할 필요성을 제기하였다.

김천학金天鶴은 일본 학자들의 한국불교에 관한 연구경향 등을 분석하여 일본의 학풍이 일본과 관련 있는 인물 또는 분야에 집중되고 있음을 지적한 바 있는데(김천학, 2001b), 한국 화엄학 연구에서 고려·조선시대에 관한 연구가 사상적으로 부족한 것은 이러한 경향과 관계가 깊다.

선행 연구사 정리에 보충한다면, 앞서 거론했던 가메야 세케이가 다룬 견등의 《화엄일승성불묘의》에 대한 평가일 것이다. 그는 견등의 《화엄일승성불묘의》가 법장을 중심으로 해석한 저술로서 화엄종의 성불의를 알기에 가장 편리하다고 평가하고 있다(亀谷聖馨, 1925).

한편, 김천학은 일본 학자의 의상에 관한 전문적인 연구 63편을 대상으로 일본 학계의 의상 연구동향을 분석하였다(김천학, 2002). 이 분석은 기존의 연구자들의 정리를 반영하여 제1장에서는 의상 연구사를 시기별로 정리함으로써 의상 연구의 흐름을 밝혔다. 제2장에서는 개별 논문이 아닌 단행본을 중심으로 사상사 저술에서 의상의 위상을 밝혔다.

우선, 개별 연구사를 중심으로 보았을 때, 1913년부터 시작된 의상 연구는 1935년 사카모토 유키오의 의상화엄학 연구에서 한 획을 긋게 되는데, 사카모토는 의상이 일본의 화엄학 수입에도 어느 정도 역할을 하였다고 평가하였다. 사상 연구에서는 의상의 《법계도》에서 볼 수 있는 사상을 망라하였다. 사카모토는 의상이 지엄의 오교판五教判을 계승했다고 평가하였으며, 의상이 선배인 원효를 제치고 해동화엄의 초조가 된 이유를 여기서 찾고 있다. 의상에게 지엄이나 법장과 구별되는 독자의 사상이 존재함을 인정하며, 이이상즉론理理相卽論과 불신론 가운데 10불설의 구체적 해석을 통한 의상의 실천중심 태도 등을 그 예로 들고 있다. 다카미네는 그의 저술에서 의상과 의상의 문도를 나누어 다룬 바 있고(高峰了州, 1942), 사카모토 역시 원효와 의상의 화엄사상을 독자 항목으로 구성하였으나(坂本幸男, 1956), 한국 화엄에 대해서는 1971년 김지견의 의상 연구로 인지도가 높아지며, 이러한 영향 아래 가마타 시게오가 《화엄일승법계도》를 주석하였다(鎌田茂雄, 1979).

기무라 키요타카, 요시즈 요시히데로 계승되던 의상 연구는 이시이 코세이의 연구에 의해 《화엄경문답華嚴經問答》의 저자가 기존에 알려진 바와 같이 법장이 아니라, 신라 의상계의 문헌임이 밝혀졌다(石井公成, 1985). 그 뒤 한국의 연구에서 김상현은 《화엄경문답》이 《지통기智通記》의 이본異本임을 주장하기에 이른다(김상현, 1996).

이시이 코세이는 의상사상 비판적 읽기의 선구자이다. 의상이 《법계도》에서 예로 든 용어의 실수를 지적하며, 지엄 문하에서 배운 의상의 학습 효과에 대해서 의문을 제시하는 것도 그러한 면모를 보여 준다(石井公成, 1994). 이후 사토 아츠시佐藤厚가 의상 또는 의상계에 관한 논문을 꾸준히 발표하였다. 사토가 의상에 경도된 논문을 발표했던 것과 달리, 후발주자로서 오타케 스스무大竹晋는 이시이 코세이의 영향을 받아 의상사상을 비판적으로 읽어 내었다.

김천학은 단행본을 중심으로 한 연구 분석을 통해 이 시기에 일본의 한국 화엄 연구가 동아시아 불교적 맥락에서 진행됨을 지적하였다(김천학, 2001b). 나아가 김천학은 의상에 관한 논문의 인용관계를 파악해 의상 연구에 공헌을 한 일본인 학자, 일본 연구자의 의상 연구에 인용된 한국인 학자에 대한 표를 제공하였다. 이로써 일본에서는 이시이 코세이, 한국에서는 김지견이 가장 많이 인용됨을 밝혔다(김천학, 2001b).

이후 일본 학계의 한국 화엄 연구에는 다음과 같은 논문과 저술이 있다. 한국인 학자의 발표로는 최연식崔鈆植의 발표가 돋보인다. 최연식은 일본 문부성 초빙 외국인연구원으로 일본에 있을 때, 신라 견등에 관해 상세한 연구를 하였다. 최연식의 〈《대승기신론동이략집》의 저자에 대해서〉(2001)에서는 기존에 견등의 저술로 인식되어 한국불교전서에 수록되어 있는 《대승기신론동이략집大乘起信論同異略集》에 대한 서지사항 검토와 원문 검토를 거쳐 이것이 일본 지쿄智憬의 저술임을 밝혔다. 견등은 기존에 원효계의 인물로 이해되었으나, 최연식은 이러한 학설을 뒤엎고 의상계에 가까운 인물임을 주장하였다(최연식, 2002). 이와 같은 주장은 인용된 저서에 대한 분석을 통해 제기되었으며 그 타당성을 인정받고 있다. 위의 두 논문은 기존의 한국과 일본 화엄학 저술들에 상당한 충격을 주었다는 점에서 특기할 만하다. 〈진숭珍崇의 《공목장기》 일문에 대한 연구〉(2003)는 일본 체재 중의 연구를 귀국 후에 발표한 논문으로서, 견등의 《화엄일승성불묘의》, 작자 미상의 헤이안시대 사기인 《화엄십현의사기華嚴十玄義私記》 등에서 일문을 찾아 소개한 논문이다.

사토 아츠시는 〈《건나표하일승수행자비밀의기健拏標訶一乘修行者秘密義記》의 기초적 고찰〉(2002)을 필두로 하여 2004년까지 《방산석경房山石經》에 있는 《건나표하일승수행자비밀의기健拏標訶一乘修行者秘密義記》에 대한 4편의 논문을 발표함으로써 한국 화엄학에 대한 이해를 넓혔다.

한편, 이시이 코세이는 원효의 화쟁사상이 《능가경》에 많은 부분 의거하고 있으며, 이것으로 원효가 《능가경》을 중시하는 계통, 특히 지론종 남도파 이래의 흐름 가운데 자리 매김할 수 있음을 주장하였다(石井公成, 2002). 또한 의상이 지엄의 영향으로 선종에 대응하면서도, 실제로는 선종에 끌리는 면이 있었음을 지적하였다(石井公成, 2003). 이러한 지적은 이시이 본인의 주장을 좀 더 구체적으로 밝힌 것이며(石井公成, 1994) 더 나아가 신라 하대에 화엄학자들이 선으로 옮겨가는 첫 번째 원인을 의상의 화엄학풍에서 찾고 있다.

한편 김천학은 일본 유학 기간에 다수의 화엄 관계 논문을 발표하였다. 우선, 신라와 나라시대 화엄에서 논쟁거리였던 삼승회심三乘廻心의 문제 가운데 신라 의상계의 입장을 정리하여, 신라 의상계에서 삼승극과회심三乘極果廻心이 정설임은 부정되지 않지만, 그 해석에서 극과極果와 신만불퇴信滿不退와의 관계 설정에서 고충을 겪었던 신라 의상계의 회심론을 정리했다(김천학, 2001c). 그리고 나라시대 화엄종의 형성에 원효 화엄이 끼친 영향을 구체적으로 분석하였는데, 특히 심상審詳(신조)에 대해 신라에서 유학한 일본 승려로 보는 일본 학계의 견해를 강하게 비판하면서, 새로운 자료가 발견될 때까지 '신라학생 심상'이라는 중립적 칭호를 써야 한다고 주장했다(김천학, 2004). 한편, 동아시아 불교 사상사의 관점에서 무애 사상을 조망하면서, 이시이 코세이의 설을 이어받아 의상의 이이상즉理理相卽설이 법장에게 영향을 끼쳤음을 주장하였는데(石井公成, 1996b), 김천학은 더 나아가 법장이 만년에 이이상즉을 포기했음을 밝혔다(김천학, 2005).

앞에서도 간단히 소개한 오타케 스스무는 의상의 《법계도》 및 《화엄경문답》, 《법계도기총수록》을 통해 의상과 의상계 화엄의 특징을 분석하였는데, 한국 화엄에 관련된 연구로서 가장 최근에 발표된 것이다(大竹晋, 2007). 이 책에서는 의상이 지론종설에 경도됨으로써 이른바 극과회심설을 주장했다고 보았으며, 이러한 극과회심설은 지엄, 법장에게서는 보이지 않는다고 하였다. 또, 의상의 사상이 담천이 쓴 것으로 추정되는 《대승지관법문大乘止觀法門》의 해석과 겹치는 부분이 많아, 사事와 사事의 상즉상입相卽相入을 설하기보다는 사事와 리理의 상즉상융相卽相融을 설한다고 지적하였다. 대체적으로 의상을 지엄보다도 더 지론종에 가까운 인물로 이해하는 점은 이시이 코세이의 기존설을 더욱더 구체화한 것이라고 평할 수 있다.

4. 과제와 전망

이상에서 일본의 한국 화엄학 연구동향에 대해 고찰해 보았다. 중요한 연구를 다루면서, 일본의 한국불교 연구의 편향성이 여전히 남아 있음을 파악할 수 있었다. 그러나 연구 하나하나가 상당히 중요한 학설 내지 가설을 제기한다는 점에서 기존에 연구된 일본의 한국 화엄학 논문은 중시되어야 할 것이다. 일본에 머무는 동안 발표한 최연식의 견등에 관한 논문은 기존 일본 학계의 정설을 뒤엎었다는 점에서 2000년 이후 가장 중요한 성과로 볼 수 있다.

일본의 한국불교 연구가 한국의 한국불교 연구보다 당연히 논문 편 수에서 뒤진다. 그럼에도 중요한 성과를 발표하여 한국불교 연구에 어느 정도 기여하는 것은 문헌학에 충실한 연구 풍토에서 말미암는다고 볼 수 있다. 한국의 불교 연구 또한 문헌학적인 관점을 중시하는 풍토를 견지할 필요가 있다. 그리고 앞으로 연구 방향은 동아시아 불교의 관점에서 접근함으로써 거시적 관점에서 한국 화엄 또는 한국불교의 흐름 및 사상사를 조망할 필요가 있다.

참고문헌

1. 연구 논저

1) 단행본

조윤호, 2003, 《동아시아 불교와 화엄사상》, 초롱.

한국유학생인도학불교학연구회 편, 1996, 《일본의 인도철학·불교학연구—그 역사와 현황》, 아세아문화사.

한국유학생인도학불교학연구회 편, 2001, 《일본의 한국불교 연구동향—1900년에서 2000년까지. 그 역사와 전망—》, 장경각.

江田俊雄, 1977, 《朝鮮佛教史の展開》, 國書刊行會.

結城令聞, 1999, 《華嚴思想》(結城令聞著作選集 第2卷), 春秋社.

鎌田茂雄, 1965, 《中國華嚴思想史の研究》, 東京大學出版會.

_______, 1975, 《宗密教學の思想史的研究》, 東京大學出版會.

_______, 1979, 《國譯一切經》 諸宗部 4 華嚴一乘法界圖譯註, 大東出版社.

_______, 1980, 《朝鮮佛教の寺と歷史》, 大法輪閣.

_______, 1983a, 《佛教史 Ⅱ: 中國·チベット·朝鮮》(世界宗教史叢書8, 玉城康四郎編), 東京, 山川出版社.

_______, 1983b, 《華嚴學研究資料集成》, 大藏出版.

_______, 1984a, 《禪典籍內華嚴資料集成》, 東京大學出版會.

_______, 1987a, 《朝鮮佛教史》, 東京大學出版會.

_______, 1988, 《新羅佛教史序說》, 大藏出版.

鎌田茂雄博士古稀記念會編, 1997, 《華嚴學論集》, 大藏出版.

高橋亨, 1929, 《李朝佛教》, 東京, 寶文館.

高峯了州, 1942, 《華嚴思想史》, 百華苑.

_______, 1956, 《禪と華嚴の通路》, 南都佛教研究會.

_______, 1976, 《華嚴論集》, 國書刊行會.

關野貞, 1904, 《韓國建築調查報告》, 東京帝國大學工科大學.

龜谷聖馨, 1922, 《華嚴哲學研究》, 名教學會.

_______, 1925, 《華嚴聖典研究》, 東京, 寶文館.

_______·河野法雲, 1922, 《華嚴發達史》, 名教學會.

堀池春峰, 1980,《南都佛教史の研究 上: 東大寺篇》, 法藏館.
________, 2004,《南都佛教史の研究 遺芳篇》, 法藏館.
吉津宜英, 1985,《華嚴禪の思想史的硏究》, 大東出版社.
________, 1991,《華嚴一乘思想の硏究》, 大東出版社.
大屋德城, 1937,《高麗続藏雕造攷》, 便利堂.
大竹晋, 2007,《初期華嚴教學の硏究》, 大藏出版.
木村清孝, 1977,《初期中國華嚴思想の硏究》, 春秋社.
________, 1992,《中國華嚴思想史》, 平楽寺書店.
福士慈稔, 2004,《新羅元曉硏究》, 大東出版社.
富歸原章信, 1944,《日本唯識思想史》, 大雅堂.
石田茂作, 1930,《寫經より見たる奈良朝佛教の硏究》, 東洋文庫.
石井公成, 1996a,《華嚴思想の硏究》, 春秋社.
李道業, 2001,《華嚴經思想硏究》, 永田文昌堂.
伊藤瑞叡, 1988,《華嚴菩薩道の基礎的硏究》, 平楽寺書店.
李惠英, 2000,《慧苑撰《續華嚴刊定記》の基礎的硏究》, 同朋舎.
張文良, 2006,《澄觀華嚴思想の硏究—'心'の問題を中心として》, 山喜房佛書林.
田村圓澄, 1983,《日本佛教史 4: 百濟·新羅》, 法藏館.
________, 1999,《古代日本の國家と佛教: 東大寺創建の硏究》, 吉川弘文館.
中村元編, 1960,《華嚴思想》, 法藏館.
中村薫, 2001,《中國華嚴淨土思想の硏究》, 法藏館.
陳永裕, 1995,《華嚴觀法の基礎的硏究》, 民昌文化社.
竺沙雅章, 2000,《宋元佛教文化史硏究》, 汲古書院.
湯次了榮, 1915,《華嚴大系》, 國書刊行會.
________, 1927,《華嚴五教章講義》, 百華苑.
坂本幸男, 1937~1940,《國譯一切經》 經疏部 6~9(探玄記譯註).
________, 1956,《華嚴教學の硏究》, 平樂寺書店.
平岡定海, 1981,《日本寺院史の硏究》, 吉川弘文館.
脇谷撝謙, 1920,《華嚴經要義》, 興教書院.
忽滑谷快天, 1930,《朝鮮禪教史》, 春秋社.
恵谷隆, 1976,《淨土教の新硏究》, 山喜房佛書林.

2) 논문

김상현, 1996, 〈《錐洞記》와 그 異本《華嚴經問答》〉, 《한국학보》 84.

金天鶴, 2001a, 〈일본불교의 한국불교인식〉, 《불교평론》 9.

_____, 2001b, 〈일본의 한국불교 연구동향과 논저목록〉, 《일본의 한국불교 연구동향: 1900년에서 2000년까지, 그 역사와 전망》(한국유학생인도학불교학연구회 엮음), 藏經閣.

_____, 2002, 〈일본의 의상 연구 어디까지 왔나〉, 《만해사상》 1.

佐藤厚, 1999, 〈《일승법계도》의 텍스트문제〉, 《불교춘추》 15.

_____, 1999, 〈의상의 중도의〉, 《불교학연구》 창간호.

鎌田茂雄, 1981, 〈釋華嚴敎分記圓通鈔の注釋的研究〉, 《東洋文化研究所紀要》 84.

_______, 1982, 〈釋華嚴敎分記圓通鈔の注釋的研究(二)〉, 《東洋文化研究所紀要》 89.

_______, 1984b, 〈釋華嚴敎分記圓通鈔の注釋的研究(三之一)〉, 《東洋文化研究所紀要》 94.

_______, 1984c, 〈釋華嚴敎分記圓通鈔の注釋的研究(三之二)〉, 《東洋文化研究所紀要》 95.

_______, 1987b, 〈釋華嚴敎分記圓通鈔の注釋的研究(四)〉, 《東洋文化研究所紀要》 102.

_______, 1987c, 〈釋華嚴敎分記圓通鈔の注釋的研究(五)〉, 《東洋文化研究所紀要》 104.

金知見, 1971, 〈華嚴一乘法界圖について〉, 《印度學佛敎學研究》 38(19-2).

金天鶴, 2001c, 〈韓國華嚴における三乘極果廻心說の流れ〉, 《印度學佛敎學研究》 99(50-1).

_____, 2004, 〈東大寺の創建期における華嚴思想と新羅佛敎〉, 《東大寺論集》 2号.

_____, 2005a, 〈東アジアの華嚴思想における無碍說〉, 《インド哲學佛敎學研究》 12.

_____, 2005b, 〈平安時代における東大寺·藥師寺の華嚴學の相違—東大寺所藏の未紹介寫本《五敎章中卷種子義私記》を通じて—〉, 《南都佛敎》 86.

吉津宜英, 1988, 〈釋華嚴敎分記圓通鈔の注釋的研究〉(6), 《華嚴學研究》 2.

_______, 1991, 〈釋華嚴敎分記圓通鈔の注釋的研究〉(7), 《華嚴學研究》 3.

大屋德城, 1926, 〈朝鮮海印寺經板攷〉, 《東洋學報》 15-3.

石井公成, 1985, 〈《華嚴經問答》の著者〉, 《印度學佛敎學研究》 66(33-2).

_______, 1994, 〈新羅華嚴敎學の基礎的研究-義相《一乘法界圖》の成立事情-〉, 《青丘學術論集》 4.

_______, 1996b, 〈〈事事無碍〉を說いたのは誰か〉, 《印度學佛敎學研究》 88(44-2).

_______, 2002, 〈元曉の和諍思想の源流-《楞伽經》との關連を中心として〉, 《印度學佛敎學研究》 101(51-1).

_______, 2003, 〈禪宗に対する華嚴宗の対応-智儼·義相の場合〉, 《韓國佛敎學SEMINAR》 9(故金知見博士追悼論集).

吉潤鎬·佐藤厚, 2000, 〈韓國華嚴學研究〉, 《韓國學佛教學SEMINAR》 8; 조윤호·사토 아츠시, 2001, 《일본의 한국불교 연구동향: 1900년에서 2000년까지, 그 역사와 전망》(한국유학생인도학불교학연구회 엮음), 藏經閣.
佐藤厚, 1994, 〈《一乘法界圖圓通記》解讀における二つの問題〉, 《東洋大學大學院紀要》 30.
______, 1995, 〈均如《一乘法界圖圓通記》と〈大記〉との關連〉, 《印度學佛教學研究》 86(43-2).
______, 1995, 〈朝鮮華嚴と《十地經論》加の所爲の解釋〉, 《東洋大學大學院紀要》 31.
______, 1996, 〈大記の五重海印說について〉, 《印度學佛教學研究》 88(44-2).
______, 1996, 〈義湘の中道義〉, 《東洋大學大學院紀要》 32.
______, 1997, 〈義湘系華嚴思想における《華嚴經》理解—《十句章圓通記》を中心として—〉, 《印度學佛教學研究》 90(45-2).
______, 1997, 〈義湘の教判思想〉, 《華嚴學論集》, 大藏出版.
______, 1998, 〈義湘系華嚴文獻に見える論理—重層的教理解釋—〉, 《韓國佛教學SEMINAR》 7.
______, 1999, 〈義湘系華嚴思想における無住〉, 《印度學佛教學研究》 94(47-2).
______, 2000, 〈義湘系華嚴學派の基本思想と《大乘起信論》批判—義湘と元曉の對論記事の背後にあるもの—〉, 《東洋學研究》 37.
______, 2001, 〈如來藏の鏡と華嚴の鏡—義湘系華嚴教學における《大乘起信論》批判の一例—〉, 《印度學佛教學研究》 98(49-2).
______, 2002, 〈《健拏標訶一乘修行者秘密義記》の基礎的考察〉, 《東洋學研究》 39.
______, 2003, 〈韓國佛教における華嚴教學と密教との融合 《健拏標訶一乘修行者秘密義記》小考〉, 《印度學佛教學研究》 102(51-2).
______, 2004, 〈《健拏標訶一乘修行者秘密義記》における義湘《一乘法界圖》の依用〉, 《印度學佛教學研究》 104(52-2).
______, 2004, 〈《宗鏡録》巻二十八所引〈雑華嚴經一乘修行者秘密義記〉について—房山石經刻經《健拏標訶一乘修行者秘密義記》との対照研究—〉, 《東洋學研究》 41.
崔鉛植, 2001, 〈《大乘起信論同異略集》の著者について〉, 《駒沢短期大學佛教論集》 7.
______, 2002, 〈〈新羅見登〉の活動について〉, 《印度學佛教學研究》 100(50-2).
______, 2003, 〈珍嵩の《孔目章記》逸文に対する研究〉, 《韓國佛教學SEMINAR》 9, 故金知見博士追悼論集.
惠谷隆戒, 1958, 〈義寂の《無量壽經述義記》について〉, 《佛大紀要》 35.

일본 학계의 조선시대 불교사 연구

오시카와 노부히사(규슈대 문학부)

1. 머리말

이 글의 목적은 1876년 개항 이후 일본 학계에서 전개된 한국불교사 연구, 특히 조선시대[1] 불교사 연구의 변천을 회고하고 연구상의 문제를 명확히 하는 것에 있다.

종래 조선시대 불교사는 왕조정부가 건국 이래 불교를 배척하는 정책을 시행하였기 때문에 불교가 쇠망하기에 이르렀다고 간주되어 왔다. 이러한 견해는 조선불교사 연구의 시작부터 현재까지 연구자들 사이에서 아무런 문제가 되지 않고 답습되어 왔다. 또한 이와 같은 조선시대 불교사에 대한 부정적인 평가는 일본 학계에서 연구에 대한 관심을 떨어뜨리는 한 요인이 된다.

그렇지만 요즈음 한국에서 한국학문헌연구소의 《한국사지총서韓

1) 이 글에서 '조선시대'라 함은 여말선초부터 1876년의 개항까지이다.

國寺志叢書》(전 14책, 아세아문화사, 1977~1997)나 동국대학교 한국불교전서 간행위원회의 《한국불교전서韓國佛教全書》(전 14책, 동국대학교출판부, 1979~2004)가 간행되어 일본에서도 한국불교에 관한 사료에 접근하기가 쉬워졌다. 또한 한일 관계가 호전됨에 따라 연구자 교류도 이루어져 현재 일본에서 한국불교사를 연구하는 환경이 착실하게 정비되고 있다.

따라서 이 글에서는 선학의 연구(金天鶴, 2000; 小倉紀蔵, 2002; 石井公成, 2006)를 참조하면서 먼저 1945년 이전의 연구를 정리하고, 이 시기 대표적 연구자로 손꼽히는 다카하시 토오루高橋亨와 에다 토시오江田俊雄의 업적을 검토 대상으로 삼는다. 그 뒤 1945년 이후의 상황을 밝혀 소기의 목적을 이루고자 한다.

2. 1945년 이전의 연구

1) 한국불교사 연구의 여명

일본 학계에서 한국불교사 연구가 시작된 첫 번째 계기는 일본 종교세력의 조선 포교였다. 특히 불교세력은 재빨리 조선 포교에 착수하고 더욱 원활한 포교를 실행하는 수단으로 한반도의 종교현상을 다루면서 한국불교사도 연구 대상으로 삼았다. 이때는 종교인뿐만 아니라 한국병합 이전부터 한반도에 거주하던 일본의 민간 역사가 들이 연구를 주도하였다.

한국불교에 관한 첫 연구는 가토 분쿄加藤文教의 글(1896·1900)이다. 당시 인천의 일련종日蓮宗교회 주임主任이었던 가토는 한국불교의 역사와 현상을 서술한 뒤에 조선 포교의 필요성을 설명하였다.

또한 사가佐賀 출신 저널리스트인 아오야나기 난메이青柳南冥는 한국 종교에 관한 첫 통사인 《조선종교사》(1911)를 썼다. 아오야나기는 조선 포교를 추진하는 세력의 요청을 받아 불교·유교·기독교 통사를 쓴 뒤에 〈우리 종교인 포교의 현상〉, 〈우리 종교인에게 경고한다〉, 〈조선 포교의 후원〉 등 3장을 덧붙여 포교 현상을 분석한 위에 그 필요성을 강조하였다. 조선시대 불교사에 대하여는 조선왕조가 불교를 압박하였기 때문에 조선 사회에서 불교가 황폐해지고 하층민 사이에서만 유포되었다고 하였다.

한국불교사 연구의 두 번째 계기는 구관 조사로 대표되는 조선총독부의 조사 사업이었다. 조선총독부의 조사 사업은 넓은 범위에 미쳐 사원도 그 범주에 들어갔다. 조선총독부는 1910년부터 사원 사료 조사를 한반도 전역에서 실시하여 그 성과로서 《조선사찰사료》(1911)와 《조선금석총람》(1919·1923)을 간행하였다. 《조선사찰사료》는 각 도(전라북도·함경북도는 제외) 사원의 소장 사료 370여 점을 집성하였으며, 《조선금석총람》은 당시 알려져 있던 금석문을 거의 망라하였는데 조선시대 금석문도 모두 340여 점을 수록하였다. 또한 조선사학자 이마니시 류今西龍(1875~1932)는 한국불교를 연구할 때 필요한 문헌을 30개 항목으로 나누어 해제를 붙였다(今西龍, 1911).

위와 같이 일본 학계의 한국불교사 연구는 일본 종교세력의 조선 포교와 조선총독부의 조사 사업을 계기로 하여 연구자뿐만 아니라 종교가·저널리스트 등 비전문가들에 의하여 시작되었다. 그래서 조선시대 불교가 국가의 압박에 의해 쇠퇴하는 한편 부녀자나 서민들 사이에서 신앙이 유지되었다는 견해가 제시되었고, 이는 이후 조선시대 불교사 서술의 방향을 규정하게 되었다.

2) 조선시대 불교사 연구의 시작

조선시대 불교사를 주제로 한 첫 연구는 후루타니 키요시古谷淸의 〈이조불교사 경개〉(1911·1912)이다. 후루타니는 조선시대 불교를 '한 편의 불교 쇠망사'로 요약하면서도 부녀자나 서민들 사이에서 불교가 깊이 신앙된 것을 들어, 조선시대 불교가 유교의 압박을 받았지만 그 세력을 완전히 빼앗긴 것은 아니었다고 주장하였다. 그리고 〈태조太祖의 불교신앙佛教信仰〉, 〈유불儒佛의 충돌衝突〉, 〈세조이후世祖以後 선조이전宣祖以前의 역조대불교책歷朝對佛政策과 당시當時 도선渡鮮의 일본승려日本僧侶〉, 〈선조조宣祖朝의 불교佛教〉, 〈선조이후宣祖以後의 이조불교李朝佛教〉의 5장에 걸쳐 조선시대 불교의 변천을 논술하였다.

그 뒤 조선시대 불교사는 주제별·실증적 연구 방향으로 나아가게 된다. 이마니시 류今西龍의 〈《월인천강지곡》과 《석보상절》에 대하여〉(1930)는 《석보상절》(1447년 간행)이 수양대군(세조)이 세종의 명을 받아 찬술한 석가모니의 사적기이고, 《월인천강지곡》(1447년 간행)은 세종이 《석보상절》을 보고 작성한 찬송가사이며, 이 《월인천강지곡》과 《석보상절》을 함께 수록한 것이 《월인석보》(1459년 간행)라고 하였다. 또한 에다 토시오는 《월인천강지곡》, 《석보상절》, 《월인석보》를 각각 비교·고찰하여 한국 문화사에서 이 책들이 지니는 가치를 높이 평가하였다(江田俊雄, 1936a).

또한 구로다 료黑田亮는 조선본 불서의 특징으로서 사찰판이 대부분을 차지하는 것이나 권말에 편찬 및 간행에 참여한 이들의 이름을 적는 것, 간행년 등 간기刊記가 많이 표기된 것 등을 지적하였다(黑田亮, 1940).

한국 선종禪宗의 흥망興亡을 다룬 유일한 통사인 누카리야 카이텐忽滑谷快天의 《조선선교사》는 조선시대를 '선교 쇠퇴의 시기'로 규정한 뒤 조선시대에 활약한 선승禪僧의 행적 및 그 법통을 자세하게 검토하였다.

여말선초의 유·불 대립에 관하여 이상백李相佰은 태종대 척불정책의 전모를 당시 유생이 주도하던 척불운동 동향과 연결시켜 자세하게 분석하였다. 그 결과 태종은 방대한 인적·물적 자산을 소유한 사찰의 경제력을 몰수하기 위하여 척불정책을 수행하였다고 보았다(李相佰, 1938). 또한 유생 등이 고려 말기부터 전개한 척불운동의 내용과 의의도 고찰 대상으로 하였다(李相佰, 1939).[2)]

후지타 료사쿠藤田亮策는 1942년 해인사 잡판고 수리 때 잡판雜板 정리 및 조사를 실시하였다. 그때 후지타는 초대 조선총독 데라우치 마사타케寺內正毅(1852~1919)가 1911년에 잡판을 인출하면서 작성한 〈해인사사적〉에 대하여 자세한 해설을 하였다(藤田亮策, 1943). 또한 잡판 정리 및 조사 내용은 뒤에 〈해인사잡판고〉로서 공표되었다(藤田亮策, 1991).

일본 중세 대외관계사 연구에서는 일본의 여러 세력에 의한 고려대장경 청구 사실이 일찍부터 주목을 받아 많은 성과가 발표되었다. 〈이조시대 조선에 건너간 일본 승려들의 목적에 대하여〉(古谷清, 1911)는 15·16세기에 조선에 건너갔던 일본 승려들이 대개 대장경 획득을 목적으로 하였음을 처음으로 지적하였다. 〈고려판대장경에 대하여〉(菅野銀八, 1924)는 고려대장경이 일본에 유입된 사례를 일일이 정리하여, 조선왕조가 대장경 인쇄본을 보냄으로써 일본을 회유할 수 있었다고 설명하였다. 〈아시카가足利 씨와 조선의 대장경판〉(今村鞆, 1930)과 〈대장경판 청구와 일선日鮮의 교섭〉(川口卯橘, 1931)은 15세기 초반 일본과 조선왕조의 교섭에서 일본 사신이 대장경판을

---

2) 이상백의 글(1938·1939)은 뒤에 한국어로 번역되어 《朝鮮文化史研究論攷》(乙酉文化社, 1947)에 수록되었다.

청구하였던 사건의 전말을 자세하게 추적하여, 당시 일본과 조선 사이 교섭의 실상을 재현하였다. 〈중세사원과 외국 무역(하)〉(竹內理三, 1938)는 일본 사원이 15·16세기에 명나라나 조선에 배를 파견하여 적극적으로 무역 활동을 전개하였는데, 일본 여러 세력의 대장경 청구도 이러한 무역 활동의 일환이었다고 보았다.

미술사 연구에서는 세키노 타다시關野貞가 고려·조선시대에 만들어진 불화佛画·동종銅鐘이 일본에 상당수 흘러 들어간 사실을 지적하여 이후 연구에 큰 영향을 주었다(關野貞, 1924).

위에서 살펴본 대로 조선시대 불교사 연구는 특히 1930년대 이후에 구체적인 주제별 연구가 심화되었음을 알 수 있다. 그렇지만 주제별 연구의 축적이 진행되는 한편으로 조선시대 불교사를 종합적으로 파악하는 연구도 계속되어 체계적 성과가 나온 점에 주목할 필요가 있다. 그 가운데 다카하시 토오루와 에다 토시오의 연구가 조선시대 불교사 연구에서 이룩한 업적은 매우 중요하다. 따라서 지금부터는 다카하시와 에다의 연구를 검토 대상으로 삼고자 한다.

3. 다카하시 토오루의 연구

다카하시 토오루高橋亨(1877~1966)는 1904년에 대한제국 정부의 초빙을 받아 관립중학교 교사로서 한국에 온 뒤 조선 연구 및 사료 조사에 매진하게 된다.[3] 그 일환으로 다카하시는 1912년에 조선총독부의 위촉을 받아 사고史庫 조사차 오대산 월정사에 갔다. 그때 월정사

3) 다카하시 토오루의 경력은 〈高橋先生年譜略〉(《朝鮮学報》 14, 1959)을 참조. 또한 다카하시의 생애와 업적을 고찰한 연구로서 권순철의 〈高橋亨の朝鮮思想史研究〉(《埼玉大学紀要》 33-1, 1997)를 들 수 있다.

및 상원사 승려들의 근행을 보고 조선불교에 대한 연구에 뜻을 품었다고 한다. 〈조선의 불교에 대한 새로운 연구〉(1912)는 조선불교에 관한 첫 연구인데, 오대산 월정사에서 벌인 조사 체험을 통해 얻은 견식과 연구과제를 밝히고 있다. 이에 따르면, 종교를 사회적으로 정의하면 조선불교는 이미 없는 것이나 다름없지만, 개인의 안심입명安心立命을 위주로 보면 결코 없어지지 않았다고 한다.

이후 다카하시는 종파 변천에 관한 연구에 착수하여 〈조선에서 불교 종지의 변천〉(1914a)·〈조선불교종파체감사론〉(1914b)에서 조선불교 종파의 전개를 불교 전래 후 조선시대까지 포괄적으로 정리하였다. 특히 조선시대에 관하여는 세종대에 선교禪敎양종으로 통폐합되어 선종과 교종 이외의 종지가 폐지되었고 선조대에 서산 휴정(淸虛禪師, 1520~1604)의 출현에 따라 선교양종이 총섭되어 선주교종禪主敎從·교여비선본敎予備禪本의 조선종朝鮮宗이 형성되었다고 하였다.

그 뒤 다카하시의 연구는 조선불교의 여러 측면으로 넓어졌다. 〈조선 사찰의 연구〉(1916)는 조선 사찰 가람의 특색으로서 ① 주로 심산유곡深山幽谷에 자리 잡은 것, ② 단가檀家가 없는 것, ③ 사찰의 재산으로 유지되는 것, ④ 사찰에 가는 속인이 거의 없는 것, ⑤ 명찰에는 많은 승려가 소속된 것 등 다섯 가지 점을 들었다. 또 조선 승려의 생활을 일본 승려의 그것과 비교하여 ① 세속과 관계를 맺지 않는 것, ② 무학無學한 승려가 많은 것, ③ 각각 재산을 가지고 부양을 받지 않는 것, ④ 절대적 평등주의를 하는 것, ⑤사찰 안에서 규칙이 엄격한 것, ⑥ 단결이 강한 것 등 여섯 가지 점을 지적하고 각 항목에 대하여 설명하였다.

〈이조에서 승직의 변천〉(1922)은 승계僧階·승직僧職을 분석 대상으로 하여 조선왕조의 승려 관리 실태를 고찰한 것이다. 이에 따르면 건국 당초부터 명종대까지는 국가가 주는 선교양종 승계가 있어 승직이 관인 위계와 거의 같이 다루어졌다. 그러나 명종대에 승과僧科가 폐지되자 승계는 완전히 소멸하였다. 임진왜란 이후 선조가 휴정에게 주었던 도총섭都總攝 등은 의병승義兵僧을 통솔한 공적에 대한 것이고, 승계와는 다른 승직으로 간주되었다. 그 뒤 승직은 사찰에서 승려가 맡은 직무를 일컫는 말로서 사용되었다고 한다.

위에서 든 연구에 근거하여 다카하시는 조선시대 불교사 연구의 집대성으로서《이조불교》(1929)를 썼다. 다카하시는 먼저 조선시대 불교를 '국가의 교정教政'과 '종지宗旨와 전등傳燈'을 기준으로 각각 두 시기로 나눌 수 있다고 하였다. '국가의 교정'으로서 보면 건국 당초부터 성종대까지가 제1기이다. 이 시기에는 국가가 불법 통일 기관의 존립을 인정하고 승과僧科를 실시하여 승려 위계를 주었으며, 사찰 주직과 종무소 주승을 임명하고 도승법에 의해 인민이 합법적으로 승려가 되는 것을 허가하였다. 그러나 연산군대 이후의 제2기에서는 이러한 제도들이 모두 철폐되어 국가와 불교는 공적公的인 관계를 끊고 사적私的으로 불교도와 사찰의 존재를 묵인하는 데 그쳤다고 하였다.

한편 '종지와 전등'으로는 선조대 이전과 이후 두 시기로 나눌 수 있다고 하였다. 건국 당초에는 선종·교종 모두 7종이 대립하였는데, 세종대 초반에 선교양종으로 병합되고 승과·승계도 선종·교종으로 각각 나뉘었다. 그런데 휴정이 나타나고 그 법손이 불교계를 풍미하게 되자 종전의 선교양종 구별이 철폐되고 선교겸수·선주교종이 조선 불법의 종지가 되었다고 한다.

이에 다카하시는 조선시대 불교의 성쇠를 제1기(건국 당초부터 성종대까지. 불교가 국가 공인 종교였던 시대)·제2기(연산군대부터 인조대까지. 불교는 국가 공인 종교가 아니었지만 임진왜란 때 의병승의 활약 등으로 국가에 공헌할 수 있었던 시대)·제3기(효종대 이후. 불교가 쇠망한

시대)로 구분하여 조선시대 교법 성쇠盛衰의 흐름을 파악하였다. 특히 역대 국왕의 불교정책, 명승의 행적 및 교리, 문파 법통, 승려 생활 등 여러 분야에 걸쳐 자세한 설명을 하였다. 게다가 제3편 제11장 〈최근 조선 불교의 정황〉에서 한국병합 이후 불교계의 동향까지 언급하였다[4].

다카하시의 연구는 조선시대 불교사 연구의 근간을 형성하였을 뿐만 아니라 한국의 사상·종교에 관한 모든 연구에서 현재까지 큰 영향을 미쳐 왔다. 최근 들어 일본 학계에서 '식민주의사관'에 입각하였다고 하여 다카하시의 연구 태도를 비판하는 움직임이 보이고 있지만(川瀨貴也, 2003·2004), 다카하시의 연구성과를 비판적으로 계승한 연구는 아직 없는 실정이다.

다카하시는 1945년 이후에도 정력적인 연구활동을 펼쳐 1950년에 텐리대학 교수가 되어 조선학회朝鮮學會를 창립하고(1950) 그 운영을 맡았다. 〈이조 승장僧將의 시〉(1951)는 임진왜란이나 남·북한산성 수비에 의병승으로 참가한 승려의 사상을 시문을 통하여 밝힌 것이고, 〈《허응당집》과 보우대사〉(1959)는 1959년에 텐리대학이 나고야시 호사蓬左문고 소장 《허응당집》을 영인·출판할 때 《허응당집》 해제와 저자 보우普雨(?~1565)의 행적을 함께 기술한 것이다.

4. 에다 토시오의 연구

에다 토시오江田俊雄(1898~1957)는 1928년 경성 불교전수학교(1930년에 중앙불교전문학교로 개칭)에 부임한 이래(東大七十年史刊行委員会 편,

---

4) 《이조불교》(1929)에 대한 서평으로 에다 토시오(1930)와 나카무라 메이다카(1930)가 있다.

1980, 295~306쪽) 조선시대 불교사에 관한 논문을 많이 발표하였다. 먼저 에다는 중앙불교전문학교에서 자신이 찾은 조선본《원형석서元亨釈書》의 찬술 취지를 해설하였다(江田俊雄, 1932). 이어 스스로 조사한 한글 언해 불전 119점에 대하여 각각 해설하고 불전의 종류·간년·간지 등을 분석한 뒤, 한글 언해 불전이 간행된 사회적 배경을 고찰하였다(江田俊雄, 1934). 특히 에다는 조선 법화신앙의 추이를 개설하면서 조선에서 간행된《법화경》류 및《법화경소》78점의 서지를 밝혔다(江田俊雄, 1935). 또한〈이조 간경도감과 그 간행불전〉(1936b)에서는 세조가 설치한 간경도감의 직제와 사업 내용, 간경도감 폐지의 전말을 서술하였고, 그곳에서 간행한 불전에 대해 자세한 해제를 붙였다.

또한 에다는 중앙불교전문학교에서 동료였던 권상로權相老와 같이《조선왕조실록》의 불교 관계 기사를 가려 뽑아 그 성과를《이조실록 불교 초존鈔存》(權相老, 1935)으로서 공표하였다. 또한 스에마츠 야스카즈末松保和 등과 같이 경성제국대학 법문학부 종교학연구실을 중심으로 조선불교사학회를 설립하여 한국불교사 연구의 토대를 구축하는 데 전력을 기울였다.

에다는 1945년 이후도 고마자와 대학에서 연구활동을 계속하였다.〈불서 간행으로 본 이조시대 불교〉(1956)에서는 오랫동안 불전 조사를 했던 경험을 바탕으로 조선시대 불전 간행의 동기·목적·방법·형식·내용·분포에 대하여 자세한 해설을 하였다. 끝으로〈조선의 불교〉(1958)는 한국불교사를 포괄적으로 개설한 것으로 특히 조선시대 불교를 '쇠미衰微기의 불교'로 간주하고 다시 '불교 공인公認기'·'불교 점쇠漸衰기'·'불교 쇠퇴衰退기'의 3기로 구분하여 그 성격을 규정하였다.

이상과 같이 에다의 공적은 한국에서 간행된 불전을 조사하여 구체적인 서지를 작성함으로써 조선시대를 포함한 한국불교사 연구의 바탕을 세운 것에 있다. 에다의 연구는 뒤에 《조선불교사의 연구》(1977)에 묶여 실리게 된다.

5. 1945년 이후의 연구

1) 연구 재개

앞에서 서술한 바와 같이, 조선시대 불교사 연구는 1945년 이후 한국에서 일본으로 돌아온 다카하시 토오루·에다 토시오를 중심으로 재개되었다. 그러나 다카하시와 에다가 연구 일선에서 물러나자 조선시대 불교사 연구의 주류는 인접 분야 연구자가 맡게 되었다.

사회사·경제사에서는 다가와 코조田川孝三가 세종대 말부터 문종대에 이르러 승려가 공물 대납에 적극적으로 관여하였음을 해명하였다(田川孝三, 1960). 아리이 토모노리有井智德는 조선왕조 역제役制에서 승려의 위치를 논하였는데, 승려가 비록 역을 면제받았다고는 해도 한 곳에 머물러 농업에 종사하는 경우 민호民戶와 같이 호역戶役이 부과되었다고 설명했다(有井智德, 1962·1964). 스이타 와코吹田和光는 조선시대 '승군僧軍'으로 불리던 승려 집단은 정부의 토목 공사에 인부로 참여한 승려를 말하는 경우와 임진왜란 때 의용군을 일으켰던 승려를 말하는 경우가 있음을 지적하였다. 특히 후자에 대해서는 임진왜란 뒤에 남·북한산성 방비가 군역으로 부과되었기 때문에 승려의 감소나 사찰의 황폐화를 초래하여 불교세력이 쇠퇴하는 중요한 요인이 되었다고 보았다(吹田和光, 1974).

일본 중세 대외관계사 연구를 살펴보면, 호리이케 슌포堀池春峰가 1482년 일본 사신이 원성사円成寺의 요청으로 대장경을 청구하였고 당시 가져간 대장경이 증상사增上寺에 소장되었음을 규명하였고(堀池春峰, 1960a), 1487년 오우치 마사히로大内政弘 사자使者가 장곡사長谷寺의 요청으로 대장경을 청구하였음을 해명하였다(堀池春峰, 1960b). 또한 마루가메 긴사쿠丸亀金作는 1487년 일본 사신이 안국사安国寺의 청에 따라 대장경을 청구한 사실을 소개하고(丸亀金作, 1966), 야마모토 노부요시山本信吉는 한반도에서 인출되어 현재 쓰시마에 남아 있는 경전의 유래 및 상황을 보고하였다(山本信吉, 1974).

미술사 연구에서는 한반도에서 일본으로 전래된 불구佛具의 정리·분석이 집중적으로 이루어졌다. 구마가이 노부오熊谷宣夫는 고려·조선시대에 제작된 불화佛画에 관한 기본 정보를 총정리하면서 종래 중국에서 일본으로 들어왔다고 알려진 작품 가운데 상당수가 고려·조선시대의 불화임을 지적하였다(熊谷宣夫, 1967·1972). 기쿠타케 준이치菊竹淳一는 쓰시마와 이끼 섬을 비롯한 서西일본 각지에 남아 있는 한국계 불상에 대해 그 양식상의 특징과, 서일본에 집중하여 분포된 이유와 의의를 밝혔다(菊竹淳一, 1973·1974a·1974b·1976·1988). 츠보이 료헤이坪井良平는 일본에 전래한 한국 종鐘을 샅샅이 조사하여 그 성과의 일부를 《조선 종》(1974)으로 출간하였다.

건축사 연구에서는 스기야마 노부조杉山信三가 고려·조선시대 목조 건축을 종합적으로 연구하면서 사원의 건축 양식을 자세히 분류하였다(杉山信三, 1984). 또한 나카니시 아키라中西章의 《조선반도의 건축》(1989)은 일본어로 쓰여진 조선 건축에 관한 대표적 개설서인데, 조선시대 사원 건축에 대해서도 간명한 해설을 붙였다.

1970년대에 이르러 일본·중국불교 연구자들 사이에서 일본·중국불교를 동아시아 불교의 범주에서 이해하려는 움직임이 일어났고, 이에 한국불교에 대한 관심도 높아지게 되었다. 그 결과 동아시아 불교권의 한 영역으로서 한국불교사 개설이 발표되었다(大類純, 1973; 里道徳雄, 1976).

1980년대에는 가마타 시게오鎌田茂雄가 한국불교사에 관한 연구성과를 잇따라 발표하였고, 동아시아 불교사에서 한국불교의 독자성과 중요성을 역설하여 연구자뿐만 아니라 일반 독자에게도 한국불교사에 대한 관심을 환기시켰다. 가마타는 직접 방문·조사한 사찰의 역사와 현상을 해설하고(鎌田茂雄, 1980), 한국불교의 특징이 호국불교의 정신에 있음을 지적하였으며(鎌田茂雄, 1981), 한국불교의 사상적 근저에는 《화엄경》의 정신이 흐르고 있다고 설명하였다(鎌田茂雄, 1983). 《조선불교사》(1987)는 가마타의 한국불교사 연구의 집대성으로, 한민족이 중국에서 불교를 받아들이면서도 독특한 불교와 불교문화를 창조하였다고 보았다. 곧 한국불교의 정치적·사회적 특질로서는 호국불교, 교리적 특질로서는 종합 불교를 부각시킨 것이다.

2) 한국인 연구자의 성과

1970년대 이후 들어 일본 학계에서 한국 학계의 연구성과가 많이 발표되었다. 한국인 연구자의 관심은 주로 인물과 사상사 연구에 집중되었고, 이는 일본 학계에 새로운 질문을 던지는 계기가 되었다.

강문선姜文善은 조선 초기의 승려이며 《현정론顯正論》과 《유석질의론儒釋質疑論》을 써서 유자儒者의 배불론排佛論에 대해 반론한 기화己和(函虛得通, 1376~1433)의 저술 가운데 〈설의說誼〉의 내용을 검토하여, 기화가 선교양종을 통합하고자 적극적으로 선교일치의 타당성을 강조하였다고 보았다(姜文善, 2000). 이와 달리 한보광韓普光(泰植)은 기화가 임제선의 법맥을 계승하면서도 염불 정토에 깊은 관심을 가지고 염불을 실천하였다고 평가하고, 그의 정토에 대한 견해를 6항목으로 나누어 정리하였다(韓普光, 2006).

〈매월당 김시습의 행적으로 본 불교사상의 고찰〉은 생육신의 한 사람이며 단종 폐위 후 출가해서 많은 저작을 남긴 김시습金時習(雪岑, 1435~1493)의 생애와 불교관을 검토하여 김시습 불교 사상의 특징을 유불일치儒佛一致에서 찾은 연구이며(金昌奭, 1977), 〈조선 초기 설잠의 법계도 주석〉(韓鍾万, 1982)은 의상의 글에 대해 김시습이 주해註解한 《대화엄일승법계도주大華嚴一乘法界圖註》의 내용을 분석하여 김시습의 주석이 화엄사상의 핵심을 간명하게 선적禪的으로 파악하였다고 평가한 것이다. 더불어 한종만은 〈김시습의 삼교합일사상에 대하여〉(韓鍾萬, 1993)에서 김시습의 불교 사상을 화엄·법화·선으로 나누어 정리하였고 실천적인 입장을 중시하면서 삼교三教 원융을 추구하였다고 보았다.

임진왜란 때 의병승으로서 활약하고 불교계의 통일을 실현한 휴정(서산대사, 청허선사)에 대해서는 특히 많은 연구가 발표되었다. 첫째, 휴정의 선교관禪教観에 대하여 〈한국 이조시대 청허선사의 선교관〉(鄭学権, 1974)은 선과 교가 궁극적으로 화합일치和合一致한다고 하면서도 교에 대한 선의 우위성에 중점이 두어졌다고 설명하였다.[5]

둘째, 휴정의 저서인 《선가귀감禪家亀鑑》, 《유가귀감儒家亀鑑》, 《도가귀감道家亀鑑》에 관한 연구 가운데 〈서산휴정의 유·불·도 삼교유화론에 관하여〉는 각각의 내용을 비교하여 유·불·도 삼교의 종조는 비록 다르지만 그 본질은 일심一心이라고 하여 삼교합일론三教合一論의 효시가 되었다고 평가하였다(申正午, 1974). 또한 신정오의 《서산대사의 《선가귀감》 연구》(1991)는 휴정의 행적을 밝히고 《선가귀감》의 내용을 자세히 분석하였다. 이어 송천은宋天恩도 휴정의 삼교(유·불·도) 회통 사상의 구체적 내용을 구명하였다(宋天恩, 1993).

5) 이에 대해 후루타 쇼킨古田紹欽이 다른 견해를 제시하였는데, 휴정이 선종과 교종을 별도로 세웠고, 이는 뒤에 그 문파가 화엄을 주로 하는 교파教派와 임제臨濟를 주로 하는 선파禪派로 나누어지는 계기가 되었다고 하였다(古田紹欽, 1986).

휴정의 정토 사상에 대해 신정오는 염불 신앙자로서의 면모에 주목하여 휴정의 사상에 염선일치念禪一致의 측면이 있음을 논술하였다(申正午, 1983). 또 이정모李正模는 휴정의 정토사상이 《관경觀経》에 의거하면서 달마達磨 등의 선정쌍수사상을 계승하였다고 설명하였다(李正模, 1988). 한편 휴정의 진언관眞言觀에 대해 〈서산 임정선사의 진언관에 대하여〉(申正午, 1984)는 휴정이 철저한 선사禪師이면서도 신주(진언)의 신비력神秘力을 부정하지 않았다고 하였다.

조선왕조 정부의 불교정책에 대하여 〈이李 왕조의 불교 탄압〉은 기존 이해의 연장선 위에 불교 탄압이라는 관점에서 개설하였다(金甲周, 1991). 〈조선시대의 숭유척불 정책과 불교계의 동향〉은 조선시대에 진언계 의경疑経이 유포된 것을 근거로 조선시대 불교가 왕조 정부의 척불정책과는 별도의 차원에서 존속을 꾀하면서 대승불교의 정신과 전통을 회복하였다고 하였다(元永常, 2003).

종파에 관한 문제에서 〈한국 불교의 오교양종五教両宗 문제〉(韓基斗, 1981)는 '오교양종'이 전통적으로 성립된 종파가 아니고 불교나 승려, 또는 불학을 총칭하는 용어라고 주장하였다.

《한국 불교 의례의 연구》(洪潤植, 1976)는 한국불교사에서 불교 의례의 변천이나 의례에 반영된 여러 신앙 형태를 분석하여 한국 불교 의례의 특징을 밝혔다. 특히 조선시대 불교 의례에서는 범패梵唄가 중시되었음을 규명하였다.

한국 미륵 신앙의 전개를 종합적으로 고찰한 연구로는 《한국 미륵신앙의 연구》(金三龍, 1985)가 있다. 김삼룡은 조선시대 미륵 신앙에 대하여 유학자의 불교 탄압이 오히려 불교를 민중과 결합시켜 전란과 제도적 모순 등에 따른 정치적·사회적 혼란 과정에서 미륵신앙이 민중을 중심으로 전개되었다고 하였다.

〈조선시대 불교 가사에 나타난 정토신앙〉(趙明烈, 1998)은 조선시대에 창작된 한글 불교 가사가 성립된 배경이나 그 사상적·신앙적 추이를 검토하여 민중 사이에 염불신앙이 널리 퍼진 과정을 밝혔다.

〈조선시대의 《법화경》 유통고〉(李永子, 2007)는 조선시대 《묘법연화경妙法蓮華經》의 간행 실상을 분석하여 조선시대에 선교양종의 통합이 진행되는 가운데 천태天台 사상이 조계선종曹溪禪宗으로 합쳐져 선적禪的으로 변모하여 그 명맥을 유지하였다고 보았다.

〈한국 불교에서 비구니의 역할에 대하여〉(張愛順, 2007)는 삼국시대부터 현재까지 비구니의 활동을 역사적으로 고찰한 연구인데, 조선시대에는 비구니가 왕실의 숭불 경향에 힘입어 사원과 왕실을 결부시켜 불사나 시주를 중개하는 역할을 맡았다고 하였다.

3) 최근의 연구

최근 인접 분야 연구의 진척에 자극을 받아 종래와는 다른 관점에서 실증적 연구가 축적되고 있다. 또한 한국 학계와 교류가 성행하게 되어 한·일 공동 연구가 자주 이루어져 큰 성과를 거두었다.

휴정의 제자이며 임진왜란 때 의승병으로 활약하고 왜란 뒤에 강화 사절로서 일본에 온 유정惟政(四溟大師·松雲大師, 1544~1610)에 대하여 《조선 의병장 송운대사와 도쿠가와 이에야스》(仲尾宏·曹永祿 編, 2002)는 한국·일본 연구자의 논고 12편을 수록하여 유정이 임진왜란 및 조선과 일본의 강화 교섭에서 맡은 역할을 다면적으로 살펴보았다.

왕실과 불교, 특히 왕비와 불교에 관한 문제는 나카지마 시로中島志郎가 문정왕후(중종계비)의 양종兩宗 복립復立과 당시 보우가 실시한 불교정책의 개요를 정리하였고(中島志郎, 2002), 또 인수대비(덕종비)에 의한 불교 옹호의 사례를 검토하여 왕실 여성의 불교 신앙이 유교 윤리와 가족 윤리에서 비롯되었다고 주장하였다(中島志郎, 2004).

여말선초 유교와 불교의 대립에 관하여 〈이조시기에서 주자학의 '이理'—정도전의 불교 비판을 둘러싸고—〉(市来津由彦, 1991)는 정도전鄭道傳의 불교 비판과 기화의 불교 옹호론을 비교하여 양자가 비록 대립하지만 정교政敎의 유효성이나 세계 구조를 설명하려는 문제의식에서 실제로는 일치하는 점이 많음을 지적하였다. 또한 〈고려-조선에서 불교-유교 사이의 대립을 보는 안목—《불씨잡변》과 《현정론》의 입장에 관한 비교—〉(Charles Muller, 金子奈央 譯, 2004)는 정도전이 《불씨잡변》에서 불교의 전체적 모순을 지적한 것에 대해 기화가 《현정론》에서 유교 교의와 그 실천 사이에 있는 모순을 비판하였다고 하였다.

조선 초기의 승려정책에 대하여 오시카와 노부히사押川信久는 '척불정책'으로만 이해해 온 종래 견해를 비판하면서 승려정책 시행의 목적이 승려를 국가 관리 밑에 두면서 국가 건설의 노동력으로서 활용하는 데 있었다고 하였다(押川信久, 2002·2006·2007).

조선 후기 호적대장에 기재된 사원 및 승려에 대하여 야마우치 타미히로山内民博는 19세기 경상도 안의현 호적대장을 이용하여 호적대장에 나오는 사원 및 승려 기재의 특징을 밝혔다(山内民博, 2006).

일본 중세 대외관계사 분야에서 〈조선에 대장경을 청구한 위사僞使에 대하여〉(村井章介, 1987)는 15세기 후반에 대장경을 청구하였던 일본 사절 가운데 위사僞使가 다수 포함되어 있음을 지적하고, 사례를 검토하여 위사 연구의 새로운 방향을 제시하였다. 그 뒤 〈고려·조선 불교미술 전래고〉(楠井隆志, 1997)는 일본에 현존하는 고려·조선 불교 관계 유물이 전래된 사정을 각종 사료에 의거하여 정리하였다. 또한 〈무로마치 막부의 조선외교—아시카가 요시모치·요시노리기의 일본 사신을 중심으로—〉(関周一, 1997)는 조선왕조에 파견된 일본 사신을 구체적으로 검증함으로써 무로마치 막부가 편 조선 외교의 성격을 밝혔고, 〈15·16세기 일명日明·일조日朝 교섭과 몽창파 화장문파 — 일본 사신의 외교승을 둘러싸고 —〉(伊藤幸司, 1999)는 1456년 일본 사신이 미노美濃 상국사相国寺와 에치고越後 안국사安国寺의 요청에 따라 대장경을 청구한 사건을 고찰하였다. 이어 〈중세 후기에서 오우치씨의 대장경 수입〉(須田牧子, 2007)은 15세기 오우치씨大内氏에 의한 대장경 수입의 과정을 추적하여 오우치씨가 영지 지배나 일본 내 여러 세력과 외교를 원활하게 하고자 대장경을 이용하였음을 밝혔다.

미술사 연구에서는 일본에 전래된 고려·조선시대 불화를 구체적으로 해설하고 이들 불화를 비교하여 그 동질성과 이질성을 밝힌 연구가 있다(菊竹淳一·井手誠之輔·朴銀卿, 1994; 武田和昭, 1997). 또한 핫토리 요시오服部良男는 일본에 현존하는 감로탱甘露幀(조선시대에 만들어진 불화佛畵의 일종) 4점의 그림 내용을 자세히 분석하였고(服部良男, 1988·2001·2003·2005), 노무라 신이치野村伸一는 감로탱에 그려진 여성의 생활상을 검토하여 조선 후기 여성 생활의 한 단면을 고찰하였다(野村伸一, 2003).

6. 맺음말

위에서 일본 학계의 한국불교사 연구, 특히 조선시대 불교사 연구의 동향을 개설적으로 추적하였다. 조선시대 불교사 연구는 일본 종교세력의 조선포교와 조선총독부의 조사 사업을 계기로 1910년대에 시작되어, 다카하시 토오루·에다 토시오에 의하여 그 기초가 구축되기에 이르렀다. 그리고 1945년 이후 다카하시·에다의 연구를 바탕으로 삼아, 인접 분야의 연구 진전과 함께 한국 학계로부터 새로운 성과를 받아들이면서 구체적인 개별 실증 연구가 차츰 축적되어 왔다.

하지만 조선시대 불교사 연구에는 아직까지 수많은 과제가 산적해 있다. 먼저 한국 학계의 연구성과가 활발히 소개되었지만, 일본 학계에서 이들 성과를 충분히 수용했다고는 할 수 없다. 마찬가지로 한국인 연구자도 일본 학계의 연구 현황을 거의 파악하지 않은 채 연구를 진행해 온 것은 부정할 수 없다. 따라서 앞으로는 쌍방의 연구동향을 이해하고 서로 공유할 수 있는 영역을 모색하면서 연구와 교류를 추진하는 것이 바람직할 것이다.

한편, 연구의 구체화·세분화가 이루어졌지만 조선시대 불교사의 전체상을 파악하려는 노력이 미약하였다는 인상은 지울 수 없다. 이런 상황을 타개하기 위해서는 개별 연구에서 선행 연구를 정확히 이해하고 인접 분야의 연구성과를 적극적으로 흡수하면서 조선시대사라는 범주 안에서 불교사를 파악할 필요가 있다.

참 고 문 헌

1. 연구 논저

1) 단행본

東大七十年史刊行委員會 編, 1980,《東大七十年史》, 東国大学校出版部.

加藤文教, 1900,《韓国開教論》, 加藤文教.

江田俊雄, 1977,《朝鮮仏教史の研究》, 国書刊行会.

鎌田茂雄, 1980,《朝鮮仏教の寺と歴史》, 大法輪閣.

________, 1987,《朝鮮仏教史》, 東京大学出版会.

高橋亨, 1929,《李朝佛教》, 宝文館.

関野貞, 1941,《朝鮮の建築と藝術》, 岩波書店.

權相老編, 1935,《李朝実録佛教鈔存》, 中央佛教専門学校.

堀池春峰, 1982,《南都仏教史の研究 下 諸寺篇》, 法蔵館.

今西龍, 1974,《高麗及李朝史研究》(今西春秋 編), 國書刊行會.

金三龍, 1985,《韓国弥勒信仰の研究》, 教育出版センター.

藤田亮策, 1963,《朝鮮学論考》, 開明書院.

杉山信三, 1984,《韓国の中世建築》, 相模書房.

申正午, 1991,《西山大師の禅家亀鑑研究》, 山喜房仏書林.

有井智徳, 1980,《高麗李朝史の研究》, 国書刊行会.

伊藤幸司, 2002,《中世日本の外交と禅宗》, 吉川弘文館.

田川孝三, 1965,《李朝貢納制の研究》, 東洋文庫.

朝鮮総督府内務部地方局 編, 1911,《朝鮮寺刹史料》(全2冊), 朝鮮総督府.

________________________, 1919·1923,《朝鮮金石総覧》(全3冊), 朝鮮総督府.

仲尾宏·曹永禄 編, 2002,《朝鮮義兵将·松雲大師と徳川家康》, 明石書店.

中西章, 1989,《朝鮮半島の建築》, 理工学社.

青柳南冥, 1911,《朝鮮宗教史》, 朝鮮研究会.

村井章介, 1988,《アジアのなかの中世日本》, 校倉書房.

坪井良平, 1974,《朝鮮鐘》, 角川書店.

忽滑谷快天, 1930,《朝鮮禅教史》, 春秋社.

洪潤植, 1976,《韓国仏教儀礼の研究》, 隆文館.

黒田亮, 1940,《朝鮮舊書考》, 岩波書店.

2) 논문

加藤文教, 1896,〈朝鮮の佛教〉,《太陽》2-1.
姜文善, 2000,〈朝鮮初の涵虚得通における〈説誼〉の意味〉,《印度学仏教学研究》49-1.
江田俊雄, 1930,〈《李朝佛教》を読む〉,《宗教研究》52; 江田俊雄, 1977.
_______, 1932,〈朝鮮本元亨釈書に就いて〉,《現代宗教》98; 江田俊雄, 1977.
_______, 1934,〈朝鮮語譯佛典に就いて〉,《青丘学叢》15; 江田俊雄, 1977.
_______, 1935,〈朝鮮版法華経異版考〉,《青丘学叢》22; 江田俊雄, 1977.
_______, 1936a,〈釈譜詳節と月印千江之曲と月印釈譜〉,《朝鮮》255; 江田俊雄, 1977.
_______, 1936b,〈李朝刊経都監と其の刊行佛典〉,《朝鮮之図書館》5-5; 江田俊雄, 1977.
_______, 1956,〈仏書刊行より見た李朝代仏教〉,《印度学仏教学研究》4-1; 江田俊雄, 1977.
_______, 1958,〈朝鮮の仏教〉,《講座仏教 4 中国の仏教》(宮本正尊他 編), 大蔵出版社; 江田俊雄, 1977.
鎌田茂雄, 1981,〈朝鮮仏教における菩薩道の実践—護国仏教の精神—〉,《菩薩思想》(西義雄博士頌寿記論集刊行会 編), 大東出版社.
_______, 1983,〈第Ⅲ部 朝鮮〉,《(世界宗教史叢書8) 仏教史Ⅱ》(玉城康四郎 編), 山川出版社.
古谷清, 1911,〈足利時代渡鮮日僧の目的に就て〉,《朝鮮》36.
______, 1911·1912,〈李朝佛教史梗概〉,《佛教史学》1-3, 4, 5, 6, 11, 12.
高橋亨, 1912,〈朝鮮の佛教に対する新研究〉,《朝鮮及満洲》60.
______, 1914a,〈朝鮮に於ける佛教宗旨の変遷〉,《朝鮮総督府月報》4-10.
______, 1914b,〈朝鮮佛教宗派逓滅史論〉,《東亜之光》9-10, 11.
______, 1916,〈朝鮮寺刹の研究〉,《東亜研究》6-1, 2, 3.
______, 1922,〈李朝に於ける僧職の変遷〉,《朝鮮》81.
______, 1951,〈李朝僧将の詩〉,《朝鮮学報》1.
______, 1959,〈虚応堂集及普雨大師〉,《朝鮮学報》14.
古田紹欽, 1986,〈李朝仏教における西山大師休静をめぐって〉,《印度哲学仏教学》1.
関野貞, 1924,〈朝鮮美術史〉,《朝鮮史講座 特別講義》(朝鮮史學會 編), 朝鮮史學會; 関野貞, 1941.
菅野銀八, 1924,〈高麗板大蔵経に就いて〉,《朝鮮史講座 特別講義》(朝鮮史學會 編), 朝鮮史學會.
関周一, 1997,〈室町幕府の朝鮮外交—足利義持·義教期の日本国王使を中心として—〉,

《日本社会における王権と封建》(阿部猛 編), 東京堂出版.
菊竹淳一, 1973, 〈対馬の朝鮮系仏像彫刻〉, 《日本のなかの朝鮮文化》 18.
________, 1974a, 〈対馬·壱岐の朝鮮系彫刻〉, 《仏教芸術》 95.
________, 1974b, 〈壱岐の仏像〉, 《日本美術工芸》 432.
________, 1976, 〈壱岐の朝鮮系仏教文物〉, 《日本のなかの朝鮮文化》 30.
________, 1988, 〈高麗仏考—西日本に伝存する作品による—〉, 《九州文化史研究所紀要》 33.
________·井手誠之輔·朴銀卿, 1994, 〈高麗時代仏教絵画の総合的研究〉, 《青丘学術論集》 4.
堀池春峰, 1960a, 〈中世·日鮮交渉と高麗版蔵経—大和·円成寺栄弘と増上寺高麗版—〉, 《史林》 43-6; 堀池春峰, 1982.
________, 1960b, 〈室町時代における薬師·長谷両寺再興と高麗船〉, 《大和文化研究》 5-9; 堀池春峰, 1982.
権純哲, 1997, 〈高橋亨の朝鮮思想史研究〉, 《埼玉大学紀要》 33-1.
今西龍, 1911, 〈朝鮮佛教関係書籍解題〉, 《佛教史学》 1-1, 2, 3; 今西龍, 1974.
______, 1930, 〈月印千江之曲と釈譜詳節に就きて〉, 《朝鮮》 185; 今西龍, 1974.
今村鞆, 1930, 〈足利氏と朝鮮の大蔵経板〉, 《朝鮮》 186.
金甲周, 1991, 〈李王朝の仏教弾圧〉, 《講座 仏教の受容と変容 5 韓国編》(鎌田茂雄 編), 佼成出版社.
金昌奭, 1977, 〈梅月堂金時習の行蹟に現われた仏教思想の考察〉, 《駒沢大学大学院仏教学究会年報》 11.
金天鶴, 2000, 〈朝鮮時代の仏教に対する研究〉, 《韓国仏教学SEMINAR》 8.
楠井隆志, 1997, 〈高麗朝鮮仏教美術伝来考〉, 《高麗·李朝の仏教美術展》, 山口県立美術館.
大類純, 1973, 〈朝鮮仏教考察序説〉, 《東洋学研究》 5.
藤田亮策, 1943, 〈海印寺事蹟に就いて〉, 《書物同好会会報》 17; 藤田亮策, 1963.
________, 1991, 〈海印寺雑板攷〉, 《朝鮮学報》 138, 139, 140.
里道徳雄, 1976, 〈第1章 朝鮮半島の仏教〉, 《アジア仏教史 中国編Ⅳ 東アジア諸地域の仏教》(中村元·笠原一男·金岡秀友 編), 佼成出版社.
武田和昭, 1997, 〈中国·四国地方の高麗·李朝仏画の研究〉, 《青丘学術論集》 11.
服部良男, 1988, 〈松阪市朝田寺蔵《盂蘭盆経説相図》は《霊魂薦度儀式図》か〉, 《びぞん》 79.
________, 2001, 〈朝鮮李朝仏画《初期甘露幀》の世界—大津市西教寺所蔵, 《盂蘭盆経説》を読む—〉, 《アジア遊学》 28, 29, 31, 32.
________, 2003, 〈松阪市朝田寺所蔵, 《盂蘭盆経説相図》を読む〉, 《絵解き研究》 17.
________, 2005, 〈明石市光明寺蔵, 《盂蘭盆経曼荼羅図》を読む—朝鮮李朝仏画《初期甘露幀》の世界—〉, 《絵解き研究》 19.

山内民博, 2006, 〈朝鮮戸籍大帳の寺·僧把握—慶尚道安義県戸籍大帳の分析から—〉, 《環日本海研究年報》 13.
山本信吉, 1974, 〈対馬の経典と文書〉, 《仏教芸術》 95.
石井公成, 2006, 〈韓国仏教〉, 《中国仏教研究入門》(岡部和雄·田中良昭 編), 大蔵出版.
小倉紀蔵, 2002, 〈仏教〉, 《韓国学のすべて》(古田博司·小倉紀蔵 編), 新書館.
宋天恩, 1993, 〈休静の三教観〉, 《印度学仏教学研究》 41-2.
須田牧子, 2007, 〈中世後期における大内氏の大蔵経輸入〉, 《年報中世史研究》 32.
市来津由彦, 1991, 〈李朝初期における朱子学の〈理〉—鄭道伝の仏教批判をめぐって—〉, 《正統と異端—天皇·天·神—》(片野達郎 編), 角川書店.
申正午, 1974, 〈西山休静の儒·仏·道三教有和論について〉, 《印度学仏教学研究》 23-1.
______, 1983, 〈西山休静の浄土思想に関して〉, 《印度学仏教学研究》 31-2.
______, 1984, 〈西山休静禅師の真言観について〉, 《印度学仏教学研究》 32-2.
押川信久, 2002, 〈朝鮮王朝建国當初における僧徒の動員と統制〉, 《朝鮮学報》 185.
________, 2006, 〈《経国大典》度牒発給規定の成立〉, 《年報朝鮮学》 9.
________, 2007, 〈朝鮮成宗代の度僧法存廃論議〉, 《朝鮮学報》 203.
野村伸一, 2003, 〈朝鮮時代の仏画にみる女性生活像〉, 《言語·文化コミュニケーション(慶應義塾大学日吉紀要)》 30.
熊谷宣夫, 1967, 〈朝鮮仏画徴〉, 《朝鮮学報》 44.
________, 1972, 〈朝鮮仏教資料拾遺〉, 《仏教芸術》 83.
元永常, 2003, 〈朝鮮時代の崇儒排仏政策と仏教界の動向—疑経と関連して—〉, 《宗教研究》 335.
有井智徳, 1962, 〈李朝における復戸制の研究〉, 《史潮》 80·81; 有井智徳, 1980.
________, 1964, 〈李朝初期の徭役〉, 《朝鮮学報》 30·31; 有井智徳, 1980.
伊藤幸司, 1999, 〈15·16世紀の日明·日朝交渉と夢窓派華蔵門派—日本国王使の外交僧をめぐって—〉, 《朝鮮学報》 171; 伊藤幸司, 2002.
李相佰, 1938, 〈斥佛運動の意義について—朝鮮太宗王の斥佛政策断行と儒佛交替の機縁に関する一研究—〉, 《東洋思想研究》 2.
______, 1939, 〈斥佛運動の胎生と成長—朝鮮に於ける儒佛交替の機縁に関する一研究—〉, 《東洋思想研究》 3.
李永子, 2007, 〈朝鮮時代の法華経流通考〉, 《天台学報》 10月 特別号.
李正模, 1988, 〈西山休静の浄土思想と諸経·諸師の関係について〉, 《印度学仏教学研究》 37-1.
張愛順, 2007, 〈韓国仏教における比丘尼の役割について〉, 《印度学仏教学研究》 55-2.
田川孝三, 1960, 〈李朝における僧徒の貢納請負—世宗末·文宗朝を中心として—〉,

《東洋学報》43-2; 田川孝三, 1965.

鄭学権, 1974, 〈韓国李朝時代の清虚禅師の禅教観〉, 《印度学仏教学研究》22-2.

趙明烈, 1998, 〈朝鮮時代仏教歌辞に現らわれた浄土信仰〉, 《印度学仏教学研究》46-2.

竹内理三, 1938, 〈中世寺院と外国貿易(下)〉, 《歴史地理》72-2.

中島志郎, 2002, 〈李朝仏教の一断面―文定王后と普雨―〉, 《日本仏教学会年報》67.

________, 2004, 〈朝鮮王朝に見る女性と仏教―仁粋大妃と仏教―〉, 《日本仏教学会年報》69.

中村栄孝, 1930, 〈書評：高橋亨, 《李朝佛教》〉, 《青丘学叢》1.

川口卯橘, 1931, 〈大蔵経板求請と日鮮の交渉〉, 《青丘学叢》3.

川瀬貴也, 2003, 〈植民地朝鮮における朝鮮宗教観―高橋亨を中心に―〉, 《宗教研究》335.

________, 2004, 〈植民地期朝鮮における朝鮮仏教観―高橋亨を中心に―〉, 《大巡思想論叢》17.

村井章介, 1987, 〈朝鮮に大蔵経を求請した偽使について〉, 《日本前近代の国家と対外関係》(田中健夫 編), 吉川弘文館; 村井章介, 1988.

吹田和光, 1974, 〈李朝時代に於ける僧軍について〉, 《仏教史学研究》17-1.

韓基斗, 1981, 〈韓国仏教の五教両宗問題〉, 《朝鮮学報》98.

韓普光(泰植), 2006, 〈朝鮮、涵虚得通の念仏禅について〉, 《印度学仏教学研究》55-1.

韓鍾万, 1982, 〈朝鮮朝初期雪岺の法界図註釈〉, 《印度学仏教学研究》30-2.

韓鍾萬, 1993, 〈金時習の三教合一思想について〉, 《印度学仏教学研究》42-1.

丸亀金作, 1966, 〈高麗の大蔵経と越後安国寺とについて〉, 《朝鮮学報》37·38.

Charles Muller, 金子奈央 譯, 2004, 〈高麗-朝鮮における仏教-儒教間の対立の眼目―《仏氏雑論》と《顕正論》の立場に関する比較―〉, 《思想》960.

천주교 선교사들의 한국불교 인식

윤선자(전남대 사학과)

1. 머리말

4세기부터 중국을 거쳐 본격적으로 한반도에 도입된 불교는 고려 왕조 500년 기간에는 국교의 지위를 누렸다. 조선이 건국된 이후에도 통치세력의 숭유억불정책으로 말미암아 쇠락의 길을 걸었지만 여전히 종교로서 존재하였다. 종교는 한 집단 문화의 중핵을 형성하는 영역으로 종교를 이해하는 일은 그 집단의 가치관과 행동관습을 이해하는 지름길이 된다(류대영, 2007, 189~194쪽). 19세기에 서양인 선교사들이 조선에 입국하였을 때 조선인들의 삶에 영향을 미치고 있던 종교 내지 사상은 유교, 불교, 민간신앙이었다.

서양인 선교사들은 한국 선교를 위한 바탕으로서 한국인들의 종교생활에 관심을 두었다. 그런데 선교사들이 한국의 종교를 어떻게 인식하였는가는 제국주의시대였던 19세기의 문명화 내지 그리스도교화 명제와 관련이 있었다. 19세기 서양인들의 식민주의적 팽창욕구는 도덕적인 면에서 문명화된 서양인들이 나서서 비서양인들을 문명화해야 한다는 사명감 또는 의무감에서 정당성을 부여받았고, 종교적으로는 전 세계의 그리스도교화를 목표로 한 그리스도교의 해외선교운동으로서 정당화했다(조현범, 2002a, 38쪽). 따라서 선교사들의 한국 종교 인식을 추적하는 것은 19세기 이후의 한국 역사를 조명하는 한 방법이다.

한국 그리스도교 역사에서 천주교는 개신교보다 100년의 역사가 앞선다. 그런데 그동안 선교사들의 한국 종교 인식에 대해서는 주로 한일합병 이전 개신교 선교사들의 저서나 글에 언급된 내용을 중심으로 연구가 추진되었다. 선행 연구에서 다루었던 개신교 선교사의 글과 저서는 그리피스William Elliot Griffith의 《은자의 나라 한국》(1882), 올링거Ohlinger의 〈한국 역사와 언어에서 불교〉(1892), 하디Hardie의 〈한국의 종교〉(1897), 스크랜튼Scranton의 〈53부처와 7용〉(1897), 게일Gale의 《한국 개요》(1898)와 《전환기의 한국》(1909), 크리산프Chrisanff의 〈서울에서 연해주까지의 여행〉(1905), 헐버트Hulbert의 《대한제국 멸망사》(1906), 알렌Allen의 〈조선 견문기〉(1908), 언더우드Underwood의 《한국 개신교 수용사》(1908), 존스Jones의 〈고유 종교〉(1908), 트롤로프Trollope의 《한국불교 연구입문》(1917), 클라크Clark의 《구시대 한국의 종교들》(1932) 등이다(김종서, 1993·2006; 박노자, 2001; 김흥수, 2003·2006; 류대영, 2007). 천주교 선교사로는 다블뤼Daveluy와 프티니콜라Petinicolas의 한국 종교 인식이 언급되었다(조현범, 2002a·b).

선행 연구는 그리피스, 게일, 헐버트의 한국 종교 인식을 강조한다. 그들의 인식이 선교사들은 물론 서양인들의 한국 종교 인식에 밑바탕이 되었다는 것이다. 그런데 한국선교사史에서는 개신교보다 100년이 앞선 천주교 선교사들의 글에서 한국 종교에 대한 내용을 찾을 수 있다. 따라서 천주교 선교사들의 인식을 조사, 분석함으로써 그동안 개신교 선교사들을 중심으로 서양인의 한국 종교 인식을 추적하였던 선행 연구들의 미비점을 보완할 수 있다. 그뿐만 아니라 19세기 말부터는 천주교와 개신교가 한국에서 함께 선교 활동을 펼쳤으므로 개신교 선교사들의 인식과 천주교 선교사들의 인식을 비교한다면, 그리스도교 선교사들의 인식을 전반적·포괄적으로 이해하는 길을 여는 것이 될 것이다.

천주교 선교사들의 한국 종교 인식을 분석하는 것은 개신교 선교사들을 포함하여 재한在韓 그리스도교 선교사들의 인식을 규명하는 것이다. 이 글에서는 한국의 종교 가운데 불교에 대한 천주교 선교사들의 인식을 분석하고자 한다. 불교는 인도, 중국 등지에서 활동한 선교사들에게 동양의 유력한 종교로 인식되었고, 그들을 거쳐 서구에 전해졌다. 따라서 선교사들의 불교 인식을 분석함으로써 선교사들의 한국 이해에 충분히 접근할 수 있을 것이다.

분석 대상 시기는 19세기부터 20세기 전반기까지이다. 1962년부터 시작된 제2차 바티칸 공의회 이후 천주교회는 공식적으로 타종교의 존재의미와 가치를 인정하였다. 공의회 이전 천주교회는 천주교회 이외에는 어떠한 종교도 이해하려 들지 않았다. 불교도 예외일 수 없었다. 그러나 1965년 10월 28일 반포한 〈비그리스도교 선언〉[1] 두 번째 항에서 "불교에서는 여러 종파에 따라 이 무상한 세계의 근본적 불완전성을 긍정하고, 신심과 확신으로 완전한 해탈의 경지에 이르거나 아니면 자기 노력이나 하늘의 도움으로 궁극의 깨달음에 이를 수 있는 길을 가르친다."며 불교의 존재 의미를 인정하였다. 따라서 공의회 이전과 이후 천주교회의 불교 인식은 차별성을 보일 것

1) 원 제목은 〈비그리스도교와 교회의 관계에 대한 선언 '우리 시대'〉(DECLARATIO DE ECCLESIAE HABITUDINE AD RELIGIONES NON-CHRISTIANAS NOSTRA AETATE)이다.

이므로 이 글에서는 20세기 전반기까지를 분석 대상으로 하였다.

2. 쇠락한 한국불교사 서술

한국불교에 대하여 그리스도교 선교사가 남긴 첫 기록은 파리외방전교회 선교사로 제5대 조선대목구장을 지낸 다블뤼Marie Nicolas Antoine Daveluy(1818~1866) 주교가 1860년에 작성한 것으로 추정되는 〈조선사 입문을 위한 노트Notes pour l'introduction á l'histoire de la Coreé〉이다(조현범, 2002a, 63쪽). 선행 연구들은 개신교 목사 그리피스의 《은자의 나라 한국》을 한국불교에 대하여 언급한 그리스도교 선교사의 첫 작품으로 거론하고 있다. 그러나 이는 다블뤼의 〈조선사 입문을 위한 노트〉보다 28년이나 뒤에 간행되었다. 그뿐만 아니라 달레Claude Charles Dallet(1829~1878) 신부의 《한국천주교회사*Histoire de l'Eglise de Corée*》도 《은자의 나라 한국》이 간행되기 이전에 출판되었다.

다블뤼는 조선의 불교에 대해, 고려왕조까지는 매우 융성하여 국가 종교의 위치를 점하고 있었지만, 조선 건국 이후에는 완전히 쇠퇴하여 종교로서 기능을 거의 하지 못하고 있는 것으로 판단하였다. 새 왕조의 통치권에서 유교에 관심을 두자 불교는 금지한 것이 아니었지만 쇠퇴하였다고 하였다.

> 불교는 이 나라에서 시민권을 가지고 있지만, 합법적인 것도 의무적인 것도 아니다. 옛날 고려왕조 아래서는 조상 숭배에 한정하여 학자들의 종교를 실천하면서도 불교를 아주 존숭하여 심지어 국가 종교였다고도 말할 수 있을 정도였다. 그래서 승려들이 크게 융성하였고, 큰 존경을 받았다. 온 나라에 많은 절들이 세워

> 졌으며, 종종 나라에서 그 건립 비용을 부담하기도 하였다. 또한 많은 왕들이 헌신하여 독실하게 숭배하였고, 몇몇은 화장火葬을 원하기도 하였다. 그리고 어느 왕은 칙령을 내려 아들이 세 명인 집은 그 가운데 아들 하나를 출가시키라고까지 하였다.
> 그러나 현 왕조에 와서 어떤 금지도 없지만 오직 유교에만 관심을 두고 있기 때문에, 불교는 점점 쇠락하게 되어 오늘날에는 크게 불신과 경멸을 당하고 있다. 승려는 최하층민의 하나가 되었고, 거의 방치된 절들은 대개 파괴되거나 폐허가 되어 있다. 일부의 사람들이나 특히 여자들 외에는 더 이상 시주를 하지 않는다. 왕비나 공주들이 때때로 여전히 절에 시주를 한다. 사람들은 오래된 관습이나 미신 때문에 여전히 승려들에게 약간씩의 시주를 하지만, 곧 모든 것이 완전히 파묻혀 버릴 것이다. 승려들 자신들도 이제 곧 끝장이 날 것이라고 말한다(조현범, 2002b, 123쪽).

다블뤼는 당시 불교가 크게 쇠퇴하여 조선인들 사이에서 아무런 권위도 지니지 못한다고 보았다. 다블뤼는 어느 정도 사실에 바탕을 둔 설명을 하였다. 고려시대 어느 왕이 아들이 세 명인 집안에서는 한 명을 승려로 출가시키라는 법령을 반포하였다고 하였는데, 그는 대각국사 의천義天의 아버지인 고려 문종文宗으로서, 문종 13년(1059)에 그와 같은 법령을 제정한 일이 있었다(정병조·이석호, 1991, 78쪽). 또한 많은 절들이 국가 비용으로 건립되었다고 하였는데, 태조 왕건은 송악으로 도읍을 옮긴 뒤 성 안에 법왕사法王寺·자운사慈雲寺 등 열 개의 큰 사찰을 세웠다. 제4대 광종은 대봉은사大奉恩寺·불일사佛日寺·숭선사崇善寺를, 제7대 목종은 진관사眞觀寺·숭교사崇敎寺 등의 원찰願刹을 창건하였다. 그러므로 다블뤼의 고려불교사에 대한 이해는 상당히 자세하고 객관적인 사실에 근거하였다고 평가할 수 있다.

다블뤼가 이런 역사적 사실들을 조선에서 간행된 역사서를 입수하여 읽고, 그 내용 가운데 일부를 인용하였으리라 여겨진다. 다블뤼가 입수하여 읽었을 것으로 추정되는 조선의 역사서가 무엇이었는지는 분명하지 않다. 주교의 집에 불이 나는 바람에 조선과, 조선 천주교회의 역사에 관한 글을 쓰려고 수집하였던 한문 서적들이 모두 불타 버렸기 때문이다.

다블뤼는 한국불교를 국가와의 관계에서 서술하였다. 왕을 비롯한 통치권력이 관심을 기울이면 발전하고, 무심하면 쇠락한다고 하였다. 이는 국왕과 교황, 국가와 교회의 관계가 어떠한가에 따라 부침이 심했던 역사를 지닌 유럽의 천주교회를 경험한 때문이었다. 또한 국가권력과 교회권력의 다툼 속에서 교황청 직속 수도회로 설립된 파리외방전교회 선교사라는 것이 이러한 측면에 관심을 기울이게 하였다고 여겨진다. 승려를 최하층이라고 한 것은 대단히 사회적인 평가기준이고 그리스도교 중심의 평가이다. 승려들도 불교가 없어질 것이라고 말한다는 것은 지극히 개인적인 견해로, 조선의 불교 승려들 대다수가 그렇게 말했을 리 없다. 그가 승려를 만났을 것이라 생각하기 어렵고, 설사 만났다 할지라도 조선의 국법이 금지하는 상황에서 천주교 선교 활동을 펼치던 그가 만날 수 있었던 승려는 일반적인 승려의 삶을 보여 주기 어려웠을 것이라 여겨지기 때문이다.

다블뤼의 불교에 대한 기록이 있은 5년 뒤인 1865년, 다블뤼와 마찬가지로 파리외방전교회 선교사인 프티니콜라Michel Alexandre Petinicolas(1828~1866)[2] 신부가 남긴 기록(1965년 3월 17일, *Archives des Missions Etrangères des París*, vol.578, f.139~140)은 조선의 불교와 승려집단

2) 1952년 사제서품, 인도에서 선교하다 1856년 조선에 입국, 배티(현 충북 진천군 백고면 양백리 배티)를 중심으로 선교하다 1861년부터 제천 배론신학교 교사로 활동. 1866년 체포되어 새남터에서 순교.

에 대한 견해를 피력한 것이었다.

> 만약 조선에도 종교가 있다면 그것에는 두 가지가 있다. 승려들의 종교인 불교가 그 첫 번째 것이다. 모든 사람들이 그 교리를 대수롭지 않게 여기는 것으로 보아, 승려들만이 실천하는 것으로 추정된다. 실제로는 그들도 크게 주의를 기울이지 않아서, 불교를 실천하지도 믿지도 않는다. 이 자칭 이교주의를 믿는다고 하는 수도승들은 그들의 진지하고 종교적인 외양에도 불구하고 시주를 받아서 부유하고 편안한 생활을 하기 위해 그러한 삶을 실천하고 있다. 그들은 독신 생활을 표방하지만, 그것은 엄청난 무질서와 타기할 만한 관습의 타락을 가리기 위한 것일 뿐이다. 승려들은 백주 대낮에도 그런 타락에 몸을 내맡긴다. 나는 내 눈으로 직접 그런 예들을 3번이나 보았다. 불교 승려들의 생활이 상상할 수 있는 가장 사악한 것임을 확실하게 말할 수 있다(조현범, 2002b, 124쪽).

> 적어도 승려들을 제외한 단 한 명의 외교인도 이 혐오스러운 것을 실천하지 않으며, 또 이 불도(Poul-to)라고 불리는 종교에 대해서 아무것도 모른다고 확신할 수 있다. 승려들은 조선의 외교인 사회에서 쓰레기이다. 만약 승려들이 제대로 불교를 실천하였다면, 이 불교 자체가 그들의 명예를 그토록 실추시키지는 않았을 것이다. 조선의 불교는 인도나 중국의 불교와 전혀 다르며 이름만 유지하고 있을 뿐이다. 조선의 불교와 승려들은 오로지 부패한 본성에서 나온 비루한 열정만을 바탕으로 한 삶의 원칙에 따라 이루어져 있다. 이 종파에 대해서 더 길게 이야기하는 것은 무익하다. 왜냐하면 불교는 이 나라에서 종교가 아니며 몇몇 개인

들의 생활 방책에 불과하기 때문이다(조현범, 2002b, 125쪽).

조선의 불교는 인도나 중국의 불교와는 달리 불교가 표방하는 진정한 내용들은 이미 사라져 버리고, 신도들의 시주로 연명하는 승려들의 생계수단에 지나지 않는다고 프티니콜라는 평가하였다. 승려들이 독신생활을 한다고 말은 하지만, 엄청난 타락이 숨어 있고, 밝은 대낮에도 명예를 실추시키는 타락한 관습을 번연히 행한다고 하였다. 그래서 불교는 조선에서 더 이상 종교라고 말할 수도 없는, 몇몇 개인들의 생계수단에 지나지 않는다는 것이었다. 500년 조선왕조의 전통 속에서 불교가 지니는 종교적 영향력이 축소되었고, 불교 승려들의 사회적인 지위가 하락한 것은 사실이었다. 하지만 프티니콜라가 말한 것처럼 수도생활이란 아예 존재하지 않고 무질서와 타락한 관습만이 난무하기 때문에 불교 승려들의 생활이란 상상할 수 있는 가장 사악한 것이었다고 보는 것은 무리가 있다. 다블뤼가 문헌적 근거나 객관적인 사실에 근거해서 불교에 대해서 서술한 것과는 달리, 프티니콜라는 자신의 국한된 경험이나 항간에 떠도는 소문들에 기대어 주장을 펼치기 때문이다. 따라서 프티니콜라의 불교에 대한 묘사에는 잠재적인 경쟁 세력에 대한 의도적인 폄하와 개인적인 경험에 바탕을 둔 자의적인 평가가 많이 들어 있다고 볼 수밖에 없다(조현범, 2002b, 125쪽).

다블뤼 주교와 프티니콜라 신부 등 파리외방전교회 조선 선교사들의 불교 인식은 1874년 2권으로 간행된《한국천주교회사*Histoire de l'Eglise de Corée*》의 서설에 반영되었다. 한국에 온 적이 없었던 달레 신부는 1836년부터 고종대까지 조선에 밀입국한 선교사들이 파리외방전교회 본부로 보낸 수많은 편지와 자료들을 참고하여《한국천주교회사》를 집필하였다. '한국천주교회사' 편찬을 처음 계획한 사람은 다블뤼로, 여러 자료들을 수집하여 1857년부터 본격적으로 작업을 시작하였으나 1862년 건강상의 이유로 편찬 작업을 포기하였다. 그리고 그가 작성한 〈비망기〉와 프랑스어로 번역한 모든 자료를 파리외방전교회 본부로 보냈다.

1872년부터 달레 신부는 파리외방전교회 고문서고에 보관되어 오던 조선 관련 자료들을 정리하여 《한국천주교회사》를 집필하였다(최석우, 1982; 김수태, 2000). 그는 다블뤼의 자료 말고도 조선 선교사들과 조선인 성직자들의 서한 및 보고서를 적극 활용하였다. 달레가 집필을 시작한 1872년 이전 조선에 입국하여 선교 활동을 펼친 파리외방전교회 선교사는 모방Maubant(1836), 샤스탕Chastan(1837), 앵베르Imbert(1837), 다블뤼Daveluy(1845), 메스트르Maistre(1852), 장수Jansou(1854), 베르뇌Berneux(1856), 푸르티에Pourtié(1856), 프티니콜라Petitnicolas(1856), 페롱Féron(1857), 페레올Ferréol(1857), 랑드르Landre(1861), 리델Ridel(1861), 조안노Joanno(1861), 칼레Calais(1861), 오메트르Aumaitre(1863), 도리Dorie(1865), 브르트니애르Bretenières(1865), 볼리외Beaulieu(1865), 위앵Huin(1865), 리샤르Richard(1868), 마르티노Martineau(1868) 등 22명이다. 그리고 조선인 성직자는 김대건金大建(1845~1946년 사제로 활동)·최양업崔良業(1849~1861년 사제로 활동) 신부 2명이었다. 이들의 보고서와 편지가 《한국천주교회사》 집필의 기초 자료가 되었는데, 달레의 선교 경험도 한국의 불교 서술에 한몫을 했으리라 여겨진다. 달레는 1852년 사제로 서품받자마자 인도 마이쓰루(Maïssour) 교구로 발령받아 1863년까지 그곳에서 선교 활동을 펼쳤다. 따라서 불교가 창교된 인도에서 10년의 선교 활동은 불교에 관심을 가지게 된 계기가 되었을 것이고, 한국 불교 서술에도 어느 정도 영향을 끼쳤을 것이다.

《한국천주교회사》 서설에는 15개 항목에 걸쳐 한국이 개괄적으로 소개되어 있는데 그 가운데 종교 항목이 있다. 불교에 대하여는

4세기부터 한국의 불교 역사가 시작되었고, 고려왕조에서는 국교의 지위였으나, 조선왕조가 건국되면서는 통치권의 관심에서 멀어져 쇠락의 길을 걸었다고 하였다. 승려들은 존경받았고 많은 절이 설립되었으며 백성들과 국왕의 희사로 경제적으로 윤택하였는데, 14세기 말 이후 그 모든 영화가 사라지고 있다는 것이었다.

> 이곳 전설에 따르면 불교 즉 석가모니의 가르침은 서기 4세기에 한국에 들어와 그때 반도를 나누어 가지고 있던 3국에 차이는 있지만 널리 퍼졌다. 고려왕조가 이 3국을 단 하나의 왕국으로 통일하였을 때 이 교리를 따르는 신도들을 보호하였고 그것은 국교가 되었다. 14세기 말에 고려왕조가 쓰러지고, 그 뒤를 이은 조선왕조의 군주들은…… 예전 종교를 금하지는 않았으나 돌보지 않고 버려두었다. 그래서 자연적인 추세로 불교도의 수는 줄곧 줄어만 갔고, 그 교리와 그 승려들은 오늘날 업신여김을 받고 있다(달레, 1979, 209쪽).

> 현 왕조 이전에는 석가여래(석가 출신)라고도 부르는 한국의 부처와 그 승려들이 매우 존경을 받았다. 모든 큰 절이 세워진 것이 그때였고, 그 중 어떤 것들은 지금도 남아 있다. 절은 고을마다 있었고, 백성과 임금의 시주로 번영을 유지하였다. 시주만으로는 넉넉지 못할 때에는 국고가 그것을 채웠다. 고려왕조의 여러 임금은 신심으로 그런 절에 불교식으로 묻히기를 원하였는데, 불교식이란 시체를 태워서 그 재를 그릇에 담아 특별한 곳에 보존하든가 물에 던지는 것이다. 한 임금은 아들 셋을 가진 집은 모두 아들 하나를 내어놓아 승려가 되게 한다는 법령을 내리기까지 하였다. 14세기 말에 조선의 왕좌에 오른 현 왕조는 불교를 어떤 모

양으로든지 금하지는 않았지만 조금도 돌보지 않고 버려두었으므로, 그때부터 절과 승려와 여승들은 줄곧 일반의 존경을 잃어만 갔다. 오늘날도 아직 정부가 공식으로 부처에게 기원을 드리는 일이 가끔 있겠고, 왕비나 공주들이 어떤 특별한 경우에 이 절이나 저 절에 조그마한 선물을 하겠지마는, 그 이상의 것은 아무것도 없고, 모든 사람이 불교도들까지도 몇 세대 후에는 그들의 종교가 추억밖에는 남지 않으리라고 말한다(달레, 1979, 217쪽).

달레의 이 서술은 앞에 말한 다블뤼의 〈조선사 입문을 위한 노트〉, 프티니콜라의 기록과 내용이 같다. 이는 달레의 《한국천주교회사》가 다블뤼의 '한국천주교회사' 집필 목표를 받아들이고, 그의 기록과 자료들을 바탕으로 만들어졌음을 잘 말해 주는 증빙이다. 달레는 사찰이 경치 좋은 곳에 있지만 유학자들의 학문연구의 장으로 쓰이고 승려들은 적은 보수를 받고 유학자들의 시중을 든다고 하였다. 불교가 없어질 것이라는 서술은 프티니콜라의 기록과 똑같다. 승려들을 비판적으로 기술하였는데 불교가 인기를 잃었기에 경제적인 어려움이 크고 승려 지원자를 찾기도 어렵다고 하였다. 또한 승려 지원자는 대개가 무뢰한, 결혼하지 못한 자, 혼자 살 능력이 없는 이들로 민중들의 멸시를 받는다고 하였다. 여승들에 대하여는 낙태술에 능란하다는 등 더욱 부정적인 기술을 하였는데, '순결'을 수도자와 성직자들의 주요한 서약으로 하는 천주교회의 평가였다. 더구나 승려들의 환속을 대단히 빈번하고 자유로운 행위라고 왜곡의 시선을 보였다.

중국식으로 세운 절은 일반적으로 주목할 만한 것이 아무것도 없다. 불상이 있는 법당은 꽤 좁으나, 그 둘레에는 으레 승려들이 거처하는 방, 공부방, 집합소가 되는 많은 방들이 있다. 대부분의 절은 그 폐허만이 남아 있다. 그 절들은 보통 산중 적막한 곳에 자리 잡고 있으며, 흔히는 매우 경치가 좋은 곳이 선택되었다. 특히 여름에는 학자들이 자주 거기에 모여서 학문과 문학 토론에 몰두한다. 거기는 조용하고 적막하며 공기도 좋다. 그리고 승려들은 조그만 보수를 받고 그들에게 시중을 들어준다. 이 승려들은 지금도 거의 아무런 재원도 없다. 그들의 세력을 좀 보유하고 있는 경상도를 제외하고는, 그들은 살기 위하여 동냥을 하거나, 종이나 신발을 만드는 것 같은 여러 가지 수공업에 종사해야 한다. 어떤 승려들은 절에 딸린 땅뙈기를 갈아먹는다. 그들의 종교가 인기를 잃은 까닭에, 새로 승려를 모집하기가 아주 어렵게 되었고, 공부라는 공부는 모두 포기할 수밖에 없게 되었다. 오늘날 승려가 되는 사람들은 대부분이 절에서 피신처를 구하는 무뢰한과 결혼하지 못한 자와, 혼자 살기 싫거나 살 수가 없고 자식도 없는 홀아비 등이다. 일반 민중은 그들을 멸시하고, 그들을 싸움꾼, 사기꾼, 위선자로 본다. 그렇기는 하지만 습관으로 그러는지 또 어쩌면 어떤 미신적인 두려움으로 그러든지, 그들에게 곧잘 보시를 한다.

다른 모든 불교국과 마찬가지로 조선에도 여승이 있는데 그들은 그들이 사는 것이 금지되어 있는 절에서 멀지 않은 곳에 있는 승방僧房에 있는 동안 순결을 지켜야 하며, 아이를 낳으면 사형을 받는다. 그러므로 사람들이 단언하는 바에 의하면 그들은 망측한 낙태술에 매우 능란하다고 한다. 그들의 풍기는 타기할 만한 것으로 알려져 있다. 게다가 남승이나 여승들이 환속하고 싶을 때에는 승방을 떠나는 것이 순전히 자유이며, 그런 일은 날마다 일어나는 것이다. 그들은 무엇을 해야 할지를 몰라서 절에 들어가는 것이며 혹은 오랫동안 혹은 잠깐 동안 거기에 머무른 뒤에, 싫증이 나면 다른 데에 가서 운명을 개척해 보려고 그곳을 떠나는 것이다(달레, 1979, 217~218쪽).

승려들에 대한 비판적인 평가는 앞에 말한 프티니콜라 신부의 견해와 비슷하다. 즉 달레가 접한 파리외방전교회 조선선교사들의 조선 불교 승려들에 대한 인식은 상당히 부정적이었다. 달레는 결론적으로 조선에서 불교 교리는 무신론이라고 하였다. 그리고 그것은 내세에 대한 무관심에서 비롯한다고 하였다.

조선에 있어서 유교와 불교. 두 가지 교리는 사람들이 흔히, 그리고 필자가 보기에는 매우 정확하게 지적하다시피, 실상은 무신론의 두 가지 다른 형태에 불과하다. 두 교리의 법률상의 공존과 자기들의 종교적 신앙을 별로 깊이 생각하지 않는 국민의 정신의 필연적 혼합으로부터, 거의 모든 조선 사람들의 특징이 되어 있는 저 실제적인 무신앙과 내세에 대한 무관심이 빚어낸 것이다. 모든 사람이 신주 앞에 꿇어 엎드리고 제사를 드리나, 그 효과를 진정으로 믿는 사람은 적다. 그들은 어떤 높은 권능과 영혼의 존재에 대하여 막연한 개념은 가지고 있으나 그런 것을 상관하지 않으며, 그들에게 죽은 뒤에 무엇이 올 것인가를 말하면, 그들은 우리나라의 상류 및 하류계급의 자유사상가들과 같은 어리석은 대답을 한다. '그걸 누가 알아. 죽었다 살아 돌아온 사람은 없다. 중요한 것은 목숨이 있는 동안 그것을 즐기는 것뿐이다.' 그러나 거의 모든 조선 사람이 실제적으로 무신론자이기는 하지만, 그 반면 또한 불가피한 결과로 그들은 가장 미신을 잘 믿는 사람들이다(달레, 1979, 218~219쪽).

이처럼 불교를 국가와의 관계에서만 이해하고 교리에 대해서는 말하지 않았던, 그리고 조선 건국 이후 쇠락한 조선불교의 상황 등을 부정적으로 인식하였던 다블뤼, 프티니콜라, 달레 등 파리외방전교회 선교사들의 불교관은 그리피스에게서 다시 확인된다. 세 선교사의 작품 모두가 프랑스어로 써졌고, 《한국천주교회사》는 프랑스어로 프랑스에서 간행되었기에, 그리고 본인은 직접 조선을 방문한 적이 없었기에 그리피스가 이들 자료를 참조하지 못했을 수도 있다. 그러나 이들 자료를 볼 수 없었다 할지라도 간접적인 도움을 받았으리라 여겨진다. 그리피스는 도쿄대학의 교수로 활동하였고, 일본에서 각종 자료를 수집하여 그것들을 바탕으로 한국에 관한 저술을 하였다. 그런데 그리피스가 이 책을 저술할 당시 일본천주교회의 통치권은 파리외방전교회가 독점하고 있었다(윤선자, 2005, 89쪽). 따라서 불교를 비롯하여 한국의 종교에 관하여 파리외방전교회 일본선교사들로부터 자료를 얻거나 자문을 구했을 수 있다. 그리피스의 불교 서술 관점이 파리외방전교회 선교사들과 비슷하다는 점이 이러한 추측을 가능하게 한다. 불교의 사상적 내용과 종교적 의미는 거의 무시한 채, '국가와의 관계'라는 측면에서만 불교를 언급하고, '무속으로의 타락'만 편파적으로 강조하였다. 이러한 그리피스의 불교 인식과 서술은 1882년 이후 발표된 한국의 불교를 다루었던 대부분의 글에서 그대로 이용되었다(박노자, 2001, 2~4쪽).

3. 윤회설 비판

1906년 한국 천주교 서울교구에서 창간된 《경향신문》의 별지 부록인 《보감》의 〈논설〉란에는 교리를 중심으로 "요긴한 지식"에 관한 내용이 주로 수록되었다. 《보감》이 주장하는 요긴한 지식이란 일반 학문에 대한 지식이 아니라 인류의 보편적인 윤리와 철학에 바탕을 둔 '마음의 양식과 참 지식'이라는 것을 창간 논설에서 확인할 수 있다〔《보감》 제1호(1906), 1~3쪽, 논설 〈요긴한 지식이라〉〕. 파리외방전교회 선교사인 드망즈Florian Demange(1875~1938) 신부가 편집 겸 발행인이었다. 따라서 여기에 수록된 글은 조선인 신자나 성직자가 썼을지라도 편집자인 드망즈가 검토한 뒤 수록 여부가 결정되었을 것이다. 그러므로 《보감》에 수록된 불교 관련 논설은 파리외방전교회 선교사들의 인식이라고 보아야 할 것이다.

〈논설〉에 불교의 윤회설을 비판하는 글이 실렸다. 다블뤼나 프티니콜라, 그리고 이들을 포함하여 파리외방전교회 조선선교사들의 보고서를 바탕으로 《한국천주교회사》를 집필한 달레가 불교를 국가권력과의 관계에서 이해하고 조선이 건국된 이후 쇠락의 길을 걷고 있다고 하였던 것과 달리, 《보감》은 윤회설을 비판함으로써 교리적 측면에서 불교를 논박하였다.

> 불도 책에 보니 영혼이 육신을 떠나매 환생하고 또한 환생하는 길이 여섯 가지 있으니 천도天道와 지도地道와 축도畜道와 인도人道와 신도神道와 귀도鬼道라. 천도는 곧 영혼이 공중에 날아다니는 새로 환생하고 지도는 곤충으로 환생하고 축도는 육축으로 환생하고 인도는 여자의 영혼이 남자의 몸에 환생하며 남자의 영혼이 다른 남자의 몸에 환생하고 신도는 사람의 육신이 죽으매 영혼이 신이 되고 귀도는 마귀로 환생함이니 이는 석가여래를 받드는 중들의 말이라. 사람이 죽으매 환생하여 신도 되고 마귀도 됨이 옳은 의리랴 아니랴. 초목금수 외에 사람도 있고 마귀도 있고 신도 있어서 서로 같이 아니하여 사람은 사람이 되고 마귀는 마귀되고

신은 신이 되느니 대저 본성이 대상부동하여 서로 혼잡지 못하느니 금석 사물死物 본성이나, 초목생물 본성이나, 금수각물 본성이나, 사람영물 본성에서 무엇이든지 조금도 감하거나 변하지 못하여 떳떳이 한결같거늘 어찌 사람이 죽으매 신으로나 마귀로 환생하리오[《보감》 제9호(1906), 65~66쪽, 논설 〈윤회를 논함이라〉].

경전經典책을 보건대 만국 인민이 전에는 드물고 차차 많아지고 또한 인민이 날로 번성하여 많아짐을 날마다 보는 바가 석가불을 숭상하여 윤회를 믿을진대 전에 사람 백 명이 있었으면 몇 천백 년이 지날지라도 늘지 못하고 항상 백 명만이 있으리니 지금 이렇듯이 많은 사람들이 다 어디로 조차 왔으며 또한 그뿐 아니라 만일 사람이 죽어 다른 사람으로 환생한 이가 있을 양이면 반드시 전생에 어느 곳 어느 몸에 있었음과 무슨 성명을 가졌음을 기억하여 알 것이거늘 뉘 능히 전생에 어떠하였음을 기억한 자가 있는고. 천고에 억조창생 인민 중 하나를 구하여 얻지 못하리니 전생이 없음을 가히 알지로다[《보감》 제13호(1906), 97~98쪽, 논설 〈천도天道와 지도地道와 축도畜道와 인도人道를 의논함이라〉].

그런데 사람이 6도 환생한다는 것은 초목금수와 사람의 본성이 다르므로, 악한 사람의 영혼은 짐승으로 환생하여 마땅한 벌을 받는다는 것은 시간이 갈수록 착한 사람은 적어지고 결국에는 세상사람 모두가 없어질 것이므로 이론적으로 옳지 않다는 위 주장들은, 마테오 리치Matteo Ricci(1552~1610)가 《천주실의天主實義》에서 강조한 내용과 비슷하다.

윤회설의 어그러진 도리는 다 헤아릴 수 없습니다. 여기서는 오직 네다섯 개의 중요한 점만을 지적하겠습니다. 첫째는 만약 사람의 영혼이 다른 몸으로 가서 다시 세상에 태어남에, 혹 다른 사람이 되거나, 혹 짐승이 되었다고 한다면, 그들 본래 존재의 지능은 반드시 없어질 수 없을 것이니, 그가 전생에서 한 바를 마땅히 기억할 수 있을 것입니다. 그러나 우리는 절대로 기억할 수 없으며, 또한 다른 사람이 그것을 기억할 수 있었다는 것을 결코 들어본 일이 없습니다. 그렇다면 전생이 없는 것은 매우 명백합니다. ……
둘째는 하느님께서 최초로 사람과 짐승을 창조하실 때에는 죄지은 사람을 반드시 짐승으로 변조시킨 것은 아닐 것입니다. 만약 지금의 짐승이 인간의 영혼을 가지고 있다면, 지금 짐승의 혼과 옛날 짐승의 혼은 다를 것입니다. 마땅히 지금의 것이 영특하고 옛 것은 우둔할 것입니다. 그러나 우리들은 차이가 있다는 것을 아직 들어보지 못했습니다. ……
셋째는 도를 명백히 아는 사람은 모두 혼에는 세 종류가 있다고 합니다. …… 만약 짐승의 혼과 사람의 혼을 하나로 하면, 이것은 혼에는 단지 두 종류만 있다는 것이니 또한 세상의 통론通論을 어지럽히는 것이 아니겠습니까? …… 불교에서는 '짐승들의 혼과 사람의 혼이 똑같이 영험하다'고 말하니 이치에 심히 어긋나는 것입니다. '부처를 따르는 것이 잘못'이라는 말은 제가 늘 들어왔으나, '이치를 따르는 것이 잘못됐다.'는 말은 들어본 적이 없습니다. ……
넷째는 일단 사람의 몸의 생김새가 짐승과 다르다는 것을 알았다면 사람의 혼 또한 어찌 짐승과 서로 같을 수 있겠습니까? 따라서 '사람의 영혼이 혹시 다른 사람의 몸에 가탁해 있거나 혹은 짐승의 몸에 들어가 현세에로 환생한다.'는 석가모니의 말은 진실로 허튼 소리입니다. ……

> 다섯째는 '사람의 혼이 짐승으로 변한다.'는 말에는 원래 다른 증거가 없었던 것입니다. 다만 저들이 전생에 부정한 짓거리가 일찍이 어떤 짐승을 닮았기에, 천주께서 마땅히 쫓아가 저들을 벌하여 후세에 그런 짐승으로 만들어 낸 것이 아닌가 하고 의심했을 뿐인 것입니다. ……
>
> 여섯째는 저들이 살생의 금지를 말하는 뜻은 우리에게 도살당하는 소나 말이 바로 부보님들의 후생이 아닌가 두려워하여 그들을 차마 죽일 수 없다는 것입니다. 과연 이런 것에 의심이 간다면, 소를 몰아서 논밭을 갈며 또는 수레를 끌게 하는 것을 어찌 견뎌낼 수 있단 말입니까? 제 생각으로는 자기 부모를 살해하는 것과 그들을 농사일에 수고롭게 고생시키는 것은 죄질에서 큰 차이가 없습니다(마테오 리치, 1999, 236~245쪽).

《천주실의》는 상·하 2권에 걸쳐 174항목에 이르는 문제를 다룬 책으로, 불교에 대해서는 하권 5편 〈윤회의 여섯 방도와 살생을 금하는 오류를 논박하며 재계齋戒와 소식素食을 올리는 바른 뜻을 논함〉에서 다루고 있다. 리치는 윤회설이 오류라고 하면서 전생을 기억하는 사람이 없으며, 현재 짐승이 인간의 영혼을 가지고 있다면 현재 짐승의 혼이 전생 인간의 영혼보다 영특하다는 것인데 그런 말을 들어 보지 못했다고 하였다. 그리고 혼에는 생혼, 각혼, 영혼의 세 종류가 있는데 사람의 혼과 짐승의 혼을 하나로 한다면 혼에는 두 종류만 있게 된다고 하였다. 또한 사람의 생김새와 짐승의 생김새가 다르고, 사람의 혼이 짐승으로 변한다는 말은 증거가 없다고 하였다. 그뿐만 아니라 소나 말이 부모의 후생後生일까 두려워 차마 죽일 수 없다면, 소를 몰아 밭을 갈거나 수레를 끌게 해서도 안 된다고 하였다.

리치는 중국에 입국한 초기에는 중국인들로부터 거부감을 사지 않기 위해 불교식의 복장과 삭발을 한 서양의 승려로 행동하였다. 그러나 이러한 선교방식이 성공을 거두지 못하자, 문인 구태소瞿太素의 제안에 따라 1594년부터는 유학자의 복장을 하고 서양에서 온 선비로 행세하였다. 당시 중국의 지도층은 유학자들이었고, 그들과 교류하기 위해서는 유교식 관습과 행동이 필요했기 때문이다. 그 뒤 리치는 차츰 불교를 배척하면서 유학의 미비점을 보완해 준다는 보유역불론保儒易佛論의 이론을 정립해 나갔다. 그는 중국 유학자의 처지에서 불교를 비판하였는데 이때 가장 먼저 윤회설과 우상숭배를 비판하였다.

《보감》에서는 윤회설이 오류일 뿐 아니라 석가의 설도 아니라고 하였다. 철학자 피타고라스가 제자들의 악을 징계하고자 한 말을 피타고라스의 사후 제자들이 오해하였다는 것이다. 그뿐만 아니라 그 제자들은 장사차 간 천축국에도 윤회설을 전하였는데, 석가가 이를 받들어 다른 사람을 가르친 것이라고 하였다. 즉 불교 교리의 핵심인 윤회설이 오류일 뿐 아니라 석가의 주장이 아니라는 것이었다.

> (윤회의) 내력을 할진대 비타고라스〔畢達臥〕라 하는 철인이 있어서 그 제자들의 악을 징계하고자 하여 자주 말하되 '분노하는 자는 개와 같고 남의 것을 탈취하는 자는 독수리와 같고 주색에 미혹한 사람은 돼지 같다.' 하더니 그 철인이 죽은 후에 몇 제자들이 제 선생의 말을 바로 통달치 못하고 마구 전하여 말하되 '분노하는 이는 죽으매 곧 변하여 개가 되고 주색에 방사한 이는 짐승이 된다.' 하여 스스로 속아 믿더니 장사차로 천축국까지 이르러 그 지방 무식한 백성에게 윤회를 전하였는데, 석가라 하는 사람 하

나가 이 도를 받들어 다른 사람까지 가르친지라. 그 후로 중국 사람들이 천자의 명을 받들어 그 나라로 석가불의 백골을 찾으러 갔다가 그 백골을 백마에 싣고 돌아와서 환생하는 도리까지 전파하였으니 윤회의 시초가 이러하니 즐겨 승복할 것이 없느니라 〔《보감》 제14호(1906), 105~106쪽, 논설 〈환생에 의리 없음을 의논함이라〉〕.

윤회설이 피타고라스의 제자들에게서 비롯되었다는 《보감》의 주장도 《천주실의》에서 같은 내용을 찾을 수 있다.

(피타고라스의) 사후에 그의 문인들 중에 소수가 이 말들을 이어받았습니다. 그때 이 말들이 국외로 새어나가서, 인도의 석가모니가 새로운 종교를 세우려는 데에까지 이르게 되었습니다. 이 윤회설을 이어받아서 거기에 육도설을 보태었습니다. 수백 가지 거짓말들이 책으로 묶여서 '경'이라 불리게 되었습니다. 몇 년 뒤에 한漢나라 사람들이 그의 나라에 갔으며, 그것들을 중국에 전한 것입니다(마테오 리치, 1999, 234쪽).

그런데 윤회설은 인도의 고대철학 전통 가운데서 상당히 넓게 수용되었던 사상이다. 따라서 석가모니가 윤회설을 피타고라스 학파로부터 전수받았다는 리치의 주장은 가당치 않은 견강부회이다. 석가모니가 설법한 지 수년 뒤에 한나라 사람들이 인도에 가서 윤회설을 배워 왔다는 주장은 불교사에 대한 리치의 무지함을 말해 준다(마테오 리치, 1999, 234쪽의 각주 2와 3).

《보감》에는 윤회설에 대한 리치의 주장과 거의 같은 내용이 수록되었다. 《천주실의》는 1593~1596년 편술되어 1603년 북경 제1판본이 간행되었고, 《보감》은 1906년에 창간되었으니 그 사이에 300년의 시간

간격이 있다. 그리고 19세기 중엽 서구 최초의 불교학 개설서인 프랑스의 뷔르누프Eugene Burnouf의 《인도 불교사 개설*L'introduction à l'histoire du bouddhisme indien*》(1984) 등이 나왔고, 그 뒤 독일의 뮐러M. Müller가 작업한 범어본 《금강경》·《법구경》 등의 번역본이 독일어와 영어로 출판되었다(박노자, 2001, 2쪽). 그런데도 리치가 《천주실의》를 편술하였을 때 서양 선교사들의 불교 지식과 500년 동안 국교로서의 위치를 포함하여 약 1,500년의 불교역사를 지닌 한반도에서 활동한 선교사들의 불교 지식이 다르지 않았다. 선교 활동을 시작하였을 때 조선에서 불교의 형세가 쇠락해 있었기 때문이었겠지만, 그리스도교 중심의 타종교 인식과 평가가 가장 큰 이유였을 것이다.

《천주실의》에서 표현된 예수회 중국 선교사의 윤회설 비판을 파리외방전교회 조선 선교사들은 《보감》에 재연하였다. 한 걸음 더 나아가 윤회설을 가르친 석가는 신神이 아니라 사람이었고, 관음도 마찬가지라고 주장하였다. 석가는 사냥 때문에 부모와 처자를 버리고 집을 나갔고, 아버지 사후에는 가산을 탕진하였으며, 등창이 나 죽었다고 하였다. 관음은 중국에서 태어난 여자로, 승려들이 그 미모를 탐하여 사찰에 붙들어 놓자 관음의 부친이 절에 방화하여 타죽었다고 하였다. 석가여래는 불교에서 가장 중심이 되는 대상이고, 관음은 수많은 보살 가운데서도 특히 한국인들과 밀접한 관련이 있는 보살이다.[3] 그러함에도 이들을 영생하지도 부활하지도 않는 인간일 뿐이라고 평가하였다.

> 신도神道를 의론함이라: 석가여래釋迦如來와 관음觀音과 노군老君을 신으로 여겼으나 또한 우리 사람과 같이 살고 죽은 내력을 말할지라. 석가여래는 천축天竺 인도국 주周나라 때 갑인 사월 초파일

3) 한반도의 불교사찰 가운데는 관음신앙과 관련된 곳이 특히 많다.

에 나니 보요경普曜經에 이르기를 석가라 이름하나 젖 먹을 때에는 모니牟尼라 하였다 하고 그 부친은 정범淨梵이요, 모친은 마야摩耶라 하며 장성한 후에 야씨耶氏라 하는 여자에게 장가들어 아들을 낳으매 라후라라 하니라. 열아홉 살에 이르러 사냥을 하려고 부모와 처자를 버리고 집을 떠났더니 부친이 죽은 후에 산업을 다 낭비하므로 신세막심하니 설雪이라 하는 산으로 도망하여 연명하면서 몇 제자에게 윤회를 가르치다가 등창이 나서 죽으니라. 관음觀音은 중국 사천四川 수령遂寧에서 났으니 부친은 묘장妙莊이요 모친은 백아씨伯牙氏라. 묘장은 세 딸을 낳았는데 큰 딸은 묘청妙淸이요, 가운데 딸은 묘음妙音이요, 막내 딸은 묘선妙善이니 이 묘선을 관음이라 하니라. 묘선이 열여덟 살에 이르러 백작사伯崔寺라 하는 절을 보러갔는데 그 절 중들이 묘선의 용모가 아리땁고 어여쁨을 탐하여 붙들어 두었더니 그 부친 묘장이 이 말을 듣고 분을 이기지 못하여 그 절에 있는 중들을 다 죽인 후에 절에 불을 질러 그 안에 숨어 있던 딸 묘선까지 다 태웠느니라[《보감》 제10호(1906), 77쪽, 논설 〈神道를 의논함이라〉].

석가가 인간일 뿐이라는 인식은 천주교 신자에게서도 확인된다. 1799년 최필공崔必恭은 '불佛'이라는 이름은 모든 것을 알고 깨닫는다는 의미로 비길 데 없는 이름이거늘 어찌 경멸하느냐는 국왕의 신문에 석가는 인간이라고 하였다. 또한 하늘과 땅을 가리키며 '천상천하 유아독존'이라 하였다는 석가의 언행은 교만한 것이라고 비판하였다.

전하께서 '불'이라고 부르시는 석가여래는 정반왕과 마야부인의 아들로 인간에 지나지 않사옵니다. 그는 오른손으로는 하늘을 가

> 리키고 왼손으로는 땅을 가리키며 '나 홀로 위대하다.'고 말하였사오니, 그것은 가소로운 교만이 아니오니이까. 그가 어떤 덕행과 어떤 성덕을 가졌기에 그를 경멸하는 것이 죄악이 되나이까(달레, 1979, 427~428쪽).

당시 조선에는 중국인 주문모周文謨 신부가 입국하여 비밀리에 선교 활동을 펼치고 있었다. 1794년 주문모 신부가 조선에 입국하자 최필공은 그에게 성사를 받았다. 따라서 위의 주장은 주문모 신부에게서 배웠을 가능성이 크다. 북경교구 신학교를 졸업한 중국인 주문모 신부는 《천주실의》를 읽었을 것이기 때문이다.

석가가 인간일 뿐이라는 천주교회의 주장은 1920년대에도 계속되었다. 조선총독부의 강압으로 1910년 12월 30일 《경향신문》이 폐간되자 천주교회는 1911년 1월 15일자로 《보감》의 제호를 《경향잡지》로 변경하여 발행을 계속하였다. 발행인은 맹Meng 신부가 맡았고, 주필은 1914년부터 한기근韓基根 신부가 맡았다. 시사적인 문제를 거의 다룰 수 없었던 월 2회 발행의 순 종교지에 머물게 된 《경향잡지》는 순수 교리지식의 전달이 가장 중요한 과제로 남게 되었다. 아울러 당시 천주교 전교에 가장 큰 장애가 되고 있던 개신교의 신속한 전파에 대응하여 천주교의 호교적 성격도 강화시켜 나갔다(윤세민, 2006, 24쪽).

불전佛典 《보요경普曜經》[4]을 거론하며 석가가 인간이라는 주장을 펼쳤다.

> 1. 불도 혹은 불교를 시작하였다 하는 자는 불서 《보요경》에 기

4) 부처의 전기를 내용으로 하는 불전佛傳의 하나로 《방광대장엄경方廣大莊嚴經》의 이역본.

록한 대로 성은 석가요 이름은 모니요 그 부는 인도 천축국 정반왕이고 그 모는 마야부인이오. 날 때에 그 모의 오른편 옆구리로 낳다 하며, 그 난 때는 청국 주나라 소왕昭王 24년 갑인 4월 초8일인데 나면서 즉시 두어 걸음 행하며 한 손으로는 하늘을 가리키며 상천과 하지에 오직 내가 홀로 높노라 하였다 하며,

2. 나이 19세에 멀리 사냥 가서 돌아오지 않는 동안에 부왕이 죽고 나라는 5인도에게 빼앗긴 바 되었는데 석가모니가 할 일 없이 설산에 들어가서 구차히 생명을 보존하며 모든 허망한 말을 지었으니 이것이 곧 불교요 마침내 등에 독한 창질이 나서 주나라 목왕穆王 53년 2월 15일에 죽었다 하는데 이는 다 불서에 기록된 바이니라.

3. 석가모니가 제 모의 오른편 옆구리로 낳다는 말부터 허망한 말이니 대저 어느 사람이든지 이 모양으로 나는 법이 도무지 없음이라. 태모가 죽은 후에 그 배를 가르고 아이를 꺼내는 경우는 혹시 있으니 석가모니가 날 때에 그 모가 난산을 당하여 이 모양으로 낳어도 상서로움이 아니어늘 제 모의 옆구리를 헤집고 낳다 함으로 중의 무리들이 마치 기이함을 삼으나 이는 온전히 허망한 말이니 사람이 이렇게 나는 법이 도무지 없음이니라.

4. 석가모니가 갓 난 후에 즉시 걸어다니며 하늘과 땅을 가리키며 상천하지에 유아독존이라 하였다 함도 아주 무리한 말이니 갓난아이가 어떻게 일어서 다녔겠느뇨. 갓난아이가 어떻게 말을 하였겠느뇨. 또 설혹 말을 하였다 할지라도 상천하지에 제가 홀로 높노라 한 말은 의리를 거스르는 말이니 제가 천주보다 더 높으냐. 제 왕과 제 부모보다 더 높으냐. 이 말은 온

전히 정리를 거스르는 말이오 참람한 말이니라[《경향잡지》 제 626호(1927. 11.), 512~513쪽, 권화, 〈불도의 허망함〉].

석가의 출생과 사망 시기를 중국 주나라의 연대기로 설명하고 있다. 중국은 어떤 나라보다도 한국과 긴밀한 관계사를 전개하였고 한국인들에게 잘 알려진 나라였다. 따라서 중국 연대기로 석가의 출생과 사망을 설명하는 방법은 조선인들에게 상당히 효과적일 수 있다. 게다가 주나라를 언급함으로써 불교의 시원성始原性을 역사적인 측면에서 폄하할 수 있었을 것이다. 주나라 이전에 하나라와 은나라의 역사가 있었으므로 주나라시기에 석가가 출생하였다는 것은 하나라와 은나라시대에 살았던 사람들은 어떻게 설명해야 하느냐는 문제를 불러일으키기 때문이다. 한편 석가가 모친의 옆구리에서 나왔다는 것, 태어난 즉시 걸어다니면서 말을 하였다는 것은 도저히 있을 수 없는 허무맹랑한 것이라고 하였다. 또한 설혹 말을 하였다 할지라도 천상천하에 자기 홀로 높다고 한 것은 무례한 말이라 비판하였다.

이어 살생을 금지한다는 불교의 교리를 비판하였다.

6. 아무 교라도 여러 가지 교리 중에 한 가지라도 그른 것이 있으면 그 교는 진교가 되지 못하고 곧 사교니라. 불교의 여러 가지 교리를 다 말하지 않고 다만 한 가지 망령된 교리를 말하노니, 곧 불교에서는 살생을 엄금하여 개아미 한 개라도 죽이면 대죄라 하고 또 이로 인하여 짐승의 고기를 도무지 먹지 못하게 하니 이럼으로 중들이 짐승의 고기를 먹지 않는다 하여 다른 사람 보는 데서는 먹지 않는다.
7. 조물주 천주가 모든 짐승과 만물을 조성하여 사람에게 맡겨 잡아먹기도 하고 임의로 쓰게 하셨나니 만일 그렇지 않으면

> 세상에 살 수 없겠도다. 불교 도리대로 하면 사람이 도무지 살 수 없으니 대저 사람이 다닐 때라도 알지 못하게 짐승을 많이 죽이고 독사, 호랑이, 모기, 빈대, 벼룩 그런 것도 죽이지 않고 어떻게 살 수 있으며 육찬어찬을 도무지 먹지 않고 어떻게 살 수 있으며 부모 병중에 짐승의 고기로 약도 하여 드리지 못하겠나뇨. 장과 초에 있는 무수한 벌레를 먹지 않을 수는 만무하도다. 이럼으로 불교에서 살생을 금하는 것과 육찬과 어찬 먹기를 금하는 교리 한 가지만 보아도 일정코 진교가 아니오 오직 사교이며 이단이며 미신인 줄을 가히 알지니라 〔《경향잡지》 제626호(1927. 11.), 514~515쪽, 권화, 〈불도의 허망함〉〕.

다른 사람들이 보는 데서는 승려들이 고기를 먹지 않는다는 것은 안 보는 곳에서는 먹는다는 의미를 내포하고 있다. 즉 불교 승려들이 고기를 먹지 않는다고 생각하지 않는다는 것이다. 그것은 사람이란 고기를 먹지 않고는 살 수 없기 때문이라는 것이다. 이는 승려들의 정직성을 의심한다는 의미도 담고 있다. 그뿐만 아니라 사람이 걸어다니면서 무의식 중에 혹은 어쩔 수 없이 많은 짐승을 죽이고, 모기 등 사람에게 해로운 짐승은 죽일 수밖에 없는데 살생 금지가 가능하겠냐는 것이었다. 그런데 이러한 비판에는 억지와 모순이 느껴진다. 고기를 먹지 않는 사람이 적지 않고, 농경사회였던 조선에서는 고기를 먹을 수 있는 경우가 많지 않았다. 따라서 이는 육식 위주의 음식 문화를 지닌 서양인 선교사 중심의 평가로 적절한 비판이라고 하기 어렵다. 또한 독사, 호랑이, 모기, 빈대, 벼룩을 반드시 죽여야 한다는 주장도 설득력이 떨어진다. 사람에게 해로운 짐승이라는 이유 때문인 듯한데, 그리스도교식으로 보더라도 지상의 모든 것이 절대자의 피조물이라면 각기 존재의 의미와 가치가 있을 것이기 때문이다. 리치는 윤회설과 연계하여 살생 금지라는 불교 교리를 비판하였는데, 《경향잡지》는 음식 문화 내지 식생활 문제와 관련하여 비판하였다.

4. 불교 승려들의 생활 경외

1927년 독일에서 간행된 《금강산*In den Diamantenbergen Koreas*》에는 불교에 대한 경외감이 표현되어 있다. 저자는 성 베네딕도회 오틸리엔 연합회 초대 수석 아빠스(abbas, 수도원장)를 지낸 베버(Norbert Weber, 1870~1956) 신부였다. 1911년 2월부터 6월까지 4개월 동안 한국을 방문한[5] 베버는 독일로 돌아간 뒤 1914년 《조용한 아침의 나라*Im Lande der Morgenstille*》라는 책을 간행하여 베네딕도회의 한국 선교 활동과 한국의 전통문화 및 풍습을 소개하였다. 그리고 첫 번째 한국 방문으로부터 14년이 지난 1925년 다시 한국을 방문하여 당시 베네딕도회의 선교담당 관할구역이었던 함경도와 북간도, 금강산 등 여러 지역을 여행하였다. 귀국 후 베버는 1925년 6월 2일부터 12일까지 다베르나스 카누트d'Avernas Kanut 신부 등과 함께한 금강산 답사를 바탕으로 한국의 불교와 예술을 소개한 《금강산》을 간행하였다.

1925년 베버의 한국 방문은 베네딕도회가 새롭게 설정된 원산교구의 선교관할권을 갖게 됨과 동시에 서울에서 완전 철수라는 문제와 관련이 있었던 것 같다. 1909년 베네딕도회의 한국 진출은 수도회의 형편이 상당히 어려운 상황에서 이루어졌다. 계몽운동기 한국

5) 이때의 방문 목적은 2년 전인 1909년 한국에 진출한 베네딕도회의 한국에서 활동 내용을 살피고, 한국을 전반적으로 이해하기 위해서였다.

인의 높아진 교육열은 천주교회에도 영향을 미쳐 많은 천주교 학교가 설립되었다. 그러나 기초교육은 물론 종교교육도 담당할 수 있는 자격을 갖춘, 천주교 학교에서 필요로 하는 교사는 많지 않았다. 이러한 교사 양성을 목적으로 하는 사범학교 설립·교육을 위해 조선교구장 뮈텔Gustave Mutel 주교는 1907년 유럽으로 건너가 많은 수도회들을 순방하였으나 모두 거절당하였다. 그러다가 포교성성(현 인류복음화성)의 격려로 독일의 성베네딕도회 오틸리엔 연합회에 서면으로, 그리고 직접 오틸리엔 수도원을 방문하여 한국 진출을 요청하였다. 당시 오틸리엔 베네딕도회는 창설 역사가 짧고 아프리카 포교지에서 큰 타격을 받은 직후였기에 이 요청을 받아들일 형편이 아니었다. 그럼에도 베버 총원장과 수도자들이 한국 진출을 결정하였다(최석우, 1991, 390~395쪽).

이렇게 하여 한국에 진출한 베네딕도회는 사범학교를 설립하고 신자교사 양성에 주력하였는데, 곧 이어진 일제의 한국 강점과 사범학교 교육을 독점하려는 일제의 교육정책으로 말미암아 1913년 사범학교 교육을 포기하였다. 제1차 세계대전 기간에는 일본은 물론 프랑스와도 적대관계였던 독일이 모국이었던 관계로 한국에서 활동에 많은 제약을 받았다. 전쟁 기간 동안 독일로부터 전혀 원조를 기대할 수 없었고, 전쟁이 끝난 뒤에도 독일이 패전국이 됨으로써 재정적인 후원을 바랄 수 없었다.

이런 상황에서 1920년 간도를 포함한 함경도가 원산교구로 설정되고 동시에 베네딕도회에 맡겨졌다. 베네딕도회원들은 비록 수도회의 중심지를 옮긴다 하더라도 서울에 수도원의 일부를 남기기를 원했다. 그러나 함경도의 사목을 맡기 위해서는 서울 수도원을 없애고 그 지역에서만 활동해야 한다는 조건이 있었다(장정란, 2003, 58쪽). 베네딕도회는 1920년부터 덕원으로 철수를 준비하였다. 1921년 원산교구의 본당 인계를 시작하였고, 1927년 11월 수도원신학교를 완공한 뒤 덕원으로 수도원을 완전히 이전하였다(최석우, 1991, 409~411쪽).

이러한 역사적 배경이 베버의 1925년 한국 방문에 상당한 영향을 주었으리라 여겨진다. 수도원 이전이 진행되고 있던 1923년, 베버는 포교성성 차관 마르체띠Marchetti 주교에게 함경도 지방의 사목 대신 서울 수도원 소멸이라는 조건을 재고해 달라는 서한을 보냈다. 그러나 주교는 전쟁으로 통신 교류가 어려워 협상 과정에 대한 올바른 정보도 듣지 못하고 서울 수도원 포기 조건에 깊이 숙고할 여유 없이 파리외방전교회원인 서울교구장 뮈텔과 베네딕도 수도원의 한국 책임자 사우어Sauer의 협상 결과만을 승낙하였다는 것이었다. 이 요청은 파리외방전교회가 동의하지 않아 거부되었다. 결국 베버의 1925년 방문은 서울 수도원의 포기, 신설 원산교구 담당이라는 상황에서 이루어진 것이었다.

베버 이전에도 많은 서양인 선교사들이 금강산을 답사하였다. 답사기를 남긴 선교사로는 1885년 미 감리회 소속으로 한국에 입국한 스크랜튼이 금강산 유점사 답사기를 1887년 발표하였다(W. B. Scranton, 1897, 321~324쪽). 그는 한국 불교에 대하여 다음과 같이 기술하였다.

> 대부분의 사찰에 가보면 불교는 '과거의 것, 죽어 없어진' 것처럼 보인다. 건물은 낡고 퇴락하여 더러우며, 몇 명 되지 않은 승려들은 무지하고 의욕이 없었다. 보통의 불교 승려가 보여 주는 일반적인 무지, 특히 자기들의 신앙에 대한 무지는 소름 끼칠 정도이다. 잘 수리되고 '깨끗한' 건물에 백 명 이상의 지적이고 열정적인 신앙을 가진 승려가 있는 금강산 유점사를 방문한 뒤에야 한국불교에 대한 부정적인 인상을 어느 정도 없앨 수 있었다(류대영, 2007, 159쪽).

이것이 스크랜튼의 유점사 답사기로 본 한국불교 인식의 내용이다.

캐나다 장로회 선교사 게일도 왕립아시아학회 회보에 〈금강산〉이라는 글을 발표하였는데 장안사, 표훈사, 정양사, 유점사 등 금강산에 산재한 불교사찰들을 자세히 소개하였다. 또한 그리스도교와 불교의 유사점 28가지를 나열하였다.

개신교 선교사들은 그리스도교의 관점에서 '쇠락한 불교'라는 일관된 기술을 하였다. 그런데 베버의 인식은 달랐다. 대부분의 한국인은 불교를 경시하고 머리를 깍은 탁발승을 싫어하지만 한국의 불교문화는 찬란하였으며, 쇠락하게 된 원인은 1592년 일본의 침략과 부패한 정치 때문이라고 이해하였다(노르베르트 베버, 1999, 19쪽). 불교의 쇠퇴를 임진왜란과 연계하여 설명한 것은 문제가 있다. 임진왜란 때 승병들의 활동은 대단한 것이었고, 그로 말미암아 일시적이나마 불교는 중흥의 길을 모색하려 하였기 때문이다. 베버가 일본의 침략을 이렇게 서술한 것은 제1차 세계대전 동안 일본과 독일이 적대관계였던 것, 그리고 그로 말미암아 한국에서 선교 활동에 적지 않은 어려움을 겪었던 데 원인이 있지 않을까 여겨진다.

베버는 불교에서 추구하는 것이 깨달음이라고 인정하였다. 인간적인 욕망을 버리고 깨달음을 추구해 가는 승려들에 대해서는 경외감을 느낀다고 하였다. 불교 승려들이 추구하는 깨달음은 세속의 깨달음이고, 그리스도교 수도자들이 추구하는 것은 영원한 진리의 빛이라고 구별하면서도 승려들의 수행을 높게 평가하였다.

> 한 인간으로서 자연스런 생활마저 극기하며 살아가는 그들의 모습을 대하면 불교에 대한 경외감을 금할 수 없다. 석가모니가 제자들에게 보인 모범과 엄격한 규율은 세월이 흐르면서 많이 바뀌었다. 그러나 선원禪院의 규율이 완화되긴 했지만, 부처의 큰 도를

닦으려는 도덕적 의도는 곧이곧대로 끊임없이 이어지고 있었다. 나약함과 변화무쌍함 속에서도 인간의 의지를 수천 년 동안 이토록 아름답고 고귀하게 지속시켜 나가는 불심에 우리는 그저 경탄할 따름이다. 묘한 의문이 일었다. 불도들이 고적한 이곳에서 세속의 깨달음만이 아닌, 마치 테바이스의 은자나 성베네딕도처럼 영원한 진리의 빛을 찾으려 했다면 석가모니와 그 제자들, 그리고 사찰들은 어떻게 되었을까? …… 머나먼 타국의 깊은 산 속 수행자들의 높은 뜻을 우리도 본받게 되기를!(노르베르트 베버, 1999, 42~43쪽)

수도회 수사신부로서 베버는 수도생활에 깊은 관심을 기울였다. 베네딕도(480?~547?)는 서방교회 수도자들의 선조로, 정주定住, 수도승다운 생활, 아빠스에게 순명이라는 수도생활의 새로운 개념을 도입하였다. 수도승다운 생활이란 '회개'의 삶을 약속하고 생활을 바꾸어 세속적인 생활과는 이별한다는 뜻이다. 또한 수도자가 된다는 것은 완덕의 길로 나아가는 데 안내를 받기 위해 영적 아버지를 중심으로 살아가는 것을 의미하였다(《한국가톨릭대사전》 5, 1997, 5064쪽, 허성석, "베네딕도회"). 이러한 베네딕도의 수도규칙을 따르는 베네딕도회의 수도생활은 16세기에 일어난 종교개혁, 18세기에는 계몽주의와 프랑스혁명 등으로 심한 타격을 받았다. 그리하여 19세기 중반의 베네딕도회 수도생활은 완전히 초토화되었다.

한국에 진출한 성베네딕도회 오틸리엔 연합회는 외방 선교를 목적으로 창립되었지만, 베버는 불교 승려들의 생활을 보며 은수자隱修者의 생활, 청빈의 생활을 실천했던 시기의 그리스도교 수도승의 삶을 그리워하였다.

> 우리 기독교 수도자들도 속세를 떠나 채소밭을 일구면서 청빈한 생활을 하던 시절이 있었다. 그 가운데 그들은 기도와 명상의 생활을 지속해 나갔다. 세월이 흘러 이러한 은둔생활이 서구인들에게는 이제 '폐쇄'로 인식되었고, 한국의 수행자들에게는 '관습'이 된 것 같았다. 이런 수행법은 민족정기에서 비롯된 것인지도 모른다(노르베르트 베버, 1999, 43쪽).

이러한 베버의 수도생활에 대한 평가는, 아프리카 선교지에서 겪은 경험과도 관련이 있을 것이다. 베버는 성베네딕도회 오틸리엔 수도원의 초대 아빠스로서 아프리카 선교 지역을 둘러보기 위해 1905년 동아프리카 선교지를 시찰하였다. 그런데 그해 8월 중순에 일어난 아프리카인들의 민중 '폭동'을 직접 목격한 뒤 2년 동안 숙고하여 《온 세상으로 나가라*Euntes in mundum universum*》라는 아프리카 선교 혁신 프로그램을 집필하였다. 거기에서 베버는 그동안의 선교 활동이 베네딕도회의 전통과 원칙에서 벗어나 있었음을 지적하며 '수도승 선교사'라는 신원 의식 부족을 철저하게 비판하였다(선지훈, 2007, 72쪽).

베버는 승려들에 대한 사회의 인식이 부정적이지만, 그것은 인간 본능의 나약함 때문에 일어나는 일들에 대한 부정적인 평가이니, 불교의 사상과 승려들의 수도생활의 업적은 관대하게 보아야 한다고 하였다.

> 한국에는 불가승들에 대한 사회인식이 전반적으로 좋지 않았다. 세속적이며 나약한 인간의 본능 탓에 부정적인 평가를 받고 있기는 하지만, 불교의 높고 고귀한 사상, 그리고 불도들의 정진으로 쌓은 지금까지의 업적만은 관대하게 바라보아야 하지 않을까?(노르베르트 베버, 1999, 48쪽)

승려들에 대한 사회의 인식이 좋지 않다는 것은 경제적인 측면에서 언급하였다. 승려들은 불교신자들의 보시와 탁발로 생활하는데, 보시하려는 이들이 거의 없을 뿐 아니라 사람들은 승려들의 탁발을 무시하거나 마지못해 한두 푼을 줄 따름이라고 하였다.

> 멀리서도 금방 알아보게 되는 괴상한 모자를 쓴 채 그들이 목탁을 두드리며 탁발을 시작하면, 사람들은 보기는커녕 문을 얼른 닫아 버리고 만다. 장날이 되면 탁발승은 사람 사이를 비집고 가게에 들어서고, 그러면 가게주인은 허리춤에 찬 주머니에서 아무 말 없이 한두 푼을 꺼내 준다. 탁발승 역시 일언반구 없이 받아 떠난다(노르베르트 베버, 1999, 49~50쪽).

베버는 당시 한국의 승려들 대부분이 대처승이라고 하였다. 학문과 수도생활에 전념했던 수도승들은 역사의 뒤안길로 사라지고, 현실적인 지위가 높은 승려들은 두세 명의 여자를 데리고 산다고도 하였다.

> 한국 어디서나 볼 수 있듯 장안사 스님들 역시 대처승이었다. 그들도 지위가 높으면 여자들을 두세 사람 데리고 살았다. 그러나 함께 사는 여인들은 경내에 살지 못하기 때문에 그리 멀지 않은 초가에서 옹기종기 모여 살았다. 한때 명성이 자자했던 장안사 역시 파란 많은 세월을 거치면서 학문과 도에 전념했던 수도승들은 사라지고, 이제는 그들의 고통스런 흔적만이 남았다. …… 결혼을 안 하는 게 불가의 계율이지만, 이곳 사찰들에서는 그것이 잘 지켜질까 의심스러웠다(노르베르트 베버, 1999, 48쪽).

그러나 여자 승려들의 생활에 대해서는 긍정적인 평가를 하였다. 숲속 암자에서 작은 밭을 일구고 베를 짜서 옷을 만들며, 부처에게 불공드리며 단조로운 생활을 하는 비구니들의 삶이 베버에게는 그리스도교 수도생활의 초기 형태처럼 느껴졌던 것 같다.

> 깊고 깊은 산 속으로 들어와 도를 닦는 이곳 비구니들의 생활은 단조롭기 그지없어 보였다. 그러나 그 표정들에는 평온함이 깃들어 있었다. 세속을 떠나 도를 닦는 바로 이 생활이 그들을 행복하게 하는 모양이었다. 불공을 통해 부처님에게 정성스럽게 보시를 하는 일이 하루의 중요한 과제였으며, 작은 밭을 일구어 채소를 가꾸거나 원시적인 베틀에 앉아 무명과 삼으로 베를 짜는 것이 반복된 생활에서의 변화라면 변화였다. 매일, 매년 같은 일을 하면서 그들은 스스로 찾아야 할 평화를 위해 울창한 숲속에 파묻혀 있는 이 암자에 기거하고 있었던 것이다(노르베르트 베버, 1999, 72~73쪽).

베버는 승려들이 지켜야 할 또 다른 규칙들로 다음과 같은 것들을 꼽았다.

> 승려들의 사찰생활 중 또 다른 규칙들을 보면 이렇다. 육식을 해서는 안 되며, 술은 마실 수 없고, 담배를 피워서도 안 된다. 결혼할 수 없으며, 짐승을 살생하거나 괴롭혀선 안 된다. 승려들은 비단옷을 입지 못하며 가죽신발을 신어서도 안 된다. 세속인들과 유대를 갖지 말며 오직 불도에만 전심전력을 다해야 한다. 그렇기 때문에 남의 일에 참견하지 말아야 한다(노르베르트 베버, 1999, 58쪽).

베네딕도회원이기에 수도생활에 각별한 관심을 기울였으리라 여겨진다. 고기를 먹어서는 안 된다는 규칙과 살생 금지라는 규칙은 다른 서양인 선교사들과 마찬가지로 이해하기 어려웠을 것이다. 더구나 그것이 윤회설과 연관되어 있었으니 더더욱 이해할 수 없었을 것이다. 그러나 베버는 이에 대해 비판적인 견해를 피력하지 않았다. 결혼할 수 없다는 것, 비단옷을 입지 못하고 가죽신을 신지 못한다는 규칙들은 청빈과 정결 서약을 하는 그리스도교 수도승들에게도 해당되는 것들이었다. 사람들과의 긴밀한 관계를 경계하고 오직 불도에만 전념해야 한다는 것 역시 그리스도교 수도승들이 오직 절대자를 향해 걸어가야 한다는 것과 마찬가지였다.

5. 맺음말

한국 불교에 대하여 첫 기록을 남긴 서양인 선교사는 파리외방전교회 신부 다블뤼이다. 그는 불교를 국가권력과 관계에서 서술하였다. 그것은 교회와 국가의 관계가 어떠한가에 따라 교회의 현세적인 위치에 굴곡이 많았던 유럽의 교회사를 경험한 때문이었다. 승려들에 대한 선교사들의 인식도 호의적이지 못하였다. 수도생활이란 찾아볼 수 없다고 하였고, 사악하다고까지 하였다. 따라서 이들의 서한과 보고서를 바탕으로 한국을 방문한 적이 없는 선교사가 저술한 책자에 언급된 한국불교는 쇠락하였을 뿐 아니라 긍정적인 측면을 찾아보기 어려웠다. 이들은 교리적인 측면에서는 불교를 다루지 않고 오직 국가권력과 관계에서만 한국불교를 바라보았다. 그런데 19세기 후반 천주교 선교사들의 이러한 인식은 개신교 선교사 그리피스의 한국불교 서술에서도 마찬가지였다.

천주교 박해가 어느 정도 사라진 뒤인 20세기 초, 조선의 천주교

선교사들은 교리적인 측면에서 불교를 비판하였다. 윤회설과 살생금지라는 불교의 교리가 이론적으로는 물론 인간의 현실이라는 측면에서 불가능하다고 조목조목 비판하였다. 그들의 윤회설 비판은 16세기 말에 간행된《천주실의》의 내용과 같다. 선교사들은 석가가 인간이라는 점을 강조하였다. 창조주·절대자 중심의 종교관과 세계관을 가지고 있던 서양인 선교사들에게 석가가 인간이라는 것은, 석가가 창교한 불교도 종교로서 의미를 지닐 수 없다는 뜻이었다. 석가가 인간이라는 주장, 윤회설이 논리적으로 맞지 않다는 주장은 시간이 흘러도 변하지 않았다. 타종교를 인정한 제2차 바티칸 공의회 이전 천주교회는 어떤 종교도 종교로 용납할 수 없었다.

한편 1909년 한국에 진출한 성베네딕도회 오틸리엔 연합회는 불교 승려들의 생활에 긍정적인 시선을 보였다. 그것은 오틸리엔 베네딕도회가 선교를 목적으로 설립되었던 파리외방전교회와 달리, 수도회로 시작된 베네딕도회의 가족인 데서 이유를 찾을 수 있다. 그들은 불교에서 추구하는 것이 깨달음이라고 서술하였다. 또한 불교 승려들이 추구하는 깨달음은 세속의 깨달음일지라도 그들에게서 발견한 그리스도교 초기 수도공동체의 아름다웠던 모습을 그리워할 정도로 긍정적인 평가를 하였다.

해방 이전 한국에서 활동하였던 대표적인 천주교 선교회였던 파리외방전교회와 베네딕도회의 한국불교 인식은 차이가 있었다. 그것은 각기의 모임이 선교를 목적으로, 수도생활을 목적으로 설립된 데서 이유를 찾을 수 있다. 이러한 천주교 선교사들의 인식은 같은 시간, 같은 공간에서 활동하였던 개신교 선교사들의 인식에도 어느 정도 영향을 주었을 것이다.

참 고 문 헌

1. 자료

《경향잡지》《보감》

2. 연구 논저

1) 단행본

노르베르트 베버, 김영자 옮김, 1999, 《수도사와 금강산》, 푸른숲.

달레, 최석우·안응렬 번역 주해, 1979, 《한국 천주교회사》 상, 한국교회사연구소.

마테오 리치, 송영배·임금자·장정란·정인재·조 광·최소자 옮김, 1999, 《천주실의》, 서울대학교출판부.

윤선자, 2005, 《태평양전쟁 발발 이후 일제의 인적 지배와 그리스도교계의 대응》, 집문당.

윤세민, 2006, 《창간 100년 '경향잡지' 연구》, 한국천주교중앙협의회.

정병조·이석호, 1991, 《한국종교사상사 I》, 연세대학교출판부.

조현범, 2002a, 《문명과 야만, 타자의 시선으로 본 19세기 조선》, 책세상.

한국교회사연구소, 1997, 《한국가톨릭대사전》 5, 한국교회사연구소.

2) 논문

김수태, 2000, 〈샤를르 달레의 한국천주교회사〉, 《교회와 역사》 300, 한국교회사연구소.

김흥수, 2003, 〈19세기말~20세기 초 서양선교사들의 한국종교 이해〉, 《한국기독교와 역사》 19, 한국기독교역사학회.

______, 2006, 〈호레이스 G. 언더우드의 한국종교 연구〉, 《한국기독교와 역사》 25, 한국기독교역사학회.

류대영, 2007, 〈국내 발간 영문 잡지를 통해서 본 서구인의 한국종교 이해〉, 《한국기독교와 역사》 26, 한국기독교역사학회.

박노자, 2001, 〈19세기말~20세기초 선교사들의 한국불교관〉, 한국재단 창립 10주년 기념 심포지엄 발표논문, 서울교육문화회관.

선지훈, 2007, 〈선교 베네딕도회의 한국 진출과 선교활동〉, 《교회사연구》 29,

한국교회사연구소.
장정란, 2003, 〈외국 선교회의 한국 선교〉, 《한국 근·현대 100년 속의 가톨릭교회(상)》, 가톨릭출판사.
조현범, 2002b, 〈19세기 중엽 프랑스 선교사들의 조선 인식과 문명관〉, 한국정신문화연구원 한국학대학원 박사논문.
최석우, 1982, 〈달레 저 한국천주교회사의 형성과정〉, 《한국교회사의 탐구》, 한국교회사연구소.
______, 1991, 〈한국 분도회의 초기 수도 생활과 교육 사업〉, 《한국 교회사의 탐구》 II, 한국교회사연구소.

W. B. Scranton, 1897, "The Fifty-three Buddhas and Nine Dragons", *The Korean Repository*, Sep.

서양 학계의 한국불교사 연구

판카즈 모한(한국학중앙연구원 국제한국학부)

1. 들어가면서

일본에서는 이미 20세기의 대두와 더불어 근대적 방법론의 토대 위에서 한국불교에 대한 체계적인 연구가 시작되었는데, 일본 학자의 한국불교 연구의 밑바닥에 깔려 있는 정신이 메이지시대明治時代의 팽창적인 민족주의에서 유래되었다는 사실을 염두에 둘 필요가 있다. 일본 근대사학사의 계보를 살펴보면, 세대를 이어가며 많은 연구업적을 쌓아 올린 일본인 학자들이 고대古代 일본의 천황제 이데올로기 형식에 짜 맞춰 편찬된 사서史書 《일본서기日本書紀》를 범할 수 없는 기준으로 삼고, 이에 따라 한국고대사를 정립시키려 했다는 사실을 알 수 있다. 일본 근대불교학의 경우, 일본은 일찍이 19세기 말부터 서양의 근대 학문을 수용하여 실증적 방법론을 통해 불교학 연구의 체계를 세우는 데 앞장섰다고 할 수 있다. 그러나 이들의 불교학연구는 호전적인 민족의식의 강화와 더불어 식민지 침략과 지배를 정당화하고 문화적인 헤게모니를 확인해 주는 오리엔탈리즘적 사고 방식에 기반을 두었기 때문에 여러 가지 한계성을 지니고 있었다.

한편, 서양에서 불교를 종교학과 철학으로서 연구하기 시작한 것은 19세기 초로 거슬러 올라간다(J. W. de Jong, 1997). 그러나 1910년에서 1945년까지는 일본의 식민지라는 한국의 정치적 상황 때문에, 그리고 해방 후 20~30여 년 동안은 한국의 정치·경제적 혼란으로 말미암아 서양 학계에서 한국불교라는 매력적인 분야는 여전히 미개척지로 남아 있었다. 그리하여 1980년대에야 비로소 서양에서 한국불교학 연구가 본격적으로 이루어진 것은 우연이 아니었다. 서양 학계에서 한국불교학이 뿌리를 내리기 위해서는 한국불교 전통에 대한 한국 학자들의 연구가 실질성과 구체성을 띨 필요가 있었기 때문이다. 그러므로 해방 이후 한국 불교학계의 주된 경향을 간단히 살펴보는 것으로써 서양 학계의 한국불교 연구에 대한 필자의 논의를 시작하려 한다. 이 글에서는 한국불교에 대한 서양 학계의 연구성과를 크게 세 시기—1910년에서 1970년대까지 서양 학계의 초기 연구성과, 1980년대 서양에서 한국 고대불교 전공자들의 등장, 21세기의 한국불교사 연구동향—로 구분하여 살펴볼 것이다.

일본에서 한국의 역사와 종교에 대한 연구는 메이지시대에 시작되어 20세기 초에는 한국불교에 대한 중요한 일본어 논저들이 여러 편 간행되었다.[1] 식민지시기 일본불교학계의 한국불교 연구가 한반도의 정치적 패권 장악이라는 일제의 목표에 영향을 받았음은 의심할 여지도 없다. 일본 학자들은 일본을 중심으로 하는 제국주의적 세계관에서 한국불교를 이해하려고 하였다. 일본 중심적인 좁은 시야로 연구가 진행되었음은 19세기 후반에서 20세기 초반 사이에 쓰

1) 이 문제는 《신라사학보》 제19호(2010)에 실린 〈일제강점기 일본인 연구자의 신라 초기불교 연구〉란 논문에서 자세히 다루었다.

여진 수많은 일본어 저작들에서 분명하게 나타난다. 한국불교에 대한 일본인 학자들의 주장은 한국사의 중요한 진전과 변증법적인 변화에 대해서는 무감각했음을 보여 주는데, 이는 한국을 정체되어 있고 종속적이라고 설명하던 당시 일본의 역사 서술 경향에 따라 형성된 것임이 분명하다. 미셸 푸코M. Foucault가 일깨워 주었듯이, 각 시대에는 지식의 형성과 관련된 그 시대 고유의 인식체계와 규칙이 있고, 담론 형성의 배경을 이루는 심층의 인식 틀이 있는 것이다.[2] 식민지시기 이능화李能和와 권상로權相老는 매우 열정적으로 한국불교를 연구했지만 그들 또한 시대의 한계를 극복하지는 못하였다. 일본 학자들처럼 그들도 한국불교의 특징으로 "호국護國"을 강조하였던 것이다.

해방 이후, 특히 박정희 정권에서 한국불교 연구는 이론적인 틀과 목표를 완전히 달리하는 두 그룹의 학자들에 의해 이루어졌다. 일부 학자들은 한국불교의 자율성을 침식하는 '호국불교' 이론을 견지하였다. 이러한 연구방법은 비판의 날을 무디게 만들고 종교적인 감수성을 민족주의로 바꾸어 냄으로써 당시의 체제를 지지하였다.[3] 하지만 1950년대의 한국 고대불교사 분야 연구에 뚜렷한 진전이 없었다고 보는 것은 잘못이다. 김철준金哲埈 교수와 이기백李基白 교수는 고고학·인류학·불교학 등의 인접 학문 분야를 연구하면서 얻은 통찰력을 자신의 한국고대사 연구에 이용한 최초의 한국 학자들이었

2) "Each society has its regime of truth; its 'general politics of truth'. That is, the types of discourse which it accepts and makes function as true; the mechanisms and instances which enable one to distinguish between true and false statements, the means by which each is sanctioned; the techniques and procedures accorded value in the acquisition of truth; the status of those who are charged with saying what counts as true." See Michel Foucault, 1980, p.131; Alan Sheridan, 1980, p.138.

3) 이러한 연구들은 정직한 지성이나 논쟁을 이끌어가는 힘과는 양립할 수 없는 억압적인 정치풍토에서 이루어졌다(Henrik H. Sorensen, 2006, pp.79~83; Kim Jongmyung, 2010, p.50).

다(김철준, 1952·1990; 이기백, 1953·1986). 그들은 한국고대사 연구에서 방법론상의 돌파구를 제시해 주었고, 이 분야의 후속 연구에 매우 중요한 틀을 제공해 주었다.[4] 이러한 두 학자들의 지도 아래 일군의 젊은 한국불교 연구자들이 등장했는데, 이들은 불교학과 한국사학의 교차지점으로서 불교학의 필요성을 인식하고 있었다. 철학 분야에서 이루어진 한국불교학 연구 또한 1960년대 조명기趙明基, 이기영李箕永, 이종익李鍾益, 김영태金煐泰 등 몇몇 동국대 교수들의 노력으로 한층 성숙되었다.[5] 1970년대에 본격화된 한국 고대불교 연구는 꾸준한 발전을 거듭해 갔다. 주로 연구된 분야를 간단히 정리하면 다음과 같다: 고대 삼국에서 불교의 전래과정; 중앙집권적인 국가체제의 형성과 불교; 신라에서 불교 교학의 발전과 불교 대중화 및 선종구산의 성립. 이 시기 서울대학교 최병헌崔柄憲 교수의 노력과 지도력으로 말미암아 한국불교를 전공한 학자가 20명 정도 배출되었고, 서울대 국사학과가 국내에서 한국사상사 분야의 주목받는 학과로서 그 위상을 확립하게 되었다. 학문으로서의 한국불교학이 고도로 정교한 지적 수준에 도달한 것이 서양학자들의 관심에 불을 붙였음은 명백하다. 서울대학교의 최병헌 교수는 가장 기억에 남는 강의로 '역사학 분야에서의 불교학'을 꼽았다. 그는 "사회경제사는 이전

4) 1960년대의 한국사연구와 불교연구가 교차되는 지점에서 불교학에 대한 연구의 필요성을 느끼는 분위기가 형성되었던 것으로 보인다. 이러한 흐름에 속한 불교사 연구자들로는 이 시기에 교육을 받은 최병헌, 허흥식, 김두진 등이 있다. 1960년대에는 또한 불교철학에 초점을 맞춘 몇 편의 중요한 한국불교 연구서들도 간행되었다. 몇 가지 예를 들면 조명기의 《신라불교의 이념과 역사》(1962; 1982), 이기영의 원효에 대한 저명한 연구서들이 있다. 그리고 한국 고대불교에 대한 대표적인 한국어 및 일본어 연구서들에 대한 개략적 설명은 다음을 참조할 수 있다. 신동하, 1989; 김영미, 1995.

5) 1980년대 민중사학이라고 하는 새로운 역사학 경향이 한국사학계에 등장하여 주류역사학, 곧 고통 받는 민중보다는 오히려 엘리트계층에 관심이 있는, 이른바 "공식적"이고 "엘리트주의"적인 역사학의 가설과 공식화에 도전하였다는 것 또한 중요하다.

에 비해 그 위상이 많이 높아졌지만, 불교학과 같은 사상사는 여전히 변방"이라며, "그래도 이 강의를 통해 전공학자가 20명 정도 생겨 더욱 애착이 간다."고 말했다. 더불어 같은 시기 역사학자로서 동국대 김상현金相鉉 교수와 국민대 김두진金杜珍 교수도 고대 한국불교 사상사의 주체성을 규명하는 데 학문적인 관심을 쏟았다.

1980년대 한국불교학 무대에 등장한 로버트 버스웰Robert Buswell, Jr.과 존 요르겐센John Jorgensen 같은 외국학자들의 한국불교 연구는 한국인 학자가 구축한 바탕 위에서 이루어졌으며, 민족주의 사상을 불교사 연구에 투영함으로써 빚어진 문제점들에 대한 비판으로서 의미가 있다고 하겠다. 그들은 한국불교 이해의 체계적인 틀을 마련하기 위해서는 한국불교를 '호국불교'나 '통불교通佛敎'로 이상화하기보다는 "시대별 과제와 문화적 특징을 역사적으로 살피는 자세가 요구된다."고 강조하면서 기존의 방법론이 안고 있는 한계를 지적하였다. 따라서 본 글은 서양에서 이루어진 한국 고대불교사의 중요한 연구성과를 소개하면서 한국과 서양 학자 사이의 시각적 또는 방법론적인 차이를 밝히는 데 그 목적을 둔다.

2. 1910년대에서 1970년대까지 해외학자의 연구성과

일본 제국주의가 정점의 국면에 접어든 1930년대에 "호국불교"의 틀 안에 한국불교를 편입시키려는 일본의 시도가 시작되었다. 1930년대 일본 불교학자들은 "호국"이란 통치세력을 무조건 수호하는 것이라고 보고, "호국불교"라는 이름으로 한국불교의 '만들어진 전통'을 부각시켜 일제에 대한 한국인의 충성을 강조하였으며, 한국인들을 전쟁에 동원하기도 했다. 그들은 왕법王法과 불법佛法 사이에 존재하는 공생관계의 역사적인 패턴들이 쇼토쿠태자聖德太子의 헌법17조憲法十七條와 동대사東大寺의 창건 정신, 《인왕경仁王經》과 《금광명경金光明經》의 기본 교리에서 "호국"의 강조로서 분명히 나타났다고 주장했다. 그들은 또한 불교교리와 일본 천황제 이데올로기의 이해관계 사이에서 밀접한 조화를 입증하려고 했다. 한국의 협조와 원조는 만주와 중국에서 일제 침략의 성공을 결정하는 중요한 변수였기 때문에, 일본 학자들은 불교 교단을 일본화하여 친일승려들이 일제의 징병제와 태평양전쟁에 참가하게끔 배경 이론을 제공한 것이다. 에다 토시오江田俊雄의 신라불교 연구는 이러한 범주에 속한다고 하겠다. 에다 토시오의 1935년 한국불교의 호국사상에 대한 논문은 폭력의 전횡으로 말미암은 전쟁의 불가피성을 강조하기 위해 불교경전의 관련 부분을 인용하였다. 그는 원광圓光의 세속오계世俗五戒의 중요성, 황룡사 9층탑의 의미, 선덕왕대 자장慈藏의 정치적인 역할, 원효元曉의 저술에 나타난 호국정신, 임박한 중국의 침략을 신라왕실에 알리기 위해 당나라로부터 귀국한 의상義湘, 그리고 국정을 돌보기 위한 도선道詵의 풍수지리설風水地理說 활용 등을 사례로 들면서 한국불교사의 기본 성격을 호국불교로 정의하였다. 이러한 유형의 또 다른 학자인 야오타니 타카야스八百谷孝保는 한국불교가 중국불교에 상당히 영향을 받았다는 사실에 주의하면서, 신라승려들은 정신적인 지도자로서 국가를 이끌고 문화의 지평을 확대하였다고 주장하여 '호국護國 호법護法 일치'의 논리로 신라불교를 설명하였다.

일본 식민지시대, 특히 1920년대 이래로 일본의 동양사학계에서 한국고대사를 전문적으로 다룬 학자들이 출현했다. 조선사편수회朝鮮史編修會와 깊은 인연을 맺은 이마니시 류今西龍는 원광법사에 대해 중요한 연구를 수행한 선구적인 역사가였다. 이마니시 류와 같은 실증사학자들은 한국고대사에 주력하였지만 필요에 따라 역사학의 입장에서 한국불교사에도 접근했다. 그러나 그들은 한국 사서史書들보다는 일본의 자료들을 더 신뢰했던 것처럼 보인다. 예를 들면, 1933년부터 경성제국대학京城帝國大學 법문학부法文學部의 조교수로서 한국고대사 연구에 몰두해 온 스에마쓰 야스카즈末松保和는 불교가 뒤늦은 6세기에 신라와 일본으로 전래되었기 때문에, 4세기 후반에 백제에 전해졌다고 하는 《삼국사기三國史記》와 《삼국유사三國遺事》의 기록은 결정적인 증거로 받아들일 수 없다고 하였다.

신라와 야마토大和 정권은 지리적인 조건으로 말미암아 고구려와 백제에 견주면 뒤늦게 고대국가로서 발전하였으며, 불교를 비롯한 중국의 선진 문화도 늦게 받아들였다. 신라의 경우, 5세기경에 완전한 농업 사회로 발전하였고, 이와 관련한 국가 형성의 과정을 겪으면서 기존의 종교 및 의식 관례가 새로운 상황에 맞도록 재정리되고 다듬어졌다. 분명한 것은, 5세기 초반 신라는 외교 및 정치 관계의 다각화를 위해 진지한 노력을 하고 있었으나, 고구려와 관계에서 표면상의 종속적인 위치를 모두 떨쳐버리지는 못하고 있었다는 것이다. 그러나 5세기 후반에는 나제동맹羅濟同盟이 더욱 공고해졌고, 이는 고구려의 군사력 쇠퇴로 이어졌다. 이는 또한 야마토 정권의 쇠퇴 및 유랴쿠왕雄略王의 사망 이후 왕조의 변화 과정으로 말미암아 가능했던 것으로 추측된다. 당시 야마토 정권의 정치적 불안은 세이네이清寧, 겐조오顯宗, 닌켄仁賢, 그리고 부레츠武烈가 짧은 기간 동안 잇달아 통치했던 사실에서도 알 수 있다(《일본서기日本書紀》 1권의 마지막 네 명의 왕이기도 함). 4세기 말부터 5세기 초에 농업 경제의 기틀이 더 확고해지자, 신라는 중국을 모델로 하여 체계적인 국가 형성의 단계로 진입하였다. 이 기간 동안 농업에서는 철기 사용이 널리 보급되었다. 이러한 경제적·기술적 변화로 말미암아 산재한 많은 부락으로 특징되던 신라의 구舊질서는 5세기 말엽까지 새로운 정치·사회적 질서로 발전하였다. 또한 농업에서 진보와 이로 말미암아 얻어진 잉여 농산물은 신라 사회를 뒷받침하는 새로운 도시 정신을 지탱하고 촉진시켰다. 6세기가 시작되면서 즉위한 신라 지증왕智證王(재위 500~514)은 중앙집권화를 위해 중요한 여러 조치들을 단행했다. 즉, 족장을 뜻하는 고유의 칭호인 마립간麻立干을 버리고 임금을 의미하는 한자어인 왕王을 채택했는데, 이는 실로 혁신적인 변화로서 강력한 군주국가에 대한 대륙의 사상을 받아들이고자 하는 신라의 염원을 보여 준다. 또한 503년에는 '새로운'을 뜻하는 글자인 '신新'과 '그물'을 뜻하는 글자 '라羅'를 채택함으로써 신라의 나라 이름을 표기하는 표준 방식을 고안했다. 이 두 개의 한자가 팽창과 개혁이라는 국가의 최우선적 목표를 의미한다고 해석하는 것은 어쩌면 후세 관점에서 윤색일지 모르나, 신라가 국내적 도전뿐만 아니라 외부적 도전에 응하기 위해 국가 제도를 '쇄신하고', 선진 문물을 적극적으로 받아들이기를 희망했다는 것은 분명하다. 사회·경제적 진보는 앞서가는 대륙 문명을 받아들이고, 점차 중앙집권화 해 가는 국가 체계에서 신라 통치자의 새로운 위상에 부합하는 새로운 의식儀式 및 종교 제도를 확립하는 초석을 마련했다. 이러한 맥락에서 중국의 명당明堂을 본떠, 혹은 그로부터 영감을 받아 신궁神宮을 설치한 것으로 보인다. 그리고 얼마 뒤 신라 사회의 요구에 부응할 수 있었던 불교가 국가적인 차원에서 공인되었고, 이로써 신라는 삼국 가운데 가장 뒤늦게 출발한 국가였음에도 불구하고 대망의 삼국 통일을 완성하고 그 위세를 인접국에 떨치게 되었던 것이다.

또한 이마니시 류는 원광법사의 불교 활동을 호국정신으로 단순화시키면서 신라에서는 부처의 자비가 전쟁의 고통과 피해를 완화시켰다고 결론을 내렸다. 그러나 신라 원광법사가 화랑도의 지도 이념으로 부여한 세속오계를 유교의 오륜五倫, 불교의 오계五戒와 비교·검토해 보면 '단순한 모방이나 원용이 아닌 신라인들의 현실적 필요에서 제시된 것'임을 알 수 있다. 즉, 일본인 학자들의 연구성과가 일제의 정치 요구와 관련이 있었기 때문에 한국역사의 흐름을 '타율성론他律性論', '반도성론半島性論', '일선동조론日鮮同祖論' 등의 이론을 동원하여 왜곡하였으며, 한국고대사에서의 문화의 지평을 확대하면서 사회적인 조화를 이룩하고 중앙집권제를 뒷받침하는 국가이념을 제공한 불교의 역할은 인지하지 못했다는 것에 주목할 필요가 있는 것이다.

한국불교에 대한 책을 간행한 최초의 서양 학자는 일본에서 긴 세월 동안 체류한 프레더릭 스타Frederick Starr(1858~1933)이다. 그는 생물학 강사로 경력을 쌓기 시작했으나 나중에는 민족학과 인류학으로 관심을 돌렸다. 그는 일본·한국·멕시코·아프리카에서 현지조사를 하였고, 1918년 간행된 그의 책 《한국불교*Korean Buddhism*》는 네 차례에 걸친 한국답사의 산물이었다. 그는 책의 서문에서 "한국인과 한국인의 일상에 대해 크나큰 열정을 가지고 연구하였다. 한국의 역사에 대한 관심에서 한국의 수많은 명승지와 유적지를 답사하였지만, 한국의 종교 특히 불교에 대한 연구보다 내 흥미를 더 끄는 것은 없었다."라고 하였다. 한국불교를 이해하고자 했던 그의 열정에도 불구하고 스타는 실증實證, 곧 증거에 바탕을 두고 연구한 것이 아니었다. 그는 단지 당시 한국에 있던 몇몇 일본인과 미국 선교사들의 도움을 받아 한국불교에 대한 민족지民族誌적인 보고서를 만들었을 뿐이었다. 그 결과 그는 고구려 승려 순도順道를 티베트인으로 오인하였고, 백제에 불교를 전래한 마라난타摩羅難陀를 힌두인으로 오해하여 백인인 코카서스 인종을 대표한다고 하였으며, 묵호자墨胡子는 아프리카에서 온 흑인으로 서술하였다. 초기 한국불교의 무대에 세 인종을 불러 모은 스타의 결론은 놀라운 것으로 "한반도에서 처음 일반적으로 보급된 종교가 이 세상의 대표적인 세 인종인 황인, 백인, 흑인의 대표자들을 통해 전래되었다는 것이 흥미롭지 않은가? 불교는 이 지구상에 나타난 최초의 세계종교로 일찍부터 피부색이나 인종에 상관없이 모든 인류의 마음을 움직였다."고 하였다.

케네스 선더스Kenneth Saunders(1883~1937)의 1921년 하스켈 강연(the Haskell lectures)을 1924년 시카고대학 출판부에서 출간한 《불교사의 시기구분*Epochs in Buddhist history*》은 한국불교에 대해 간단하게 적고 있다. 한국불교에 대한 그의 이해는 대부분 스타의 연구 결과에 근거했던 것으로 보이는데, 그 또한 묵호자를 "흑인 승려"라고 믿었다(K. Saunders, 1924, p.166). 선더스는 또한 15세기 한글의 발명이 불교의 영향에 힘입었다고도 하였다.

1950년대에 벨기에로 유학한 이기영李箕永 박사는 세계적인 불교학자 에띠엔느 라모뜨Etienne Lamotte를 사사한 제자로서, 귀국하여 한국불교학의 발전에 크게 이바지하였다. 그러나 이기영 박사의 저술들은 주로 한국어로 써졌다.[6] 1969년 서경보의 박사논문인 〈《조당집》을 통해 본 한국 선禪 불교 연구*A Study of Korean Zen Buddhism approached through the Chodangjip*〉가 템플 대학교에 제출되기 전까지, 1960년대 서양에서는 한국불교에 대해 주목할 만한 연구성과가 나오지 않았다. 1976년 조나단 베스트Jonathan Best가 〈백제 불교: 한국 고대사와 조각에 대한 문화사적 연구*Buddhism in Paekche: a Cultural Approach to Early Korean History and Sculpture*〉라는 제목의 박사논문을 완성하였다. 베스트는 미술사학자였지만 그의 논문과 후속 연구서들은 주목받지 못하던 분야인 백제불교에 대한 이해를 높이는 데 상당히 이바지하였다(Best, Jonathan W., 1982, pp.443~501; 1991, pp.139~198;

6) 이기영 교수의 주요 영역 논문들은 아래와 같다.
Rhi Ki-yong, 1971·1977; 1978·1979, pp.5~20; 1983, pp.4~11; 1988·1989.

1995·2002·2003). 1979년에 루이스 랭커스터Lewis R. Lancaster와 박성배가 함께 편찬한 《고려대장경: 해제*The Korean Buddhist Canon: A Descriptive Catalogue*》(1979, Berkeley: University of California Press)는 의심의 여지가 없는 역작이다.

3. 1980년대 서양에서 한국 고대불교 전공자들의 등장

1970년대 미국에서 한국불교철학을 공부한 세 명의 주목할 만한 한국인 학자들로는 박성배, 길희성, 심재룡이 있다. 길희성과 심재룡은 고려의 지눌知訥을(Keel, Hee-Sung, 1984; Shim, Jae Ryong, 1979), 박성배는 원효 철학을 연구하였다. 1980년대에는 한문에 능통하고 일본어와 한국어 실력을 갖춘 일군의 서양인 한국불교 전공자들이 등장하였다. 1985년 제임스 그레이슨James Grayson은 그의 박사논문을 수정한 《초기 한국불교》에서 '외래' 종교인 불교와 기독교가 한국에 확산된 것을 분석하고, 불교와 기독교가 발전해 나가는 과정을 설명하고자 노력하였다. 그는 이 과정이 세 단계—접촉과 전개·침투·확산—로 진행되는 것에 주목하였다. 그레이슨의 연구는 종교를 사회학적으로 분석했다는 점에서 가치가 있지만, 그가 동아시아 불교에 대한 포괄적인 이해에 바탕을 두고 해석했더라면 구체적·역사적 맥락에서 나타나는 종교와 국가 또는 종교와 사회가 맺는 관계의 성격에 대하여 더 훌륭한 이해를 제공할 수 있었을 것이며, 불교가 한국 사회상의 변화를 가져오는 변동을 해석할 수 있었을 것이다.[7)]

로버트 버스웰Robert E. Buswell, Jr.은 처음에 송광사松廣寺의 승려로

7) 그는 다음과 같은 고대한국 불교 관련 논저들 썼다. James Grayson, 1980·1989; 1992, pp.199~217; 2004.

서 한국불교를 공부하였으나, 그 뒤 루이스 랭커스터Lewis Lancaster 교수의 지도 아래 버클리 대학교(University of California, Berkeley)에서 수학하였다. 그는 한반도 불교 역사에서 위대한 서장을 연 지눌의 모든 전적을 꼼꼼하게 번역함으로써 한국불교학의 무대에 등장하였다(Robert E. Buswell, Jr., 1983). 나중에 그의 박사논문인《중국과 한국의 선사상 형성:《금강삼매경》, 불교 위경僞經*The Formation of Ch'an Ideology in China and Korea: the Vajrasamadhi-Sutra, a Buddhist Apocryphon*》이 간행되었다(Robert E. Buswell, Jr., 1989). 하야시야 토모지로林屋友次郎나 미즈노 코겐水野弘元 같은 일본 학자들과 발터 리벤탈Walter Liebenthal 같은 서양 학자들은《금강삼매경金剛三昧經》을 중국에서 찬술된 위경僞經으로 보았으나, 로버트 버스웰은《금강삼매경》이 7세기 후반 한국 선승禪僧인 법랑法朗에 의해 찬술된 것임을 주장하여 논쟁을 발전시켰다. 버스웰의 연구는 넓은 시각에서 착상된 것으로서, 초기 한국불교를 동아시아라는 광대한 맥락에서 접근한 대단히 혁신적인 것이었다. 현재 그의 연구와 몇 편의 후속 저작들은 동북아시아의 여러 나라들이 상상하는 것보다 훨씬 더 긴밀하게 연결된 문화적 공간을 구성하고 있었다는 가설에 기반하고 있다(Robert E. Buswell, Jr., 2005·2007a·b). 이처럼 다양한 국면에서 아시아 불교를 연구하는 방법론을 통해 필자는 전 세계의 불교에 대해 공간을 가로질러 비교·연구할 수 있는 깨우침을 얻었고, 또한 한국과 다른 아시아 지역 사이의 근본적인 유사성과 차이점들을 궁구할 수 있었다. 그러나 법랑의 생애와 시대에 대한 엄밀한 검증이 버스웰의 주장을 더 설득력 있게 만들 것이라는 점에 주목하는 것은 중요하다. 김영태金煐泰, 남동신南東信 등 몇몇 한국의 불교사학자들이 지적했듯이, 대안大安, 혜공惠空, 사복蛇福처럼 불교 대중화에 힘을 쏟았던 승려들이 이 위경의 저자일 가능성이 높다. 이들 연구자들은 법랑이 활동했던 시대가

《금강삼매경》이 만들어지던 시대와 들어맞지 않는다는 점에 주목한 것이다(김영태, 1988; 南東信, 1998; 박태원, 2000).

또한 버스웰은 앤더슨Benedict Anderson이 주장하는 '민족의식으로서 상상의 공동체'에 힘입어 〈Imagining 'Korean Buddhism'〉 이라는 파격적인 글을 발표하였다(Robert E. Buswell, Jr., 1998). 여기에서 그는 전근대 시기 한국의 불교계는 스스로를 '한국' 불교로 간주하기보다 '법맥에 따른 문중의 일원으로 여기거나 Pan-asian(범아시아적) 불교 속에 편입시키려는 경향이 강하였으며', '한국' 불교라는 인식은 일제시대에 민족의식이 성장하는 과정에서 비로소 출현했다고 주장하였다. 즉, "한국 불교계는 한국불교와 중국불교 전통 사이의 차이를 느끼지 못했지만, 20세기에 접어들면서 민족 감정이 형성되는 과정에서 한국의 불교 전통이 무엇인가에 대한 관심이 증대되었고, 이것이 최남선崔南善에 의해 통불교론通佛教論으로 정리되었다."고 주장한 것이다(Robert E. Buswell, Jr., 1998·2007c). 그러나 최병헌, 정병조, 김상현과 같은 대표적인 한국의 불교사 학자들은 버스웰의 주장에 동의하지 않았다. 김상현은 〈동아시아불교에서의 한국불교의 정체성〉이라는 논문에서 "고려 후기에 각훈覺訓이 《해동고승전海東高僧傳》을, 일연一然이 《삼국유사三國遺事》를 찬술하는 등 한국불교사에 대한 편찬 작업은 8세기 초 이래 계속됐다."고 하면서 "이는 한국불교가 동아시아 불교계의 보편성과 한국불교만의 특수성을 동시에 가지고 있음을 보여 주는 것"이라고 주장했다(Kim Sang-hyon, 2007).

한국불교에 많은 관심을 쏟은 최초의 호주 학자로 존 요르겐센John Jorgensen이 있다. 요르겐센은 20세기 후반의 가장 뛰어난 불교철학자 가운데 한 명인 드 용J. W. de Jong 교수의 지도로 캔버라에 있는 호주 국립 대학교(Australian National University)에서 불교학 공부를 시작하였다. 또한 같은 학교의 켄 가디너Ken Gardiner는 불교를 자신의 신앙으로 받아들인 학자였다. 그는 1964년 런던 대학교에서 고구려를 주제로 한 논문으로 박사학위를 받았고, 1966년 호주로 건너와 한국 고대사에 대한 강의를 개설함으로써 한국연구의 시대를 열었다. 켄 가디너의 학문적 관심은 고대와 중세 동북아시아 전체를 범위로 하고 있지만, 한국에 대한 그의 연구는 '전통적인 중심지로 주목받았던 중국이나 일본의 관점에서 더 이상 보지 않을 때 나타나는 동북아의 상당히 다른 모양'을 보여 주는 데 집중되어 있다.[8] 이 두 명의 학자들에게서 처음 영향을 받고, 이어서 일본의 교토대와 한국의 동국대에서 공부하면서, 요르겐센은 대승불교사에 대한 통합적인 관점을 형성하였고 광대한 동아시아불교라는 맥락에서 한국 선불교의 발전을 통찰할 수 있게 되었다(John Jorgensen, 2002·2005a·b). 요르겐센의 연구방법론은 《삼국유사》와 같은 자료들에 나타나는 (역사적) 맥락상의 문제점을 잡아내는 예리한 인식과 동북아시아가 일반적으로 생각되는 것보다 훨씬 긴밀하게 얽힌 문화적 공간을 구성한다는 가설에 기반하고 있다. 이 방법론은 불교의 세계에서 공간을 가로질러 비교할 수 있도록 일깨웠으며, 또한 중국과 아시아의 다른 지역들 사이에 나타나는 보편적인 측면과 근본적인 차이점들을 식별할 수 있게 하였다. 그의 역작인 〈한국불교사학사Korean Buddhist Historiography〉는 그가 불교철학에 엄격한 훈련이 되어 있으며 동아시아 불교 전통에 대한 종합적인 관점을 지니고 있음을 잘 보여 준다(John Jorgensen, 1997). 이 논문에 대한 한국학자들의 반응은 《탈식민시대 우리의 불교학》이라는 책을 통해서 알 수 있다. 심재관은 "한국불교를 이해하는 틀인 '호국'이 제국주의에 연원하고 있다."고 하는 요르겐센의 주장에 대해서 아래와 같이 평하였다.

---

8) *The Review of Korean Studies* Vol. 8, No. 3(2005)에 수록된 판카즈 모한과 켄 가디너의 인터뷰 참조.

나는 그의 논문 속에 들어 있는 하나의 도식, 즉 '민족주의=보수 반동적 성향=저발전·퇴행', '현대화=진보적 성향=발전적 미래'와 같은 불온한 등식관계가 함의하는 그의 의식을 걱정할 뿐이다. 이러한 근대불교학의 관점은 불교의 과거 전통적이고 추상적인 개념도 해체한다는 점이다. 객관적인 연구는 그것들이 대체로 근세에 만들어진 가상물임을 밝혀낸다. '민족'이라든가 '한국불교'라든가 하는, 소위 집단 자의식이 문헌을 통해 실증되어야 하는, 그러한 집단적 개념은 사실 근대에만 나타난다. 그러나 문헌의 증거에 입각해 이루어지는 근대 문헌학, 또는 근대불교학이 그러한 심리적이고 집단적이며 추상적인 개념의 연구에 적합한 방법인가는 의문이다. 오히려 '민족'이나 '한국불교'라는 개념은 지금도 그렇듯이, 글에 의해서 명료히 정의될 수 있는 것이라기보다 심리적인 범주—그러나 실재하는 범주이기 때문이다.'한국불교'라는 개념이 이미 민족이라는 집단 자의식과 결합되어 불교라는 보편적 집합과 단절되었으므로 '한국불교'라는 정체성 역시 근대 민족주의와 같이 '상상물'로 해체되어야 할 것이기 때문이다. 물론 근대 한국의 불교가 보수 우익의 정치권에 의해 1980년까지 관官 주도하의 변태적 민족주의 속에 있었다는 것은 사실이다. 그러나 근대 불교의 변태적 민족주의가 이데올로기적 허구라는 것을 밝히는 것은, 그 너머, 우리에게 실재하는, 그리고 실재해야 하는 또 다른 민족주의의 존재를 부정하는 것은 아니다. 우려되는 것은 그런 획일화된 근대 민족주의의 청산과 해체 과정 속에서, 그리고 우리의 정신적 주체성은 확인되지도 않은 상태 속에서 새로운 제국의 효과가 나타나기 때문이다(심재관, 2001).

헨릭 소렌슨Henrik Sorensen은 코펜하겐 대학교(University of Copenhagen)

에서 중국 불교미술에 관한 석사논문을 썼고, 이후 송광사에서 2년을 머무는 동안 구산九山스님의 교화를 받아 한국의 불교 전통, 특히 선불교에 관심을 갖게 되었다. 소렌슨은 한문, 중국어, 일본어, 한국어 및 여러 유럽언어를 포함하여 학문에 필요한 언어적 소양을 충분히 갖추고 있다. 또한 그는 한국불교를 연구하는 데 필요한 확실한 방법론과 이론적인 모델을 찾기 위해 궁리하고 있다. 코펜하겐 대학교에 제출한 그의 박사논문은 신라 하대 선종 산문山門의 성립에 대해 자세히 다루고 있다. 이 논문에서 그는 초기 선禪의 교리와 수행에 대한 통찰력을 얻고자 당나라에서 형성되었으며 선불교 전통의 두 기둥이 된 남종선南宗禪과·북종선北宗禪에 대해 중국의 전통적인 모델로서의 의미를 강조하였다. 그는 8세기 후반 모든 한국 선승들의 법맥이 남종선의 전통을 따르기 시작했기 때문에 북종선은 한국에서 영속적인 영향력을 미치지 못했다고 주장하였다. 이는 이른바 '돈오頓悟'를 종지宗旨로 함을 분명히 하며, 혜능慧能의 계승자들과 관련된 선의 전통을 한반도가 수용했음을 의미한다. 결국 이 전통은 임제臨濟, 조동曹洞, 위앙潙仰, 운문雲門, 법안法眼이라는 '교외별전敎外別傳'에 기반한 선종禪宗 오가五家로 구체화되었다.[9] 그 뒤 소렌슨은 한국불교사의 모든 시기에 걸쳐 예리한 분석을 한 여러 편의 글을 썼다(Henrik H. Sorensen, 1999a·b). 최근에는 《삼국유사》의 기록을 근거로 한국불교사의 이상적인 그림을 만들려고 하는 일부 한국 학자들을 비판하는 논문을 출간하였다(Henrik H. Sorensen, 2000).

1980년대에 헨릭 소렌슨과 존 요르겐센이라는 뛰어난 두 학자가 엄격한 불교학 훈련을 받으며 앞으로 학계에 자극을 줄 수 있는 학자로서 경력을 쌓고 있을 때, 러시아 학자 세르게이 볼코프Sergei V.

---

9) 그의 미간행된 박사논문과 다음의 논문을 참조. Henrik H. Sorensen, 1988, pp.61~83.

Volkov는 모스크바대학(University of Moscow)에서 상대적으로 고립되어 연구하고 있었다. 1985년 그의 러시아어로 된 박사논문인 《한국고대불교사》가 간행되었는데,[10] 이 논문은 4~9세기 한국불교의 주된 경향을 설명하고 있다. 이 책의 한국어 번역본은 12쪽의 짧은 서문과 대략 2쪽을 조금 넘는 분량의 결론, 그리고 3개의 장으로 구성되어 있다(〈삼국·통일신라의 사회·경제·정치적 발전〉, 〈삼국·통일신라 불교의 수용과 발전〉, 〈삼국·통일신라에서 종단의 정치·사회적 역할〉). 150쪽 분량의 작은 책에 5세기 반에 걸친 삼국 및 통일신라시대의 정치·사회사로서의 한국불교사를 압축하려 한 지나치게 야심찬 계획 때문에, 그는 실증에 입각하여 상세하면서도 치밀하게 서술하는 것에는 성공하지 못하였다. 이 책의 또 다른 큰 약점은 종교를 상부구조로 보는 볼코프의 시각으로 말미암아 사상과 문화의 자율성을 인정하지 못했다는 것이다. "사회적 관계를 포함하여 세속과 맺게 되는 모든 관계는 불교에서 '악惡'으로 간주되며, 이처럼 출세간出世間을 강조한 결과 불교는 엄격한 반反사회성을 특징으로 한다."고 설명한 《소비에트 대백과사전*Great Soviet Encyclopedia*》에 의거하여, 볼코프는 불교가 직접적으로 '호국'에 공헌하지 않았을지라도 사회의 안정 유지와 사회 지배층의 패권적 지배를 위해 불교 신앙과 불교의 몇몇 관념들이 국가에 의해 이용되었다고 주장하였다(Sergei V. Volkov, 1985, p.138). 이러한 분석은 사회와 종교의 구성을 역동적으로 보는 이해가 이데올로기적으로 이미 예단되어 있었음을 보여 준다. 한국고대사의 맥락에서 보면 지배층은 사회

10) Sergei V. Volkov, 1985.
내가 쓴 내용은 그에게서 얻은 영문 요약에 근거하고 있으며, 이 책의 개요는 인도 뉴델리의 자와할랄 네루 대학(Jawaharlal Nehru University) 러시아학과의 故 사시칸드 짜Sashi Kant Jha 교수의 도움을 받았다. 1998년에 박노자(러시아 이름은 V.Tikhonov)의 노력으로 서울에서 한국어 번역본이 간행되었다(볼코프, 박노자 번역, 1998).

를 안정적으로 유지하고 그들의 특권적 지위를 입증하고자 불교철학과 의식儀式을 이용했다고 할 수도 있지만, 종교 반란이나 농민 반란처럼 일반 백성들이 국가의 지배에 항거할 때 불교사상이 이용되었음을 보여 주는 사례들도 많다. 사실, 로밀라 타파Romila Thapar와 우마 차크라바르티Uma Chakravarty의 연구로 고대 인도에서 불교가 처음 등장했을 때 불교는 의식儀式주의와 브라만의 특권에 대해 강렬하게 비판하는 입장에 서 있었으며, 바이샤 계급과 심지어는 사회적으로 무시 받던 계급 출신의 상인이나 새롭게 성장하는 부유한 도시 엘리트의 후원에 의지하였다는 것이 이제는 널리 알려져 있다.

4. 21세기의 한국불교사 연구동향

21세기에 호주와 유럽에서 각각 등장한 연구자들은 신라불교사와 고려불교사를 '호국'으로 설명하는 시각을 벗어나고자 하였다. 신라와 고려에서 호국경護國經으로 유명한 《인왕경仁王經》이 존중되었으며 왕실에 의하여 《인왕경》을 설하는 '인왕회도량仁王會道場'이란 법회도 자주 행해지기는 했으나, '호국불교론'으로는 한국불교의 다양하고 풍부한 역사적 변화 과정과 불교와 민중사회의 역학적인 관계를 이해하기 어렵다. 신라왕실과 마찬가지로 중국과 일본의 지배층도 인왕회를 개최하였으며, 불교를 국가 프로젝트에 편입시켰기 때문에 '호국불교'를 오직 한국불교의 일관된 특징으로 사용하는 데는 문제가 있다. 불교는 다른 어떤 사상 못지않게 사회적인 변화를 인정하고, 새로운 사상체계를 발전시켜 나가면서 왕실로부터 종교의 "자주성(autonomy)"를 유지하였던 것이다.

판카즈 모한Pankaj Mohan은 2000년 국립 호주대에서 〈고대 신라의 불교와 국가Buddhism and State in Early Silla〉라는 논문으로 박사학위를 받았고, 이듬해에는 셈 베르미쉬Sem Vermeersch가 런던대의 아시아—아프리카학 대학(School of Oriental and African Studies, University of London)에서 박사학위를 받았다.

판카즈 모한의 박사논문은 고대 신라의 불교를 정치적인 측면에서 체계적으로 이해하고자 하였다. 신라에서 불교는 왕실의 후원 아래 발전하면서 신라가 중앙집권국가로 발전하는 바탕이 되었지만, 원래 고대 신라의 통치자들은 불교의 의미를 중국 문화의 구성요소로서 이해하고 있었다. 중국의 사상과 제도는 중국을 모델로 한 중앙집권국가로 발전해 나가는 과정에서, 그리고 신라인들의 부족적 전통을 극복하는 데 매우 중요했다. 현실의 황제를 미륵彌勒과 동일시하고 불교에 대한 정치적 지배를 승인한 북위北魏 불교의 전통은 신라의 통치자들에게 특히 매력적이었다. 이러한 관점을 바탕으로, 판카즈 모한의 위 논문은 법흥왕法興王의 불교 공인이 6세기 초 신라의 중앙집권화 경향과 관련된 것이었으며, 진흥왕眞興王이 전륜성왕轉輪聖王의 개념을 추구하고 불교 교단과 국가의 관계 틀을 발전시켜 나간 것이 정복군주라는 그의 정치적 목표와 직접적으로 조화를 이루고 있음을 밝혔다. 즉, 진흥왕이 불교에 기반하여 화랑도花郞徒를 재조직한 것도 더 강력한 전제군주를 꿈꾸었던 그의 정치적 계획과 관련이 있었으며, 화랑이라는 젊은이들을 미륵의 화신化身으로 인식한 것은 미륵신앙에 잠재되어 있던 종말론적이고 체제전복적인 요소를 없애고 신라의 젊은 귀족들이 국가의 정치적 요구에 순순히 따르도록 만들었다고 여겨진다.[11] 또한 고대 신라의 통치자들이 정통성을 상징할 수 있는 여러 가지 요소들에 의지하였음을 제시하고 그

11) Pankaj Mohan, 2001, "Maitreya Cult in Early Silla", *Seoul Journal of Korean Studies* Vol.14, pp.148~173 참조.

들의 불교정책에 숨은 정치적 중요성을 논증함으로써, 신라 국왕을 독실한 불교신자로 이해하고 한국불교의 전체적인 궤적을 '호국'정신으로 표현하는 기성의 패러다임에 질문을 던지고자 하였다. 신라 화랑이 미륵의 현현으로 간주되었다는 것은 일찍부터 지적되어 온 것이지만, 그는 〈Maitrya Cult in Early Silla〉이라는 제목으로 《*Seoul Journal of Korean Studies*》에 발표된 논문에서 이러한 논의를 더욱 발전시켜 북중국 미륵의 한 종류인 월광동자月光童子 신앙이 고구려를 통해 남하한 것이라고 주장하였다.

21세기에 유럽과 미국에서 등장한 몇몇 젊은 학자들은 한국불교 학계의 다양성과 풍요로움을 이끌고 있다. 셈 베르미쉬의 박사논문 《부처의 힘: 고려시대 불교의 사상적·제도적 역할*The Power of Buddha: The Ideological and Institutional Role of Buddhism in the Koryo Dynasty*》은 고려시대 중앙집권화의 사상적 기둥으로서 불교가 지니는 의의에 대한 연구로, 저자가 많은 노력을 기울인 논문이다. 독일의 함부르크 대학교에서 불교철학을 공부한 외르크 플라센Jörg Plassen은 원효元曉와 의상義湘 등 한국인이 주석한 대승大乘 불서佛書들을 동아시아 불교라는 맥락 안에 두었다. 그는 중국의 철학 전통 안에서 이러한 저작들의 맥락을 설명함으로써 한국불교의 보편성과 특수성 혹은 독창성이라는 두 측면을 성공적으로 논증하였다(Jörg Plassen, 2007a·b·c). 프랑스에서 고려불교를 공부한 야닉 부르네통Yannick Bruneton은 고려불교의 사회·정치적 그리고 제도적인 기능에 관심을 가지고 있다. 토니노 푸지오니Tonino Puggioni는 서울대에서 최병헌 교수의 지도 아래 대학원 과정을 마쳤다. 그는 고려시대 불교사에서 교학적인 문제와 실천적인 문제를 다루고 있으며, 법상종法相宗 성립의 배경, 고려 중기 수정결사水精結社를 중심으로 한 불교와 사회의 변화, 중국 원나라 불교를 진흥시킨 고려 출신 기황후奇皇后의 역할 등을 연구하였다.

미국에서는 루이스 랭커스터, 박성배, 로버트 버스웰 교수를 비롯한 여러 학자들에게서 지도를 받은 젊은 학자들이 불교학의 여러 분야에서 각기 다양한 방법으로 학계에 기여하고 있다. 찰스 뮐러 Charles Muller는 박사논문으로 선승禪僧 기화己和의 《원각경소圓覺經疏》에 대해 썼지만(Charles Muller, 1999), 그 뒤 그의 관심은 한국 고대불교로 바뀌었고, 원효 철학에 대한 몇 편의 논문을 썼다(Charles Muller, 1995, pp.33~48; 2000·2003; 2006, pp.1~16; 2007a·b). 1990년대에 로버트 버스웰 교수의 지도 아래 한국인 학자로서 김종명과 박포리가 한국불교를 공부하였으며, 미륵신앙과 아미타신앙을 포함한 다양한 불교신앙이 신라에 수용되어 토착화하는 과정을 연구한 리차드 맥브라이드(Richard McBride)는 최근에 하와이대 출판부에서 《다르마의 토착화, 신라에서 불교신앙과 화엄의 통합*Domesticating the Dharma, Buddhist Cults and the Hwaom Synthesis in Silla Korea*》을 출판하였다. 박진영의 〈원효의 보살계에 대한 저술과 대승불교 윤리의 철학적 근거 Wonhyo's Writings on Boddhisattva Percepts and the Philosophical Ground for Mahayana Buddhist Ethics〉(2003, *International Journal of Buddhist Thought and Culture 2*)도 한국 고대불교 연구에 이바지하고 있으며, 리차드 맥브라이드 역시 같은 학술지에 원효에 대한 짤막한 논문을 수록하였다(Richard McBride, 2003, pp.123~133). 이들 '원효 저작 집성 프로젝트'의 구성원들은 서양에서 한국의 대표적인 불교 사상가인 원효의 저작들을 이해하기 쉽도록 하는 데 아주 중요한 역할을 하고 있다.

서양의 중국 초기불교 연구는 에릭 쥐커Eric Zürcher, 자끄 거네 Jaques Gernet, 스탠리 웨인스타인Stanley Weinstein 등 선구적인 학자의 노력과 지도력으로 괄목할 만한 성과를 이룩하였지만, 서양인의 한국 초기불교 연구는 아직 초보 단계에 머물고 있다는 사실에 주의할 필요가 있다. 《삼국유사》와 같은 한국 고대불교 기본 자료의 올바른 영역英譯이 아직 이루어지지 않았고, 한국불교 이해의 초석으로 여겨진 문제들, 즉 미륵신앙, 사리신앙, 유불선儒佛仙 교류, 불교 고고학에 대한 체계적인 연구성과도 이루어지지 않은 실정이다. 앞으로 동시대적 비교연구를 통하여 일본과 중국불교에 대해 한국불교가 지닌 독특성을 조명하는 연구도 필요하다.

5. 결론

위에서 살펴본 것처럼 서양에서 한국불교학이 독립적인 학문 분야로 출발한 것은 한국의 불교 전통을 자주적인 것으로 인식하는 일군의 학자들이 등장하면서부터였음은 분명하다. 물론 현재 한국불교학 연구의 주도세력이 한국학자로 구성되어 있으며, 한국인의 꾸준한 노력으로 말미암아 고대 한국불교 연구가 눈부신 발전을 해왔다는 것은 사실이다. 그러나 서구 학자들은 고대 한국불교에 대한 기존의 학설을 새로운 시각으로 검토하였으며, 그들의 연구는 한국불교사에 대한 해석에 제약이 되어왔던 '호국불교'라는 인식의 한계를 극복하는 데 도움을 주었다. 일반적으로 '호국불교'의 전통이라는 개념은 한국의 불교가 통치자의 의지로부터 독립된 사상적·제도적 권위를 갖지 못했다는 의미로 이해된다. 이러한 개념으로 한국불교를 구상하는 것은 수 세기 동안 한국인들의 사고양식을 형성하고 윤리규범을 제공하였던 신념의 도덕적 권위를 떨어뜨리는 것이다. '호국'의 전통이라는 틀 안에서 한국불교사를 설명하는 학자들은 또한 왕권과 불교라는 두 독립적인 세력이 교차하는 지점에서 늘 발생해 온 두 힘 사이의 대립과 긴장관계를 무시하는 것이기도 하다. 고대 한국불교 연구의 지배적인 통설에 대한 서양 학자의 도전을 '식민사학'의 답습으로 보는 학자도 없지 않지만, 그것을 새로운 접근 방식(approach) 혹은 방법론으로 인정한다면 고대 한국불교사 체계에도 새로운 틀이 제시될 수 있을 것이다. 21세기의 한국불교학 연구는 유럽과 미국에서 불교학의 다양한 분야를 공부한 일군의 학자들이 등장함으로써 훨씬 다채로워질 것으로 기대된다.

참 고 문 헌

1. 연구 논저

1) 단행본

볼코프, 박노자 번역, 1998, 《韓國古代佛教史》, 서울대학교출판부.

심재관, 2001, 《탈식민시대 우리의 불교학》, 책세상.

趙明基, 1962, 《新羅 佛教의 理念과 歷史》, 新太陽社.

高橋亨, 1929, 《李朝佛教》, 東京, 國書刊行會.

島地黙雷, 1896, 《佛教各宗綱要》, 京都, 貝葉書院.

Alan Sheridan, 1980, *Michel Foucault: The Will to Truth*, London & New York: Tavistock Publications.

Charles Muller, 1999, *Sutra of Perfect. Enlightenment. Korean. Buddhism's. Guide to Meditation*, New York: University of New York Press.

Henrik H. Sorensen, 1999a, *Korea og Japan: Buddhistiske tekster(Korea and Japan: Buddhist Texts)*, Spektrum.

James Grayson, 1989, *Korea; A Religious History*, Oxford University Press.

John Jorgensen, 2005a, *Inventing Hui-neng, the Sixth Patriarch: Hagiography and Biography in Early Ch'an*, Sinica Leidensia Vol. 68, Leiden, Boston: Brill.

J. W. de Jong, 1997, *A Brief History of Buddhist Studies in Europe and America*, Tokyo: Kosei Publishing Company.

Keel, Hee-Sung, 1984, *Chinul: The Founder of the Korean Son Tradition*, Berkeley Buddhist Studies Series 6.

K. Saunders, 1924, *Epochs in Buddhist history*, Chicago: the University of Chicago Press.

Lewis R. Lancaster and Yu C. S., eds., 1989, *Introduction of Buddhism to Korea: New Cultural Patterns*, Berkeley: Asian Humanities Press.

____________________, eds., 1991, *Assimilation of Buddhism in Korea: Religious Maturity and Innovation in the Silla Dynasty*, Berkeley: Asian Humanities Press.

Robert E. Buswell, Jr., 1983, *The Korean Approach to Zen: The Collected Works of Chinul*, Honolulu: University of Hawaii Press.

__________________, 1989, *The Formation of Ch'an Ideology in China and Korea: the Vajrasamadhi—Sutra, a Buddhist Apocryphon*, Princeton, N.J.: Princeton University Press.

__________________, ed., 2005, *Currents and Countercurrents: Korean Influences on the East Asian Buddhist Traditions*, Honolulu: Hawaii University Press.

__________________, 2007a, *Cultivating Original Enlightenment: Wonhyo' Exposition of the Vajrasamadhi-Sutra (Kumgang Sammmaegyong Non)*, The Collected Works of Wonhyo Vol. 1, University of Hawaii Press.

__________________, 2007b, *Religions of Korea in Practice*, Princeton Readings in Religions series(Editor), Princeton: Princeton University Press.

Sergei V. Volkov, 1985, *Panniaia istoriia buddizma v Koree (Early History of Buddhism in Korea)*, Moscow: Nauka.

2) 논문

김영미, 1995, 〈불교수용과 유학〉, 《한국역사입문》1(한국역사연구회 편), 풀빛.

金煐泰, 1988, 〈新羅에서 이룩된 金剛三昧經—그 成立史的 검토—〉, 《佛教學報》 25, 동국대학교 불교문화연구원.

金哲埈, 1952, 〈新羅 上代社會의 Dual Organization(상, 하)〉, 《歷史學報》 1·2, 歷史學會; 1990, 《韓國古代社會研究(개정판)》, 서울大學校出版部.

南東信, 1998, 〈新羅 中代佛教의 成立에 관한 研究—《金剛三昧經》과 《金剛三昧經論》의 분석을 중심으로—〉, 《韓國文化》 21, 서울대학교 규장각 한국학연구원.

박태원, 2000, 〈《金剛三昧經》·《金剛三昧經論》과 원효사상—中觀·唯識의 화쟁적 종합을 중심으로—〉, 《원효학연구》 5, 원효학연구원.

신동하, 1989, 〈삼국시대 불교사 연구의 현황과 반성〉, 《同大論叢》 19.

李基白, 1953, 〈三國時代 佛教傳來와 그 社會的 性格〉, 《歷史學報》 6, 歷史學會.

_____, 1986, 〈삼국시대 불교수용과 그 사회적 의의〉, 《新羅思想史研究》, 일조각.

Best, Jonathan W., 1982, "Diplomatic and Cultural Contacts Between Paekche and China", *Harvard Journal of Asiatic Studies* Vol.42, No.2.

_______________, 1991, "Tales of Three Paekche Monks Who Traveled Afar in Search of The Law", *Harvard Journal of Asiatic Studies* Vol.51, No.1.

______________, 1995, "Kwalluk's Testimony Concerning the Date of Buddhism's Introduction to Paekche", Henrik H. Sorensen, ed. *Religions in Traditional Korea*, Copenhagen: Seminar for Buddhist Studies 26-2.

______________, 2002, "Buddhism and Polity in Early Sixth-century Paekche", *Korean Studies* 26-2.

______________, 2003, "The Transmission and Transformation of Early Buddhist Culture in Korea and Japan", Washizuka Hiromitsu, Park Youngbok, and Kang Woo-bang, eds. *Transmitting the Forms of Divinity: Early Buddhist Art from Korea and Japan*, New York: Japan Society.

______________, 2007, "King Mu and the Making and Meanings of Miruksa", Robert E. Buswell Jr., ed. *Religions of Korea in Practice*, Princeton, NJ: Princeton University Press.

Charles Muller, 1995, "The Key Operative Concepts in Korean Buddhist Syncretic Philosophy: Interpenetration and Essence-Function in Wonhyo, Chinul and Kihwa", *Toyo gakuen daigaku kiyo* 3.

___________, 2000, "On Wonhyo's Ijangui", 《韓國佛教SEMINAR》8, 東京, 한국유학생 인도학불교학연구회.

___________, 2003, "Wonhyo's Interpretation of the Hindrances", *International Journal of Buddhist Thought and Culture* 2.

___________, 2006, "Wonhyo's Reliance on Huiyuan in his Exposition of the Two Hindrances", *Toyo Gakuen Daigaku kiyo* 14.

___________, 2007a, "Explanation of the Essence of the Two Hindrances through Ten Canonical Texts", *Korean Buddhism in East Asian Perspectives*(금강대학교 불교문화연구소 편), 집문당.

___________, 2007b, "Faith and the Resolution of the Four Doubts in Wonhyo's Doctrinal Essentials of the Sutra of Immeasurable Life(Muryangsu gyeong jong'yo)", *Toyo Gakuen Daigaku kiyo* 15.

Henrik H. Sorensen, 1983, "The Life and Thought of the Korean Son Master Kyongho", *Korean Studies* 7.

________________, 1988, "The Conflict between Son and Doctrinal Buddhism in Silla", *East Asian Institute Occasional Papers* 2.

________________, 1990, "Korean Buddhist Journals during Early Japanese Colonial Rule", *Korea Journal* Vol.30, No.1.

__________, 1991a, "Japanese Buddhist Missionaries and Their Impact on the Revival of Korean Buddhism at the Close of the Choson Dynasty", Arne Kalland and Henrik H. Sorensen, eds., *Perspectives on Japan and Korea: 2nd Nordic Symposium on Japanese and Korean Studies*, Copenhagen: NIAS/NAJAKS.

__________, 1991b·1992, "A Bibliographical Survey of Buddhist Ritual Texts from Korea", *Cahiers d'Extreme-Asie* 6.

__________, 1993a, "Lamaism in Korea during the Late Koryo Dynasty", *Korea Journal* Vol.33, No.3.

__________, 1993b, "On Esoteric Practices in Korean Son Buddhism During the Choson Period", 《韓國宗教思想의 再照明(上)》(震山韓基斗博士華甲紀念論文集刊行委員會 편), 圓光大學校 出版局.

__________, 1999b, "Buddism and Secular Power in Twentieth-Century Korea", Ian Harris, ed., *Buddhism and Politics in Twentieth-Century Asia*, London: Pinter.

__________, 2000, "Problems with Using the Samguk yusa as a Source for the History of Korean Buddhism", *Cahiers d'Etudes Coreennes* 7.

__________, 2006, "Esoteric Buddhism under the Koryo in the Light of the Greater East Asian Tradition", *International Journal of Buddhist Thought and Culture* Vol. 7.

James Grayson, 1980, "The Role of Early Korean Buddhism in the History of East Asia", *Asiatische studien* 34-2.

__________, 1992, "The Accommodation of Korean Folk Religion to the Religious Forms of Buddhis: An Example of Reverse Syncretism", *Asian Folklore Studies*, Vol. 51, No. 2.

__________, 2004, "Digging Up Buddhism: Tales Affirming the Antiquity of Buddhism in the Samguk yusa", *Acta Koreana* 7-2.

Jikido Takasaki, 1956, "Korea and Japan", *2500 years of Buddhism*, edited by P. V. Bapat, Delhi: Publications Division.

John Jorgensen, 1997, "Korean Buddhist Historiography", 《佛教硏究》 14.

__________, 2002, "Representing Wonch'uk", Bejamin Penny, ed., *Religion and biography in China and Tibet*, Richmond: Curzon Press.

__________, 2005b, "Korea as a Source for the Regeneration of Chinese Buddhism: The Evidence of Ch'an and Son Literature", Robert E. Buswell, Jr, ed., *Currents and*

Countercurrents: Korean Influences on the East Asian Buddhist Traditions, Honolulu: University of Hawaii Press.

Jörg Plassen, 2007a, "On the significance of the Daeseung saron hyeonui gi 大乘四論玄義記 for research on early Korean Buddhist thought—Some initial observations focusing on hwajaeng—", 《韓國史研究》 136, 한국사연구회.

_________, 2007b, "Some remarks on the authorship of the Ilsung popkyedo", Hamar, Imre ed., *Reflecting Mirrors: Perspectives on Huayan/Hwaom/Kegon Buddhism*, Wiesbaden: Harrassowitz.

_________, 2007c, "The Dharma-gate of Repeated Darkening: Towards a Reassessment of hwajaeng in its Chinese context", *Korean Buddhism in East Asian Perspectives* (금강대학교 불교문화연구소 편), 집문당.

Keel Hee-Sung, 1993, "Word and Wordlessness: The Spirit of Korean Buddhism", *Korea Journal* 33-3.

Kim Jongmyung, 2010, "Search for New Approaches to Research on Korean Buddhist History", *Korean Histories*(E-journal), Leiden, The Netherlands.

Kim Sang-hyon, 2007, "The Identity of Korean Buddhism within the Context of East Asian Buddhism"(Translated by Pankaj Mohan), *Korean Buddhism in East Asian Perspectives*(금강대학교 불교문화연구소 편), 집문당.

Lewis R. Lancaster, 1980, "The Significance of Korean Buddhism in East Asia", 《제1회 한국학 국제학술회의 논문집》, 한국정신문화연구원.

_______________, 1988, "Maitreya in Korea", Ala Sponberg and Helen Hardacre, eds., *Maitreya, the Future Buddha*, Cambridge: Cambridge University Press.

Michel Foucault, 1980, "Truth and Power", *Power/Knowledge, Selected Interviews and Other Writings* 1972-1977, edited by Colin Gordon, Brighton: The Harvester Press.

Rhi Ki-yong, 1971, "Wonhyo and his Thought", *Korea Journal* 11-1.

__________, 1977, "Wonhyo and His Thought", Chai-Shin Yu, ed. *Korean and Asian Religious Tradition*, Toronto: University of Toronto Press.

__________, 1978·1979, "An Introduction to the Tripitaka Koreana", *The International Buddhist Forum Quarterly* Vol.1, No.2.

__________, 1983, "Korean Buddhist Thought", *Korea Journal* Vol.23, No.9.

__________, 1988, "Brief Remarks on the Buddha-land Ideology in Silla during the Seventh and Eighth Centuries", Antonino Forte, ed. *Tang China and Beyond:*

Studies on East Asia from the Seventh to the Tenth Century. Kyoto: Instituto Italiano di Cultura Scuola di Studa sull'Asia Orientale(Italian School of East Asian Studies).

__________, 1989, "Silla Buddhism: Its Special Features", Lewis R. Lancaster and C.S. Yu, eds. *Introduction of Buddhism to Korea: New Cultural Patterns*, Berkeley: Asian Humanities Press.

Richard McBride, 2003, "Wonhyo on the Muryangsugyongchongyo and the Yusimallakato", *International Journal of Buddhist Thought and Culture* 2.

Robert E. Buswell, Jr., 1998, "Imagining 'Korean Buddhism': The Invention of a National Religious Tradition", *Nationalism and the Construction of Korean Identity*, edited by Hyung Il Pai and Timothy R. Tangherlini, Berkeley: Institute of East Asia Studies, University of California.

__________________, 2007c, "The Emergence of a "Korean" Buddhist Tradition", *Korean Buddhism in East Asian Perspective*(금강대학교 불교문화연구소 편), 집문당.

Shim, Jae Ryong, 1979, "The Philosophical Foundation of Korean Zen Tradition: The Integration of Son and Kyo by Chinul(1158-1210)", Ph.D. diss., University of Hawai'i.

_____________, 1989, "On the General Characteristics of Korean Buddhism: Is Korean Buddhism Syncretic?", *Seoul Journal of Korean Studies* 2.

Zenryu Tsukamoto, 1956, "Buddhism in China and Korea", trans. Leon Hurvitz, *The Path of the Buddha: Buddhism interpreted by Buddhists*, edited by Kenneth W. Morgan, New York: Ronald Press.

편집 후기

불교는 한국문화의 주요한 부분을 차지하는 전통문화의 큰 자산이다. 불교사상과 역사를 비롯한 불교문화를 총체적으로 서술한 한국불교사는 한국문화의 의의를 바르게 드러낼 수 있을 것이다. 1980년대에 들어 한국불교사 전문 연구자가 늘어나기 시작했지만 연구에 길잡이가 될 수 있는 자료는 찾기 어려운 형편이었다. 이에 한국불교사를 공부하는 연구자들이 더 체계적이고 충실한 연구 토대를 마련하기 위해 한국불교사상사 세미나팀을 구성하였다. 남동신·박영제 교수의 제안으로 첫걸음을 뗀 연구팀은 1985년 9월 첫 모임을 시작하였고, 20명 가까운 연구자가 참여하여 세미나를 지속하였다. 연구팀은 4년여에 걸쳐 인도불교와 중국불교의 역사와 주요 주제를 공부하였고, 5년 동안 한국불교사상사의 연구성과와 현황 및 앞으로의 연구 방향에 대해 검토하였다. 이어 오랜 기간 동안 한국고대 불교사의 보고이면서 아직 불교사적 검토가 부족했던 《삼국유사》의 역주 작업에 열중하였다.

세미나를 지속해 오면서 연구팀은 한국불교사에 대한 그동안의 연구성과를 반성하고 향후 연구 방향을 조망하는 연구입문서로서의 역할을 할 수 있는 책의 집필을 계획하였다. 한국불교사에 대한 개괄적인 소개에 중점을 둔 책이 아니라 연구 현황을 반성하고 바람직한 연구 방향을 조망하기 위한 의도에서 책의 제목을 《한국불교사 연구 입문》이라고 하였다.

서울대학교에서 불교사 전공 제자를 길러 오신 최병헌 선생님의 정년에 즈음하여 입문서의 발간을 더욱 구체화하고 2007년 편집위원회를 구성하였다. 편집위원회에서는 입문서의 주제를 연구팀이 중심이 된 한국불교사 뿐만 아니라, 인도와 중국 불교사의 주요 주제와 한국불교에 대한 해외의 연구 현황도 포함하기로 하고, 해당분야의 전문가를 초빙하여 함께 책을 엮기로 결정하였다.

그런데 원고를 모으는 기간이 예상 밖으로 길어짐에 따라 책의 출간은 예정 기한을 훨씬 넘기게 되었다. 그러나 장차 바람직한 한국불교사 연구를 위해 가능한 한 주요 주제가 망라된 원고를 모으고 다듬어야 한다는 고민 끝에 비록 시일은 지체되었지만 29개의 주제를 담은 입문서를 마무리하여 2권의 책으로 출간하게 되었다. 아직 다루지 못한 주제도 적지 않지만, 현 시점에서 한국불교사 연구의 현황을 조망해 보는 것은 앞으로의 바람직한 성과를 위해 반드시 필요하다. 부족한 부분과 내용의 충실도는 장차 보완해 갈 예정이다.

책의 출간에 즈음하여 무엇보다 오랜 제작 기간 동안 어려운 여건에도 불구하고 흔들림 없이 지켜보고 출간을 위해 지원해 주신 지식산업사 김경희 사장님과 편집자 김하나 씨에게 깊이 감사드린다. 그리고 훌륭한 글을 집필해 주시고 기다려 주신 끝에 좋은 책이 나올 수 있도록 도와주신 필자 여러분께 진심으로 감사드린다. 마지막 교정을 맡아 애써 준 박영제·강호선·양혜원·최경환·임혜경 선생에게도 감사드린다. 아울러 원고를 작성한 지 시일이 오래 되어 최근의 연구성과를 반영하지 못하게 된 데 대해서 죄송스러운 마음을 금할 길 없다.

이와 같은 아쉬움에도 불구하고 이 책은 이제까지의 한국불교사

연구를 되돌아보고 앞으로의 연구 경향을 가늠하는 좋은 길잡이가 되리라 믿는다. 이는 전적으로 좋은 글을 써주신 필자들의 노고에 의한 것이다. 또한 이 모든 성과는 평생 한국불교사 연구에 매진하여 후학을 양성하신 최병헌 선생님의 반연으로 이루어진 것이다. 다만 구성의 미진함과 같은 것이 있다면 이는 과정을 진행한 편집위원회 제자들의 역량이 부족한 탓이다.

편집위원회는 어려운 과정을 거쳐 출간된 이 책이 장차 한국불교사 연구의 디딤돌이 되어 연구성과를 제고하는 데 기여하고, 나아가 한국문화의 의의를 드높이는 데도 도움이 되기를 기대한다.

2013년 6월

편집위원: 정병삼·신동하·남동신·최연식·김용태